新疆文物考古研究所丛刊之十一

新疆石城子遗址

（一）

新疆维吾尔自治区文物考古研究所　编著

科学出版社
北京

内 容 简 介

石城子遗址位于新疆维吾尔自治区昌吉回族自治州奇台县半截沟镇麻沟梁村东北。2014~2019年新疆文物考古研究所对石城子遗址进行了连续考古发掘，厘清了遗址的形制布局和功能区划。石城子遗址的建筑构筑方法、等级规制，遗物组合特征等都明确显示出这处遗址是汉代在天山以北设立的一处军事要塞，是迄今为止新疆地区发现的唯一一处年代准确可靠、形制基本完整、保存状况完好、文化特征鲜明的汉代古遗址。

本书可供从事文物、考古学、历史学等相关专业的研究人员及高校学生参考阅读。

图书在版编目（CIP）数据

新疆石城子遗址. 一 / 新疆维吾尔自治区文物考古研究所编著. —北京：科学出版社，2022.10
（新疆文物考古研究所丛刊；十一）
ISBN 978-7-03-073720-5

Ⅰ. ①新… Ⅱ. ①新… Ⅲ. ①关隘–文化遗址–研究–奇台县–汉代 Ⅳ. ①K878.34

中国版本图书馆CIP数据核字（2022）第205088号

责任编辑：赵　越／责任校对：何艳萍
责任印制：肖　兴／封面设计：刘可红

科学出版社 出版
北京东黄城根北街 16 号
邮政编码：100717
http://www.sciencep.com
北京汇瑞嘉合文化发展有限公司 印刷
科学出版社发行　各地新华书店经销
*
2022年10月第　一　版　开本：889×1194　1/16
2022年10月第一次印刷　印张：23 3/4　插页：68
字数：700 000

定价：398.00元
（如有印装质量问题，我社负责调换）

目　录

插图目录

图版目录

拓片目录

第一章　引　　言

第一节　地理环境与遗址位置

奇台县位于新疆维吾尔自治区东北部，昌吉回族自治州东部，东邻木垒哈萨克自治县，南隔天山与吐鲁番市相望，西连吉木萨尔县，北接阿勒泰地区的富蕴县、青河县，东北部与蒙古国接壤。全县地域东西宽45～150、南北长250公里，总面积1.93万平方千米。

奇台县地处天山山脉东段北麓，准噶尔盆地东南缘。地势南北高，中间低。南部属于天山山脉北麓山地丘陵区，海拔1100～4356米。发源于天山北坡的白杨河、吉布库河、碧流河、中葛根河等大大小小九条河流穿沟越坎汇入奇台绿洲，为人类提供了最基本的水资源保障。中南部为冲积平原区，地势平坦，水源充足，土壤肥沃，属农业区。中北部为古尔班通古特沙漠地带，北部为阿勒泰山系东南余脉的北塔山山区，海拔1100～3290米。

奇台县的气候属中温带大陆性干旱半干旱气候，冷热多变、四季分明、干燥少雨。年平均气温为4.7℃，年平均降水量175毫米，年平均相对湿度60%，年平均无霜期156天。

石城子遗址位于奇台县半截沟镇麻沟梁村东北，西北直线距离奇台县城约47千米（图1-1）。遗址建在天山北麓山前丘陵地带一处独立的崖体上，东、南侧为悬崖深涧，北侧为陡坡，唯西侧地势平缓，与麻沟梁坡地相连。最高点位于遗址东北角。南北向坡度较大，最大落差可达200米。麻沟河自南向北绕遗址南、东侧而过。由此北可通奇台、吉木萨尔等天山山脉北麓诸绿洲，南越天山可至吐鲁番盆地，是通连天山南北的重要通道之一（图版1-1、图版1-2）。

第二节　历史沿革

奇台县历史悠久，境内分布着众多的古文化遗存，第三次全国文物普查发现，有各类遗址、墓葬等153处。其中四处遗址和一处墓地的年代上限可以追溯到距今2700多年前的西周时期，32处遗址、41处墓地和6处岩画的年代上限可以追溯到距今2200多年前的东周时期。这表明至迟于西周时期就有人长期在此定居生活，并形成一定的规模，东周时期奇台县域内不论是

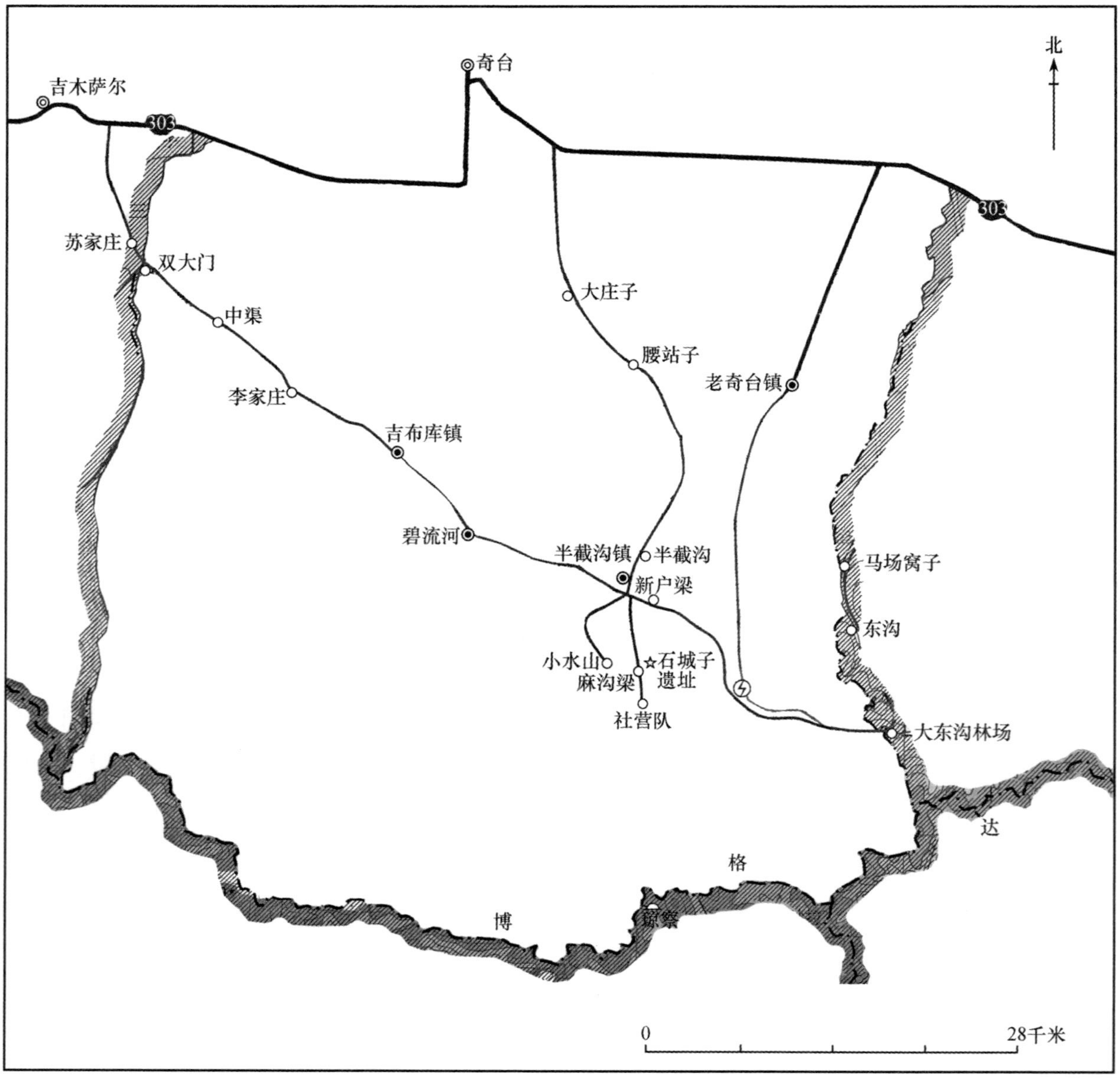

图1-1 遗址位置示意图

南部的山前丘陵地带还是中部洪积平原上已经有人类大规模地生存繁衍了。

公元前60年，西汉在乌垒城（今新疆轮台境内）设立西域都护府，至此“汉之号令班西域矣”。东汉沿袭了西汉旧制，并在东汉后期改西域都护府为西域长史府。受西域都护或西域长史节制的戊校尉、戊部侯等不仅长期驻扎于今奇台附近地区，同时还建立了以疏勒城（今石城子遗址）为代表的一系列军政设施，有效行使着对天山北麓广大地域的管辖。魏晋南北朝时期，鲜卑、柔然、高车、突厥等北方游牧部落相继进入该地区，并与此前就生活在这里的匈奴、月氏、汉人等混居杂处，促进了本地经济文化的交流。640年，唐王朝在可汗浮图城（今吉木萨尔县北庭故城）置庭州，为天山北麓中央政权置州之始。702年，设置北庭都护府（后升级为北庭大都护府），统辖天山以北、楚河以西至里海以南的广大地区。在奇台境域设蒲类县，归北庭都护府管辖。840年回鹘西迁中亚，其中一支在吐鲁番建立高昌回鹘汗国，北庭为其夏都，又谓别失八里（意即“五城”）。

宋、元朝时期属别失八里帅府直隶中央。1003年，辽在别失八里东境（今老奇台镇附近）筑可敦城。次年，又以此城为镇州军地。1251年，设别失八里行尚书省，1283年，设别失八里宣慰司。1295年，设北庭都元帅府等军政机构，先后领有今奇台在内的西域广大地区。明朝初期，奇台县境为察合台汗国后王秃忽鲁帖木儿后裔辖地。1417年，察合台后王歪思迁居伊犁，此地遂西部蒙古，明代称瓦剌，清代称卫拉特、厄鲁特，由准噶尔、和硕特、吐尔扈特、杜尔伯特等四部组成。明朝末年，和硕特部迁青海，奇台县境遂为准噶尔部游牧地。1759年，清朝建奇台堡（今老奇台镇），驻军屯垦。1772年奇台设直隶厅，不久降为散厅，属镇西府。1776年设县，属镇迪道，建孚远城（即县城北老满城）。1853年，奇台县改由迪化州辖，后州改府，奇台由迪化府辖。1889年，由靖宁城迁入现址，因境内有唐朝墩古城，复得名“古城子”。1902年，属镇迪道辖。民国初年，沿袭清代建置区划，奇台属迪化。中华人民共和国成立初期，奇台县属迪化专区（1954年更名为乌鲁木齐专区）辖，1958年5月，改属昌吉回族自治州辖。

第三节　遗址发现和发掘经过

“石城子”为当地居民对遗址的称谓。有的学者认为或因其地表有露出的岩石，又或因城东侧山涧边有大量巨岩，故被群众称作“石城子”。我们认为可能是因其位于石山之上而被当地人称为石城子。

石城子遗址是在1972年奇台县文物普查中发现的。据已刊布材料，遗址南北长138、东西长194米。城墙仅存痕迹，其中北墙算是保存最好的，东北角最高约2.5米。城西南部有一圆形凹地，越此前行，即为西墙，近城角处为一处土坯废宅所打破，宅基出土过乾隆通宝，可能为清人所建。内外都已被开为农田，但古砖残瓦仍然到处可见，采集和征集到的完整或相对完整文物32件，其中绳纹板瓦2、筒瓦3、云纹瓦当20、素面实心砖2、陶钵5件，此外还采集有部分陶器残片，器形可辨者有钵、瓮、盆、灯等。根据遗物判断它是一座汉代古城。

1984年，新疆社会科学院考古研究所王炳华曾对此城做过调查。认为石城子遗址实际并不见一般概念上的、完整的、封闭的城墙。而是只在北、西两面构筑了城垣，北墙中段，另见一条南北向土墙。这是因地制宜的一种处置。因为东为悬崖、南属峭壁，天然壕堑，险绝过于危墙，所以并无筑墙的需要。北、西两面土墙，相对高度约3米。这是多年取土、平地后的高度，当年的城墙，肯定会在这一高度以上。实际测量，北墙东西长280、西墙南北长155米。北墙中部偏东土垣长140米左右。墙基宽约10米。由于墙内墙外均已成麦地，当年建筑的布局或建筑基址相对集中的处所，今天已难得其详。但在城墙内外侧、城内麦地中，尤其是西南角，都见到不少汉代灰陶片、板瓦、筒瓦、云纹瓦当等，具有明显的汉代文物特征。在20世纪80年代内城部分退耕复原为草地，城内其余部分和城外仍为耕地。

1988年全国第二次文物普查时曾对该遗址进行调查。认为石城子遗址似为城址，然与一般古城有别，乃巧用地形之故。目前可见到一些土垣。北垣于丘梁顶部，大致为东西向，长约280米，外侧有多处外凸小土墩。西墙垣残长约150米（南段部分已无），南端有外凸的大土堆，似为城门或敌台，再南为一社员住宅，其房后有一取土大坑，剖面不见夯层，而见一些小块砾石，地表下1米处有畜骨残片。东、南临河无墙垣迹。此外，城内近中部有一条南北向的土垣，与北墙垣相接。城内今为耕地或草滩，不见建筑遗迹。地表散布许多灰板瓦与筒瓦残片，外饰绳纹，内为布纹，部分云纹瓦当残片，还有许多灰陶片。

1999年被公布为自治区级文物保护单位。

2009年昌吉州全国第三次文物普查队亦对石城子遗址做了调查。据介绍，石城子遗址面积约为52818平方米。城址北高南低，依地势而建，现存北、西、东三面城墙，南墙无任何痕迹。墙体均已坍塌成土垄状，看不出夯筑痕迹，墙顶部宽约4米，底部宽10米以上。其中北墙长约280、高1.5～2.5米，东端有一段向外伸出，高约3.5米；西墙残长155、高1～2.5米，北段有略向外拐出的曲折；东墙保存较差，痕迹不明显，残长140米，高多在1米以下。城东北、西北角墙体较厚，较为高大，可能为角楼残基；北墙中部有一处凸出的墙台，长约16、宽约15、高约2.5米，可能为壁楼等设施的残基。现已无法辨识城门位置。城内现为耕地，地表无任何建筑迹象，但城内外散布数量非常丰富的筒瓦、板瓦、方砖、云纹瓦当残片及大量灰陶片，器形有罐、盆、瓮、钵等，以前还曾出有炭精虎饰和完整陶器。所有采集和出土器物都具有典型的汉代风格，应是汉代的古城址无疑。

2013年被国务院核定公布为全国重点文物保护单位。

20世纪80年代以前石城子遗址作为当地农民的耕地一直在耕种，20世纪80年代以后，当地文物部分在核心区建起简易围栏，并将西北部退耕保护，其余部分和城墙外仍继续耕种。耕作导致外城北墙、内城南墙等遗迹局部损毁，耕地内残砖碎瓦陶片随处可见，近年由于游客捡拾数量大为减少。居民上交、文物部门征集的文物主要有板瓦、筒瓦、瓦当、砖等建筑材料，盆、罐、钵等生活用具和炭精虎饰等装饰品。

2014年为配合新疆维吾尔自治区文物考古研究所承担的西域都护府址调查项目的实施，新疆维吾尔自治区文物考古研究所申报《石城子遗址考古发掘项目的申请书》。该申请获得国家文物局批准〔国家文物局《关于奇台县石城子遗址考古发掘项目的批复》（文物保函［2014］2323号）〕。2014年9月中旬到10月初，正式对石城子遗址进行发掘，发掘面积300平方米。发掘地点有两处，一处位于西墙南段居民房北侧断面处，布长50米的解剖沟1条，发掘面积225米。清理出部分城墙、护城壕、车辙等遗迹；另一处位于内城西北部，布5米×5米探方3个，即T1～T3，发掘面积75平方米（图1-2）。当表土揭去后发现探方内瓦片密布，保存状况之好出乎意料。由于山区气候寒冷，积雪难融，探方发掘只得暂停。

2015年9月，石城子遗址考古队对遗址进行全面调查和局部勘探。通过2014、2015两年的调查和发掘，获得了几点认识：①石城子遗址主体建筑的年代在汉代，直至清朝中后期又有人

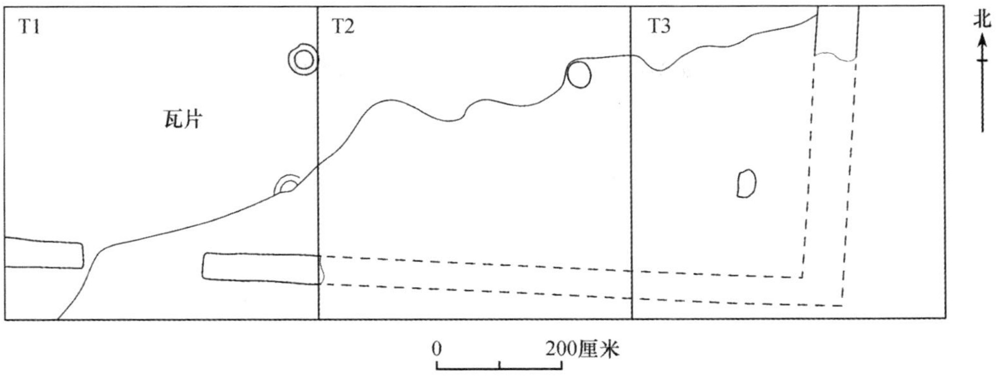

图1-2 2014年探方分布图

在遗址区建房；②石城子遗址具有极强的军事防御功能；③石城子遗址文化层堆积比较薄，深度在150厘米以内；④石城子遗址附近分布着墓地、窑址等遗迹。

2016年5～9月，在遗址内城西北部布5米×5米探方21个，即T4～T24，发掘区南部外扩发掘40平方米，合计发掘面积565平方米（图1-3）。发掘出居址两组8间。为支持奇台县拟将江布拉克景区打造成融自然与人文景观为一体的高端景区，房址内保持坍塌的原始状态，瓦等建筑材料未提取，发掘区建大跨度钢梁房予以保护。

2017年4～7月，在遗址西北角布5米×5米探方20个，即T28～T45、T48、T51（T25～T27、T49、T50等5个方号预留未发掘），发掘面积500平方米（图1-4）。发掘出角楼1座，北、西城墙墙体各1段，西墙外护城壕1段，居址2间（未全部清理）。

2018年5～10月，在遗址西墙中部布5米×5米探方24个，即T52～T75，T63南扩方7平方米，合计发掘面积607平方米（图1-5）。发掘城门1座，附属门塾建筑4间。在遗址西约100米坡地上布10米×10米探方1个，发掘面积100平方米。发掘墓葬9座、陶窑1座。出土遗物绝大半部分为板瓦、筒瓦、瓦当等建筑材料，其余陶、铁、石、骨器和钱币等遗物则相对较少。

2019年4～8月，在遗址内城中部布5米×5米探方40个，T76～T115，发掘面积1000平方米（图1-6）。共发掘居址26间，排水沟2条，通道1条，柱洞134个，火塘1个，灰坑42座。另

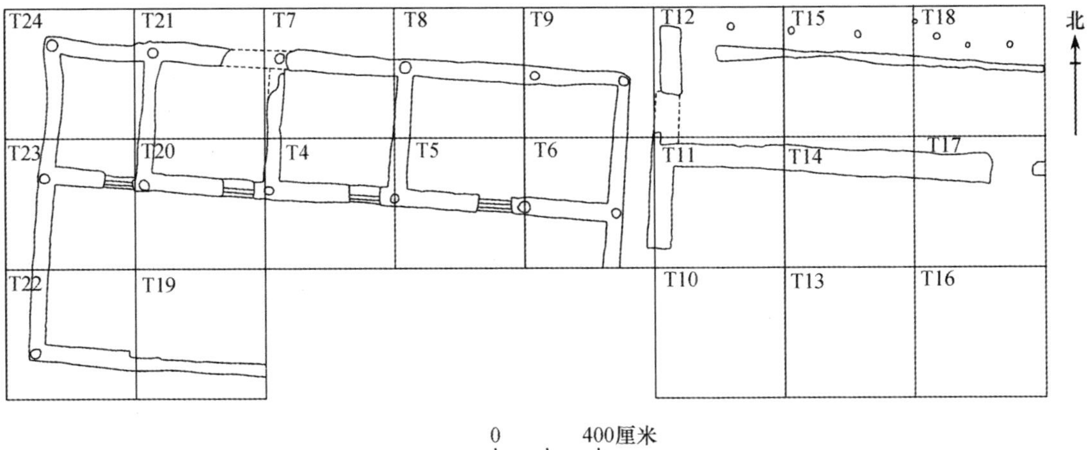

图1-3 2016年探方分布图

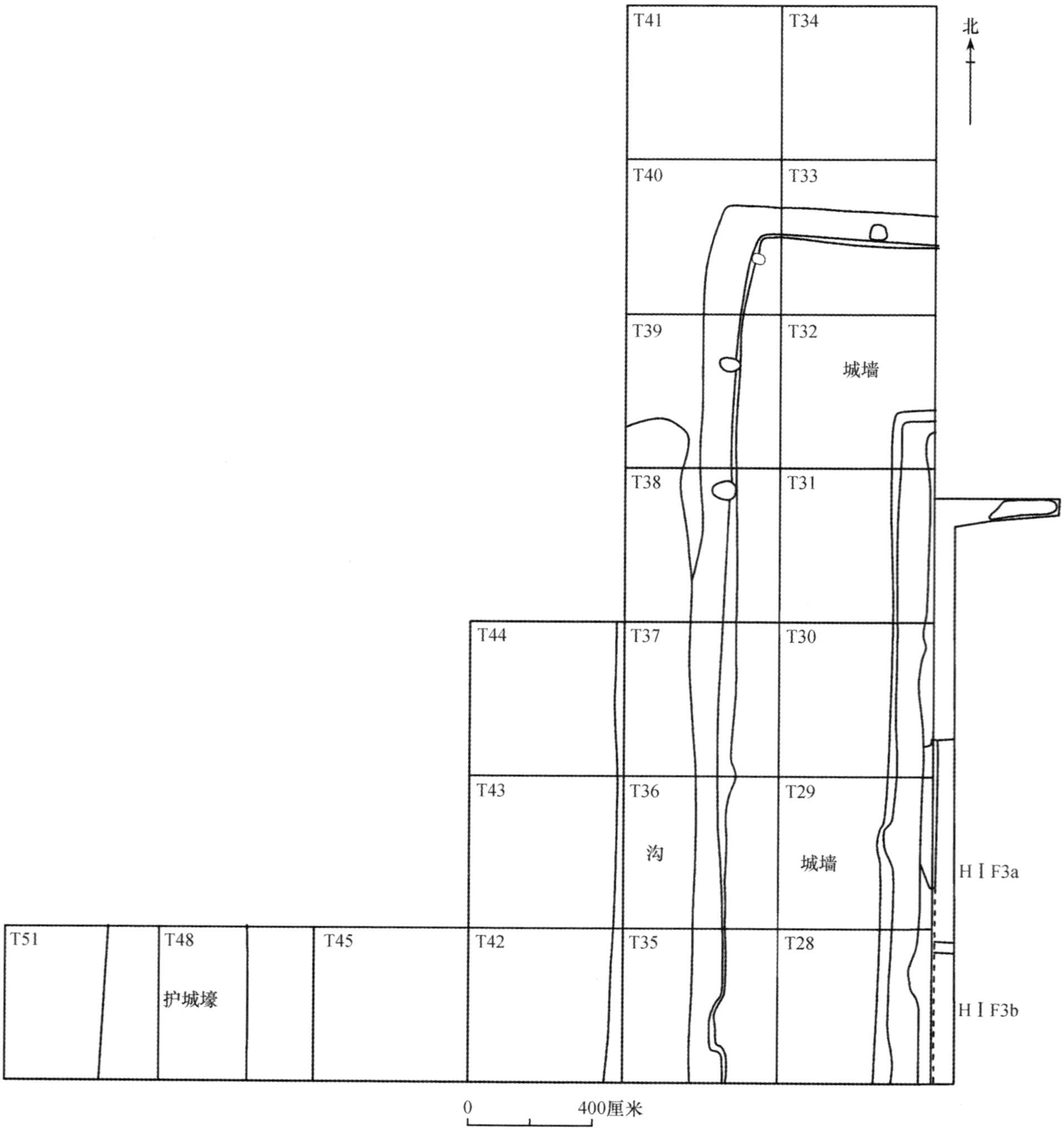

图1-4 2017年探方分布图

外，在城门区2018年发掘区南部扩方发掘131平方米。

2014～2019年石城子遗址发掘面积3103平方米。其中遗址区布5米×5米探方108个，面积2700平方米。扩方3处，面积178平方米；解剖面1条，面积225平方米，合计发掘面积3103平方米。遗址西墓葬、窑址区布10米×10米探方2个，发掘面积200平方米。

2014～2019年，新疆维吾尔自治区文物考古研究所石城子遗址考古队结合发掘多次对遗址本体和周边地域进行详细调查，同时邀请中国科学院遥感与数字地球研究所遥感科学国家重点实验室采用高密度电阻率法、磁法和探地雷达扫描探测等技术对石城子遗址内城等重点区域

图1-5 2018年探方分布图

进行勘探，陕西西安博古文物勘探服务有限公司对遗址本体和城外北部和西部耕地进行大范围勘探。通过多种技术手段的综合运用，最终对石城子遗址的整体布局有了新的认识。石城子遗址南北长约400、东西宽约275米，总面积约11万平方米。西、北面筑墙。东、南面以深涧为屏障，城墙已坍圮成土垄状。其中北墙保存比较完整，长约275米，墙基宽约10、残高1.5～2.5米。墙上残留2个马面，两端各有1个角楼。东角楼紧邻陡坎，高达3.5米，为全城最高点，角楼东沿着山湾修筑一段城墙一直延伸到东北角悬崖边，残长约77米。西墙长约400米，仅存北段，残长约211米，墙基宽9.3、残高0.1～1.5米。南段墙体已毁于民房，最南端沟边残留夯土堆1个，东西残长8.3、南北宽6.7米。遗址南端崖边残存一段刀把形夯土，东西残长约28、南北残宽约8米。东南角残存三个呈东北—西南向链状排列的石堆，残长约87米。在西墙外残存护城

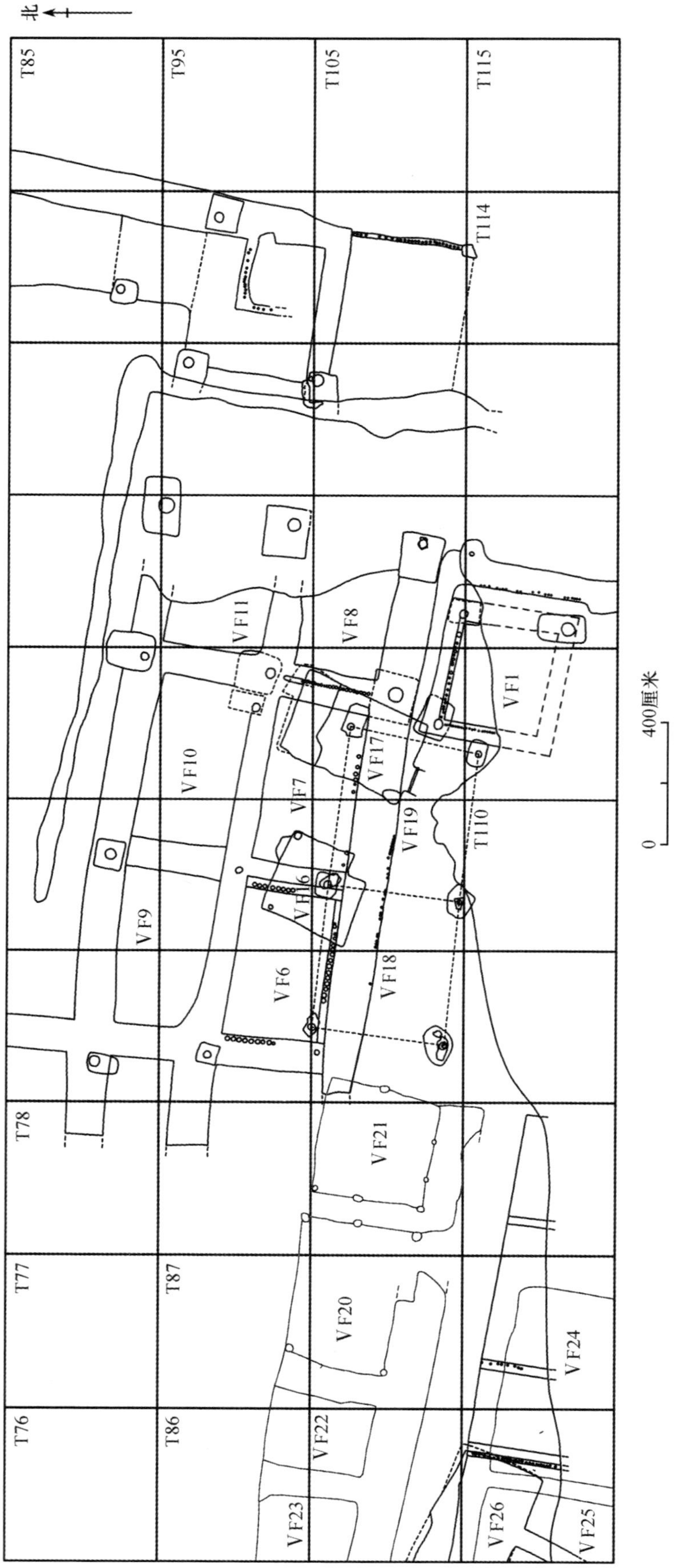

图1-6　2019年探方分布图

壕的痕迹，残长138、宽3.1～3.8、残深0.8～1.3米。在东南角链状石堆外也有一段残长约56、残宽约2、残深约0.7米的沟。城门位于西墙中部，已坍圮呈锅底状，边长约33米。

在遗址西北角依托外城西、北城墙筑子城1座。平面略呈东窄西宽的梯形。北墙为外城北墙西段墙体，长200米。东墙残长139、墙基宽约10、残高约1米。南墙残长约170米，已毁于耕作。西墙亦为外城西墙北段墙体，长约150米。南北宽100米。内城已退耕为草地，仅局部残留建筑基址。西南角有一椭圆坑，当地居民称其为“耿恭井”。东西长轴长35、南北短轴长32米，深度超过10米，坑下部为稀泥，无法勘探到底。地表可以采集到筒瓦、板瓦等建筑材料和陶器碎片。外城为耕地，仅在东南部高坡上勘探发现一条沟，东西残长87、南北宽5.4、深1.2～1.4米。在遗址西侧坡地上发现3座陶窑遗址和墓葬13座（图1-7）。

详细发掘资料请阅本报告。

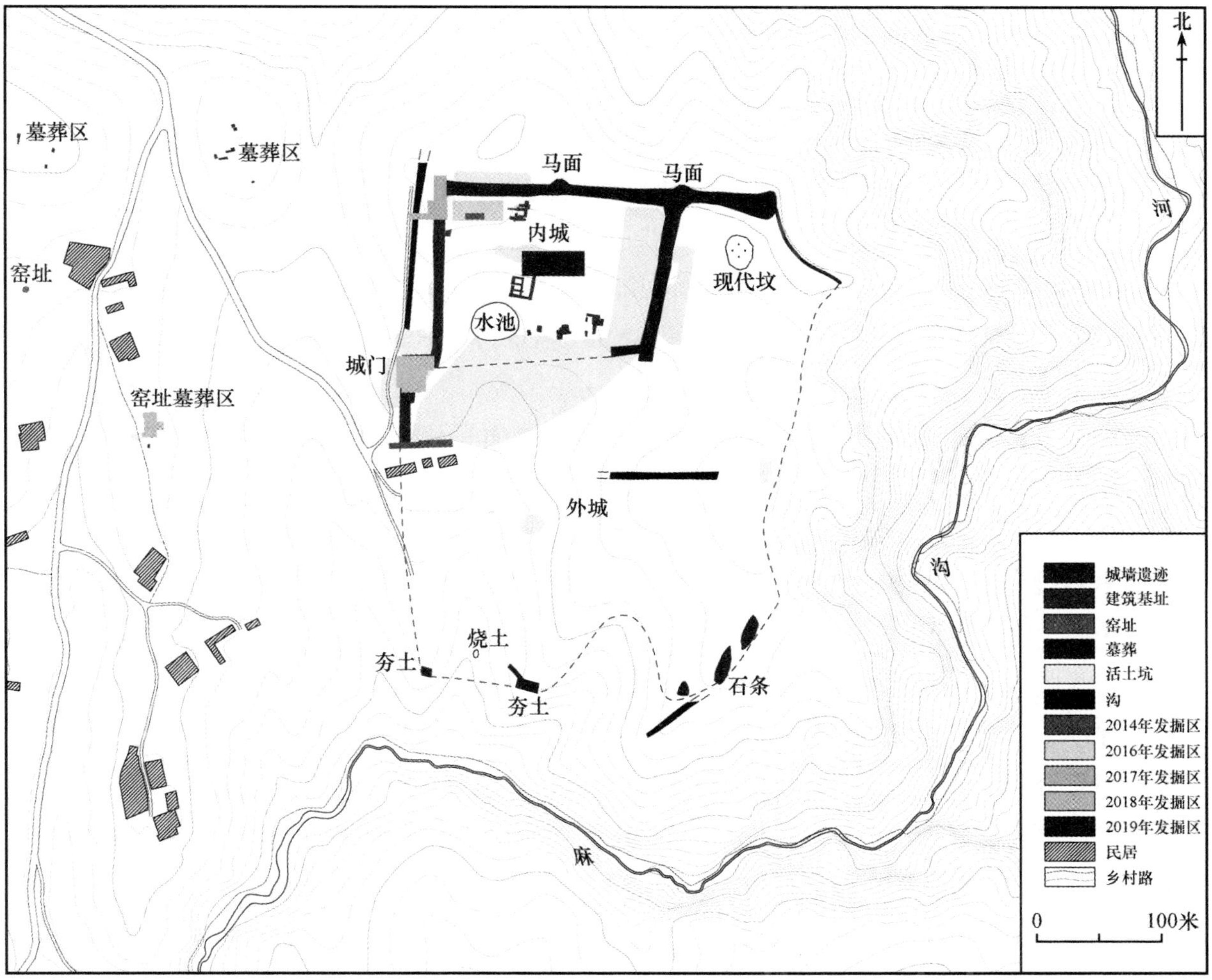

图1-7 2014～2019年发掘区位置图

第四节　报告编写体例

年度发掘结束后及时进行资料整理和报告编写，做到当年发掘当年整理，不积压、不拖延，尽快刊布发掘成果。2014、2016、2017和2018年度发掘简报（报告）均于次年公开发表。2019年度发掘简报已于2022年公开发表。此次刊布的发掘报告是将2014、2016～2019年5年的发掘资料重新汇辑编写。编写过程中打破年度的限制统一按照遗迹性质、遗物类别等分章、分类介绍。

年度编号：遗迹或遗物编号前不加发掘年度号，以罗马数字Ⅰ～Ⅴ表示1～5次（年度）发掘。即Ⅰ→第1次（2014年），Ⅱ→第2次（2016年），Ⅲ→第3次（2017年），Ⅳ→第4次（2018年），Ⅴ→第5次（2019年）。

探方编号：石城子遗址采用虚拟布方的形式将整个遗址区进行了统一布方，共有探方3008个。2014、2016～2019年的探方号采用统一流水号的方式编排。每个探方四角经纬度与虚拟总布方图中相应探方四角经纬度相同。

遗迹缩写：C→采集，T→探方，F→房址，Q→墙，H→灰坑，Z→灶、ZD→柱洞，ZC→柱槽，P→排叉柱，JS→祭祀遗迹，PSG→排水沟，G→沟，JPG→解剖沟，JPM→解剖面，MD→门道，NHL→南回廊，BHL→北回廊，NSS→南散水，BSS→北散水。

遗迹编号：次号+遗迹缩写+顺序号1、2、3……。例如，ⅤF4。

遗物编号：遗迹单位出土遗物编号，为次号+遗物缩写+顺序号1、2、3……：出土顺序号1、2、3……。例如，ⅤF4：1。组合性器物或一个号多件器物，器物号后加①、②、③……。例如：ⅤF4：1①。探方内地层中出土遗物编号，为次号+探方缩写+顺序号+地层层位号：出土顺序号1、2、3……。例如，ⅣT75①：1。组合性器物或一个号多件器物，器物号后加①、②、③……。例如，ⅣT75①：1①。

本报告收录的奇台县博物馆馆藏的出自石城子遗址的部分文物，编号沿用奇台县博物馆馆藏号，如D+1、2、3……、XJQT+1、2、3……：1、2、3……

本报告分两册。此为第一册，即考古资料篇，收录2014～2019年考古发掘成果；第二册为科技考古、综合研究篇，主要收录发掘期间同时进行的考古调查、考古勘探、考古测绘、动植物分析、土壤分析等多学科分析研究成果及前人已发表的调查报告、研究文章等（第二册尚在编纂中，将择机出版）。

本次整理，若遗迹、遗物的编号与以前发表的报告、论文中的编号不同，以本报告为准。

第二章　城　　址

第一节　城　　门

一、地层堆积

城门区位于西墙中部，地表为一块凸出的洼地，南部有一个现代扰坑。发掘面积738平方米，其中2018年布设5米×5米的探方24个（编号为T52～T75）（图2-1），扩方7平方米。2019年扩方补充发掘131平方米。城门区地层堆积厚薄不一，墙体部分草皮土下即见城墙墙体。城门门道及房址内堆积比较厚。现以T53、T59、T65、T70、T73东壁剖面地层为例进行介绍（图2-2）。

第1层：草皮土。土色为黑褐色。土质较硬，夹杂碎瓦、陶片、碎石及动物骨骼。厚0.02～0.17米。

第2层：坍塌土与自然淤积土交替堆积。坍塌土土色以黄褐色为主，淤积土土色以黑褐色为主。土质较疏松，夹杂碎瓦、碎石等。厚0～1.1米。可分为10个小层。

第3层：上层建筑物坍塌堆积。土色为灰褐色。土质较疏松，颗粒状，夹杂大量碎瓦、石块、红烧土块、木炭等。厚0.05～0.13米。

第4层：垫土。土色为灰黄色。土质较硬，夹杂碎瓦、碎石、木炭等。厚0.1～0.6米。

第5层：下层建筑物坍塌堆积。为倒塌的城门、城墙墙体堆积。土色为浅褐色。土质较疏松，颗粒状，内含大量碎瓦，碎石、红烧土块、木炭、零星陶片等。厚0.6～1米。

第5层下为门道地面，未解剖。从排水沟剖面上观察，地面厚度在0.15米以上。

二、遗　　迹

城门整体掩盖于坍塌土堆积下，保存较好，形制布局清晰（图版2-2）。遗迹主要为城门及其附属设施，包括门洞、墩台、回廊、柱洞、散水、踏步、门塾、排水沟等，另有少量灰

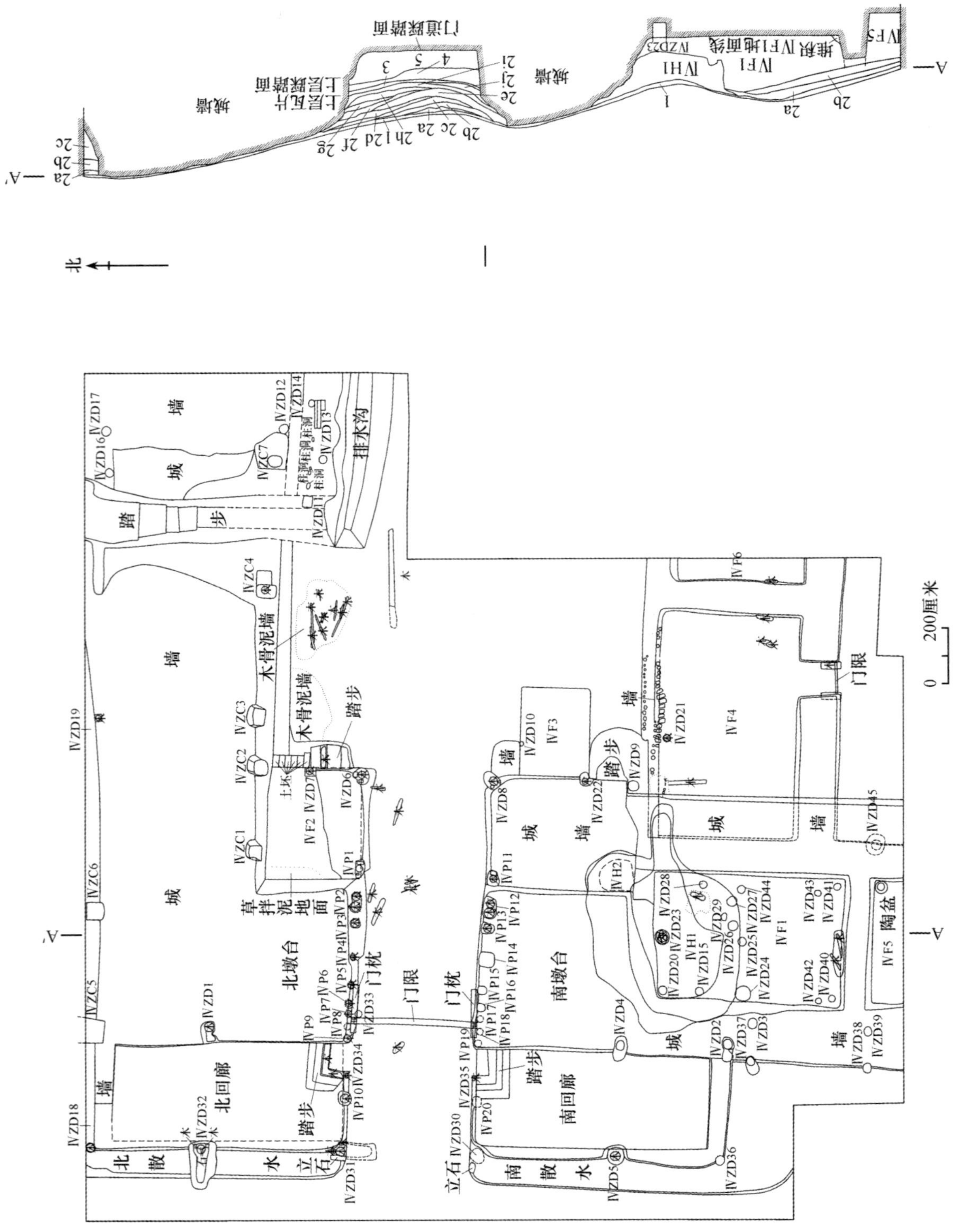

图2-1　城门平面、剖面图
A—A′（T54、T60、T71、T74西壁）

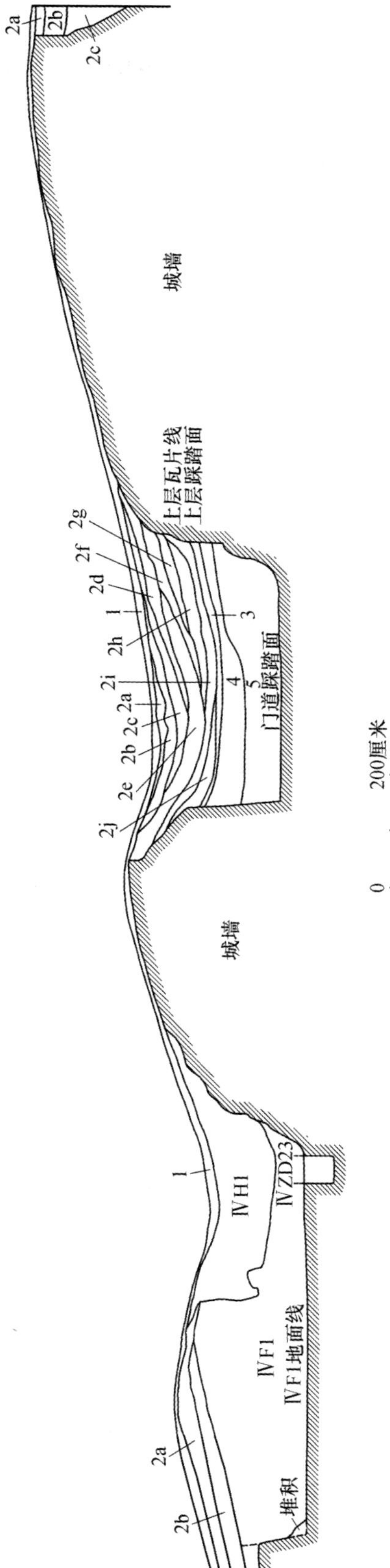

图2-2　T53、T59、T65、T70、T73东壁地层剖面

1. 黑褐色草皮土　2. 黄褐色坍塌土与黑褐色自然淤积土交替堆积　3. 灰褐色上层建筑物坍塌堆积　4. 灰黄色垫土　5. 浅褐色下层建筑物坍塌堆积

坑（图2-3；图版2-3）。城门区总体平面略呈长方形，长42、宽35米。本次发掘部分东西长28.5、南北长28.9米。城门南北两侧城墙错位呈“Z”字形。南段城墙偏外，北段城墙偏内，靠城门处转折向外与南段城墙齐平。

（一）门洞

单行洞。顶部及上部城门楼已经坍塌，门道内填满倒塌的城门建筑物堆积。门洞残高2.5米，门道东西长13.5米、南北宽4米（图版2-4，1）。门道内的坍塌物堆积可以分为两层。上层多为碎瓦，下层主要有土坯、碎瓦、朽木、木炭及草拌泥块等。两层坍塌物之间有一层垫土，表面有厚0.02～0.05米的硬面（图版2-4，2）。门道地面厚0.1～0.2米，黑褐色土，土质较致密，内含大量白色腐殖质和少量动物骨骼。地面不平整，未见车辙等痕迹，局部被大火烧烤呈红褐色。表面残留少量被火烧过的朽木柱（图版2-5）。

城门及内侧遗迹。门洞两侧各有排叉柱24个，呈南北对称分布。排叉柱间距0.1～0.8米，中间夹砌土坯。柱槽半掏挖在夯土墙上，平面呈带斜坡道的“甲”字形（图版2-6）。柱洞底深入地面以下0.3～1.5米，内设础石，上立木柱（图版2-7，2）。柱洞内插细木柱一两根，周围用土坯块及碎土填实（图版2-7，1）。墙壁上涂抹草拌泥及白灰。最多可见五层草拌泥、十层白灰面（图版2-7，3），反映了城门使用过程中曾经多次修补。

城门位于门洞西端，西距门洞口5.3米。门限为1根完整的长方形木柱，长4、宽0.18、残高0.06米，大部分被火烧毁。门限两端各凿1个长方形榫孔，用于套接门框榫头，榫孔长0.2、宽0.08米。门框已缺失。从墙壁上残留痕迹推断门框为长方形，宽0.21、残高0.63米。门限两端及门框嵌在墙体内，门限下地面上各开一条沟槽用于镶嵌门枕木，门枕木长1.7、宽0.2、厚0.2米。门框内外两侧又各立1根木柱用于加固。为防止城门门扇影响通行，门洞内侧一段长2.21米的墙壁向内凹进约0.2米。由此也可以大致推断出城门为双扇结构，单扇宽度约2米，双扇相合恰好与门洞宽度等同（图2-4；图版2-8）。

（二）墩台

位于门洞中部两侧。构筑方式与城墙一致，均为夯筑。北墩台长9.5、宽约5、残高2.5～3.2米；南墩台长6.4、宽5.3、残高2.3～2.7米，夯层厚0.09～0.13米（图版2-9）。

（三）回廊

2个。南回廊（NHL）和北回廊（BHL）分别位于门洞西部南北两侧，形制相同。

北回廊　平面大致呈长方形。南北长8.15、东西宽3.34～3.43米。东壁残高0.8米，表面抹草拌泥，上涂白灰；北壁残高0.5米；西、南壁已经坍毁。回廊内散落大量筒瓦、板瓦、瓦当

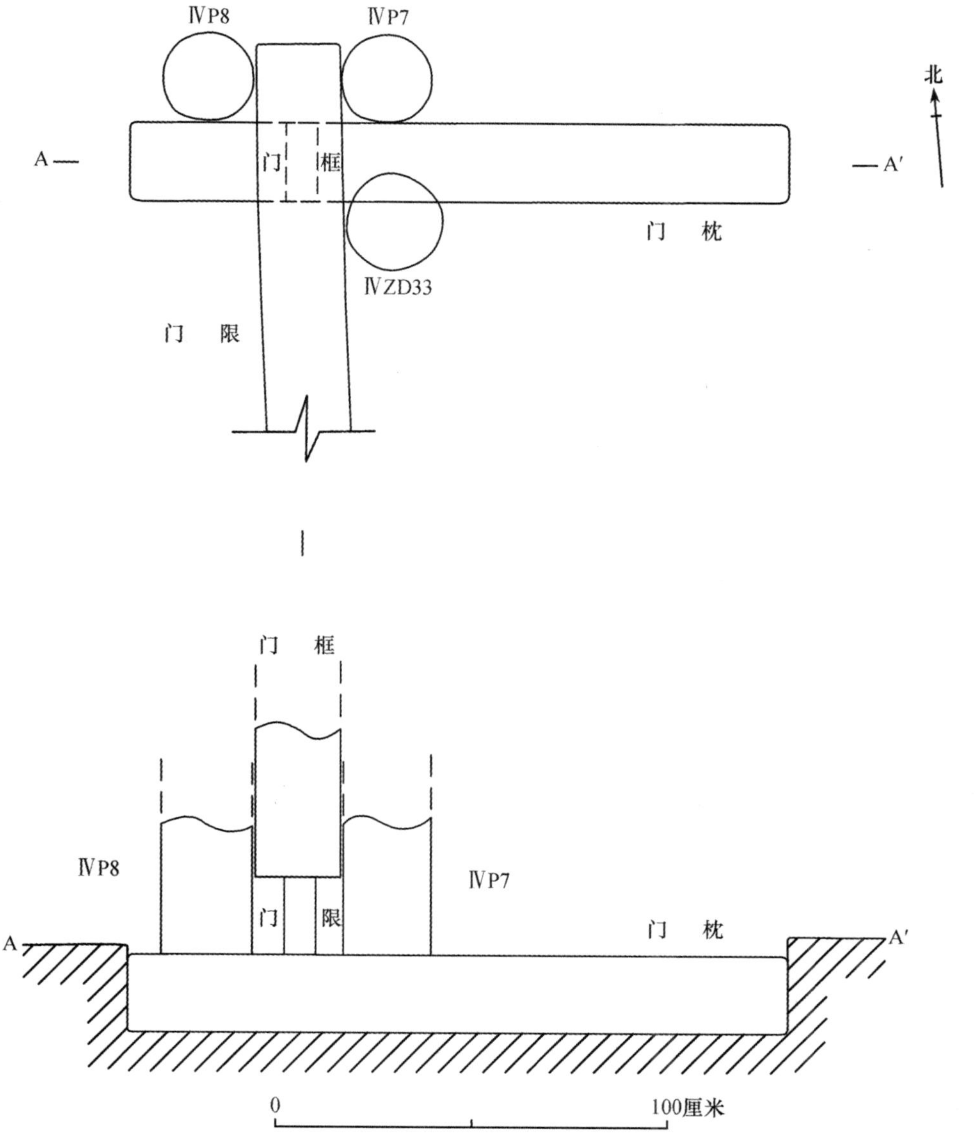

图2-4 门框平、剖面图

等建筑构件，以及红烧土块、木炭等。回廊东、南和西壁中部以及西南角、西北角各有1根木柱。回廊地面高于门道地面约1.46米（图2-5；图版2-10，1）。东南角有曲尺形踏步与门洞相通，踏步共4级，第一级长1.1、宽0.26、高0.53米；第二级长1.36、宽0.26、高0.3米；第三级长1.62、宽0.26、高0.28米；第四级上为回廊地面，有破损，高0.35米。踏步表面涂抹草拌泥，上抹白灰，转角处有一条红色地脚线。为保护踏步，踏面上均铺一块木板（图版2-8，2）。

南回廊 与北回廊隔门道相对。建于南门墩西端，高于门道1.21米。平面大致呈长方形。南北长8.25、东西宽3.2～3.53米。四壁筑墙。东壁依托城墙墙体，残高0.9米；南壁宽0.7、残高0.08米。北、西壁已经坍毁。回廊四角及东壁中部、北壁中部、西壁中部各立1根木柱。回廊地面及墙体表面抹草拌泥，上涂白灰。回廊内散落大量筒瓦、板瓦、瓦当等建筑构件，以及红烧土块、木炭等。东北角有曲尺形踏步与门道相通（图2-6）。踏步共四级，第一级长1.25、

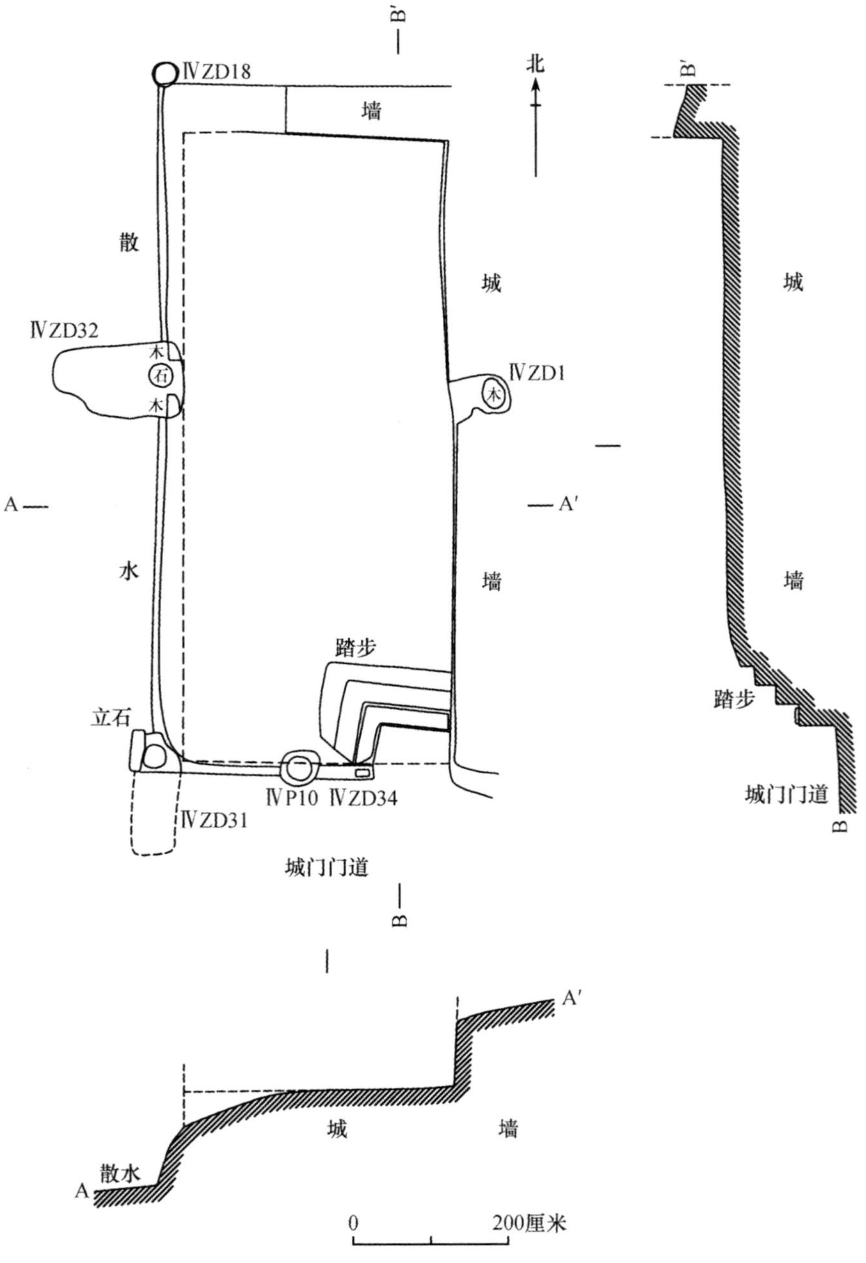

图2-5　北回廊平、剖面图

宽0.32、高0.35米；第二级长1.45、宽0.2、高0.2米；第三级长1.75、宽0.25、高0.28米；第四级上为回廊地面，有破损，高0.28米。踏步表面涂抹草拌泥，上抹白灰，转角处有一条红色地脚线。为保护踏步，踏面上均铺一块木板。

（四）散水

分别位于南、北回廊西侧，形制相同，均为夯筑。

北散水（BSS）　位于城门北回廊外，北端超出探方未发掘。平面呈圆角长方形，长9.2、

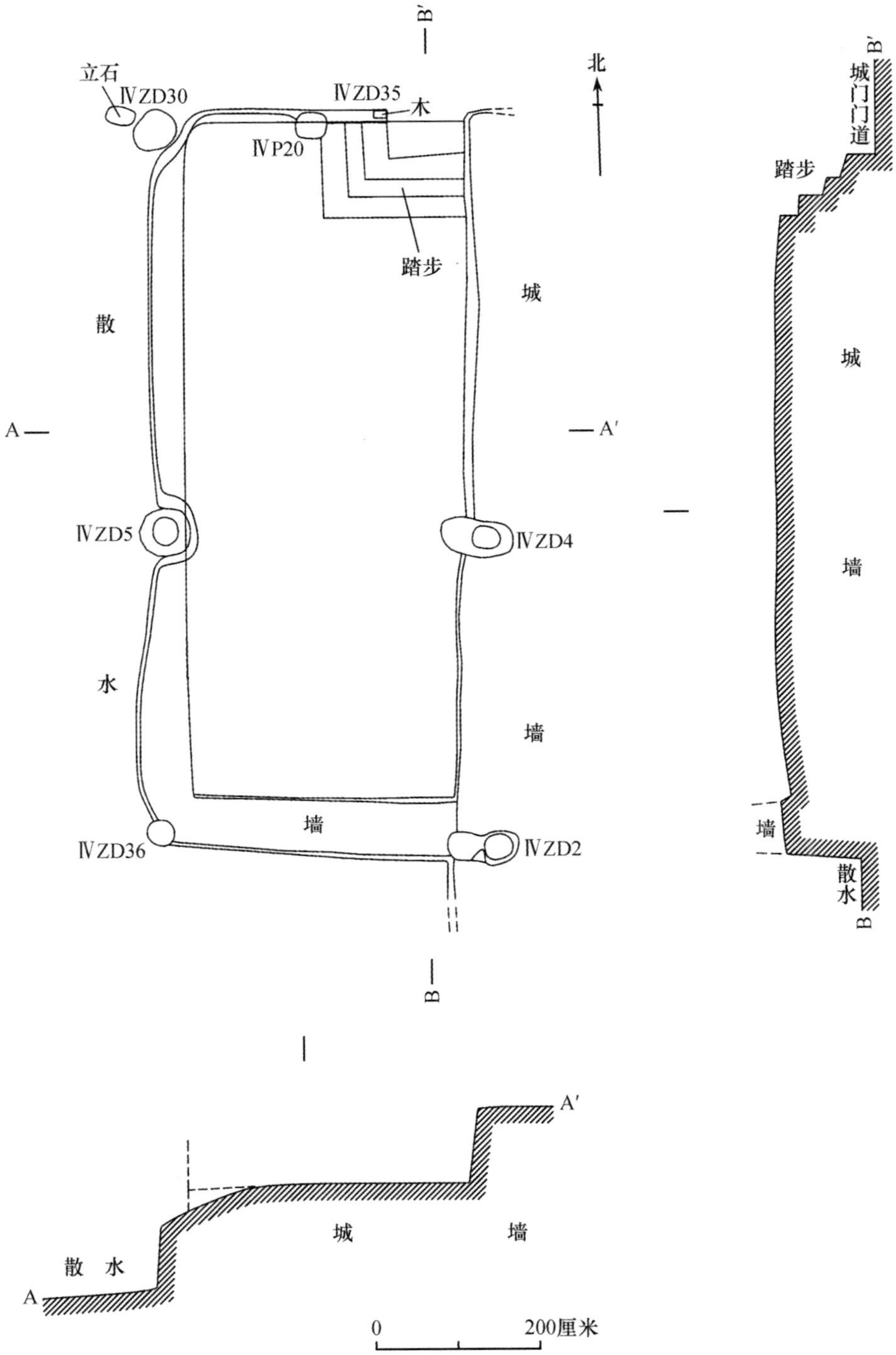
立石
ⅣZD30
ⅣZD35
木
ⅣP20
北
踏步
城
散
A
A′
B
B′
ⅣZD5
ⅣZD4
水
墙
ⅣZD36
ⅣZD2
城门门道
散水
0
200厘米

图2-6 南回廊平、剖面图

宽约1、高0.23～0.3米。表面东高西低。散水上散落大量筒瓦、板瓦、瓦当等建筑构件、红烧土块及木炭等（图2-7）。

南散水（NSS） 位于城门南回廊外，南端超出探方未发掘。平面呈曲尺形，长11.3、宽约1、高约0.23～0.3米。表面东高西低向外倾斜。散水上散落大量筒瓦、板瓦、瓦当等建筑构件、红烧土块及木炭等（图2-8）。

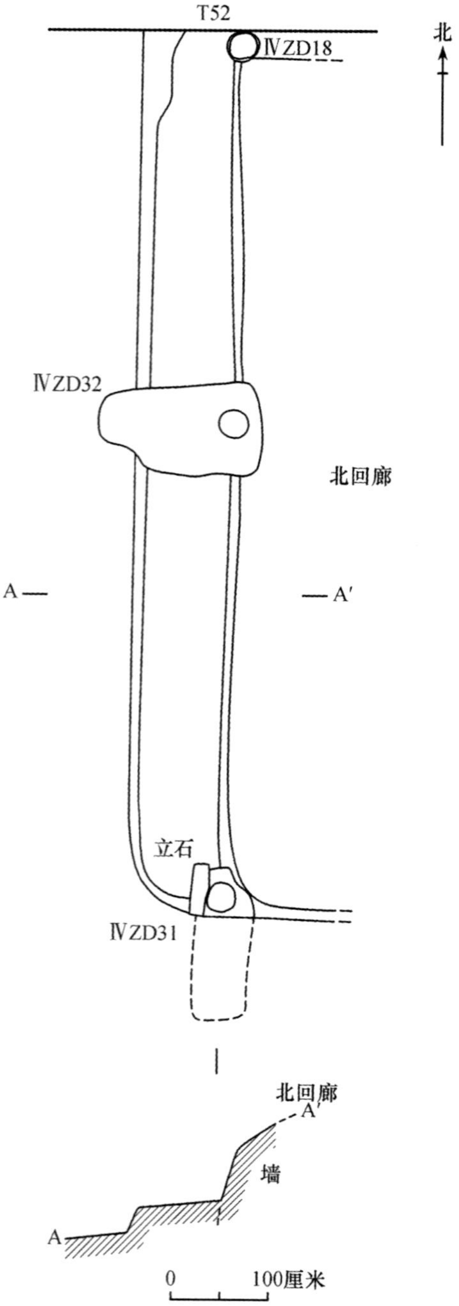

图2-7 北散水平、剖面图

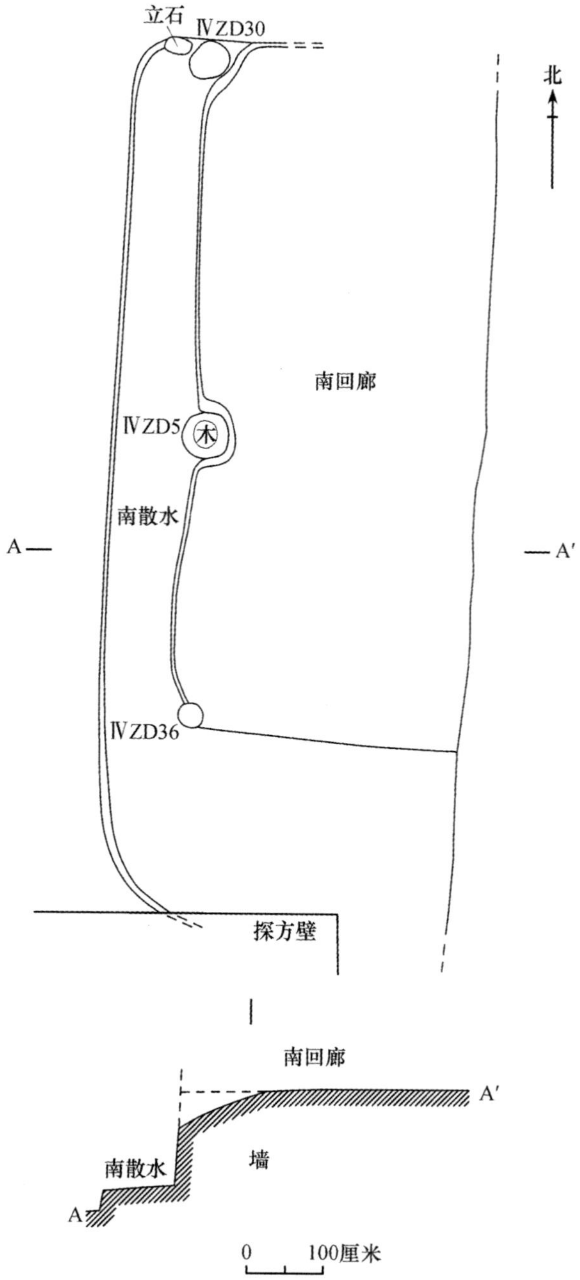

图2-8 南散水平、剖面图

（五）门塾

城门内侧共清理出门塾6座，ⅣF2位于门洞北壁东侧，ⅣF1、ⅣF3～ⅣF6位于南墩台东侧和南侧。房址保存较差。多已坍毁，仅存墙基。从残存遗迹看墙体以夯筑为主，部分贴砌土坯或采用木骨泥墙结构。部分墙体表面抹一层草拌泥，上涂白灰，边角绘一条红色地脚线。房址内残存大量坍塌土，内含烧毁的木柱、烧结的草拌泥块、烧结的土坯块、红烧土、炭粒、灰烬等，还出土了大量板瓦、筒瓦等建筑材料和少量陶器、石器残片。

ⅣF1　位于南墩台南部的城墙内。北部被ⅣH1、ⅣH2打破，东邻ⅣF4。平面呈长方形。南北长6.8、东西宽4.4米。四面以城墙墙体为壁。现存最高约2.3米。北墙东段底部贴砌土坯，残高约0.5米。房址地面平整，黑褐色土，土质致密。房址内发现柱洞13个，其中ⅣZD15、ⅣZD20和ⅣZD24位于西墙上，间距相似，约为1.1米。ⅣZD25～ⅣZD29、ⅣZD44等6个柱洞位于房址中东部，排列无规则；ⅣZD40～ⅣZD43位于南墙东西两端。门向不明。房顶已坍塌。房址内的坍塌堆积包含炭化木柱、烧结的草拌泥块、土坯块、墙皮、红烧土、炭粒等，还出土大量板瓦、筒瓦、瓦当等建筑材料以及陶罐和石磨盘各1件。结合房址内的柱洞分布情况推测，ⅣF1可能是上下城门楼的楼梯间（图2-9；图版2-11）。

ⅣF2　位于北墩台东侧城墙上，房址地面高于门道地面约1.5米。平面呈长方形。东西长4.05、南北宽3.45米。西、北面以城墙为壁，残高2米。墙体表面涂抹草拌泥，外施白灰。墙体底部再涂红色地脚线。东墙和南墙不存。东墙中部有柱洞1个；北壁有柱槽2个，柱槽间距2.3米。房址地面平整，土质致密，西北角保存完好，上面涂抹一层草拌泥。房顶已坍塌。房址内的坍塌堆积中包含大量板瓦、筒瓦、瓦当等建筑材料。东墙外北部有一个小平台，平面呈南北向长方形，长1.4、宽0.4～0.5、高0.3米。表面平铺一层土坯，共6块。土坯长0.42～0.52米，宽0.2米，厚0.3米。平台南连一条踏步，长1.5、顶部宽0.8、底部宽0.92、最高1.04米。踏步共有四级台阶。第一级宽0.32、高0.3米；第二级宽0.48、高0.37米；第三级宽0.23、高0.15米；第四级宽0.36、高0.1米。表面平铺6块土坯，土坯表面涂抹草拌泥，上抹白灰。为保护踏步，每层踩踏面上铺木板。推测房门开在东墙北部。踏步为进出房址的通道（图2-10）。

ⅣF3　位于门道东南，西邻城墙。坍塌严重，仅存少量遗迹。平面呈长方形，东西长3.1、南北宽2.4米。西墙依托城墙墙体起建，残高0.82米。墙体表面涂抹草拌泥，上抹白灰，墙底部白灰上再涂红色地脚线。北墙残长1.2、宽0.95、高约0.2米。南墙仅存与西墙连接的转角部分，残长约0.2米。未见东墙，门向不明。北墙东南角有ⅣZD10，ⅣF3西南角有ⅣZD22。房址地面平整，土质致密，填土中包含大量坍塌的板瓦、筒瓦、瓦当等建筑材料。南墙外有一条踏步通向城门南墩台，现存两级台阶，踏步残长1.8、宽2.1、高0.8米（图2-11）。

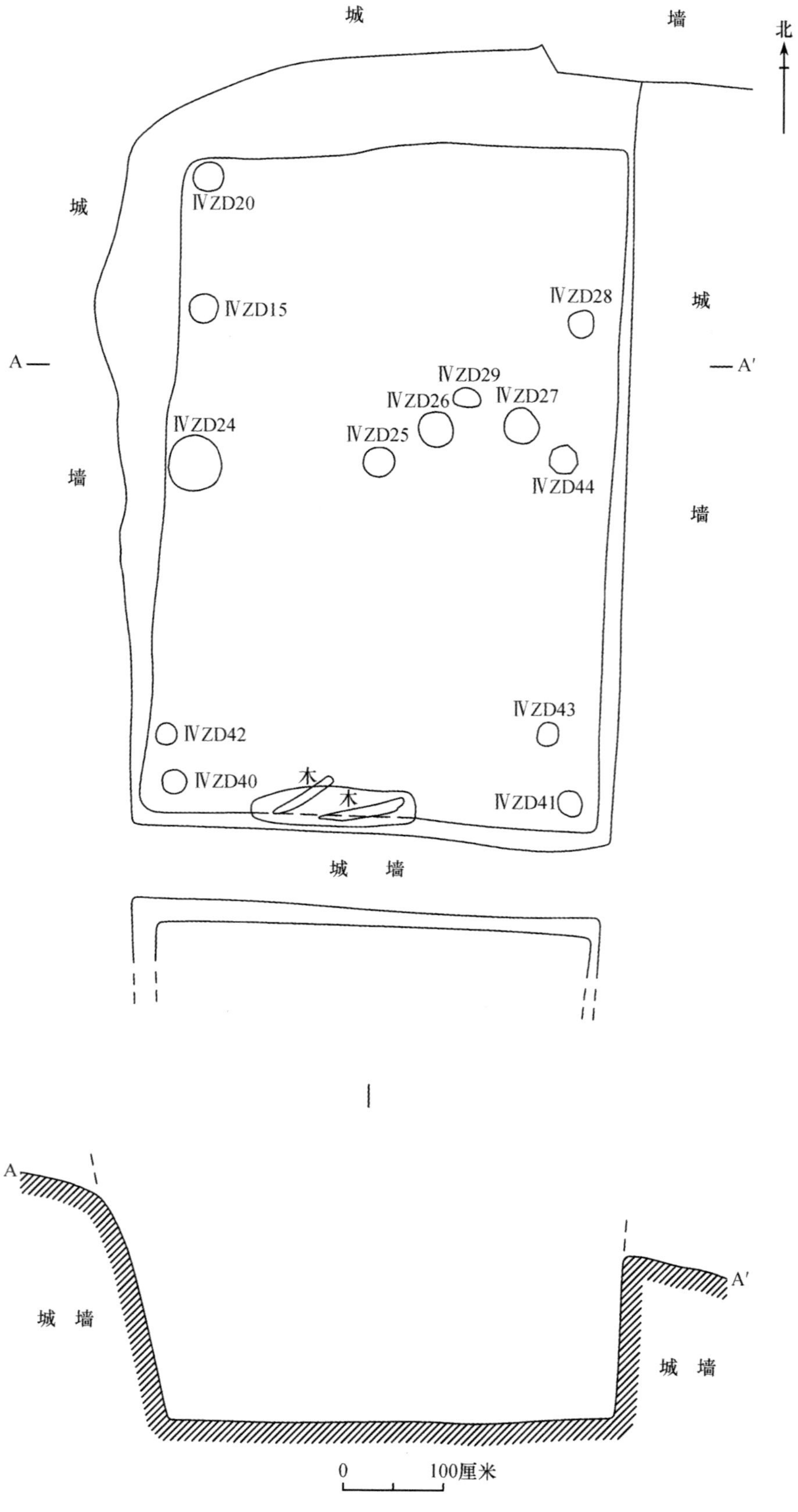
城
墙
北
城
墙
城
墙
A
A′
ⅣZD20
ⅣZD15
ⅣZD28
ⅣZD29
ⅣZD26
ⅣZD27
ⅣZD24
ⅣZD25
ⅣZD44
ⅣZD43
ⅣZD42
ⅣZD40
木
木
ⅣZD41
城　墙
A
A′
城　墙
城　墙
0　100厘米

图2-9　ⅣF1平、剖面图

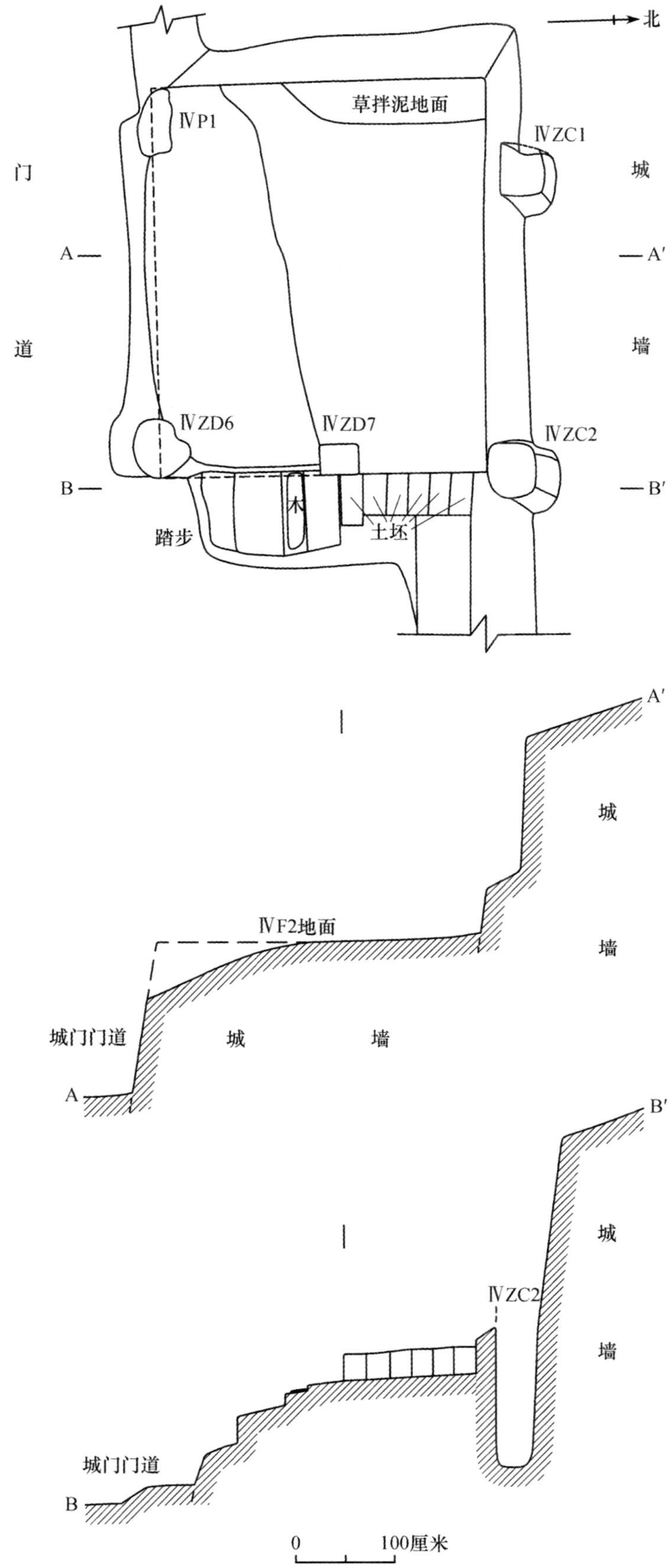

图2-10 ⅣF2平、剖面图

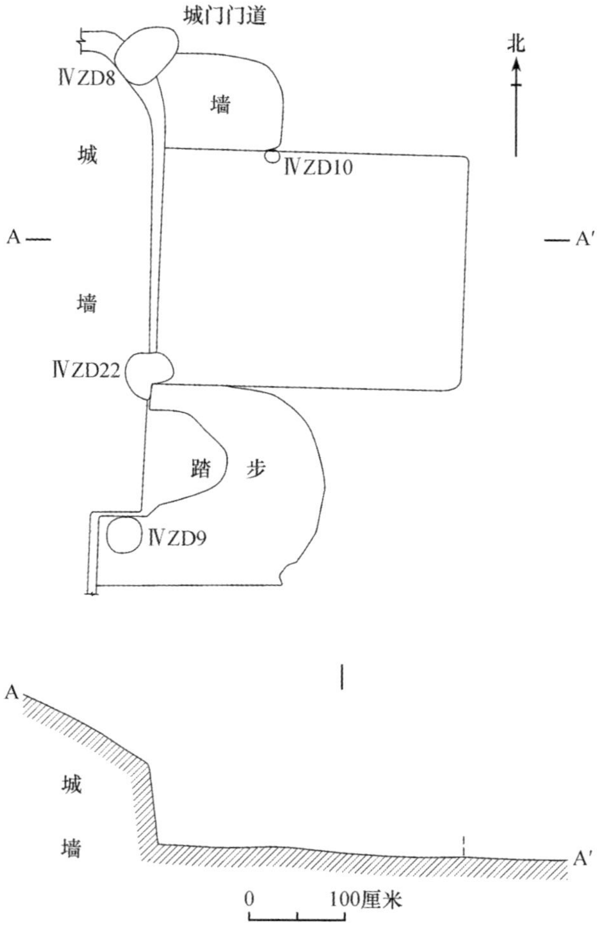

图2-11　ⅣF3平、剖面图

ⅣF4　位于ⅣF3南侧，西部叠压在F1东增筑城墙之下。东西长7.92、南北宽4.5米。东、南、西墙夯筑，宽1.2～1.5、残高0.85～1米。北墙为土芯木柱包边结构，中心部分为黄土夯筑，南北两侧各插立一排细木柱。残宽0.4～0.6，残高0.2米。木柱直径约0.1～0.15米。木柱外涂抹草拌泥墙皮，外施白灰。门位于南墙东端，门道平面呈外窄内宽的梯形，外侧宽1.1米，内侧宽1.27米。门道长1.5米。门限位于外侧。木质，长1.35、宽0.07、高0.2米。两端压在墙壁内，其下各垫一块门枕木。长0.7、宽0.25、高0.1米。房址地面平整，土质致密，坍塌土中包含大量坍塌的板瓦、筒瓦、瓦当、未燃尽的木柱等建筑材料（图2-12）。

ⅣF5　位于ⅣF1南侧，由于道路限制，仅清理出南侧小部分。东西长4.25、清理部分南北宽1.13米。墙体夯筑，宽1.1、残高1.55米。东北角放置陶盆1件（图2-13）。

ⅣF6　位于ⅣF4东侧，由于道路及耕地限制，仅清理出西侧小部分。清理部分东西长0.9、南北宽4.46米。墙体夯筑，宽1.25、残高0.92米（图2-14）。

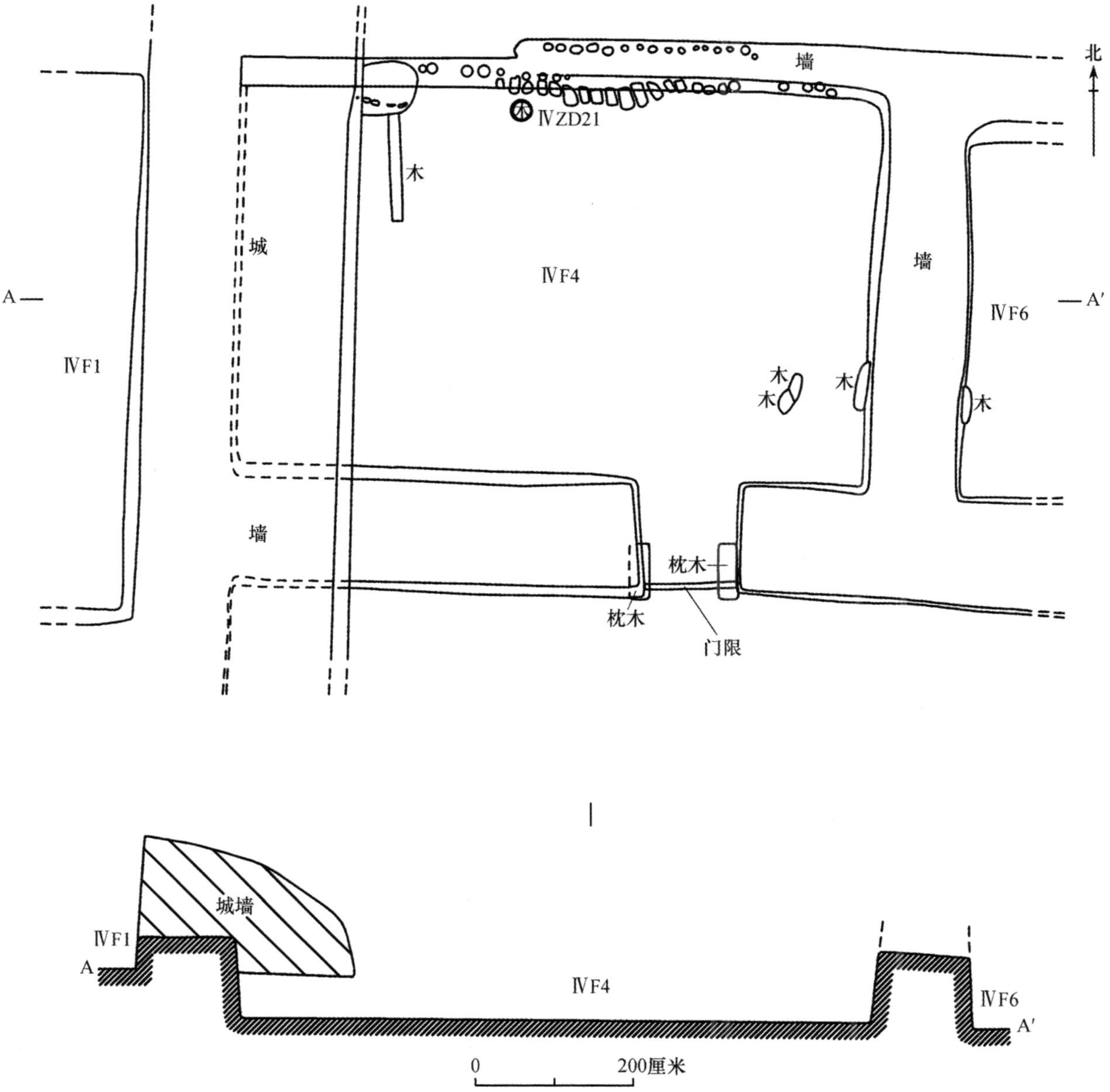

图2-12　ⅣF4平、剖面图

（六）柱洞

72个，其中编号柱洞45个、柱槽7个、排叉柱20（有4个未发掘）。部分柱洞及排叉柱未清理。根据平面形状可分为“甲”字形、长方形、圆形、椭圆形和不规则形等五种，剖面形状有“U”形、梯形和带斜坡的勺形3种。壁面较平整。填土中包含瓦片和红烧土颗粒，部分残留烧焦的朽木。少数柱洞底部有柱础石。

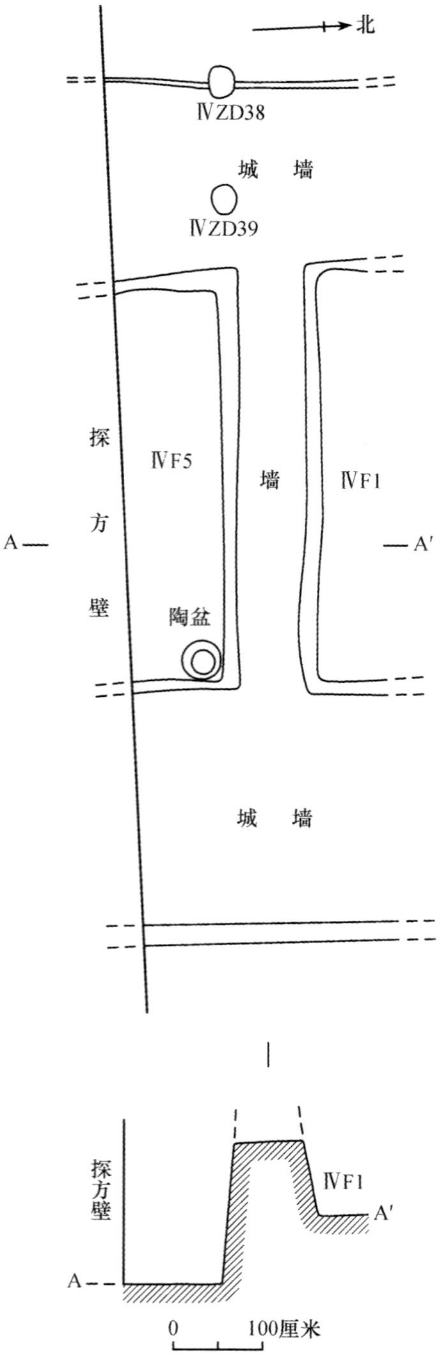

图2-13　ⅣF5平、剖面图

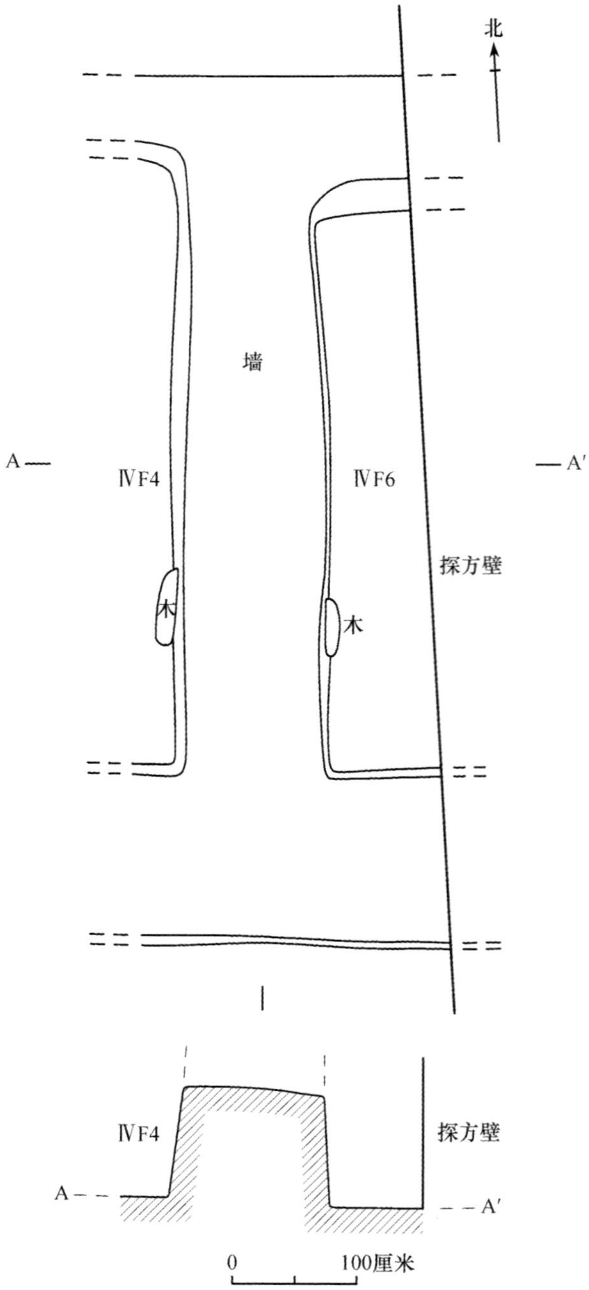

图2-14　ⅣF6平、剖面图

ⅣZD1　位于北回廊东墙中部，凿于北墩台西墙上。柱槽平面大致呈长方形，未解剖，剖面形制不明。口部长0.75、宽0.55。木柱位于柱洞东侧，柱洞直径0.3、深1.61米（图2-15）。

ⅣZD2　位于南回廊东南角上。柱槽平面呈椭圆形，剖面呈带斜坡的勺形。口部长轴0.85、短轴0.4米。南壁中部直立一块三角形草拌泥块，以卡木柱。木柱位于柱槽东侧，直径0.34、残高约1米。柱洞西侧为斜坡状开挖槽，深约0.6米（图2-16）。

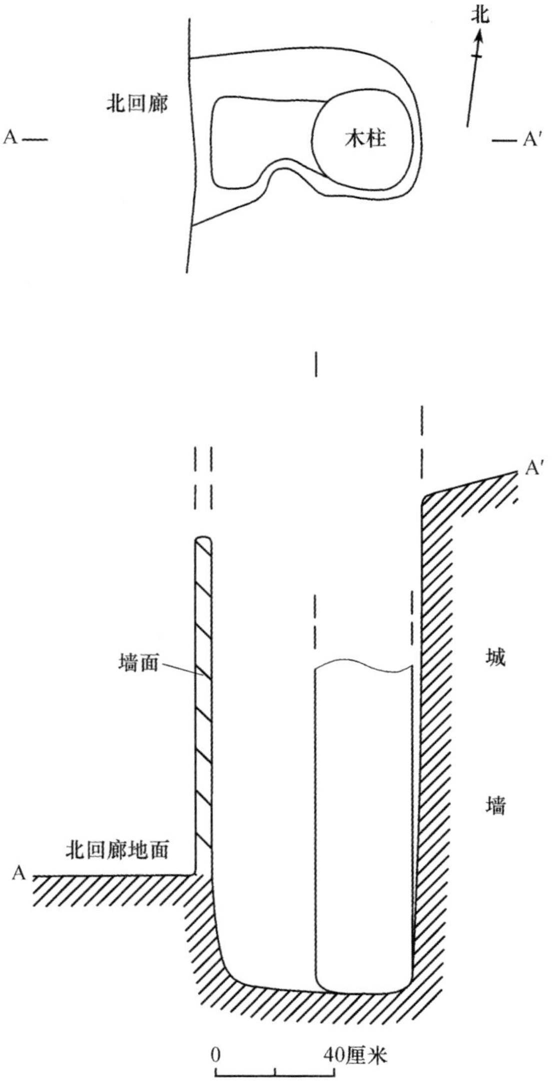

图2-15　ⅣZD1平、剖面图

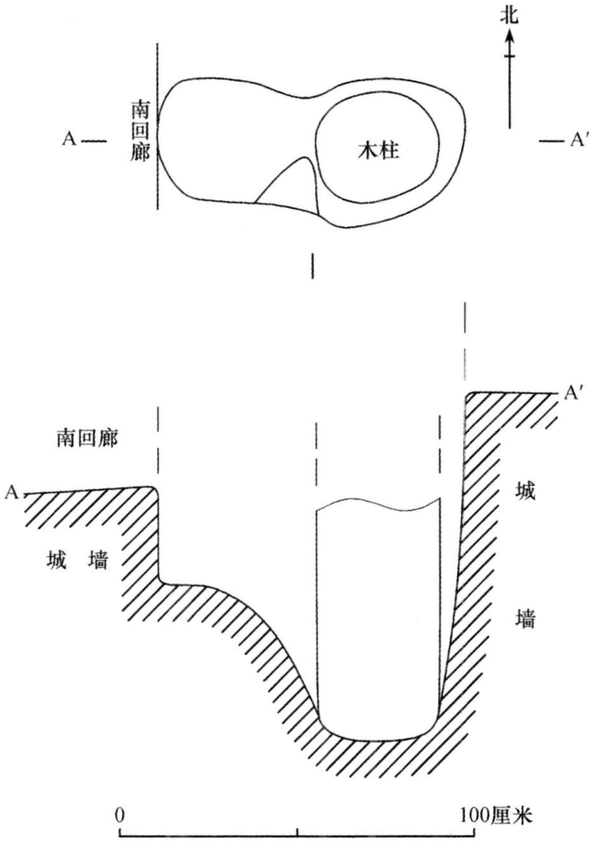

图2-16　ⅣZD2平、剖面图

ⅣZD3　位于南墩台南部墙体上，ⅣZD2东南侧。柱洞平面呈圆形，剖面呈“U”形。壁面有一层火烧瘤。柱洞内残留少量朽木，柱洞直径0.36、深0.66米（图2-17）。

ⅣZD4　位于南回廊东壁中部墙体上，ⅣZD2北侧，柱槽平面呈椭圆形，未解剖，剖面形制不明。口部长轴0.88、宽轴0.44米。木柱位于柱洞东侧，直径0.2米，木柱底部到墙顶残高2米。柱槽底部距南回廊地面0.24米（图2-18）。

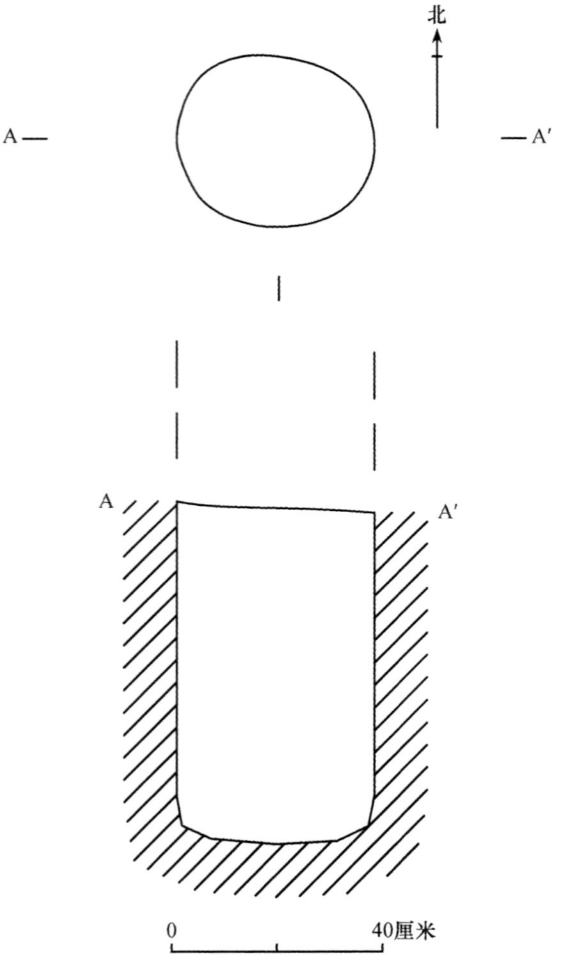

图2-17　ⅣZD3平、剖面图

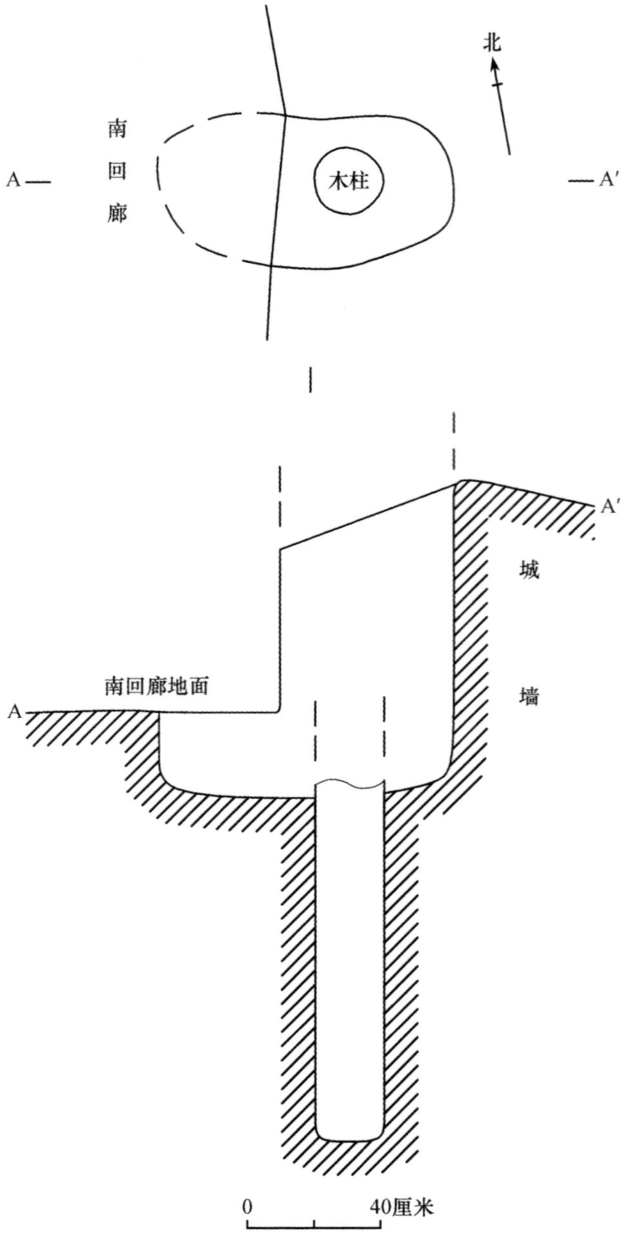

图2-18　ⅣZD4平、剖面图

ⅣZD5　位于南回廊西侧中部，散水东侧。柱槽形制应与ⅣZD32同。只清理了东侧柱洞部分，开挖槽未清理。柱洞内残留有朽木，柱洞直径0.3米，底部距南回廊地面约1.9米（图2-19）。

ⅣZD6　位于门道北侧东端墙体转角处，F2东南角。柱槽口部平面呈不规则形。最长0.6、最宽0.58米。洞内残留朽木，其西边和北边各楔立一方形小木柱以固定。木柱直径0.26、残长0.86米，柱洞底部距墙顶1.8米；北边小木柱长0.2、宽0.15、底部距墙顶高1.3米；西边小木柱长0.15、宽0.1、底部距墙顶高1.6米（图2-20）。

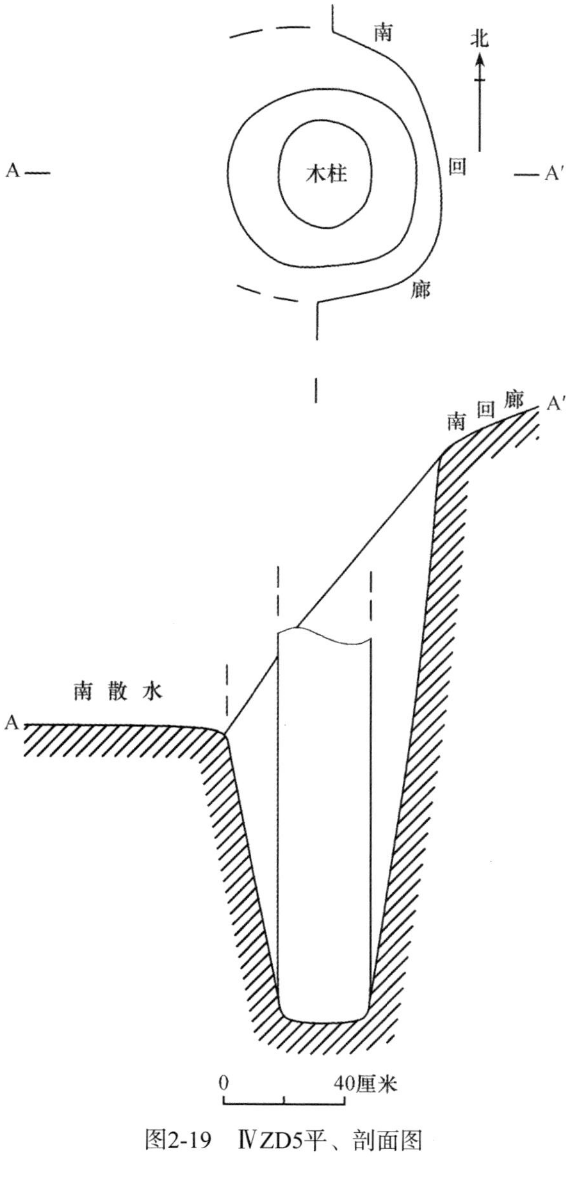

图2-19　ⅣZD5平、剖面图

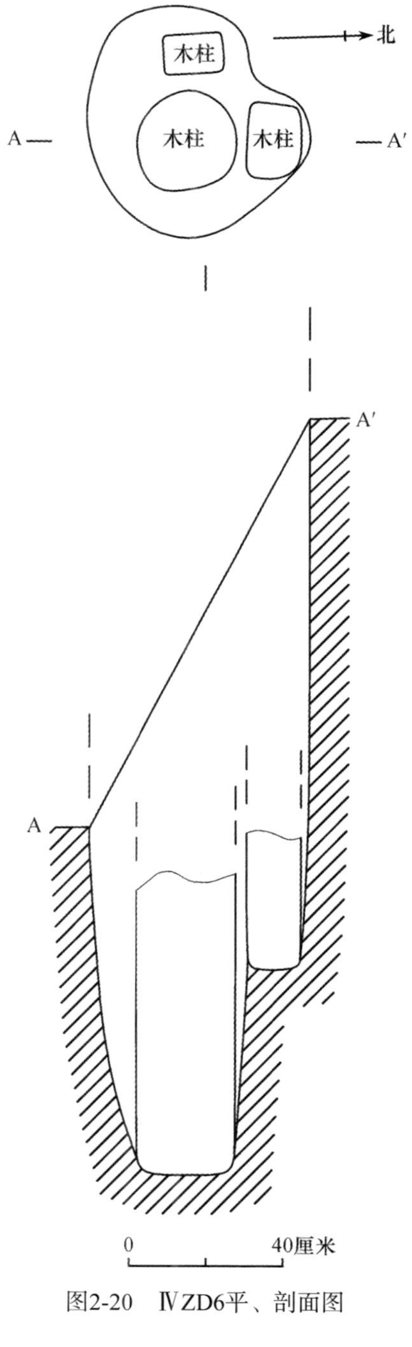

图2-20　ⅣZD6平、剖面图

ⅣZD7　位于ⅣF2东侧墙体内。柱洞平面呈残长方形。长0.35、宽0.3米。洞内残留朽木，直径0.24米（图2-21）。

ⅣZD8　位于门道南侧东端墙体转角处。柱槽口部平面呈不规则形，最长0.69、最宽0.48米。木柱立于柱槽西侧，西边和西南角楔入两个圆形小木柱用于固定。木柱直径0.3、残长1米；西边木柱残长0.08米，西南角木柱残长0.05米（图2-22）。

ⅣZD9　位于ⅣF4北墙北侧，F3南侧，踏步西南角。柱洞平面呈圆形，剖面呈“U”形。直径0.36、深1.1米（图2-23）。

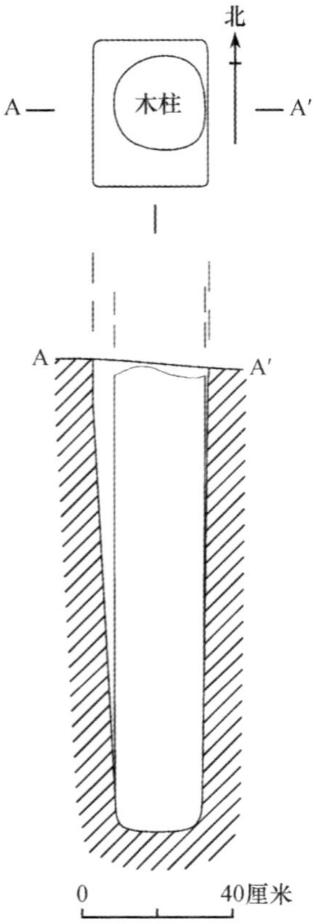

图2-21　ⅣZD7平、剖面图

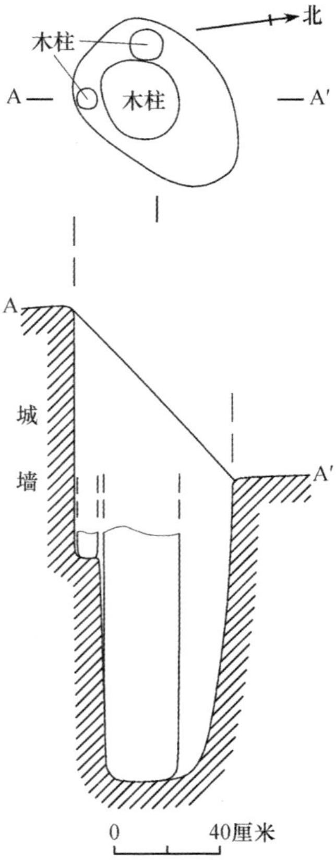

图2-22　ⅣZD8平、剖面图

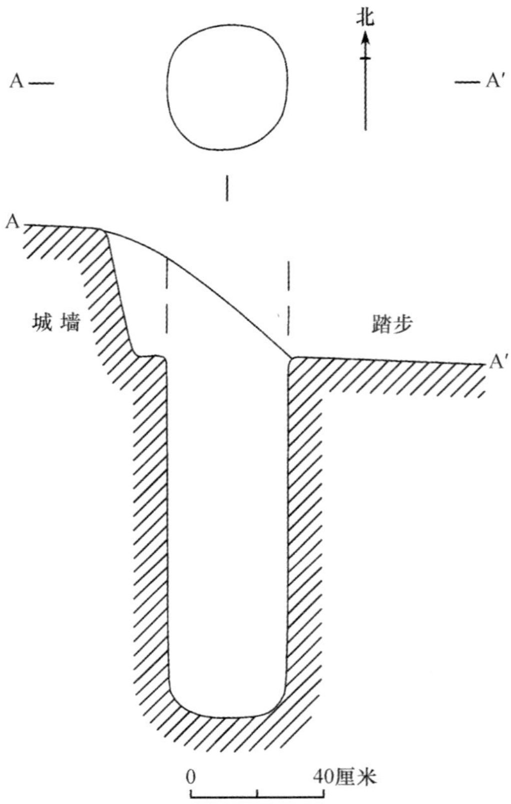

图2-23　ⅣZD9平、剖面图

ⅣZD10　位于ⅣF3北墙东南角。柱洞平面呈圆形，剖面呈“U”形。柱洞内残留有朽木，直径0.16、残深0.6米（图2-24）。

ⅣZD11　位于北城墙踏步东侧墙体上。柱洞平面呈长方形，剖面呈“U”形，长0.4、宽0.35、北侧深0.5、南侧深0.28米（图2-25）。

ⅣZD12　位于ⅣZC7东南角墙体上。柱洞平面呈圆形，剖面呈“U”形。柱洞内残留有朽木，直径0.34、北侧深2.29、南侧深1.68米（图2-26）。

ⅣZD13　位于北城墙踏步东侧墙体上，ⅣZD11东南。柱洞平面呈圆形，剖面呈“U”形。直径0.3、北侧深0.3、南侧深0.2米（图2-27）。

ⅣZD14　位于北城墙踏步东侧墙上，ⅣZD12东南。柱洞平面呈圆形，剖面呈“U”形。

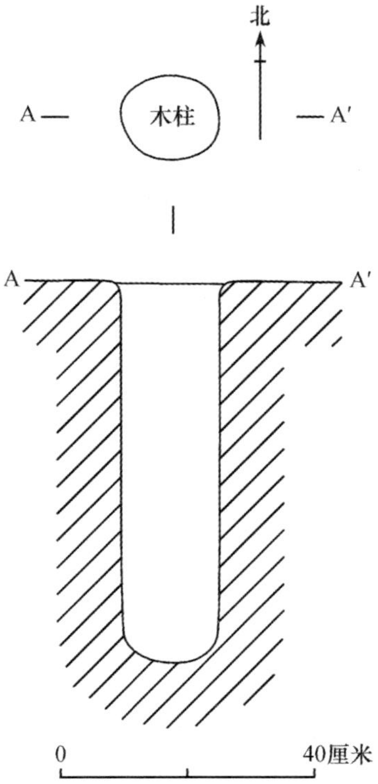

图2-24 ⅣZD10平、剖面图

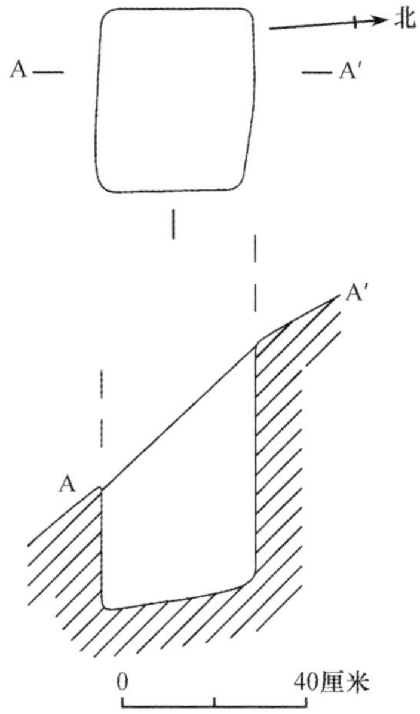

图2-25 ⅣZD11平、剖面图

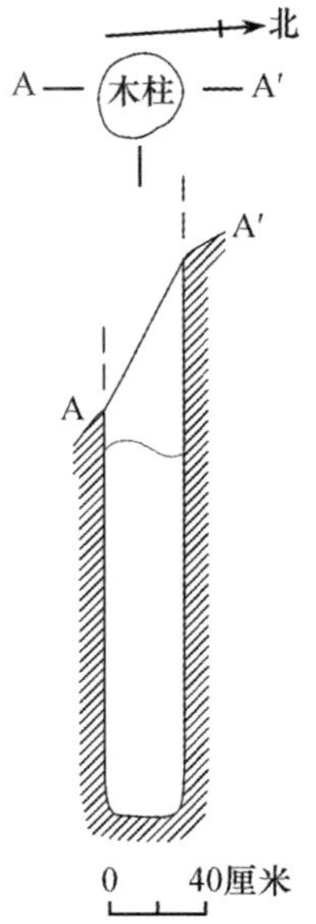

图2-26 ⅣZD12平、剖面图

柱洞内残留有朽木。直径0.22、北侧深0.55、南侧深0.26米（图2-28）。

ⅣZD15 位于ⅣF1西壁下中部地面上，北为ⅣZD20，南为ⅣZD24。柱洞平面呈圆形，剖面呈“U”形。柱洞内残留有朽木。直径0.28、底部距ⅣF1地面深约1米（图2-29）。

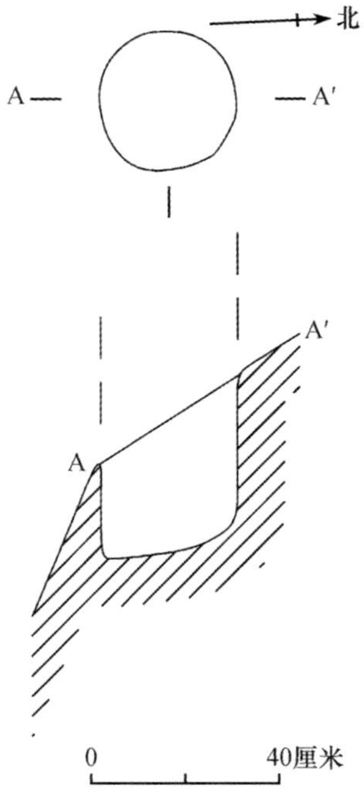

图2-27 ⅣZD13平、剖面图

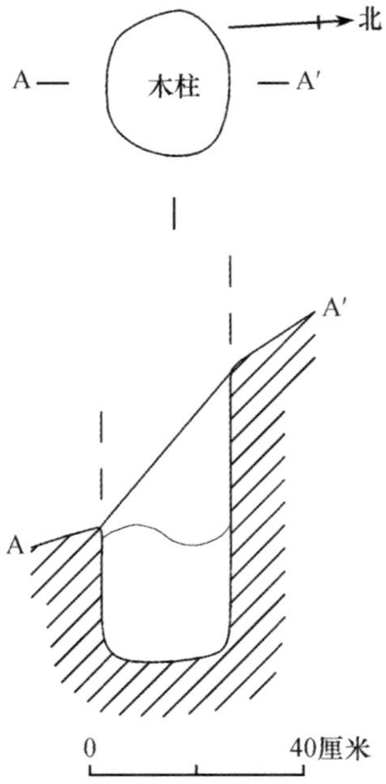

图2-28 ⅣZD14平、剖面图

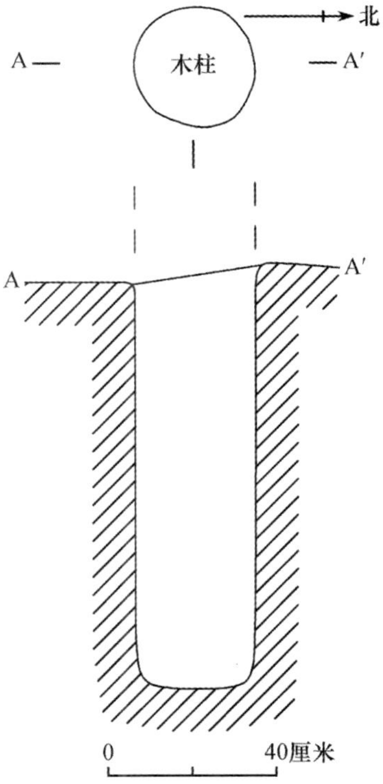

图2-29 ⅣZD15平、剖面图

ⅣZD16　位于北城墙东侧墙顶上，东为ⅣZD17。平面呈圆形，剖面呈“U”形。柱洞内残留有朽木。直径0.3、柱洞底部距北城墙顶深约0.3米（图2-30）。

ⅣZD17　位于北城墙东侧墙顶上，西为ⅣZD16。柱洞平面呈圆形，剖面呈“U”形。柱洞内残留有朽木。直径0.33、柱洞底部距墙顶约0.2米（图2-31）。

ⅣZD18　位于北回廊西北角，散水东北角的墙体上。柱槽形制应与ⅣZD32同，只清理了东侧柱洞部分，开挖槽未清理。柱洞平面呈圆形，剖面呈“U”形。内残留有朽木。柱洞直径0.32、朽木直径0.27米，柱洞底部距北回廊顶残高1.75米（图2-32）。

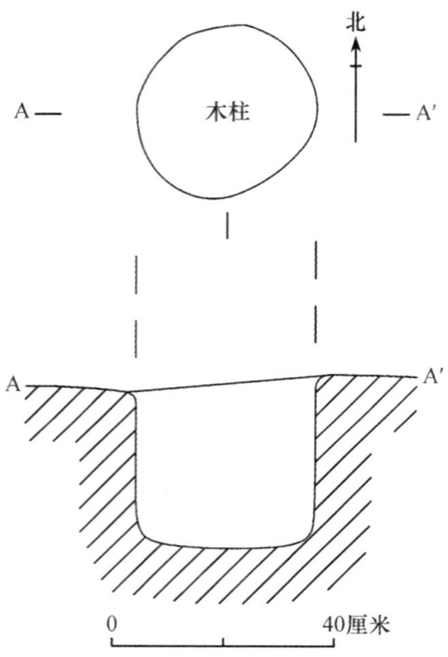

图2-30　ⅣZD16平、剖面图

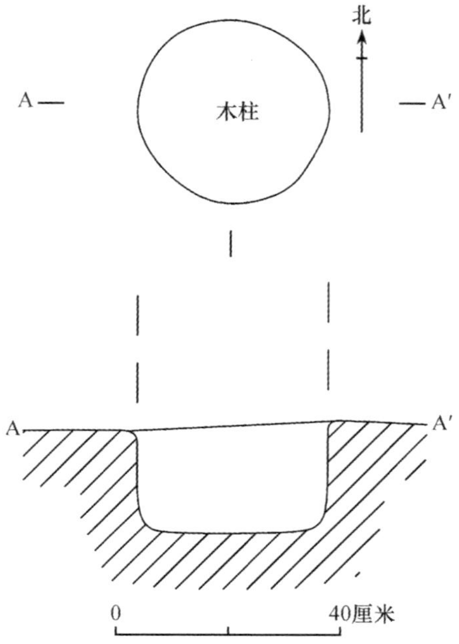

图2-31　ⅣZD17平、剖面图

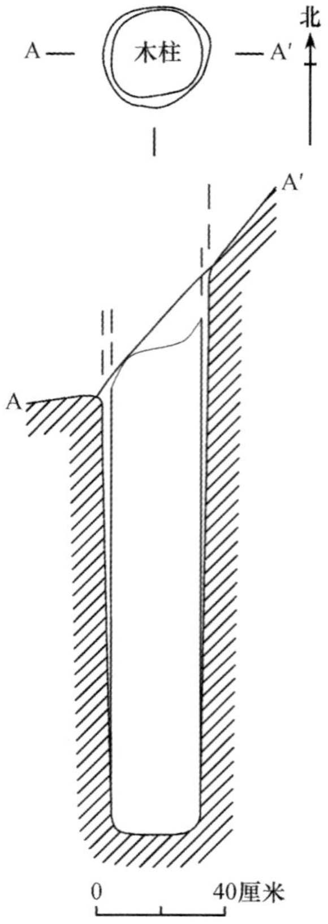

图2-32　ⅣZD18平、剖面图

ⅣZD19　位于北城墙中部北侧墙顶上。柱洞平面呈方形，剖面呈“U”形。口部边长0.23米。柱洞内残留有朽木。直径0.18、柱洞底距墙顶残高1.35米（图2-33）。

ⅣZD20　位于ⅣF1西北角地面上，南为ⅣZD15。柱洞平面呈圆形，剖面呈“U”形。直径0.3、柱洞底距F1地面残深1.05米（图2-34）。

ⅣZD21　位于ⅣF4北侧地面上，临近北墙中部。平面呈圆形，剖面呈“U”形，洞内残留朽木。柱洞直径0.25、木柱直径0.2、柱洞底部距ⅣF4地面0.87米（图2-35）。

ⅣZD22　位于ⅣF3西南角墙上。柱槽平面呈不规则形，剖面阶梯形。口部长0.5、宽0.45米。木柱立于西侧，仍残留有朽木，直径0.2米。柱槽东侧有开挖槽。开挖槽距地面0.17、柱洞底部距F3地面0.75米（图2-36）。

ⅣZD23　位于F1北墙下地面上。柱洞平面呈圆形，剖面呈“U”形，直径0.5米。洞内残

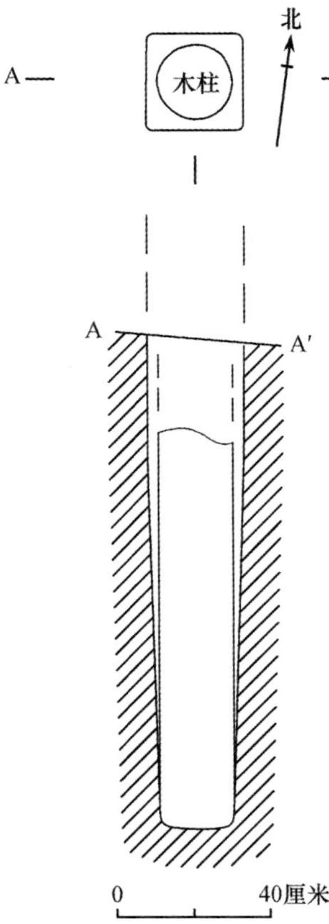

图2-33 ⅣZD19平、剖面图

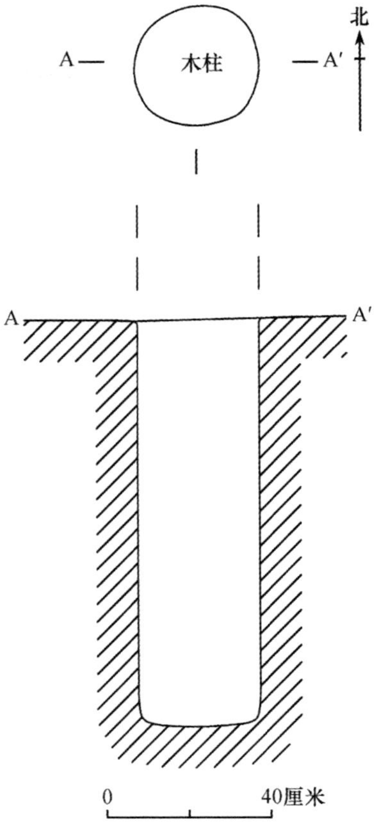

图2-34 ⅣZD20平、剖面图

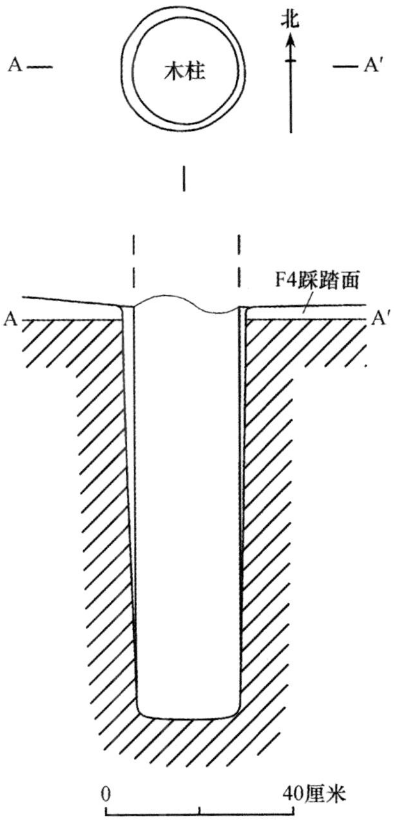

图2-35 ⅣZD21平、剖面图

留有朽木。直径0.3、残高0.5米。底部有若干不规则片石堆砌形成的柱础石，片石厚约5厘米（图2-37）。

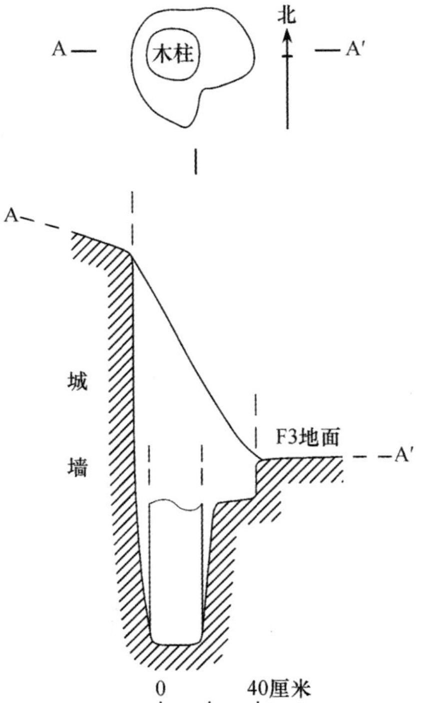

图2-36 ⅣZD22平、剖面图

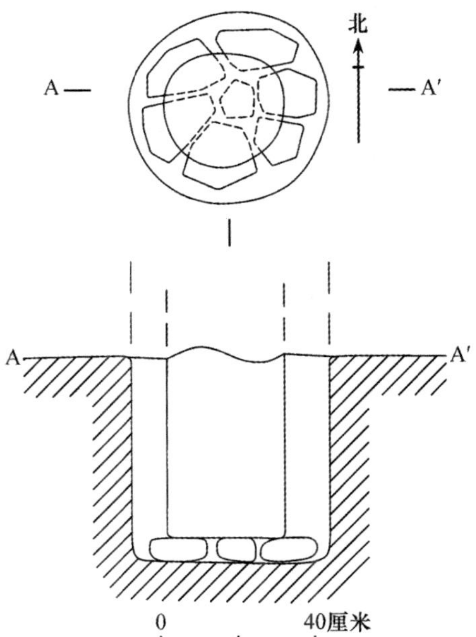

图2-37 ⅣZD23平、剖面图

ⅣZD24　位于ⅣF1西侧墙壁下地面上，北为ⅣZD15。柱洞平面呈圆形，剖面呈“U”形。洞内残留朽木。直径0.51、柱洞底距ⅣF1地面约1米（图2-38）。

ⅣZD25　位于ⅣF1中部地面上，西为ⅣZD24，东北为ⅣZD26。柱洞平面圆形，剖面呈“U”形。洞内残留朽木。直径0.3、柱洞底距ⅣF1地面1米（图2-39）。

ⅣZD26　位于ⅣF1中部地面上，东北为ⅣZD29。柱洞平面呈圆形，剖面呈“U”形。洞内残留有朽木。直径0.33、柱洞底距ⅣF1地面1.09米（图2-40）。

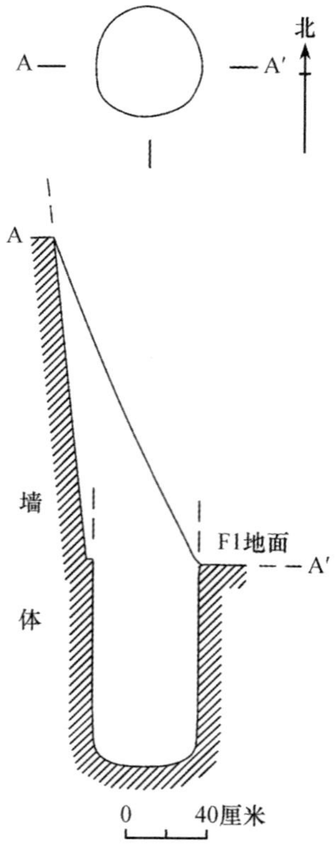

图2-38　ⅣZD24平、剖面图

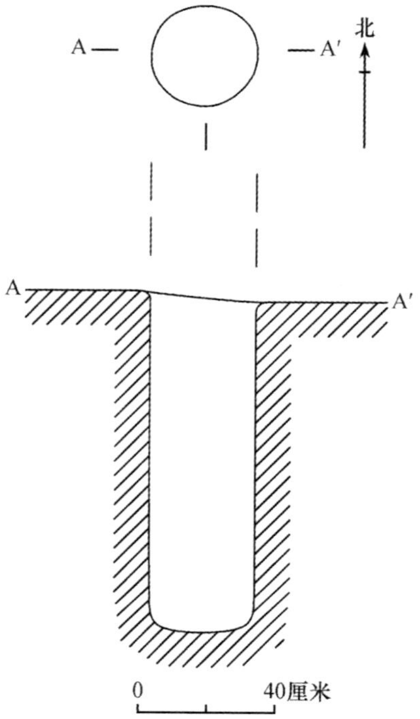

图2-39　ⅣZD25平、剖面图

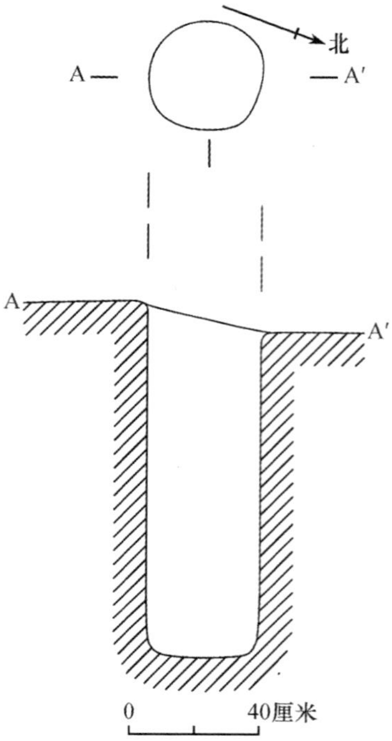

图2-40　ⅣZD26平、剖面图

ⅣZD27　位于ⅣF1东部地面上，东北为ⅣZD28。柱洞平面呈圆形，剖面呈“U”形。洞内有木柱。直径0.34、柱洞底距ⅣF1地面0.5米（图2-41）。

ⅣZD28　位于ⅣF1东北部地面上，西南为ⅣZD27。柱洞平面呈圆形，剖面呈“U”形。洞内有木柱。直径0.28、柱洞底距ⅣF1地面深1.33米（图2-42）。

ⅣZD29　位于ⅣF1中东部地面上。平面呈椭圆形，长径0.26、短径0.21米。洞内残存朽木，上部已炭化。直径0.2、柱洞底距ⅣF1地面101厘米（图2-43）。

ⅣZD30　位于南回廊西北角。形制应与ⅣZD31同。未清理发掘。

ⅣZD31　位于北回廊西南角。柱槽平面略呈长方形，剖面呈勺形。长1.66、宽0.62、底部最宽0.47米。木柱立于北侧靠近墙体处。直径0.3、残高0.87米。木柱西侧有一立石。高1.16、宽0.52、厚0.14米。北侧和东侧各立一方形小木柱，北侧方木柱残高0.32、东侧方木柱残高0.34米。柱槽南侧为斜坡状开挖槽。柱洞底部距回廊顶1.5米（图2-44）。

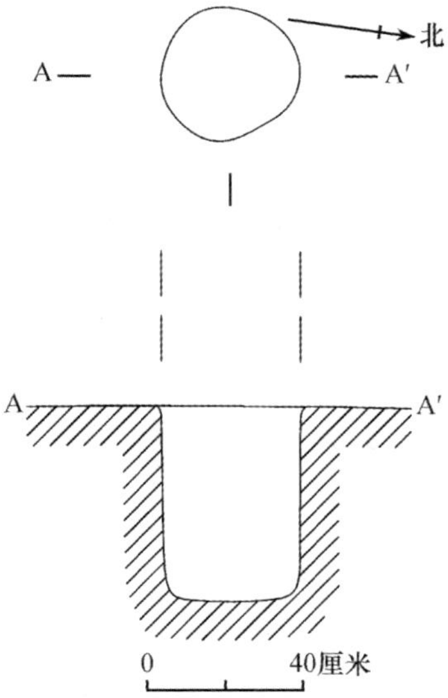

图2-41　ⅣZD27平、剖面图

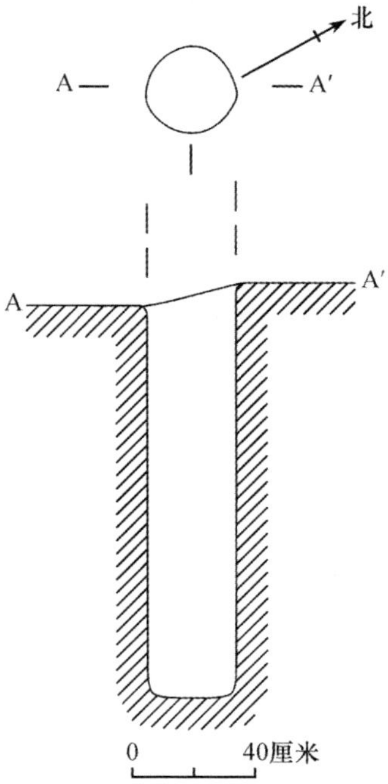

图2-42　ⅣZD28平、剖面图

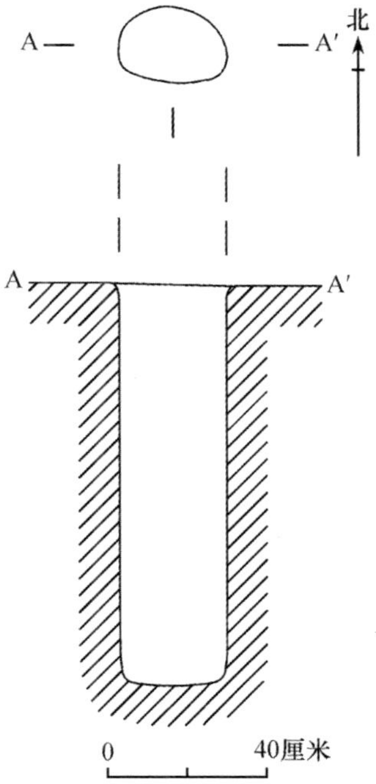

图2-43　ⅣZD29平、剖面图

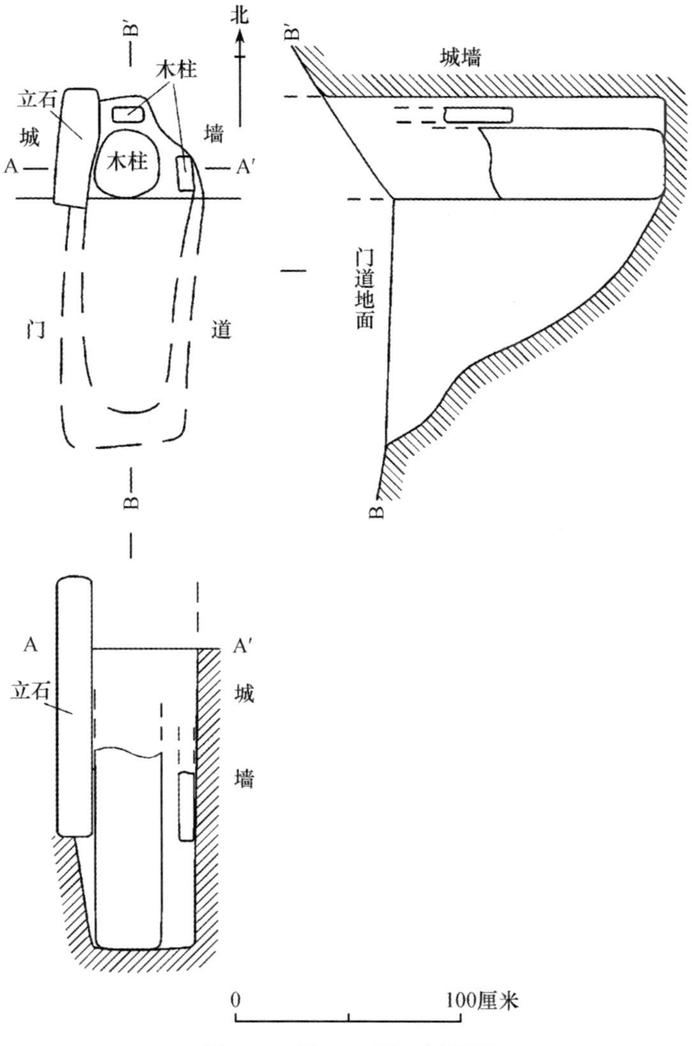

图2-44　ⅣZD31平、剖面图

ⅣZD32　位于北回廊西壁中部，散水东侧。柱槽平面略呈“甲”字形，剖面呈勺形，长1.68、宽0.97、深1.09米。木柱立于东侧，直径0.32、残长1.17米。木柱东北角和东南角各楔入一根细木柱，东北角木柱直径0.12米，残长1.2米。东南角木柱直径0.11、残长1.3米。底部用三块碎石片平置形成柱础石。柱槽西侧为斜坡状开挖槽，口大底小，口部长1.2、宽0.95米（图2-45）。

ⅣZD33　位于门道北壁中部，城门门限东侧和门枕南侧。开口于地面。柱洞平面呈圆形，剖面呈“U”形。洞内残留有朽木。直径0.25米，柱洞底部距地面1.05米（图2-46）。

ⅣZD34　位于门道北壁西侧，北回廊踏步西侧，西邻ⅣP10。开口于北回廊踏步第一层台阶下。柱洞平面呈方形，剖面呈“U”形。口部长0.17、宽0.1、深0.09米（图2-47）。

ⅣZD35　位于南回廊踏步西侧，ⅣP20东侧。开口于南回廊踏步第一层台阶下。柱洞平面呈方形，剖面呈“U”形。口部长0.15、宽0.08、深0.1米（图2-48）。

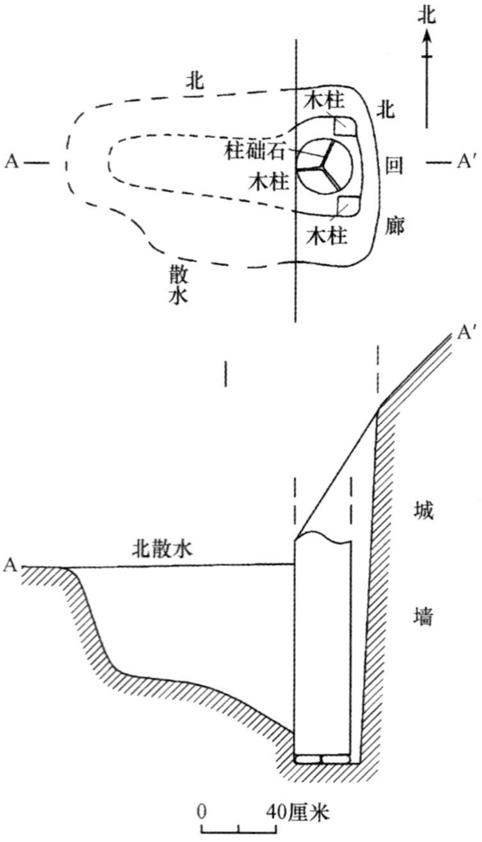

图2-45　ⅣZD32平、剖面图

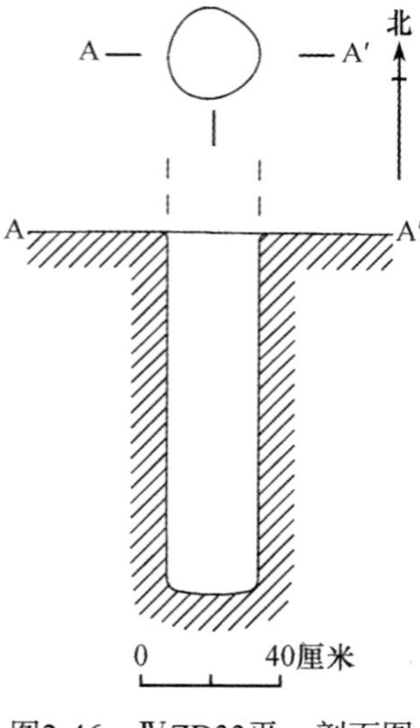

图2-46　ⅣZD33平、剖面图

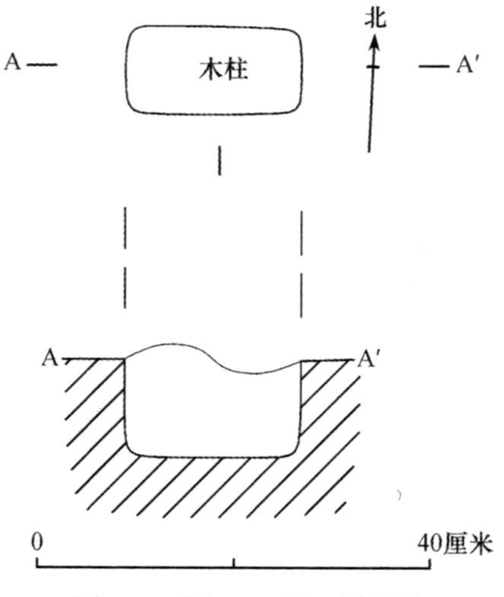

图2-47　ⅣZD34平、剖面图

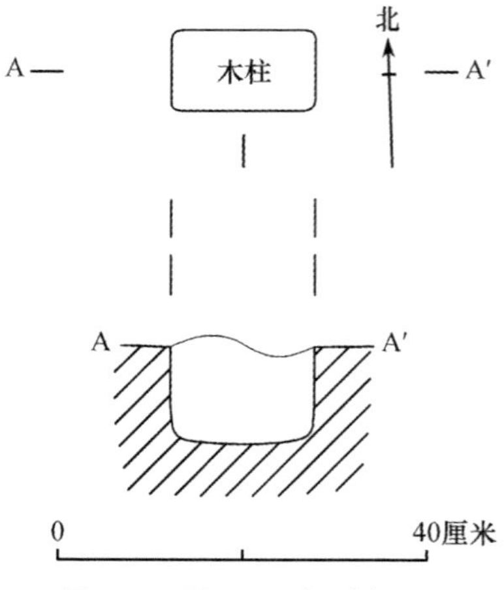

图2-48　ⅣZD35平、剖面图

ⅣZD36　位于北墩台东部。柱洞凿于西城墙壁上。平面呈椭圆形，剖面呈“U”形。长轴0.34、短轴0.32、残深1.47米。内残留一截木柱。残高1.04米（图2-49）。

ⅣZD37　位于北墩台东部，东邻ZD38，西邻ZD36。柱槽凿于城墙上，平面呈椭圆形，剖面呈“U”形。口部长轴0.6、短轴0.4米。柱洞平面椭圆形。长轴0.31、短轴0.28、残深2.38米（图2-50）。

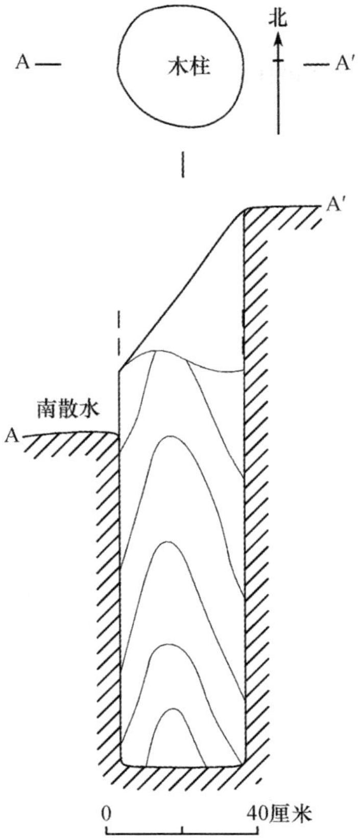

图2-49 ⅣZD36平、剖面图

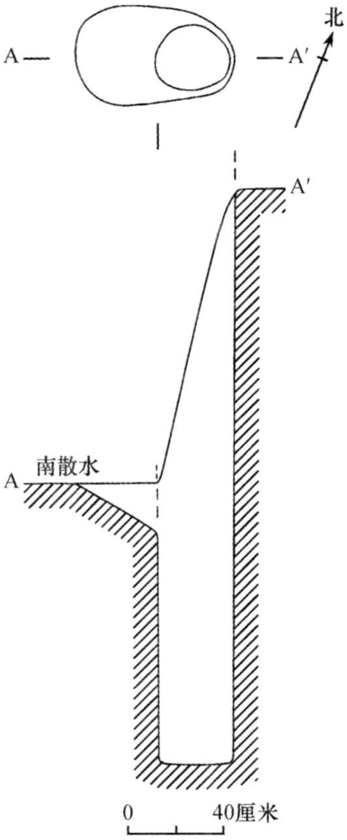

图2-50 ⅣZD37平、剖面图

ⅣZD38 位于城门南、西城墙外壁上，东邻ⅣZD39。柱洞位于城墙内，平面呈椭圆形，剖面呈“U”形。长轴0.34、短轴0.28、残深0.72米（图2-51）。

ⅣZD39 位于ⅣF5西、西城墙墙体内。柱洞平面呈椭圆形，剖面呈“U”形。长轴0.32、短轴0.27米，残深0.98米（图2-52）。

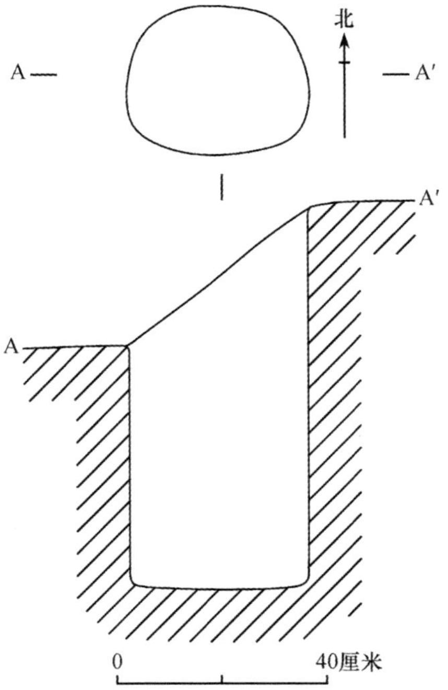

图2-51 ⅣZD38平、剖面图

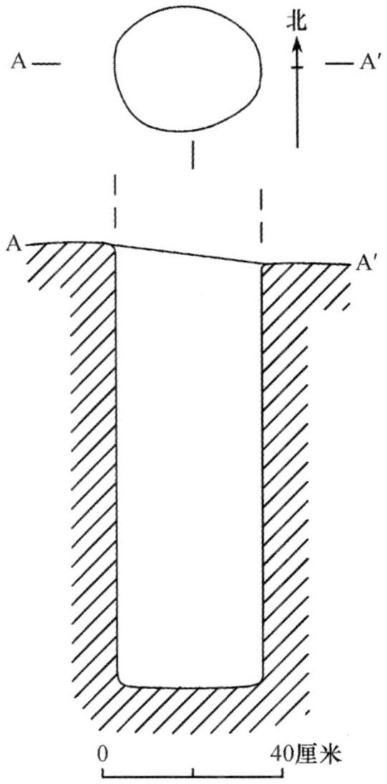

图2-52 ⅣZD39平、剖面图

ⅣZD40　位于ⅣF1西南角地面上，北邻ⅣZD41。柱洞平面呈圆形，剖面“U”形。直径0.24、残深1.16米。柱洞内残留一截朽木柱。残高1.23米（图2-53）。

ⅣZD41　位于ⅣF1东南角地面上，北邻ⅣZD43。柱洞平面呈椭圆形，剖面呈“U”形。长轴0.27、短轴0.23、残深1.18米。柱洞内残留一截朽木柱、残长1.56米（图2-54）。

ⅣZD42　位于ⅣF1西南角地面上，南邻ⅣZD40。柱洞平面呈圆形，剖面呈“U”形。直径0.21、残深0.75米。柱洞内残留一截朽木柱。残长0.73米（图2-55）。

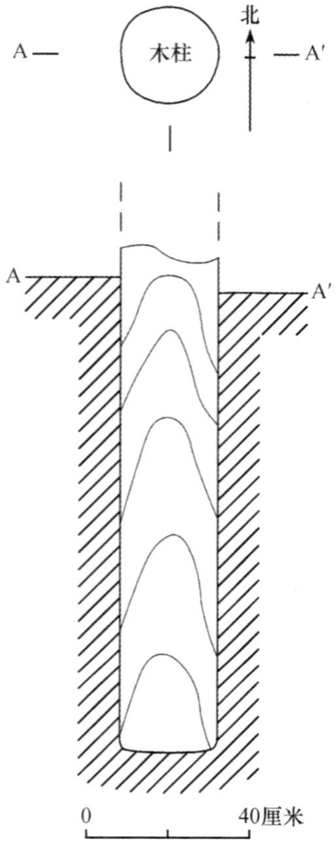

图2-53　ⅣZD40平、剖面图

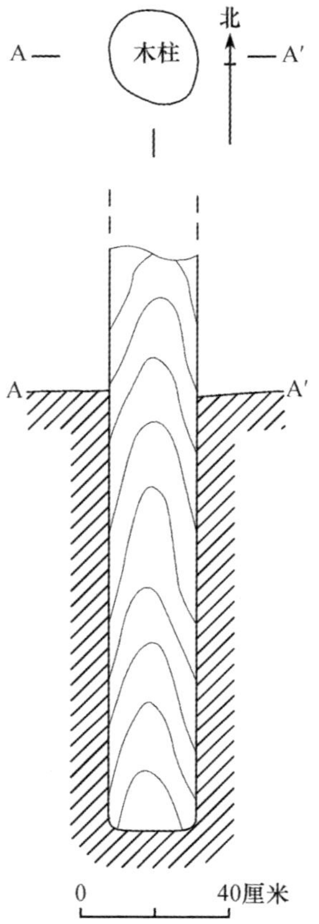

图2-54　ⅣZD41平、剖面图

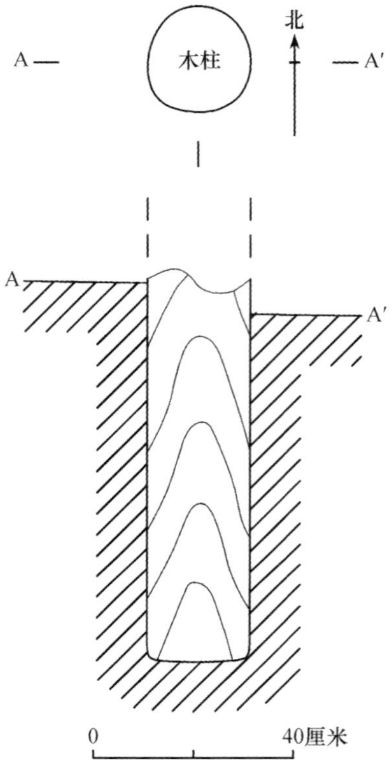

图2-55　ⅣZD42平、剖面图

ⅣZD43　位于ⅣF1东南角地面上，南邻ⅣZD41。柱洞平面呈椭圆形，剖面呈“U”形。长轴0.23、短轴0.2、残深0.86米。柱洞内残留一截朽木柱。残长0.92米（图2-56）。

ⅣZD44　位于ⅣF1中东部地面上，西北邻ⅣZD27。柱洞平面呈圆形，剖面呈“U”形。直径0.27、残深0.94米（图2-57）。

ⅣZD45　位于ⅣF4西南西侧城墙上。柱槽一半位于墙内。柱槽平面呈椭圆形，剖面呈“U”形。长轴0.76、短轴0.66、残深1.12米。木柱立于柱槽中间。直径0.34、残高0.81米（图2-58）。

ⅣZC1　位于ⅣF2北壁西部，凿于北城墙南壁上，东邻ⅣZC2。平面略呈梯形。长边0.62、短边0.45、深入墙体0.44、残高2.45米（图2-59）。

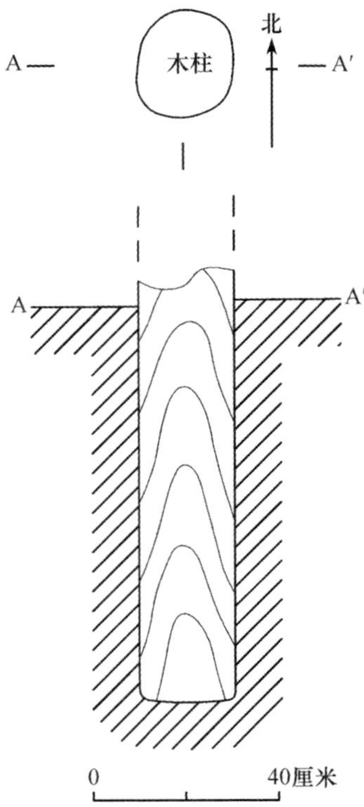

图2-56 ⅣZD43平、剖面图

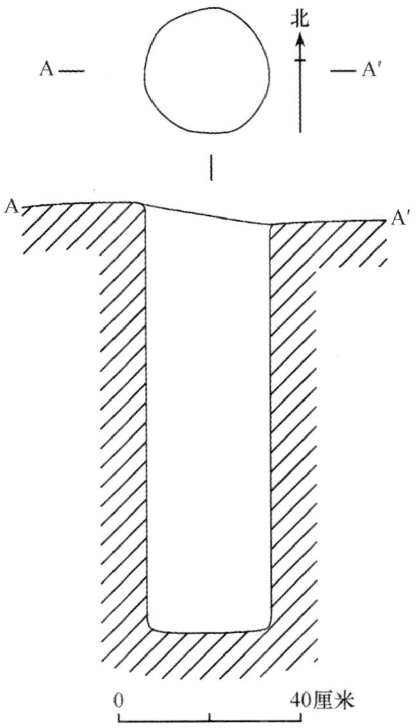

图2-57 ⅣZD44平、剖面图

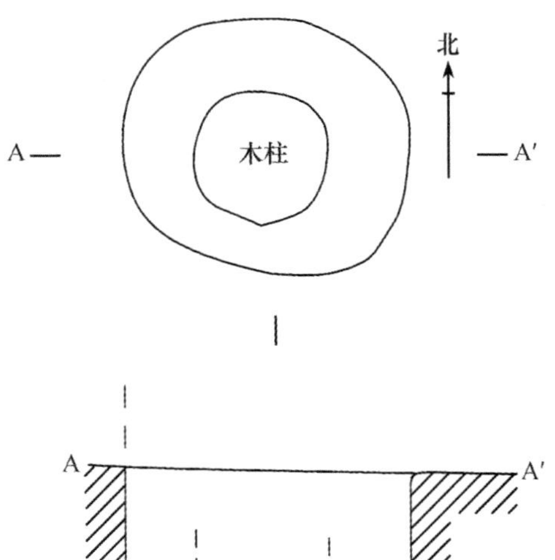

图2-58 ⅣZD45平、剖面图

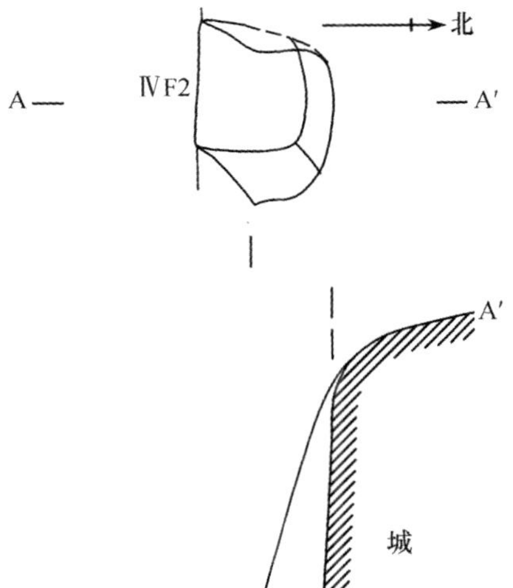

图2-59 ⅣZC1平、剖面图

ⅣZC2　位于ⅣF2北壁中部，凿于北城墙南壁上，ⅣZC1和ⅣZC3之间。平面略呈梯形。长边0.72、短边0.38米，深入墙体0.4～0.5、残高3.25米（图2-60）。

ⅣZC3　位于北城墙南壁上，ⅣZC2和ⅣZC4之间。平面略呈梯形。长边0.82、短边0.71米，深入墙体0.4、残高2.7米（图2-61）。

ⅣZC4　位于北城墙南壁上，西邻ⅣZC3。平面呈长方形。长0.95、宽0.7、残深1.43米。西侧立木柱。木柱直径0.23、残高1.05米。其东侧用土坯填实。土坯填实区域长0.53、宽0.47米（图2-62）。

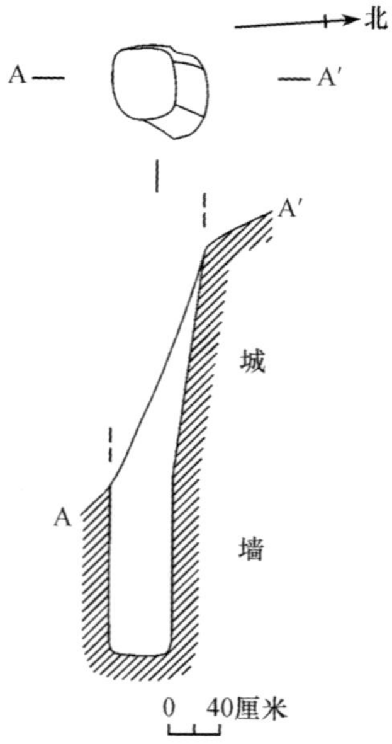

图2-60　ⅣZC2平、剖面图

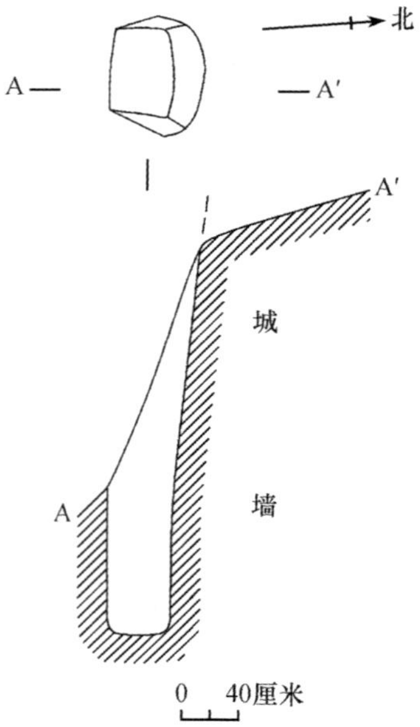

图2-61　ⅣZC3平、剖面图

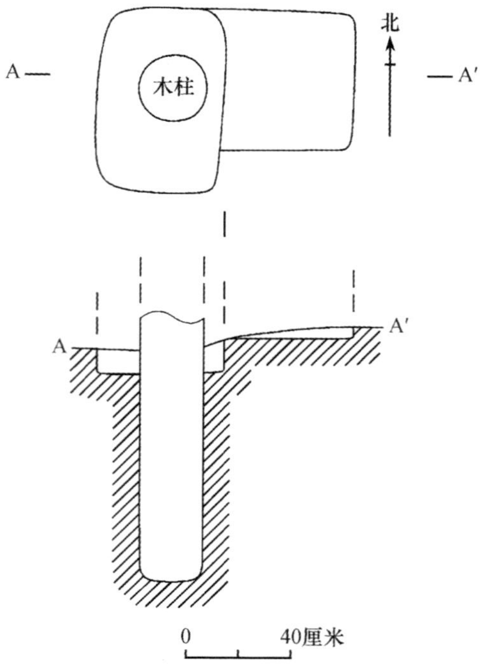

图2-62　ⅣZC4平、剖面图

ⅣZC5　位于北城墙北壁上，东邻ⅣZC6。平面略呈梯形。长边长0.89、短边长0.77米。残高3.54米（图2-63）。

ⅣZC6　位于北城墙北壁上，西邻ⅣZC5。平面呈方形。边长约0.6、残高3.1米（图2-64）。

ⅣZC7　位于北城墙南壁上，东南为ZD12。平面呈不规则形。北边长1、西边长0.95、东边长1.05、南边长1.14米，残深1.6米。西南角有椭圆形洞1个。长径0.5、短径0.4、残深0.7米（图2-65）。

ⅣP1　位于北墩台东南，ⅣF2西南角上，西邻ⅣP2。柱槽口部平面呈不规则形。长0.69、宽0.3、残高1.55米。木柱立于中部，直径0.24、残高0.85米。木柱北部和南部各楔立一方形小木柱。东北角木柱长0.24、宽0.1、残高1米；西北角木柱长0.09、宽0.06、残高0.8米（图2-66）。

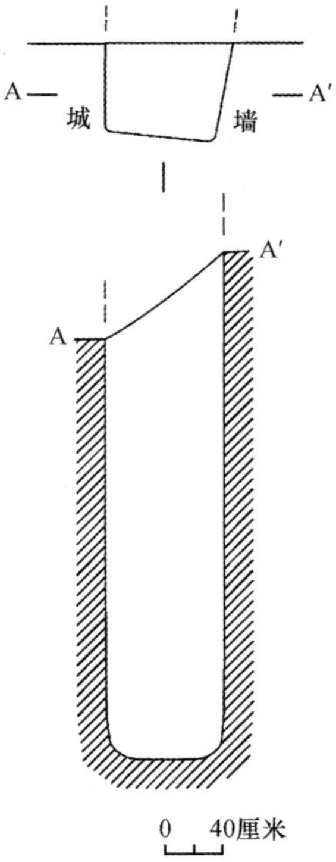

图2-63　ⅣZC5平、剖面图

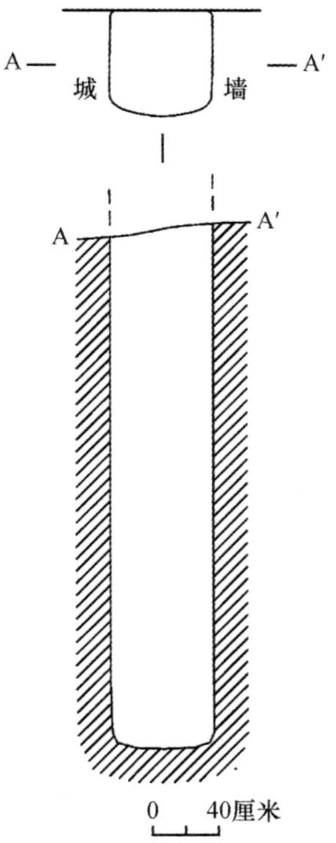

图2-64　ⅣZC6平、剖面图

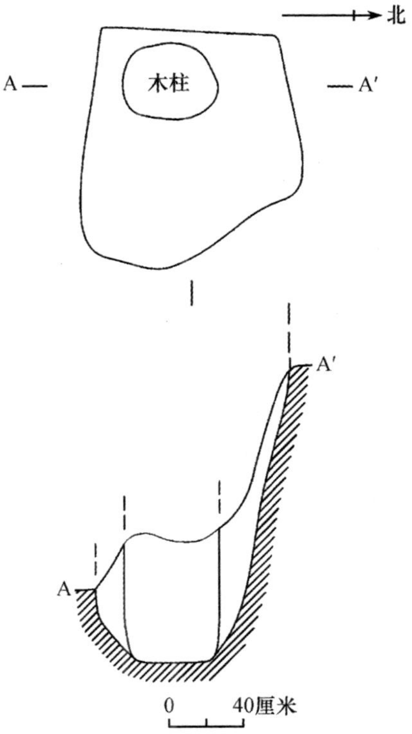

图2-65　ⅣZC7平、剖面图

ⅣP2　位于门道北壁东侧，ⅣP1西侧。柱槽平面略呈椭圆形，长轴0.7、短轴0.48米。内东西并排立插两根木柱，东侧木柱直径0.25、残高0.9米，西侧木柱直径0.33、残高1.9米。在西木柱北侧又楔入1根小木柱，直径0.1、残高0.4米（图2-67）。

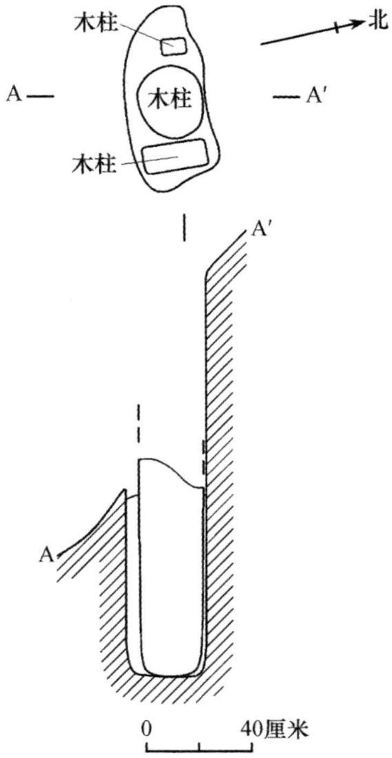

图2-66　ⅣP1平、剖面图

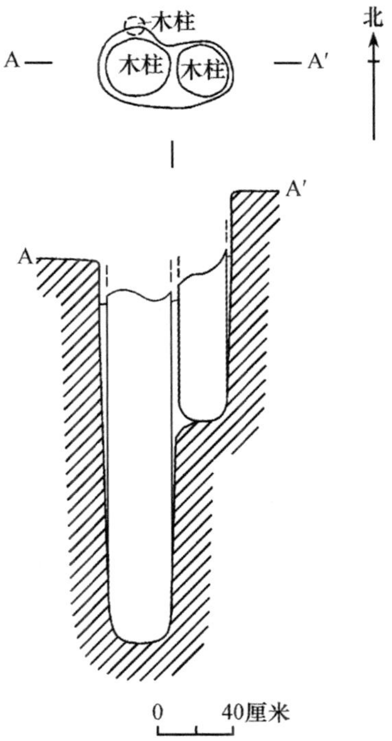

图2-67　ⅣP2平、剖面图

ⅣP3　位于门道北壁东侧，ⅣP2西侧。柱洞口部平面呈圆形。直径0.36、残存木柱直径0.27、残高0.93米（图2-68）。

ⅣP4　位于门道北壁东侧，ⅣP3西侧。柱洞口部平面呈圆形。直径0.26、残深1.92、残存木柱直径0.17米（图2-69）。

ⅣP5　位于门道北壁中部，ⅣP4西侧。柱洞口部平面侧圆形。直径0.26、残深2、残存木柱直径0.2米（图2-70）。

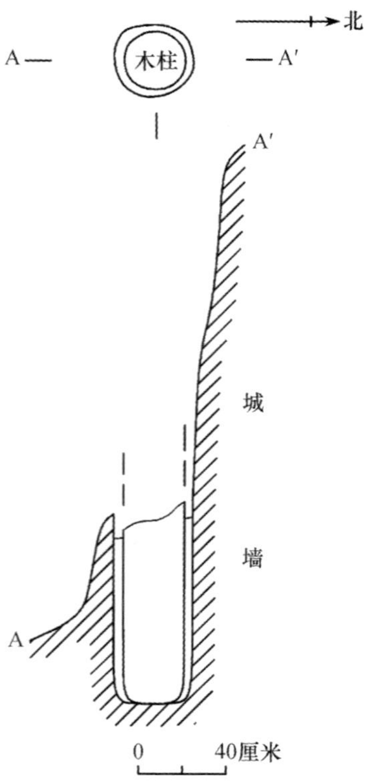

图2-68　ⅣP3平、剖面图

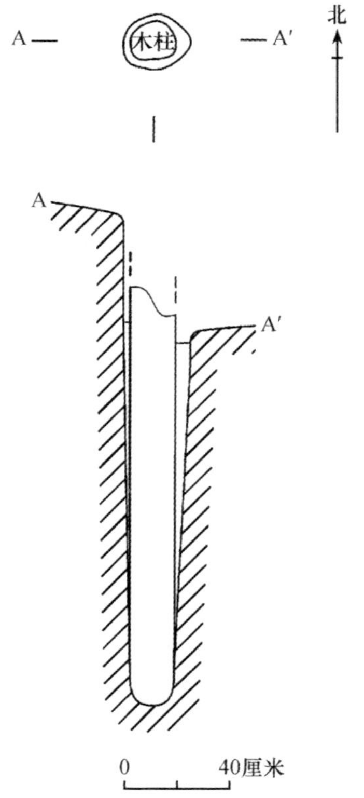

图2-69　ⅣP4平、剖面图

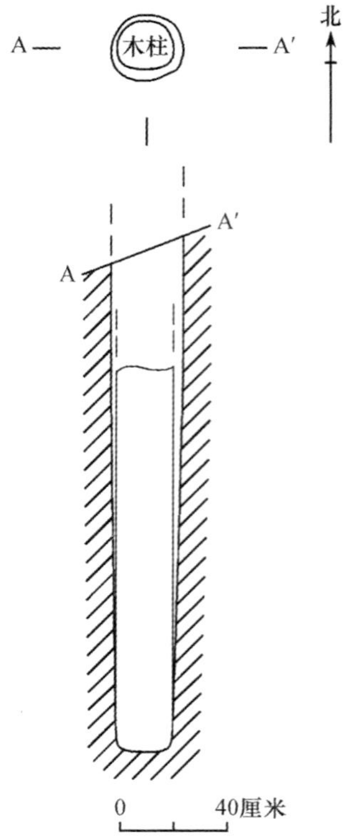

图2-70　ⅣP5平、剖面图

ⅣP6　位于门道北壁中部，ⅣP5西侧。柱洞口部平面呈圆形。直径0.3、残深1.55、残存木柱直径0.2米（图2-71）。

ⅣP7　位于门道北壁西部，ⅣP6西侧。柱洞口部平面呈圆形。直径0.22、残深1.55米（图2-72）。

ⅣP8　位于门道北壁西部，ⅣP7西侧。柱洞口部平面呈圆形。直径0.24、残深1.8米（图2-73）。

ⅣP9　位于门道北壁西部，ⅣP8西侧。柱洞口部平面呈圆形。直径0.25、残深1.05米。内残存木柱（图2-74）。

ⅣP10　位于门道北壁西部，ⅣZD34西侧。柱洞口部平面呈圆形。直径0.43、残深1.45、残存木柱直径0.3米（图2-75）。

ⅣP11　位于门道南壁东侧，城墙转角处。柱槽口部平面呈不规则形，长0.56、宽0.44米。木柱直径0.32米。木柱东边楔入1根长方形木柱。长0.22、宽0.13米（图2-76）。

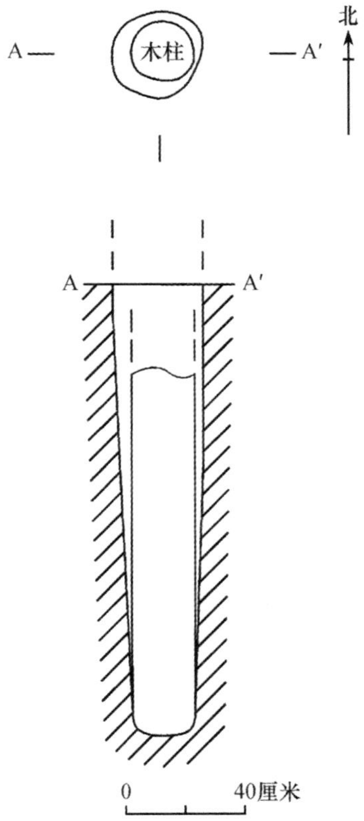

图2-71 ⅣP6平、剖面图

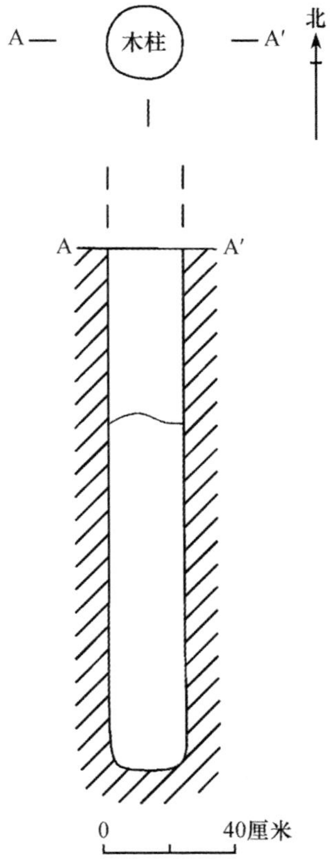

图2-72 ⅣP7平、剖面图

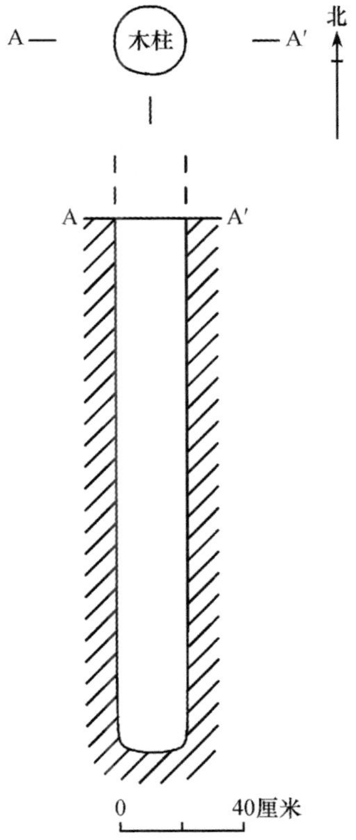

图2-73 ⅣP8平、剖面图

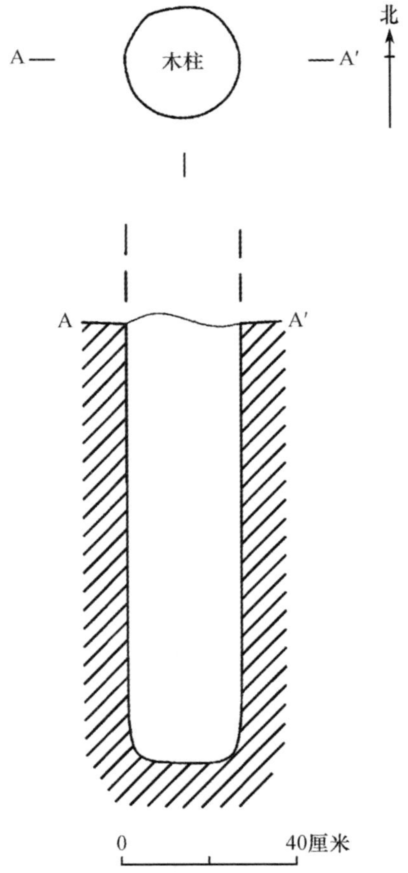

图2-74 ⅣP9平、剖面图

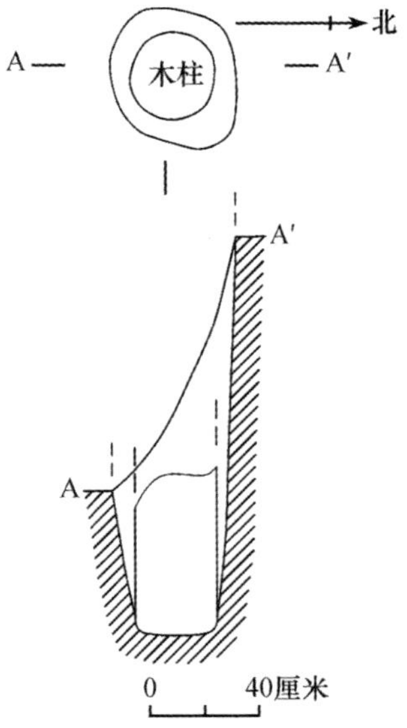

图2-75 ⅣP10平、剖面图

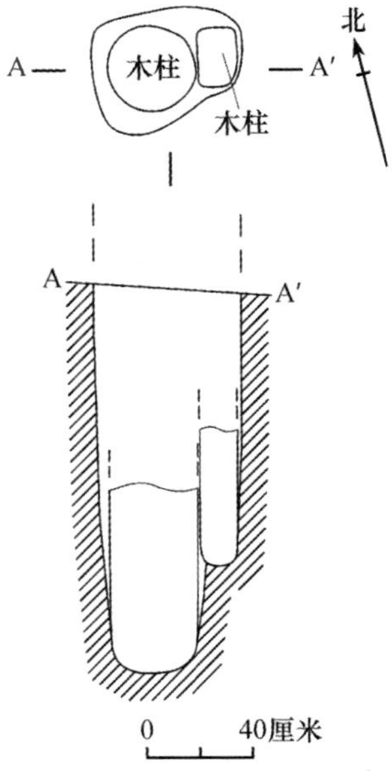

图2-76 ⅣP11平、剖面图

ⅣP12　位于门道南壁东侧，ⅣP11西侧。柱槽平面略呈椭圆形，长轴0.75、短轴0.45米。内东西并列两根木柱，东侧木柱直径0.25、西侧木柱直径0.33米。木柱南侧中间楔入1根小木柱，直径0.09米（图2-77）。

ⅣP13　位于门道南壁东侧，ⅣP12西侧。柱洞口部平面呈不规则形，残存木柱直径0.28米（图2-78）。

ⅣP14　位于门道南壁东侧，ⅣP13西侧。柱洞口部平面呈圆角方形，边长0.5、残存木柱直径0.23米（图2-79）。

ⅣP15　位于门道南壁中部，ⅣP14西侧。柱洞口部略呈圆形。直径0.26米（图2-80）。

ⅣP16　位于门道南壁中部，ⅣP15西侧。柱洞口部略呈圆形。直径0.26（图2-81）。

ⅣP17～ⅣP19未发掘。

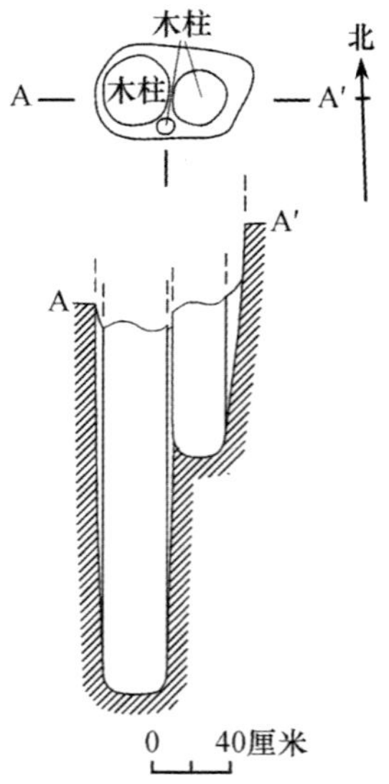

图2-77　ⅣP12平、剖面图

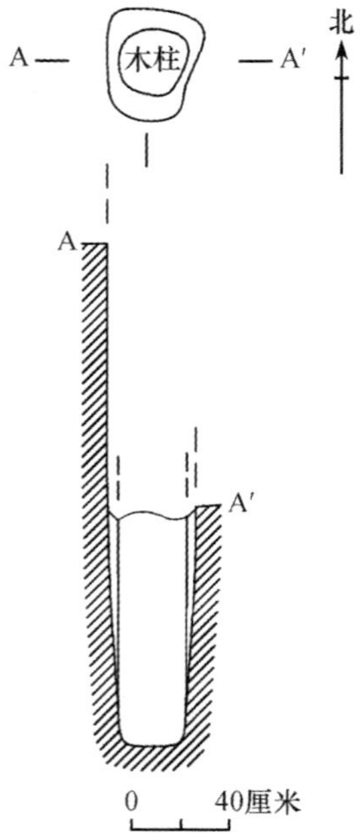

图2-78　ⅣP13平、剖面图

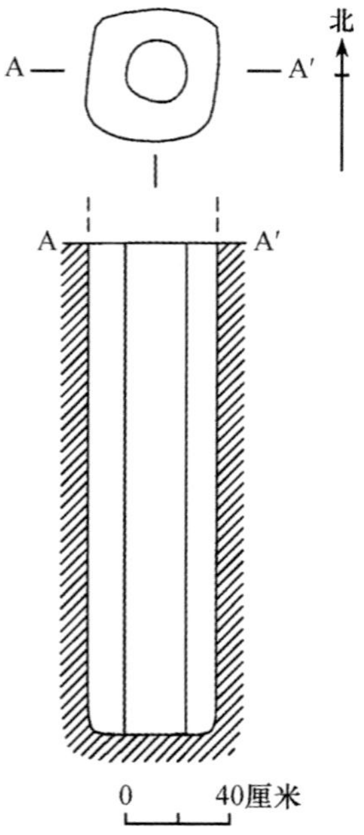

图2-79　ⅣP14平、剖面图

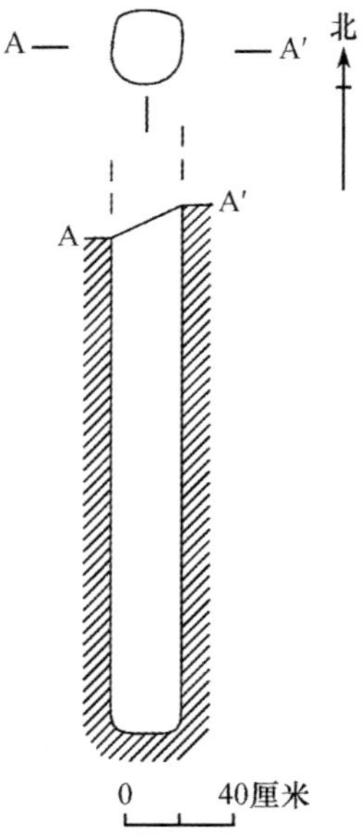

图2-80　ⅣP15平、剖面图

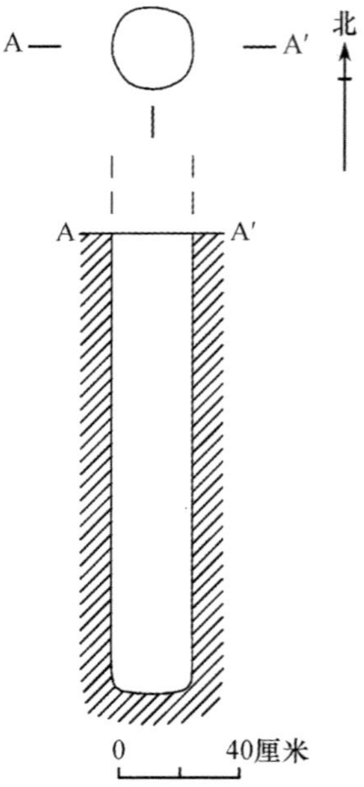

图2-81　ⅣP16平、剖面图

（七）城墙踏步

仅见1条，位于北城墙东部，开凿于城墙墙体中。南半部分已坍塌，平面和剖面均略呈梯形。已清理部分南北向口部残长6.8、宽1.58～2.1、底部残长4.76、宽1.3～2.05米。现存4级台阶，第一级宽0.67、高0.23米；第二级宽0.42、高0.2米；第三级宽0.95、高0.37米；第四级残宽1.94、高0.53米。边沿用土坯夹杂石块垒砌而成，内部填土（图2-82）。

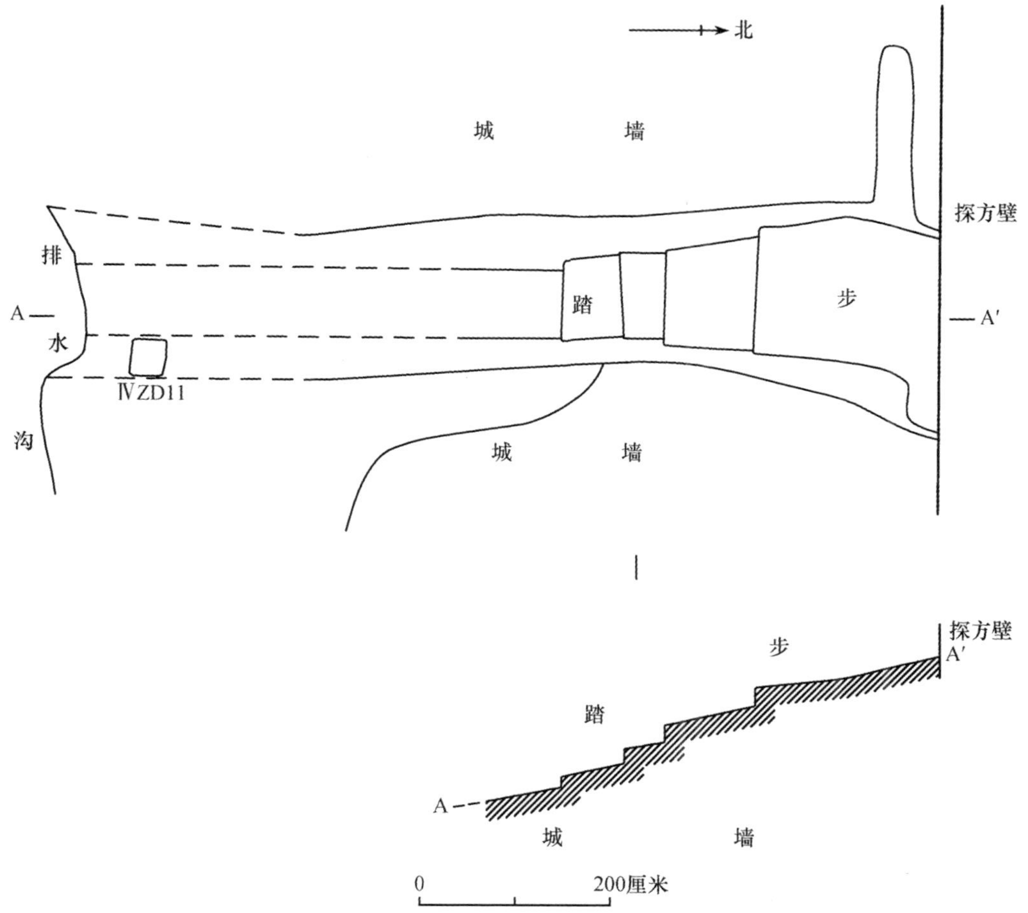

图2-82 踏步平、剖面图

（八）灰坑

共2个。位于T70～T73之间，均叠压于第1层下（图2-83）。

ⅣH1 打破ⅣH2和ⅣF1。口部和底部平面形状均不规整。坑口长8.08、宽5.17、坑底长6.14、宽2.7、坑深0.9米。填土可分为8层堆积，填土中包含清代青花瓷片、酱釉陶片及汉代瓦片、土坯块、红烧土块、红烧土颗粒、炭屑、石子、腐殖质等。

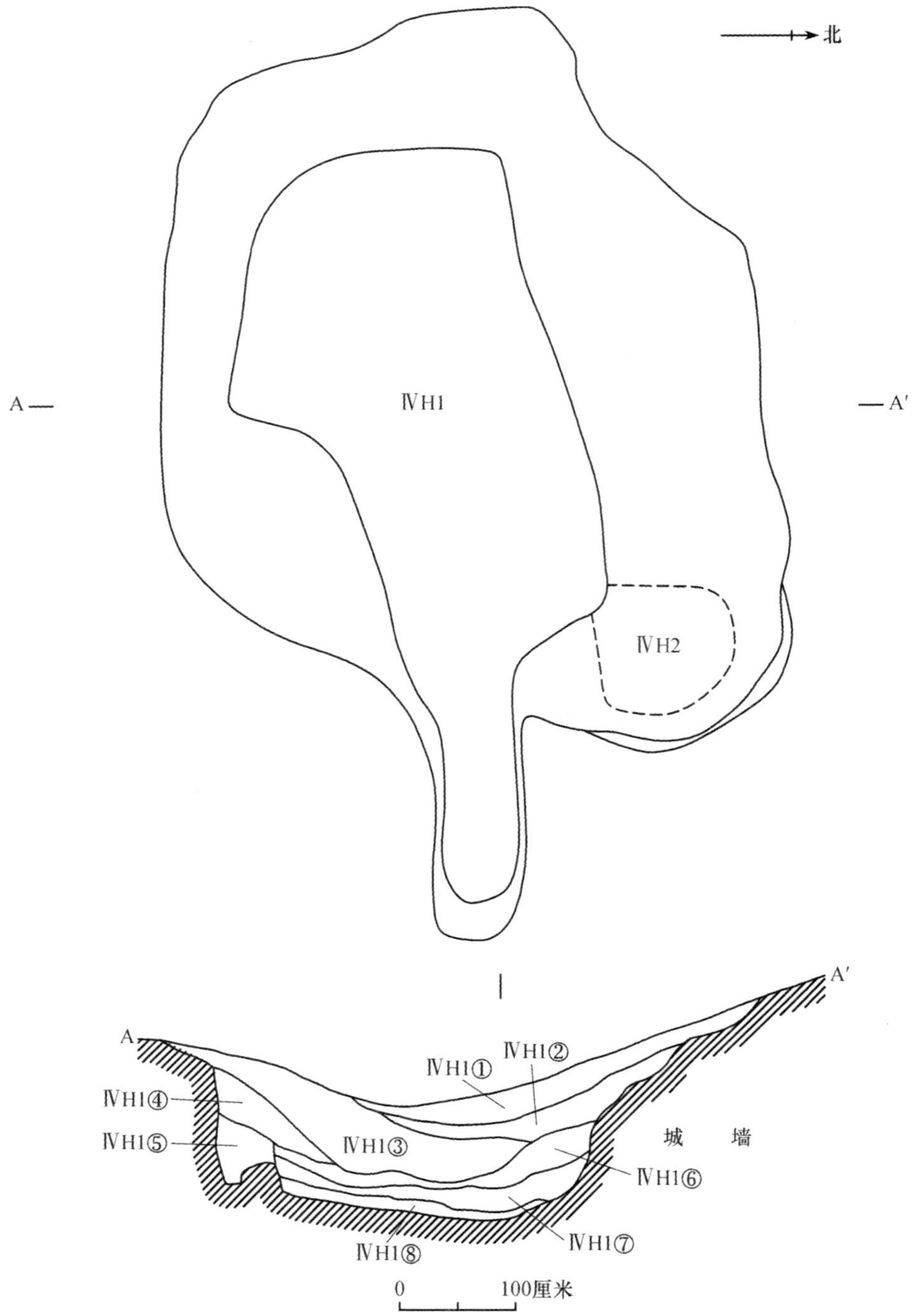

图2-83　ⅣH1、ⅣH2平、剖面图

ⅣH2　位于T71内。打破城墙墙体。口部平面呈不规则长方形，长1.22、宽1.1米。底部略呈圆形，直径1米，坑深1米。填土可分为2层堆积。第1层为水淤层，黄褐色土，土质较疏松，包含零星瓦片；第2层为红烧土，红褐色土，土质较疏松，包含瓦片、零星红烧土块、炭粒、动物骨骼等。

（九）排水沟

1条。

ⅣG1 位于城门门道东端北城墙下。沟东部位于发掘区外，未清理。东西走向。平面呈长条状，剖面略呈梯形。沟壁较直，平滑。发掘部分长约6.6、口宽1.77、底宽0.5、深1.02米。沟内填土可分为3层，第1层为黄褐色土，土质较疏松，夹杂红烧土块、朽木、草拌泥块、红烧土颗粒、白灰块、炭粒、石子、碎瓦、瓦当、动物骨骼等，厚0.33米；第2层为粉状青灰色土，土质疏松，厚0.5米。第3层为红褐色淤土，土质较疏松，包含红烧土颗粒、炭粒、碎瓦等，厚0.19米（图2-84）。

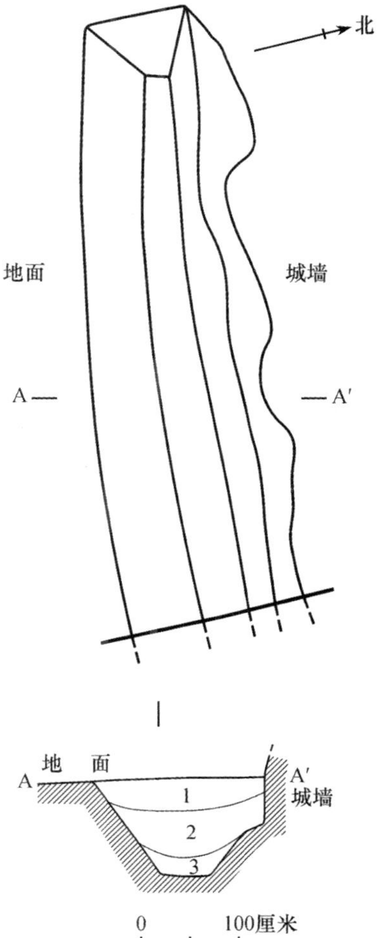

图2-84 排水沟平、剖面图

三、出土遗物

655件。大部分为板瓦、筒瓦、瓦当、土坯等建筑材料，另有生活用具、兵器、钱币等。

（一）建筑材料

579件。部分可复原。有板瓦、筒瓦、瓦当和土坯等。板瓦、筒瓦和瓦当均为模制。青灰色，夹砂灰陶，制作火候高，板瓦和筒瓦的两侧边缘切削痕明显。板瓦和筒瓦的瓦面均饰绳纹，内壁大多饰布纹，少量饰席纹，部分外壁两端3～5厘米为素面。瓦当当面的图案基本为云纹。

板瓦 16件。平面略呈梯形，剖面弧度较小。ⅣF4：18，形制较宽短，器壁较厚。外壁头端素面较宽，中部模压粗绳纹。绳纹不规整，模糊，绳纹间有一些划痕。长42.4、宽31.2～37.4、弦高7.5～8厘米（图2-85，2；拓片2-1，5）。ⅣF4：29，中部模压粗绳纹。绳纹不规整，模糊，绳纹间有一些划痕。外壁两端皆素面。通长40.5、宽38.4、弦高7.2～10厘米（图2-85，6）。ⅣF4：30，中部模压粗绳纹。绳纹不规整，模糊，绳纹间有一些划痕。外壁两端皆素面。通长40.8、宽33.6、弦高5～7.1厘米（图2-85，9）。ⅣF4：31，形制较宽短，器壁较厚。外壁头端素面较宽。正面和背面有三角形刮痕。尾端饰斜压绳纹。通长40、宽39、弦高10.4厘米（图2-86，2；图版2-12，3）。ⅣF1：28，绳纹不规整，绳纹上有8道弦纹。尾端素面。通长48、宽36、弦高7.5～10.7厘米（图2-85，7；图版2-12，4）。ⅣF1：31，外壁尾端素面。内壁布纹上有刮抹痕。通长40.8、头端宽28.8、弦高7.2厘米（图2-86，6）。ⅣF1：34，

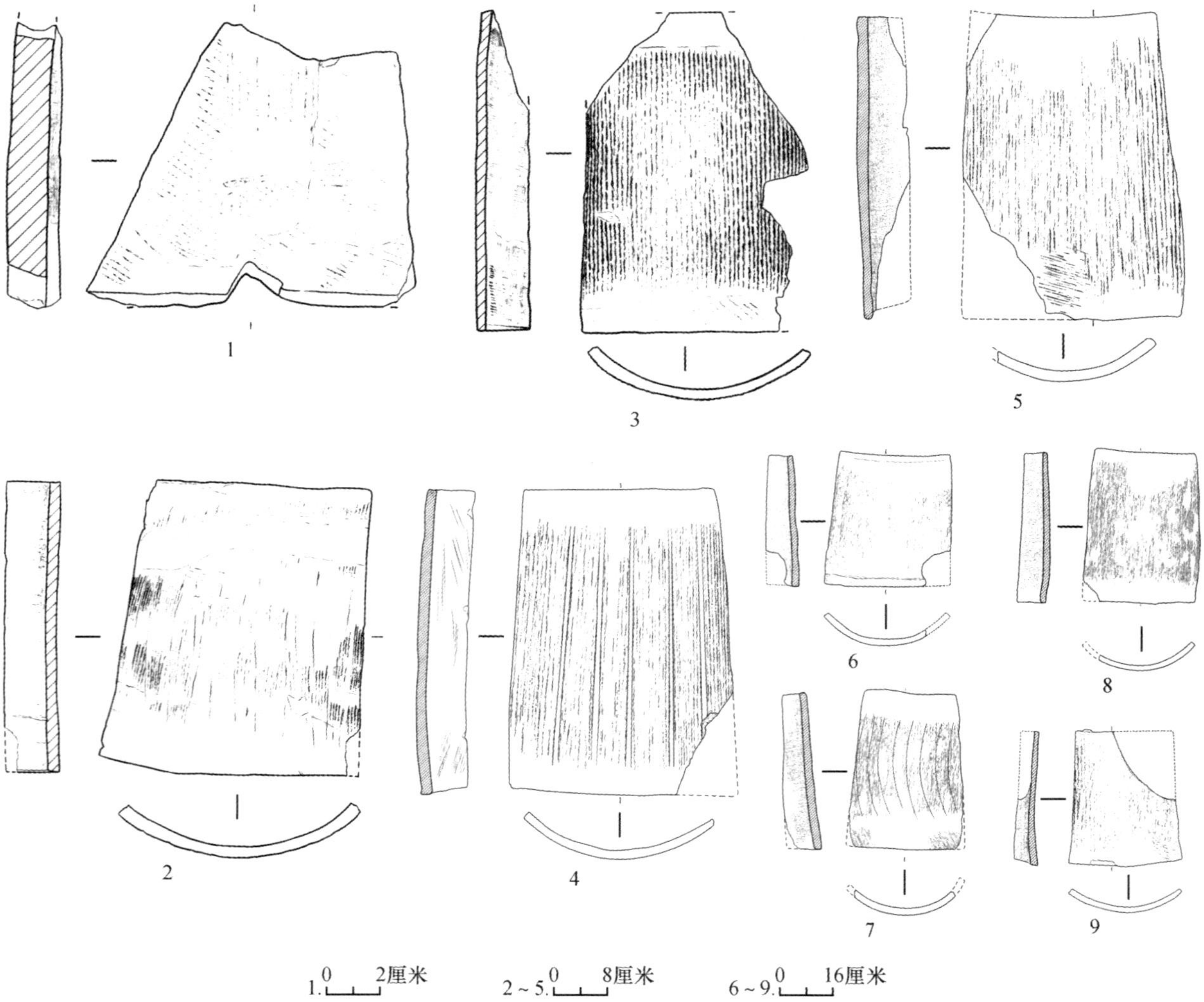

图2-85　板瓦（一）

1. ⅣT61⑨：20　2. ⅣF4：18　3. ⅣNHL：1　4. ⅣF1：34　5. ⅣF1：40　6. ⅣF4：29　7. ⅣF1：28　8. ⅣF1：51　9. ⅣF4：30

外壁两端皆素面。通长46.5、宽34.6、弦高7.5厘米（图2-85，4；图版2-12，2）。ⅣF1：40，外壁两端皆有素面。内壁尾端素面。通长44.8、宽32.8、弦高6.7～7.6厘米（图2-85，5）。ⅣF1：49，外壁一端素面，中部绳纹上局部有压印痕，内壁有清晰的刮削痕。通长45.4、宽34、弦高8厘米（图2-86，7）。ⅣF1：51，外壁两端皆素面，中部绳纹上有刮抹痕。通长46.4、宽34.6、弦高9.2厘米（图2-85，8；图版2-12，5）。ⅣF1：85，外壁两端有素面，中部绳纹上有压痕。通长46.4、宽35、弦高8厘米（图2-86，4；图版2-12，1）。ⅣNHL：1，长46、宽32.8、弦高7.8厘米（图2-85，3）。ⅣNHL：3，外壁头端素面，尾端饰斜压绳纹。通长44.8、宽35.2、弦高8.2厘米（图2-86，1；图版2-12，6）。ⅣNSS：10，外壁饰绳纹，内外壁都有刮痕。通长44.8、宽32.8、弦高8厘米（图2-86，5）。ⅣNSS：13，外壁头端素面，尾端饰斜压绳纹，中部局部有刮痕，内壁布纹上亦有刮抹痕。通长42.7、宽33.3、弦高6.4～8厘米（图2-86，3）。ⅣT61⑨：20，残，仅存一小块。边缘有一孔，孔壁平直。残长10.6、残宽6.5～12.3、厚1.5厘米（图2-85，1）。

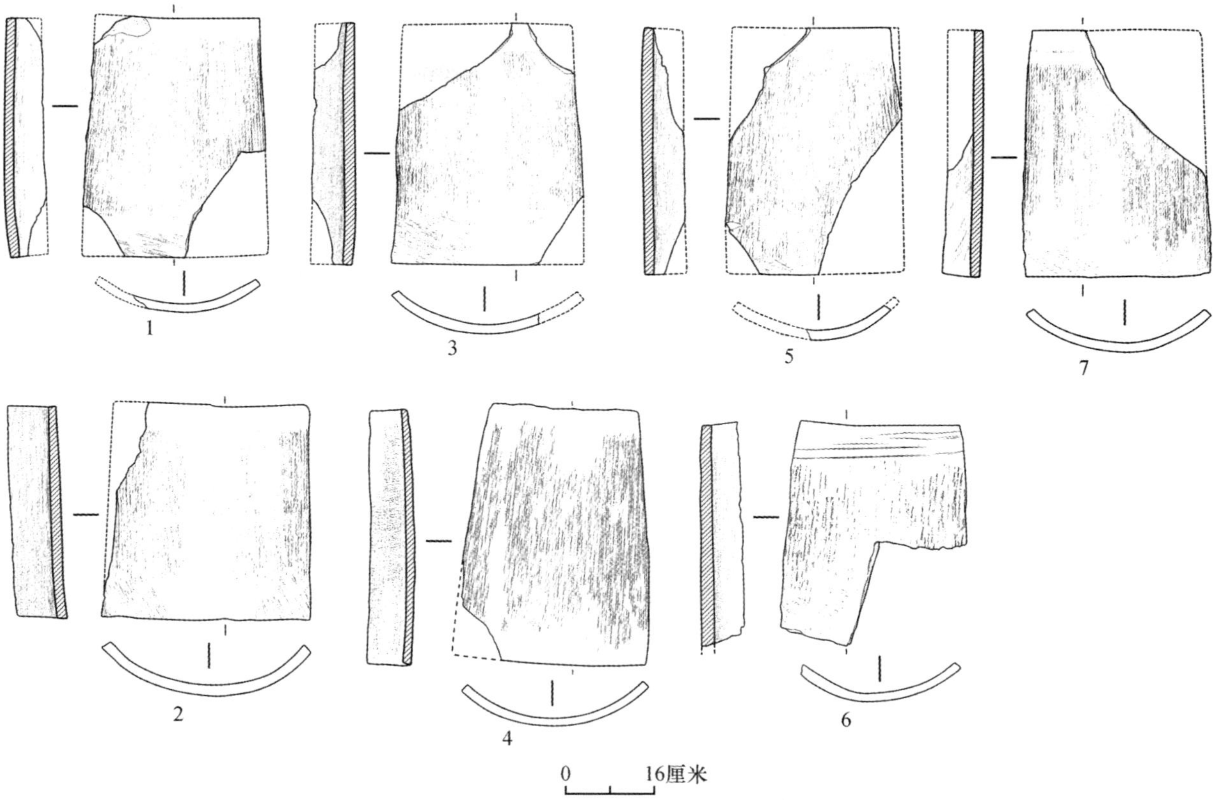

图2-86 板瓦（二）

1. ⅣNHL：3 2. ⅣF4：31 3. ⅣNSS：13 4. ⅣF1：85 5. ⅣNSS：10 6. ⅣF1：31 7. ⅣF1：49

筒瓦 36件。平面略呈长方形。瓦舌部分为单独制成后与瓦体套接而成，套接处内壁较粗糙，手捏痕迹明显。外壁饰绳纹。ⅣBHL：7，外壁局部绳纹被抹平，瓦口内壁有一道凹槽。长43、宽16.8、弦高8.8厘米（图2-87，6；拓片2-2，5、6）。ⅣBHL：11，长43.2、宽16.5、弦高8.8厘米（图2-87，10；拓片2-2，3、4）。ⅣF1：8，外壁局部绳纹被抹平。长43.6、宽15.6、壁厚1.2、弦高8.2厘米（图2-87，1；图版2-13，6）。ⅣF1：17，长44、宽16、弦高8厘米（图2-87，3）。ⅣF1：24，瓦口较平直。长42.8、宽15.2、壁厚1.6厘米（图2-88，10）。ⅣF1：26，瓦口较平直。长42.8、宽14.8、壁厚1.6厘米（图2-88，8）。ⅣF1：27，长41.2、宽16.8、壁厚1.2厘米（图2-88，6）。ⅣF1：36，瓦口平直，瓦口内壁有一道凹弦纹。长42.8、宽14.8、壁厚1.6厘米（图2-88，4；图版2-13，2）。ⅣF1：37，瓦口较平直，瓦口内侧有一道凹弦纹。长43.2、宽16.4、壁厚1.6厘米（图2-88，2）。ⅣF1：41，瓦口较平直。侧面切割痕不平直，有错缝现象。长43.6、宽16、壁厚1.6厘米（图2-88，9）。ⅣF1：53，瓦口平直，瓦口内壁有一道凹弦纹。长43.6、宽15.2、壁厚1.6厘米（图2-88，7）。ⅣF1：80，瓦口平直，瓦口内壁有一道凹弦纹。长42.8、宽15.2、壁厚1.4厘米（图2-88，5）。ⅣF1：90，瓦口略向外翻卷。长41.6、宽16.8、壁厚1.6厘米（图2-88，3）。ⅣMD：22①，外壁局部绳纹被抹平。长43.5、宽15.7、壁厚1.2、弦高8.2厘米（图2-87，5；拓片2-3，1、2）。ⅣMD：25，瓦舌缺失，外壁局部绳纹被抹平，瓦口内壁有一道凹槽。长34.8、宽16.4、弦高8.4厘米（图2-87，7；

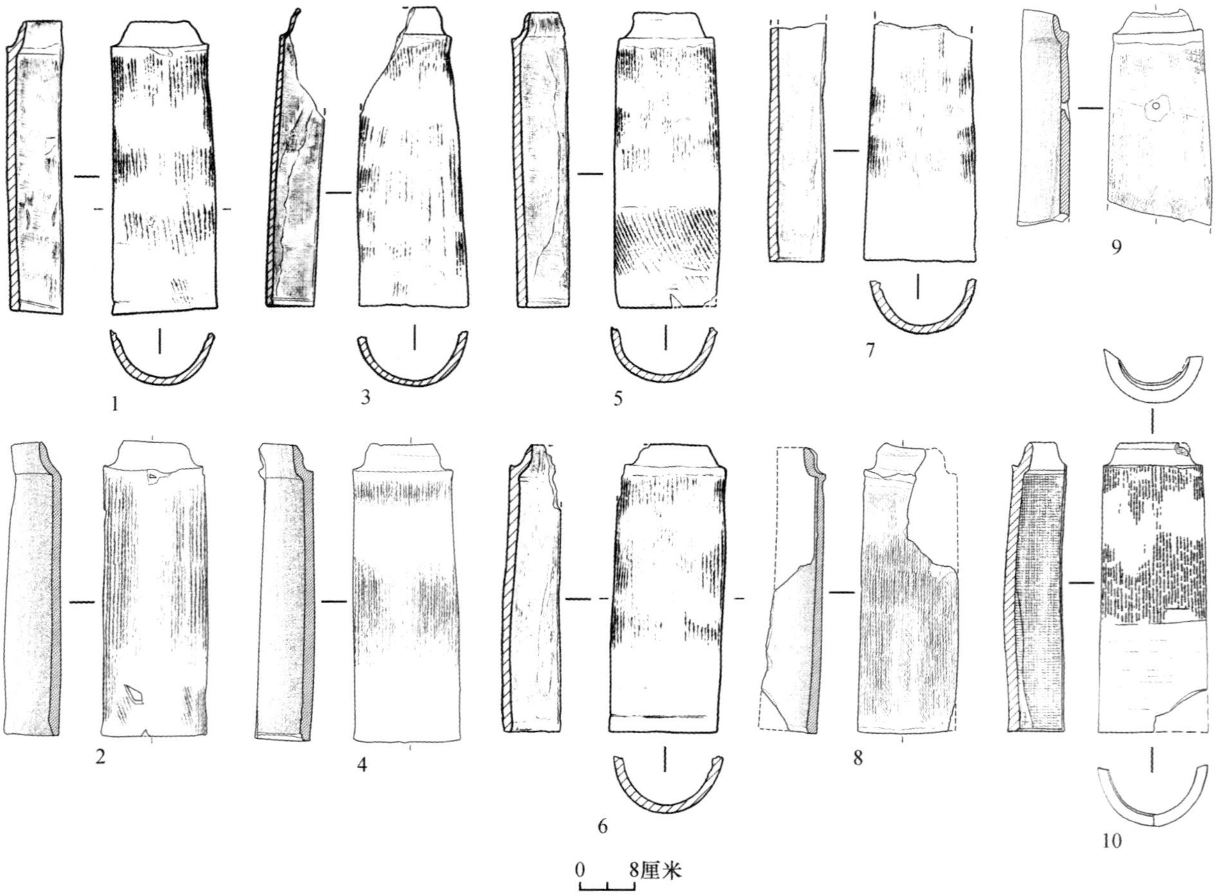

图2-87　筒瓦（一）
1. ⅣF1：8　2. ⅣNSS：65　3. ⅣF1：17　4. ⅣNSS：39　5. ⅣMD：22①　6. ⅣBHL：7　7. ⅣMD：25　8. ⅣNSS：21　9. ⅣNSS：85　10. ⅣBHL：11

拓2-3，5、6）。ⅣMD：63，瓦口较平直，瓦口内壁有一道凹弦纹。长43.6、宽15.6、壁厚1.6厘米（图2-88，1）。ⅣNSS：21，瓦口较平直，瓦口内壁有一道凹弦纹。长42.8、宽14.4、壁厚1.6厘米（图2-87，8）。ⅣNSS：39，瓦口平直，瓦口内壁有一道凹弦纹。长43.6、宽15.6、壁厚1.6厘米（图2-87，4）。ⅣNSS：65，瓦口平直，瓦口内壁有一道凹弦纹。瓦头表面施红彩。长43.2、宽15.6、壁厚1.5厘米（图2-87，2）。ⅣNSS：85，残。残长36.8、宽15.6、壁厚1.4厘米。近瓦舌处有1个瓦钉孔。孔径1厘米，孔周围崩裂面宽3.8～5厘米（图2-87，9）。ⅣT52⑤：22，外壁局部绳纹被抹平，瓦口有8～10厘米的素面。长44.8、宽15.8、弦高8.4厘米（图2-89，4；拓片2-1，1、2）。ⅣT59③：1，外壁局部绳纹被抹平，内壁有一道凹槽。长43.5、宽16.4厘米，弦高9.2厘米（图2-89，5；拓片2-1，3、4）。ⅣT68⑪：3，外壁局部绳纹被抹平。长43.2、宽17、壁厚1.3、弦高8.2厘米（图2-89，1）。ⅣF1：39，瓦口较平。绳纹纹饰深且清晰。内侧有一道凹槽。长42.8、宽14、壁厚1.6厘米（图2-90，5）。ⅣF4：52，瓦口较平。内侧有一道凹槽，外侧有一道抹痕。长43.6、宽14.4、壁厚1.6厘米（图2-90，3；图版2-13，3）。ⅣF4：59，瓦口有一道压痕，内侧有一道凹槽。长42.4、宽15.6、壁厚1.6厘米

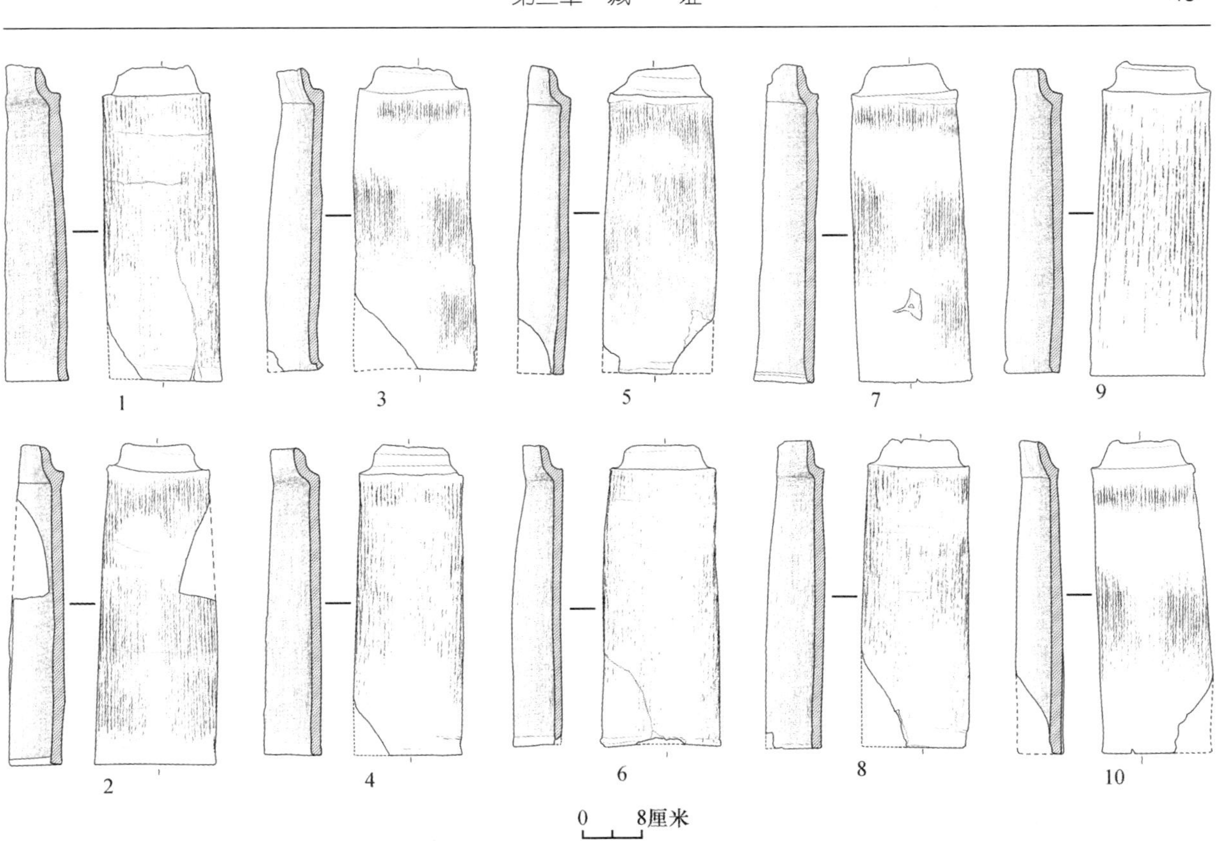

图2-88 筒瓦（二）

1. ⅣMD：63 2. ⅣF1：37 3. ⅣF1：90 4. ⅣF1：36 5. ⅣF1：80 6. ⅣF1：27 7. ⅣF1：53 8. ⅣF1：26 9. ⅣF1：41 10. ⅣF1：24

（图2-90，1；图版2-13，4）。ⅣF4：64，瓦口有一道压痕，内侧有一道凹槽。长42.8、宽14.8、壁厚1.6厘米（图2-90，7；图版2-13，5）。ⅣNSS：80，残。近瓦舌处有1个瓦钉孔。残长34、宽15.6、壁厚1.6厘米（图2-90，2；图版2-13，1）。ⅣT61⑨：7，表面有1个瓦钉孔。长10.4、宽12.6、壁厚1.4、弦高4.2、孔径1厘米（图2-90，4）。ⅣT61⑨：24，器身有1个瓦钉孔。残长12.5、残宽6.8、壁厚1.6、孔径1厘米（图2-90，6）。ⅣT62⑫：5，瓦口内壁有一道弧形凹槽。长43、宽15.3、弦高7.8厘米（图2-89，3；拓片2-1，6）。ⅣT62⑫：9，长42.3、宽14.8、弦高9.2厘米（图2-89，2）。ⅣT67⑩：1，长40、宽16、壁厚1.2、弦高8.2厘米（图2-89，7；拓片2-3，3、4）。ⅣT67⑪：14，器身有1个瓦钉孔。长12.5、宽6.4、壁厚1.4厘米，孔径1厘米（图2-90，8）。ⅣT67⑪：51，长43.2、宽15.2、弦高7.8厘米（图2-89，8；拓片2-2，1、2）。ⅣT68⑪：20，瓦口内壁有两道弧形凹槽。长44、宽15.2、弦高8.8厘米（图2-89，6）。

瓦当 523件。圆形。当面模压纹样，背面素面。大部分瓦当当面纹样上涂一层白色颜料，其上再涂一层红色颜料。部分瓦当背面也涂白、红颜料。颜料颗粒粗大，易脱落，易晕染。瓦当背面与瓦身套接处多附加泥条，表面捏压痕明显。ⅣNSS：66，残，仅存三分之一。当心为圆纽，纽外饰一周凸弦纹。全边轮。当面饰几何纹。纹饰多以短凸弦纹或三角形凸弦纹等构成。不规整，无规律。当面残长12.6、宽6.7、厚4.2厘米（图2-91，6）。ⅣG1：1，当纽

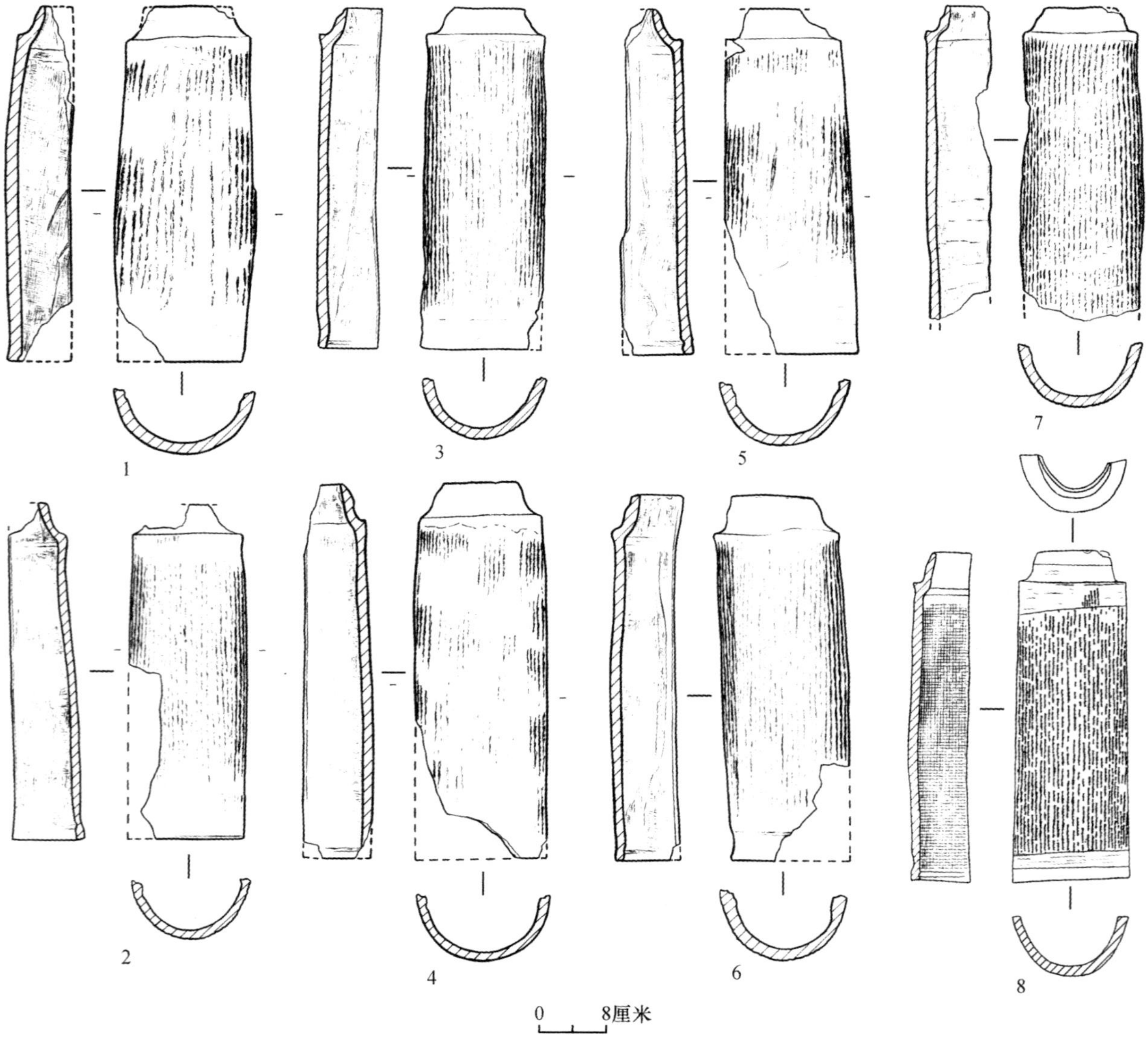

图2-89　筒瓦（三）

1. ⅣT68⑪：3　2. ⅣT62⑫：9　3. ⅣT62⑫：5　4. ⅣT52⑤：22　5. ⅣT59③：1　6. ⅣT68⑪：20　7. ⅣT67⑩：1　8. ⅣT67⑪：51

已脱落，边轮部分缺失。当心为圆纽，当面用四条呈“十”字形分布的凸弦纹界格分为四区。每区饰一凸曲尺形纹。纹饰组合起来形成一个“申”字形方框。全边轮，边轮与当面图案之间饰两周凸弦纹。当面直径13、厚2.2～3厘米（图2-91，1；图版2-14，5；拓片2-4，11）。ⅣT63⑫：2，当纽及边轮缺失。当面用四条呈“十”字形分布的凸弦纹界格分为四区。每区饰一凸曲尺形纹。纹饰组合起来形成一个“申”字形方框。边轮与当面图案之间饰两周凸弦纹。当面残径10.4、厚2.6厘米（图2-91，3；图版2-14，6）。ⅣC：14，制作略显粗糙。边轮残损。无“十”字凸弦纹界格，当面对称饰四朵变形云纹。云纹较简略，云头彼此相连。云纹内各有一条凸弦纹，形似蘑菇柄。全边轮，边轮与当面图案之间饰两周凸弦纹。当面残径12.3、厚2.8厘米（图2-91，2；图版2-14，3）。ⅣT66⑨：1，残，当面残存一个变形云纹，外围饰二道凸弦纹。当面残径9.7、厚2.6厘米（图2-91，7）。ⅣF4：7，残，仅存一小块。当面存两个

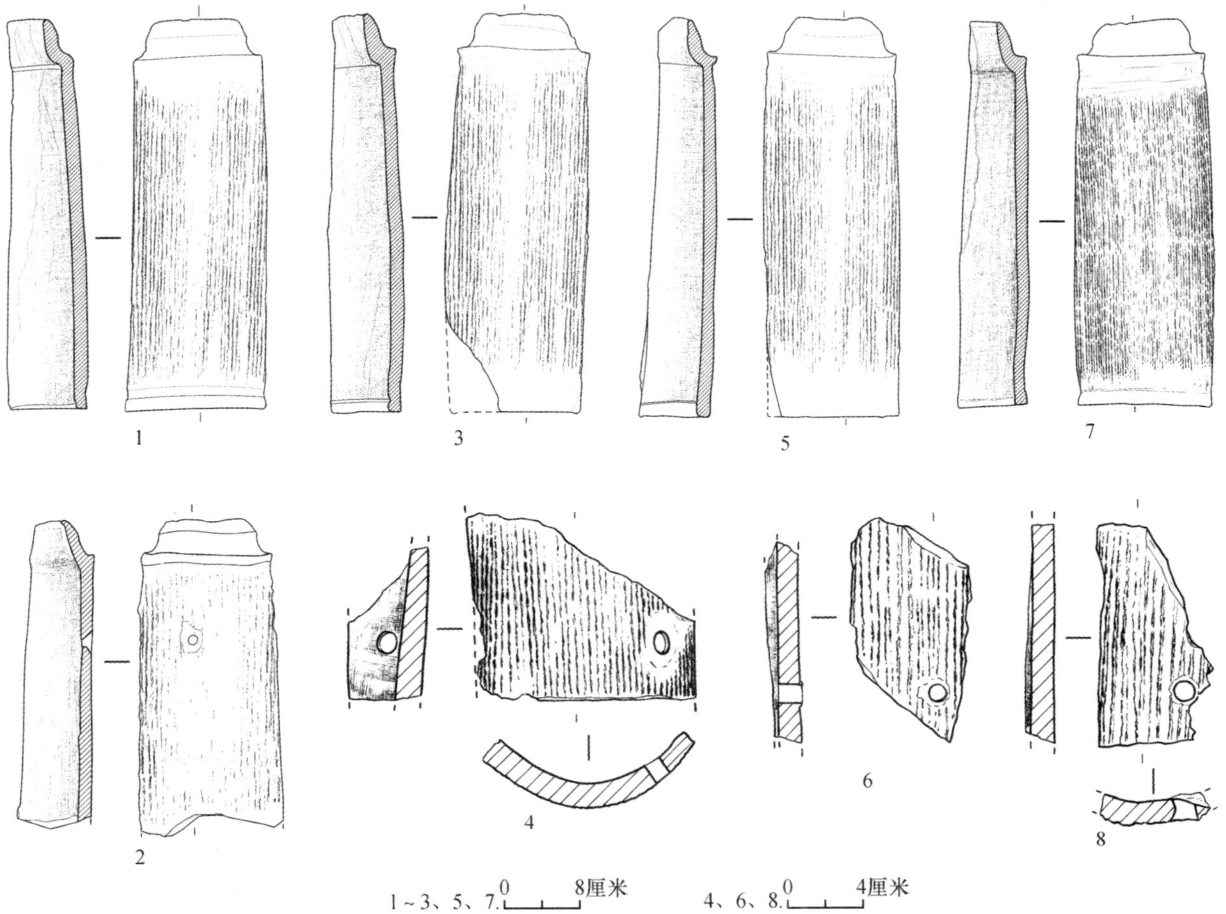

图2-90 筒瓦（四）

1. ⅣF4：59 2. ⅣNSS：80 3. ⅣF4：52 4. ⅣT61⑨：7 5. ⅣF1：39 6. ⅣT61⑨：24 7. ⅣF4：64 8. ⅣT67⑪：14

不完整云纹。边轮残。当面残径9.6、厚2.7厘米（图2-91，5）。ⅣMD：10，残，仅存四分之一。仅存当纽和一个半云纹。当面残长11.2、宽9.3、厚1.7厘米（图2-91，4）。ⅣT67⑪：20，残，当面仅存少量云纹、两道凸弦纹和边轮。当面残径6.4、厚2.4厘米（图2-91，8）。ⅣBHL：1，残，边轮缺失。当心圆纽外有一周凸弦纹。当面用“T”字形界格分为四区。每区饰一云纹。每朵云纹内各饰一道亚腰形凸弦纹。半边轮，边轮与当面图案之间饰两周凸弦纹。当面直径12.4、厚3.8厘米（图2-92，3；图版2-14，4）。ⅣBHL：3，残，边轮部分缺失。当心圆纽外有一周凸弦纹。当面用“T”字形界格分为四区。每区饰一云纹。每朵云纹内各饰一道亚腰形凸弦纹。半边轮，边轮与当面图案之间饰两周凸弦纹。当面直径14.4、厚2.6厘米（图2-92，1；图版2-14，1；拓片2-4，9）。ⅣBHL：4，残，当面以当纽为中心分隔出四个界格，每个界格内对称饰云纹，相互之间以“T”字形间隔，每个云纹中间有亚腰形凸棱（图2-92，5）。ⅣBHL：5，残，边轮缺失。背面残留少量筒瓦。当心圆纽外有一周凸弦纹。当面用“T”字形界格分为四区。每区饰一云纹。每朵云纹内各饰一道亚腰形凸弦纹。半边轮，边轮与当面图案之间饰两周凸弦纹。当面直径14.2、厚3.2厘米（图2-92，2；图版2-14，2；拓片2-4，4）。ⅣBHL：6，残，当心圆纽外有一周凸弦纹。当面用“T”字形界格分为四区。每区

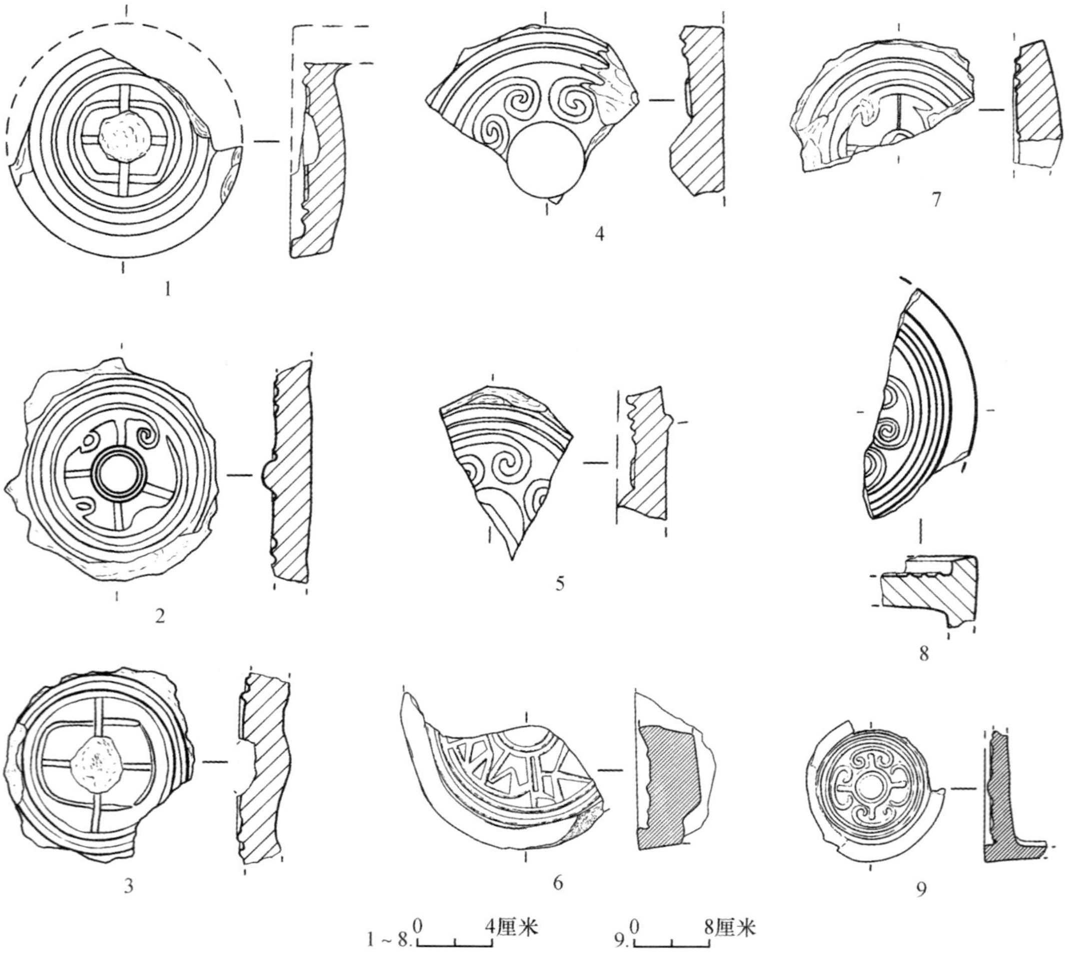

图2-91　瓦当（一）

1. ⅣG1：1　2. ⅣC：14　3. ⅣT63⑫：2　4. ⅣMD：10　5. ⅣF4：7　6. ⅣNSS：66　7. ⅣT66⑨：1　8. ⅣT67⑪：20　9. NSS：28②

饰一云纹。每朵云纹内各饰一道亚腰形凸弦纹。半边轮，边轮与当面图案之间饰两周凸弦纹。当面残径14、厚3厘米（图2-92，7）。ⅣBHL：9，残，仅存三分之一。当面可见三个云纹。当面残径15.2、厚2.8、边轮宽1.3厘米（图2-92，12）。ⅣBSS：1，残，仅存三分之一。边轮及部分云纹缺失。当面残径9.2、厚2.5厘米（图2-92，11）。ⅣBSS：2，残，仅存三分之一。边轮及部分云纹缺失。当心圆纽外有一周凸弦纹。当面用“T”字形界格分为四区。每区饰一云纹。每朵云纹内各饰一道亚腰形凸弦纹。当面残径14、厚2.6厘米（图2-92，8）。ⅣBSS：3，残，仅存三分之一。当背残留少量瓦身。当心圆纽外有一周凸弦纹。当面用“T”字形界格分为四区。每区饰一云纹。每朵云纹内各饰一道亚腰形凸弦纹。当面残径14.8、厚2.5～2.7厘米（图2-92，6）。ⅣBSS：4，当面仅存外围两道凸弦纹和边轮。当背残留一截瓦身。当面残长8.5、边轮宽1.3厘米，瓦身残长8.2厘米（图2-93，3）。ⅣBSS：5，当面仅存少量云纹，云纹外两道凸弦纹和部分边轮。当背残留一截瓦身。当面残长11.7、厚3.1厘米，瓦身残长7.2厘米（图2-93，4）。ⅣF1：5，仅存二分之一。边轮多缺失。仅存一个“T”字形界格

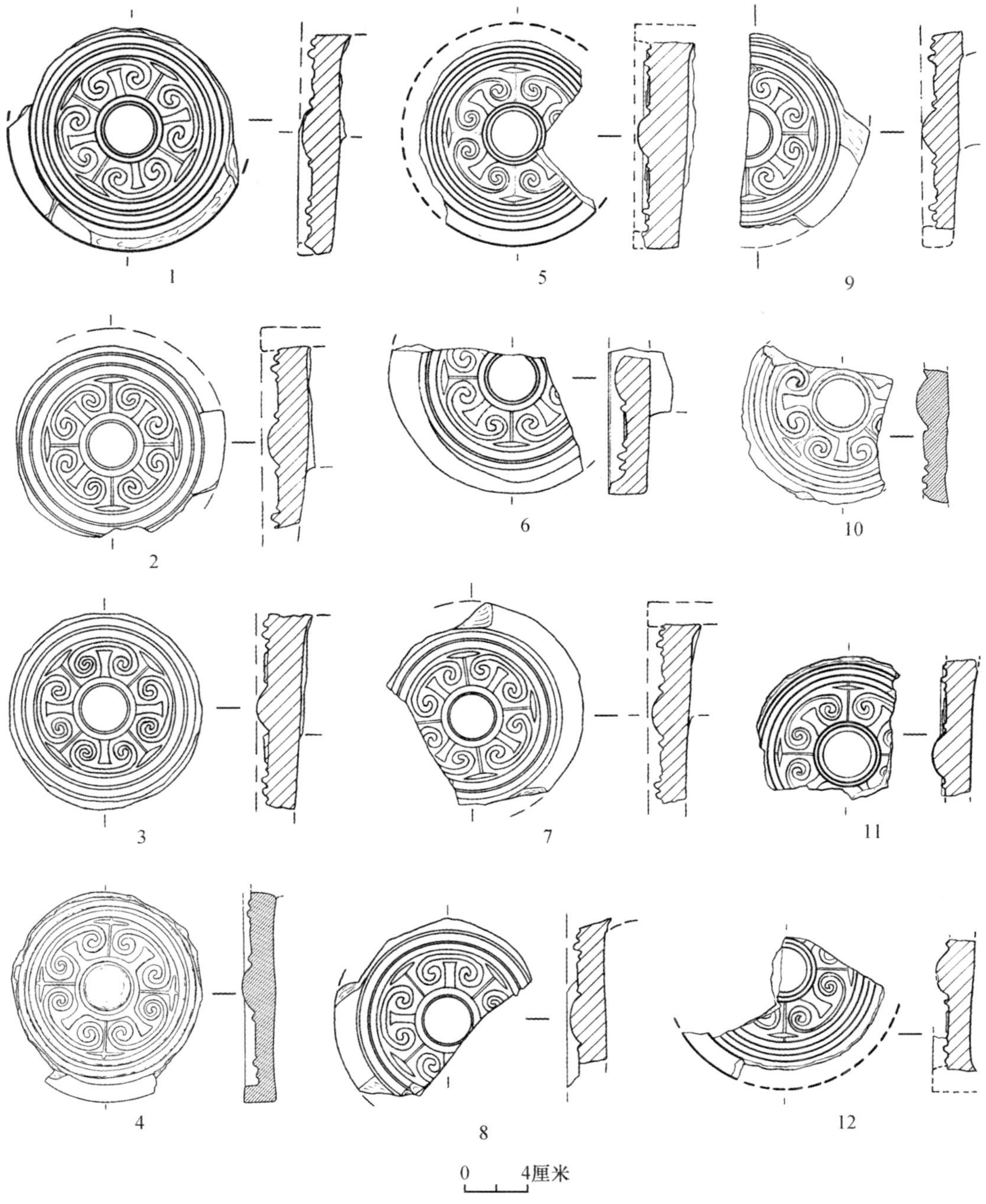

图2-92　瓦当（二）

1. ⅣBHL：3　2. ⅣBHL：5　3. ⅣBHL：1　4. ⅣF1：42　5. ⅣBHL：4　6. ⅣBSS：3　7. ⅣBHL：6　8. ⅣBSS：2　9. ⅣF1：5　10. ⅣF1：74　11. ⅣBSS：1　12. ⅣBHL：9

和两组云纹，中间以亚腰形凸弦纹间隔，外围饰以两道凸弦纹。当面残径12.8、厚2.5厘米（图2-92，9）。ⅣF1：42，残，边轮多缺失。当心圆纽外有一周凸弦纹。当面用“T”字形界格分为四区。每区饰一云纹。每朵云纹内各饰一道亚腰形凸弦纹。当面涂白，当面纹样描红。当面残径14、厚2.2厘米（图2-92，4；图版2-15，2）。ⅣF1：43，仅存大半个瓦当。当心圆纽外有一周凸弦纹。当面用“T”字形界格分为四区。每区饰一云纹。每朵云纹内各饰一道亚腰形凸弦纹。当面及当背下半部分涂白，当面纹样描红。当面残径15.6、厚2.8厘米（图2-93，16）。ⅣF1：60，仅余少量云纹，凸棱和边轮。当面涂白，当面纹样描红。当面残长9.2、厚2.6厘米（图2-93，14）。ⅣF1：61，当面残存半个云纹，云纹中间有一道亚腰形凸棱边轮线。当背残留部分筒瓦。当面涂白，纹样描红，晕染严重。当面残长11.6厘米，瓦身残长10.8厘米（图2-93，5）。ⅣF1：74，残，纹样不完整，边轮缺失。当面涂白，纹样涂红。当面残长9.6、厚2.2厘米（图2-92，10）。ⅣF1：79，仅存少量云纹及边轮。当面涂白，纹样描红。当面残长9.4、厚1.8厘米（图2-93，13）。ⅣF1：84，仅存少量云纹，边轮缺失。当面涂白，纹样描红。当面残长12.2、厚1.6厘米（图2-93，7）。ⅣF2：2，仅存少量云纹。边轮缺失。当面残长10.7、厚1.9、边轮宽1厘米（图2-93，8）。ⅣF3：1，当面仅存两个“T”字形图案，云纹中部饰亚腰形凸弦纹，外围饰以两道凸弦纹。当面残长14.1、厚3厘米（图2-93，2）。ⅣF3：3，当面残存部分云纹“T”字形图案和亚腰形凸棱，云纹外有两道凸弦纹。当面残径9.8、厚1.8厘米（图2-93，9）。ⅣF3：4，当面残存部分云纹、亚腰形凸弦纹和“T”字形界格，云纹外有两道凸弦纹。当面残径14.4、厚3.8厘米（图2-93，6）。ⅣF3：5，圆纽外残留一个云纹。云纹中间饰亚腰形凸弦纹。外围再饰两道凸弦纹，凸弦纹外残存部分边轮。当面复原直径15.2、厚2.2厘米，边轮宽1.4厘米（图2-93，12）。ⅣF3：6，圆纽外残存少量云纹和亚腰形凸弦纹，外围再饰以两道凸弦纹。边轮残。当面复原直径15.2、厚3厘米（图2-93，15）。ⅣF3：7，部分云纹缺失。当面直径15.6、厚2.4厘米（图2-93，1）。ⅣF3：8，当面残存少量云纹和亚腰形凸弦纹，外围饰两道凸弦纹，当面残径5.2、厚2.4厘米（图2-93，10）。ⅣF3：9，当面残存少量云纹、“T”字形界格和亚腰形凸弦纹，外围饰两道凸弦纹，当面残径4.6、厚1.7厘米（图2-93，11）。ⅣF3：10，仅存四分之一。当面残留少量圆纽和一个云纹。当面残长6.7、厚2.6厘米（图2-94，14）。ⅣF3：11，仅存圆纽、一个云纹及一个亚腰形凸棱。当面残径8、厚1.6～3厘米（图2-94，9）。ⅣF3：12，仅存少量云纹及边轮。表面有烟炙痕。当面残径7、厚2厘米（图2-94，5）。ⅣF3：13，残，仅存少量云纹亚腰形凸弦纹和弦纹。当面残长7.2、残宽4.2厘米（图2-94，19）。ⅣF3：14，当面仅存少量云纹和亚腰形凸弦纹。当面残径5、厚1.8厘米（图2-94，20）。ⅣF3：16，当面仅存少量云纹和亚腰形凸弦纹。当面残径7.2、厚2.8厘米（图2-94，11）。ⅣF3：18，当面仅存一个“T”字形凸弦纹界格和一个云纹。当面残径7.7、厚2.4厘米（图2-94，10）。ⅣF3：19，当面存一组完整的云纹。当面残径9、厚2.2厘米（图2-94，12）。ⅣF3：20，当面仅存一组纹饰。圆纽及边轮缺失。当面残径8.2、厚2厘米（图2-94，4）。ⅣF3：21，边轮多缺失。纹样完整。当面残径15.6、厚2.2厘米（图2-94，1；图版2-17，3）。ⅣF3：22，边轮残。当心圆纽外有一周凸弦纹。当面用“T”字形界格分为四区。

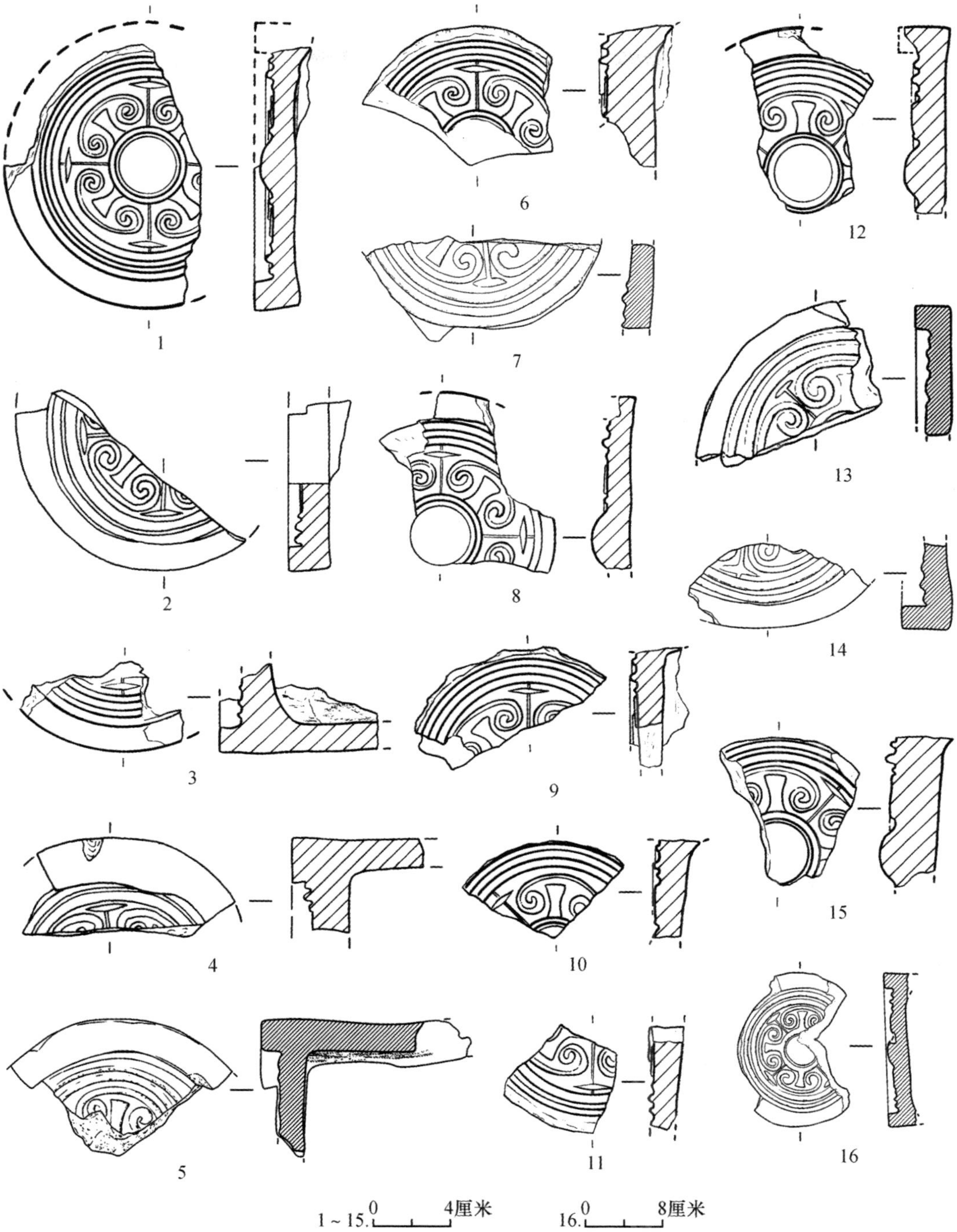

图2-93　瓦当（三）

1. ⅣF3：7　2. ⅣF3：1　3. ⅣBSS：4　4. ⅣBSS：5　5. ⅣF1：61　6. ⅣF3：4　7. ⅣF1：84　8. ⅣF2：2　9. ⅣF3：3　10. ⅣF3：8　11. ⅣF3：9　12. ⅣF3：5　13. ⅣF1：79　14. ⅣF1：60　15. ⅣF3：6　16. ⅣF1：43

图2-94　瓦当（四）

1. ⅣF3：21　2. ⅣF3：27　3. ⅣF3：31　4. ⅣF3：20　5. ⅣF3：12　6. ⅣF3：25　7. ⅣF3：26　8. ⅣF3：28　9. ⅣF3：11　10. ⅣF3：18　11. ⅣF3：16　12. ⅣF3：19　13. ⅣF3：22　14. ⅣF3：10　15. ⅣF3：30　16. ⅣF3：22　17. ⅣF3：29　18. ⅣF3：23　19. ⅣF3：13　20. ⅣF3：14

每区饰一云纹。每朵云纹内各饰一道亚腰形凸弦纹。当面涂白，纹样描红。当面残径14、残长4厘米（图2-94，16；图版2-15，4）。ⅣF3∶23，当面可见圆纽和少量云纹。当面涂白，纹样描红。当面残长7.9、厚2.5厘米（图2-94，18）。ⅣF3∶25，仅存四分之一。背面残留少量筒瓦。当面涂白，纹样描红。当面残长12、瓦身残长6.4厘米（图2-94，6）。ⅣF3∶26，仅存四分之一。边轮缺失。当面涂白，纹样描红。当面残长12.2、厚2.8厘米（图2-94，7）。ⅣF3∶27，边轮残。当心圆纽外有一周凸弦纹。当面用“T”字形界格分为四区。每区饰一云纹。每朵云纹内各饰一道亚腰形凸弦纹。当面涂白，纹样描红。当面直径15、厚3厘米（图2-94，2；图版2-15，1）。ⅣF3∶28，仅存云纹亚腰形凸棱和“T”字形界格。当面涂白，纹样描红。边轮缺失。当面残长10.8、厚2厘米（图2-94，8）。ⅣF3∶29，仅存少量纹样。当面涂白，纹样描红。当面残长5、厚2厘米（图2-94，17）。ⅣF3∶30，仅存少量纹样。当面涂白，纹样描红。当面残长6、厚3厘米（图2-94，15）。ⅣF3∶31，残，仅存三分之一。当面涂白，纹样描红。背面有白色颜料流淌痕。当面直径15.8厘米，瓦身残长5.2厘米（图2-94，3）。ⅣF3∶32，当面仅存少量云纹及“T”字形界格，当背残留少量筒瓦。当面涂白，纹样描红。当面残长8.3、瓦身残长7.2厘米（图2-94，13）。ⅣF4∶1，当面仅存少量云纹亚腰形凸棱及“T”字形界格。当面涂白，纹样描红。当背筒瓦完整。瓦头素面，瓦身纵向饰绳纹。近瓦舌一侧有1钉孔。瓦当直径15.8、瓦身长40、宽16.4、厚1～1.6、钉孔直径1.3厘米（图2-95，4；图版2-31，7）。ⅣF4∶2，当面仅存少量云纹和“T”字形界格。当面残径10、厚2.4厘米（图2-95，8）。ⅣF4∶4，当面仅存少量云纹和“T”字形界格。外围两道凸弦纹。凸弦纹外残留边轮。当面残径15.5、厚3厘米，边轮宽1.6厘米（图2-95，18）。ⅣF4∶6，当面仅存少量云纹、亚腰形凸弦纹和“T”字形界格。外围两道凸弦纹。当背残留少量筒瓦。当面残长13.5、厚2.7厘米（图2-95，15）。ⅣF4∶8，当面仅存少量云纹及外围三道凸弦纹。当面残长10.2、厚2厘米（图2-95，11）。ⅣF4∶9，现存二分之一当面及一截筒瓦。当面存两组云纹。筒瓦内侧布纹清晰。瓦当直径15.3、瓦身残长13.9厘米（图2-95，3）。ⅣF4∶14，当面仅存一点云纹，外围两道凸弦纹和边轮。当面涂白，纹样描红。当面残长9.5、厚2.1厘米，边轮宽1.4厘米（图2-95，10）。ⅣF4∶15，边轮缺失。瓦当与部分筒瓦套接。当心圆纽外有一周凸弦纹。当面用“T”字形界格分为四区。每区饰一云纹。每朵云纹内各饰一道亚腰形凸弦纹。当面残径13.8、厚2.2厘米（图2-95，1；图版2-17，5）。ⅣF4∶16，现存二分之一，边轮缺失。当面残留两个半云纹。当面残长13、厚1.9厘米（图2-95，7）。ⅣF4∶17，残，当面残存一个云纹。外围饰两道凸弦纹。凸弦纹外残存部分边轮。当面涂白，纹样描红。当面残长10.3、厚2.4厘米，边轮宽1.2厘米（图2-95，14）。ⅣF4∶19，当面仅存少量云纹、“T”字形界格和外围两道凸弦纹。当面涂白，纹样描红。当面残径7.8、厚2厘米（图2-95，19）。ⅣF4∶20，当面残存一个云纹。当面残径8、厚2.2厘米（图2-95，17）。ⅣF4∶21，当面上残存部分云纹。当面残径8、厚2.2厘米（图2-95，12）。ⅣF4∶22，当面残留少量云纹。当面残径8.4、厚1.8厘米（图2-95，5）。ⅣF4∶23，局部残，边轮缺失。当面残径12.6、厚2.2厘米（图2-95，2）。ⅣF4∶24，当面仅存少量云纹和一个“T”字形界格。当面残长11.8、厚1.6厘米（图2-95，

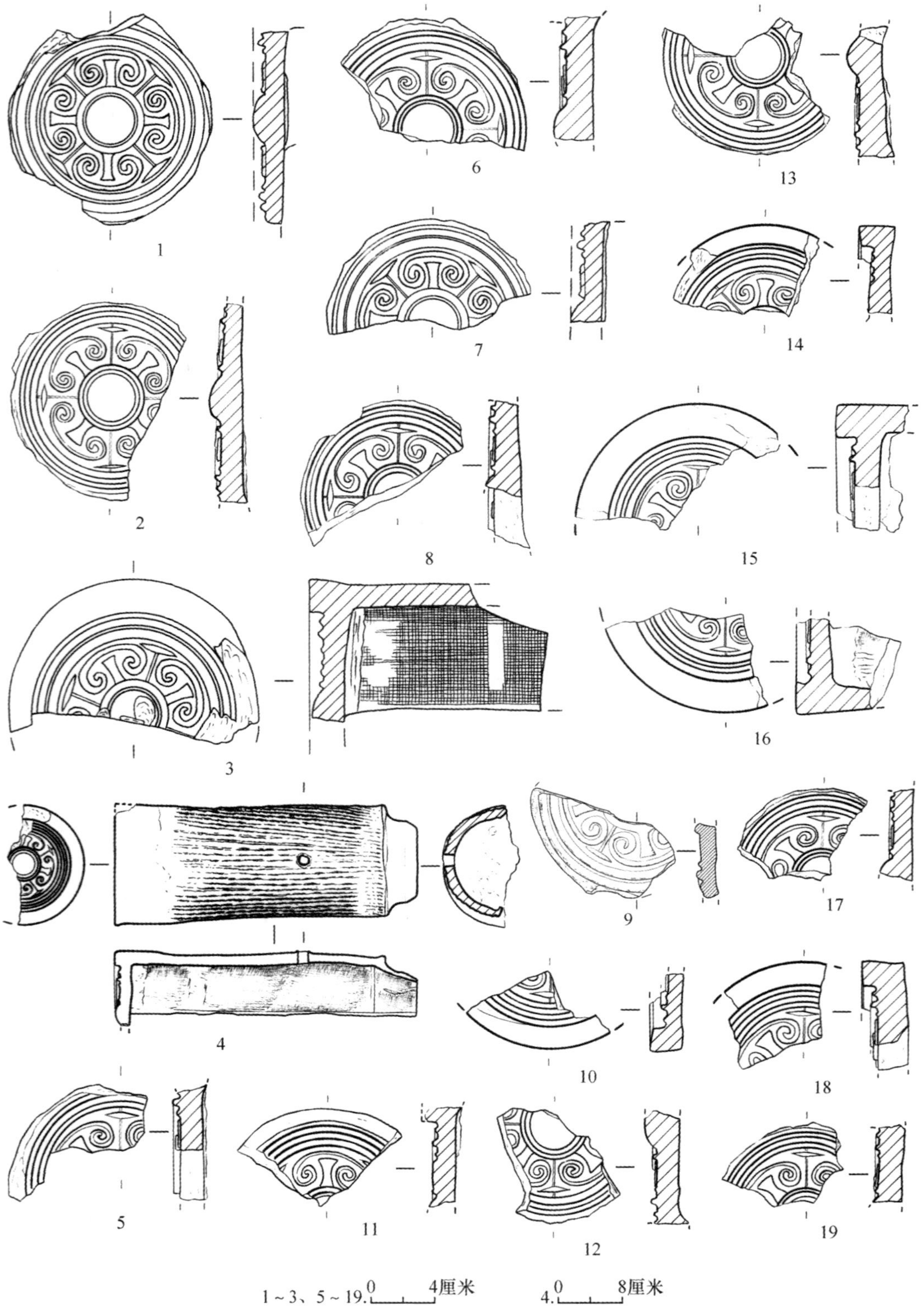

图2-95　瓦当（五）

1. ⅣF4：15　2. ⅣF4：23　3. ⅣF4：9　4. ⅣF4：1　5. ⅣF4：22　6. ⅣF4：25　7. ⅣF4：16　8. ⅣF4：2　9. ⅣF4：28　10. ⅣF4：14　11. ⅣF4：8　12. ⅣF4：21　13. ⅣF4：26　14. ⅣF4：17　15. ⅣF4：6　16. ⅣF4：24　17. ⅣF4：20　18. ⅣF4：4　19. ⅣF4：19

16）。ⅣF4：25，残存三分之一。当面残径12.2、厚2.4厘米（图2-95，6）。ⅣF4：26，残存三分之一。当面残径11.9、厚2.2厘米（图2-95，13）。ⅣF4：28，2件残片，无法拼合。残存少量云纹和凸棱。当面涂白，纹样描红，已脱落不清晰。其中一块当面残长9.2、厚1.4厘米（图2-95，9）。ⅣF4：34，边轮及部分云纹缺失。当面涂白，纹样描红。当面残径12.8、厚2厘米（图2-96，6；图版2-15，6）。ⅣF4：35，边轮及部分云纹缺失。当面及当背下半部分涂白，纹样描红。直径14.2、厚2.6厘米（图2-96，7）。ⅣF4：36，残存少量云纹和凸棱。当面涂白，纹样描红。当面残长7、厚2.4厘米（图2-96，16）。ⅣF4：38，瓦当及筒瓦完整。当心圆纽外有一周凸弦纹。当面用“T”字形界格分为四区。每区饰一云纹。每朵云纹内各饰一道亚腰形凸弦纹。当面涂白，纹样描红，当背有白色颜料流淌的痕迹。筒瓦瓦头素面，表面饰纵向绳纹，较规整清晰，背面饰布纹，局部有划纹。瓦舌一端有1个瓦钉孔，为在陶泥未全干时进行的穿孔。瓦当直径16、瓦身通长42.4、钉孔直径0.9厘米（图2-96，12；图版2-31，4）。ⅣF4：39，瓦当及筒瓦完整。当心圆纽外有一周凸弦纹。当面用“T”字形界格分为四区。每区饰一云纹。每朵云纹内各饰一道亚腰形凸弦纹。当面涂白，纹样描红，当背有白色颜料流淌的痕迹。筒瓦瓦头素面，表面饰纵向绳纹，较规整清晰。瓦当直径16、瓦身通长40.8、钉孔直径1.1厘米（图2-96，10；图版2-31，1）。ⅣF4：40，边轮残，背面残留少量筒瓦。当心圆纽外有一周凸弦纹。当面用“T”字形界格分为四区。每区饰一云纹。每朵云纹内各饰一道亚腰形凸弦纹。当面涂白，纹样描红。当面直径16、瓦身残长8厘米（图2-96，8；图版2-15，3）。ⅣF4：41，边轮残。当心圆纽外有一周凸弦纹。当面用“T”字形界格分为四区。每区饰一云纹。每朵云纹内各饰一道亚腰形凸弦纹。当面涂白，纹样描红。当面直径16、厚2.4厘米（图2-96，9；图版2-15，5）。ⅣF4：42，边轮残，背面残留少量筒瓦。当心圆纽外有一周凸弦纹。当面用“T”字形界格分为四区。每区饰一云纹。每朵云纹内各饰一道亚腰形凸弦纹。当面涂白，纹样描红。瓦当和筒瓦套接处内壁刮抹痕明显。当面直径16、瓦身残长14.8厘米（图2-96，20；图版2-16，6）。ⅣF4：43，边轮残，背面残留少量筒瓦。当心圆纽外有一周凸弦纹。当面用“T”字形界格分为四区。每区饰一云纹。每朵云纹内各饰一道亚腰形凸弦纹。瓦当正面及当背下半部分涂白，纹样描红。当面直径14.8、瓦身残长6.2厘米（图2-96，5；图版2-16，3）。ⅣF4：44，当面一部分缺失，背面残留少量筒瓦，套接处刮抹痕明显。当心圆纽外有一周凸弦纹。当面用“T”字形界格分为四区。每区饰一云纹。每朵云纹内各饰一道亚腰形凸弦纹。当面涂白，纹样描红。筒瓦外壁饰绳纹，内壁饰布纹。当面直径14、瓦身残长16.8厘米（图2-96，4）。ⅣF4：46，当面一部分缺失。当心圆纽外有一周凸弦纹。当面用“T”字形界格分为四区。每区饰一云纹。每朵云纹内各饰一道亚腰形凸弦纹。当面涂白，纹样描红。边轮不规整。当面直径15.2、厚1.3厘米（图2-96，11）。ⅣF4：47，边轮部分缺失。背面残留少量筒瓦，套接处刮抹痕明显。当心圆纽外有一周凸弦纹。当面用“T”字形界格分为四区。每区饰一云纹。每朵云纹内各饰一道亚腰形凸弦纹。当面涂白，纹样描红。当面直径16、瓦身残长4.8厘米（图2-96，2；图版2-16，2）。ⅣF4：53，边轮缺失。当心圆纽外有一周凸弦纹。当面用“T”字形界格分为四区。每区饰一云纹。每朵云纹内各饰一道亚腰形凸弦纹。当面和

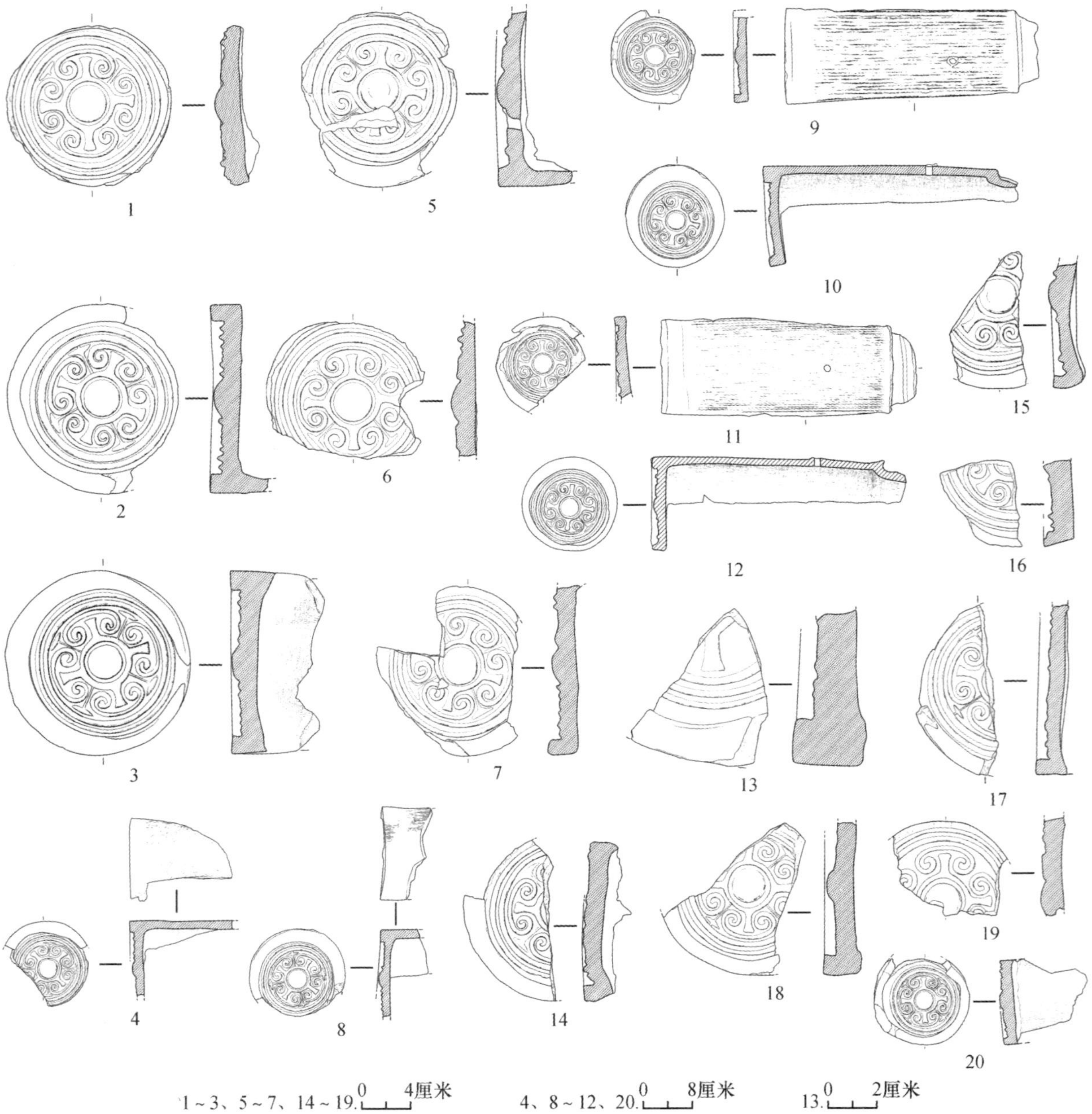

图2-96　瓦当（六）

1. ⅣF4：53　2. ⅣF4：47　3. ⅣF4：58　4. ⅣF4：44　5. ⅣF4：43　6. ⅣF4：34　7. ⅣF4：35　8. ⅣF4：40　9. ⅣF4：41　10. ⅣF4：39　11. ⅣF4：46　12. ⅣF4：38　13. ⅣF4：61　14. ⅣF4：60　15. ⅣF4：54　16. ⅣF4：36　17. ⅣF4：57　18. ⅣF4：56　19. ⅣF4：55　20. ⅣF4：42

当背均涂白，纹样涂红。当面残径13.2、瓦身残长3.6厘米（图2-96，1；图版2-16，4）。ⅣF4：54，残，仅存少部分云纹。当面和当背下半部分涂白，当面纹样描红。当面残长11、厚3厘米（图2-96，15）。ⅣF4：55，残，仅存少部分云纹。当面涂白，纹样描红。当面残长9、厚2厘米（图2-96，19）。ⅣF4：56，残存2片无法拼合。当面仅存少部分云纹。当面涂白，纹样描红，较粗糙，有晕染。其中一块当面残长13、厚3.4厘米（图2-96，18）。ⅣF4：57，残，仅存少部分云纹。当面及当背下部涂白，纹样描红。当面残长13.4、厚2.6厘米（图2-96，

17）。ⅣF4：58，边轮残，当背残留少量筒瓦。当心圆纽外有一周凸弦纹。当面用“T”字形界格分为四区。每区饰一云纹。每朵云纹内各饰一道亚腰形凸弦纹。当面及当背涂白，纹样描红。当面直径15.2、瓦身残长6.8厘米（图2-96，3；图版2-16，1）。ⅣF4：60，当面残留少量云纹，当背残留少量筒瓦。当面涂白，纹样描红。当面残长13.4、瓦身残长4厘米（图2-96，14）。ⅣF4：61，仅存少量云纹、凸棱和边轮。当面涂白，纹样描红。当面残长6.5、厚3厘米（图2-96，13）。ⅣF4：62，3片，无法拼合。当面涂白，纹样描红。其中一件表面残留一个半云纹。当面残长9.8、厚2.6厘米（图2-97，19）。ⅣF4：63，残存四分之一。当面仅存少量云纹。当面涂白，纹样描红。当面残长9.8、厚1.8厘米（图2-97，10）。ⅣF4：65，残存四分之一。当面仅存少量云纹。当面涂白，纹样描红。较粗糙，有晕染，边轮套接处有布纹。当面残长10、厚2.4厘米（图2-97，9）。ⅣF4：66，残存五分之一。当面仅存少量云纹。当面涂白，纹样描红。当面残长9.8、厚2.6厘米（图2-97，11）。ⅣF4：67，残，仅存三分之一，当面有两个残云纹、两个残亚腰形凸棱，一个“T”字形界纹及弦纹、边轮。当面涂白，纹样描红，晕染较重。当面残长13、厚2.8厘米（图2-97，7）。ⅣF4：68，部分纹样及边轮缺失，比较厚重，背面有绳纹。当心圆纽外有一周凸弦纹。当面用“T”字形界格分为四区。每区饰一云纹。每朵云纹内各饰一道亚腰形凸弦纹。当面涂白，纹样描红。晕染严重，部分颜料剥落。当面直径12、厚3厘米（图2-97，6）。ⅣF4：69，残，部分纹样及边轮缺失。当面涂白，纹样描红。当面残长9、厚1.2厘米（图2-97，20）。ⅣG1：2，当面仅存少量云纹和“T”字形界格。当面涂白，纹样描红。当面残长7、厚2厘米（图2-97，15）。ⅣH1：3，当面仅存少量云纹和“T”字形界格。当面残长4.4、厚1.5～2.3厘米（图2-97，14）。ⅣMD：1，当面仅存少量云纹和一道亚腰形凸弦纹。当面残长5.6、厚1.6厘米（图2-97，17）。ⅣMD：2，当面仅存少量云纹和少量亚腰形凸弦纹。当面残长10.8、厚2.5厘米（图2-97，12）。ⅣMD：3，当面仅存少量云纹和凸弦纹。当面残长7、厚2.2厘米（图2-97，16）。ⅣMD：4，当面仅存少量云纹和亚腰形凸弦纹。当面残长9.5、厚3.5厘米（图2-97，13）。ⅣMD：5，当面仅存少量云纹和亚腰形凸弦纹。当面残长9、厚2.7厘米（图2-97，8）。ⅣMD：6，边轮残。当心圆纽外有一周凸弦纹。当面用“T”字形界格分为四区。每区饰一云纹。每朵云纹内各饰一道亚腰形凸弦纹。当面残径14、厚3.2厘米（图2-97，4；图版2-17，2；拓片2-4，6）。ⅣMD：7，边轮残，背面残留少量筒瓦。当心圆纽外有一周凸弦纹。当面用“T”字形界格分为四区。每区饰一云纹。每朵云纹内各饰一道亚腰形凸弦纹。当面直径14.6、厚2.7、瓦身残长3.6厘米（图2-97，3；图版2-17，4；拓片2-4，3）。ⅣMD：8，边轮残，背面残留少量筒瓦。当心圆纽外有一周凸弦纹。当面用“T”字形界格分为四区。每区饰一云纹。每朵云纹内各饰一道亚腰形凸弦纹。当面直径15.2、厚2.4、瓦身残长3.6厘米（图2-97，2；图版2-17，1）。ⅣMD：9，当面及部分边轮残。当心圆纽外有一周凸弦纹。当面用“T”字形界格分为四区。每区饰一云纹。每朵云纹内各饰一道亚腰形凸弦纹。当面直径14.8、厚2.5厘米（图2-97，1）。ⅣMD：11，当面残存二分之一，边轮缺失。当心圆纽外有一周凸弦纹。当面用“T”字形界格分为四区。每区饰一云纹。每朵云纹内各饰一道亚腰形凸弦纹。当面残长12.8、厚2～2.8厘米（图2-97，5）。

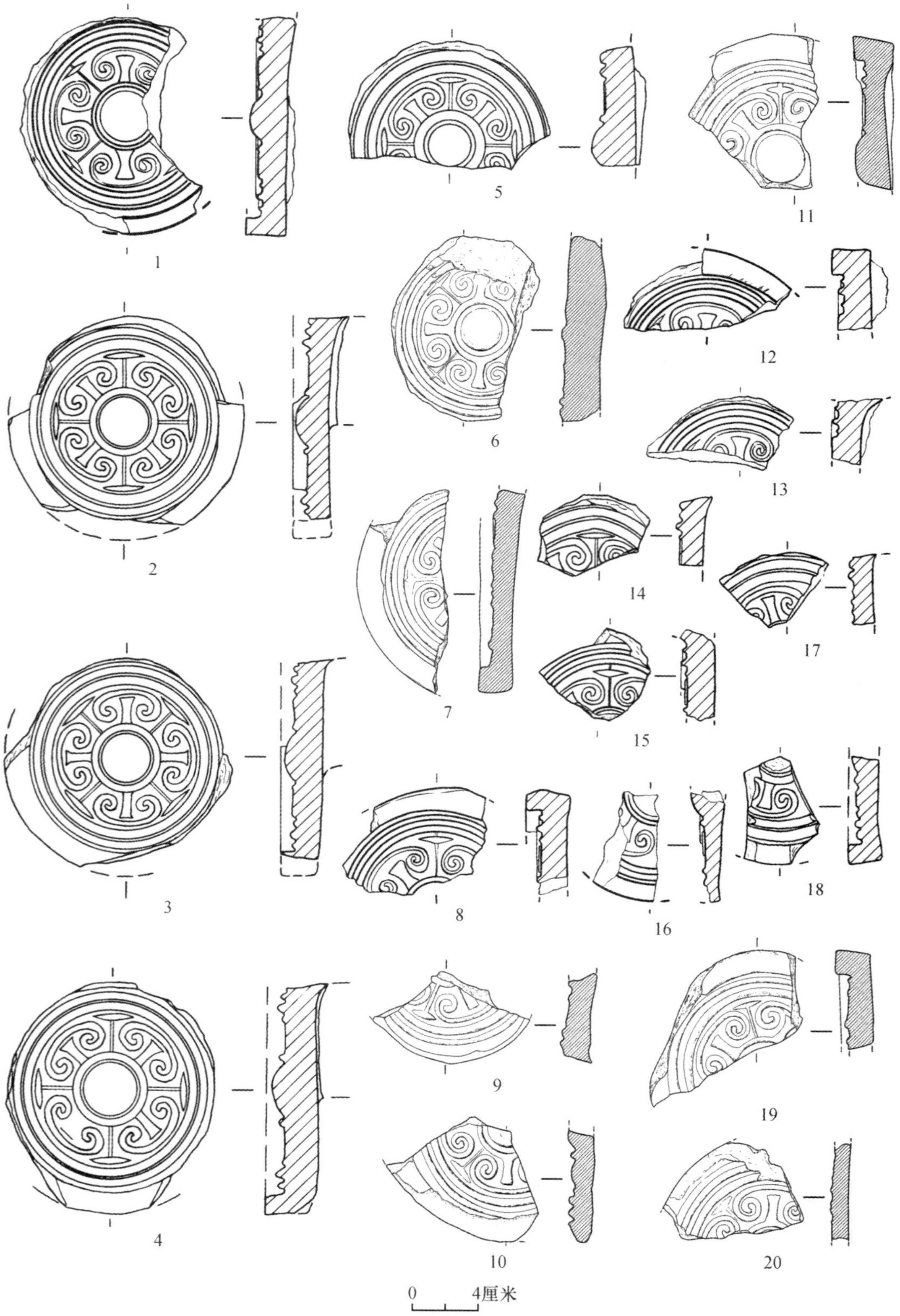

图2-97　瓦当（七）

1. ⅣMD：9　2. ⅣMD：8　3. ⅣMD：7　4. ⅣMD：6　5. ⅣMD：11　6. ⅣF4：68　7. ⅣF4：67　8. ⅣMD：5　9. ⅣF4：65　10. ⅣF4：63　11. ⅣF4：66　12. ⅣMD：2　13. ⅣMD：4　14. ⅣH1：3　15. ⅣG1：2　16. ⅣMD：3　17. ⅣMD：1　18. ⅣMD：12　19. ⅣF4：62　20. ⅣF4：69

ⅣMD：12，当面仅存少量云纹和亚腰形凸弦纹，云纹外饰两道凸弦纹。当面残长5.6、厚1.6厘米（图2-97，18）。ⅣMD：14，边轮残，背面残留少量筒瓦。当心圆纽外有一周凸弦纹。当面用“T”字形界格分为四区。每区饰一云纹。每朵云纹内各饰一道亚腰形凸弦纹。当面直径15.6、厚2.7、瓦身残长4.4厘米（图2-98，4；图版2-17，6；拓片2-4，2）。ⅣMD：15，当面及部分边轮残。当心圆纽外有一周凸弦纹。当面用“T”字形界格分为四区。每区饰一云纹。每朵云纹内各饰一道亚腰形凸弦纹。当面残径12.6、厚2.6厘米（图2-98，8）。ⅣMD：16，当面及部分边轮残。当心圆纽外有一周凸弦纹。当面用“T”字形界格分为四区。每区饰一云纹。每朵云纹内各饰一道亚腰形凸弦纹。当面残径14、厚2.6厘米（图2-98，7）。ⅣMD：17，仅存少量当面及边轮。当面残长10.5、厚2.5厘米（图2-98，17）。ⅣMD：18，边轮缺失，当面仅存少量云纹和“T”字形界格，云纹外饰两道凸弦纹。当面残长12、厚2.7厘米（图2-98，16）。ⅣMD：19，当面仅存少量云纹和“T”字形界格，云纹外饰两道凸弦纹。当面直径12.8、厚2.8厘米（图2-98，5）。ⅣMD：20，当面仅存少量云纹，亚腰形凸弦纹和外围两道凸弦纹。当面残长9.8、厚2.4厘米（图2-98，18）。ⅣMD：21，边轮残。当心圆纽外有一周凸弦纹。当面用“T”字形界格分为四区。每区饰一云纹。每朵云纹内各饰一道亚腰形凸弦纹。当面直径12.5、厚2.4厘米（图2-98，6；图版2-18，6）。ⅣMD：22②，当面仅存少量云纹和凸弦纹。边轮缺失。当面残长7.4厘米（图2-98，12）。ⅣMD：24，当面仅存少量云纹和亚腰形纹，“T”字形界格外饰两道凸弦纹。当面残长6.4、厚2.7厘米（图2-98，20）。ⅣMD：28，边轮残，当背残留少量筒瓦。当心圆纽外有一周凸弦纹。当面用“T”字形界格分为四区。每区饰一云纹。每朵云纹内各饰一道亚腰形凸弦纹。当面直径15.4、厚2.2～2.6厘米，瓦身残长3.6厘米（图2-98，1；图版2-18，3；拓片2-4，7）。ⅣMD：30，当面残，当背残留少量筒瓦。当心圆纽外有一周凸弦纹。当面用“T”字形界格分为四区。每区饰一云纹。每朵云纹内各饰一道亚腰形凸弦纹。当面复原直径15.4、厚2.6厘米（图2-98，3；图版2-18，5）。ⅣMD：31，当面残存三分之一，边轮缺失。当心圆纽外有一周凸弦纹。当面用“T”字形界格分为四区。每区饰一云纹。每朵云纹内各饰一道亚腰形凸弦纹。当面残长11.73、厚2.5厘米（图2-98，13）。ⅣMD：32，当面仅存部分云纹和“T”字形界格。外围饰两道凸弦纹和少量边轮。当面残长11.8、厚2.8、边轮宽1厘米（图2-98，15）。ⅣMD：33，边轮残，当背残留少量筒瓦。当心圆纽外有一周凸弦纹。当面用“T”字形界格分为四区。每区饰一云纹。每朵云纹内各饰一道亚腰形凸弦纹。当面复原直径15.4、厚2.6厘米（图2-98，2；图版2-18，2；拓片2-4，10）。ⅣMD：36，当面仅存少量云纹和“T”字形界格，外围两道凸弦纹。当面涂白，纹样描红。当面残长9.3、厚3厘米（图2-98，10）。ⅣMD：37，当面仅存少量云纹和“T”字形界格。外围饰两道凸弦纹，凸弦纹外残留部分边轮。当面涂白，纹样描红。当面残长7.1、厚2.5、边轮宽1厘米（图2-98，19）。ⅣMD：40，残存二分之一。当面直径15、厚3厘米（图2-98，14）。ⅣMD：42，当面仅存少量云纹、“T”字形界格和亚腰形凸弦纹，外围饰两道凸弦纹。当面残长11.6、厚3.4厘米（图2-98，9）。ⅣMD：43，当面仅存边轮和少量凸弦纹。当背残留少量筒瓦。当面残长13.1、瓦身残长12.5厘米（图2-98，11）。ⅣMD：44，当面残存二

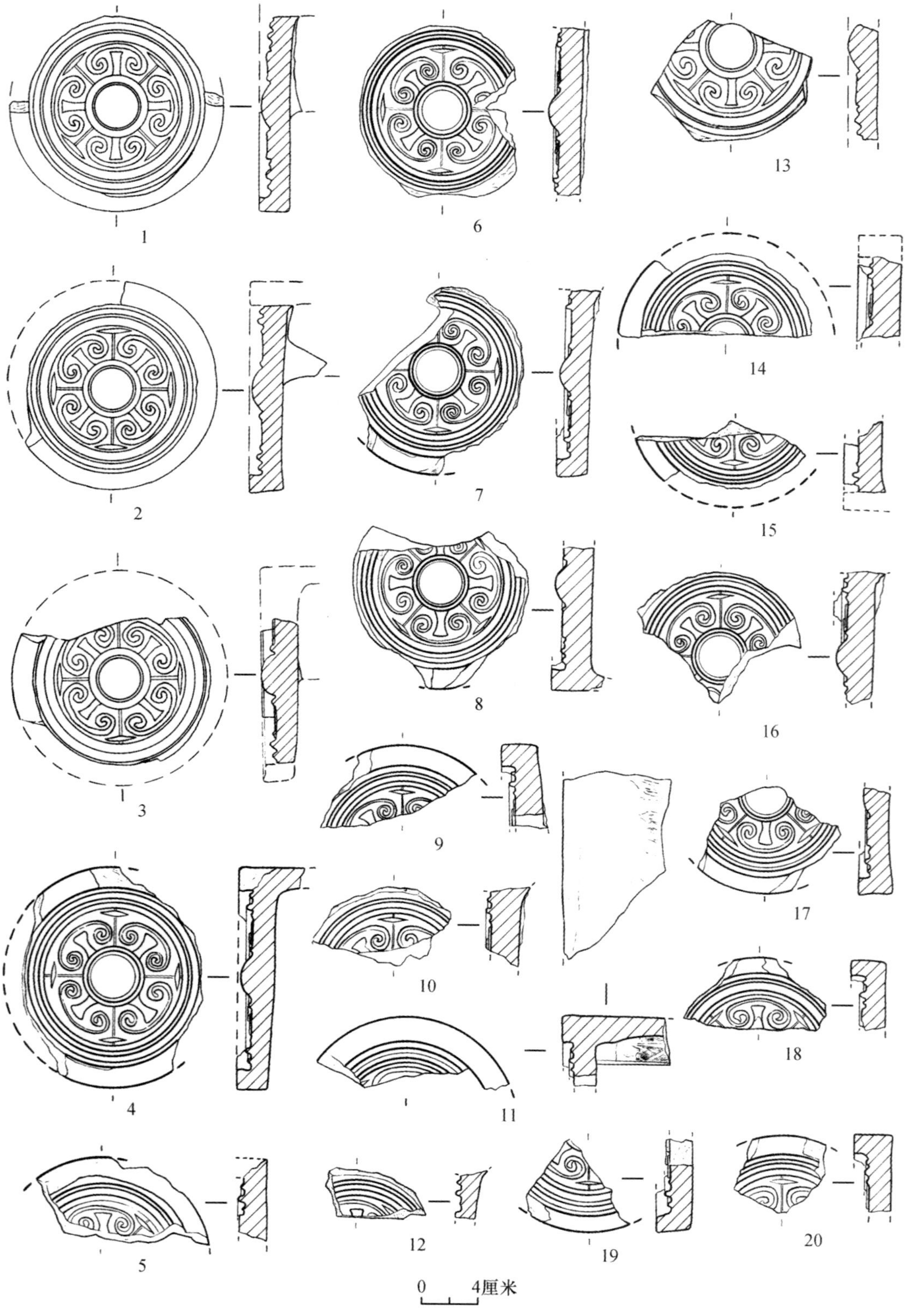

图2-98　瓦当（八）

1. ⅣMD：28　2. ⅣMD：33　3. ⅣMD：30　4. ⅣMD：14　5. ⅣMD：19　6. ⅣMD：21　7. ⅣMD：16　8. ⅣMD：15　9. ⅣMD：42　10. ⅣMD：36　11. ⅣMD：43　12. ⅣMD：22②　13. ⅣMD：31　14. ⅣMD：40　15. ⅣMD：32　16. ⅣMD：18　17. ⅣMD：17　18. ⅣMD：20　19. ⅣMD：37　20. ⅣMD：24

分之一，当背残留少量筒瓦。当面残长14.1、瓦身残长6.1厘米（图2-99，1）。ⅣMD：45，当面及边轮稍残，当背残留少量筒瓦。当心圆纽外有一周凸弦纹。当面用“T”字形界格分为四区。每区饰一云纹。每朵云纹内各饰一道亚腰形凸弦纹。当面直径15.7、瓦身残长7.7厘米（图2-99，2）。ⅣMD：46，当面完整，当背残留少量瓦身。当心圆纽外有一周凸弦纹。当面用“T”字形界格分为四区。每区饰一云纹。每朵云纹内各饰一道亚腰形凸弦纹。当面直径15.6、厚2～2.2、瓦身残长19.4厘米（图2-99，4；图版2-31，3；拓片2-4，8）。ⅣMD：47，当面仅存部分当纽和云纹，边轮缺失。当面涂白，纹样描红。当面残长12.2、厚2.8厘米（图2-99，14）。ⅣMD：48，当面残存小部分当纽、云纹，外围饰两道凸弦纹。当面复原直径14.8、厚3.5、边轮宽1.4厘米（图2-99，15）。ⅣMD：49，边轮残。当心圆纽外有一周凸弦纹。当面用“T”字形界格分为四区。每区饰一云纹。每朵云纹内各饰一道亚腰形凸弦纹。当面涂白，纹样描红。当面直径15.4、厚2.4厘米（图2-99，6；图版2-18，4）。ⅣMD：51，仅存二分之一。当面涂白，纹样描红。当背残留贴附泥条。当面复原直径14.8、厚2.8、边轮宽1厘米（图2-99，7）。ⅣMD：52，边轮残，当背残留少量筒瓦。当心圆纽外有一周凸弦纹。当面用“T”字形界格分为四区。每区饰一云纹。每朵云纹内各饰一道亚腰形凸弦纹。当面直径15.4、厚2～2.8厘米，瓦身残长4.8厘米（图2-99，8；图版2-18，1；拓片2-5，6）。ⅣMD：53，当面仅存部分云纹和“T”字形界格。外围饰两道凸弦纹，凸弦纹外为边轮。当面残长10.6、厚2.3、边轮宽1.4厘米（图2-99，16）。ⅣMD：54，当面及边轮残。当心圆纽外有一周凸弦纹。当面用“T”字形界格分为四区。每区饰一云纹。每朵云纹内各饰一道亚腰形凸弦纹。当面涂白，纹样描红。当面残径13.4、厚2.6、边轮宽1.6厘米（图2-99，5）。ⅣMD：55，当面残留少量存云纹和凸弦纹。当面残径8、厚2.2厘米（图2-99，11）。ⅣMD：56，当面残存云纹和“T”字形界格。外围两道凸弦纹，凸弦纹外残存部分边轮。当面涂白，纹样描红。当面复原直径15.4、边轮宽1.4厘米（图2-99，20）。ⅣMD：57，当面及边轮残。当背残留少量筒瓦。当心圆纽外有一周凸弦纹。当面用“T”字形界格分为四区。每区饰一云纹。每朵云纹内各饰一道亚腰形凸弦纹。当面残径14.4、厚2.8厘米（图2-99，3）。ⅣMD：58，当面残存二分之一，边轮缺失。当面涂白，纹样描红。表面有烟炙痕。当面复原直径14.4、边轮宽1厘米（图2-99，13）。ⅣMD：64①，2片，1片是云纹瓦当，1片是筒瓦，无法拼合。当面涂白，纹样描红。边轮不规整。当面残长7.6厘米（图2-99，10）。ⅣMD：65，残留四分之一当面，边轮缺失。当面涂白，纹样描红，晕染严重。当面残长10.2厘米（图2-99，19）。ⅣMD：66，仅存三分之一。当面涂白，纹样描红。表面有烟炙痕。当面残长10.2厘米（图2-99，17）。ⅣMD：67，当面仅存少量云纹和凸弦纹。当背残留少量筒瓦。当面涂白，纹样描红。当面残长10.2、瓦身残长4厘米（图2-99，9）。ⅣMD：68，当面残留少量云纹。当面涂白，纹样描红。当面残长8.4厘米（图2-99，18）。ⅣMD：69，当面残约二分之一，当背残留少量筒瓦。当面涂白，纹样描红。当面复原直径14.8、瓦身残长14.6厘米（图2-99，12）。ⅣMD：70，当面残留少量云纹。当面涂白，纹样描红。当面残长8厘米（图2-100，9）。ⅣMD：71，当面残约二分之一。当面涂白，纹样描红。当面直径13.6、当背贴附

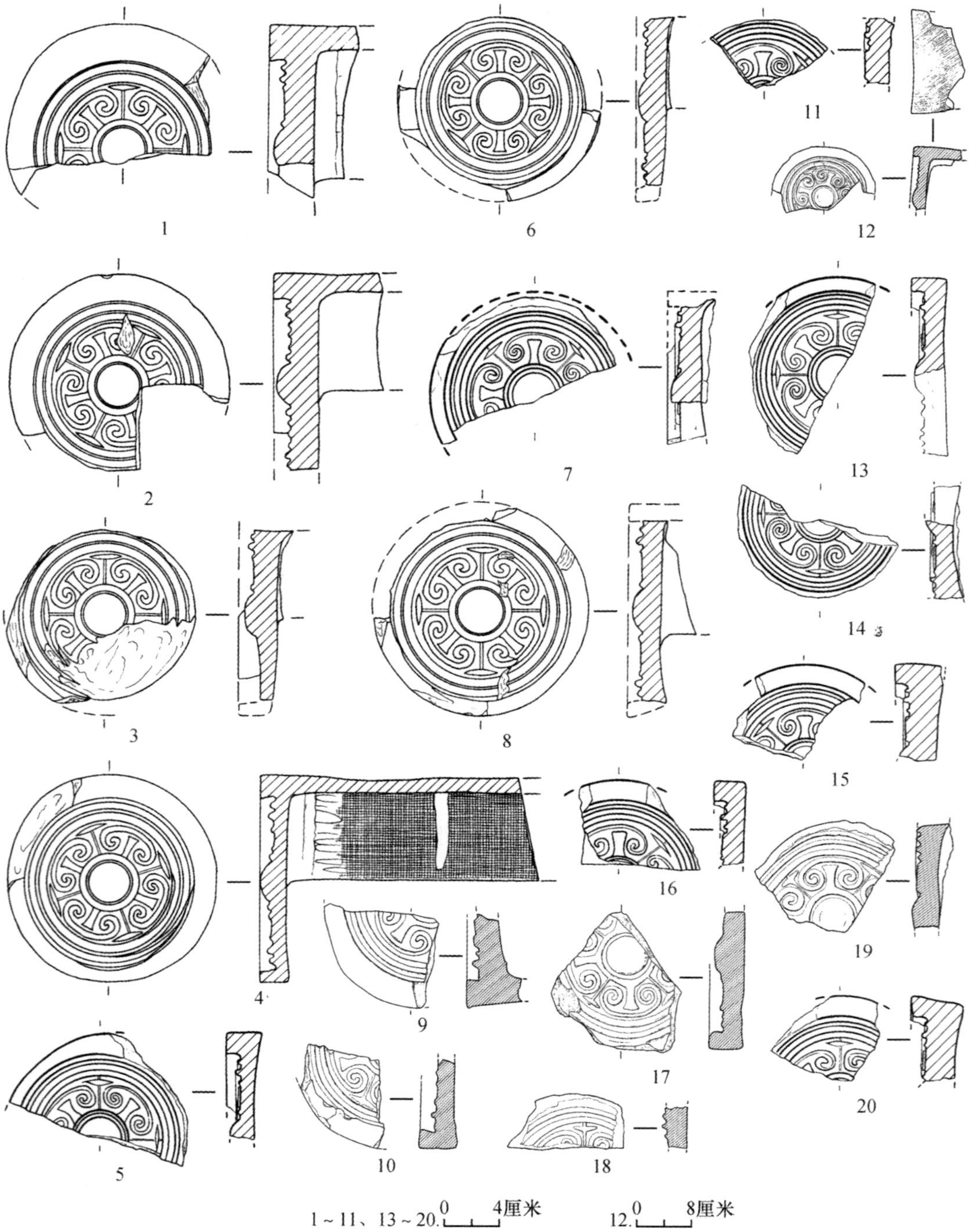

图2-99　瓦当（九）

1. ⅣMD：44　2. ⅣMD：45　3. ⅣMD：57　4. ⅣMD：46　5. ⅣMD：54　6. ⅣMD：49　7. ⅣMD：51　8. ⅣMD：52　9. ⅣMD：67　10. ⅣMD：64①　11. ⅣMD：55　12. ⅣMD：69　13. ⅣMD：58　14. ⅣMD：47　15. ⅣMD：48　16. ⅣMD：53　17. ⅣMD：66　18. ⅣMD：68　19. ⅣMD：65　20. ⅣMD：56

泥条残长3厘米（图2-101，8）。ⅣMD：73，仅存少量云纹和边轮。当面涂白，当面纹样描红。当面残长8.8厘米（图2-100，19）。ⅣMD：74，仅存四分之一。当面涂白，纹样描红。当面残长11.4厘米（图2-100，5）。ⅣMD：75，边轮残，当背残留少量筒瓦。当心圆纽外有一周凸弦纹。当面用“T”字形界格分为四区。每区饰一云纹。每朵云纹内各饰一道亚腰形凸弦纹。当面和当背均涂白，当面纹样描红。当面直径15、瓦身残长6.3厘米（图2-100，2；图版2-16，5）。ⅣMD：76，仅剩少量云纹和凸棱。当面涂白，纹样描红。当面残长8.8厘米（图2-100，17）。ⅣMD：77，当面稍残，当背残留少量筒瓦。当心圆纽外有一周凸弦纹。当面用“T”字形界格分为四区。每区饰一云纹。每朵云纹内各饰一道亚腰形凸弦纹。当面涂白，纹样描红。当面直径15.8、瓦身残长9厘米（图2-100，1；图版2-19，6）。ⅣMD：78，边轮缺失，当背残留少量筒瓦。当心圆纽外有一周凸弦纹。当面用“T”字形界格分为四区。每区饰一云纹。每朵云纹内各饰一道亚腰形凸弦纹。当面涂白，纹样描红。当面直径14、瓦身残长4厘米（图2-100，16；图版2-19，3）。ⅣMD：79，边轮残。当心圆纽外有一周凸弦纹。当面用“T”字形界格分为四区。每区饰一云纹。每朵云纹内各饰一道亚腰形凸弦纹。当面涂白，纹样描红。当面直径14.4、瓦身残长4厘米（图2-100，10；图版2-19，5）。ⅣMD：80，边轮缺失，当心圆纽外有一周凸弦纹。当面用“T”字形界格分为四区。每区饰一云纹。每朵云纹内各饰一道亚腰形凸弦纹。当面涂白，纹样描红。当面残径12.4、瓦身残长2.6厘米（图2-100，8；图版2-19，2）。ⅣNSS：1，当面仅存少量云纹、“T”字形界格，外围两道凸弦纹。当面残径9.6厘米（图2-100，18）。ⅣNSS：2，当面仅存三分之二。当心圆纽外有一周凸弦纹。当面用“T”字形界格分为四区。每区饰一云纹。每朵云纹内各饰一道亚腰形凸弦纹。当面残径14.2、厚2.2厘米（图2-100，12）。ⅣNSS：3，当面仅存三分之一。当面复原直径14.8厘米（图2-100，14）。ⅣNSS：5，当面仅存少量云纹和“T”字形界格，外围饰两道凸弦纹，当面残径11.6厘米（图2-100，11）。ⅣNSS：7，边轮残。当心圆纽外有一周凸弦纹。当面用“T”字形界格分为四区。每区饰一云纹。每朵云纹内各饰一道亚腰形凸弦纹。当面涂白，当面纹样描红。当面残径12.4厘米（图2-100，4；图版2-19，4）。ⅣNSS：8，当面存二分之一，当背残留少量筒瓦。当心圆纽外有一周凸弦纹。当面用“T”字形界格分为四区。每区饰一云纹。每朵云纹内各饰一道亚腰形凸弦纹。当面涂白，纹样描红。当面复原直径14.8、瓦身残长3.6厘米（图2-100，13）。ⅣNSS：11，当面存二分之一。瓦当内外涂白，纹样涂红。当面残长14厘米（图2-100，6）。ⅣNSS：12，当面存三分之二，当背残留少量贴附泥条。当心圆纽外有一周凸弦纹。当面用“T”字形界格分为四区。每区饰一云纹。每朵云纹内各饰一道亚腰形凸弦纹。瓦当内外涂白，纹样描红。当面残径13.3厘米（图2-100，15）。ⅣNSS：14，边轮残。当心圆纽外有一周凸弦纹。当面用“T”字形界格分为四区。每区饰一云纹。每朵云纹内各饰一道亚腰形凸弦纹。当面涂白，纹样描红。当面复原直径14.8厘米（图2-100，7；图版2-19，1）。ⅣNSS：15，边轮残。当心圆纽外有一周凸弦纹。当面用“T”字形界格分为四区。每区饰一云纹。每朵云纹内各饰一道亚腰形凸弦纹。瓦当内外涂白，纹样涂红。当面残径13.8厘米（图2-100，3；图版2-20，6）。ⅣNSS：16，套接少量筒瓦。边轮不规

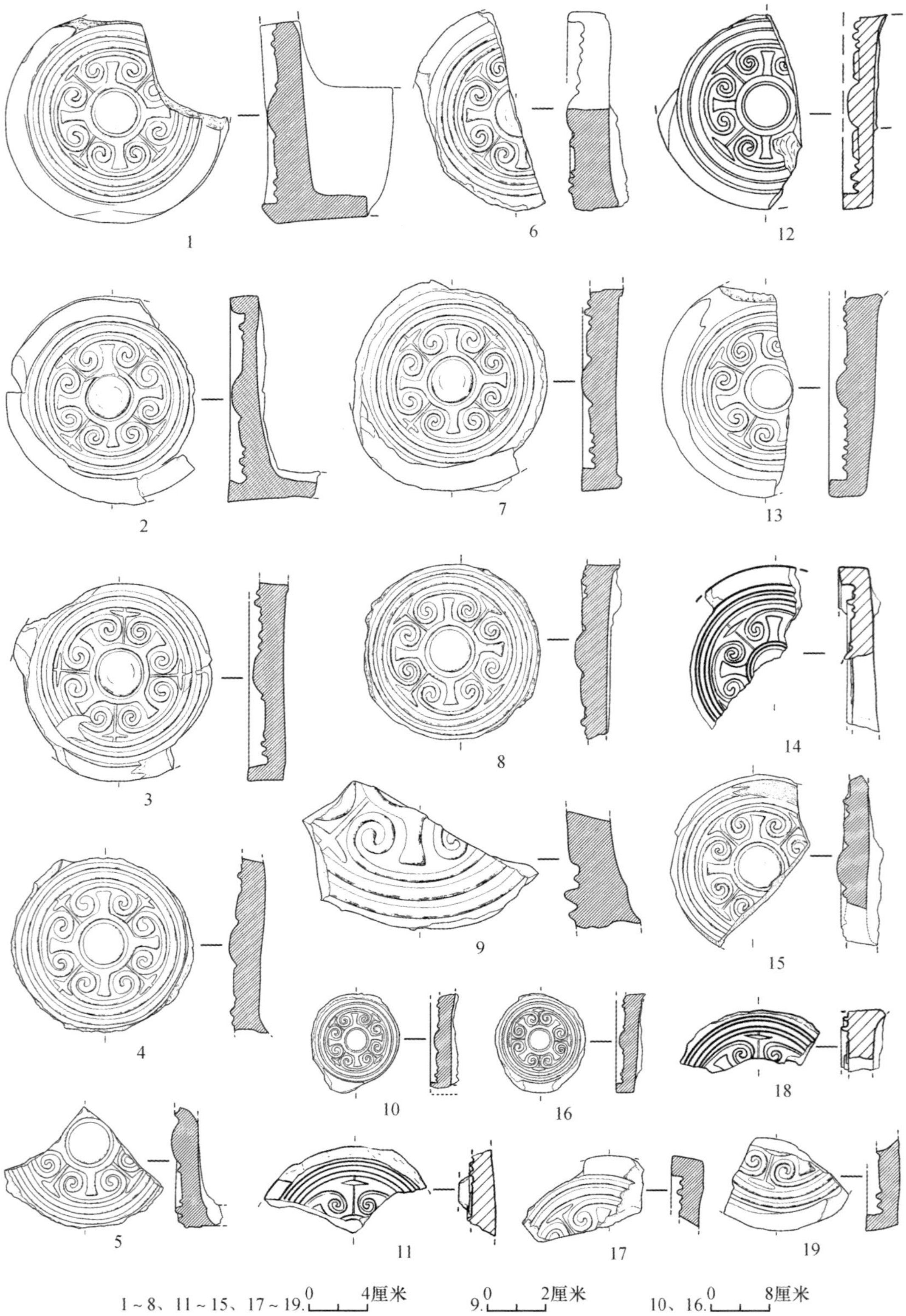

图2-100　瓦当（十）

1. ⅣMD：77　2. ⅣMD：75　3. ⅣNSS：15　4. ⅣNSS：7　5. ⅣMD：74　6. ⅣNSS：11　7. ⅣNSS：14　8. ⅣMD：80　9. ⅣMD：70　10. ⅣMD：79　11. ⅣNSS：5　12. ⅣNSS：2　13. ⅣNSS：8　14. ⅣNSS：3　15. ⅣNSS：12　16. ⅣMD：78　17. ⅣMD：76　18. ⅣNSS：1　19. ⅣMD：73

整。当心圆纽外有一周凸弦纹。当面用“T”字形界格分为四区。每区饰一云纹。每朵云纹内各饰一道亚腰形凸弦纹。当面涂白，纹样描红。当面直径15.8、瓦身残长3.6厘米（图2-101，12；图版2-20，3）。ⅣNSS：17，边轮残。当心圆纽外有一周凸弦纹。当面用“T”字形界格分为四区。每区饰一云纹。每朵云纹内各饰一道亚腰形凸弦纹。当面涂白，纹样描红。当面直径14厘米（图2-101，4；图版2-20，5）。ⅣNSS：18，边轮残。当心圆纽外有一周凸弦纹。当面用“T”字形界格分为四区。每区饰一云纹。每朵云纹内各饰一道亚腰形凸弦纹。当面涂白，纹样描红。当面直径14.8厘米（图2-101，10；图版2-20，2）。ⅣNSS：19，当背部分残。当心圆纽外有一周凸弦纹。当面用“T”字形界格分为四区。每区饰一云纹。每朵云纹内各饰一道亚腰形凸弦纹。当面内外涂白，纹样描红。当面直径13.8厘米（图2-101，9）。ⅣNSS：20，边轮残，当背残留少量筒瓦。当心圆纽外有一周凸弦纹。当面用“T”字形界格分为四区。每区饰一云纹。每朵云纹内各饰一道亚腰形凸弦纹。当面涂白，纹样描红。当面直径15.6、瓦身残长5.8厘米（图2-101，3；图版2-20，4）。ⅣNSS：22，边轮残。当心圆纽外有一周凸弦纹。当面用“T”字形界格分为四区。每区饰一云纹。每朵云纹内各饰一道亚腰形凸弦纹。当面涂白，纹样描红。当面直径15.2厘米（图2-101，7；图版2-20，1）。ⅣNSS：23，边轮残。当心圆纽外有一周凸弦纹。当面用“T”字形界格分为四区。每区饰一云纹。每朵云纹内各饰一道亚腰形凸弦纹。当面涂白，纹样描红。表面有烟炱痕。当面残径14.2厘米（图2-101，1；图版2-21，2）。ⅣNSS：24，边轮残，当背残留少量筒瓦。当心圆纽外有一周凸弦纹。当面用“T”字形界格分为四区。每区饰一云纹。每朵云纹内各饰一道亚腰形凸弦纹。当面内外涂白，纹样涂红。当面直径15.2、瓦身残长8.8厘米（图2-101，19；图版2-21，6）。ⅣNSS：25③，当面仅存四分之一。仅存少量云纹及亚腰形凸弦纹。当面涂白，纹样描红。当面残长6.8厘米（图2-101，20）。ⅣNSS：26，边轮残，当面有些变形。当心圆纽外有一周凸弦纹。当面用“T”字形界格分为四区。每区饰一云纹。每朵云纹内各饰一道亚腰形凸弦纹。当面涂白，背面有流淌的痕迹。纹样描红。当面直径14.7厘米（图2-101，5）。ⅣNSS：28②，残，边轮不完整。当背残留少量筒瓦。当面涂一层白色颜料，纹样描红彩。全边轮。当面直径14.8、瓦身残长6.8厘米（图2-91，9；图版2-21，5）。ⅣNSS：29，边轮稍残。当背套接筒瓦。当心圆纽外有一周凸弦纹。当面用“T”字形界格分为四区。每区饰一云纹。每朵云纹内各饰一道亚腰形凸弦纹。半边轮，边轮与当面图案之间饰两周凸弦纹。当面涂白，纹样描红。瓦头素面，靠近瓦舌的一端有1个瓦钉孔，孔径0.8厘米，孔由内向外穿，外侧崩裂面直径2.8厘米。当面直径15.6、瓦身通长41.6厘米（图2-101，16；图版2-31，2）。ⅣNSS：30，边轮残。当心圆纽外有一周凸弦纹。当面用“T”字形界格分为四区。每区饰一云纹。每朵云纹内各饰一道亚腰形凸弦纹。半边轮，边轮与当面图案之间饰两周凸弦纹。当面涂白，纹样描红。直径15.8厘米（图2-101，6；图版2-21，3）。ⅣNSS：31，边轮残。当心圆纽外有一周凸弦纹。当面用“T”字形界格分为四区。每区饰一云纹。每朵云纹内各饰一道亚腰形凸弦纹。半边轮，边轮与当面图案之间饰两周凸弦纹。当面涂白，纹样描红。直径15.6厘米（图2-101，2；图版2-21，4）。ⅣNSS：32，边轮残。当面以当纽为中心分为四区，每区饰

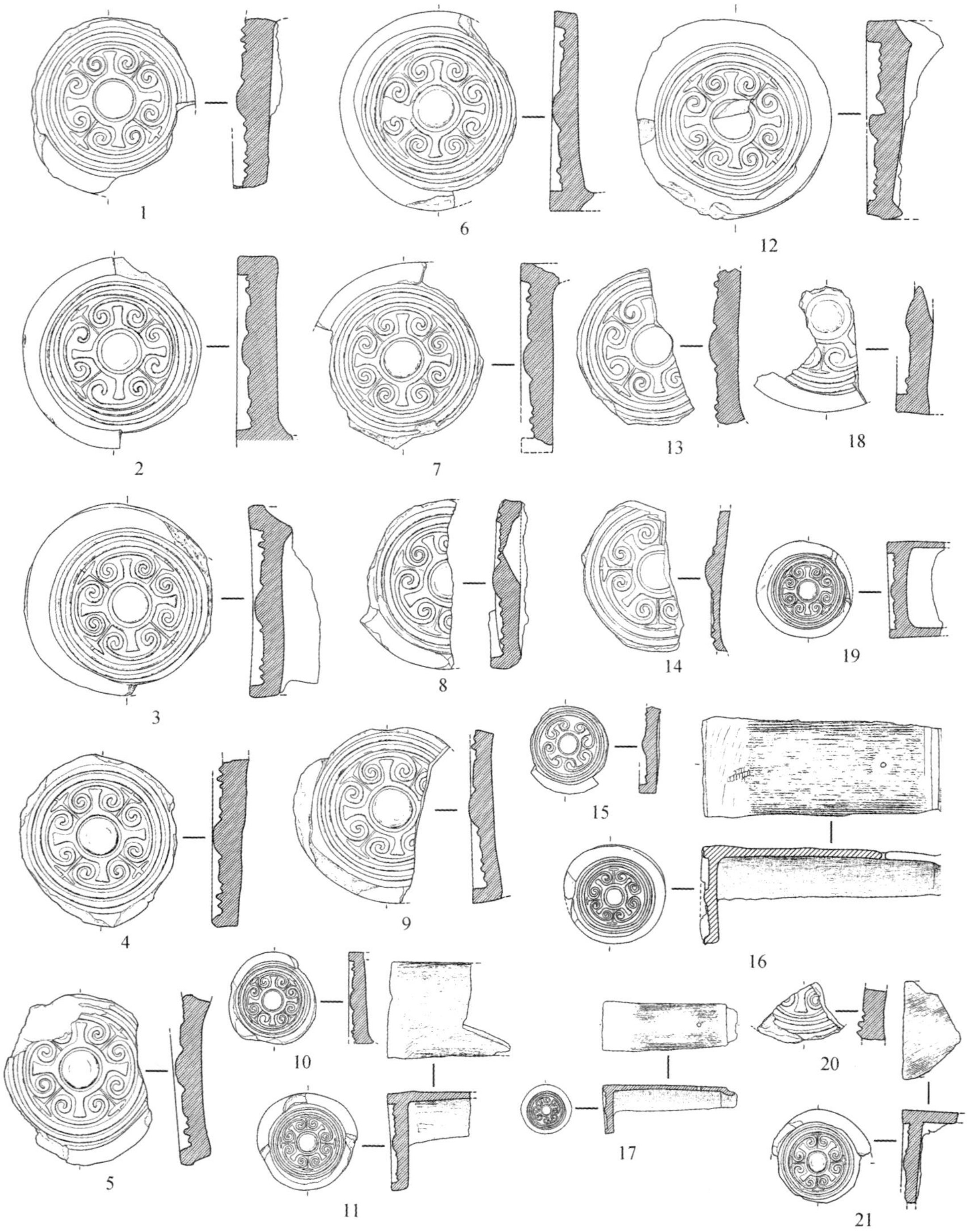

图2-101　瓦当（十一）

1. ⅣNSS：23　2. ⅣNSS：31　3. ⅣNSS：20　4. ⅣNSS：17　5. ⅣNSS：26　6. ⅣNSS：30　7. ⅣNSS：22　8. ⅣMD：71　9. ⅣNSS：19　10. ⅣNSS：18　11. ⅣNSS：38　12. ⅣNSS：16　13. ⅣNSS：41　14. ⅣNSS：40　15. ⅣNSS：32　16. ⅣNSS：29　17. ⅣNSS：36　18. ⅣNSS：35　19. ⅣNSS：24　20. ⅣNSS：25③　21. ⅣNSS：34

一云纹。每朵云纹内各饰一道亚腰形凸弦纹。当心圆纽外有一周凸弦纹。半边轮，边轮与当面图案之间饰两周凸弦纹。当面涂白，纹样描红。当面残径14厘米（图2-101，15；图版2-21，1）。ⅣNSS：34，边轮残，当背残留少量筒瓦。边轮残。当心圆纽外有一周凸弦纹。当面用“T”字形界格分为四区。每区饰一云纹。每朵云纹内各饰一道亚腰形凸弦纹。半边轮，边轮与当面图案之间饰两周凸弦纹。当面涂白，纹样描红。当面直径14.8、瓦身残长8.9厘米（图2-101，21；图版2-22，6）。ⅣNSS：35，2片，无法拼合。瓦当内外涂白，当面纹样描红。红色颜料颗粒较粗糙，晕染严重。当面残长10厘米（图2-101，18）。ⅣNSS：36，残，可复原。当背套接筒瓦。当心圆纽外有一周凸弦纹。当面用“T”字形界格分为四区。每区饰一云纹。每朵云纹内各饰一道亚腰形凸弦纹。当面涂白，纹样描红。筒瓦瓦头素面，瓦身饰绳纹后又进行刮抹，绳纹印迹不明显。近瓦舌一端有一个瓦钉孔，孔径1.2厘米，从里向外穿孔，外壁崩裂面直径约3厘米。当面直径16、瓦身通长42.4厘米（图2-101，17；图版2-31，5）。ⅣNSS：38，边轮残，当背残留部分筒瓦。当心圆纽外有一周凸弦纹。当面用“T”字形界格分为四区。每区饰一云纹。每朵云纹内各饰一道亚腰形凸弦纹。当面涂白，纹样描红。当面直径15.6、瓦身残长19.6厘米（图2-101，11）。ⅣNSS：40，残，仅存二分之一。边轮缺失。当面涂白，纹样描红。当面残径12厘米（图2-101，14）。ⅣNSS：41，仅存二分之一，边轮缺失。当面涂白，纹样描红。当面残径12.6厘米（图2-101，13）。ⅣNSS：44，仅存少量云纹及边轮。当面涂白，纹样描红。当面残长10.2厘米（图2-102，12）。ⅣNSS：45，当面完整，当背残留少量筒瓦。当心圆纽外有一周凸弦纹。当面用“T”字形界格分为四区。每区饰一云纹。每朵云纹内各饰一道亚腰形凸弦纹。当面涂白，纹样描红。当面直径15.6、瓦身残长6.2厘米（图2-102，1；图版2-22，3）。ⅣNSS：46，仅存瓦当，边轮残。当心圆纽外有一周凸弦纹。当面用“T”字形界格分为四区。每区饰一云纹。每朵云纹内各饰一道亚腰形凸弦纹。当面涂白，纹样描红。当面直径14厘米（图2-102，3；图版2-22，5）。ⅣNSS：47，仅存半个。当面涂白，纹样描红。当面残长12.8厘米（图2-102，17）。ⅣNSS：48，边轮残。当心圆纽外有一周凸弦纹。当面用“T”字形界格分为四区。每区饰一云纹。每朵云纹内各饰一道亚腰形凸弦纹。瓦当内外当面涂白，纹样描红。当面直径14.2厘米（图2-102，2；图版2-22，2）。ⅣNSS：49，仅存四分之一。瓦当内外当面涂白，纹样描红。当面残长9.6厘米（图2-102，16）。ⅣNSS：50，当面及边轮残。当背残留少量筒瓦。当心圆纽外有一周凸弦纹。当面用“T”字形界格分为四区。每区饰一云纹。每朵云纹内各饰一道亚腰形凸弦纹。当面涂白，纹样描红。当面直径15.6厘米（图2-102，13；图版2-22，4）。ⅣNSS：51，完整，当背残留少量筒瓦。当心圆纽外有一周凸弦纹。当面用“T”字形界格分为四区。每区饰一云纹。每朵云纹内各饰一道亚腰形凸弦纹。当面涂白，纹样描红。当面直径15.3、瓦身残长9厘米（图2-102，21；图版2-22，1）。ⅣNSS：53，边轮残。当心圆纽外有一周凸弦纹。当面用“T”字形界格分为四区。每区饰一云纹。每朵云纹内各饰一道亚腰形凸弦纹。当面涂白，纹样描红。当面残径14厘米（图2-102，7；图版2-23，6）。ⅣNSS：55，残存三分之二。当心圆纽外有一周凸弦纹。当面用“T”字形界格分为四区。每区饰一云纹。每朵云纹内各饰一道亚腰形凸弦

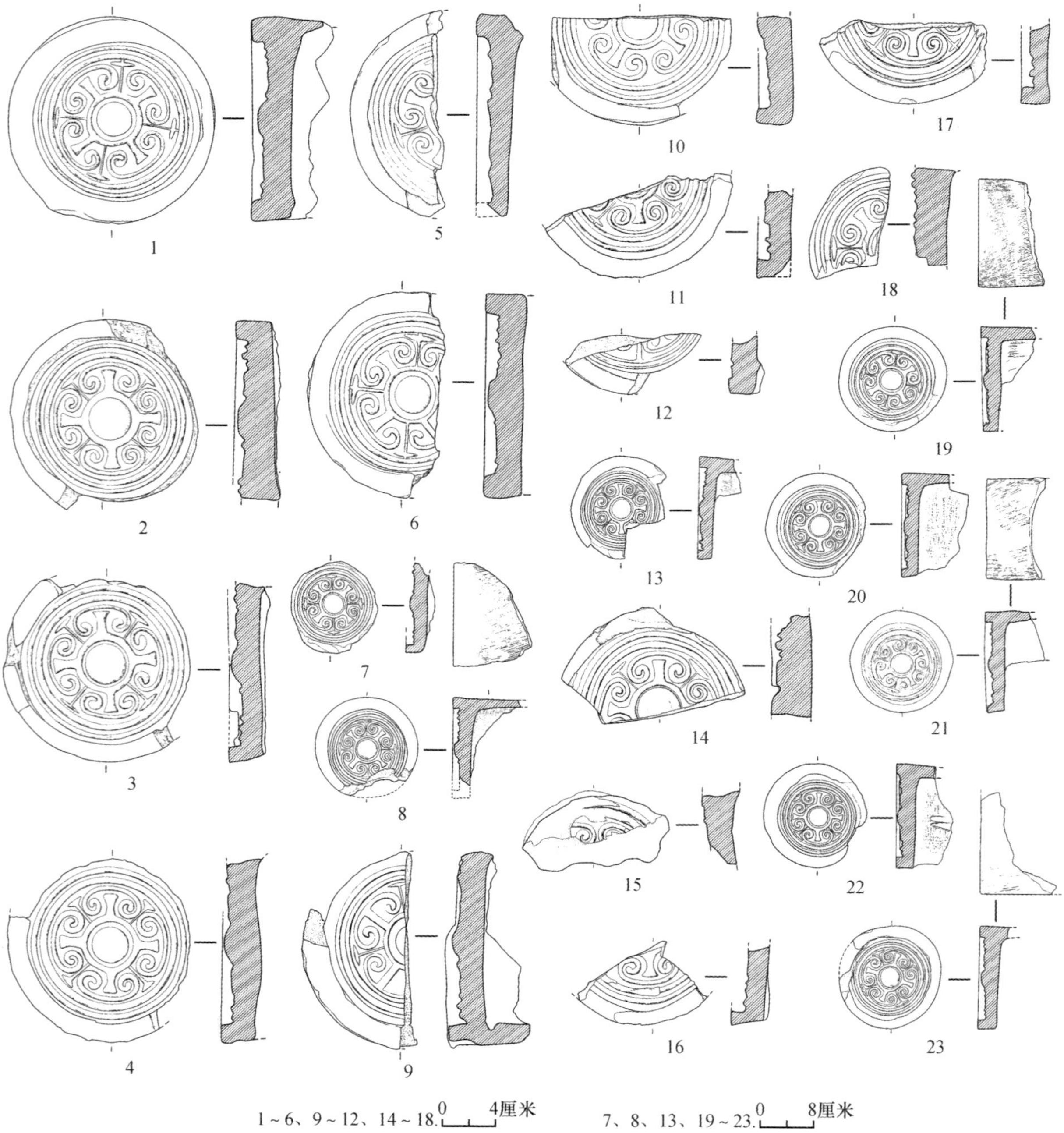

图2-102　瓦当（十二）

1. ⅣNSS：45　2. ⅣNSS：48　3. ⅣNSS：46　4. ⅣNSS：59　5. ⅣNSS：63　6. ⅣNSS：55　7. ⅣNSS：53　8. ⅣNSS：60　9. ⅣNSS：56　10. ⅣNSS：58　11. ⅣNSS：69　12. ⅣNSS：44　13. ⅣNSS：50　14. ⅣNSS：81　15. ⅣNSS：71　16. ⅣNSS：49　17. ⅣNSS：47　18. ⅣNSS：89　19. ⅣNSS：57　20. ⅣNSS：73　21. ⅣNSS：51　22. ⅣNSS：84　23. ⅣNSS：68

纹。当面和当背下半部分涂白，颜料粗糙，纹样描红。晕染严重。当面直径15.4厘米（图2-102，6）。ⅣNSS：56，残存三分之一，当背残留少量筒瓦。当面涂白，纹样描红。晕染严重。当面残长15、瓦身残长6.4厘米（图2-102，9）。ⅣNSS：57，边轮稍残，当背残留少量筒瓦。当心圆纽外有一周凸弦纹。当面用“T”字形界格分为四区。每区饰一云纹。每朵云纹内各饰一道亚腰形凸弦纹。当面内外当面涂白，纹样描红。当面直径16、瓦身残长10厘米（图2-102，19；图版2-23，3）。ⅣNSS：58，仅存半个。当面涂白，纹样描红。晕染严重。当面残径13.4厘米（图2-102，10）。ⅣNSS：59，边轮残。当心圆纽外有一周凸弦纹。当面用“T”字形界格分为四区。每区饰一云纹。每朵云纹内各饰一道亚腰形凸弦纹。当面涂白，纹样描红。当面直径14.2厘米（图2-102，4；图版2-23，5）。ⅣNSS：60，当面残，当背残留少量筒瓦。当心圆纽外有一周凸弦纹。当面用“T”字形界格分为四区。每区饰一云纹。每朵云纹内各饰一道亚腰形凸弦纹。当面涂白，纹样描红。当面直径15.2、瓦身残长11.7厘米（图2-102，8；图版2-23，2）。ⅣNSS：63，仅存三分之一。当面涂白，纹样描红。当面残长15.5厘米（图2-102，5）。ⅣNSS：68，边轮残。当背残留少量筒瓦。当心圆纽外有一周凸弦纹。当面用“T”字形界格分为四区。每区饰一云纹。每朵云纹内各饰一道亚腰形凸弦纹。当面涂白，当面涂红。当面直径15.6、瓦身残长11.7厘米（图2-102，23；图版2-23，4）。ⅣNSS：69，残存三分之一。纹样和边轮有些变形。瓦当内外当面涂白，纹样描红。当面残长14.2厘米（图2-102，11）。ⅣNSS：71，仅存少量云纹。当面内外涂白，纹样描红。当面残长11厘米（图2-102，15）。ⅣNSS：73，边轮残，当背残留少量筒瓦。当心圆纽外有一周凸弦纹。当面用“T”字形界格分为四区。每区饰一云纹。每朵云纹内各饰一道亚腰形凸弦纹。当面内外涂白，纹样描红。当面直径15.6、瓦身残长10厘米（图2-102，20；图版2-23，1）。ⅣNSS：77，边轮残。当心圆纽外有一周凸弦纹。当面用“T”字形界格分为四区。每区饰一云纹。每朵云纹内各饰一道亚腰形凸弦纹。当面涂白，纹样描红。当面直径14.4厘米（图2-103，4）。ⅣNSS：81，仅存二分之一。当面内外涂白，纹样描红。当面残长13.8厘米（图2-102，14）。ⅣNSS：84，边轮残，当背残留少量筒瓦。套接处可见工具压痕。当心圆纽外有一周凸弦纹。当面用“T”字形界格分为四区。每区饰一云纹。每朵云纹内各饰一道亚腰形凸弦纹。当面内外涂白，纹样描红。当面直径16、瓦身残长8.8厘米（图2-102，22；图版2-24，6）。ⅣNSS：89，当面残存少量云纹和凸棱。当面涂白，纹样描红。当面残长8.4厘米（图2-102，18）。ⅣNSS：90，当面及边轮残。当心圆纽外有一周凸弦纹。当面用“T”字形界格分为四区。每区饰一云纹。每朵云纹内各饰一道亚腰形凸弦纹。当面涂白，纹样描红。当面残径15.8厘米（图2-103，2；图版2-24，3）。ⅣNSS：92，边轮残。当心圆纽外有一周凸弦纹。当面用“T”字形界格分为四区。每区饰一云纹。每朵云纹内各饰一道亚腰形凸弦纹。当面涂白，纹样描红。当面直径13.8厘米（图2-103，1；图版2-24，5）。ⅣNSS：95，边轮残。当心圆纽外有一周凸弦纹。当面用“T”字形界格分为四区。每区饰一云纹。每朵云纹内各饰一道亚腰形凸弦纹。当面涂白，纹样描红。当面直径15.2厘米（图2-103，8）。ⅣNSS：99，4片，仅存筒瓦及瓦当边缘少量弦纹，无法复原。ⅣNSS：99①，当面残存少量云纹和凸棱。当背残

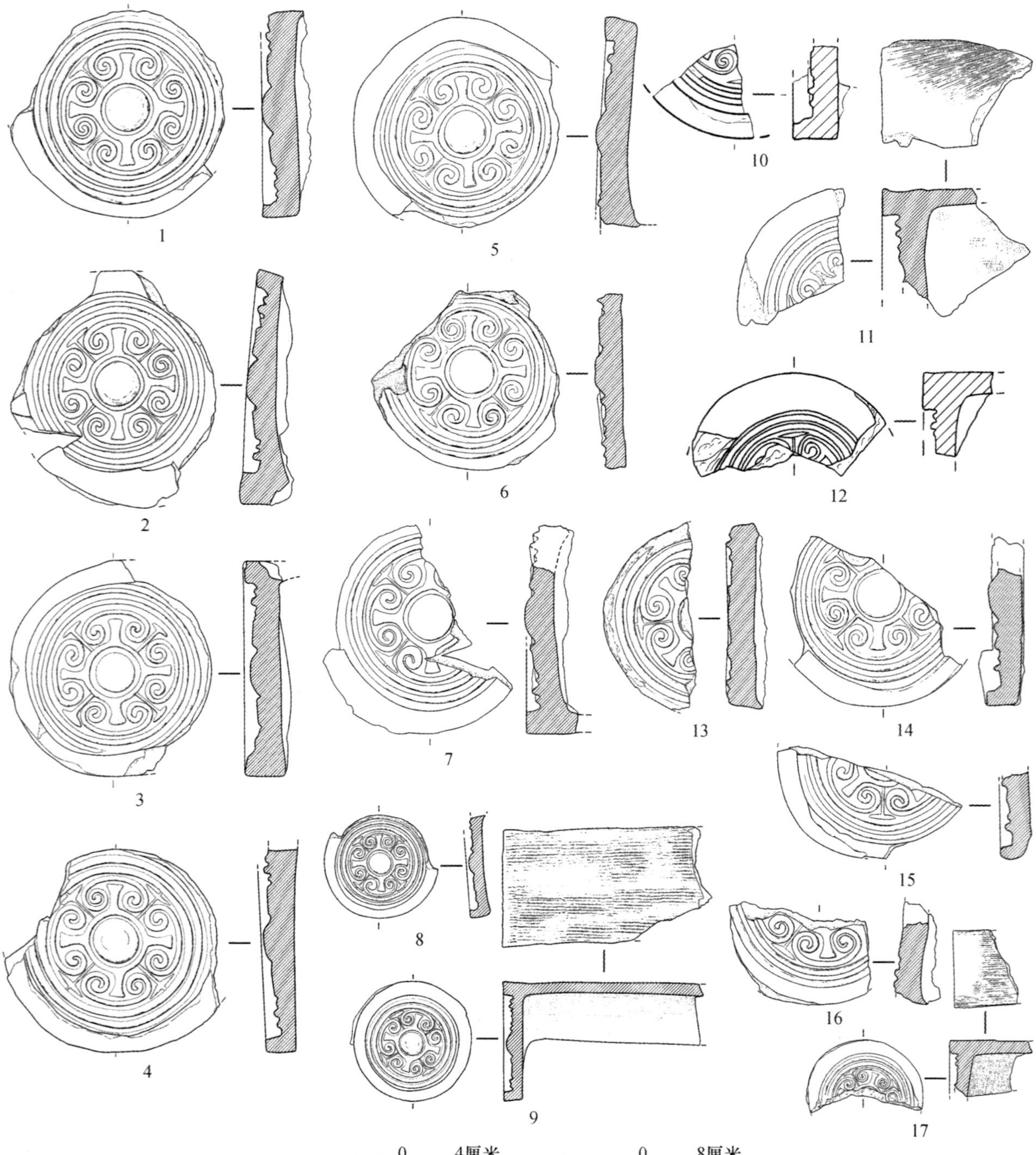

1～7、10～16. 0 4厘米　8、9、17. 0 8厘米

图2-103　瓦当（十三）

1. ⅣNSS：92　2. ⅣNSS：90　3. ⅣNSS：104　4. ⅣNSS：77　5. ⅣNSS：106　6. ⅣNSS：109　7. ⅣNSS：118　8. ⅣNSS：95　9. ⅣNSS：110　10. ⅣT52④：2　11. ⅣNSS：99①　12. ⅣT52④：1　13. ⅣNSS：117　14. ⅣNSS：102　15. ⅣNSS：105　16. ⅣNSS：114　17. ⅣNSS：115

留筒瓦。当面涂白，纹样描红。当面残长9厘米，瓦身残长10厘米（图2-103，11）。ⅣNSS：102，当面及边轮残。当心圆纽外有一周凸弦纹。当面用“T”字形界格分为四区。每区饰一云纹。每朵云纹内各饰一道亚腰形凸弦纹。当面内外涂白，纹样描红。晕染严重。当面残长11.8厘米（图2-103，14）。ⅣNSS：104，边轮残。当心圆纽外有一周凸弦纹。当面用“T”字形界格分为四区。每区饰一云纹。每朵云纹内各饰一道亚腰形凸弦纹。当面涂白，纹样描红。当面直径14.8厘米（图2-103，3；图版2-24，2）。ⅣNSS：105，仅存三分之一。当面内外涂白，纹样描红。当面残长12.2厘米（图2-103，15）。ⅣNSS：106，边轮残。当心圆纽外有一周凸弦纹。当面用“T”字形界格分为四区。每区饰一云纹。每朵云纹内各饰一道亚腰形凸弦纹。当面涂白，纹样描红。当面直径14.2厘米（图2-103，5；图版2-24，4）。ⅣNSS：109，边轮残。当心圆纽外有一周凸弦纹。当面用“T”字形界格分为四区。每区饰一云纹。每朵云纹内各饰一道亚腰形凸弦纹。当面内外涂白，纹样描红。当面残径12.8厘米（图2-103，6）。ⅣNSS：110，瓦当完整，当背残留半截筒瓦。当心圆纽外有一周凸弦纹。当面用“T”字形界格分为四区。每区饰一云纹。每朵云纹内各饰一道亚腰形凸弦纹。当面内外涂白，纹样描红。背面有红色颜料流淌的痕迹。当面直径16.4、瓦身残长26.8厘米（图2-103，9；图版2-24，1）。ⅣNSS：114，仅存三分之一。当背残留少量贴附泥条。当面内外涂白，纹样描红。红彩大部分剥落，当面残长9.6厘米（图2-103，16）。ⅣNSS：115，当面存三分之二，当背残留少量筒瓦。当面涂白，纹样描红。当面直径16、瓦身残长12厘米（图2-103，17）。ⅣNSS：117，当面残留两组云纹，云纹间饰亚腰形凸棱。外饰两道凸棱。当面涂白。当面残径12.6厘米（图2-103，13）。ⅣNSS：118，当面存三分之二。瓦当内外当面涂白，纹样描红。因被火烧烤变形，纹样不清晰。当面直径14.2厘米（图2-103，7）。ⅣT52④：1，当面仅残存少量云纹、“T”字形界格。当背残留少量筒瓦。当面残长13.7、瓦身残长2.3厘米（图2-103，12）。ⅣT52④：2，当面残存半个云纹。当背残留少量筒瓦。当面涂白，纹样描红。当面残长7.2、瓦身残长3.8厘米（图2-103，10）。ⅣT52⑤：1，边轮残。当心圆纽外有一周凸弦纹。当面用“T”字形界格分为四区。每区饰一云纹。每朵云纹内各饰一道亚腰形凸弦纹。当面局部有烟炙痕。当面直径15.6厘米（图2-104，4；图版2-25，6；拓片2-4，1）。ⅣT52⑤：2，当面缺三分之一。当心圆纽外有一周凸弦纹。当面用“T”字形界格分为四区。每区饰一云纹。每朵云纹内各饰一道亚腰形凸弦纹。当面残径14.2厘米（图2-104，13）。ⅣT52⑤：3，当面仅存少量云纹和两道凸弦纹。当背残留少量筒瓦。当面残长11.6、瓦身残长10.6厘米（图2-105，9）。ⅣT52⑤：4，边轮残。当心圆纽外有一周凸弦纹。当面用“T”字形界格分为四区。每区饰一云纹。每朵云纹内各饰一道亚腰形凸弦纹。当面直径15.6厘米（图2-104，8；图版2-25，3；拓片2-5，8）。ⅣT52⑤：5，当面仅存部分云纹、亚腰形纹和“T”字形界格，云纹外围饰两道凸弦纹。当背残留少量筒瓦。当面残长12.5厘米，瓦身残长5.8厘米（图2-105，10）。ⅣT52⑤：6，边轮残。当心圆纽外有一周凸弦纹。当面用“T”字形界格分为四区。每区饰一云纹。每朵云纹内各饰一道亚腰形凸弦纹。当面残径14厘米（图2-104，7；图版2-25，5）。ⅣT52⑤：7，边轮残。当心圆纽外有一周凸弦纹。当面用“T”字形界格分为四区。每区饰一云纹。每朵云纹内各饰一道亚腰形凸弦纹。当面残径13.8厘米（图2-104，5；图版2-25，2）。ⅣT52⑤：8①，仅存三分之一。当面残径15.6厘米（图2-105，16）。ⅣT52⑤：8②，当面仅存一组云纹、“T”字形界格和亚腰形凸弦纹。外围饰两道凸弦纹。凸弦纹外为一道边轮。当面残长14、边轮宽1.4厘米（图2-104，11）。ⅣT52⑤：9，当面仅存少量云纹及亚腰形凸棱，外围饰两道凸弦纹。当面残长5.5厘米（图2-105，14）。ⅣT52⑤：10，残，当背残留少量筒瓦。当面残径16、瓦身残长10.4厘米（图2-104，14）。ⅣT52⑤：11，边轮残。当心圆纽外有一周凸弦纹。当面用“T”字形界格分为四区。每区饰一云纹。每朵云纹内各饰一道亚腰形凸弦纹。当面直径15.6厘米（图2-104，9；图版2-25，4）。ⅣT52⑤：12，边轮残，当背残留少量筒瓦。当心圆纽外有一周凸弦纹。当面用“T”字形界格分为四区，每区饰一云纹。每朵云纹内各饰一道亚腰形凸弦纹。当面直径16.5、瓦身残长15.6厘米（图

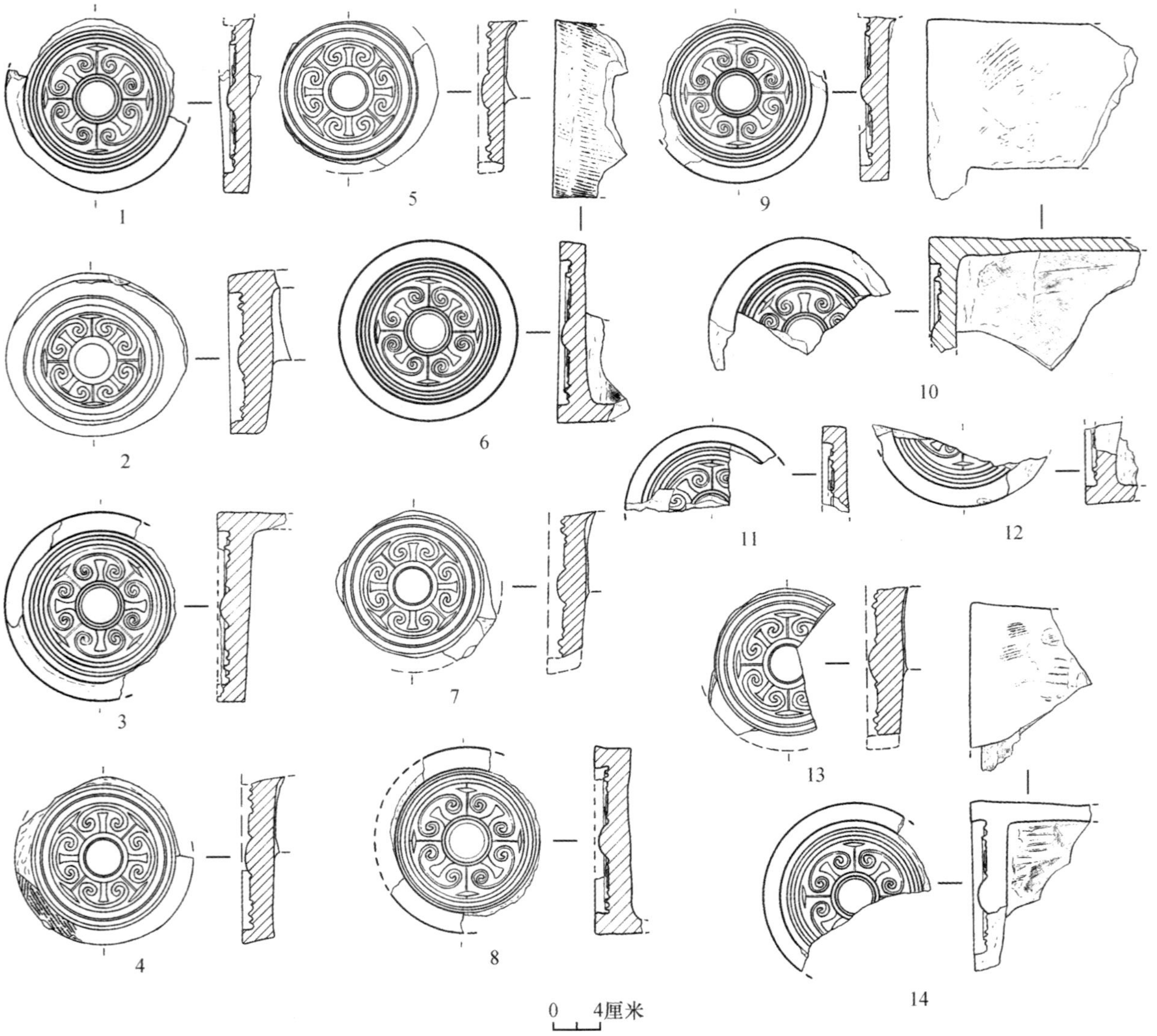

图2-104　瓦当（十四）

1. ⅣT52⑤：17　2. ⅣT52⑤：18　3. ⅣT52⑤：14　4. ⅣT52⑤：1　5. ⅣT52⑤：7　6. ⅣT52⑤：15　7. ⅣT52⑤：6　8. ⅣT52⑤：4　9. ⅣT52⑤：11　10. ⅣT52⑤：13　11. ⅣT52⑤：8②　12. ⅣT52⑤：19①　13. ⅣT52⑤：2　14. ⅣT52⑤：10

2-105，4；图版2-25，1）。ⅣT52⑤：13，仅存四分之一，当背残留少量筒瓦。当面残长16.2、瓦身残长18厘米（图2-104，10）。ⅣT52⑤：14，边轮残，当背残留少量筒瓦。当心圆纽外有一周凸弦纹。当面用“T”字形界格分为四区。每区饰一云纹，每朵云纹内各饰一道亚腰形凸弦纹。当面直径16、瓦身残长5.6厘米（图2-104，3；图版2-26，6）。ⅣT52⑤：15，完整，当背残留少量筒瓦。当心圆纽外有一周凸弦纹。当面用“T”字形界格分为四区，每区饰一云纹。每朵云纹内各饰一道亚腰形凸弦纹。当面直径15.6、瓦身残长6.2厘米（图2-104，6；图版2-26，3；拓片2-5，3）。ⅣT52⑤：16，仅存三分之一。当面云纹仅一个完整。当面残长14.3厘米（图2-105，12）。ⅣT52⑤：17，边轮残。当心圆纽外有一周凸弦纹。当面用“T”

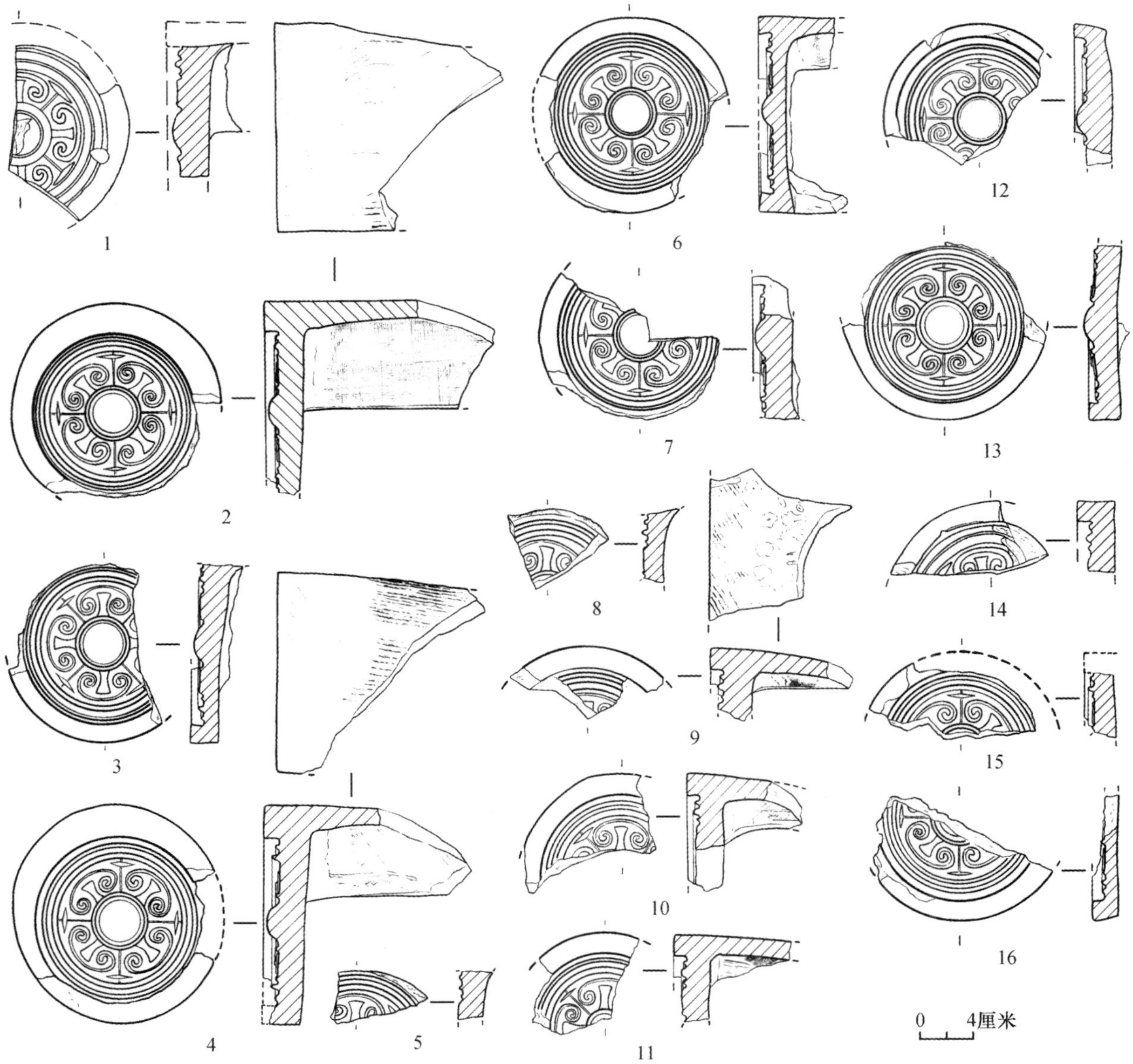

图2-105 瓦当（十五）

1. ⅣT58⑧：4 2. ⅣT58⑧：3 3. ⅣT52⑤：21 4. ⅣT52⑤：12 5. ⅣT58⑤：2 6. ⅣT58⑧：1 7. ⅣT58⑧：5 8. ⅣT52⑤：23② 9. ⅣT52⑤：3 10. ⅣT52⑤：5 11. ⅣT52⑤：23① 12. ⅣT52⑤：16 13. ⅣT52⑤：20 14. ⅣT52⑤：9 15. ⅣT58⑧：2 16. ⅣT52⑤：8①

字形界格分为四区。每区饰一云纹。每朵云纹内各饰一道亚腰形凸弦纹。当面直径15.7厘米（图2-104，1；图版2-26，5）。ⅣT52⑤：18，完整，边轮不规整。当背残留少量筒瓦。当心圆纽外有一周凸弦纹。当面用“T”字形界格分为四区。每区饰一云纹。每朵云纹内各饰一道亚腰形凸弦纹。当面直径14～16、瓦身残长5.5厘米（图2-104，2；图版2-26，2；拓片2-5，10）。ⅣT52⑤：19①，当面仅存少量云纹、“T”字形界格、亚腰形凸弦纹及外围的两道凸弦纹。当面残长15.2厘米（图2-104，12）。ⅣT52⑤：20，边轮残，当背残留少量筒瓦。当心圆纽外有一周凸弦纹。当面用“T”字形界格分为四区。每区饰一云纹。每朵云纹内各饰一道亚腰形凸弦纹。当面直径15.2、厚2.8、瓦身残长2.6厘米（图2-105，13；图版2-26，4）。ⅣT52⑤：21，当面及边轮残。当心圆纽外有一周凸弦纹。当面用“T”字形界格分为四区，每区饰一云纹，每朵云纹内各饰一道亚腰形凸弦纹。当面直径15.4、瓦身残长4厘米（图2-105，3）。ⅣT52⑤：23①，仅存四分之一，当背残留少量筒瓦。当面仅存少量云纹、“T”字形界格，外围两道凸弦纹。当面残长10.2、瓦身残长9厘米（图2-105，11）。ⅣT52⑤：23②，仅存五分之一。当面仅存少量云纹和亚腰形凸弦纹，外围饰两道凸弦纹。当面残长7.5厘米（图2-105，8）。ⅣT58⑤：2，当面仅存少量云纹和外围凸弦纹。当面残径7.5厘米（图2-105，5）。ⅣT58⑧：1，边轮残，当背残留少量筒瓦。当心圆纽外有一周凸弦纹。当面用“T”字形界格分为四区。每区饰一云纹。每朵云纹内各饰一道亚腰形凸弦纹。当面直径15.4、瓦身残长6.8厘米（图2-105，6；图版2-26，1）。ⅣT58⑧：2，当面仅存少量云纹、“T”字形界格、亚腰形凸弦纹，外围两道凸弦纹。当面残长15.8厘米（图2-105，15）。ⅣT58⑧：3，边轮残，当背残留少量筒瓦。当心圆纽外有一周凸弦纹。当面用“T”字形界格分为四区。每区饰一云纹。每朵云纹内各饰一道亚腰形凸弦纹。当面直径15.6、筒瓦残长17厘米（图2-105，2；图版2-27，6）。ⅣT58⑧：4，仅存三分之一，当背残留少量筒瓦。当面残径13.8、瓦身残长5.2厘米（图2-105，1）。ⅣT58⑧：5，四分之一缺失。当心圆纽外有一周凸弦纹。当面用“T”字形界格分为四区。每区饰一云纹。每朵云纹内各饰一道亚腰形凸弦纹。当面复原直径15.2厘米（图2-105，7）。ⅣT58⑧：6①，边轮残。当心圆纽外有一周凸弦纹。当面用“T”字形界格分为四区。每区饰一云纹。每朵云纹内各饰一道亚腰形凸弦纹。当面直径15.3厘米（图2-106，2；图版2-27，3）。ⅣT58⑧：6②，当面仅存一个“T”字形界格。当面残长7厘米（图2-106，12）。ⅣT58⑧：6③，当面仅存半个亚腰形凸弦纹和外围两道凸弦纹及少量边轮。当面残长5.6厘米（图2-106，13）。ⅣT58⑧：7，仅存二分之一，当背残留少量贴附泥条。当面复原直径15.4厘米（图2-106，11）。ⅣT58⑧：8，当面仅存少量云纹和亚腰形凸弦纹，外围饰两道凸弦纹。当面残长9.8厘米（图2-106，16）。ⅣT58⑧：9，边轮残，当背残留少量筒瓦。当心圆纽外有一周凸弦纹。当面用“T”字形界格分为四区。每区饰一云纹。每朵云纹内各饰一道亚腰形凸弦纹。当面直径15.8、瓦身残长5.5厘米（图2-106，1；图版2-27，5）。ⅣT58⑧：10，当面仅存少量云纹、“T”字形界格，外围饰两道凸弦纹。当面复原直径15.8厘米（图2-106，10）。ⅣT58⑧：11，仅存二分之一。当面复原直径15.2厘米（图2-106，17）。ⅣT58⑧：12，三分之一缺失。当心圆纽外有一周凸弦纹。当面用“T”字形界格分为四区。每

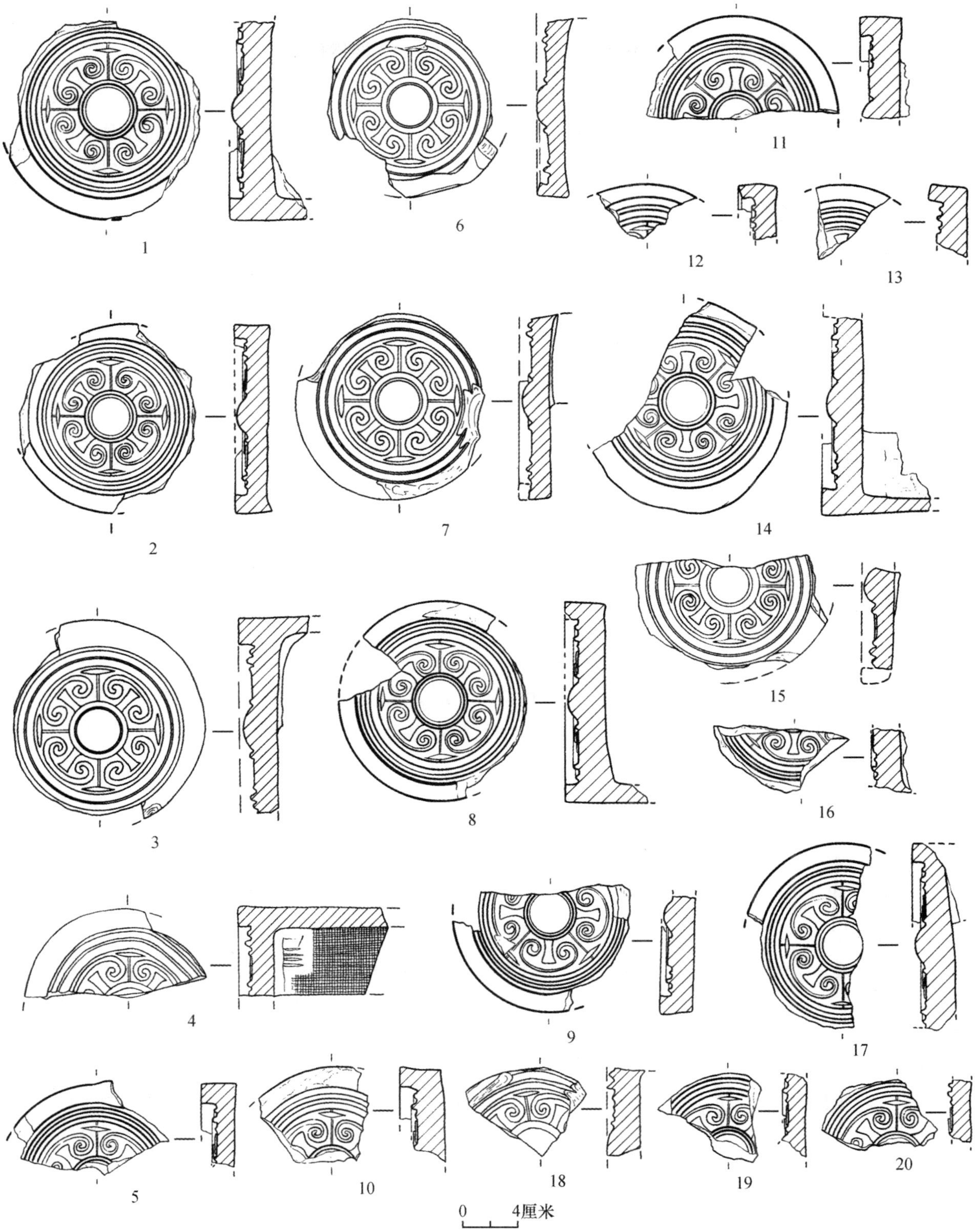

图2-106 瓦当（十六）

1. ⅣT58⑧：9 2. ⅣT58⑧：6① 3. ⅣT61⑨：8 4. ⅣT61⑨：4 5. ⅣT61⑨：5 6. ⅣT61⑨：10 7. ⅣT61⑨：9 8. ⅣT58⑧：13 9. ⅣT58⑧：12 10. ⅣT58⑧：10 11. ⅣT58⑧：7 12. ⅣT58⑧：6② 13. ⅣT58⑧：6③ 14. ⅣT58⑧：14 15. ⅣT61⑨：6 16. ⅣT58⑧：8 17. ⅣT58⑧：11 18. ⅣT61⑨：3 19. ⅣT61⑨：2 20. ⅣT61⑨：1

区饰一云纹。每朵云纹内各饰一道亚腰形凸弦纹。当面复原直径14.8厘米（图2-106，9）。ⅣT58⑧：13，当面及边轮残，当背残留少量筒瓦。局部有烟炙痕。当心圆纽外有一周凸弦纹。当面用“T”字形界格分为四区。每区饰一云纹。每朵云纹内各饰一道亚腰形凸弦纹。当面直径14.8、瓦身残长6厘米（图2-106，8；图版2-27，2）。ⅣT58⑧：14，当面及边轮残，当背残留少量筒瓦。当心圆纽外有一周凸弦纹。当面用“T”字形界格分为四区。每区饰一云纹。每朵云纹内各饰一道亚腰形凸弦纹。局部有烟炙痕。当面直径15.4厘米，瓦身残长8厘米（图2-106，14）。ⅣT61⑨：1，当面仅存少量云纹及“T”字形界格。外围饰两道凸弦纹。部分颜料剥落。当面残长8.5厘米（图2-106，20）。ⅣT61⑨：2，仅存当纽、云纹及亚腰形界格。外围饰两道凸弦纹。当面涂白，纹样描红，部分剥落。当面残长8厘米（图2-106，19）。ⅣT61⑨：3，当面仅存当纽，表面饰云纹和亚腰形纹，外围饰两道凸弦纹。当面残长9厘米（图2-106，18）。ⅣT61⑨：4，当面仅存三分之一，当背残留少量筒瓦。当面残长13.7、瓦身残长11.2厘米（图2-106，4）。ⅣT61⑨：5，当面仅余两个界格内的部分云纹，以及外围两道凸弦纹和部分边轮。当面涂白，纹样描红。当面残长11.5厘米（图2-106，5）。ⅣT61⑨：6，当面三分之一缺失。当心圆纽外有一周凸弦纹。当面用“T”字形界格分为四区。每区饰一云纹。每朵云纹内各饰一道亚腰形凸弦纹。当面复原直径15.2厘米（图2-106，15）。ⅣT61⑨：8，边轮残，当背残留少量筒瓦。当心圆纽外有一周凸弦纹。当面用“T”字形界格分为四区。每区饰一云纹。每朵云纹内各饰一道亚腰形凸弦纹。当面复原直径15.4、瓦身残长5厘米（图2-106，3；图版2-27，4）。ⅣT61⑨：9，边轮残。当心圆纽外有一周凸弦纹。当面用“T”字形界格分为四区。每区饰一云纹。每朵云纹内各饰一道亚腰形凸弦纹。当面复原直径15.2厘米（图2-106，7；图版2-27，1）。ⅣT61⑨：10，边轮残。当心圆纽外有一周凸弦纹。当面用“T”字形界格分为四区。每区饰一云纹。每朵云纹内各饰一道亚腰形凸弦纹。当面残径13.6（图2-106，6；图版2-28，6）。ⅣT61⑨：11，仅存三分之一。当心圆纽外有一周凸弦纹。当面用“T”字形界格分为四区。每区饰一云纹。每朵云纹内各饰一道亚腰形凸弦纹。当面残长11.8、厚2.1厘米（图2-107，5）。ⅣT61⑨：12，边轮残，当背残留少量筒瓦。当心圆纽外有一周凸弦纹。当面用“T”字形界格分为四区。每区饰一云纹。每朵云纹内各饰一道亚腰形凸弦纹。当面直径15.4、瓦身残长6.6厘米（图2-107，1；图版2-28，3；拓片2-5，4）。ⅣT61⑨：13，当面残，当背残留少量筒瓦。当心圆纽外有一周凸弦纹。当面用“T”字形界格分为四区。每区饰一云纹。每朵云纹内各饰一道亚腰形凸弦纹。当面直径15.4、瓦身残长21.6厘米（图2-107，8；图版2-31，6）。ⅣT61⑨：14，边轮不规整，当背残留少量筒瓦。当心圆纽外有一周凸弦纹。当面用“T”字形界格分为四区。每区饰一云纹。每朵云纹内各饰一道亚腰形凸弦纹。当面直径15.6、瓦身残长7.7厘米（图2-107，13；图版2-28，5；拓片2-5，11）。ⅣT61⑨：15，当面完整，当背残留少量筒瓦。当心圆纽外有一周凸弦纹。当面用“T”字形界格分为四区。每区饰一云纹。每朵云纹内各饰一道亚腰形凸弦纹。当面直径15.4～16、瓦身残长5.8厘米（图2-107，3；图版2-28，2；拓片2-4，5）。ⅣT61⑨：16，当面残，当背残留少量筒瓦。当心圆纽外有一周凸弦纹。当面用“T”字形界格分为四区。每区饰一云纹。每

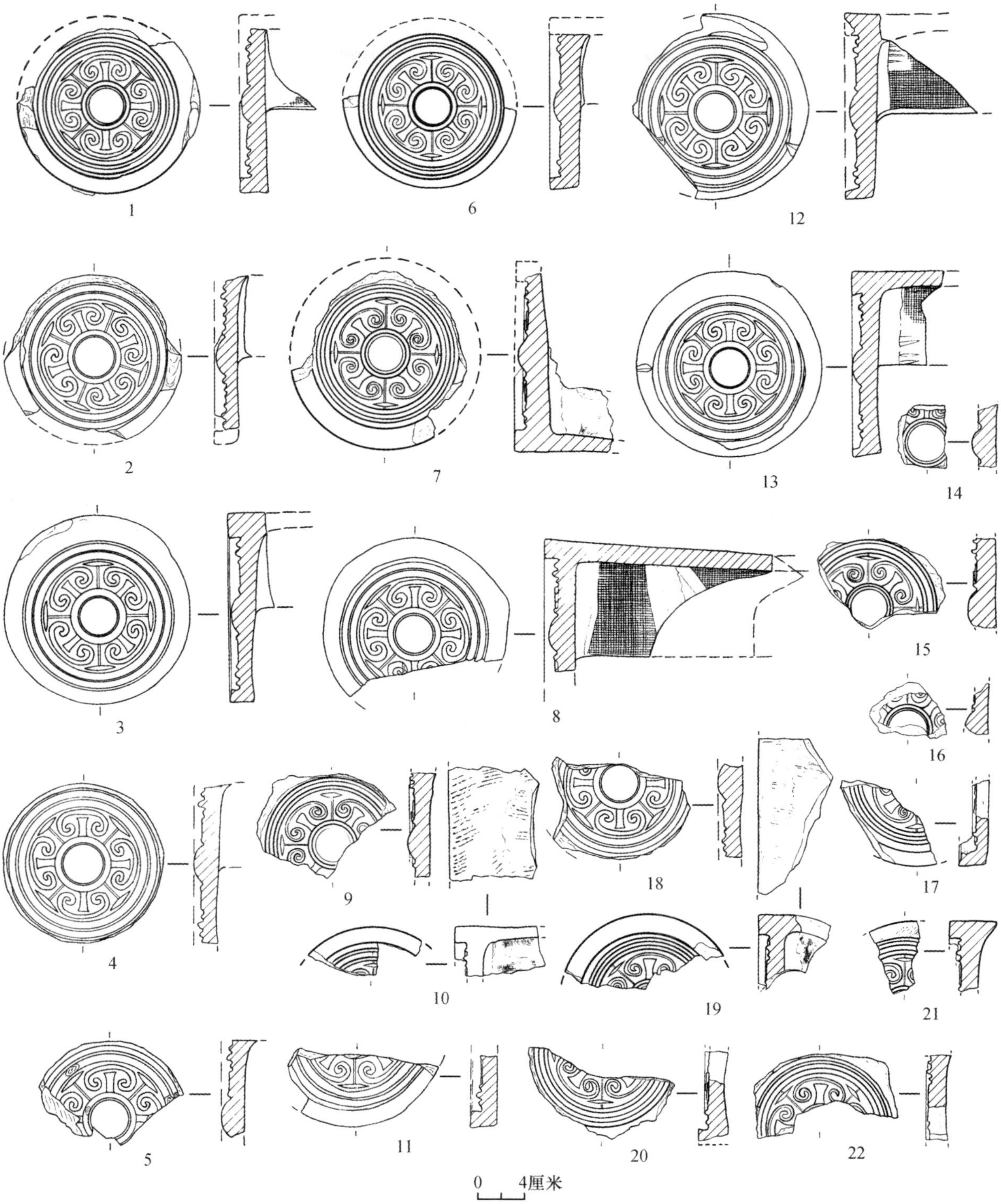

图2-107　瓦当（十七）

1. ⅣT61⑨：12　2. ⅣT61⑨：23　3. ⅣT61⑨：15　4. ⅣT61⑨：17　5. ⅣT61⑨：11　6. ⅣT61⑨：18　7. ⅣT62⑫：4　8. ⅣT61⑨：13　9. ⅣT62⑫：3　10. ⅣT61⑨：25　11. ⅣT62⑨：1　12. ⅣT61⑨：16　13. ⅣT61⑨：14　14. ⅣT61⑨：22　15. ⅣT62⑫：7　16. ⅣT62⑫：1　17. ⅣT61⑨：21①　18. ⅣT62⑫：6　19. ⅣT61⑨：19　20. ⅣT62⑫：12④　21. ⅣT61⑨：21②　22. ⅣT62⑫：12③

朵云纹内各饰一道亚腰形凸弦纹。当面直径15.2、瓦身残长10.8厘米（图2-107，12；图版2-28，4）。ⅣT61⑨：17，边轮缺失。当心圆纽外有一周凸弦纹。当面用“T”字形界格分为四区。每区饰一云纹。每朵云纹内各饰一道亚腰形凸弦纹。当面残径13.2（图2-107，4；图版2-28，1）。ⅣT61⑨：18，边轮残。当心圆纽外有一周凸弦纹。当面用“T”字形界格分为四区。每区饰一云纹。每朵云纹内各饰一道亚腰形凸弦纹。当面残径15.4厘米（图2-107，6；拓片2-4，12）。ⅣT61⑨：19，仅存三分之一，当背残留少量筒瓦。当面残径14、瓦身残长6.4厘米（图2-107，19）。ⅣT61⑨：21①，当面仅存少量云纹和亚腰形凸弦纹，外围饰两道凸弦纹。当面残长11厘米（图2-107，17）。ⅣT61⑨：21②，仅存一小片。当面仅存少量云纹、两道凸弦纹以及边轮。当面残长6厘米（图2-107，21）。ⅣT61⑨：22，当面仅存当纽和少量云纹。当面残长5.4厘米（图2-107，14）。ⅣT61⑨：23，边轮残，当背残留少量贴附泥条。当心圆纽外有一周凸弦纹。当面用“T”字形界格分为四区。每区饰一云纹。每朵云纹内各饰一道亚腰形凸弦纹。当面直径15厘米（图2-107，2）。ⅣT61⑨：25，当面仅余外围两道凸弦纹和部分边轮，当背残留少量筒瓦。当面残长9.7、瓦身残长7.4厘米（图2-107，10）。ⅣT62⑨：1，当面仅存少量云纹，外围饰两道凸弦纹，残存部分边轮。当面残长12.4厘米（图2-107，11）。ⅣT62⑫：1，当面仅存部分当纽及部分云纹。当面残长4.4厘米（图2-107，16）。ⅣT62⑫：3，残。当面残长12.2厘米（图2-107，9）。ⅣT62⑫：4，边轮残，当背残留少量筒瓦。当心圆纽外有一周凸弦纹。当面用“T”字形界格分为四区。每区饰一云纹。每朵云纹内各饰一道亚腰形凸弦纹。当面直径16.6、瓦身残长8.6厘米（图2-107，7；图版2-29，6）。ⅣT62⑫：6，仅存半个。当心圆纽外有一周凸弦纹。当面用“T”字形界格分为四区。每区饰一云纹。每朵云纹内各饰一道亚腰形凸弦纹。当面残长12.4、厚2.1厘米（图2-107，18）。ⅣT62⑫：7，仅存三分之一。当面残长11.2厘米（图2-107，15）。ⅣT62⑫：8，当面残存部分云纹，当背残留少量筒瓦。当面残长7、瓦身残长3.5厘米（图2-108，10）。ⅣT62⑫：10，边轮残，当背残留少量贴附泥条。当心圆纽外有一周凸弦纹。当面用“T”字形界格分为四区。每区饰一云纹。每朵云纹内各饰一道亚腰形凸弦纹。当面直径14.8、瓦身残长3厘米（图2-108，2；图版2-29，3；拓片2-5，9）。ⅣT62⑫：11，当面仅余一个界格内的少量云纹。当面涂白，纹样描红。当面残长6.3厘米（图2-108，11）。ⅣT62⑫：12①，残缺严重。当面涂白，纹样描红。当面残径13.3厘米（图2-108，4）。ⅣT62⑫：12②，当面残存部分云纹，当背残留少量筒瓦。当面涂白，纹样描红。当面残长8、瓦身残长8.5厘米（图2-108，15）。ⅣT62⑫：12③，当面残存部分云纹，外围两道凸弦纹。当面涂白，纹样描红。当面残长11.9厘米（图2-107，22）。ⅣT62⑫：12④，当面残存部分云纹，外围两道凸弦纹。当面涂白，纹样描红。当面残长12.4厘米（图2-107，20）。ⅣT64⑧：1，当面存少量云纹和亚腰形凸柄。当面残长9.5厘米（图2-108，17）。ⅣT65②：1，当面仅存部分云纹。当面残长6.4厘米（图2-108，13）。ⅣT66⑧：1，边轮残，当背残留少量贴附泥条。当心圆纽外有一周凸弦纹。当面用“T”字形界格分为四区。每区饰一云纹。每朵云纹内各饰一道亚腰形凸弦纹。当面直径15.6厘米（图2-108，1；图版2-29，5；拓片2-5，2）。ⅣT67⑩：2，仅余两个界格内的部分云纹。当面涂白，纹样描红。当面残长9厘米（图2-108，14）。ⅣT67⑪：2，当面部分缺失，当背残留少量筒瓦。当心圆纽外有一周凸弦纹。当面用“T”字形界格分为四区。每区饰一云纹。每朵云纹内各饰一道亚腰形凸弦纹。当面残径14、瓦身残长4.4厘米（图2-108，3）。ⅣT67⑪：3，边轮缺失。当心圆纽外有一周凸弦纹。当面用“T”字形界格分为四区。每区饰一云纹。每朵云纹内各饰一道亚腰形凸弦纹。当面残径12.2厘米（图2-108，6；图版2-29，2）。ⅣT67⑪：4，当面残存少量云纹和“T”字形界格。当面涂白，纹样描红。当面残长5.7

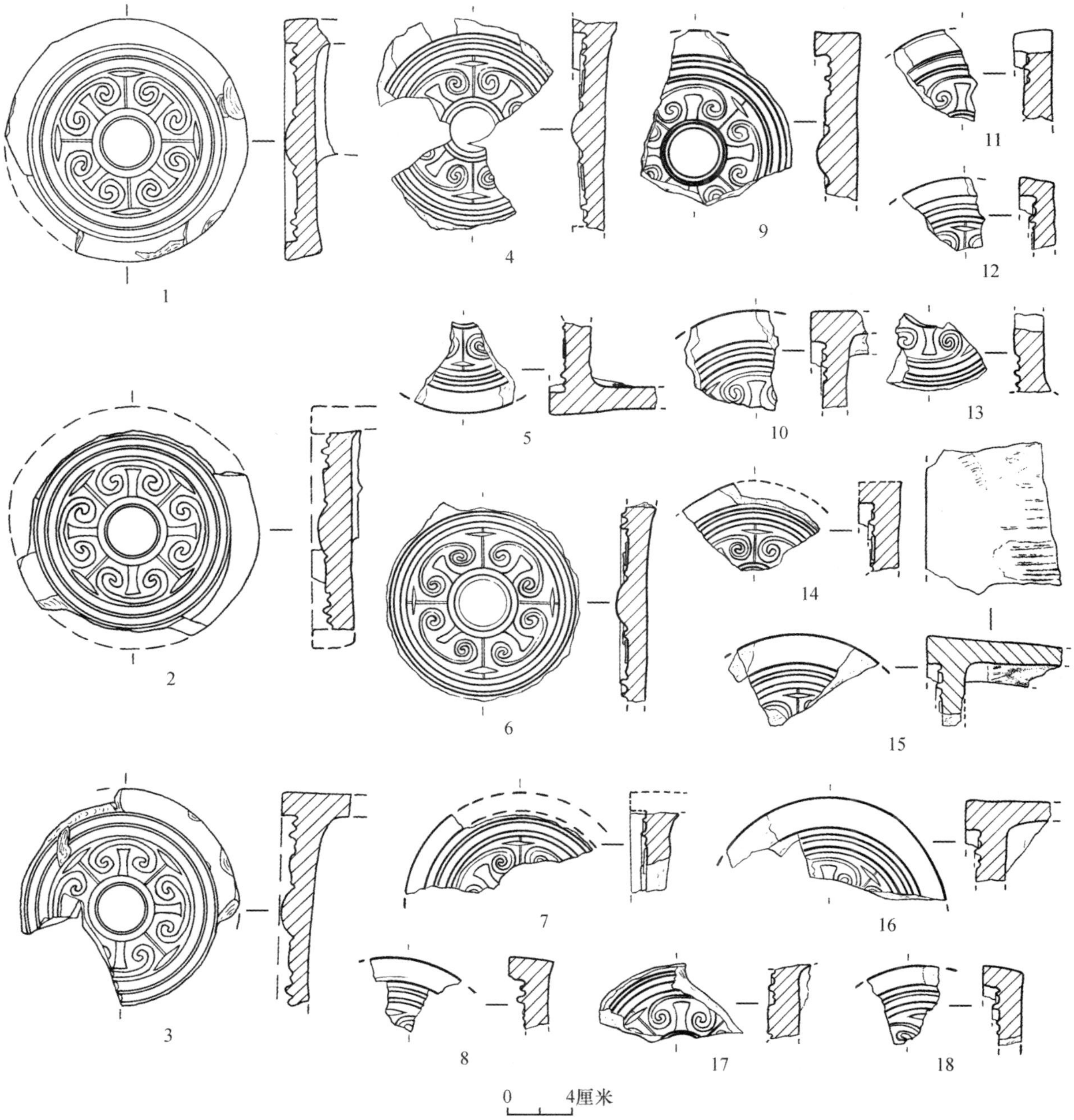

图2-108 瓦当（十八）

1. ⅣT66⑧：1 2. ⅣT62⑫：10 3. ⅣT67⑪：2 4. ⅣT62⑫：12① 5. ⅣT67⑪：7 6. ⅣT67⑪：3 7. ⅣT67⑪：10 8. ⅣT67⑪：4 9. ⅣT67⑪：5 10. ⅣT62⑫：8 11. ⅣT62⑫：11 12. ⅣT67⑪：9 13. ⅣT65②：1 14. ⅣT67⑩：2 15. ⅣT62⑫：12② 16. ⅣT67⑪：6 17. ⅣT64⑧：1 18. ⅣT67⑪：8

厘米（图2-108，8）。ⅣT67⑪：5，当心部分保存较多。当面复原直径15.2厘米（图2-108，9）。ⅣT67⑪：6，当面残存少量云纹，当背残留少量筒瓦。当面涂白，纹样描红。当面复原直径16.4、瓦身残长5.5厘米（图2-108，16）。ⅣT67⑪：7，当面仅存少量云纹和“T”字形界格，当背残留少量筒瓦。当面残长5.6、瓦身残长6.7厘米（图2-108，5）。ⅣT67⑪：8，当面仅存少量云纹图案。残高5.1厘米（图2-108，18）。ⅣT67⑪：9，当面仅存少量云纹和“T”字形界格。当面残存5.7厘米（图2-108，12）。ⅣT67⑪：10，当面仅存少量云纹和“T”字形界格。当面残长12厘米（图2-108，7）。ⅣT67⑪：11，当面仅存少量云纹和亚腰形凸弦纹。当背残留少量筒瓦。当面残长7.75、瓦身残长8厘米（图2-109，10）。ⅣT67⑪：12，边缘部分缺失。当心圆纽外有一周凸弦纹。当面用“T”字形界格分为四区。每区饰一云纹。每朵云纹内各饰一道亚腰形凸弦纹。当面残径10.6厘米（图2-109，4）。ⅣT67⑪：13，缺失二分之一。当面残长12.3厘米（图2-109，6）。ⅣT67⑪：16，仅存三分之一，当纽及边轮缺失。当面残径12.2厘米（图2-109，7）。ⅣT67⑪：17，仅存当纽及部分云纹。当面残长8.4厘米（图2-109，11）。ⅣT67⑪：18，当面仅存少量云纹和亚腰形凸弦纹。当面残长9.8厘米（图2-109，14）。ⅣT67⑪：19，仅存当心部分。当面残长7.6厘米（图2-109，19）。ⅣT67⑪：21，当面仅存少量云纹和“T”字形界格。残长7.5厘米（图2-109，15）。ⅣT67⑪：22，当面及边轮残。当心圆纽外有一周凸弦纹。当面用“T”字形界格分为四区。每区饰一云纹。每朵云纹内各饰一道亚腰形凸弦纹。当面残径14厘米（图2-109，2）。ⅣT67⑪：23①，当面仅存少量云纹和亚腰形凸弦纹。残长7厘米（图2-109，12）。ⅣT67⑪：24①，当面及边轮残。当心圆纽外有一周凸弦纹。当面用“T”字形界格分为四区。每区饰一云纹。每朵云纹内各饰一道亚腰形凸弦纹。当面复原直径15.2厘米（图2-109，1）。ⅣT67⑪：25，当面仅存一个云纹和亚腰形凸棱。当面残长10.9、瓦身残长6.2厘米（图2-109，9）。ⅣT67⑪：26，当面仅存少量云纹、“T”字形界格。当面残长6.1厘米（图2-109，16）。ⅣT67⑪：28，当面残存部分云纹。当面涂白，纹样描红。当面残长8.8厘米（图2-109，17）。ⅣT67⑪：29，当面缺失三分之一。当心圆纽外有一周凸弦纹。当面用“T”字形界格分为四区。每区饰一云纹。每朵云纹内各饰一道亚腰形凸弦纹。当面直径15.6厘米（图2-109，3）。ⅣT67⑪：30，当面残存少量云纹饰。当面残长6.8厘米（图2-109，13）。ⅣT67⑪：31，当面仅存少量云纹和亚腰形凸弦纹。当面残长6.7厘米（图2-109，8）。ⅣT67⑪：32①，当面仅存少量云纹和“T”字形界格。当背残留少量筒瓦。当面复原直径15.8、瓦身残长5厘米（图2-109，5）。ⅣT67⑪：32②，仅存一小块。当面残长7.6厘米（图2-110，13）。ⅣT67⑪：32③，仅存一小块。当面存少量云纹饰及亚腰形凸弦纹。当面残长6厘米（图2-109，18）。ⅣT67⑪：33，当面仅存少量云纹和“T”字形界格。当面残长9厘米（图2-110，14）。ⅣT67⑪：34，仅存一小块。当面仅存少量云纹和“T”字形界格。当面涂白，纹样描红。当面残长5厘米（图2-110，17）。ⅣT67⑪：35，当面残存少量云纹和“T”字形界格。当面涂白，纹样描红。当面残长4.2厘米（图2-110，16）。ⅣT67⑪：36，一半缺失。表面有烟炙痕。当面复原直径14.8厘米（图2-110，10）。ⅣT67⑪：37①，当面残存两个界格内的部分云纹。当面残长8.4厘米（图2-110，8）。ⅣT67⑪：37②，当面仅存少量云

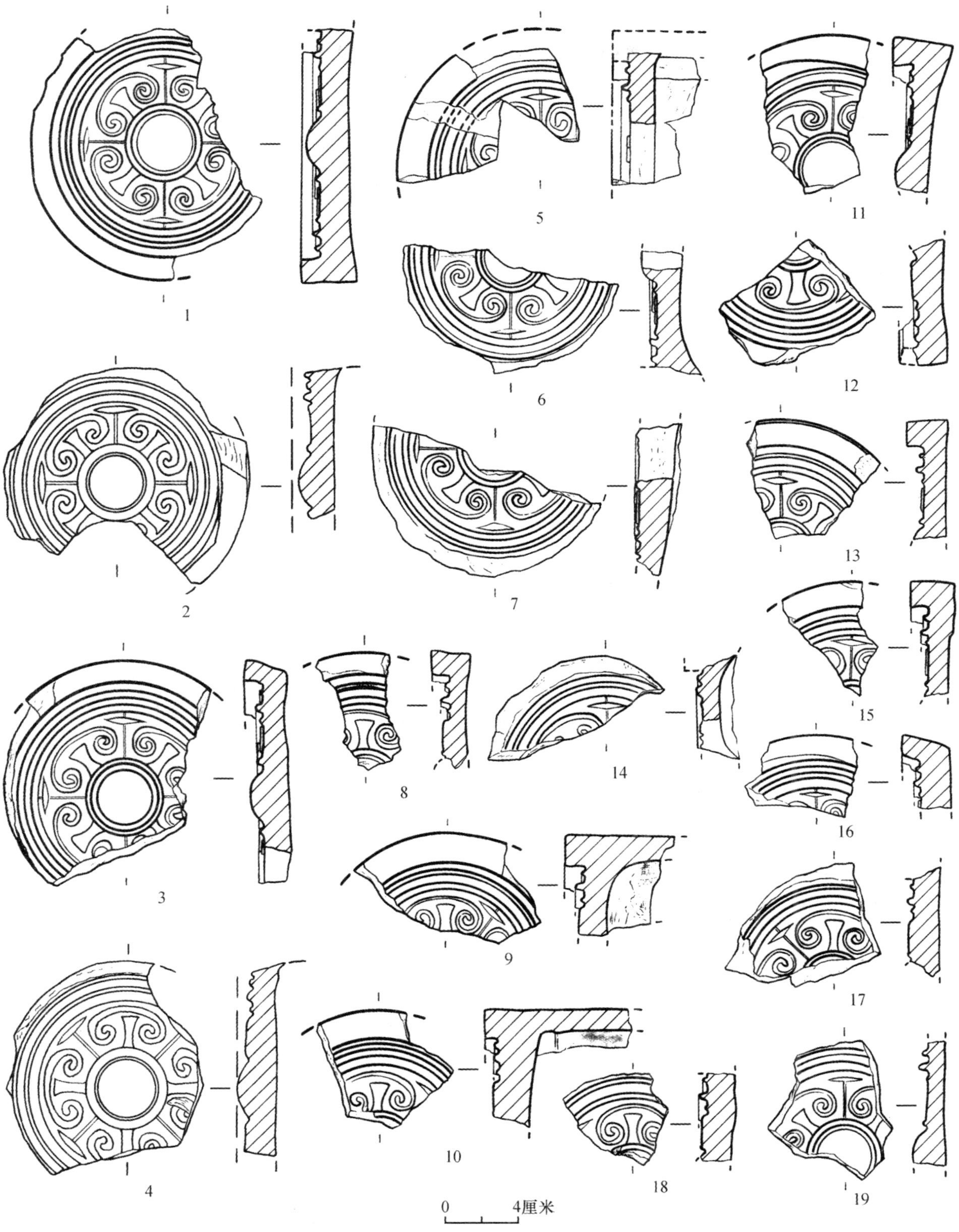

图2-109 瓦当（十九）

1. ⅣT67⑪：24① 2. ⅣT67⑪：22 3. ⅣT67⑪：29 4. ⅣT67⑪：12 5. ⅣT67⑪：32① 6. ⅣT67⑪：13 7. ⅣT67⑪：16 8. ⅣT67⑪：31 9. ⅣT67⑪：25 10. ⅣT67⑪：11 11. ⅣT67⑪：17 12. ⅣT67⑪：23① 13. ⅣT67⑪：30 14. ⅣT67⑪：18 15. ⅣT67⑪：21 16. ⅣT67⑪：26 17. ⅣT67⑪：28 18. ⅣT67⑪：32③ 19. ⅣT67⑪：19

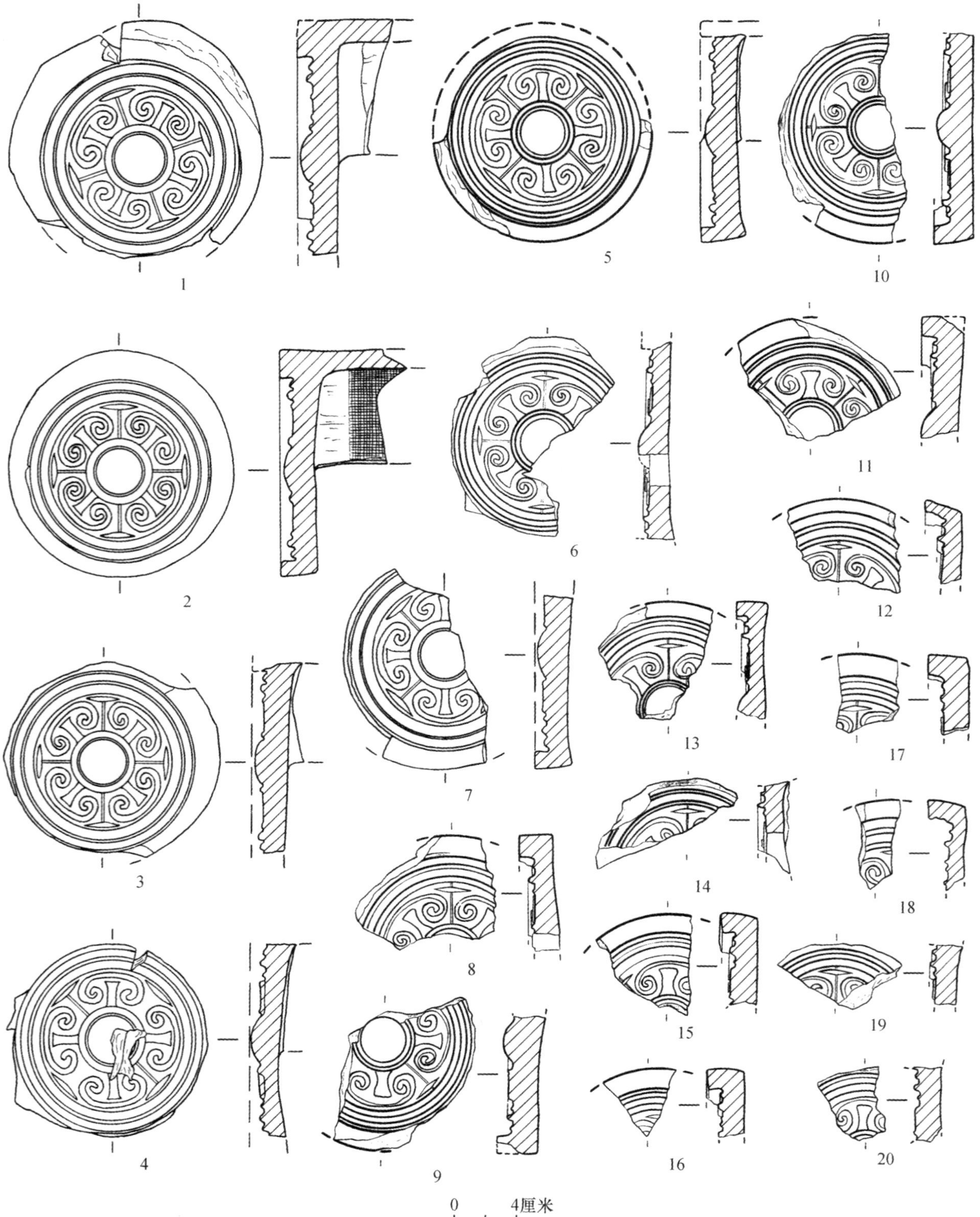

图2-110　瓦当（二十）

1. ⅣT67⑪：45　2. ⅣT67⑪：49　3. ⅣT67⑪：40　4. ⅣT67⑪：43　5. ⅣT67⑪：47　6. ⅣT67⑪：50　7. ⅣT67⑪：44　8. ⅣT67⑪：37①　9. ⅣT67⑪：48　10. ⅣT67⑪：36　11. ⅣT67⑪：39　12. ⅣT67⑪：42　13. ⅣT67⑪：32②　14. ⅣT67⑪：33　15. ⅣT67⑪：46　16. ⅣT67⑪：35　17. ⅣT67⑪：34　18. ⅣT67⑪：37②　19. ⅣT67⑪：38　20. ⅣT67⑪：37③

纹、两道凸弦纹和少量边轮。当面残长5.8厘米（图2-110，18）。ⅣT67⑪：37③，当面仅存少量云纹、两道凸弦纹。部分表面有烟炙痕。当面残长4.8厘米（图2-110，20）。ⅣT67⑪：38，当面仅存少量云纹和“T”字形界格。外围两道凸弦纹。当面涂白，纹样描红。当面残长8厘米（图2-110，19）。ⅣT67⑪：39，仅存三分之一。当面残长10.9厘米（图2-110，11）。ⅣT67⑪：40，边轮残，当背残留少量贴附泥条。当心圆纽外有一周凸弦纹。当面用“T”字形界格分为四区。每区饰一云纹。每朵云纹内各饰一道亚腰形凸弦纹。当面直径14.6厘米（图2-110，3；图版2-29，4）。ⅣT67⑪：42，当面残存少量云纹饰。外围饰两道凸弦纹，凸弦纹外残存边轮。当面涂白，纹样描红。部分红彩剥落。当面残长8.9厘米（图2-110，12）。ⅣT67⑪：43，边轮残。当心圆纽外有一周凸弦纹。当面用“T”字形界格分为四区。每区饰一云纹。每朵云纹内各饰一道亚腰形凸弦纹。当面残径13.5厘米（图2-110，4；图版2-29，1）。ⅣT67⑪：44，现存三分之二。当心圆纽外有一周凸弦纹。当面用“T”字形界格分为四区。每区饰一云纹。每朵云纹内各饰一道亚腰形凸弦纹。当面残径14厘米（图2-110，7）。ⅣT67⑪：45，边轮残，当背残留少量筒瓦。当心圆纽外有一周凸弦纹。当面用“T”字形界格分为四区。每区饰一云纹。每朵云纹内各饰一道亚腰形凸弦纹。当面直径16.2、瓦身残长6厘米（图2-110，1；图版2-30，6；拓片2-5，1）。ⅣT67⑪：46，当面残存少量云纹。外围饰两道凸弦纹。凸弦纹外残存边轮。当面涂白，纹样描红。当面残长7.1厘米（图2-110，15）。ⅣT67⑪：47，边轮残。当心圆纽外有一周凸弦纹。当面用“T”字形界格分为四区。每区饰一云纹。每朵云纹内各饰一道亚腰形凸弦纹。当面直径14.8厘米（图2-110，5；图版2-30，3；拓片2-5，12）。ⅣT67⑪：48，仅存三分之一。当面残长12.4厘米（图2-110，9）。ⅣT67⑪：49，当面完整，当背残留少量筒瓦。当心圆纽外有一周凸弦纹。当面用“T”字形界格分为四区。每区饰一云纹。每朵云纹内各饰一道亚腰形凸弦纹。当面直径15.7、瓦身残长8.4厘米（图2-110，2；图版2-30，5；拓片2-5，5）。ⅣT67⑪：50，仅存三分之二，边轮缺失。当面残径13厘米（图2-110，6）。ⅣT67⑪：52，仅存当面中心部分。当面残径9.3厘米（图2-111，13）。ⅣT67⑪：53，仅存当面边缘部分。当背残留少量筒瓦。当面残存少量云纹饰和“T”字形界格。当面残长11.4、瓦身残长6.7厘米（图2-112，11）。ⅣT67⑪：54，当面稍残，边轮缺失。当面残径12.6厘米（图2-111，5）。ⅣT67⑪：55，当面缺失三分之一，边轮缺失。当面残径13厘米（图2-111，9）。ⅣT68⑧：1，仅存三分之二。当面残径10.6厘米（图2-111，11）。ⅣT68⑧：2，仅存一半。当面残长13.3厘米（图2-111，10）。ⅣT68⑨：1，当面仅存部分云纹及“T”字形界格。当面残长7.6厘米（图2-111，12）。ⅣT68⑪：4，当面仅存少量云纹，外围饰两道凸弦纹。当面残长5.4厘米（图2-111，19）。ⅣT68⑪：5，当面仅存少量云纹，外围饰两道凸弦纹。当面残长6厘米（图2-111，4）。ⅣT68⑪：7，边轮残，当背残留少量筒瓦。当面直径15.1、瓦身残长6.2厘米（图2-111，3；图版2-30，2）。ⅣT68⑪：8，边轮残。当面复原直径15厘米（图2-111，1）。ⅣT68⑪：9，当面仅存少量云纹和外围两道凸弦纹。当面残长8.5厘米（图2-111，17）。ⅣT68⑪：10，当面仅存少量云纹“T”字形界格，外围饰两道凸弦纹。当面残长11.9厘米（图2-111，15）。ⅣT68⑪：11，当面仅存三分之一。

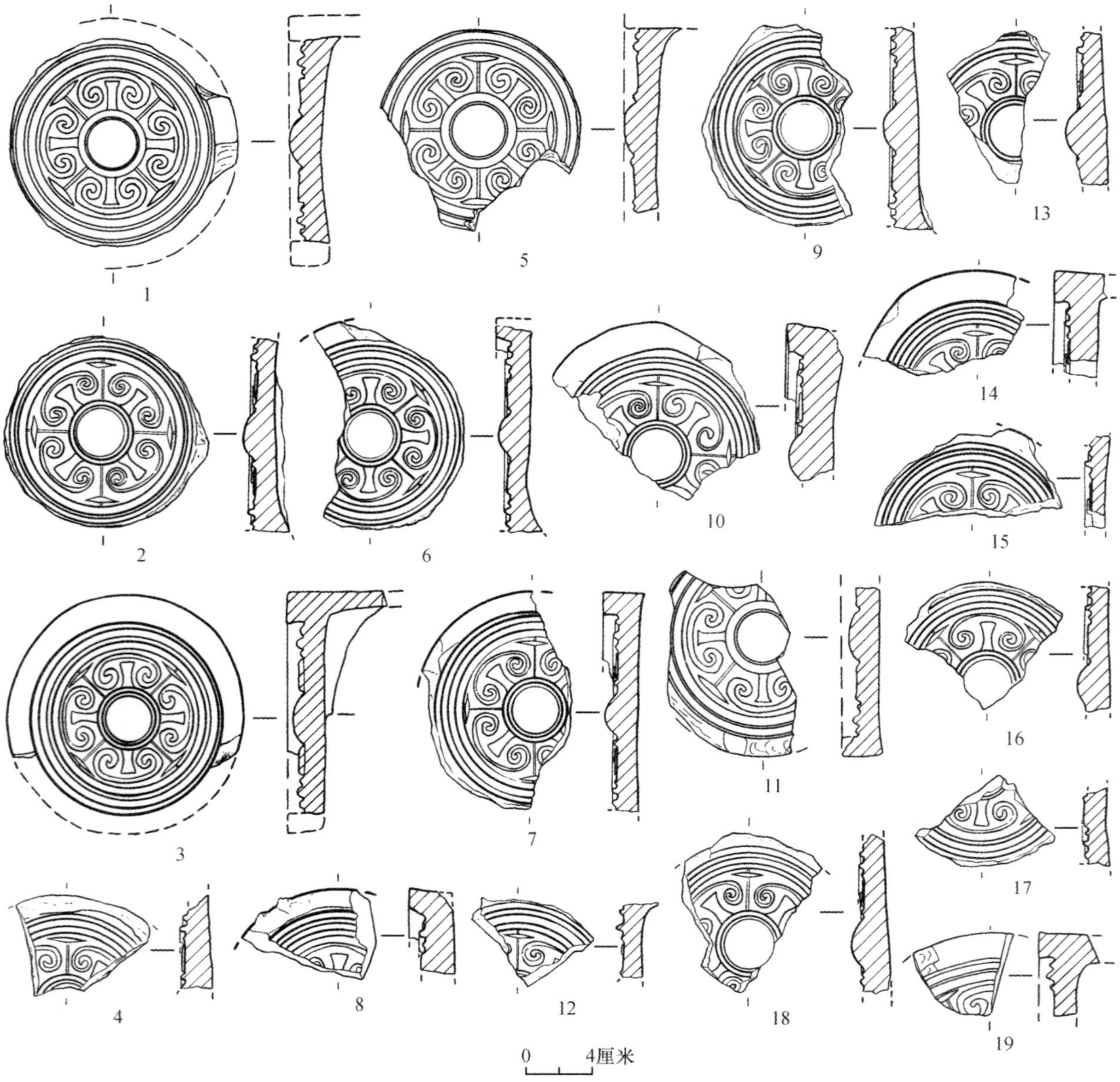

图2-111　瓦当（二十一）

1. ⅣT68⑪：8　2. ⅣT68⑪：12　3. ⅣT68⑪：7　4. ⅣT68⑪：5　5. ⅣT67⑪：54　6. ⅣT68⑪：15　7. ⅣT68⑪：14　8. ⅣT68⑪：17　9. ⅣT67⑪：55　10. ⅣT68⑧：2　11. ⅣT68⑧：1　12. ⅣT68⑨：1　13. ⅣT67⑪：52　14. ⅣT68⑪：13　15. ⅣT68⑪：10　16. ⅣT68⑪：16　17. ⅣT68⑪：9　18. ⅣT68⑪：11　19. ⅣT68⑪：4

当面残长10.2厘米（图2-111，18）。ⅣT68⑪：12，边轮残。当面残长13厘米（图2-111，2；图版2-30，4）。ⅣT68⑪：13，当面仅存少量云纹，外围饰两道凸弦纹。当面残长10.5厘米（图2-111，14）。ⅣT68⑪：14，仅存一半。当面复原直径15.6厘米（图2-111，7）。ⅣT68⑪：15，当面及边轮残。当心圆纽外有一周凸弦纹。当面用"T"字形界格分为四区。每区饰一云纹。每朵云纹内各饰一道亚腰形凸弦纹。当面复原直径15.2厘米（图2-111，6）。ⅣT68⑪：16，仅存四分之一。当面残长9.6厘米（图2-111，16）。ⅣT68⑪：17，当面仅存少量云纹和亚腰形凸弦纹。当面残长8.1厘米（图2-111，8）。ⅣT68⑪：18，仅存三分之一。当面残长13.3厘米（图2-112，9）。ⅣT68⑪：19，当面完整，当背残留少量筒瓦。当心圆纽外有一周凸弦纹。当面用“T”字形界格分为四区。每区饰一云纹。每朵云纹内各饰一道亚腰形凸弦纹。当面直径15.6、瓦身残长9.1厘米（图2-112，1；图版2-30，1）。ⅣT71③：1，仅存一半，当背残留少量贴附泥条。当面残径13.9厘米（图2-112，8）。ⅣT71③：2，当面仅余部分云纹、外围的两道凸弦纹和部分边轮。当面涂白，纹样描红。当面残长6.1厘米（图2-112，17）。ⅣT71③：3，当面仅存少量云纹，外围饰两道凸弦纹。当面涂白，纹样描红。当面残长8厘米（图2-112，12）。ⅣT71④：2，当面仅存少量云纹和亚腰形凸弦纹。当面残长6.3厘米（图2-112，19）。ⅣT72⑥：1，当面及边轮残。当心圆纽外有一周凸弦纹。当面用“T”字形界格分为四区。每区饰一云纹。每朵云纹内各饰一道亚腰形凸弦纹。当面残径12.8厘米（图2-112，5）。ⅣT72⑥：4，当面仅存少量云纹和外围两条凸弦纹。当面残长4.4厘米（图2-112，18）。ⅣT72⑥：5，当面仅存少量云纹和“T”字形界格。当面残长7.8厘米（图2-112，14）。ⅣT72⑨：1，当面仅存少量云纹和“T”字形界格。当面残长7.1厘米（图2-112，15）。ⅣT72⑨：2，当面及边轮残。当心圆纽外有一周凸弦纹。当面用“T”字形界格分为四区。每区饰一云纹。每朵云纹内各饰一道亚腰形凸弦纹。当面残长12.6厘米（图2-112，4）。ⅣT72⑨：3，仅存三分之二。当心圆纽外有一周凸弦纹。当面用“T”字形界格分为四区。每区饰一云纹。每朵云纹内各饰一道亚腰形凸弦纹。当面残长12.3厘米（图2-112，10）。ⅣT72⑨：4，当面及边轮残。当心圆纽外有一周凸弦纹。当面用“T”字形界格分为四区。每区饰一云纹。每朵云纹内各饰一道亚腰形凸弦纹。当面残径12.3厘米（图2-112，7）。ⅣT72⑨：5，当面仅存“T”字形界格。当面残长6.4厘米（图2-112，16）。ⅣT72⑨：6，边轮残，当背残留少量筒瓦。当心圆纽外有一周凸弦纹。当面用“T”字形界格分为四区。每区饰一云纹。每朵云纹内各饰一道亚腰形凸弦纹。当面复原直径15.2、瓦身残长4.8厘米（图2-112，3）。ⅣT72⑨：7，当面仅存少量云纹，外围饰两道凸弦纹。当面残长6.7厘米（图2-112，13）。ⅣT72⑨：8，边轮残，当背残留少量贴附泥条。当心圆纽外有一周凸弦纹。当面用“T”字形界格分为四区。每区饰一云纹。每朵云纹内各饰一道亚腰形凸弦纹。当面直径15.8～16.7厘米（图2-112，6）。ⅣT72⑨：9，当面及边轮残，当背残留少量贴附泥条。当面直径15.4厘米（图2-112，2）。ⅣBHL：2，仅存一半。当心圆纽外有一周凸弦纹。当面用单凸弦纹界格分为四区。每区饰一云纹。每朵云纹内各饰一道“山”字形图案。边轮与当面图案之间有两周凸弦纹。圆纽表面有指纹印。当面直径14.4厘米（图2-113，21）。ⅣBHL：10，仅存当面圆纽、少量云纹和“山”字形纹。当面涂白，纹样描红。当面残长7.4厘米（图2-113，12）。ⅣC：16，当面仅存一个云纹和“山”字形纹间隔。当面残长12.4厘米（图2-113，18）。ⅣF1：1，仅存三分之一，当纽缺失。当面残长12.6厘米（图2-113，11）。ⅣF1：2，边轮残，当背残留少量筒瓦。当心圆纽外有一周凸弦纹。当面用单凸弦纹界格分为四区。每区饰一云纹。每朵云纹内各饰一道“山”字形图案。边轮与当面图案之间有两周凸弦纹。当面直径14.3、瓦身残长7.5厘米（图2-113，7；图版2-32，3；拓片2-5，7）。ⅣF1：4，当面完整，当背残留少量筒瓦。当心圆纽外有一周凸弦纹。当面用单凸弦纹界格分为四区。每区饰一云纹。

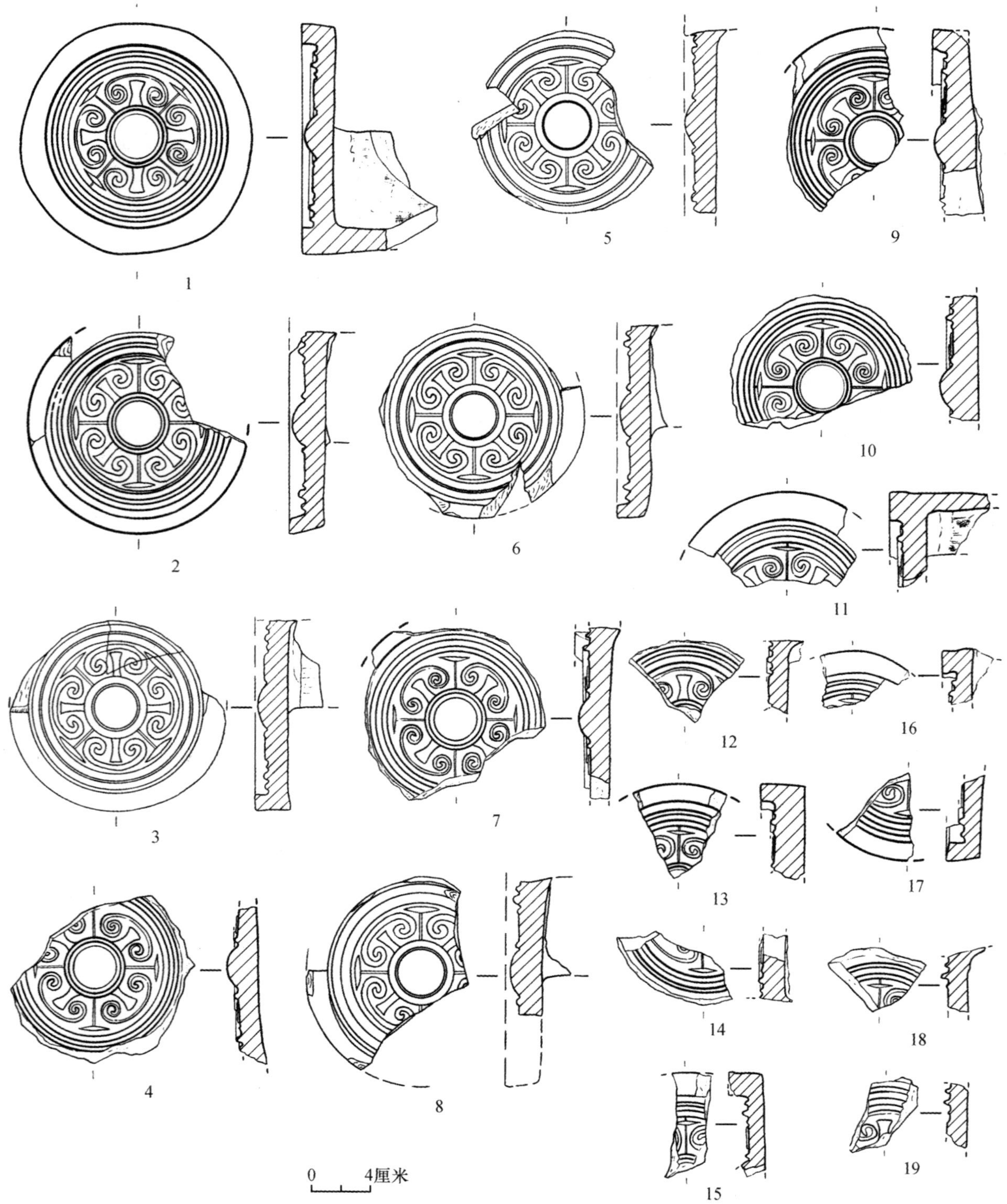

图2-112　瓦当（二十二）

1. ⅣT68⑪：19　2. ⅣT72⑨：9　3. ⅣT72⑨：6　4. ⅣT72⑨：2　5. ⅣT72⑥：1　6. ⅣT72⑨：8　7. ⅣT72⑨：4
8. ⅣT71③：1　9. ⅣT68⑪：18　10. ⅣT72⑨：3　11. ⅣT67⑪：53　12. ⅣT71③：3　13. ⅣT72⑨：7　14. ⅣT72⑥：5
15. ⅣT72⑨：1　16. ⅣT72⑨：5　17. ⅣT71③：2　18. ⅣT72⑥：4　19. ⅣT71④：2

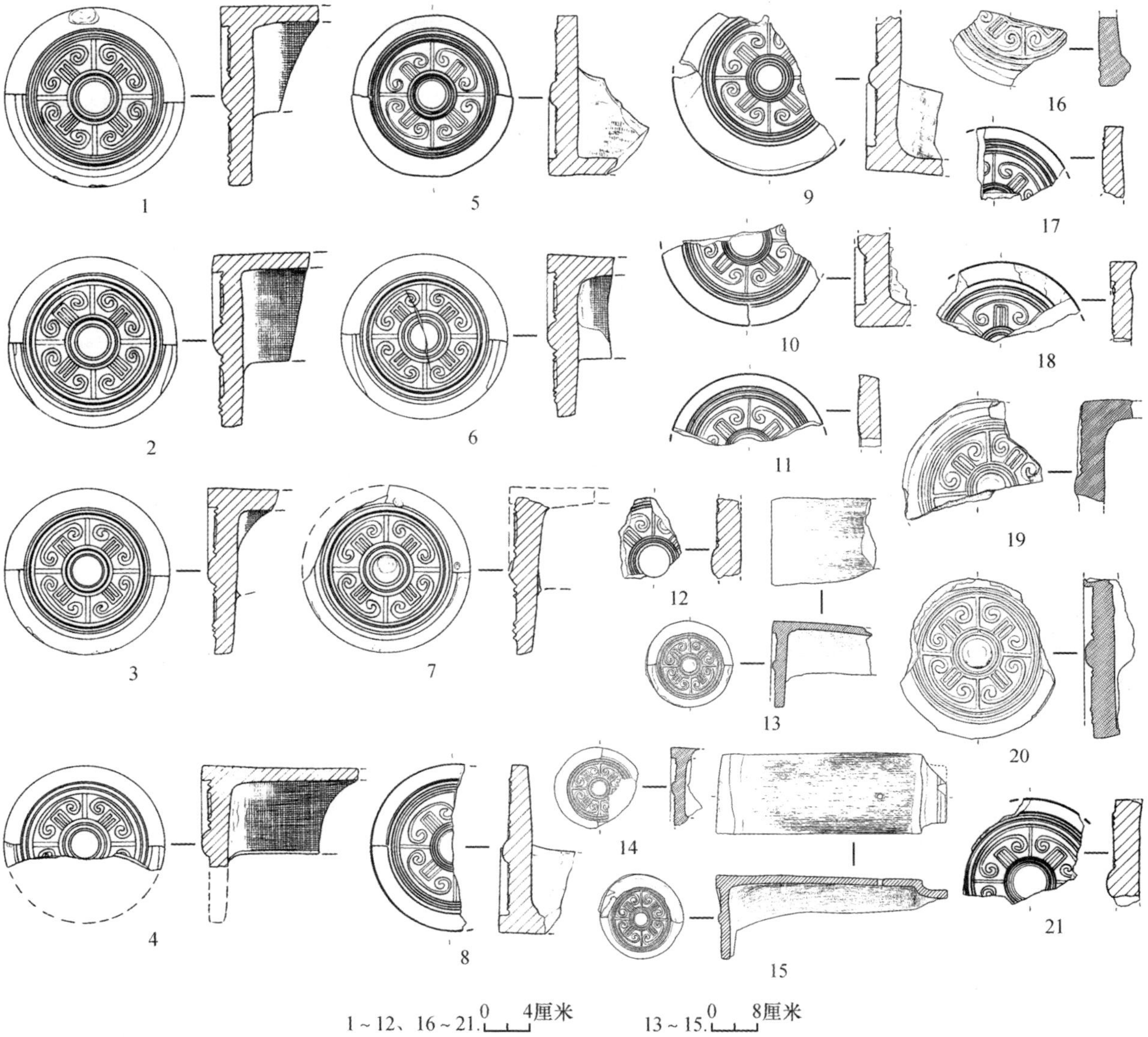

图2-113 瓦当（二十三）

1. ⅣF1：14 2. ⅣF1：9 3. ⅣF1：4 4. ⅣF1：10 5. ⅣF1：21 6. ⅣF1：12 7. ⅣF1：2 8. ⅣF1：22 9. ⅣF1：16 10. ⅣF1：15 11. ⅣF1：1 12. ⅣBHL：10 13. ⅣF1：30 14. ⅣF1：32 15. ⅣF1：35 16. ⅣF1：33 17. ⅣF1：13 18. ⅣC：16 19. ⅣF1：62 20. ⅣF1：64 21. ⅣBHL：2

每朵云纹内各饰一道“山”字形图案。边轮与当面图案之间有两周凸弦纹。当面直径15、瓦身残长6.2厘米（图2-113，3；图版2-32，5）。ⅣF1：9，当面完整，当背残留少量筒瓦。当面直径14.5、瓦身残长8.7厘米（图2-113，2；图版2-32，2）。ⅣF1：10，仅存半个，当背残留少量筒瓦。当面直径14.4、瓦身残长14.5厘米（图2-113，4）。ⅣF1：12，当面完整，当背残留少量筒瓦。当心圆纽外有一周凸弦纹。当面用单凸弦纹界格分为四区。每区饰一云纹。每朵云纹内各饰一道“山”字形图案。边轮与当面图案之间有两周凸弦纹。当面直径15、瓦身残长6.2厘米（图2-113，6；图版2-32，4）。ⅣF1：13，仅存一个界格，界格内有云纹和“山”字纹。残长8厘米（图2-113，17）。ⅣF1：14，当面完整，当背残留少量筒瓦。筒瓦外壁有划痕。当心圆纽外有一周凸弦纹。当面用单凸弦纹界格分为四区。每区饰一云纹。每朵云纹内各饰一道“山”字形图案。边轮与当面图案之间有两周凸弦纹。当面直径15.3、瓦身残长9.6厘米（图2-113，1；图版2-32，1）。ⅣF1：15，仅存三分之一，当背残留少量筒瓦。当面直径15.2厘米，瓦身残长4.8厘米（图2-113，10）。ⅣF1：16，仅存三分之二，当背残留少量筒瓦。当心圆纽外有一周凸弦纹。当面用单凸弦纹界格分为四区。每区饰一云纹。每朵云纹内各饰一道“山”字形图案。边轮与当面图案之间有两周凸弦纹。当面直径16.6、瓦身残长6.4厘米（图2-113，9）。ⅣF1：21，当面完整，当背残留少量筒瓦。当心圆纽外有一周凸弦纹。当面用单凸弦纹界格分为四区。每区饰一云纹。每朵云纹内各饰一道“山”字形图案。边轮与当面图案之间有两周凸弦纹。当面直径14.4、瓦身残长8.9厘米（图2-113，5；图版2-32，6）。ⅣF1：22，仅存半个，当背残留少量筒瓦。当面直径14.8、瓦身残长6.3厘米（图2-113，8）。ⅣF1：30，当面完整，当背残留少量筒瓦。当面涂白，当面纹样描红，当背下半部分涂红。当面直径15、瓦身残长18厘米（图2-113，13）。ⅣF1：32，当背残留少量筒瓦。当面涂白，纹样描红，表面有剥落痕迹。当面直径14.8、瓦身残长5.6厘米（图2-113，14）。ⅣF1：33，仅存三分之一。当面涂白，纹样描红，背面局部也涂红。当面饰云纹和“山”字形图案。外饰三道凸棱。当面残长10厘米（图2-113，16）。ⅣF1：35，完整，当背连接筒瓦。当心圆纽外有一周凸弦纹。当面用单凸弦纹界格分为四区。每区饰一云纹。每朵云纹内各饰一道“山”字形图案。边轮与当面图案之间有两周凸弦纹。当面涂白，纹样描红，晕染严重。筒瓦的近瓦舌部位有一个钉孔，边缘圆滑。当面直径15.2、瓦身长41.2、钉孔直径约1厘米（图2-113，15）。ⅣF1：38，当面残，当背残留少量筒瓦。当面涂白，纹样描红。当面直径15.2、瓦身残长11厘米（图2-114，18）。ⅣF1：47，仅存三分之一，当背残留少量筒瓦。当面残长12、瓦身残长7.8厘米（图2-114，4）。ⅣF1：48，当面残，当背残留少量筒瓦。当心圆纽外有一周凸弦纹。当面用单凸弦纹界格分为四区。每区饰一云纹。每朵云纹内各饰一道“山”字形图案。边轮与当面图案之间有两周凸弦纹。瓦当当面涂白，纹样描红。当面残长14.8、瓦身残长6厘米（图2-114，13）。ⅣF1：50，边轮残，当背残留少量筒瓦。当心圆纽外有一周凸弦纹。当面用单凸弦纹界格分为四区。每区饰一云纹。每朵云纹内各饰一道“山”字形图案。边轮与当面图案之间有两周凸弦纹。当面涂白，纹样描红，晕染严重。当面直径14.4、瓦身残长9.2厘米（图2-114，9）。ⅣF1：54，7件残片，无法复原。ⅣF1：54①，当面仅存纽和两个半云纹和一截边轮。当背残留少量筒瓦。当面涂白，纹样描红。当面残长14、宽7.7、筒瓦残长8.6厘米（图2-114，15）。ⅣF1：54②，当面仅存一个边轮和一个云纹。当背残存少量筒瓦，套接处内壁有抹痕。当面涂白，纹样描红。当面残长14.3、宽4.8厘米（图2-114，17）。ⅣF1：54③，仅存少量筒瓦和当面。当面涂白，纹样描红。当面残长11.5、宽5、瓦身残长6.2厘米。ⅣF1：54④，仅存少量筒瓦和当面。当面涂白，纹样描红。当面残长10、宽5.8、瓦身残长5.9厘米。ⅣF1：54⑤，仅存少量筒瓦及当面。当面可见少量边轮和半个云纹。当面涂白，纹样描红。当面残长8.2、宽4.7、瓦身残长4.5厘米。ⅣF1：54⑥，仅存三分之一。当面残存少量当纽和云纹。当面涂白，纹样描红。没有边轮。当面残长12.7、宽4.7厘米。ⅣF1：54⑦，当面仅存

1～8、10～12. 0 4厘米　9、13～18. 0 8厘米

图2-114　瓦当（二十四）

1. ⅣF1∶68　2. ⅣF1∶55　3. ⅣF1∶72　4. ⅣF1∶47　5. ⅣF1∶63　6. ⅣF1∶58　7. ⅣF1∶65　8. ⅣF1∶56　9. ⅣF1∶50　10. ⅣF1∶67　11. ⅣF1∶71　12. ⅣF1∶70　13. ⅣF1∶48　14. ⅣF1∶66　15. ⅣF1∶54①　16. ⅣF1∶57　17. ⅣF1∶54②　18. ⅣF1∶38

少量弦纹和云纹。当面涂白，纹样描红。当面残长5.2、宽3.5厘米。ⅣF1：55，边轮残，当背残留少量筒瓦。当面涂白，纹样描红，脱落严重。当面直径14.4、瓦身残长6.8厘米（图2-114，2）。ⅣF1：56，仅存四分之一。当面涂白，纹样描红。当面残长8.6、厚2厘米（图2-114，8）。ⅣF1：57，仅存少量边轮，当背残留少量筒瓦。当面涂白，纹样描红。当面残长14、瓦身残长11.6厘米（图2-114，16）。ⅣF1：58，仅存半个，当背残留少量筒瓦。当面涂白，纹样描红。当面残长13、瓦身残长8.8厘米（图2-114，6）。ⅣF1：62，仅存三分之一，当背残留少量筒瓦。当面涂白，纹样描红，颜料脱落严重。当面残长12、瓦身残长4.1厘米（图2-113，19）。ⅣF1：63，仅存半个，当背残留少量筒瓦。当面涂白，纹样涂红，晕染严重。当面直径14、瓦身残长6.4厘米（图2-114，5）。ⅣF1：64，边轮残，当背残留少量贴附泥条。当面涂白，纹样描红。当面直径13.8厘米（图2-113，20）。ⅣF1：65，仅存三分之一。当面涂白，纹样描红，晕染严重。当面残长9.8、厚2.8厘米（图2-114，7）。ⅣF1：66，当面完整，当背残留少量筒瓦。当面涂白，纹样描红。晕染严重。当面直径14.8、瓦身残长5.2厘米（图2-114，14）。ⅣF1：67，仅存三分之一。当面涂白，纹样描红。晕染严重。当面残长11.3、厚3厘米（图2-114，10）。ⅣF1：68，当面残。当背残留少量筒瓦。当面涂白，纹样描红，红色颗粒粗糙。当面直径14.8、瓦身残长8厘米（图2-114，1）。ⅣF1：70，仅存三分之一。当面涂白，纹样描红，晕染严重。当面残长10、厚2.2厘米（图2-114，12）。ⅣF1：71，仅余少量凸棱和边轮，当背残留少量筒瓦。当面涂白，纹样描红。当面残长12.8、瓦身残长6.4厘米（图2-114，11）。ⅣF1：72，当面残，当背残留少量筒瓦。当面涂白，纹样描红，颜料颗粒粗糙，晕染严重。外侧凸弦纹局部被抹平。当面直径15.2、筒瓦残长5.6厘米（图2-114，3）。ⅣF1：73，仅存半个瓦当和部分筒瓦，筒瓦被挤压变形，套接处刮抹痕明显。瓦当当面涂白，纹样描红，晕染严重。当面残径14.4、瓦身残长30.3厘米（图2-115，14）。ⅣF1：75，仅存半个，当背残留少量筒瓦。当面涂白，纹样描红，晕染严重。当面直径14、瓦身残长6.8厘米（图2-115，7）。ⅣF1：77，边轮残，当背残留部分筒瓦。当面及当背下半部分涂白，纹样描红。当面直径14.8、瓦身残长13.8厘米（图2-115，12）。ⅣF1：78，仅存三分之一，当背残留少量筒瓦。当面涂白，纹样描红。当面残长12.6、瓦身残长13.6厘米（图2-115，15）。ⅣF1：86，仅存二分之一。当面涂白，纹样描红。当面残长13、厚3.4厘米（图2-115，8）。ⅣF1：87，当面残，当背残留少量筒瓦。当面涂白，纹样描红，晕染严重。当面直径14.6、瓦身残长10.2厘米（图2-115，3）。ⅣF4：3，仅存四分之一，现存部分云纹和“山”字纹饰。当面残长11.6、厚2.3、边轮宽1.6厘米（图2-115，5）。ⅣMD：35，仅存二分之一，当背残留少量筒瓦。当面涂白，纹样描红。当面残长12.7、瓦身残长5厘米（图2-115，6）。ⅣNHL：2，仅存三分之一，当背残留少量筒瓦。当面纹样仅存少量云纹和少量“山”字形。当面残长12.1、瓦身残长6.8厘米（图2-115，19）。ⅣNSS：9，套接少量筒瓦。当面涂白，纹样描红，红色大多已脱落，云纹粗糙，不规整。以当纽为中心分隔出四个界格，界格之间用凸棱相隔，每一界格对称饰一组云纹，云纹间饰一“山”字形图案，外围饰三道凸棱。半边轮。当面直径14.2、瓦身残长7.6厘米（图2-115，1）。ⅣNSS：25②，仅存当心部分。仅存凸纽和少量云纹

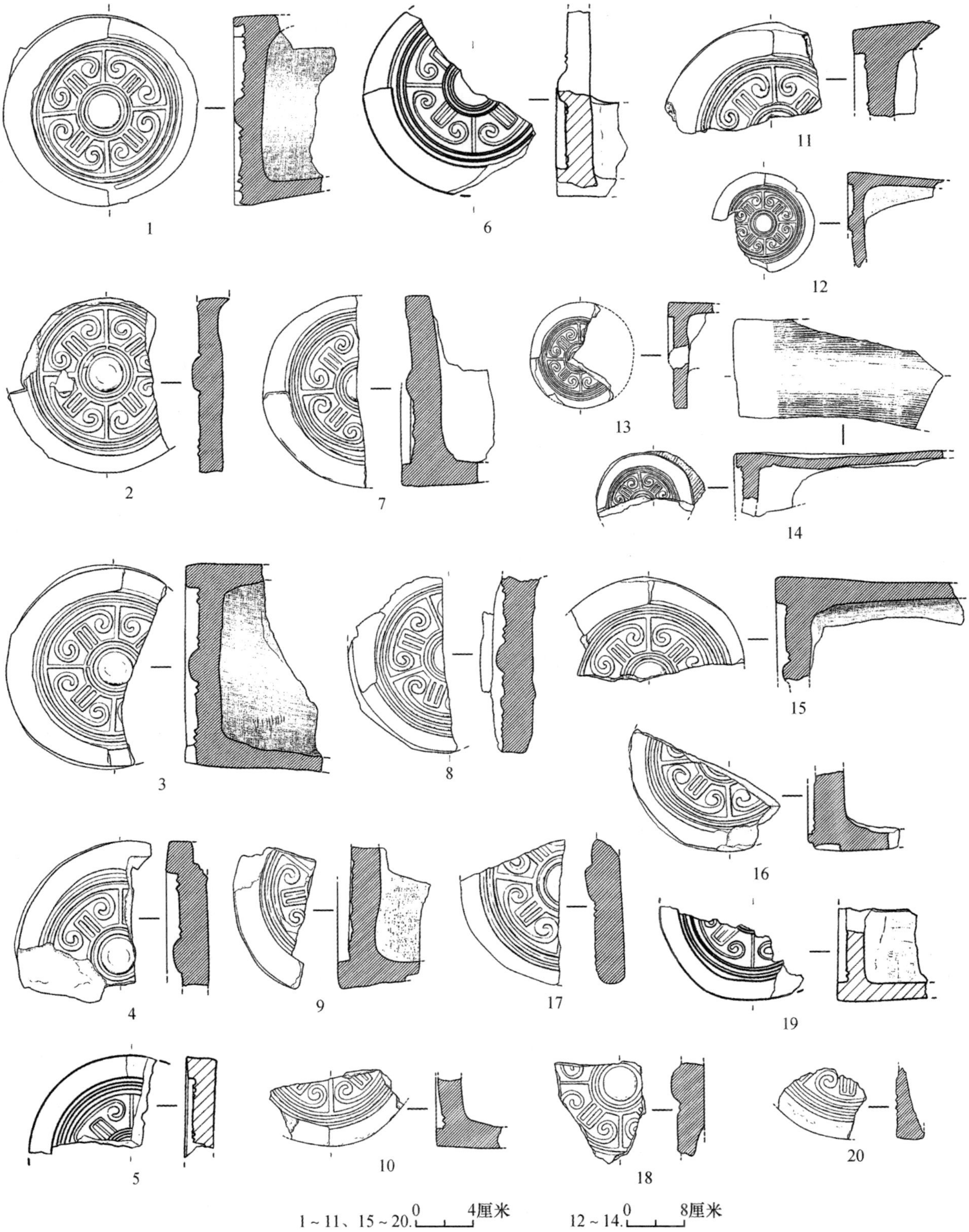

图2-115 瓦当（二十五）

1. ⅣNSS：9 2. ⅣNSS：62 3. ⅣF1：87 4. ⅣNSS：37 5. ⅣF4：3 6. ⅣMD：35 7. ⅣF1：75 8. ⅣF1：86 9. ⅣNSS：42 10. ⅣNSS：27 11. ⅣNSS：33 12. ⅣF1：77 13. ⅣNSS：61 14. ⅣF1：73 15. ⅣF1：78 16. ⅣNSS：83 17. ⅣNSS：52 18. ⅣNSS：25② 19. ⅣNHL：2 20. ⅣNSS：43

以及“山”字形纹样。当面涂白，纹样描红。当面残长7.2、厚2.4厘米（图2-115，18）。ⅣNSS：27，仅存2个半云纹，当背残留少量筒瓦。当面残长10、瓦身残长4.8厘米（图2-115，10）。ⅣNSS：33，仅存四分之一，当背残留少量筒瓦。当面涂白，纹样描红，不规整。当面残长11.4、瓦身残长6.4厘米（图2-115，11）。ⅣNSS：37，仅存四分之一。当面涂白，纹样描红。当面残长11.6厘米（图2-115，4）。ⅣNSS：42，仅存四分之一，当背残留少量筒瓦。当面涂白，纹样描红。当面残长10.4、瓦身残长6.8厘米（图2-115，9）。ⅣNSS：43，仅存半个云纹。当面涂白，纹样描红。当面残长6.6厘米（图2-115，20）。ⅣNSS：52，仅存小半部分。当面当背均涂白，纹样描红。当面残长10.2厘米（图2-115，17）。ⅣNSS：61，当面缺三分之一，当背残留少量筒瓦。当面涂白，纹样描红。当面直径15.6、瓦身残长6.8厘米（图2-115，13）。ⅣNSS：62，当面及边轮残。当面涂白，纹样描红，背面有少量涂红痕迹。当面残径12.9厘米（图2-115，2）。ⅣNSS：64，边轮残，当背残留少量贴附泥条。当面涂白，纹样描红。当面直径14、瓦身残长4.2厘米（图2-116，4）。ⅣNSS：67，仅存三分之一瓦当，当背残留少量筒瓦。当面及筒瓦前端涂白，当面纹样描红。当面直径14、瓦身残长29.6厘米（图2-116，5）。ⅣNSS：70①，套接少量筒瓦。当面仅存少量当纽和云纹，边轮较宽厚。当面涂白，纹样描红。当面残长12.6、瓦身残长5.6厘米（图2-117，7）。ⅣNSS：70②，仅存少量筒瓦和少量瓦当，内壁刮抹痕明显。当面仅存一个云纹。当面涂白，纹样描红。当面残长13.6、瓦身残长13.7厘米（图2-116，11）。ⅣNSS：70③，仅存少量筒瓦和当面，套接处内壁刮抹痕明显。仅存少量边轮和弦纹、云纹图案。当面涂白，纹样描红。当面残长10、瓦身残长5.9厘米。ⅣNSS：70④，残存少量筒瓦及当面。当面仅存少量边轮和两个云头。当面涂白，纹样描红。当面残长10、瓦身残长5.5厘米。ⅣNSS：70⑤，仅存瓦当下半部分。无边轮，仅存两个云纹。当面涂白，纹样描红。当面残长9.5厘米。ⅣNSS：70⑥，仅存少量瓦当残片，上面有弦纹和界格。当面涂白，纹样描红。边轮残缺部分可见布纹。当面残长7.8厘米。ⅣNSS：72，边轮残。当面涂白，纹样描红。当面直径14.6厘米（图2-117，6）。ⅣNSS：75，仅存三分之一。圆纽脱落。当面涂白，纹样描红，晕染严重。当面残长9.6厘米（图2-116，14）。ⅣNSS：76，仅存三分之一。当面涂白，纹样描红。当面残长10厘米（图2-116，7）。ⅣNSS：79，边轮残，当背残留少量筒瓦。当面涂白，纹样描红。直径15.2、筒瓦残长6.4厘米（图2-116，1）。ⅣNSS：83，仅存三分之一，当背残留少量筒瓦。当面涂白，纹样描红。颜料脱落严重。当面残长11.4、瓦身残长6厘米（图2-115，16）。ⅣNSS：86，边轮残，当背残留少量筒瓦。当面涂白，纹样描红。晕染严重。当面直径15、瓦身残长4.8厘米（图2-117，2）。ⅣNSS：87，仅存二分之一，当背残留少量筒瓦。当面涂白，当面纹样描红，晕染严重。当面残长14.2、瓦身残长6厘米（图2-117，4）。ⅣNSS：88，边轮残，当背残留少部分筒瓦。当面及当背边缘涂白，纹样描红，晕染严重。当面直径14.4、瓦身残长18厘米（图2-116，2）。ⅣNSS：91，边轮残，当背残留少量筒瓦。当面涂白，纹样描红。当面直径14.8、瓦身残长8.6厘米（图2-117，3）。ⅣNSS：93，边轮残。瓦当正面及背面下部涂白，纹样描红，颜料脱落严重。当面残长12.8厘米（图2-116，10）。ⅣNSS：94，仅存四分之一，当背残留少量筒瓦，套接处内壁刮抹痕明显。当面涂白，纹样描红，边轮不规整。当面残长12、瓦身残长10.4

厘米（图2-117，8）。ⅣNSS：96，当面完整，当背残留少量筒瓦，套接处内壁有刮抹痕。当面涂白，纹样描红，颜料颗粒粗糙。当面直径15.2、瓦身残长6厘米（图2-116，15）。ⅣNSS：97，边轮残，当背残留少量筒瓦，当面涂白，纹样描红。当面直径15、瓦身残长5.8厘米（图2-117，1）。ⅣNSS：98，仅存少量瓦当，上有少量凸棱和“山”字形纹饰。当面涂白，纹样描红。当面残长6厘米（图2-117，11）。ⅣNSS：107，仅存边缘部分，当背残留少量筒瓦。当面涂白，纹样描红。当面残长11.6、瓦身残长11.2厘米（图2-116，13）。ⅣNSS：108，边轮残，当背残留少量筒瓦。当面涂白，纹样描红。当面直径15、瓦身残长5.4厘米（图2-117，9）。ⅣNSS：111，仅存四分之一。表面可见一组云纹和“山”字形图案。外饰三道凸弦纹。当面涂白，纹样描红，晕染严重。当面残长8.8厘米（图2-116，8）。

图2-116　瓦当（二十六）

1. ⅣNSS：79　2. ⅣNSS：88　3. ⅣNSS：112　4. ⅣNSS：64　5. ⅣNSS：67　6. ⅣT74①：1　7. ⅣNSS：76　8. ⅣNSS：111　9. ⅣT68⑪：1　10. ⅣNSS：93　11. ⅣNSS：70②　12. ⅣT68⑪：2　13. ⅣNSS：107　14. ⅣNSS：75　15. ⅣNSS：96

ⅣNSS：112，当面完整，当背残留少量筒瓦。当面涂白，颜料颗粒粗糙，纹样描红。当面直径15.2、瓦身残长11.6厘米（图2-116，3）。ⅣNSS：113，边轮残。当面涂白，纹样描红，晕染严重。当面直径14.2厘米（图2-117，5）。ⅣNSS：116，仅存半个，当背残留少量贴附泥条，当面涂白，纹样描红。当面直径14.8、瓦身残长2.8厘米（图2-117，10）。ⅣT61⑨：26，仅存一半。当面残长10.6厘米（图2-117，12）。ⅣT68⑪：1，当面仅存部分圆纽和云纹以及一个“山”字纹。当面残长7.6厘米（图2-116，9）。ⅣT68⑪：2，当面残存部分云纹和“山”字纹。当面残长7.6厘米（图2-116，12）。ⅣT74①：1，当面仅存少量云纹和“山”字纹。当面残长14.1厘米（图2-116，6）。ⅣF1：19①，当面残留少量云纹。当面残长6.2厘米（图2-118，

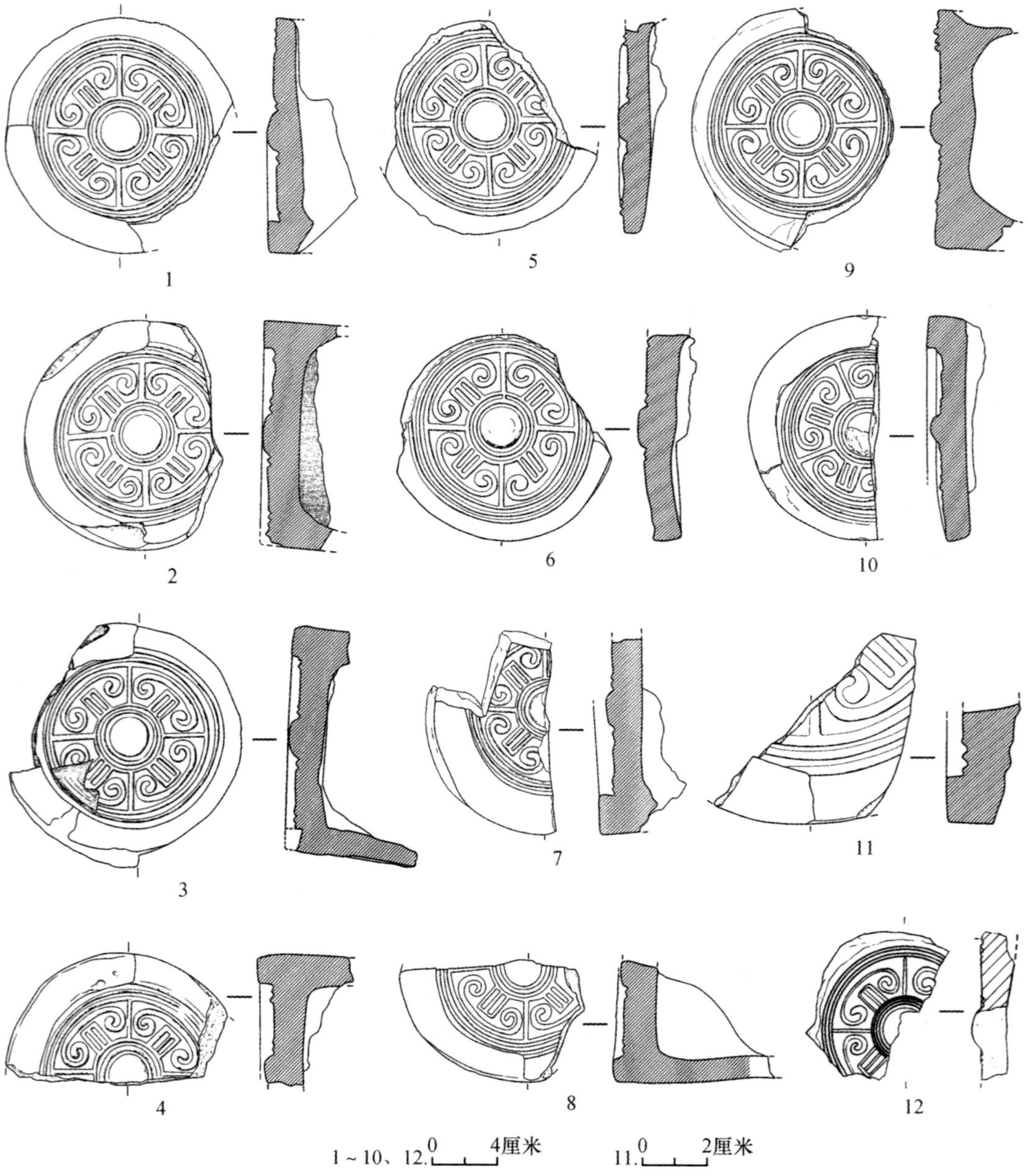

图2-117　瓦当（二十七）

1. ⅣNSS：97　2. ⅣNSS：86　3. ⅣNSS：91　4. ⅣNSS：87　5. ⅣNSS：113　6. ⅣNSS：72　7. ⅣNSS：70①　8. ⅣNSS：94　9. ⅣNSS：108　10. ⅣNSS：116　11. ⅣNSS：98　12. ⅣT61⑨：26

15）。ⅣF3：15，当面仅存少量云纹。当面残长4.4厘米（图2-118，3）。ⅣF3：17，当面仅存少量云纹。当面残径4.8厘米（图2-118，12）。ⅣF4：33，当面仅存少量云纹和凸弦纹。当面残长6.6厘米（图2-118，2）。ⅣF4：45，残存少量云纹和边轮。当面涂白，纹样描红。当面残长5.4厘米（图2-118，10）。ⅣF4：48，仅存少量云纹和凸弦纹。当面涂白，纹样描红。当面残长10.2厘米（图2-118，14）。ⅣF4：49，当面涂白，纹样描红，当面仅存少量凸弦纹和边轮，当背残留少量筒瓦。当面残长8、瓦身残长7.4厘米（图2-118，22）。ⅣF4：50，当面仅存少量凸弦纹和边轮，当背残留大半个筒瓦。当面涂白，纹样描红。筒瓦中部有一个钉孔，孔由内向外穿。当面残长16、瓦身残长26、孔径1.2厘米（图2-118，11）。ⅣF4：51，当面仅存少量凸弦纹和边轮，当背残留大半个筒瓦。当面涂白，纹样描红。当面直径15.2、瓦身残长29.6厘米（图2-118，9）。ⅣMD：72，仅存四分之一边轮。当面涂白，纹样描红。当面残长10厘米（图2-118，23）。ⅣF4：13，当面仅存少量云纹、两道凸弦纹和边轮。当面涂白，纹样描红。当面残径4.8、厚2.4厘米，边轮宽1.4厘米（图2-118，24）。ⅣNSS：4，当面仅存少量凸弦纹和边轮，当面残长11.4厘米（图2-118，5）。ⅣNSS：25①，当面仅存少量凸弦纹和边轮，当背残留少量筒瓦。当面涂白，纹样描红。当面残长10.4、瓦身残长5厘米（图2-118，21）。ⅣNSS：28①，仅存少半部分边轮和一截筒瓦。边轮上先涂白后涂红。筒瓦瓦头素面。边轮残长8.6、瓦身残长22.3厘米（图2-118，26）。ⅣNSS：74，仅存少量凸弦纹和边轮。当面涂白，纹样描红。当面残长4.5厘米（图2-118，1）。ⅣNSS：99②，仅存少量凸弦纹和边轮。当背残留少量筒瓦。当面涂白，纹样描红。当面残长11、瓦身残长11.6厘米（图2-118，6）。ⅣNSS：101，仅存少量凸弦纹和边轮。当背残留部分筒瓦。当面涂白，纹样描红。当面残长13.6、瓦身残长11.2厘米（图2-118，20）。ⅣNSS：103，仅存少量凸弦纹和边轮。当面涂白，纹样描红。当面残长8厘米（图2-118，16）。ⅣT52⑤：19②，当面仅存两道凸弦纹及边轮。当面残长4厘米（图2-118，19）。ⅣT58⑤：1，当面仅存少量凸弦纹和边轮。当面残长5.2厘米（图2-118，8）。ⅣT62⑫：2，当面残存少量云纹和边轮，当背残留少量筒瓦。当面残长8.1、瓦身残长4.9厘米（图2-118，18）。ⅣT67⑪：24②，仅存少量边轮和筒瓦。边轮直径15.8、瓦身残长6.4厘米（图2-118，13）。ⅣT67⑪：27，仅存少量凸弦纹和边轮。当面残长4.6厘米（图2-118，25）。ⅣT67⑪：41，当面仅存少量凸弦纹和边轮，当背残留少量筒瓦。当面残长7.5、瓦身残长6.3厘米（图2-118，17）。ⅣT68⑪：6，当面仅存少量凸弦纹和边轮。当背残留少量筒瓦。当面残长6、瓦身残长11.5厘米（图2-118，4）。ⅣT71④：1，仅存少量凸弦纹和边轮。当面残长8.2厘米（图2-118，7）。

土坯　4件。模制。长方体，边缘较规整。草拌泥土，被火烤炙为黄褐色。ⅣMD：26，表面有“十”字形刻划纹。长20.6、宽18、厚11.6厘米（图2-119，4）。ⅣMD：59，表面内凹。长39、宽19、厚11.2厘米（图2-119，2；图版2-33，1）。ⅣMD：60，表面粘连大量烧结草拌泥。长39.8、宽20.4、厚11.4厘米（图2-119，1）。ⅣMD：61，侧面粘连烧结草拌泥，草拌泥上涂抹白灰。长38.2、宽22.8、厚12厘米（图2-119，3）。

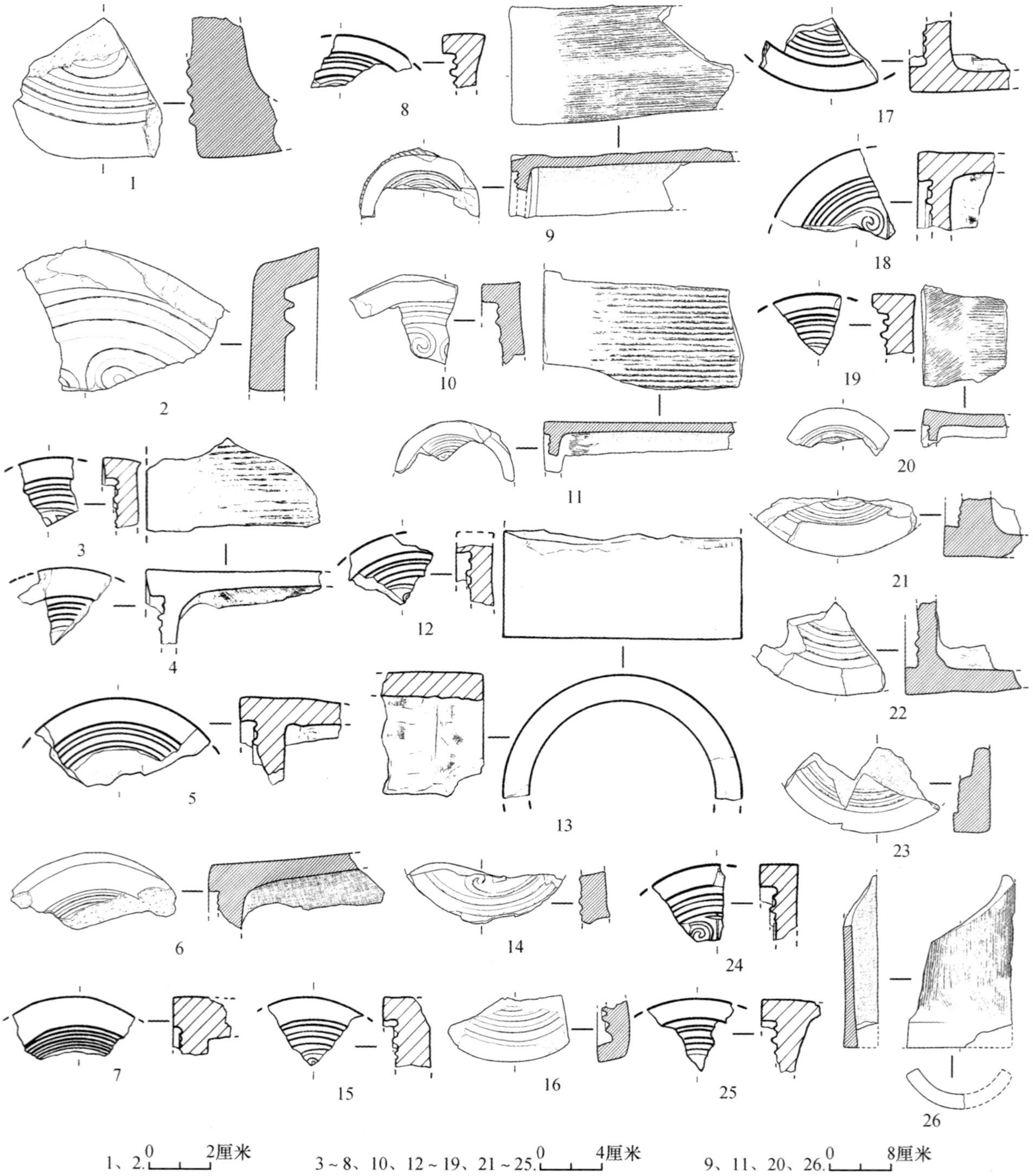

图2-118　瓦当（二十八）

1. ⅣNSS：74　2. ⅣF4：33　3. ⅣF3：15　4. ⅣT68⑪：6　5. ⅣNSS：4　6. ⅣNSS：99②　7. ⅣT71④：1　8. ⅣT58⑤：1　9. ⅣF4：51　10. ⅣF4：45　11. ⅣF4：50　12. ⅣF3：17　13. ⅣT67⑪：24②　14. ⅣF4：48　15. ⅣF1：19①　16. ⅣNSS：103　17. ⅣT67⑪：41　18. ⅣT62⑫：2　19. ⅣT52⑤：19②　20. ⅣNSS：101　21. ⅣNSS：25①　22. ⅣF4：49　23. ⅣMD：72　24. ⅣF4：13　25. ⅣT67⑪：27　26. ⅣNSS：28①

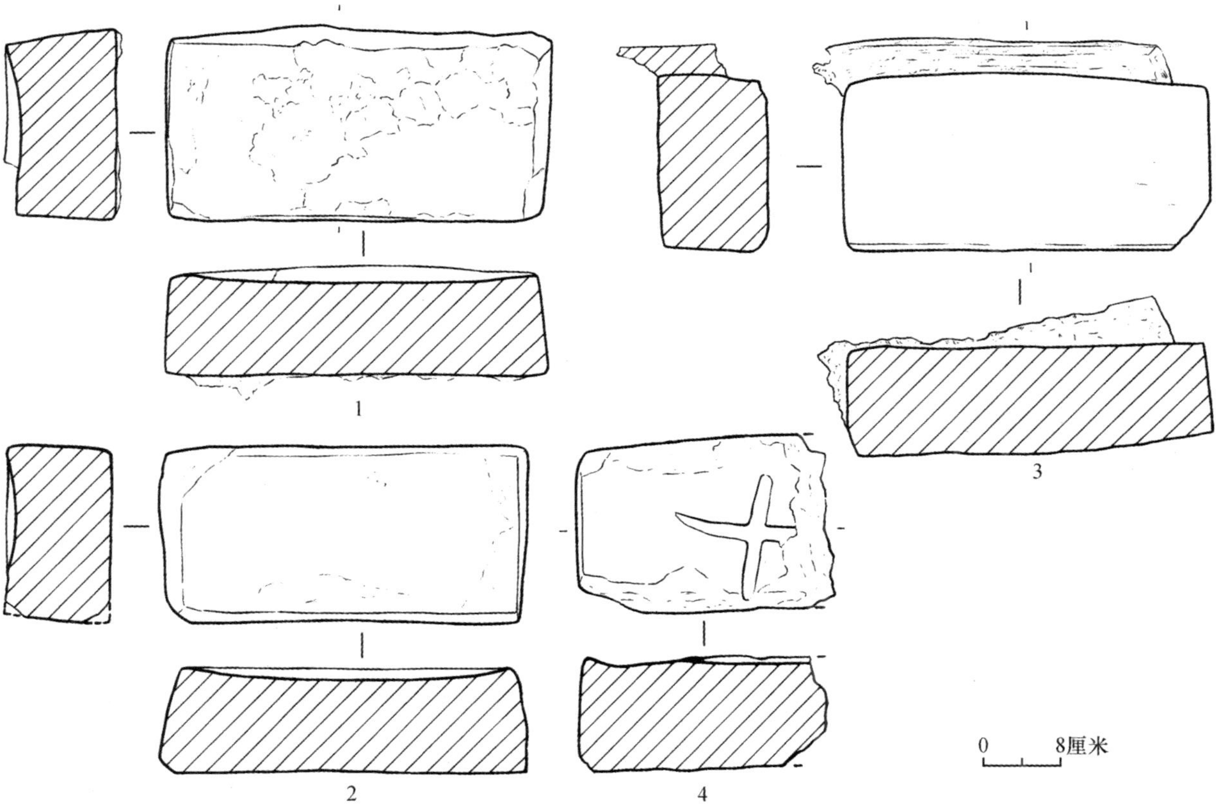

图2-119　土坯
1. ⅣMD：60　2. ⅣMD：59　3. ⅣMD：61　4. ⅣMD：26

（二）生活用具

共72件。主要有陶、铁、石、骨器等。

1. 陶器

49件。均残，少量可复原。陶质以夹砂灰陶、泥质灰陶为主。制法有轮制、手制，以轮制为主。器形有盆、盂、钵、碗、盏、甑、瓮、罐、臼、纺轮、饰件、器耳、器底等。多素面。

盆　13件。器壁泥条盘筑痕迹明显。ⅣC：9，仅存平沿部分。宽平沿，残长7厘米（图2-120，12）。ⅣF5：1，宽平沿，下腹部及底残。口径42.5、残高16.4厘米（图2-120，6）。ⅣF2：1，敞口，宽平沿。残高3、沿宽2厘米（图2-120，9）。ⅣT72⑥：3，口微敛，圆唇，宽平沿，口内壁有一道折棱，斜腹微弧。腹部饰数周凹弦纹。口径30.1、残高13.4厘米（图2-120，5）。ⅣBHL：8，敞口，方唇，唇面上有一道凹弦纹。腹上部有两道凹弦纹。残高7.3厘米（图2-120，7）。ⅣF1：76，敞口，方唇，唇面微凹。残高8.8厘米（图2-120，4）。ⅣT63⑫：4，敞口，方唇，唇面上有一道凹弦纹。束颈。口径26.9、残高3.7厘米（图2-120，2）。ⅣC：10，宽平沿。残高4.2、沿宽2厘米（图2-120，11）。ⅣF1：18，微敛口。宽平沿。方唇。斜腹。口径35、残高4.5厘米（图2-120，3）。ⅣF4：12，敞口。宽平沿。方唇，

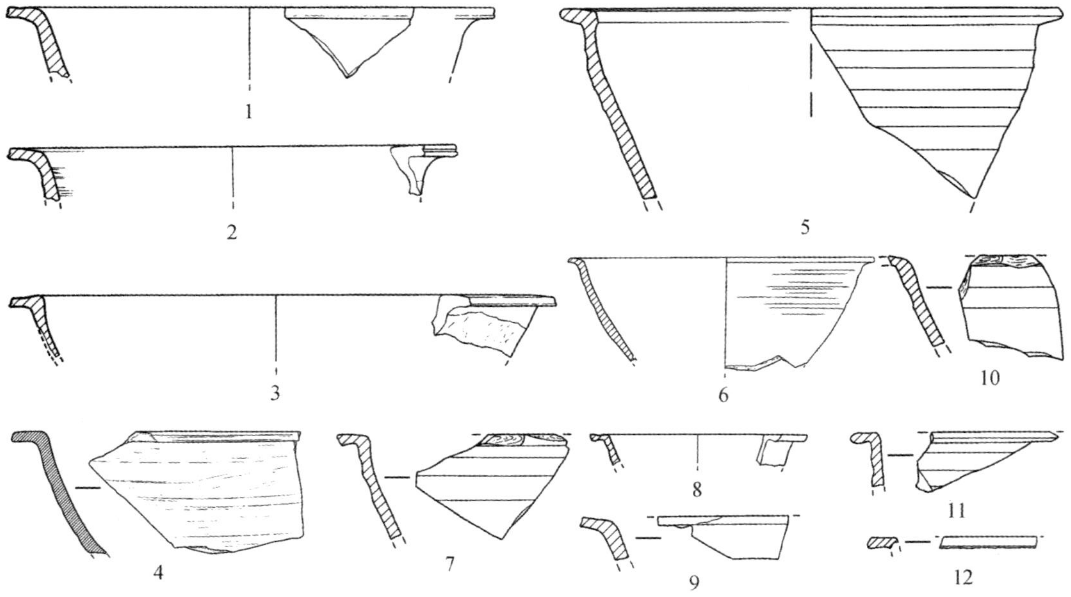

图2-120　陶盆

1. ⅣF4：12　2. ⅣT63⑫：4　3. ⅣF1：18　4. ⅣF1：76　5. ⅣT72⑥：3　6. ⅣF5：1　7. ⅣBHL：8　8. ⅣMD：34　9. ⅣF2：1　10. ⅣH1：4　11. ⅣC：10　12. ⅣC：9

唇下部有一道凹槽。口径30.8、残高5.2厘米（图2-120，1）。ⅣMD：34，敞口，宽平沿，尖圆唇。口径31、残高4.4厘米（图2-120，8）。ⅣC：2。仅存沿部。卷沿，尖圆唇。残长11.8厘米。ⅣH1：4，口沿残。敞口，斜腹。腹上部有一道凹弦纹。残高7.2厘米（图2-120，10）。

盂　1件。ⅣF1：83，泥质灰陶。轮制。敛口，内斜平沿，圆唇，折肩，斜腹。肩部饰一道凸棱，肩部上饰密集的细弦纹。残高11.6厘米（图2-121，9）。

钵　3件。ⅣF1：25，泥质灰陶。轮制。敞口，平沿，微束颈，斜直腹。残高4.8厘米（图2-121，6）。ⅣMD：13，敞口，圆唇，斜腹。口径14、残高5.5厘米（图2-121，4）。ⅣMD：27，直口，方圆唇，沿略内收。上腹部有一道折棱。残高3.1厘米（图2-121，7）。

碗　7件。仅存下腹部及器底。斜腹。ⅣC：3，腹向下折收。平底，底部稍凹。底径7、残高3.3厘米（图2-121，13）。ⅣF4：11，平底。底径8、残高3.4厘米（图2-121，14）。ⅣF4：27，底微凹。底部有切削痕。底径9.2、残高4.3厘米（图2-121，12）。ⅣH1：1，腹弧收，圈足。圈足径8.2、残高3.2厘米（图2-121，11）。ⅣH1：2，腹微弧，平底内凹，内壁底心略上鼓。器表略经磨光。底径5、残高3厘米（图2-121，1）。ⅣMD：41，平底微凹。底径7.4、残高3.4厘米（图2-121，10）。ⅣT67⑪：1，平底微内凹。底径7、残高2.8厘米（图2-121，2）。

盏　3件。夹细砂陶。敛口，圆唇，弧腹斜收，平底微凹。ⅣF1：20，器表有烟炱痕。口径9、底径5.3、高5厘米（图2-121，8）。ⅣF1：46，泥质灰陶。轮制。敛口，平沿，颈部有一道凹痕，鼓腹，腹部有一道凹痕。器表多有烟炱痕。残高4厘米（图2-121，5）。ⅣT66⑪：1，平底稍内凹。口径8.2、底径5.5、高4.1厘米（图2-121，3）。

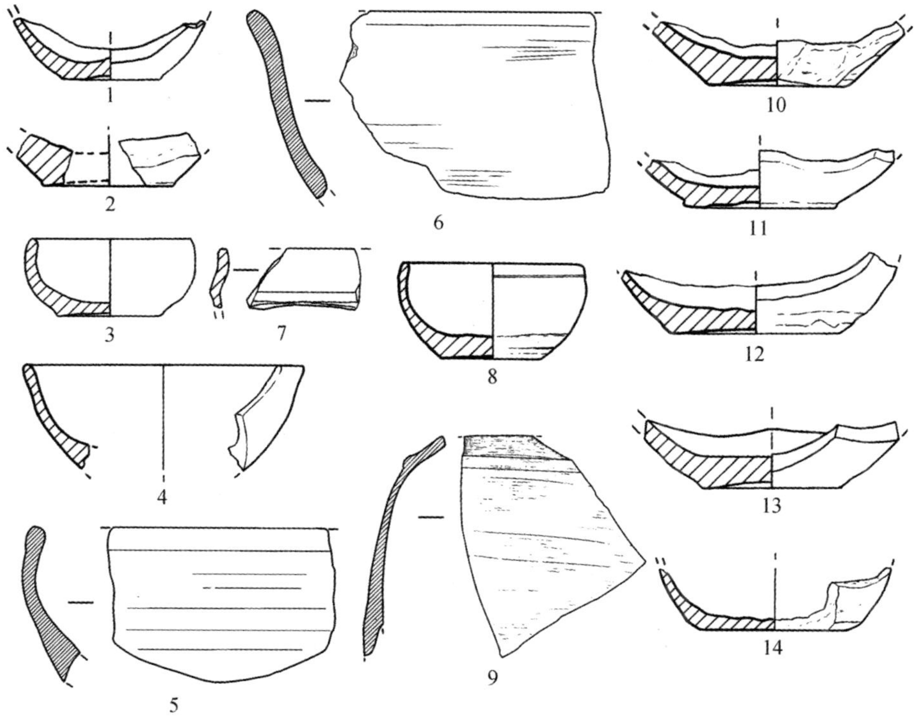

图2-121 陶器（一）

1、2、10~14.碗（ⅣH1：2、ⅣT67⑪：1、ⅣMD：41、ⅣH1：1、ⅣF4：27、ⅣC：3、ⅣF4：11） 3、5、8.盏（ⅣT66⑪：1、ⅣF1：46、ⅣF1：20） 4、6、7.钵（ⅣMD：13、ⅣF1：25、ⅣMD：27） 9.盂（ⅣF1：83）

甑 1件。ⅣT63⑫：3，仅存器底，腹斜收，平底残存一个箅孔。复原底径18、残高12、孔径3.8厘米（图2-122，9）。

瓮 3件。侈口。ⅣF1：6，外斜平沿，尖唇，束颈，鼓腹。底残。肩部饰两排折线纹，腹下部饰一道凹弦纹。口径21.6、残高45.6厘米（图2-122，1；图版2-33，5）。ⅣT63⑫：1，圆唇。残高4.4厘米（图2-122，6）。ⅣT63⑫：5，圆沿，圆唇。口径29.6、残高10.8厘米（图2-122，3）。

罐 4件。仅存口沿。侈口。束颈。ⅣC：8，外斜平沿，尖唇。残高7.6厘米（图2-122，5）。ⅣC：11，平沿。圆唇。残高2.1厘米（图2-122，7）。ⅣT64⑦：1，方圆唇，唇面略凹，斜肩。残高6.2厘米（图2-122，2）。ⅣT72④：1，方圆唇。口径19.6、残高3.3厘米（图2-122，4）。

臼 1件。ⅣT67⑪：15，仅存臼底。用青砖切割磨制而成。臼窝内壁光滑。残高6.6厘米（图2-122，8）。

纺轮 1件。ⅣC：15，扁圆形，边缘不规整。中间有孔。外径2.5、厚1.1、孔径0.8厘米（图2-123，9；图版2-33，6）。

饰件 1件。ⅣC：1，仅存一小块。类似于俑足。底部及上部残。平底，正面有两道凸棱。残长7.3、宽7.5、高4.6厘米（图2-123，8）。

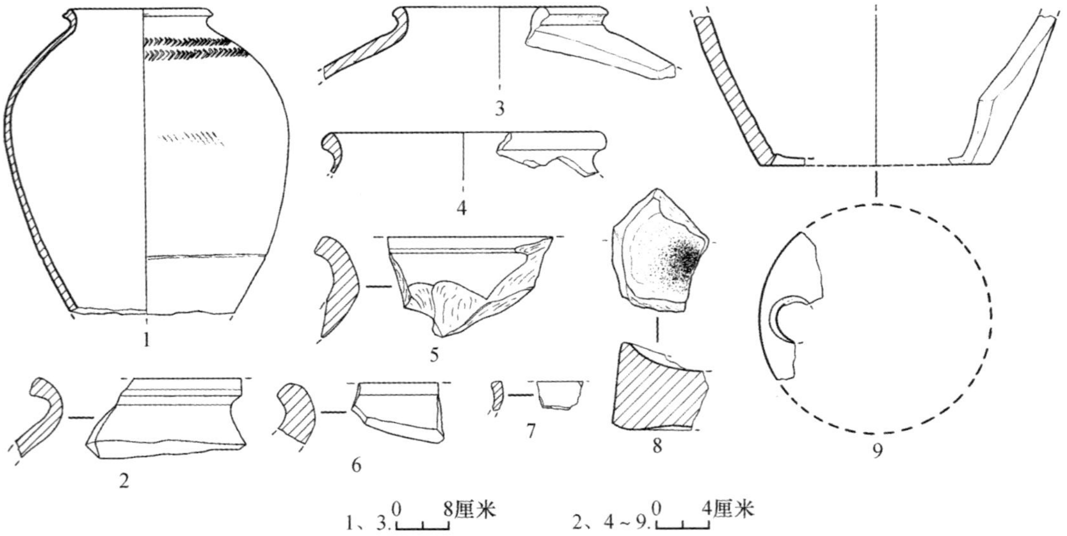

图2-122　陶器（二）

1、3、6. 瓮（ⅣF1：6、ⅣT63⑫：5、ⅣT63⑫：1）　2、4、5、7. 罐（ⅣT64⑦：1、ⅣT72④：1、ⅣC：8、ⅣC：11）
8. 臼（ⅣT67⑪：15）　9. 甑（ⅣT63⑫：3）

器耳　1件。ⅣF1：52，柱状耳。泥质灰陶。手制。系单独制作后贴塑陶器表面。表面刮削痕明显。长6.7厘米（图2-123，10）。

器底　10件。仅存器底及下腹部。多泥质灰陶。轮制。斜直壁。平底。部分器壁泥条盘筑痕迹明显。ⅣC：5，残高3.3厘米（图2-123，6）。ⅣC：7，残高5.8厘米（图2-123，2）。ⅣC：6，近底部内折平收。底径7、残高5.2厘米（图2-123，7）。ⅣF1：29，下腹部饰一道凹槽。残高1.7厘米（图2-123，13）。ⅣF1：45，底部有一道刻划痕。残高3.6厘米（图2-123，4）。ⅣF1：82，下腹部有切削痕。残高11.6厘米（图2-123，11）。ⅣF1：88，底部有切削痕。残高1.9厘米（图2-123，1）。ⅣMD：38，底径9、残高2.8厘米（图2-123，12）。ⅣMD：39，底径26.8、残高4厘米（图2-123，5）。ⅣMD：62，底径17.6、残高2.8厘米（图2-123，3）。

2. 铁器

9件。锈蚀严重，可辨器形有釜、钉和器腹残片，还有一些残铁器。

釜　1件。ⅣF4：37，为铁釜口沿。敛口，外斜平沿，深鼓腹，残高7.6厘米（图2-124，6）。

钉　1件。ⅣC：4，钉帽平面呈长方形，剖面呈弧形，内侧有三角形钉。帽径残长4、宽2.5、钉长1.1厘米（图2-124，11）。

器腹残片　3件。均为大型铁器的器腹部分。ⅣF1：89，残长22.7厘米（图2-124，7）。

残铁器　4件。形制不明。ⅣMD：50，平面近椭圆形。长径5.1、短径3.9、厚1.3厘米（图2-124，10）。ⅣT68⑩：1，仅存部分残片，残长3.5、宽2.5、厚0.7厘米（图2-124，5）。ⅣT72⑥：2，薄铁片制成。平面呈“U”形，表面有5个圆孔。残长6.5、宽5.9、厚0.2、孔径0.2厘米（图2-124，1）。

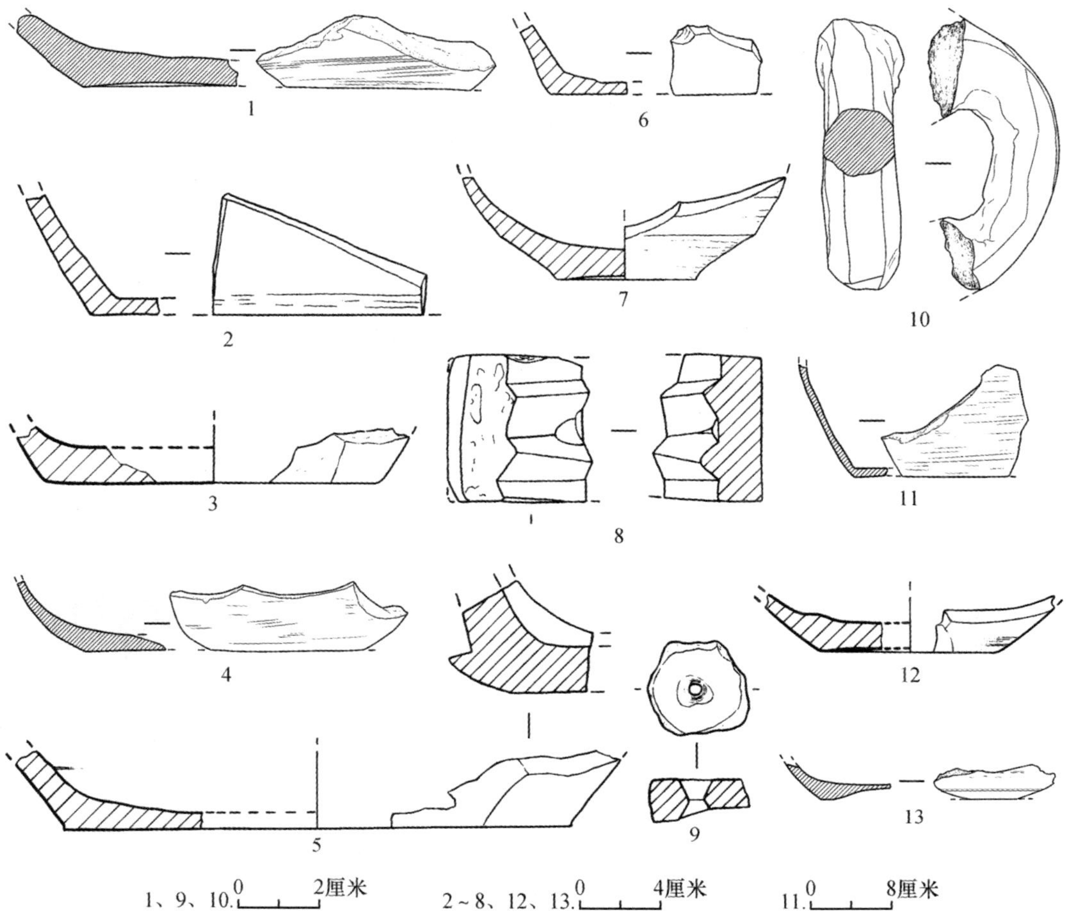

图2-123 陶器（三）

1～7、11～13. 器底（ⅣF1：88、ⅣC：7、ⅣMD：62、ⅣF1：45、ⅣMD：39、ⅣC：5、ⅣC：6、ⅣF1：82、ⅣMD：38、ⅣF1：29） 8. 饰件（ⅣC：1） 9. 纺轮（ⅣC：15） 10. 器耳（ⅣF1：52）

3. 石器

10件。有磨盘、研磨棒、砺石和敲砸器。

磨盘 7件。夹砂岩。磨面有若干平行磨齿。ⅣC：17，平面圆形。中间内凹，边缘上翘。残长34.7、厚8厘米（图2-125，1）。ⅣF1：7，平面圆形，为上片，残存轴孔、投料孔，磨齿等。磨面可见6组斜向和竖向交替錾刻的磨齿。磨面环饰三组短斜线图纹。复原直径54、厚8、喂料孔直径2.8、磨齿高0.4、齿间距1～1.2厘米（图2-125，2；图版2-33，4）。ⅣG1：3，仅存一小片。圆形。正面较平，磨面有五道磨齿，残长9.5、残宽14.8、厚7.5厘米（图2-125，9）。ⅣMD：23，圆形。为上片，正面残存喂料孔，磨齿等。磨面等距离刻浅槽。残长17.2、残宽15.4、最厚12.8、磨齿宽0.8、高0.2、齿间距1～1.2厘米（图2-125，6）。ⅣF1：3，用椭圆形扁平卵石加工成。残存部分平面呈半椭圆形，磨面呈弧形，中间低、两端高。其余面保持自然状态。残长7.3、残宽5.9、厚3.6厘米（图2-125，4）。ⅣF1：81。用椭圆形扁平卵石加工成。残存部分平面三角形。磨面呈弧形。磨面微凹。残长14.4、残高7.6厘米（图2-125，

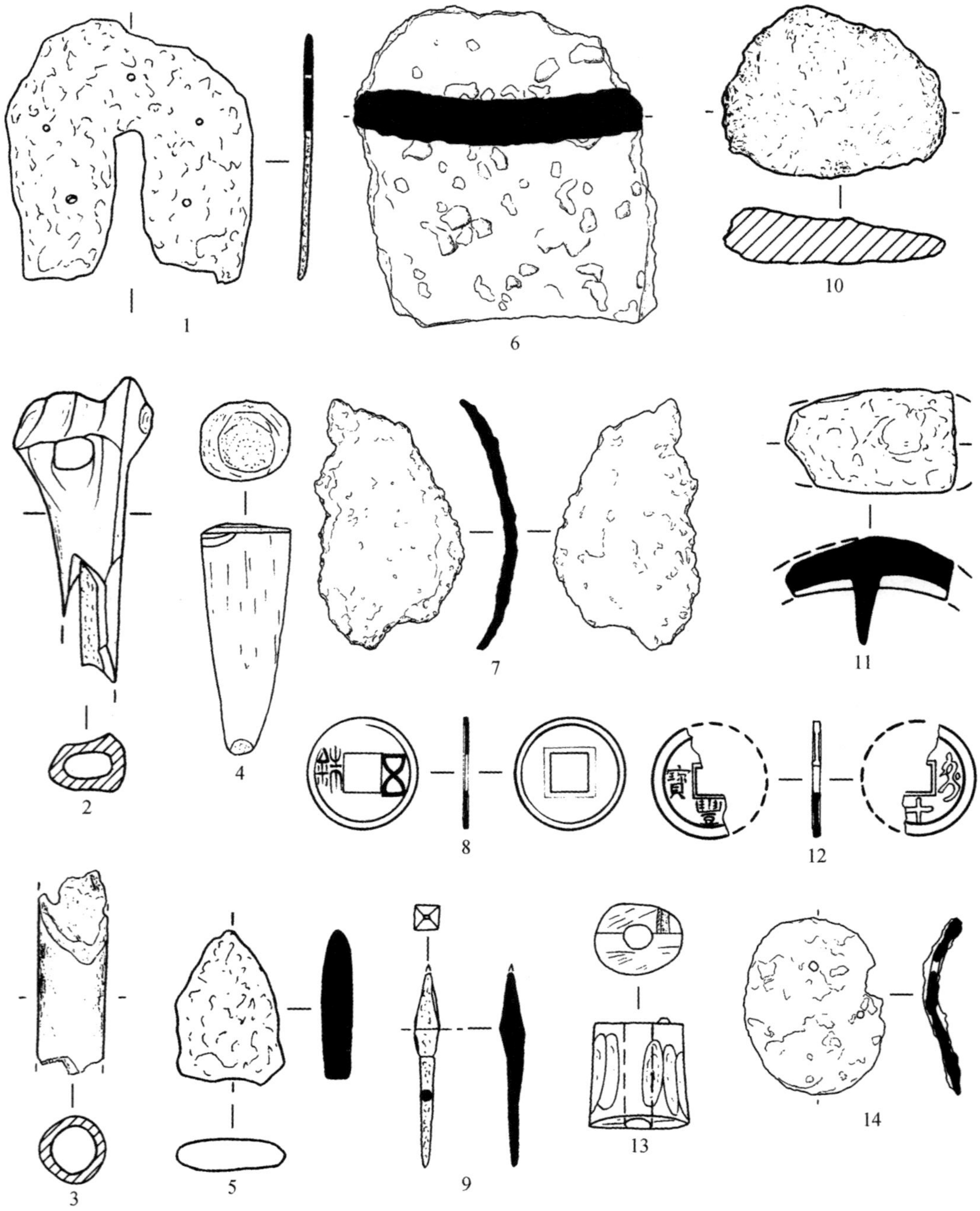

1～6、8～14. 0 2厘米　7. 0 8厘米

图2-124　铁器、骨角器及钱币

1、5、10. 残铁器（ⅣT72⑥：2、ⅣT68⑩：1、ⅣMD：50）　2～4、13. 骨器（ⅣMD：29、ⅣF4：10、ⅣC：13、ⅣF1：11）　6. 铁釜（ⅣF4：37）　7. 铁器腹残片（ⅣF1：89）　8、12. 钱币（ⅣBSS：6、ⅣC：12）　9. 铁镞（ⅣF3：2）　11. 铁钉（ⅣC：4）　14. 铁铠甲片（ⅣNSS：82）

5）。ⅣF4∶5，用椭圆形扁平卵石加工成。残存部分平面呈弧形，中部较厚，底部平整。残长12.4、残宽7.9、厚6厘米（图2-125，8）。

研磨棒 1件。ⅣH1∶5，青灰色火成岩。长形条。一端残，另一端呈尖状，表面有麻点状敲砸痕。残长14.7、宽9、厚5.7厘米（图2-125，3）。

砺石 1件。ⅣF3∶24，青灰色泥质岩。平面大致圆角方形。一面有磨痕。长12.4、厚3.2厘米（图2-125，7）。

敲砸器 1件。ⅣF1∶44，青灰泥质岩，呈圆饼状，边缘打击剥片痕迹明显。直径12、厚3.2厘米（图2-125，10）。

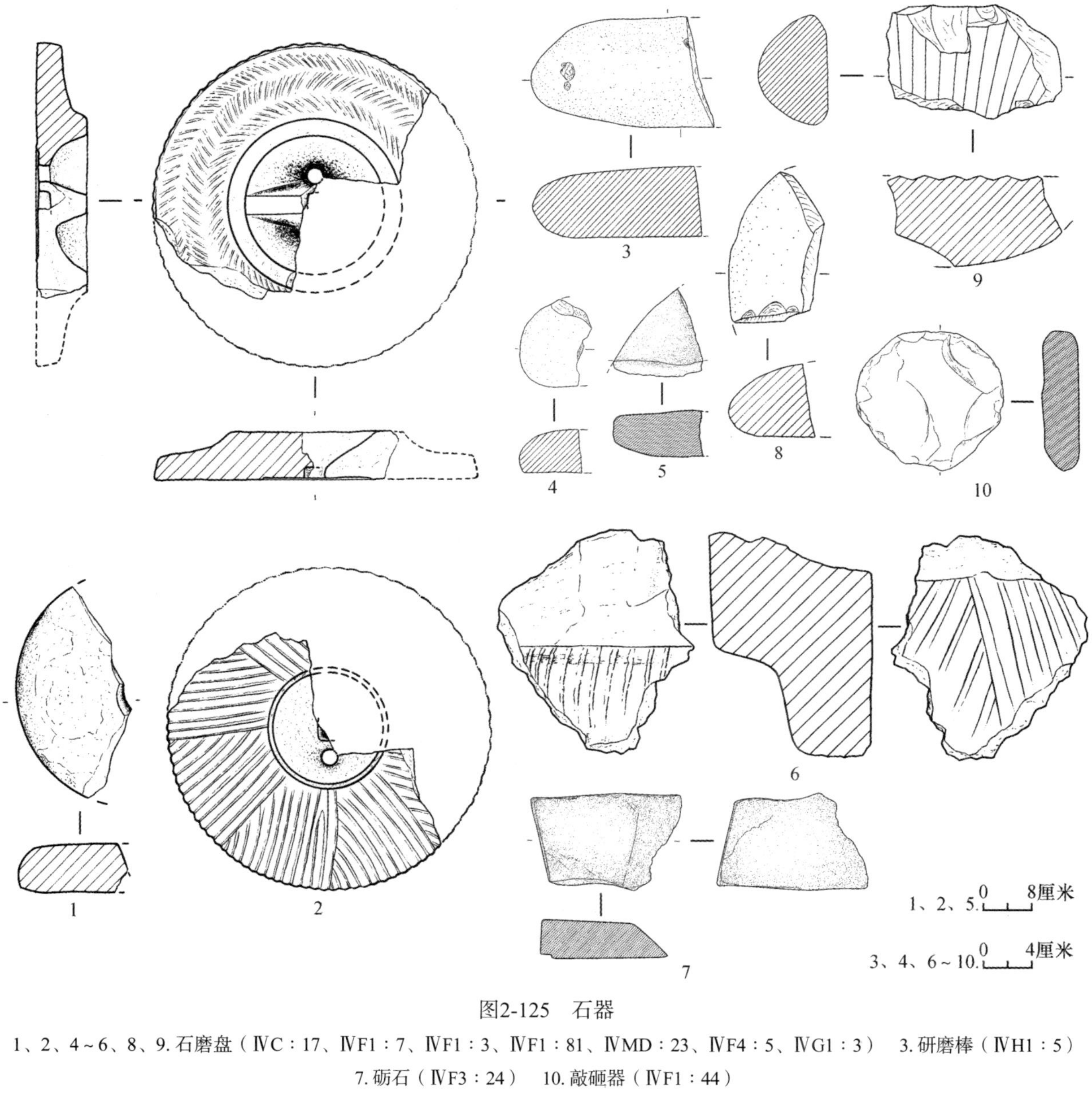

图2-125 石器

1、2、4～6、8、9. 石磨盘（ⅣC∶17、ⅣF1∶7、ⅣF1∶3、ⅣF1∶81、ⅣMD∶23、ⅣF4∶5、ⅣG1∶3） 3. 研磨棒（ⅣH1∶5） 7. 砺石（ⅣF3∶24） 10. 敲砸器（ⅣF1∶44）

4. 骨器

4件。以牛、羊等动物骨骼制成。为破损的骨器或加工骨器后的废料，上有钻孔、切割等加工痕迹。ⅣC：13，切割自动物角骨。圆锥状，顶端留有切割痕，另一端留有锯割的凹槽。残长5.3、直径1.9～2.1厘米（图2-124，4）。ⅣF1：11，切割自动物肢骨。略呈柱体，上小下大，横截面略呈椭圆形，中空，表面有切痕。直径1.7～2.1、孔径0.7厘米（图2-124，13）。ⅣMD：29，羊腿骨制成。上端关节处有一个椭圆形穿孔。残长6.9、孔径0.7～0.9厘米（图2-124，2）。ⅣF4：10，动物肢骨。表面有一处残损钻孔。残长4.9、直径1.6厘米，孔径1厘米（图2-124，3）。

（三）兵器

2件。包括镞和铠甲片。

镞　1件。ⅣF3：2，镞尖及铤尖残。镞身为四棱形，细长铤。残长4.7、宽0.7厘米（图2-124，9；图版2-33，2）。

铠甲片　1件。ⅣNSS：82，残，锈蚀严重，薄铁片制成，器身扁平。平面呈椭圆形，一侧有两个小圆孔。长轴4、短轴3.1、孔径0.2厘米（图2-124，14）。

（四）钱币

2枚。包括五铢钱和咸丰通宝。

五铢钱　1枚。ⅣBSS：6，圆形方穿，有郭。钱径2.7、穿宽0.9、厚0.2、郭宽0.2厘米（图2-124，8；图版2-33，3）。

咸丰通宝　1枚。ⅣC：12，圆形方穿，有郭。正面钱文可辨“豊”“寳”两字，背面可辨“十”字。钱径2.6、厚0.1厘米（图2-124，12）。

四、结　　语

（一）年代

城门北散水出土的1枚铜五铢钱具有东汉五铢的特征，另外对排水沟下层的木炭样品进行了^{14}C测年，结果为4～130年，综合分析认为城门年代当在两汉之际。

（二）形制布局

城门建筑平面形制大致呈长方形，面积约1500平方米。主要由门洞、墩台、回廊、踏步及附属房屋等组成。门洞仅有一个，呈东西向，门洞两侧依托夯土城墙栽立排叉柱。这些夯土墙和排叉柱不仅构成了城门的两侧壁，而且是门道顶部及门楼的承重支撑。门道顶部有若干与两侧夯土墙和排叉柱相连的木梁，梁上平铺一层木柱，上敷一层草拌泥。回廊建于城墙上，与门楼共同构成立体交叉防御，通过回廊墙上的射击孔可以射杀抵近墙角的目标。根据城门内部瓦片堆积高度及部分房屋建于城墙中的情况推断，门道上部和两侧城墙上有门楼存在。初步判断城门为依靠夯土墙及排叉柱支撑的单门道带回廊和门楼的大过梁式单门洞结构。城门洞墙壁局部残存五层草拌泥和十层白灰墙皮，从回廊及房屋边角处的红色地脚线来看，城门区营建和使用过程中曾多次修护。

楼兰地区的LK古城城门宽3.8米，北魏时期洛阳城建春门为一门三道。其中南、北门道的车辙的宽度也在4米左右。石城子遗址门道的宽度与此二者相当。由此我们推测汉魏时期城市单门道的宽度约为4米，这可能是与当时的城市建筑规制相吻合。

（三）废弃原因

城门门洞区域内的部分瓦、土坯和泥块被火烧变形，因此该城门应是毁于一场大火。被焚毁后，城门建筑曾被试图恢复，但坍塌物并未被清理，而只是在其上铺一层垫土，很快重建工作就被放弃。

第二节 城墙、角楼、护城壕

一、西南城墙解剖面

（一）地层堆积

发掘面积约300平方米。西南城墙发掘前已是现代农户的耕地，墙体已坍塌，我们对现有断面进行了解剖清理，发现了清代和汉代两个时期的遗存。西边清理出壕沟、墙体、灰坑、柱洞等遗迹。中部遭到现代扰坑破坏，坑内出土大量动物骨骼和编织袋等现代物品，以马骨居多。另在坑底东部有人头骨1件、胫骨各1件以及动物脚趾骨1件。中东部大致在汉代文化层区域清理出车辙等遗迹。西墙南部区段遗存残长51.3、最宽处2、残高2.5米。在城西北部布5米×5米探方3个。共清理出房址2座、柱洞1个。地层堆积可分为4层（图2-126；图版2-34）。

第1层：耕土层，可分2个小层。土质疏松，颗粒较大。内含板瓦、筒瓦和动物骨骼。

1a层：灰褐色土。厚0.1～0.25米。

1b层：灰黄色土。厚0.15米。

第2层：近现代层，可分8个小层。土质均较疏松，内含木炭、朽木、红烧土粒、动物骨骼、褐釉瓷片等。

2a层：青灰色土。土质较纯净。厚0.1～0.2米。

2b层：灰黄色土。土质较纯净。厚0.1米。

2c层：青白色土。内含少量陶片。厚0.25米。

2d层：灰白色土。土质较纯净。厚0.1～0.26米。

2e层：青色土。内含碎动物骨骼、朽木、木炭等。厚0.15米。

2f层：灰白色土。土质较纯净。厚0.2米。

2g层：灰黄色土。内含朽木、木炭、釉陶片、钱币等。厚0.1～0.25米。

2h层：黄褐色土。出土铁器1。厚0.1米。

第3层：清代文化层，可分3小层。土质坚硬。内含褐釉瓷片、板瓦残片等。

3a层：为踩踏面。灰褐色土，厚0.05～0.25米。

3b层：黄褐色土。厚0.25米。

3c层：为第3层和第4层的间歇层。黑褐色土，内含少量白斑。厚0.2米。

第4层：汉代文化层，黑褐色土，土质较坚硬，内含少量碎骨、灰陶片等。厚0.1～0.5米。

第4层下为黄色生土。土质纯净。

（二）遗迹

根据层位关系及文化内涵差别，可将此次发掘的两处遗存划分为汉代和清代两个时期。

1. 汉代遗迹

位于第4层。有房屋、护城壕、墙体、灰坑、柱洞、车辙等遗迹，出土部分板瓦、筒瓦残片和夹砂灰陶片等。

房屋　2座。在T1距现地表深约30厘米处的中北部发现大量堆积的板瓦和筒瓦残片（图版2-35），探方南壁也有发现残瓦片，高低不平，应为房屋坍塌后的遗存。这两处遗存之间有墙体间隔，墙体系青砖垒砌，砖长约15厘米。另外，在T2北壁处也有瓦片和灰烬，并且与T1可相互连接（图版2-36）。

护城壕　1个。位于墙体西侧，紧邻墙体。距现地表深0.4～0.8、宽2.7米。

墙体　1座。系在原地势基础上将地面平整后夯筑而成，夯土的建筑方法为平夯。墙基残宽9.3、墙体残高约1米（图版2-37）。夯层较薄而密，厚约0.1米。夯窝较明显，剖面多呈球形，直径0.05～0.1米（图版2-38）。

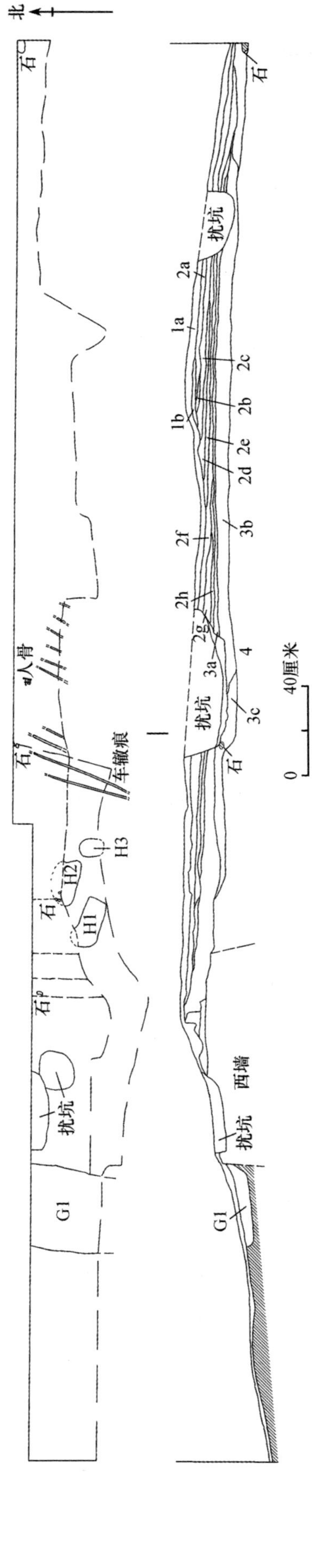

图2-126 西墙南段遗存平、剖面图

灰坑　3个。开口于第3层下，坑壁和坑底较平直，坑较浅，包含物有板瓦残片、炭粒、红烧土、动物骨骼等（图版2-39）。

ⅠH1　略呈长方形。长1.7、宽0.75、深0.3米。

ⅠH2　不规则形。最长1.6米，深0.2米。

ⅠH3　略呈椭圆形。长径0.85、短径0.65米。

柱洞　3个。在西墙南段遗存东端有2个，其中1个柱洞内残留朽木，柱洞直径0.16、朽木残高0.25米。在T2偏南部有1个柱洞，内有朽木。柱洞直径0.2米。

车辙　10条。辙印长短不一，间距不等，初步推测为木质独轮车的朽痕。残长0.2～3.5、直径0.08米（图版2-40）。

2. 清代遗迹

位于第3层。遗迹有柱洞。

柱洞　2个。距现表0.55米，洞内各残留一截朽木。柱洞直径分别为0.15和0.16米，朽木残高分别为0.28和0.35米。

（三）出土遗物

1. 汉代遗物

41件。有建筑材料、陶器和石器等。建筑材料有板瓦、筒瓦、瓦当和砖，陶器有瓮、盆、罐、碗、钵、豆等，石器为石磨盘。

建筑材料　19件。

板瓦　11件。ⅠJPM①：9，平沿。残长14、残宽5.4、厚1.4厘米（图2-127，11）。ⅠJPM①：3，残长14、宽12、厚1.8厘米（图2-128，7）。ⅠJPM①：15，略呈长方形。残长11.2、宽8、厚1.8厘米（图2-127，3）。ⅠJPM②：10，略呈长方形。残长12.6、宽10、厚1.4厘米（图2-128，3）。ⅠJPM②：11，不规则形。瓦面一半有粗绳纹。残长17.2、宽12、最厚2厘米（图2-128，1）。ⅠJPM②：12，略呈长方形。残长16.6、宽18.5、厚1.5厘米（图2-128，4；图版2-41，2、5）。ⅠJPM②：2，略呈三角形。残长9、宽7.4厘米（图2-127，2）。ⅠJPM③b：1，残长20、宽14.6、厚2厘米（图2-128，5）。ⅠJPM③b：2，残长18.6、宽13.4、厚1.2厘米（图2-128，9）。ⅠJPM③c：5，残长22.4、宽19.6厘米（图2-129，9；图版2-41，3、6）。ⅠG：1，残。泥质灰陶。不规则形。长29.4、宽28.4、厚1.5厘米（图2-128，6）。

筒瓦　5件。瓦舌经陶轮旋转后与瓦体连接而成，连接处较粗糙。ⅠJPM①：22，残高10.5厘米。ⅠJPM①：24，残高6.8厘米。ⅠJPM③a：1，瓦身表面有绳纹，内壁为布纹。残长17.6、宽9.4、厚1.5厘米（图2-128，2；图版2-41，1、4）。ⅠJPM③c：4，仅存瓦头。残高3、宽6厘米（图2-130，13）。ⅠG：3，残长14.2、宽11.4、厚1.2厘米（图2-128，8）。

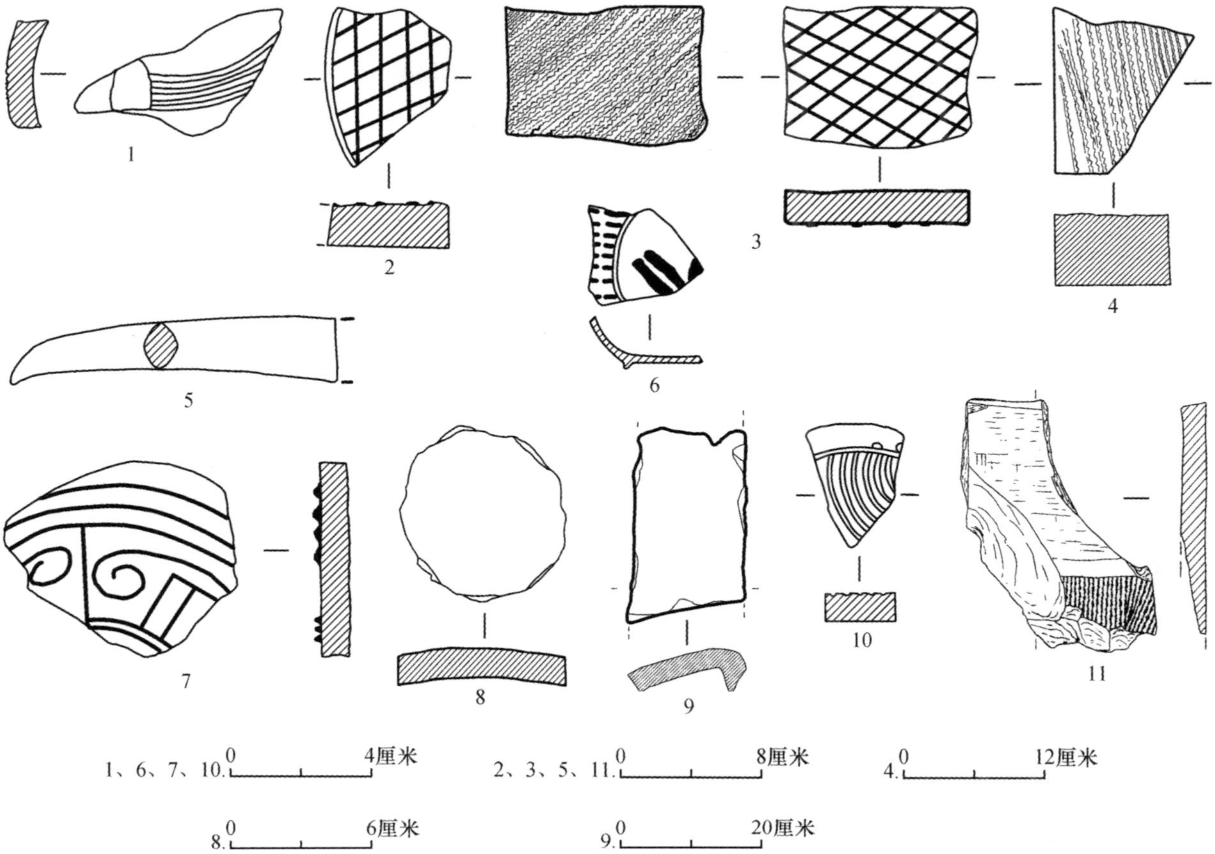

图2-127 陶器、瓷器、铁器及建筑材料

1、10. 器腹残片（ⅠJPM③b：4、ⅠJPM②：9） 2、3、11. 板瓦（ⅠJPM②：2、ⅠJPM①：15、ⅠJPM①：9） 4. 砖（ⅠJPM①：14） 5. 铁耙齿（ⅠJPM②：1） 6. 碗（ⅠJPM③a：2） 7. 瓦当（ⅠJPM①：16） 8. 饼（ⅠJPM③b：3） 9. 草拌泥块（ⅠG：2）

瓦当 1件。ⅠJPM①：16，略呈扇形。当面饰卷云纹。长6.5、宽5.5厘米（图2-127，7）。

砖 2件。略呈三角形。模制。表面有绳纹。ⅠJPM①：14，残长13、宽10.8、厚5.8厘米（图2-127，4）。ⅠJPM③b：5，长16、宽17、厚5.2厘米。

陶器 20件。

瓮 1件。ⅠJPM①：12，侈口，外斜平沿，尖圆唇，束颈。残高8.74、口径24.5厘米（图2-131，5）。

盆 4件。束颈。斜腹。平底。ⅠJPM①：19，仅存口部。敞口，宽平沿，方圆唇，唇间有一道凹槽。残高2厘米（图2-130，9）。ⅠJPM①：23，侈口，外斜平沿，尖圆唇。残高8.7、宽15.2厘米（图2-129，8）。ⅠJPM③c：1，仅存一半。敞口，宽平沿，方圆唇，唇间有一道凹槽。近器底处有两个锔眼。残高18.4厘米（图2-132，3）。ⅠH2：1，敞口，宽平沿，方唇，唇中部有一道凹槽，斜腹。残高4.7厘米（图2-130，12）。

钵 5件。仅存口部。ⅠJPM①：4，敞口，圆沿，圆唇，肩部有一道凸弦纹，中间有凹槽。残高5.2厘米（图2-130，3）。ⅠJPM①：5，敛口，平沿，鼓腹。上腹部有一道凹弦纹。残高7.2厘米（图2-130，8）。ⅠJPM①：20，敞口，圆沿，鼓腹。颈部有一道凸弦纹。残高8.6

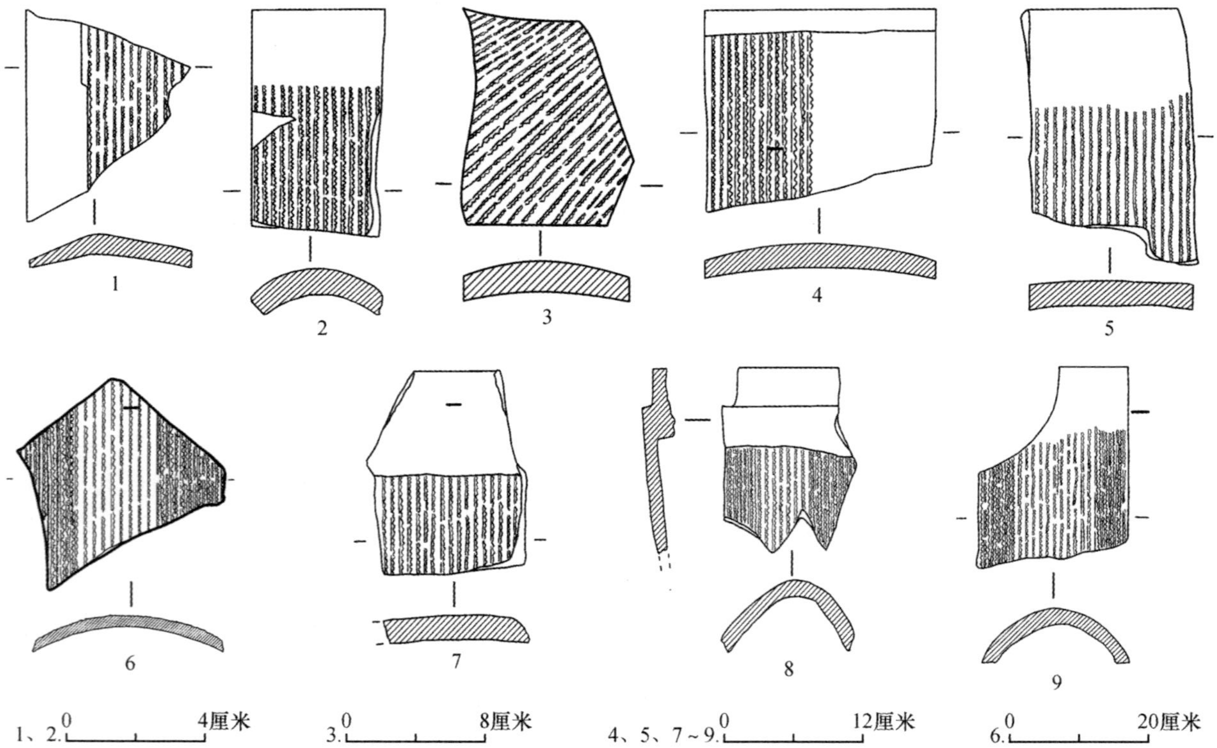

图2-128　建筑材料

1、3～7、9. 板瓦（ⅠJPM②：11、ⅠJPM②：10、ⅠJPM②：12、ⅠJPM③b：1、ⅠG：1、ⅠJPM①：3、ⅠJPM③b：2）

2、8. 筒瓦（ⅠJPM③a：1、ⅠG：3）

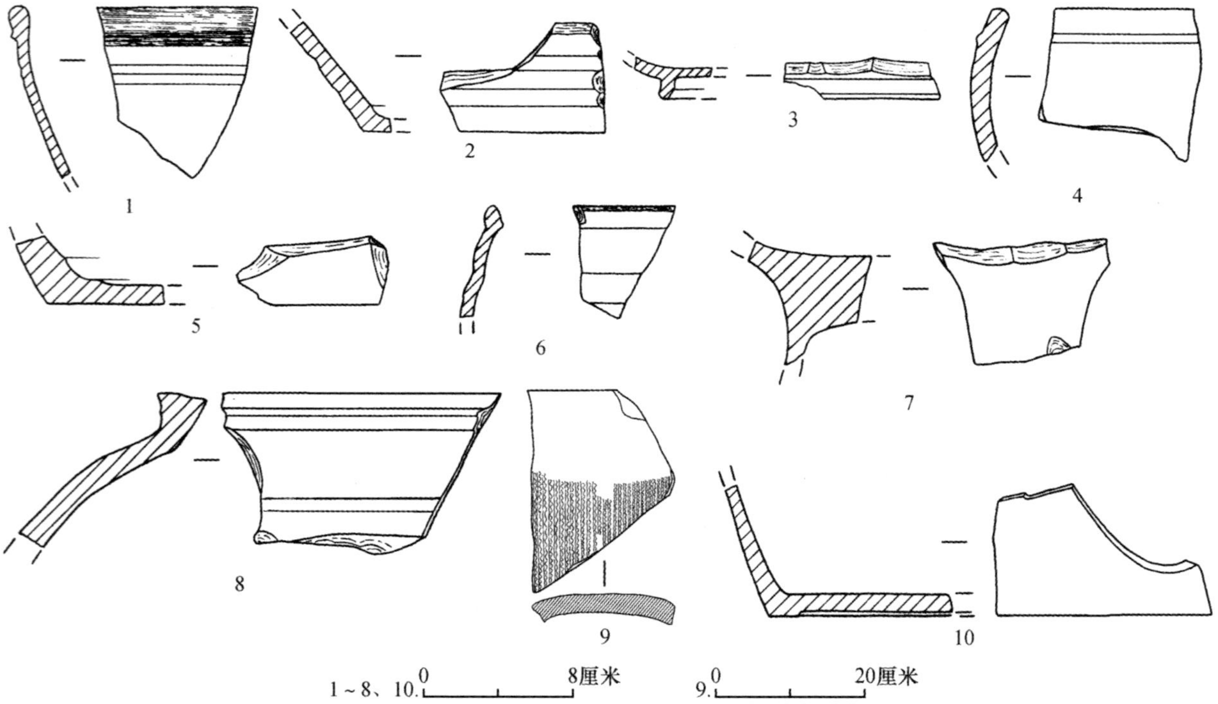

图2-129　陶器及建筑材料（一）

1、10. 釉陶片（ⅠJPM①：7、ⅠJPM①：1）　2、3. 碗（ⅠJPM②：8、ⅠJPM②：4）　4. 钵（ⅠJPM①：20）

5. 器底残片（ⅠJPM②：5）　6. 罐（ⅠJPM②：6）　7. 豆（ⅠJPM①：21）　8. 盆（ⅠJPM①：23）　9. 板瓦（ⅠJPM③c：5）

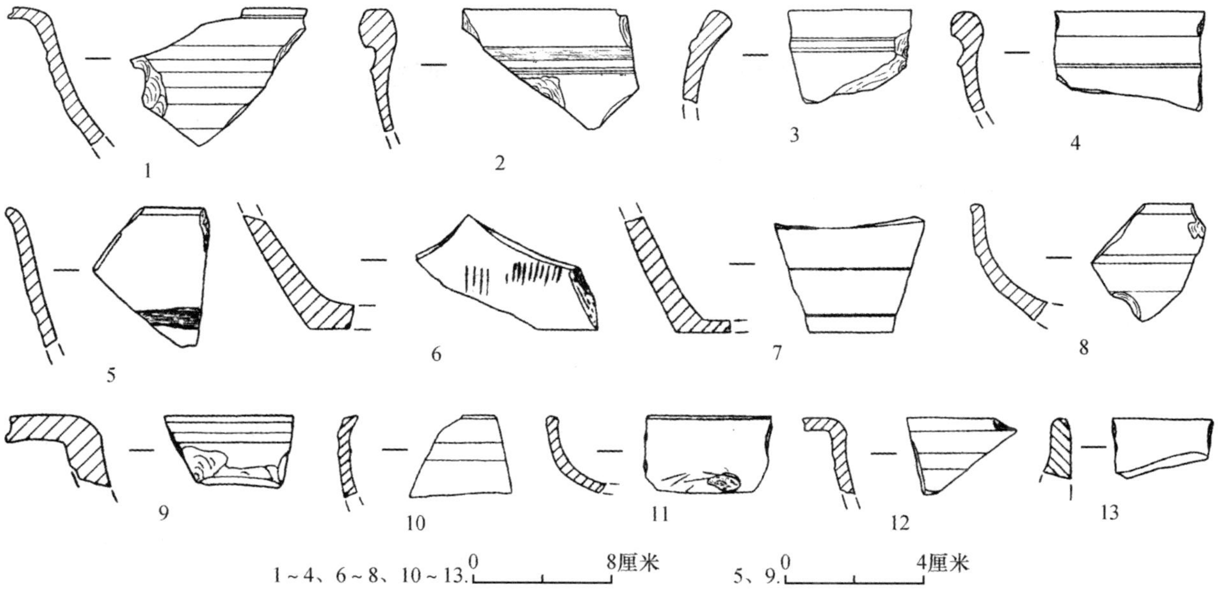

图2-130 陶器及建筑材料（二）

1. 口沿残片（ⅠJPM①：2） 2、4. 瓮（ⅠJPM①：6、ⅠJPM①：17） 3、8、10、11. 钵（ⅠJPM①：4、ⅠJPM①：5、ⅠH3：1、ⅠJPM③c：3） 5. 釉陶片（ⅠJPM①：11） 6、7. 器腹残片（ⅠJPM①：8、ⅠJPM③c：2） 9、12. 盆（ⅠJPM①：19、ⅠH2：1） 13. 筒瓦（ⅠJPM③c：4）

厘米（图2-129，4）。ⅠJPM③c：3，敞口，圆沿，微鼓腹。残高5.4厘米（图2-130，11）。ⅠH3：1，敛口，尖圆唇。颈部有一道凹弦纹。残高4.8厘米（图2-130，10）。

碗 1件。ⅠJPM②：8，仅存器腹及底部。夹砂灰陶。斜直腹，平底。残高5.8厘米（图2-129，2）。

豆 1件。ⅠJPM①：21，仅存部分豆柄。夹砂灰陶。残高6.5厘米（图2-129，7）。

器腹残片 4件。ⅠJPM①：8，仅存下腹部及器底。表面有浅刻划纹。残高6.4厘米（图2-130，6）。ⅠJPM②：9，略呈三角形。夹砂红陶。平沿。器壁顶端有两个纽状凸起，下面饰二道凹弦纹，其中第二道凹弦纹下另饰六道弧形凹弦纹。残高3.5厘米（图2-127，10）。ⅠJPM③b：4，夹砂黑皮灰陶。一侧似有耳，表面有波浪纹。残长6、宽3.6厘米（图2-127，1）。ⅠJPM③c：2，夹砂灰陶。残高6.4厘米（图2-130，7）。

口沿残片 2件。ⅠJPM①：2，侈口，外斜平沿，束颈，微鼓腹。器腹表面有凹弦纹。残高8.1厘米（图2-130，1）。ⅠJPM②：3，敞口，平沿。残高2.8厘米。

器底残片 1件。ⅠJPM②：5，斜腹，平底。残高4厘米（图2-129，5）。

饼 1件。ⅠJPM③b：3，夹砂灰陶。圆形，边缘不规整。最大直径6.2、最厚2.5厘米（图2-127，8）。

草拌泥块 1件。ⅠG：2，用草拌泥和陶土混合烧制而成。半圆柱体，中部有凹槽。长24.2、宽14厘米，凹槽深约3.5厘米（图2-127，9）。

石器 1件。ⅠJPM①：13，为石磨盘。残，仅存一半。马鞍形，表面微内凹。残长17.5、宽12厘米（图2-133，7）。

2. 清代遗物

13件。包括陶、铜、铁和瓷器等。陶器有瓮、罐、碗及釉陶残片，瓷器均为碗底残片，铁器和铜器各1件。

陶器　5件

瓮　2件。ⅠJPM①：17，器壁内外施褐釉。敞口，圆沿，颈肩部有一道凸棱。残高5.8厘米（图2-130，4）。ⅠJPM①：6，口沿外侧施黄釉，肩部内外施褐釉。敞口，卷圆沿，颈部有一道凸棱。残高7.1厘米（图2-130，2）。

罐　1件。ⅠJPM②：6，仅存口部。器壁内外施褐釉。侈口，圆沿，圆唇，微束颈。上腹部有一道凹槽。残高6厘米（图2-129，6）。

碗　2件。圈足。器壁内外施褐釉。ⅠJPM②：4，仅存器底。夹砂黄褐陶。残高2厘米（图2-129，3）。ⅠJPM②：7，仅存一半。夹砂灰陶。侈口，圆沿，斜腹，口径16.4、底径4.5、高6.3厘米（图2-131，6）。

釉陶片　3件。有器底、器腹残片和口沿残片各1件。表面均施褐釉。

器底　1件。ⅠJPM①：1，斜腹，平底。残高6厘米（图2-129，10）。

器腹残片　1件。ⅠJPM①：7，敞口，圆沿，圆唇，束颈，微鼓腹，颈肩部有一道凸棱。残高9.5厘米（图2-129，1）。

口沿残片　1件。ⅠJPM①：11，直口，圆沿，圆唇。残高4.4厘米（图2-130，5）。

瓷器　3件。仅存器底。泥质灰白胎，胎质细腻，外施青白釉。圈足。ⅠJPM①：18，器底上有款识，内壁饰4道蓝色条带纹。残长5.3、宽4.1厘米。ⅠJPM①：10，下腹部青花缠枝纹样，器底中部饰一菱格形图案。残高4厘米，底径6厘米。ⅠJPM③a：2，器底内外壁均饰有图案。残高2.8厘米（图2-127，6）。

铁耙齿　1件。ⅠJPM②：1，通体锈蚀。弧背弧刃，刃部较钝。残长18.5、宽3.6、最厚2厘米（图2-127，5）。

"康熙通宝"钱币　1枚（ⅠJPM③b：6），稍残，较厚重圆大。钱面以楷书写"康熙通宝"四字，背面为满文，从上而下、从右而左直读，文字清晰可辨。钱径2.7厘米（图2-131，7）。

（四）采集遗物

80件，大部分为板瓦、筒瓦、瓦当等建筑材料，另有陶器、铜器和石器。

1. 建筑材料

共49件。均残，部分可复原。有板瓦、筒瓦、瓦当和砖。板瓦、筒瓦和瓦当均为模制。青灰色，泥质灰陶，烧制火候高，板瓦和筒瓦的两侧边缘切削痕迹明显。板瓦和筒瓦的瓦面均饰绳纹，内壁大多饰布纹，少量饰席纹，瓦当当面的图案基本为云纹。

板瓦　15件。平面略呈梯形。XJQT25：1646，长48.5厘米，一端弦长16、另一端弦长30厘米。弦高7.6、6.4厘米（图版2-42，1）。D92，长45.6厘米，一端弦长33、另一端弦长29厘米，弦高分别为7.9、6.5厘米（图版2-42，5；拓片2-6，1）。XJQT25：458A-3：79，长47.3厘米，弦长35.5、28.4厘米，弦高7.5、6厘米（图版2-42，4；拓片2-6，4）。XJQT25：457A-3：78，长49厘米，弦长38、29.5厘米，弦高9、6.8厘米（拓片2-6，2）。XJQT25：456A-3：77，长49.5厘米，弦长39、29.5厘米，两端弦高均为8厘米（图版2-42，2；拓片2-6，3）。D90，长48.6厘米，弦长28.1、36.5厘米，弦高6、7厘米（图版2-42，6；拓片2-6，5）。D91，长47厘米，弦长38、30厘米，弦高分别为6.5、10厘米（图版2-42，3；拓片2-6，6）。

筒瓦　9件。D53，瓦体前端下为残缺的圆形瓦当，当面饰卷云纹图案。瓦身长17.5厘米，弦高7.5厘米；当面直径10.5厘米，厚2.5厘米（图版2-43，3；拓片2-7，6、7）。XJQT25：453A-3：74，仅存瓦身。长20.1厘米（图版2-43，4）。XJQT25：455A-3：76，长43.5厘米，瓦舌长4.5厘米，弦长15厘米，弦高6.5、7厘米（图版2-43，1；拓片2-7，4、5）。D61，长42厘米，瓦舌长3.8厘米，弦长13厘米，弦高6.3、6.9厘米（图版2-43，5；拓片2-7，3）。D76，长42厘米，弦长15、13.5厘米，弦高5.6、8厘米，厚1.5厘米（图版2-43，2；拓片2-7，1、2）。

瓦当　23件。圆形。圆纽周围有一圈凸棱，当心外对称饰卷云纹。边轮较为规整。整个当面一次范成，然后续接已制好的筒瓦，无须切割，瓦当背面平整。XJQT25：360A-3：24，边轮不甚规整。直径11、厚2.5厘米（图版2-45，3；拓片2-8，12）。XJQT25：1645，边轮已不存。直径11、最厚3厘米。D387，边轮已残。直径1、最厚3厘米（图版2-44，1；拓片2-8，9）。D51，直径13、最厚3厘米（拓片2-8，5）。D52，圆纽周围有两圈凸弦纹，圆纽外对称饰卷云纹，云纹中间饰“山”字纹。直径12.5、最厚2厘米（图版2-44，6；拓片2-8，1）。D57，直径1.1、最厚2.5厘米（图版2-44，2；拓片2-8，10）。D56，卷云纹之间以“T”字形分隔，每个卷云纹中间均有一道亚腰形凸弦纹。直径15.5、最厚3厘米（图版2-44，5；拓片2-8，7）。D58，圆纽周围有两圈凸弦纹，每个卷云纹中间均有“山”字纹。直径1.5、厚2.5厘米（图版2-44，4；拓片2-8，11）。D54，已修复完整。直径1.1、最厚2.5厘米（图版2-44，3）。XJQT25：447A-3：68，已修复完整。当面有红色残留。直径15.7、最厚3厘米（图版2-45，4；拓片2-8，2）。XJQT25：447A-3：66，已修复完整。圆纽周围有两圈凸弦纹，圆纽外对称饰卷云纹，每个卷云纹中间均有“山”字纹。云纹之间用竖直凸弦纹间隔，边轮较为规整。直径1.7、厚3.1厘米（图版2-45，1；拓片2-8，8）。XJQT25：444A-3：65，圆纽周围有两圈凸弦纹，圆纽外对称饰卷云纹，相互之间用竖直凸弦纹间隔，每个卷云纹中间均有一“山”字纹。直径11.5、厚3厘米（图版2-45，5；拓片2-8，4）。XJQT25：362A-3：26，边轮已残。圆纽外对称饰卷云纹，每个卷云纹中间均有亚腰形凸弦纹。直径1、最厚3.5厘米（图版2-45，6；拓片2-8，3）。XJQT25：446A-3：67，当圆纽外对称饰卷云纹，相互之间用“T”字形间隔，每个卷云纹中间均有亚腰形凸弦纹。直径15，最厚3厘米（图版2-45，2；拓片2-8，6）。

砖　2件。方形。表面有绳纹。D89，稍残。边长分别为33.5、34厘米，厚5厘米（图版2-46，4）。D72，完整。边长35.5、厚5.8厘米（图版2-46，2）。

2. 陶器

27件。均残，部分修复完整。为实用器。陶质有夹砂灰陶和夹砂灰褐陶，制法以轮制为主，且轮制痕迹明显。多为素面，纹饰主要有凹弦纹和绳纹。

钵　12件。斜鼓腹。XJQT25：441A-3：62，残，已修复完整。夹砂灰陶。敞口，平沿，微束颈，平底，肩部有一道凹弦纹。口径17.2、底径7.5、高8厘米（图2-131，2）。XJQT25：443A-3：64，残，已修复完整。夹砂灰陶。敞口，平沿，平底。肩部有两道凸棱。口径15.2、底径8.2、高7.2厘米（图2-131，4）。XJQT25：442A-3：63，残，已修复完整。夹砂灰陶。敞口，平沿，平底。器腹下部切削痕明显。肩部有两道凹弦纹。口径14.5、底径7.2、高6.8厘米（图2-131，3）。XJQT25：440A-3：61，残，已修复完整。夹砂灰陶。敛口，

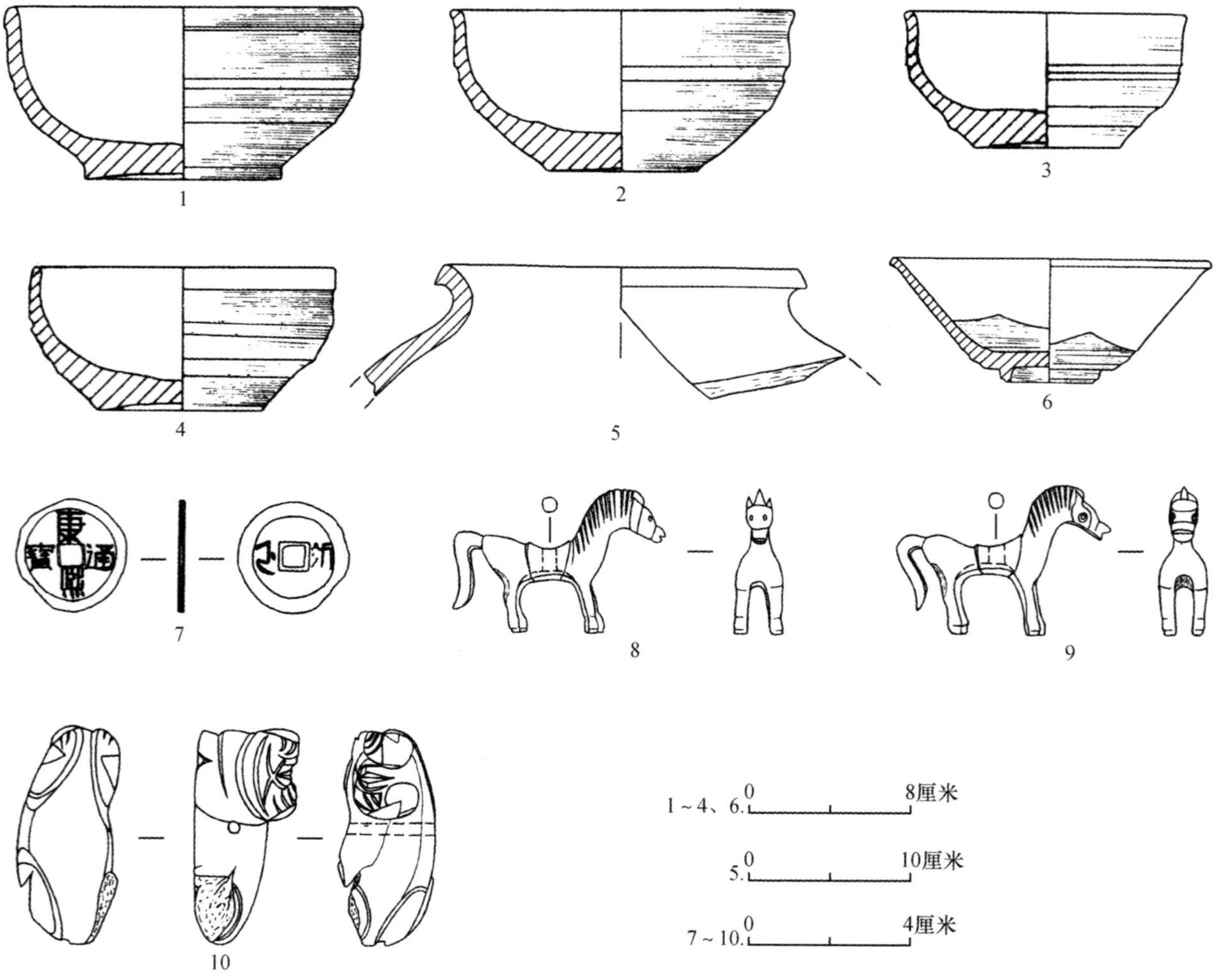

图2-131　陶器、铜器、石器

1～4. 陶钵（XJQT25：440 A-3：61、XJQT25：441 A-3：62、XJQT25：442 A-3：63、XJQT25：443 A-3：64）
5. 陶瓮（ⅠJPM①：12）　6. 陶碗（ⅠJPM②：7）　7. 康熙通宝（ⅠJPM③b：6）　8、9. 铜马（D215、D216）
10. 炭精虎饰（D192）

平沿，圈足。下腹部及器底有红色痕迹。肩部有一道凹弦纹。口径17、底径10、高8.6厘米（图2-131，1）。D34，完整。夹砂灰陶。敞口，圆沿，平底。肩腹部有一道较明显凹槽，下腹部饰四道凹弦纹。口径16.5、底径8.4、高7.5厘米（图2-133，2；图版2-46，3）。D35，完整。夹砂灰褐陶。敞口，圆沿，平底。器表饰凹弦纹，口部外侧有一道凸弦纹，肩腹部有一道较明显凹槽。口径16.6、底径8、高7.9厘米（图2-133，1；图版2-46，5）。Z：173，完整。黑皮灰胎。敛口，平沿，圆唇，微束颈，平底。口径16.2、沿宽1.1、底径10.2、高7.9厘米（图2-133，3；图版2-46，6）。

束颈罐　3件。侈口，外斜平沿，束颈，鼓腹，平底。下腹部有明显的切削痕。D222，完整。夹砂灰陶。尖唇。口径12、底径13.4、高25.2厘米（图2-132，4；图版2-47，1）。D59，完整。夹砂灰陶。尖圆唇。沿上有一道凹槽，腹部有两道凹弦纹。口径12、最大腹径26.5、底径14.2、高26.2厘米（图2-132，5）。D41，口沿稍残。夹砂灰褐陶。尖唇，上腹部满布凹弦纹。口径12、底径13.8、最大腹径23.2、高25.6厘米（图2-132，6）。

盆　8件。均残。夹砂灰陶。敞口，平沿，斜腹。D60，已修复完整。平底。口径38.4、沿宽2.8、底径22.4、高18.5厘米（图2-132，2）。C：2，口沿内侧有两道凹弦纹，器壁满布绳纹。口径56、沿宽2.8、残高24.4厘米（图2-132，1）。

豆　2件。均残。C：1，仅存豆柄和豆盘。侈口，平沿，浅斜腹，腹部有两道凸棱。口径9.8、沿宽0.8、高6厘米（图2-133，4；图版2-47，5）。

耳杯　1件。D55，残，夹砂灰陶。杯平面呈椭圆形，平沿，浅斜腹，平底。口长径12、短径9.8厘米，底长径8.3、短径5.5厘米，高4.5厘米（图2-133，5）。

罐　1件。D101，口沿残。夹砂灰陶。敛口，圆沿，斜鼓腹，平底。口部外侧有一道凸棱。口径22.8、底径17.8、高16.2厘米（图2-133，6；图版2-46，1）。

3. 铜器

2件。完整。均为马的形象，头向前，双眼圆睁，嘴微张，颈弯曲，四肢直立，尾下垂。身体中部有穿孔。具有朴素的写实感。D215，通体金黄色。长5.25厘米，高3.6厘米（图2-131，8；图版2-47，2）。D216，通体灰褐色。长5.3厘米，高3.7厘米（图2-131，9；图版2-47，3）。

4. 石器

2件。

炭精虎饰　1件。D192，用炭精石雕凿出卧虎形象，线条清晰流畅。虎头微昂，四肢蜷曲卧于身下，身体中部有穿孔。雕刻手法娴熟，线条简单粗犷，整体造型圆润古朴生动，具有很强的美感。长5.3、宽2.4、高2.6厘米（图2-131，10；图版2-47，6）。

磨盘　1件。XJQT25：457A-1：107，平面圆形，剖面略呈馒头形，中部穿孔。表面凹凸不平，对称有三个圆洞。直径28.2、厚8.8厘米，孔径3～6厘米（图2-132，7；图版2-47，4）。

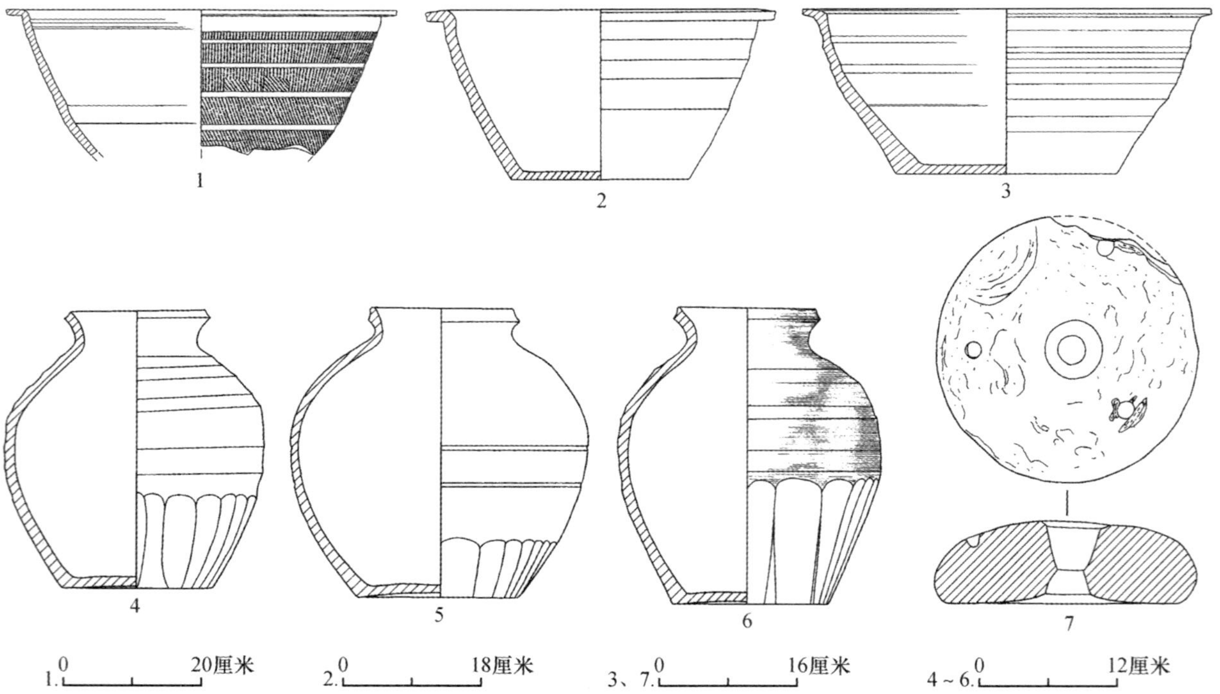

图2-132　陶器、石器（一）

1～3. 盆（C：2、D60、ⅠJPM③c：1）　4～6. 束颈罐（D222、D59、D41）　7. 石磨盘（XJQT25：457 A-1：107）

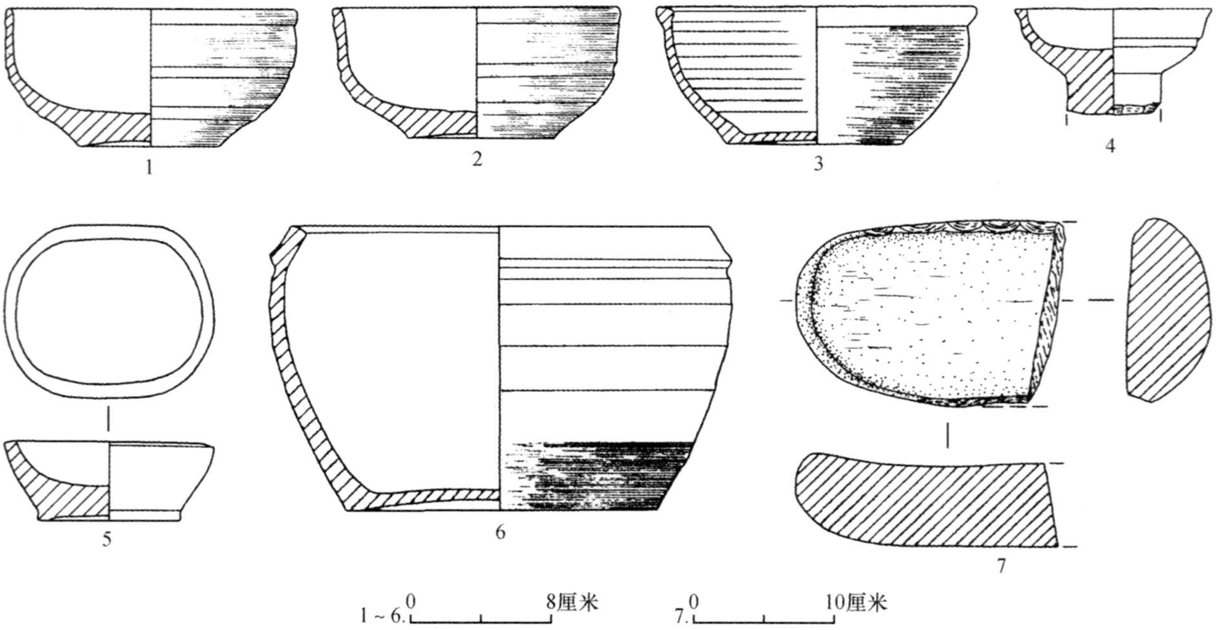

图2-133　陶器、石器（二）

1～3. 钵（D35、D34、Z：173）　4. 豆（C：1）　5. 耳杯（D55）　6. 罐（D101）　7. 石磨盘（ⅠJPM①：13）

（五）结语

此次发掘清理出房址、城墙、壕沟、灰坑、车辙、柱洞等遗存，出土一批包括陶、铜、铁、石和瓷质的遗物，其中在不同文化层中都可见到板瓦和筒瓦残片，但以汉代文化层中居多，铜、铁、瓷和石器数量较少，分别为钱币、刀、瓷器残片和石磨盘。另在奇台县博物馆还馆藏有以前在古城地表采集的遗物，这些遗物大多较完整，主要为陶、铜和石器，其中的陶器及炭精虎饰均具有为明显的汉代艺术风格。

对汉代一个灰坑和清代踩踏面的包含物进行了浮选，将浮选的植物标本交由有关研究机构进行分析检测，了解当时自然环境的变迁及古城使用年代的时限，这些都可进一步深入探讨古城遗址文化性质和功用，对于还原历史原貌具有重要意义。

二、城墙、角楼、护城壕遗迹

（一）地层堆积

发掘面积500平方米，包括西城墙、北城墙、护城壕及房屋2间。共布设5米×5米的探方25个，布方编号为T28～T45、T48和T51（图版2-48，1）。地层堆积最厚约1米，现以探方南壁和探方东壁剖面地层为例介绍如下。

东壁剖面有4个大层8个小层。第1层表土层，分为3个小层，分别编号为1a、1b和1c，土质较疏松，土色为黄褐色，内含碎瓦片、碎石及植物根茎等，厚0～75厘米。第2层深褐色，土质疏松，内含零星瓦片及动物骨骼，厚0～35厘米。第3层分为3个小层，分别编号为3a、3b和3c，土质较疏松，土色为灰黄色，内含零星瓦片和碎石，厚0～50厘米。第4层为坍塌的建筑土层，内含大量瓦片和零星动物骨骼。灰黄色，土质疏松，厚0～65厘米（图2-134，1）。

南壁剖面有6大层10小层。第1层表土层，分为3个小层，分别编号为1a、1b和1c，土质较疏松，土色为黄褐色，内含碎瓦片、碎石及植物根茎等，厚0～30厘米。第2层深褐色，土质疏松，内含零星瓦片及动物骨骼，厚0～35厘米。第3层分为3个小层，分别编号为3a、3b和3c，土质较疏松，土色为灰黄色，内含少量瓦片、碎石及动物骨骼，厚0～45厘米。第5层为黄褐色，土质疏松，内含零星碎石和动物骨骼，厚40～70厘米。第6层为青灰色，土质较疏松，内含少量瓦片，厚5～10厘米。第7层为黄褐色，土质较疏松，内含少量瓦片和碎石，厚15～30厘米（图2-134，2）。

（二）遗迹

包括北部和西部城墙局部、房屋、角楼、护城壕、沟、坑以及柱洞（图版2-48，2）。

1. 北城墙墙体局部

依崖体起建，垫土约0.85米平实后修建城墙，底部有护墙，上抹一层草拌泥。城墙下半部分夯筑，上半部分用土坯垒砌（图版2-49，1、2），外侧局部用瓦片包砌，起到加固和保护墙体的作用（图版2-49，3）。墙体顶部宽约6米，底部宽7～8、残高约1.7米，其中夯筑部分高约0.8米，土坯构建部分高约0.9米。

2. 西城墙墙体局部

依崖体起建，底部有护墙。城墙主体为夯筑。顶部宽约6、底部宽7～8米。

3. 房屋局部

只发掘了2间房屋的局部。均开口于第3c层下，依托西边城墙起建，分别编号为ⅢF3a和ⅢF3b。房屋西边墙体依托西城墙内侧护坡底部修建，上半部分用土坯垒砌，墙体底部抹一至三层草拌泥，上涂白灰，再施以红色颜料，草拌泥厚约1厘米。2间房中间以土坯墙相隔，墙宽0.37、残高约1.1米。房门均朝南。屋内地面上散落大量瓦片，瓦片下有红烧土、灰烬等火烧痕迹（图版2-50，2）。

（1）ⅢF3a

长方形。暴露部分南北残长4.25、底部东西进深约1米。西墙墙体现存高度北端约1.6、南端约1米。墙体底部白灰面残存1.1、红色涂料残存最高0.1米。

（2）ⅢF3b

长方形。暴露部分南北残长6.65、底部东西进深约1米。西墙墙体现存高度北端约2.5、南端约1.6米。

4. 角楼

长方形。位于西北角城墙上。边长8.5米（图版2-50，1）。

5. 护城壕

开口于第1b层下，略呈“U”形，填土中有少量碎瓦和石块。口部宽约4、深1.5米（图版2-51，1）。

6. 沟

开口于第3c层下。位于西城墙外底部，长条形。填土中有红烧土、瓦片和碎石，推测是在城被毁之后填埋。沟深约0.95米。沟内北端有三块南北向平行排列的木板，长度128～140厘米，从上至下总宽44～49厘米，木板宽14～19厘米，最厚1.7厘米（图版2-51，2）。另在沟内南端出土两件木质门板，其中一件距沟口85厘米，由7块南北向木板拼合而成，单扇，中间有凹槽，底端有门轴。门板长162、宽90厘米，木板宽11～17、厚3厘米，门轴长8、直径5厘米，凹槽宽6厘米。距该门板南端35厘米处有两根南北向圆木，偏东一根长165、直径6厘米，偏西一根长80、直径4厘米（图版2-51，3）。另一件门板距沟口80厘米，紧贴东侧沟壁上，由5块南北向木板拼合而成。门板通长158厘米，总宽77厘米，木板宽11-16、厚3、门轴残长5、直径4厘米。

7. 坑

位于T45与T48之间，开口于第3c层下。椭圆形。坑内有一长条形巨石和零星瓦片。坑长径1.7、短径1.5、深0.8米，巨石长0.75米，宽0.4米。

8. 柱洞

12个，分别编号为ⅢZD1～ⅢZD12，形制有圆形、椭圆形和方形，部分柱洞内残留木柱，土质疏松。ⅢZD1～ⅢZD3南北向排列，ⅢZD1与ⅢZD2之间距离2.3米，ⅢZD2与ⅢZD3之间距离3.65米，ⅢZD4距ⅢZD1东边3.3米。

ⅢZD1　位于北城墙西北角。椭圆形。洞内残存木柱，已完全被烧焦，仅残一段，另有少量炉渣、木炭红烧土。柱洞长径0.38、短径0.3、最深0.91米。木柱直径33、残高14厘米（图2-135）。

ⅢZD2　位于北城墙西端。椭圆形。柱洞长径0.47、短径0.35、最深0.6米。柱础石长0.36、宽0.31、厚0.11米（图2-136）。填土中有木炭，红烧土和零星碎瓦片。

ⅢZD3　位于西城墙西端。椭圆形。柱洞长径0.63、短径0.55、最深0.8米。柱础石长5.5、宽3.2、厚0.16米（图2-137）。填土中有木炭、红烧土和碎瓦片。

ⅢZD4　位于北城墙外侧中东部。方形，口大底小。口边长0.47、底边长0.18～0.2、深0.65米。填土内有木炭和红烧土颗粒（图2-138）。

ⅢZD5　位于北城墙中段墙基下。圆形。内残存木柱。柱洞直径0.3、深0.33～0.5米。木柱直径27、残高43厘米（图2-139）。

ⅢZD6　位于北城墙中段墙基下。圆形。内残存木柱。柱洞直径0.33米，深0.74米。木柱直径30厘米，残高44～60厘米（图2-140）。

ⅢZD7　位于北城墙中段墙基下。圆形。内残存木柱。柱洞直径0.27、深0.82米。木柱直

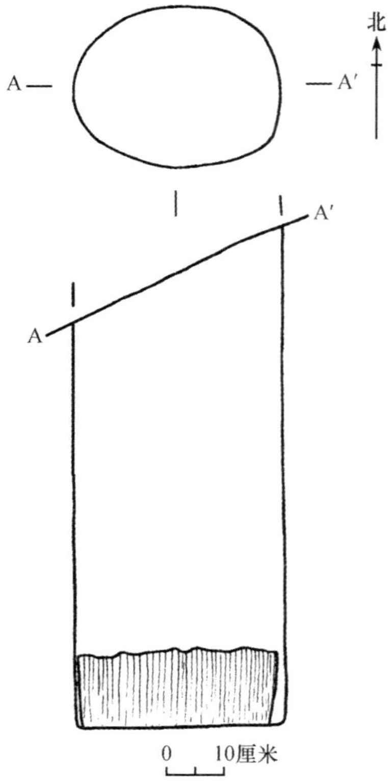

图2-135　ⅢZD1平、剖面图

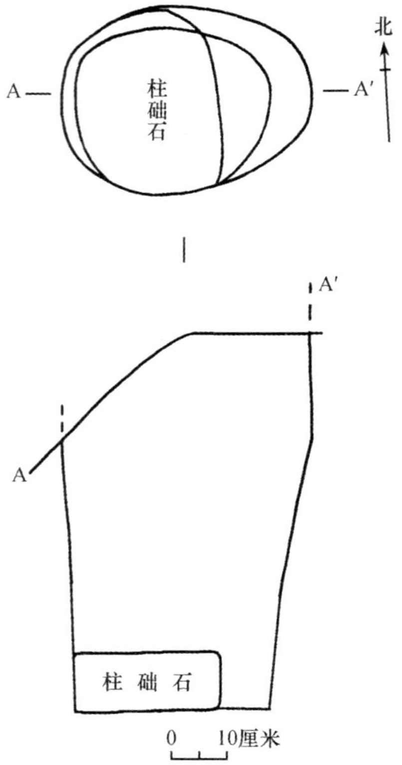

图2-136　ⅢZD2平、剖面图

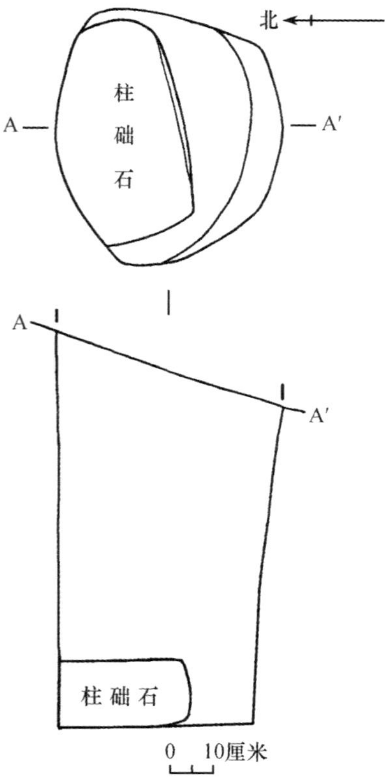

图2-137　ⅢZD3平、剖面图

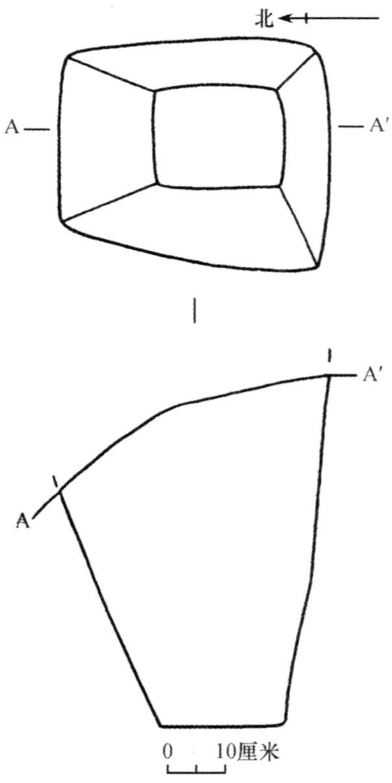

图2-138　ⅢZD4平、剖面图

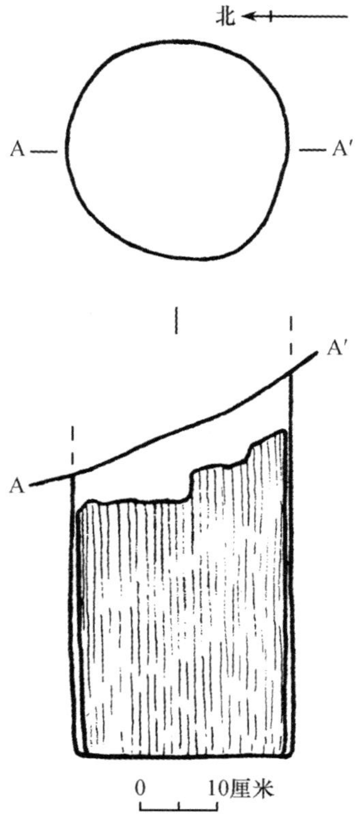

图2-139　ⅢZD5平、剖面图

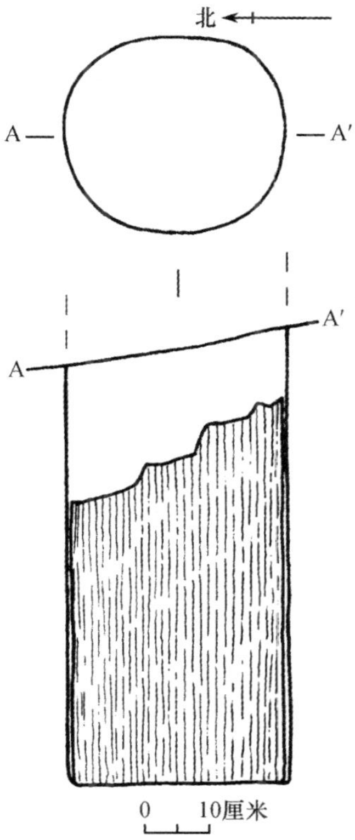

图2-140　ⅢZD6平、剖面图

径27厘米，残高52厘米（图2-141）。

ⅢZD8　位于北城墙上。椭圆形。内残存木柱。柱洞直径0.25～0.27、深0.76米。木柱直径22、残高61厘米（图2-142）。

ⅢZD9　位于北城墙外坍塌的瓦片层中。椭圆形。内残存木柱。柱洞长径0.31、短径0.25、深0.74米。木柱直径27、残高60厘米（图2-143）。

ⅢZD10　位于F3a西墙南部。内残存朽木。柱洞直径0.2、深0.6米。木柱直径25、残高40厘米。

ⅢZD11　位于F3b西墙北部。内残存朽木。柱洞直径0.25、深0.5米。木柱直径24、残高45厘米。

ⅢZD12　位于F3b西墙与北墙墙体拐角处，内残存朽木。柱洞直径0.3、深0.7米。木柱直径25、残高30厘米。

（三）遗物

105件，均残。大部分为板瓦、筒瓦、瓦当等建筑材料，其他器类较少，有陶、铜、石器及钱币等。

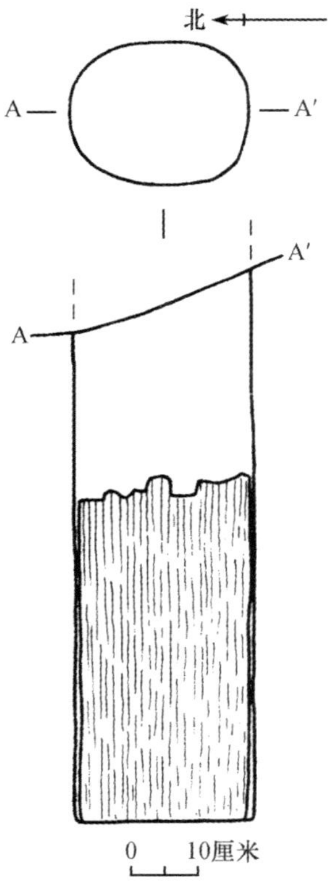

图2-141　ⅢZD7平、剖面图

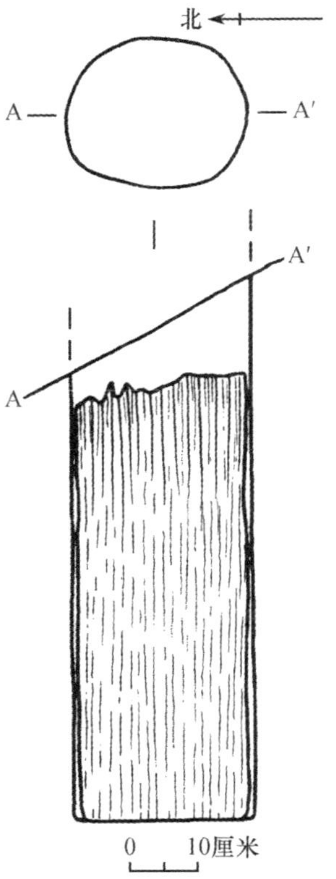

图2-142　ⅢZD8平、剖面图

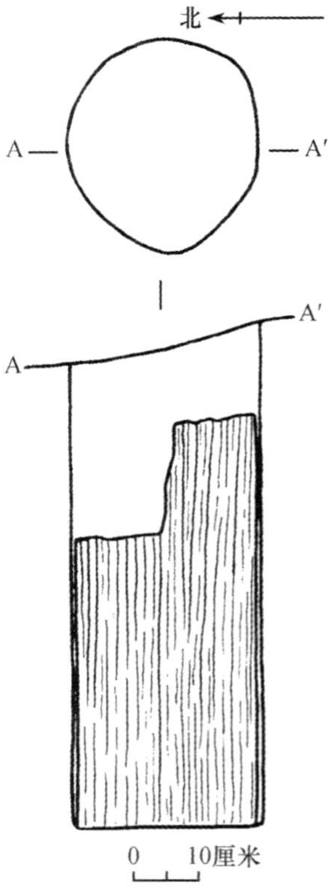

图2-143　ⅢZD9平、剖面图

1. 建筑材料

80件。均残，部分可复原。

板瓦　7件。有梯形和长方形两种形制。平沿，两侧边缘切削痕明显。瓦面均为绳纹，内壁大多为布纹，少量为菱格纹。ⅢG：4，长方形。表面绳纹，内壁布纹。残长13.8、宽13.2厘米，厚1.8～2.4厘米（图2-144，2）。ⅢF3a：3，梯形。表面绳纹，内壁前端为菱格纹，后半部分为布纹。通长44厘米，前端宽34.6、外弦高8.4、内弦高6.8、厚1.4厘米，后端宽28.4、外弦高7.2、内弦高6、厚1.2厘米（图2-144，1；图版2-52，1～3；拓片2-9，3、4）。ⅢF3b：1，长方形。表面饰绳纹，内壁先饰菱格纹，其上又压印布纹。残长26.2、宽28、厚2.1～2.5厘米（图2-144，3）。ⅢT30④：3，长方形。一侧削痕明显。表面饰绳纹，内壁布纹。残长25.2、宽21.3、厚1.6～2厘米（图2-144，4；图版2-52，4～6）。ⅢT44④：1，残呈三角形。表面饰绳纹，内壁一半饰菱格纹，一半饰布纹。残长19.8、宽14.6、厚1.6厘米（图2-144，6）。ⅢT39④：1，不规则形。表面饰绳纹，内壁布纹。残长17.8、厚1.6、外弦高3.3、内弦高1.5厘米（图2-144，7）。ⅢT42⑤：1，不规则形。表面饰绳纹，内壁一端饰菱格纹，另一端饰布纹。残长23.8、宽16、厚1.8、外弦高3.2、内弦高1.4厘米（图2-144，5）。

筒瓦　27件。瓦舌经陶轮旋转后与瓦身套接而成，连接处较粗糙，手捏痕迹明显。瓦身两边有切削痕，削痕较平整。表面饰绳纹，内壁布纹。部分残存的瓦当表面施白色涂料，其上再涂红。ⅢT34④：1，瓦当仅存一半。现存两个云纹和亚腰形凸棱、一个“T”字形界格、边上

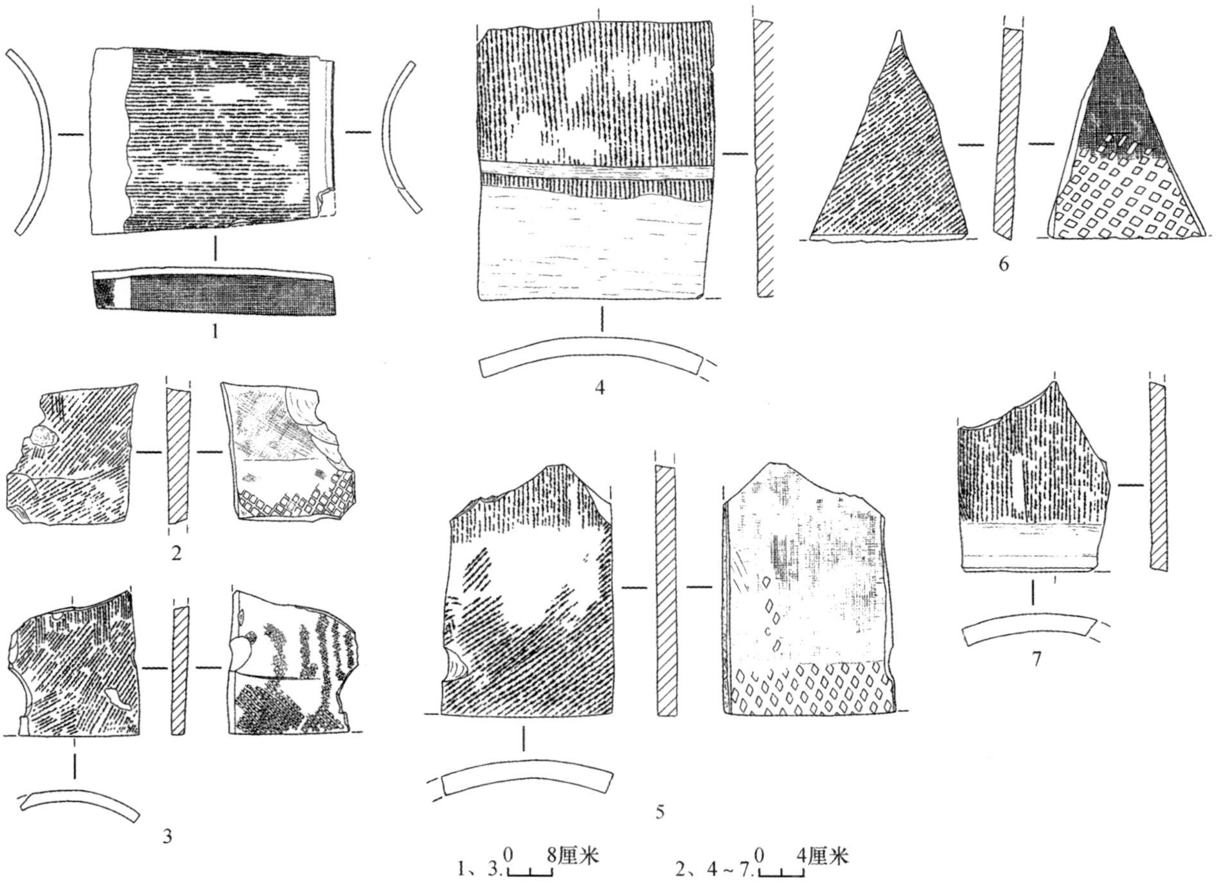

图2-144 板瓦

1. ⅢF3a：3 2. ⅢG：4 3. ⅢF3b：1 4. ⅢT30④：3 5. ⅢT42⑤：1 6. ⅢT44④：1 7. ⅢT39④：1

有凸弦纹和边轮。瓦身残长13.8、宽16、厚1.5～1.8厘米，弦高9厘米。当面直径15.4厘米，厚2.6厘米（图2-145，4）。ⅢT34④：2，瓦当仅存一小部分。瓦身前端饰绳纹，内壁布纹。瓦当表面对称饰卷云纹，云纹外有两道凸弦纹，表面颜料大多已脱落。残长12.2、宽11.6、厚1.6厘米，弦高9.6厘米（图2-145，9）。ⅢT34④：3，瓦当较完整。瓦当表面以圆纽为中心分为四个界格，界格之间用“T”字形界格间隔，每一个界格内对称饰卷云纹，外围再饰两道凸弦纹。当面颜色大多已脱落。瓦身残长7、厚1.6厘米，当面直径15.4、厚2.6～3.1厘米（图2-145，2）。ⅢT34④：4，残长21.8、宽16厘米，高8.6厘米（图2-145，5）。ⅢT34④：5，瓦当较完整。瓦身表面饰绳纹，内壁饰布纹。瓦当表面以圆纽为中心分为四个界格，界格之间用“T”字形界格间隔，每一个界格内对称饰卷云纹，外围再饰两道凸弦纹。当面颜色大多已脱落。瓦身残长19.2、宽16、厚2、高9厘米，当面直径15.5、厚2.6厘米（图2-145，7；图版2-53，1）。ⅢT34④：6，瓦当较完整。瓦当表面以圆纽为中心分为四个界格，界格之间用“T”字形界格间隔，每一个界格内对称饰卷云纹，外围再饰两道凸弦纹。当面颜色较为鲜艳。当面直径15.4、厚2.5厘米，瓦身残长14、宽17、厚1.7厘米，弦高8.9厘米（图2-145，3；图版2-53，6）。ⅢT34④：12，瓦当完整。表面以圆纽为中心分为四个界格，界格之间用“T”字形凸弦

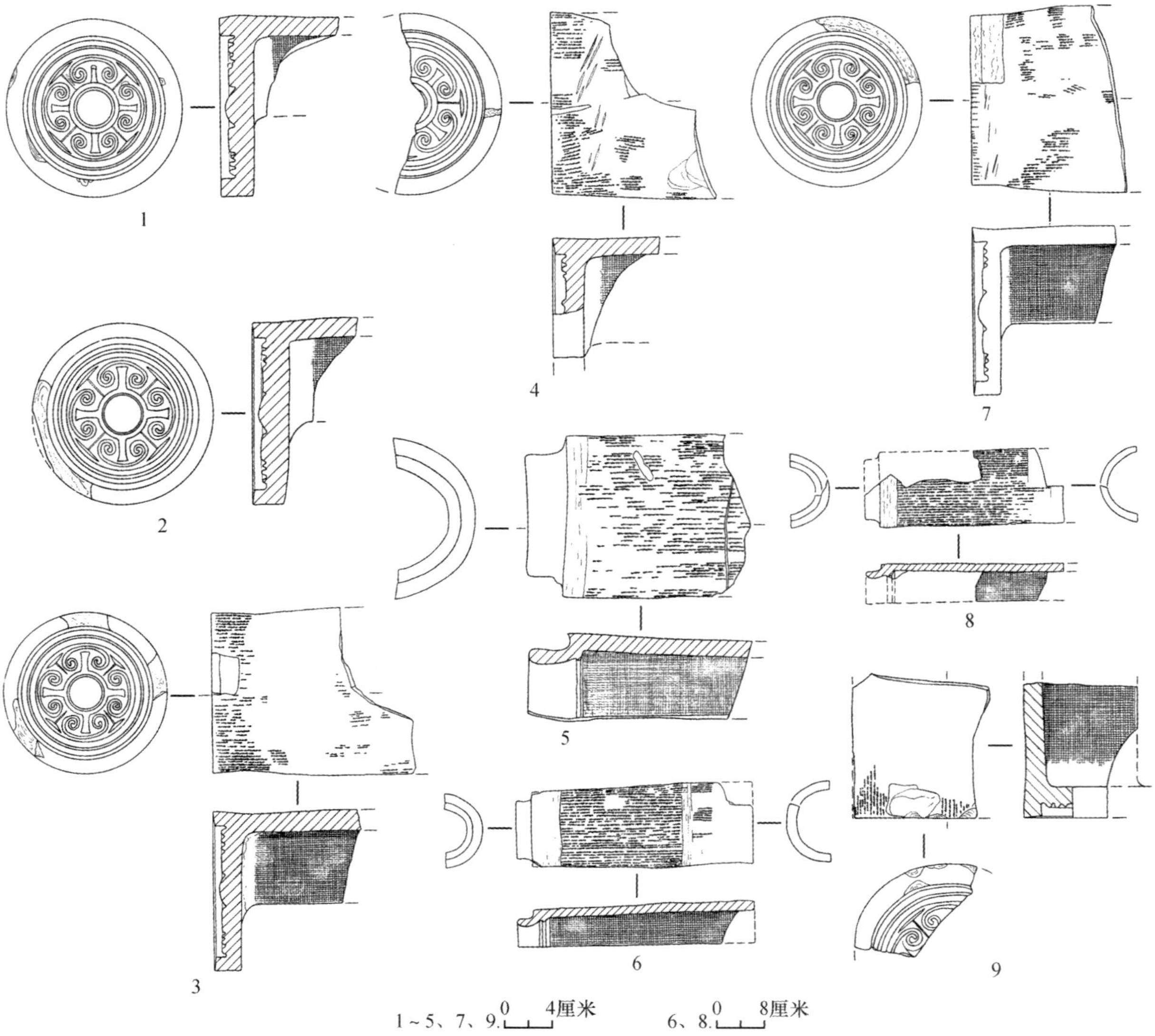

图2-145　筒瓦（一）

1. ⅢT34④：12　2. ⅢT34④：3　3. ⅢT34④：6　4. ⅢT34④：1　5. ⅢT34④：4　6. ⅢT34④：23　7. ⅢT34④：5　8. ⅢT34④：24　9. ⅢT34④：2

纹间隔，每一个界格内对称饰卷云纹，外围再饰两道凸弦纹。表面颜色有脱落。残长10.6、厚1.6、高8.8厘米，当面直径15.6、厚3厘米（图2-145，1）。ⅢT34④：18，瓦当表面以圆纽为中心分为四个界格，界格之间用竖短凸弦纹间隔，每一个界格内对称饰变形云纹，外围再饰两道凸弦纹。表面颜色有脱落。残长10.4、厚1.8、高7.8厘米，当面直径13.8、厚2.1～3.7厘米（图2-146，12）。ⅢT34④：23，通长43.2厘米。前宽13.6、高6.8厘米，后宽14.8、高8厘米，瓦厚1.6～2厘米（图2-145，6；图版2-53，5）。ⅢT34④：24，表面有火烧的痕迹。通长38厘米，前宽14.4、高7.4厘米，后宽14.4、高7厘米，瓦厚1.2～1.6厘米（图2-145，8）。ⅢF3a：1，长43.8、宽14.2、高8厘米（图2-146，7；拓片2-9，5、6）。ⅢF3a：2，长41.6、宽15.2、高8厘米（图2-146，8；图版2-53，3、4；拓片2-9，1、2）。ⅢT40④：1，有火烧痕迹。长30、宽14.9、高7.1厘米（图2-146，1）。ⅢG：1，残长38.6、宽14.4、高8厘米（图2-146，6）。

ⅢG：2，残长18.4、宽12.6、高6.2厘米（图2-146，9）。ⅢG：3，残长31.6、宽14.4、高7.2厘米（图2-146，5）。ⅢT30④：1，残长20、宽16.9、高8.3厘米（图2-146，4；图版2-53，2）。ⅢT41③：1，残长16.6、宽14、高7.6厘米（图2-146，2）。ⅢT30③：1，仅存一小部分瓦当。当面仅存两道凸弦纹。瓦残长11.6、宽15、高6厘米（图2-146，3）。ⅢT41④：11，瓦当表面以圆纽为中心分为两个界格，界格之间用“T”字形界格间隔，每一个界格内对称饰卷云纹，外围再饰两道凸弦纹。表面颜色大多已脱落。瓦身残长4.1、高9厘米，当面直径15.2、厚3厘米（图2-146，10）。ⅢT41④：24，瓦当表面饰圆弧形凸弦纹，颜料大多已脱落。瓦体残长7.2、厚1.6、当面残径4.6、厚2.6厘米（图2-146，11）。ⅢT41④：28，瓦当表面饰变形

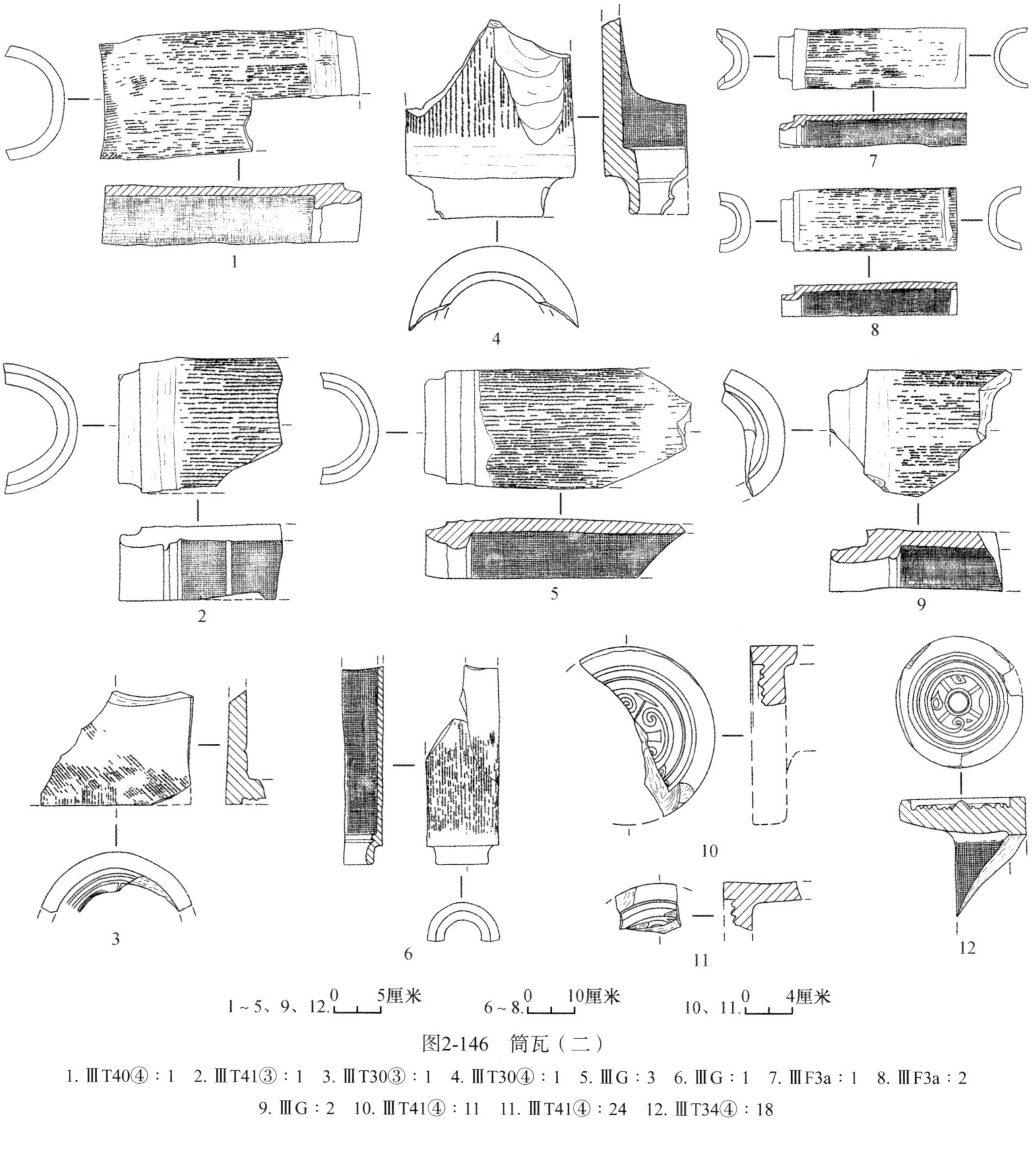

图2-146　筒瓦（二）

1. ⅢT40④：1　2. ⅢT41③：1　3. ⅢT30③：1　4. ⅢT30④：1　5. ⅢG：3　6. ⅢG：1　7. ⅢF3a：1　8. ⅢF3a：2　9. ⅢG：2　10. ⅢT41④：11　11. ⅢT41④：24　12. ⅢT34④：18

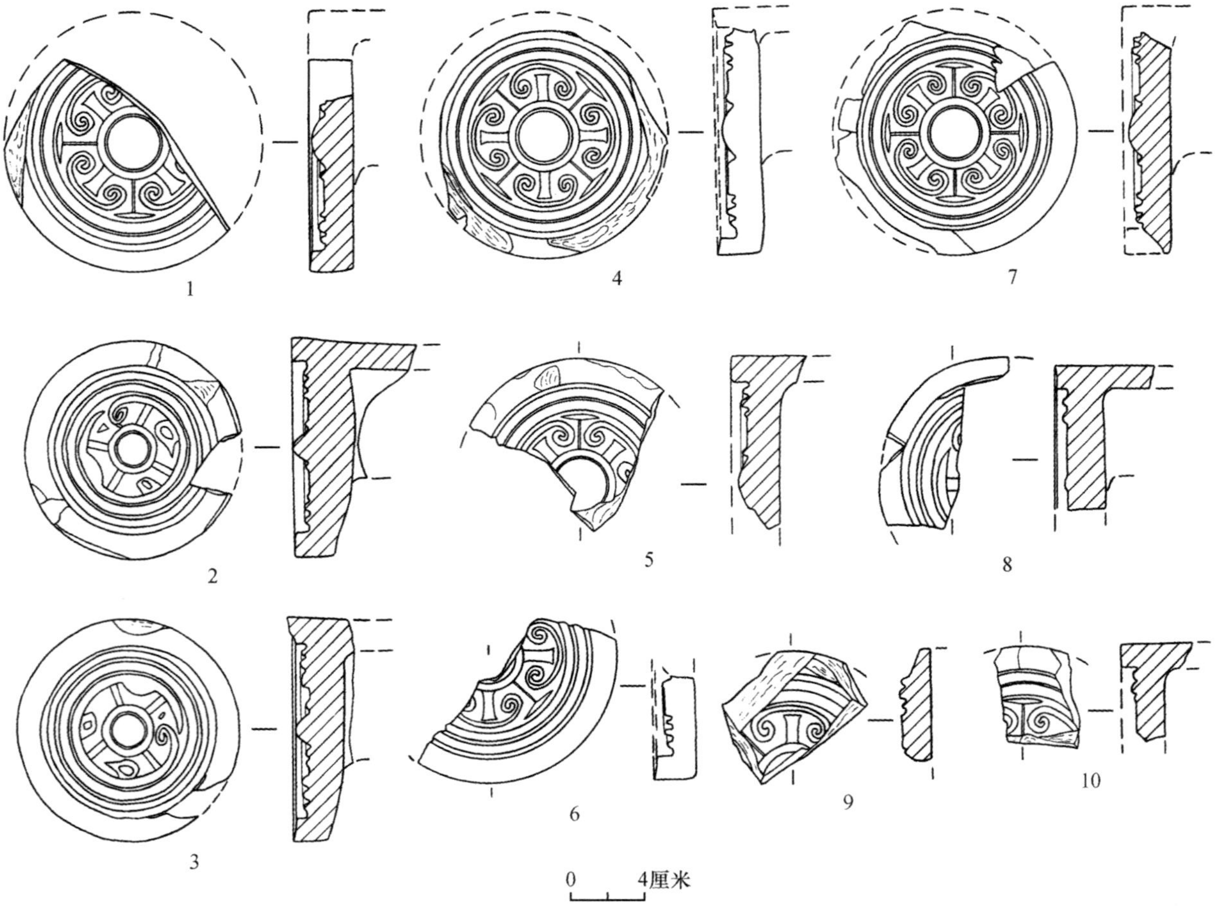

图2-147　建筑材料

1、4、6、7、9、10. 瓦当（ⅢT34④：15、ⅢT34④：13、ⅢT34④：14、ⅢT34④：20、ⅢT34④：21、ⅢT34④：22）
2、3、5、8. 筒瓦（ⅢT41④：33、ⅢT41④：31、ⅢT41④：38、ⅢT41④：28）

云纹和“T”字形界格，外围再饰三周圆弧形凸弦纹。表面颜料大多已脱落。瓦体残长5.8、厚1.3厘米，当面残径9.8、厚3厘米（图2-147，8）。ⅢT41④：31，瓦当较完整。表面以圆纽为中心分为四个界格，界格之间用“T”字形界格间隔，每一个界格内对称饰变形云纹，外围再饰两道凸弦纹。表面颜色有脱落。残长6、厚1.4～1.8、高8.4厘米，当面直径13.6、厚2.2～3.2厘米（图2-147，3）。ⅢT41④：33，残存瓦当。瓦当表面以圆纽为中心分为四个界格，界格之间用竖短凸弦纹间隔，每一个界格内对称饰变形云纹，外围再饰两道凸弦纹。表面颜色大多已脱落。瓦身残长7.8、厚1.6、高8.2厘米，当面直径13.6、厚2.25～4厘米（图2-147，2）。ⅢT41④：38，瓦当表面以圆纽为中心分为两个界格，相互之间以“T”字形界格间隔，每个界格内对称饰卷云纹，中间有亚腰形凸棱，云纹外有两道凸弦纹。表面颜色已全部脱落。瓦体残长4.8、厚1.6厘米，瓦当残径10.8、厚3厘米（图2-147，5）。

瓦当　46件。圆形。模制。背面光平，没有切痕和棱角。图案以云纹和变形云纹为主。形制规整，图案丰满，图条流畅。瓦当表面施白色涂料，其上再涂红，大多颜色已脱落。ⅢT34④：13，表面以圆纽为中心分为四个界格，界格之间用“T”字形界格间隔，每一个界格内对称饰卷云纹，云纹中间各有一个亚腰形凸棱。外围再饰两道凸弦纹。当面直径13、厚2.8厘米（图2-147，4；图版2-54，4）。ⅢT34④：14，仅存一小部分。表面以圆纽为中心分为四个界格，界格之间用“T”字形界格间隔，每一个界格内对称饰卷云纹，云纹中间各有一个亚腰形凸棱。外围再饰两道凸弦纹。残长14、宽6.4、厚2.5厘米（图2-147，6；拓片2-10，3）。ⅢT34④：15，表面以圆纽为中心分为四个界格，界格之间用“T”字形界格间隔，每一个界格内对称饰卷云纹，云纹中间各有一个亚腰形凸棱。外围再饰两道凸弦纹。当面残径12.7、厚2.6厘米（图2-147，1）。ⅢT34④：20，表面以圆纽为中心分为四个界格，相互之间以“T”字形界格相隔，界格内对称饰云纹，中间再饰亚腰形凸棱。云纹外再饰两周凸弦纹。当面直径15.4、厚3厘米（图2-147，7；图版2-54，1）。ⅢT34④：21，仅存小部分。表面饰云纹，中间为亚腰形凸棱，云纹外为两周圆形凸弦纹。残径8、残厚1.8厘米（图2-147，9）。ⅢT34④：22，仅存小部分。表面饰云纹，中间为亚腰形凸棱，云纹外为两周凸弦纹。残径6、厚2.6厘米（图2-147，10）。ⅢF3b：2，仅存一部分。表面有一个圆弧形凸弦纹，内外对称有两道竖短棱，棱外再饰两周凸弦纹。残径8.5、厚2.2～3厘米（图2-148，9）。ⅢG：6，表面以圆纽为中心分为四个界格，界格之间用“T”字形界格间隔，每一个界格内对称饰图案，外围再饰两道凸弦纹。当面直径13.6、厚3厘米（图2-148，6；图版2-54，3）。ⅢG：7，表面以一个竖棱分隔成两个界格，界格内分饰云纹，其中一个云纹中间再饰“山”字纹，云纹外饰三道凸弦纹。残长12.5、厚2.2厘米（图2-148，10）。ⅢG：10，表面以圆纽为中心分为四个界格，界格之间用竖短凸弦纹间隔，每个界格内对称饰变形云纹。残径10.4、厚3.1厘米（图2-148，4；图版2-54，5）。ⅢG：11，表面以圆纽为中心，外围饰两周凸弦纹，圆纽与凸弦纹之间饰几何形图案。残径12.4厘米，厚2.4～2.8厘米（图2-148，7；图版2-54，2；拓片2-10，2）。ⅢT41④：2，表面用“T”字形凸弦纹间隔两个界格，每一个界格内对称饰云纹，云纹中间再饰以“T”字形图案，外围饰两道凸弦纹。残长11.8、宽6、厚1.8厘米（图2-148，14）。ⅢT41④：3，表面仅存两个云纹和“T”字形界格，每一个界格内对称饰变形云纹，外围再饰两道凸弦纹。当面直径13.6、厚3厘米（图2-148，11；图版2-54，6；拓片2-10，6）。ⅢT41④：4，表面以圆纽为中心用竖短凸弦纹分为四个界格，每一个界格内对称饰变形云纹，外围饰以两道凸弦纹。当面直径13.6、厚3厘米（图2-148，1；图版2-55，3；拓片2-10，4）。ⅢT41④：5，表面以圆纽为中心用竖短凸弦纹分为四个界格，每个界格内对称饰变形云纹，云纹外再饰两周凸弦纹。当面直径13.6、厚3.2厘米（图2-148，2；图版2-55，5）。ⅢT41④：6，表面以圆纽为中心用竖短凸弦纹分为四个界格，每个界格内对称饰变形云纹，云纹外再饰两周凸弦纹。残径8、厚3厘米（图2-148，8）。ⅢT41④：7，表面以圆纽为中心，纽外对称有四道竖短棱，棱外再饰两周凸弦纹。残径10.4、厚2.2厘米（图2-148，13；图版2-55，2；拓片2-10，1）。ⅢT41④：9，表面以圆纽为中心用“T”字形分为四个界格，每个界格内对称饰卷云纹，中间有一个亚腰形凸棱，云纹外再饰两周凸弦纹。残径9.5厘米，厚2.6～2.8厘米（图2-148，3；图版2-55，4）。ⅢT41④：10，表面以圆纽为中心用“T”字形分为两个界格，每个界格内对称饰卷云纹，中间有一个亚腰形凸棱，云纹外再饰两周凸弦

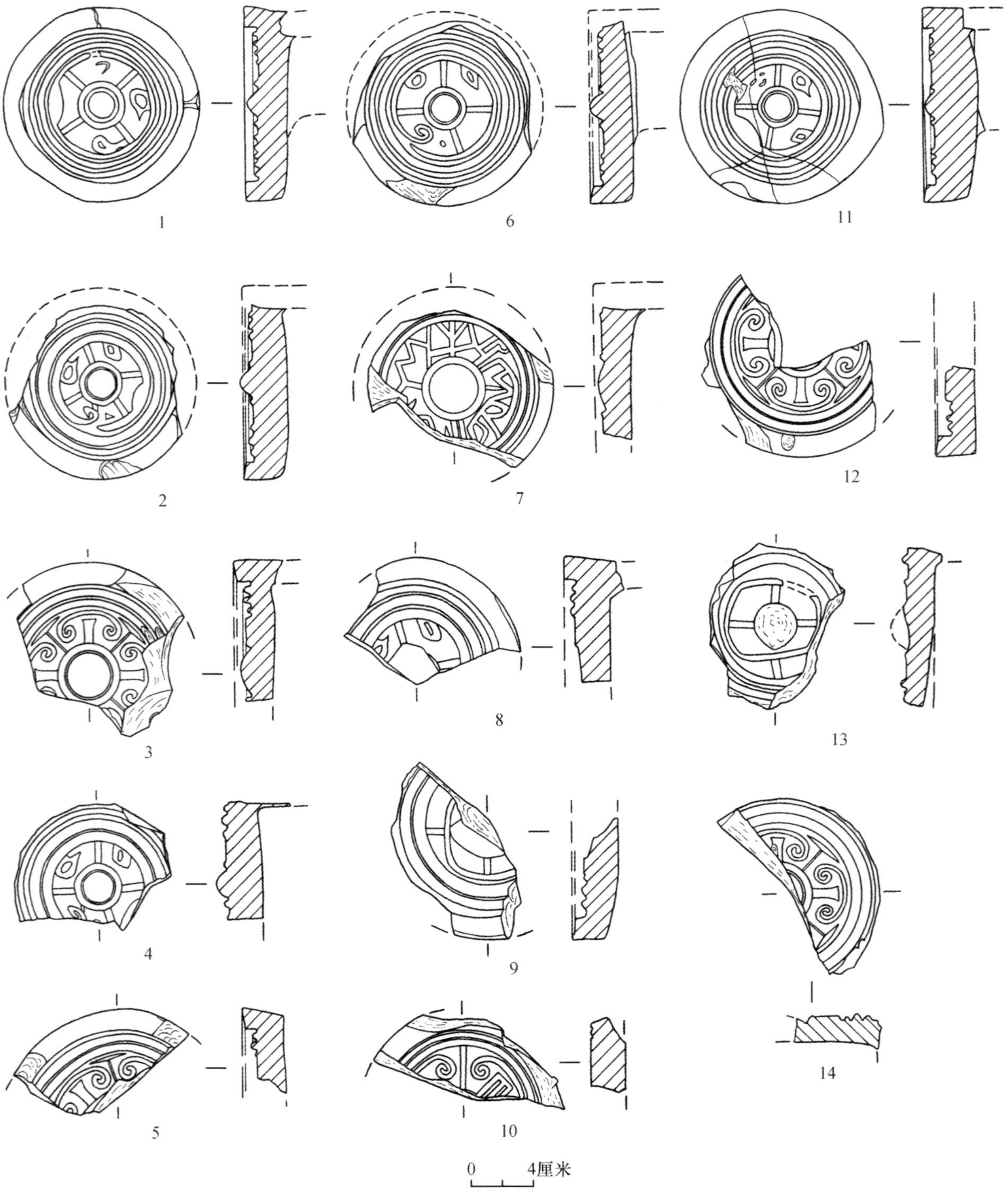

图2-148　瓦当（一）

1. ⅢT41④：4　2. ⅢT41④：5　3. ⅢT41④：9　4. ⅢG：10　5. ⅢT41④：10　6. ⅢG：6　7. ⅢG：11　8. ⅢT41④：6　9. ⅢF3b：2　10. ⅢG：7　11. ⅢT41④：3　12. ⅢT41④：12　13. ⅢT41④：7　14. ⅢT41④：2

纹。残径6.2、厚2.9厘米（图2-148，5）。ⅢT41④：12，表面以圆纽为中心分为三个界格，界格之间用“T”字形界格间隔，每一个界格内对称饰卷云纹，中间有亚腰形凸棱，云纹外再饰两道凸弦纹。残径13.6、厚2.7厘米（图2-148，12）。ⅢT41④：13，仅存小部分。表面残存一个云纹图案和亚腰形凸棱，云纹外有两道凸弦纹。残径11.4、厚3.2厘米（图2-149，3）。ⅢT41④：14，表面以圆纽为中心分为四个界格，界格之间用竖棱间隔，每个界格内对称饰变形云纹，云纹外再饰三道凸弦纹。残径11.8、厚3.4厘米（图2-149，5；图版2-55，1）。ⅢT41④：15，表面以圆纽为中心分为三个界格，界格之间用竖棱间隔，每个界格内对称饰卷云纹，其中一个云纹内饰“山”字形图案，云纹外再饰三道凸弦纹。残径14.2、厚3.2厘米（图2-149，10）。ⅢT41④：16，仅存小部分。表面饰两周圆弧形凸弦纹。残最长9.2、厚2.6厘米（图2-149，12）。ⅢT41④：17，仅存小部分。表面饰几何形图案，图案外有两周圆弧形凸弦纹。残最长9.2、厚3.3厘米（图2-149，8）。ⅢT41④：18，表面饰变形云纹，云纹外再饰两周凸弦纹。残径13.8、厚3.3厘米（图2-149，1）。ⅢT41④：19，仅存小部分。表面饰云纹，云纹外再饰两周凸弦纹。残径6.5、厚1.6～1.8厘米（图2-149，6）。ⅢT41④：20，仅存小部分。表面饰三周圆弧形凸弦纹。残径12、厚3厘米（图2-149，4）。ⅢT41④：21，仅存小部分。表面以圆纽为中心分为三个界格，每个界格内对饰饰变形云纹，云纹外再饰三周凸弦纹。残径6.5、厚3.2厘米（图2-149，11）。ⅢT41④：22，表面以圆纽为中心分为三个界格，每个界格内对称饰变形云纹，云纹外再饰三周凸弦纹。残径10.8、厚3.2厘米（图2-149，2；图版2-55，6）。ⅢT41④：23，表面饰“T”字形界格和云纹，外围再饰三周圆弧形凸弦纹。残长11、厚3厘米（图2-149，9）。ⅢT41④：25，表面饰变形云纹，云纹外饰三周圆弧形凸弦纹。残径6、厚2.8厘米（图2-149，7）。ⅢT41④：26，表面饰变形云纹，外周再饰三周圆弧形凸弦纹。当面残径6.2、厚3厘米（图2-150，12）。ⅢT41④：27，表面饰变形云纹，中间饰竖短凸弦纹，云纹外再饰三周圆弧形凸弦纹。当面残径12、厚2.8厘米（图2-150，13）。ⅢT41④：30，表面以圆纽为中心分为四个界格，界格之间用“T”字形界格间隔，每一个界格内对称饰卷云纹，外围再饰两道凸弦纹。当面直径15.2、厚2.6厘米（图2-150，5；图版2-56，3）。ⅢT41④：32，表面以圆纽为中心分为四个界格，界格之间用竖短凸弦纹间隔，每一个界格内对称饰变形云纹，外围再饰两道凸弦纹。当面直径13.6、厚2.5～3.3厘米（图2-150，2；图版2-56，5；拓片2-10，5）。ⅢT41④：34，仅存少部分。表面有对称的两个云纹，两个云纹中间用“T”字形界格间隔，其中一个云纹中间有亚腰形凸棱。外围再饰两道凸弦纹。残长7.3、宽5.8、厚3厘米（图2-150，11）。ⅢT41④：35，表面盐碱严重。当面以圆纽为中心分为四个界格，界格之间用竖短凸弦纹间隔，每一个界格内对称饰变形云纹，云纹外再饰两道凸弦纹。当面直径13.6、厚3.6厘米（图2-150，6；图版2-56，2）。ⅢT41④：36，表面以圆纽为中心分为四个界格，界格之间用“T”字形界格间隔，每一个界格内对称饰云纹，云纹中间再饰以亚腰形凸棱，外围饰以二道凸弦纹。当面直径15.2、厚2.5～2.7厘米（图2-150，1；图版2-56，4）。ⅢT41④：37，表面以圆纽为中心分为三个界格，相互之间以“T”字形界格间隔，每个界格内对称饰卷云纹，中间有亚腰形凸棱，云纹外再饰两道凸弦纹。当面直径15.2、

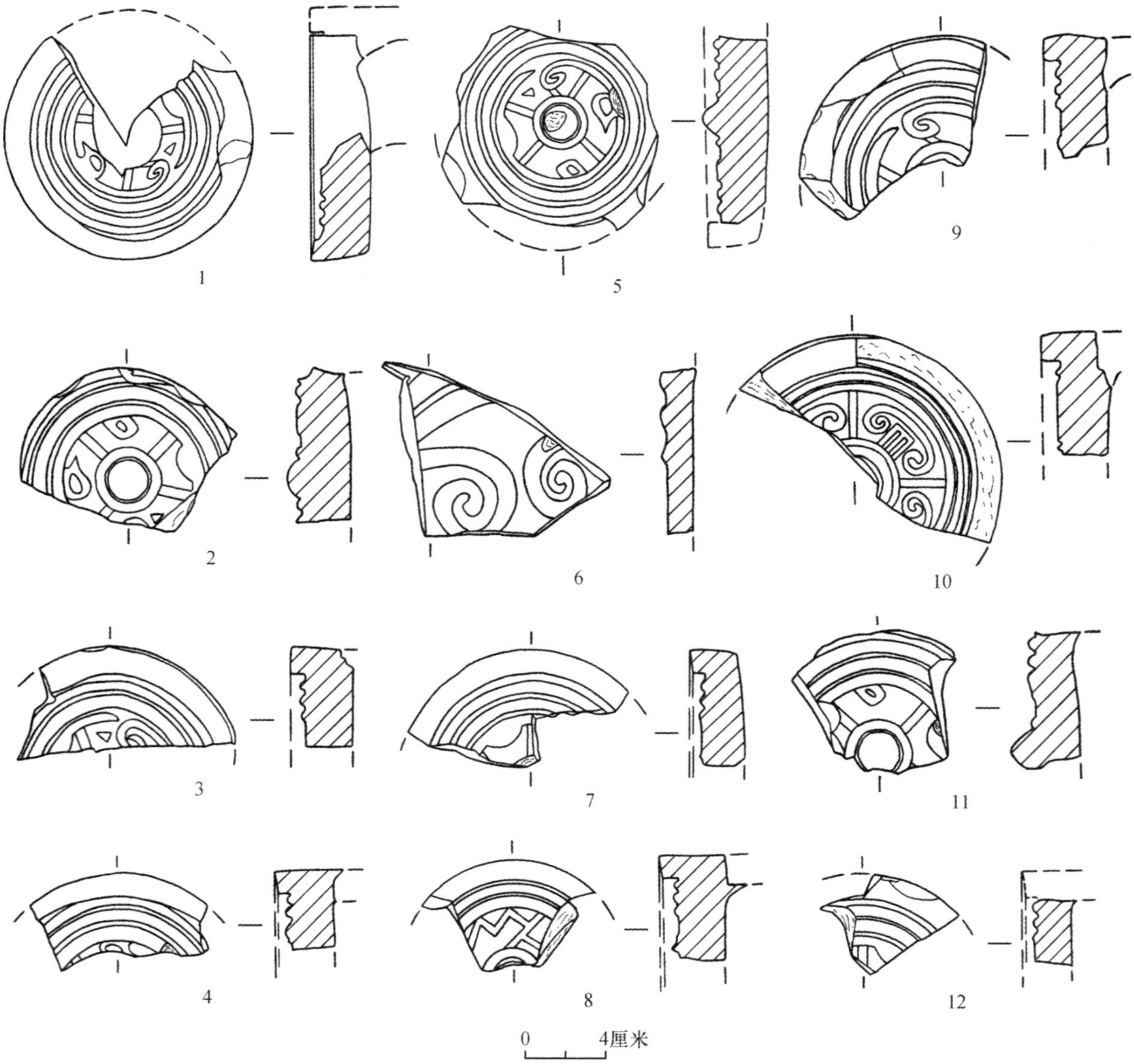

图2-149　瓦当（二）

1. ⅢT41④：18　2. ⅢT41④：22　3. ⅢT41④：13　4. ⅢT41④：20　5. ⅢT41④：14　6. ⅢT41④：19　7. ⅢT41④：25　8. ⅢT41④：17　9. ⅢT41④：23　10. ⅢT41④：15　11. ⅢT41④：21　12. ⅢT41④：16

厚2.6～3厘米（图2-150，9；图版2-56，1）。ⅢT43①：2，仅存一半。表面图案已完全缺失，仅余少许红色颜料。当面直径13.6、厚3.4厘米。ⅢT41①：1，表面以圆纽为中心分为四个界格，界格之间用竖短凸弦纹间隔，每一个界格内对称饰变形云纹，外围再饰两道凸弦纹。当面直径13.6、厚2.5～3厘米（图2-150，10）。ⅢT41①：2，表面以圆纽为中心分为三个界格，相互之间用“T”字形界格间隔，每一个界格内对称饰卷云纹，云纹中间再饰以亚腰形凸棱，外围再饰两道凸弦纹。当面直径15.2、厚2.6厘米（图2-150，7）。ⅢT41①：3，表面以圆纽为中心分为两个界格，相互之间用“T”字形界格间隔，每个界格内对称饰卷云纹，中间再饰亚腰形凸棱，外围再饰两周凸弦纹。残长9.4、宽13.4、厚3.5厘米（图2-150，8）。ⅢT33⑤：1，仅存小部分。表面饰云纹和“T”字形界格，中间云纹内有亚腰形凸棱，外围再饰两周凸弦纹。

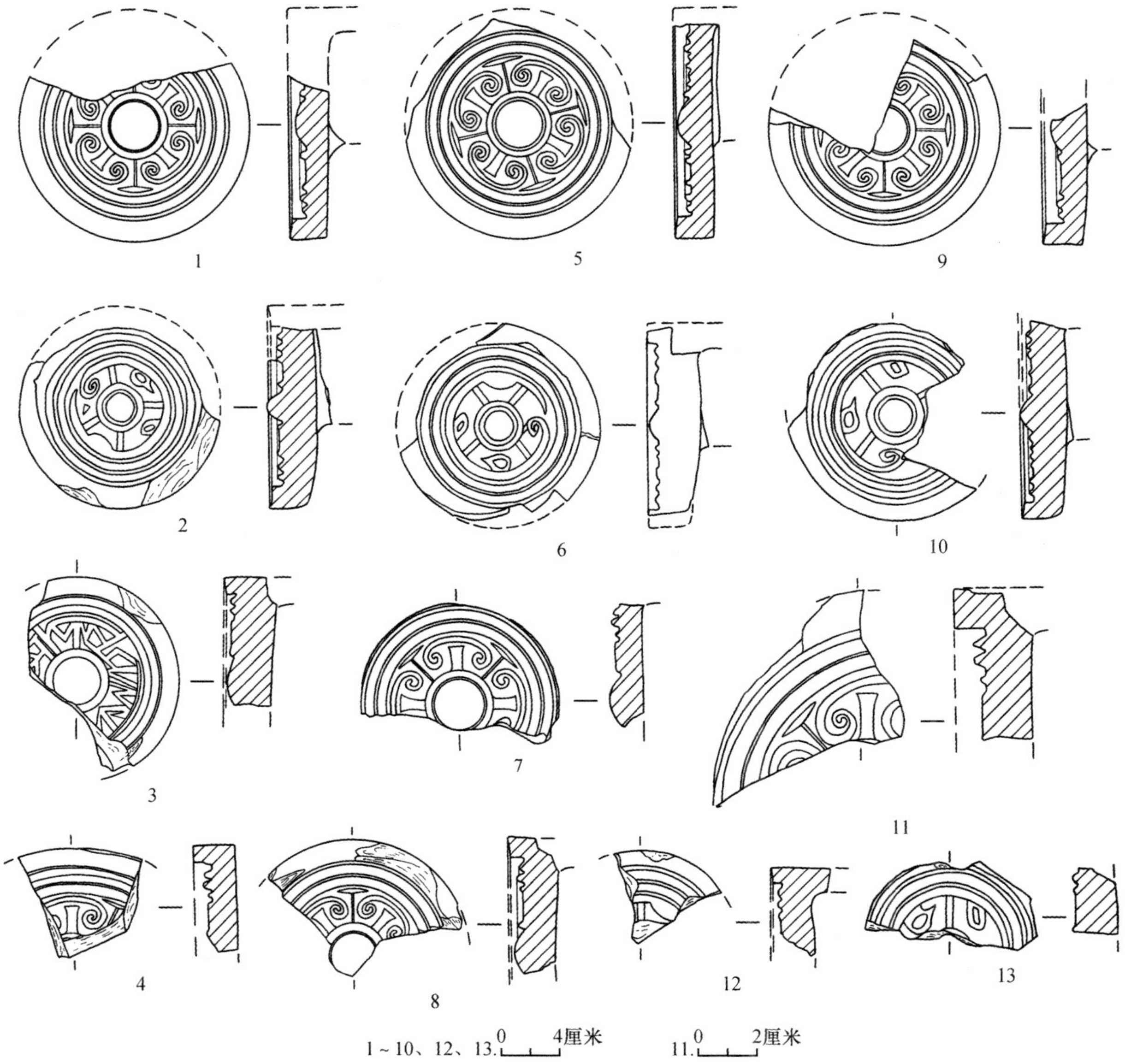

图2-150　瓦当（三）

1. ⅢT41④：36　2. ⅢT41④：32　3. ⅢT45⑦：1　4. ⅢT33⑤：1　5. ⅢT41④：30　6. ⅢT41④：35　7. ⅢT41①：2　8. ⅢT41①：3　9. ⅢT41①：37　10. ⅢT41①：1　11. ⅢT41④：34　12. ⅢT41④：26　13. ⅢT41④：27

残长7、厚2.7厘米（图2-150，4）。ⅢT45⑦：1，表面以圆纽为中心，纽外饰不规则几何纹，图案外围再饰两周凸弦纹。残径10.2、厚3.2～3.6厘米（图2-150，3；图版2-56，6）。

2. 陶器

21件。为罐、盆、钵、碗、环、球及器底。均残，部分可复原。制法以轮制为主。陶质有夹砂灰陶和夹砂红褐陶。纹饰有凹弦纹。

罐　1件。ⅢT38②：1，轮制。夹砂灰陶。敛口，圆沿，腹部有一道凸弦纹。表面有细密的凹弦纹。残高5.1厘米（图2-151，1）。

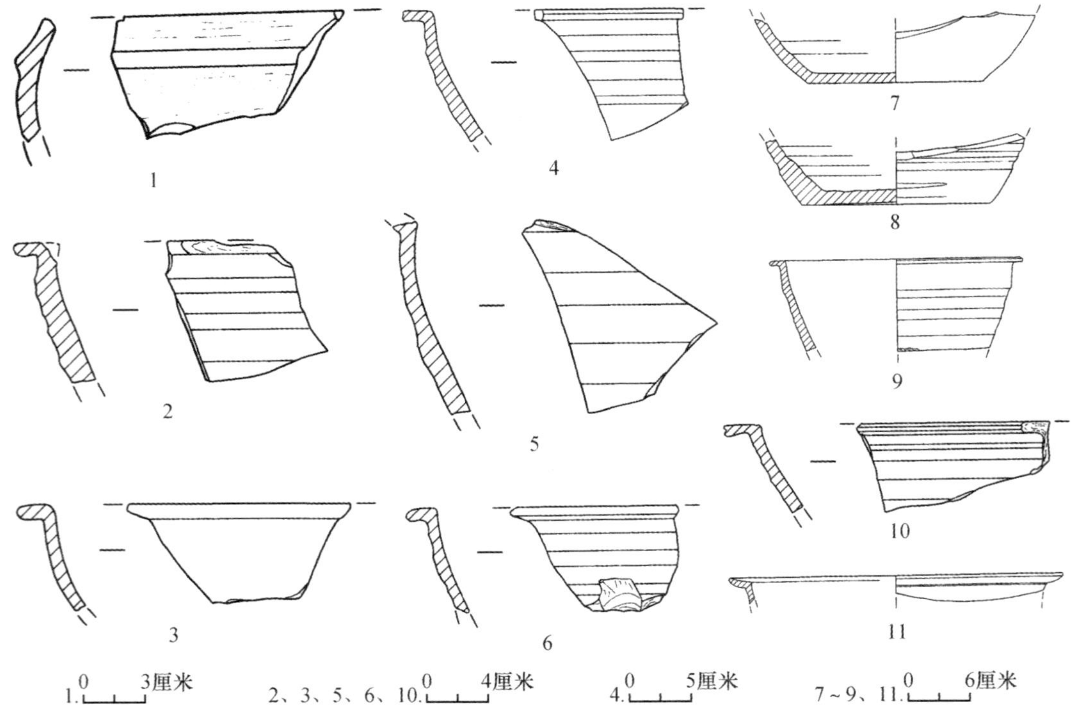

图2-151　陶器（一）

1. 罐（ⅢT38②：1）　2～11. 盆（ⅢT36①：1、ⅢT34④：17、ⅢT41④：8、ⅢF3a：4、ⅢT34④：16、ⅢT34④：9、ⅢT34④：10、ⅢT34④：7、ⅢT34①：1、ⅢT34④：8）

盆　10件。轮制。斜腹，平底。夹砂灰陶。ⅢT34④：7，仅存口部及颈肩部。敞口，平沿，圆唇，束颈。腹部饰凹弦纹。口径26.4厘米，沿宽2厘米，残高11.2厘米（图2-151，9）。ⅢT34④：8，仅存口部。敞口，宽平沿，圆唇，束颈。素面。口径34.4厘米，沿宽2.8厘米，残高3.2厘米（图2-151，11）。ⅢT34④：9，仅存腹部及底部。底径17.6厘米，残高7厘米（图2-151，7）。ⅢT34④：10，仅存腹部及底部。器腹表面有凹弦纹。器腹上部有一个锯孔。底径19、残高7厘米（图2-151，8）。ⅢT34④：16，仅存口部及颈肩部。敞口，平沿，圆唇，束颈。沿宽2、残高7厘米（图2-151，6）。ⅢT34④：17，仅存口部及颈肩部。敞口，平沿，圆唇，束颈。沿宽1.8、残高5.6厘米（图2-151，3）。ⅢF3a：4，仅存器腹残片。表面饰凹弦纹。残高12.2厘米（图2-151，5）。ⅢT41④：8，仅存口部及颈肩部。敞口，平沿，沿下垂，方圆唇，束颈。沿面有一道凹槽。器腹表面有细密的弦纹。沿宽2.2、残高10厘米（图2-151，4）。ⅢT36①：1，平沿，方唇，束颈。器腹表面有凹弦纹。残宽2.5、残高8.2厘米（图2-151，2）。ⅢT43①：1，仅存口部及颈肩部。敞口，斜平沿，方唇，束颈。唇中部有一道凹槽。器腹表面有凹弦纹。沿宽2.6、残高6.6厘米（图2-151，10）。

钵　2件。轮制。ⅢT41④：29，已复原。夹砂灰陶。微侈口，圆沿，束颈，鼓腹，平底。口径14、底径7.6、高7.6厘米（图2-152，6）。ⅢG：5，仅存口部。夹砂红褐陶，器表施灰陶衣。敛口，圆唇，口部外侧有一道凸弦纹，凸弦纹下有一周凹弦纹。口径21.6、腹径26.2、残高9厘米（图2-152，1）。

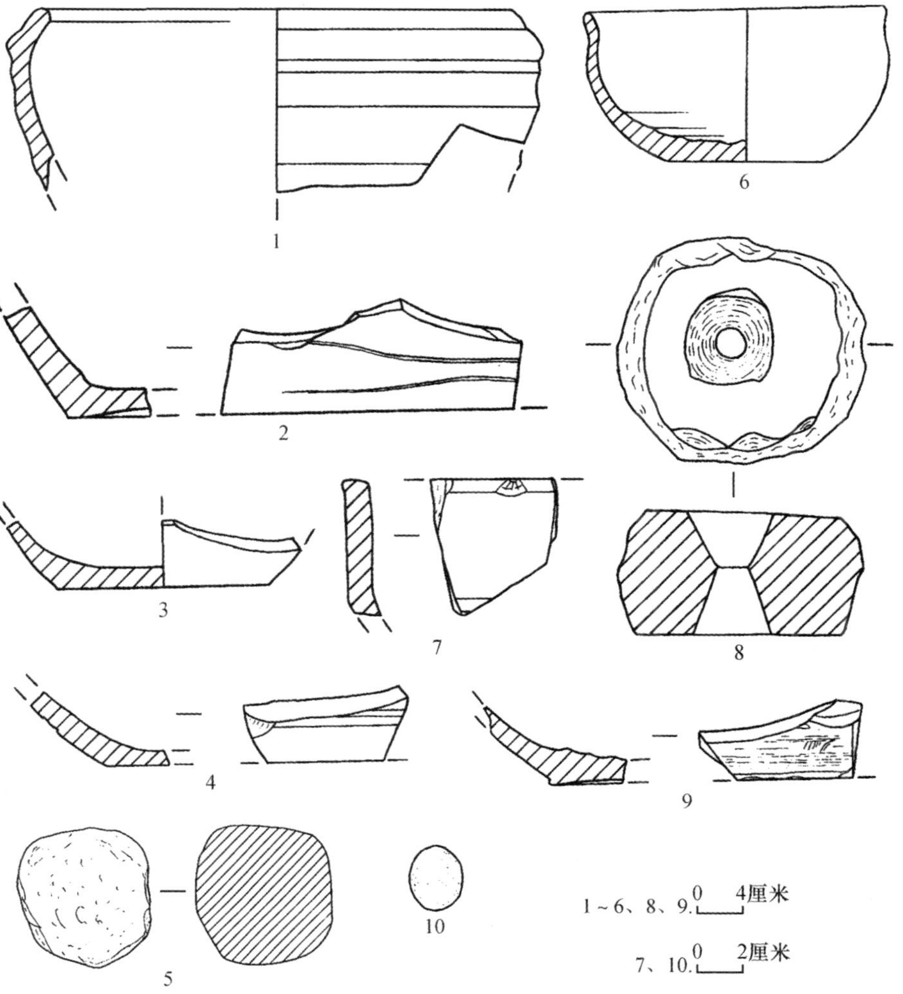

图2-152 陶器（二）

1、6. 钵（ⅢG：5、ⅢT41④：29） 2～4、9. 器底（ⅢT39④：2、ⅢT30④：2、ⅢH：2、ⅢT37④：1）
5、10. 球（ⅢT41④：1、ⅢT34④：19） 7. 碗（ⅢT41④：39） 8. 环（ⅢG：12）

碗 1件。ⅢT41④：39，仅存小部分口沿。轮制。夹砂灰陶。敞口，平沿，圆唇。残高3.1厘米（图2-152，7）。

环 1件。ⅢG：12，手制。扁圆柱体，中间有孔。直径10.6～11.6、厚5.4～5.8、孔径3.6～4厘米（图2-152，8；图版2-57，2）。

球 2件。手制。ⅢT34④：19，椭圆柱体。黄褐色。直径1.2～1.45厘米（图2-152，10）。ⅢT41④：1，圆柱体。青灰色。直径6～6.5厘米（图2-152，5）。

器底 4件。轮制。夹砂灰陶。斜腹，平底。ⅢT39④：2，残高4.2厘米（图2-152，2）。ⅢT37④：1，器表有密集的细弦纹。残高3.7厘米（图2-152，9）。ⅢT30④：2，底径8.6、残高2.8厘米（图2-152，3）。ⅢH：2，残高3.6厘米（图2-152，4）。

3. 铜器

1件。ⅢT34④：11，为镞。已锈蚀。镞身为三棱形，铤为六边形。銎孔，孔内插柱状铁杆。镞身长2.2、宽1.1厘米，铤长0.6厘米，铁杆残长3.2、径0.6厘米（图2-153，2；图版2-57，3）。

4. 石器

4件。为磨盘和研磨器。

磨盘　3件。ⅢG：8，略呈三角形。表面有均等的刻槽。残长26.4、宽19、厚4～4.6厘米（图2-153，1）。ⅢG：9，略呈三角形。表面有三道竖向刻槽和六道斜向刻槽。残长18.3、宽12.8、厚3.8厘米（图2-153，3）。ⅢH：1，不规则形。表面有四道凹槽。残长5.8、残宽7.5、厚3.7厘米（图2-153，4）。

研磨器　1件。ⅢT29④：1，圆柱体。顶端弧形，底边平整，残留有颜料。器体中部最大径4、高4、底面径1.9～3.2厘米（图2-153，5；图版2-57，1）。

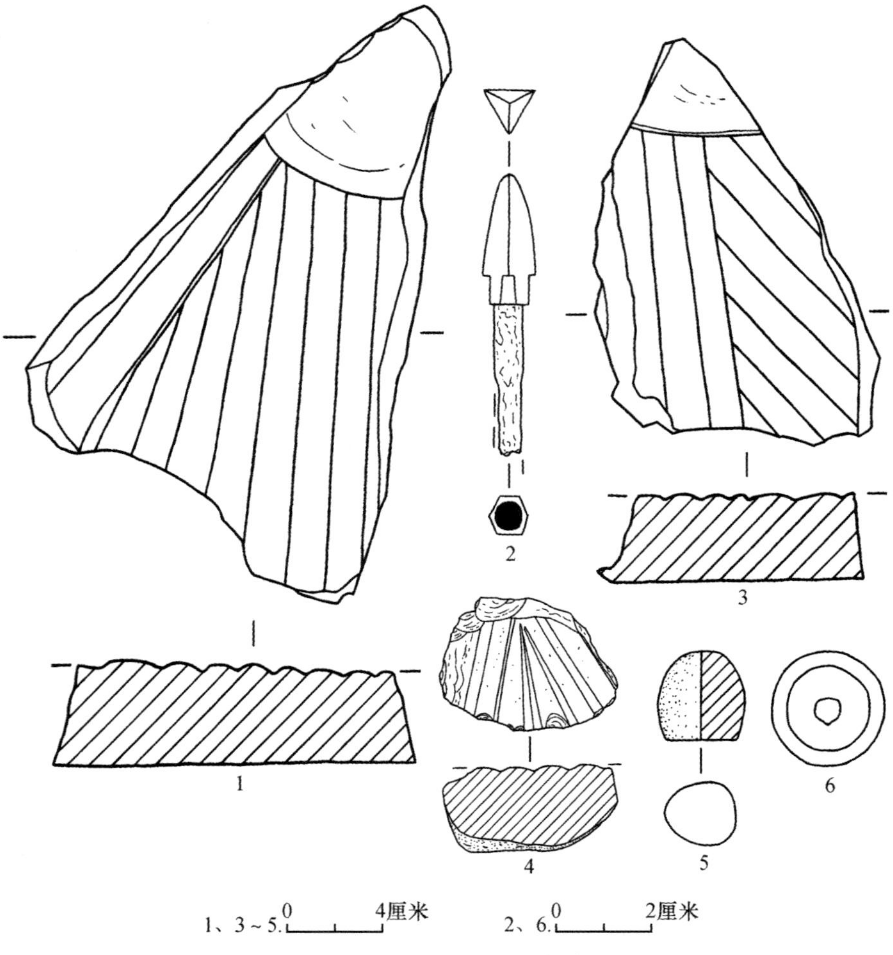

图2-153　铜、石器及钱币

1、3、4. 石磨盘（ⅢG：8、ⅢG：9、ⅢH：1）　2. 镞（ⅢT34④：11）　5. 研磨器（ⅢT29④：1）　6. 钱币（ⅢT34①：1）

5. 钱币

1枚。ⅢT34①：1，表面锈蚀严重。圆形方穿。正面已无法辨认字体，背面在两侧隐约可见满文。钱径2.5、穿径0.55、厚0.15厘米（图2-153，6）。

（四）结语

发掘清理出的遗迹有城墙、护城壕、房屋、沟、坑和柱洞等，同时在城外西北角墙体底部发现大量瓦片，疑为角楼坍塌后的瓦片堆积，瓦片下有红烧土、灰烬、炭粒及烧焦的木头等火烧痕迹，证明是由于火灾被毁。城墙系在崖体上垫土平实后夯筑，西北角墙体底部以及北城墙外有柱洞9个，洞内残留有朽木或者柱础石，推测为建筑设施的遗存。出土遗物主要为板瓦、筒瓦、瓦当等建筑材料，另有少量残陶器及一件铁铤铜镞。板瓦和筒瓦表面为绳纹，内壁布纹，少量菱格纹，瓦当当面图案有云纹、变形云纹以及几何纹图案。陶器器形有盆、钵、罐等，基本残缺，仅复原了一件，以夹砂灰陶居多。多素面。铜镞镞身为三棱形，铁铤。出土器物大多具有典型的汉代艺术风格。

第三节 居 址

一、内城西北居址

（一）地层堆积

发掘面积640平方米。清理出房屋一套半，计8间房（图2-154）。布设5米×5米的探方24个，编号为T1～T24（图版2-58）。地层堆积最厚约1米，现将四壁剖面地层分别介绍如下。

1. 东壁（图2-155）

第1层：表土层，厚0.1～0.55米。此层可分为两小层。第1a层，草皮层，厚0.1～0.33米。灰褐色，较疏松，草根根系发达，内含少量陶片、瓦片。第1b层，草根层，厚0～0.35米。深褐色，较疏松，内含少量陶片、瓦片和朽灰。

第2层：褐色土层，厚0～0.2米。此层可分为两小层。第2a层，黄褐色土层，厚0～0.2米。较硬，有少量炭粒。第2b层，深褐色土层，厚0～0.2米。腐殖土，较疏松。

第3层：灰黄色土层，厚0～0.16米。较坚硬，内含少量陶片、卵石等。

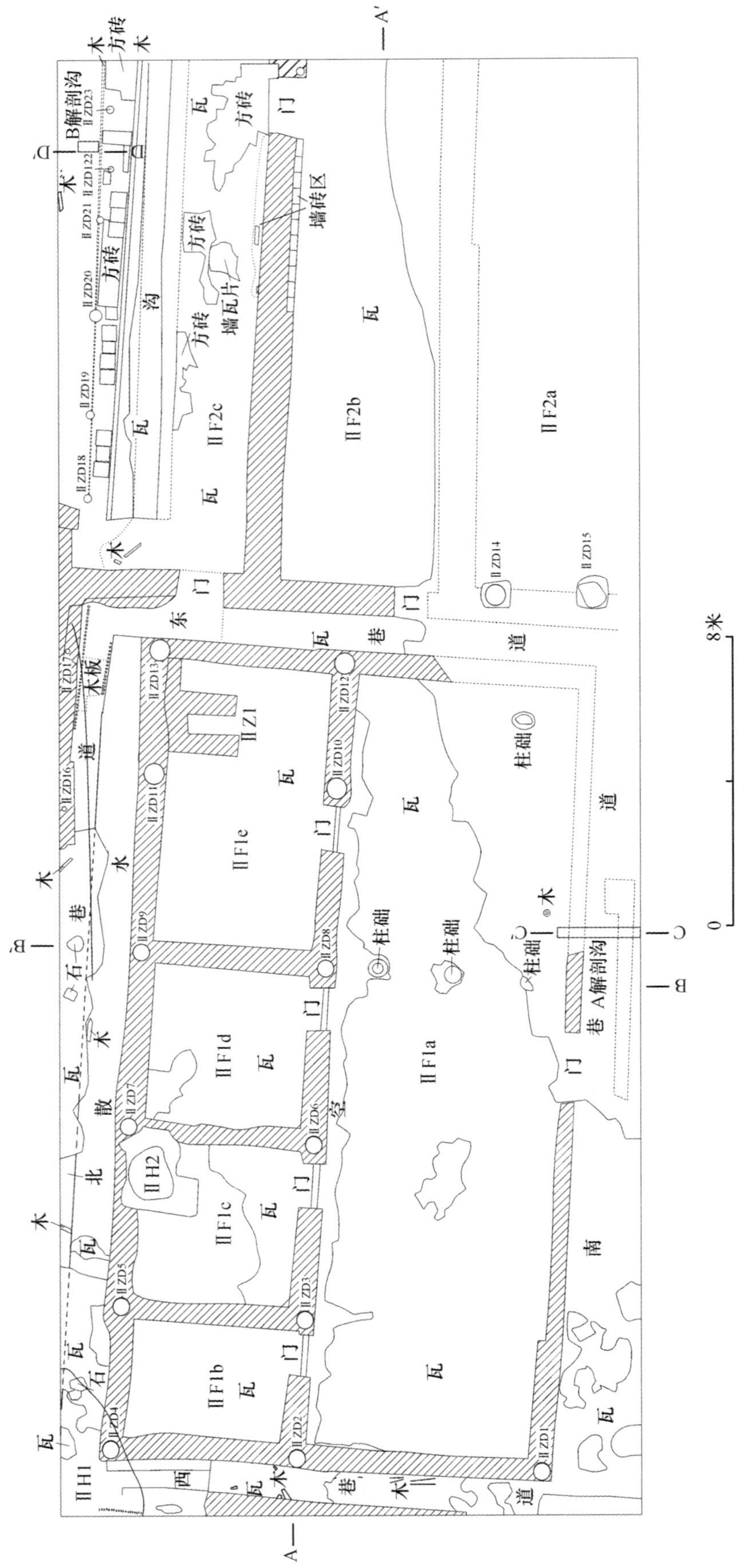

图2-154　内城西北居址平面图

第4层：黄褐色土层，厚0.18～0.68米。堆积较杂，内含少量陶片、瓦片、朽木等。此层下即为房址墙基和房内坍塌土堆积。

2. 西壁（图2-156）

第1层：表土层，厚0.25～0.45米。此层可分为两小层。第1a层，草皮层，厚0.1～0.25米。灰褐色，较疏松，草根根系发达，内含少量陶片、瓦片。第1b层，草根层，厚0～0.35米。深褐色，较疏松，内含少量陶片、瓦片和朽灰。H1开口于此层下。

第2层：褐色土层，厚0.05～0.37米。此层可分为两小层。第2a层，黄褐色土层，厚0～0.2米。较硬，有少量炭粒。第2b层，深褐色土层，厚0～0.2米。腐殖土，较疏松。

第3层：灰黄色土层，厚0～0.6米。较坚硬，内含少量陶片、卵石等。

第4层：黄褐色土层，厚0～0.27米。堆积较杂，内含少量陶片、瓦片、朽木等。此层下即为房址墙基和房内坍塌土堆积。

3. 南壁（图2-157）

第1层：表土层，厚0.25～0.5米。此层可分为两小层。第1a层，草皮层，厚0.15～0.25米。灰褐色，较疏松，草根根系发达，内含少量陶片、瓦片。第1b层，草根层，厚0.1～0.4米。深褐色，较疏松，内含少量陶片、瓦片和朽灰。

第2层：褐色土层，厚0～0.5米。此层可分为两小层。第2a层，黄褐色土层，厚0～0.3米。较硬，有少量炭粒。第2b层，深褐色土层，厚0～0.3米。腐殖土，较疏松。

第3层：黄褐色土层，厚0～0.15米。堆积较杂，内含少量陶片、瓦片、朽木等。此层下即为房址墙基和房内坍塌土堆积。

4. 北壁（图2-158）

第1层：表土层，厚0.15～0.55米。此层可分为两小层。第1a层，草皮层，厚0.15～0.25米。灰褐色，较疏松，草根根系发达，内含少量陶片、瓦片。第1b层，草根层，厚0～0.4米。深褐色，较疏松，内含少量陶片、瓦片和朽灰。H1开口于此层下。

第2层：褐色土层，厚0～0.93米。此层可分为两小层。第2a层，黄褐色土层，厚0～0.93米。较硬，有少量炭粒。第2b层缺失。

第3层：灰黄色土层，厚0～0.6米。较坚硬，内含少量陶片、卵石等。

第4层：黄褐色土层，厚0.1～1.05米。堆积较杂，内含少量陶片、瓦片、朽木等。此层下即为房址墙基和房内坍塌土堆积。

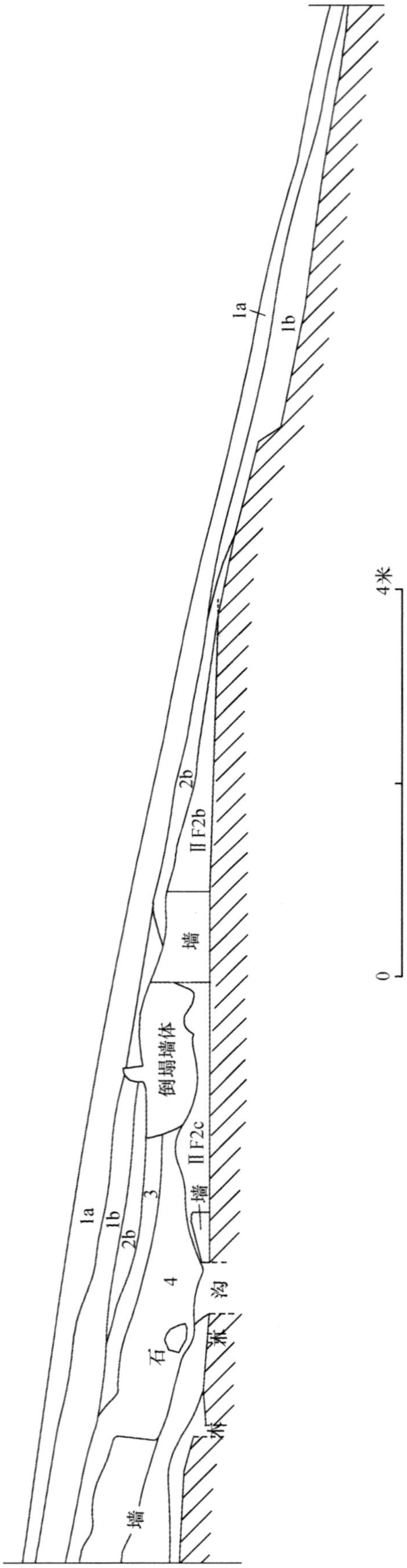

图2-155　探方东壁剖面图

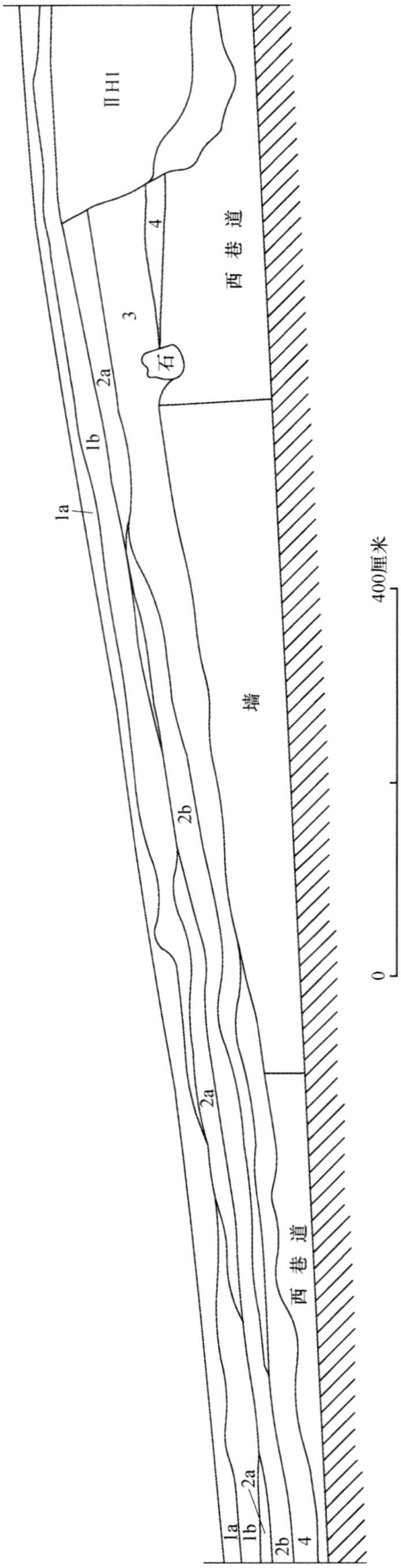

图2-156　探方西壁剖面图

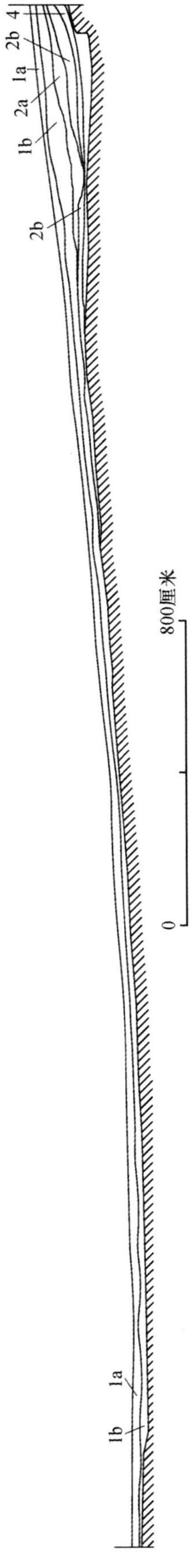

图2-157　探方南壁剖面图

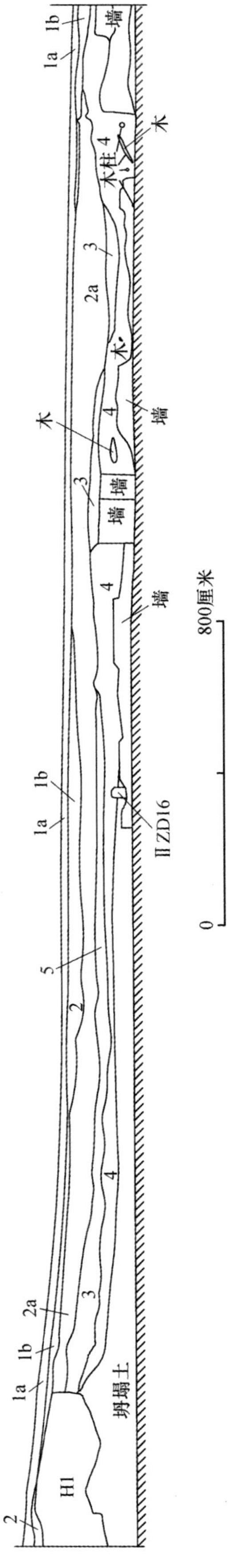

图2-158　探方北壁剖面图

（二）遗迹

1. 房址

共清理出房屋一套半，计8间房，其中西边5间，东边3间（图版2-59）。西边房屋编号为ⅡF1，东边房屋编号为ⅡF2。ⅡF1与ⅡF2之间有一条巷道相隔，墙体采用土坯垒砌（图版2-60，1）和夯土砌筑两种方式。墙体表面抹一层草拌泥，上涂白灰，墙体底部及拐角处再涂红（图版2-60，2）。地面上残存大量坍塌的板瓦、筒瓦等建筑材料，中间夹杂碗、盆、罐等残陶器，地表可见红烧土、炭粒、灰烬等火烧痕迹（图版2-60，3），推测古城应毁于火灾。东边房屋的地面上铺有地砖，规格等级应高于西边房屋（图版2-60，4）。南半部分已被农耕破坏残缺，填土中有大量瓦片。残长10.9、宽0.96～1米，最深1.12米。

ⅡF1　5间房。平面均为长方形，为里外套间结构，形制布局清楚。总长22.5、宽12.4米。南边为前厅，编号为ⅡF1a，北边依次排列有4间房，由西向东依次编号为ⅡF1b、ⅡF1c、ⅡF1d和ⅡF1e（图2-159、图2-160）。门向均朝南，ⅡF1b～ⅡF1e的门槛中部有被火烧过的木质门限，剖面呈曲尺形，两端嵌入墙体。墙体为土坯垒砌，底部有厚约30厘米的垫层。墙体残宽约0.7米。墙体四角交接处各有一个柱洞（图版2-62，1）。ⅡF1北墙外有散水、四周被巷道环绕。

ⅡF1a　为大厅。面阔21.3、进深6.2米。门道距西边墙体9.35、距东边墙体11.25米。门道长1.9、宽0.45米。东边墙体长12.4、宽0.58～0.66、残高0.82米，南段已被破坏，地表残留犁铧痕迹。西边墙体长12.5、宽0.63～0.67、内残高0.5～1.14、外残高0.25～0.85米。南边墙体西段长3.9、宽0.7米，东段宽0.45、残高0.19～0.2米，西段墙体较宽。北墙宽0.7、残高0.57米。北墙上开四门，分别与ⅡF1b、ⅡF1c、ⅡF1d和ⅡF1e相通。墙体底部及拐角处有红色颜料，墙体底部红色颜料残高0.1～0.3米，拐角处红色颜料残存最高0.9米。房屋西南角墙体交接处有一柱洞，编号为ⅡZD1，直径0.38、深0.6米。西北角墙体交接处有一柱洞，编号为ⅡZD2，壁面有火烧痕迹。直径0.36、深0.82米。房屋地面比较平整，土质较致密，东南角被耕地破坏。

大厅中东部约1.2米处有3个柱础石，呈南北向排列，由北向南依次编号为ⅡF1a：23、ⅡF1a：24和ⅡF1a：25，其中ⅡF1a：25距离南边墙体约1米，ⅡF1a：24与ⅡF1a：25之间相距2.05米，ⅡF1a：23与ⅡF1a：24之间相距1.95米。房屋东南角距东墙内壁0.82米，南墙内壁1.28米处有一个椭圆形柱洞，内有柱础石，编号为ⅡF1a：26，系用残石磨盘代替。柱洞长径0.6、短径0.41、深0.16米。在ⅡF1a：23东面1.8米处有一个柱洞，内有木柱。柱洞直径0.35米，木柱直径18厘米（图版2-61）。

ⅡF1b　位于ⅡF1最西端，面阔3.12、进深4.61米（图版2-62，1）。门道位于南墙偏东部，长1.06、宽0.45米。门槛高0.15米。门限宽0.16、高0.03～0.05米。门道内外两侧底部涂红，红色颜料残高0.28～0.35米（图版2-62，2）。门西侧墙体长1.96、宽0.7、残高0.74～1.14

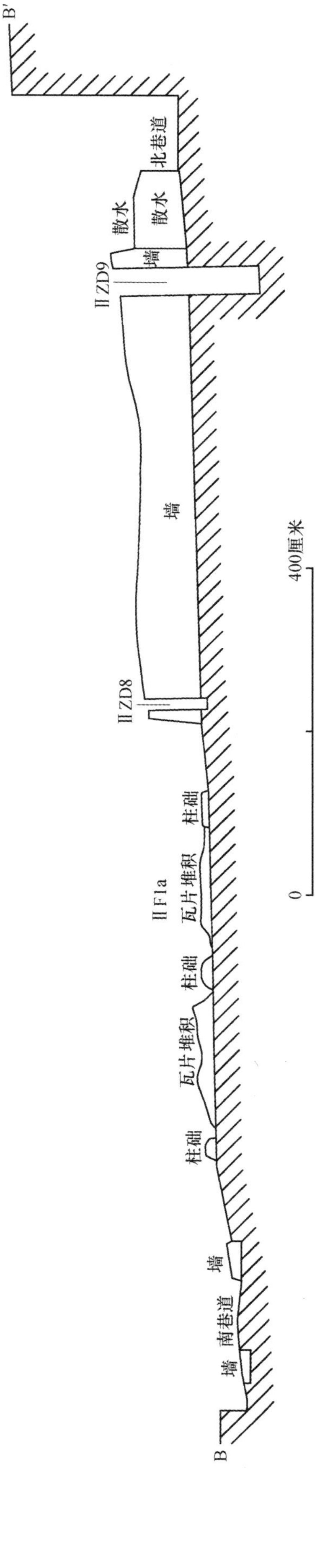

图2-159 ⅡF1纵剖面图

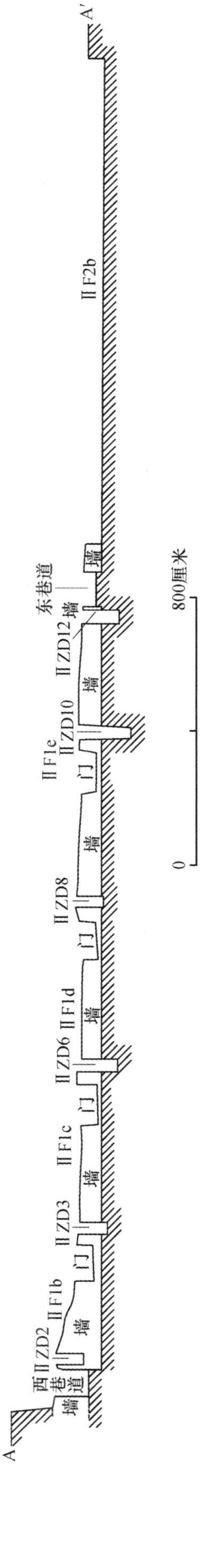

图2-160 ⅡF1横剖面图

米。东侧墙体长0.13、宽0.45、残高0.62米。房屋东墙宽0.62、残高0.62 ~ 0.68米。西墙的西北角受挤压变形，向内倾斜。墙体宽0.65、残高0.14 ~ 1.25米。北墙宽0.8、残高0.88 ~ 1.25米。

房屋四角墙体交接处的柱洞壁面均有火烧痕迹，东南角柱洞编号为ⅡZD3，距口部深0.42米处有木柱，直径15厘米。柱洞直径0.36、深0.85米。西北角柱洞编号为ⅡZD4，直径0.42、深0.6米。东北角柱洞编号为ⅡZD5，距口部深0.72米处有大量木炭。柱洞直径0.4、深1.7米。

ⅡF1c　位于ⅡF1b东端。面阔4.25、进深4.3米。门道位于南墙偏东端，长1.1、宽0.7米。门槛高0.13米。门限宽15、高5厘米。门道西侧墙体长2.14、宽0.68、残高0.6米。东侧墙体长0.4、宽0.67、残高0.7米。房屋东墙宽0.6、残高0.62 ~ 0.65米。西墙即ⅡF1b东墙。北墙宽0.8、高0.3米，东段被灰坑打破（图版2-63，1）。灰坑平面为不规则圆形，口大底小。坑口直径1.25 ~ 2.3、底径1.2 ~ 1.5、深1.7米。坑内填土为灰黄色，内含大量瓦片，木炭及少量动物骨骼。从坑壁上观察，有3个使用时期。上层红胶泥土以上为现存墙基，由七八层土坯构成，残高0.9米。两层红胶泥土中间夹杂一层黄土，下层红胶泥土与坑底中间有人为垫入的瓦片堆积，最厚处为0.35米。与墙基同时期的地面上有大量坍塌瓦片，堆积最厚0.45米。瓦片上有一层踩踏面，比较致密。踩踏面北部有火烧痕迹。南部有一层灰白色腐殖质，最厚可达0.03米（图版2-63，2）。

房屋西北角、西南角柱洞与ⅡF1b相同，东南角柱洞编号为ⅡZD6，直径0.34、深1.2米。东北角柱洞编号为ⅡZD7，直径0.38、深0.65米。

ⅡF1d　位于ⅡF1c东部。面阔4.18、进深4.27米。门道位于南墙东端，长1.13、宽0.7米。门槛表面涂红，高0.12米。门限宽15、残高4厘米。门道西侧墙体长2.72、宽0.7、残高0.55 ~ 0.7米。东侧墙体长0.3、宽0.7、残高0.63 ~ 0.7米。房屋东墙宽0.68 ~ 0.78、残高0.7 ~ 0.78米。西墙与ⅡF1c共用。北墙宽0.76 ~ 0.8、残高0.58 ~ 0.9米。

房屋东南角柱洞编号为ⅡZD8，直径0.3、深0.8米。东北角柱洞编号为ⅡZD9，直径0.38、深1.76米（图版2-64，1）。

ⅡF1e　位于ⅡF1d东部。面阔7.7、进深4.3米。门道长1.23、宽0.43米。门槛高0.13米。门限宽15、高8厘米。门道西侧墙体长2.8、宽0.7、残高0.56 ~ 0.7米。东侧墙体长3.7、宽0.7、高0.55 ~ 0.65米。房屋东墙宽0.62、外侧高0.34 ~ 1.12、内侧高0.55 ~ 0.7米。北墙宽0.7 ~ 0.8、外侧高0.2 ~ 0.8、内侧高0.32 ~ 0.78米。屋内东北角有两道隔墙，呈南北向，两道隔墙中间有凹槽。东端隔墙距东壁0.82、隔墙长2、宽0.61米。西端隔墙长1.97、宽0.58、凹槽宽0.55米。紧邻北壁有一道东西向墙体，长1.5、宽0.34米。在东北角清理出火膛、火道和烟囱等灶的痕迹。火膛略呈圆角长方形，长0.9、宽0.62米；火道长1.64米；烟囱略呈圆形，直径0.24米。在距南墙1、东墙1.8米处房屋地面上出土1件铁器（图2-161；图版2-64，2）。

房屋南墙中部柱洞编号为ⅡZD10，直径0.43、深1.5米。北墙中部柱洞编号为ⅡZD11，直径0.33、深0.6米。东南角柱洞编号为ⅡZD12，直径0.34、深1.1米。东北角柱洞编号为ⅡZD13，直径0.4、深0.95米。

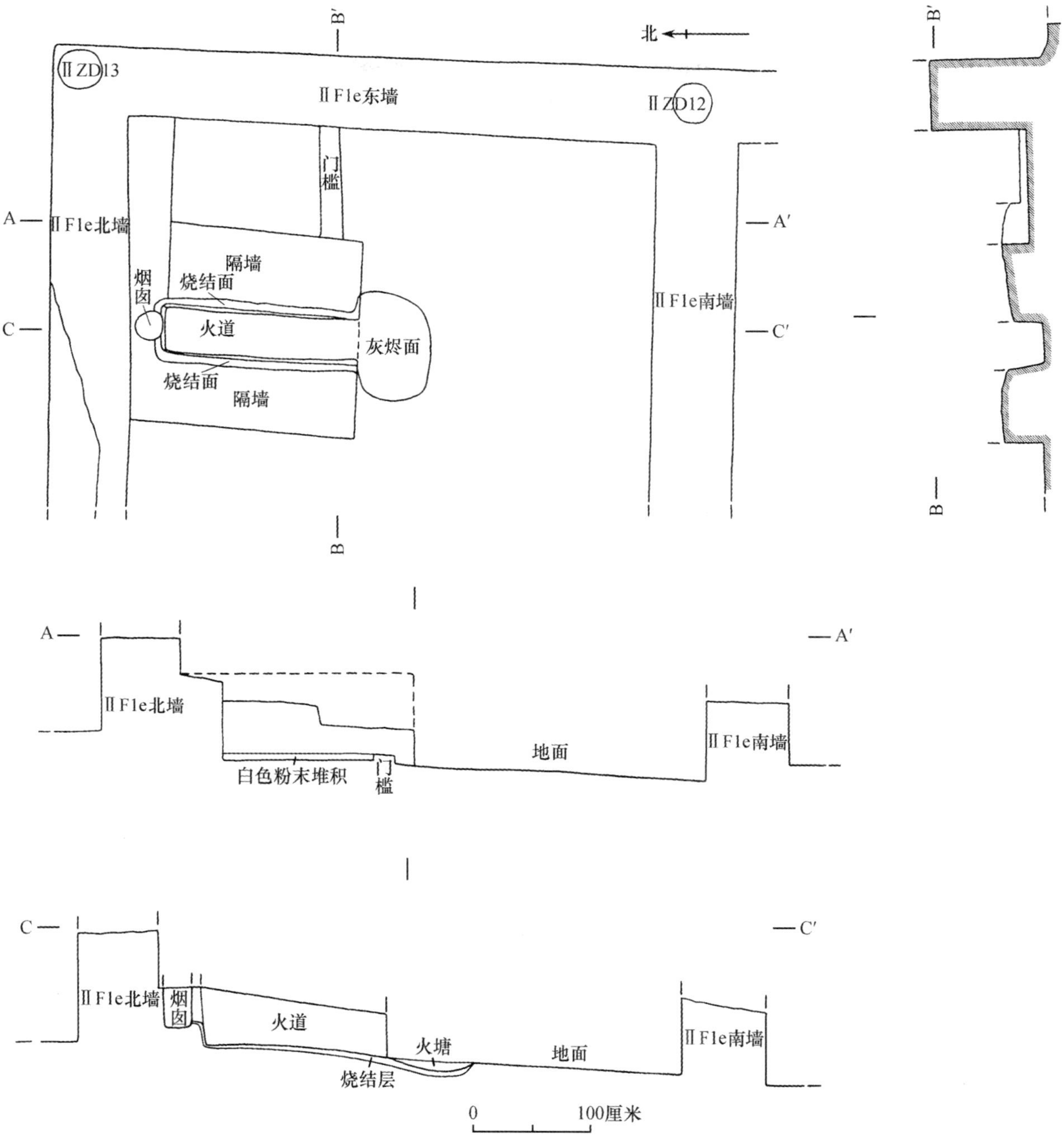

图2-161　Ⅱ F1e东北部遗迹平、剖面图

ⅡF2　位于ⅡF1东端。总长15.4、宽12.6米。目前清理出3间房，呈南北向排列（图版2-65，1），由南至北分别编号为ⅡF2a、ⅡF2b和ⅡF2c（图版2-65，2）。平面均为长方形。墙体系夯土垒砌，夯土内含红色基岩颗粒、炭粒等，个别还有瓦片。墙体表面涂红大部分已脱落。墙体残宽约1米。ⅡF1b和ⅡF1c的地面上铺有方砖，规格不等。

ⅡF2a　因早期耕地破坏，房屋遗迹已不存，只残存一段北墙。宽约1米。西墙上有两个柱洞，ⅡZD14柱槽平面呈圆角长方形，长0.8、宽0.7、深1米。柱洞直径0.6、深0.8米。ⅡZD15柱槽平面呈圆角方形，边长1米，底部有一块础石，长0.9、宽0.6米。

ⅡF2b　位于ⅡF2a北部。面阔14.67、进深4.4米。西墙南端与北墙东端各有一道门，其中西墙南端的门可通往ⅡF1，北墙东端的门可通往ⅡF2c。西墙南端门内侧地面上有两根火烧后倒塌的朽木。门道长0.92、宽0.73米。北墙东端的门道长1.55、宽1.02米。西墙南端门道的北段墙体长3.2、宽0.95、高0.2～0.8米，南段墙体仅存一些痕迹，长0.3米。房屋北墙东端长4.75米的墙体另用土坯构建，内侧贴碎瓦，外侧用方砖或切割整齐的瓦片包砌，表面再抹一层草拌泥，起到护墙的作用（图版2-65，3）。墙体宽0.95、残高0.3～0.7米。土坯长40、宽20、厚10厘米。屋内地面上有一层坍塌形成的碎瓦堆积。

ⅡF2c　位于ⅡF2b北部。面阔14.15、进深4.42米。西墙南端与南墙东端各有一道门，西墙南端的门道与外面通道相通且平齐，南墙东端的门道与ⅡF2b相通。西墙南端门道长1.14、宽0.93米，门道南段墙体长0.6、宽0.93米，残高1.24米。北段墙体长0.37、宽0.9，残高0.74米。南墙东端门道东段墙体露出部分长0.48米，其南侧有一根木柱，直径22、残高22厘米。房屋西墙依托ⅡF1e北边紧邻探方壁处墙体修建。北墙仅存墙基，宽0.4～0.56、高0.15米。往东为一排6根木柱，木柱间有一排朽木相连。木柱直径18～23厘米。柱间距1.03～2.8米。朽木宽10厘米。屋内地面上铺一层青砖，边长分别为36厘米和43厘米，厚5.5厘米。

发掘工作结束后在F2c东北角紧邻探方壁处进行了解剖，解剖沟宽0.5米。填土中有骨骼、碎砖及散落的墙皮。表面为一层踩踏面，有火烧痕迹，踩踏面厚0.03米。踩踏面下有一个柱洞，内存朽木。柱洞直径0.1、深0.36米。解剖沟南部有一个方砖，边长35厘米（图2-162）。从解剖现象分析，柱洞所在层位的时代早于ⅡF2c（图版2-66，1）。

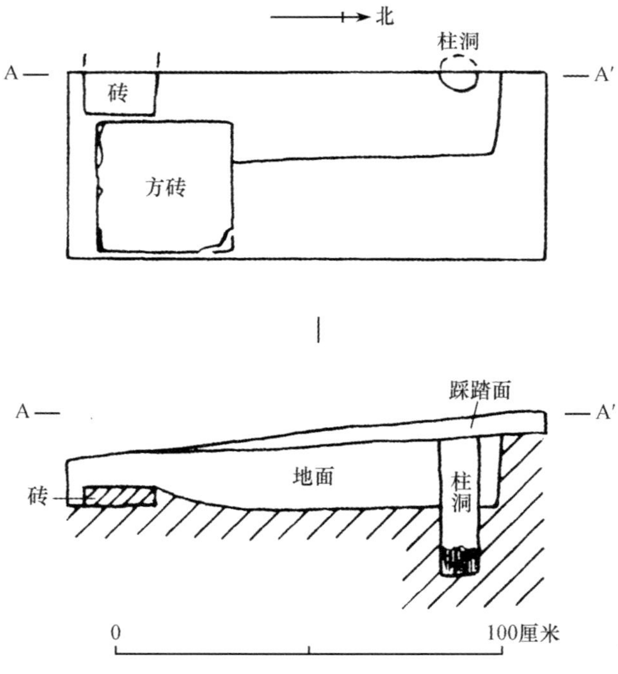

图2-162　解剖沟平、剖面图

2. 其他遗迹

ⅡF1南巷道　ⅡF1a南墙与探方壁中间有一个长条形巷道。西端宽2.45、东端宽1.72米，通道内有大量瓦片，夹杂炭粒和红烧土。中部距ⅡF1南侧0.95米处有一道东西向曲尺形墙体，土坯垒砌。南段墙体残长约6、宽约0.4米，东段墙体残长0.4、宽0.9米（图版2-66，2）。发掘工作结束后对该墙体进行了解剖，解剖沟长约2.3、宽约0.5米。解剖发现该墙体叠压在ⅡF1之下，是比ⅡF1还早的遗迹（图2-163）。

ⅡF1西巷道　ⅡF1西侧紧邻探方壁处有一个长方形巷道，向南一直延伸到探方壁内。长2.45、北端宽0.86、南端宽0.45米。巷道内有大量坍塌瓦片和木柱。巷道西边有一段墙体，土坯垒砌。长7.23、宽0.05～0.7、残高0.56～1米。墙体表面抹一层草拌泥，上涂白灰，墙体中部有一道红色竖条纹，残宽0.42、高0.54米。底部红色颜料残高0.1米（图版2-66，4）。墙体北边还有一个长条形踩踏面，长2.3、宽0.82米。踩踏面西北部有一列南北向细木柱，都为月牙形，长9～11、宽5、深10～28厘米（图版2-66，5）。ⅡF1b西墙外侧有一道凹槽，宽0.45、深0.09米。

ⅡF1北巷道及散水　ⅡF1北墙与探方壁中间有一条长条形巷道，巷道南有散水，上面覆盖大量瓦片。散水宽0.88～0.9、高0.3～0.65米。北巷道宽0.5～0.9米。东边南北两侧有细立木，南侧大致残存10根，北侧立木在紧邻北壁墙体下0.8米，大致残存28根。两组立木之间有东西向平置的4块木板（图版2-66，6）。立木最高30、直径6～11厘米。木板长60～140、宽10～12厘米。ⅡF1e北边紧邻探方壁处有两个柱洞，自西向东分别编号为ⅡZD16和ⅡZD17，直径分别为0.23和0.25米，深1.95和1米。

沟　位于F2c北部地面下。凹槽宽0.58、深0.78米。内有大量瓦片。

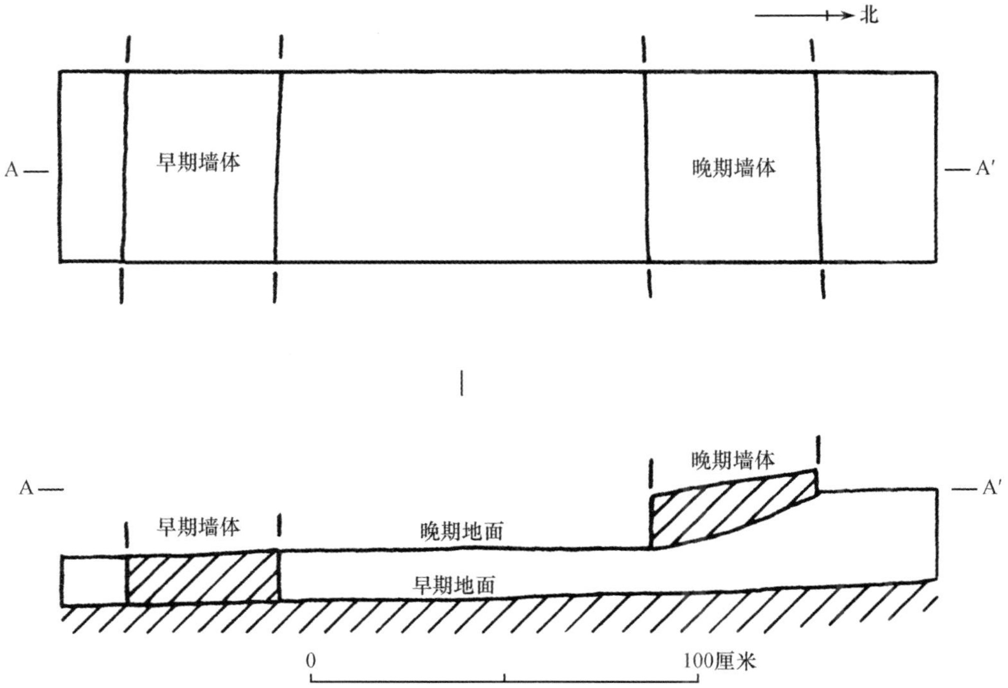

图2-163　解剖沟平、剖面图

（三）遗物

93件。有板瓦、筒瓦、瓦当、砖等建筑材料以及陶、铜、铁、石、骨器等，以板瓦、筒瓦和瓦当居多，陶器次之，金属器罕见。

1. 建筑材料

36件。均残。有板瓦、筒瓦、瓦当和砖。青灰色。泥质灰陶。制作火候高，相当坚硬，边缘切削痕明显。瓦面均为绳纹，内壁大多为布纹，少量为菱格纹。瓦当当面图案均为云纹，表现出明显的汉代工艺风格。

板瓦　2件。平面略呈梯形。平沿。ⅡF1d：5，通长49.4厘米，前宽35.6、后宽28厘米，壁厚1.2～2厘米，弦高6.4～9.2厘米（图2-164，4；图版2-67，1；拓片2-11，1、2）。ⅡF2c：22，通长48.6厘米，前宽36、后宽29.6、壁厚1.6厘米，弦高6.8～8.8厘米（图2-164，3；拓片2-11，3、4）。

筒瓦　8件。瓦舌经陶轮旋转后与瓦体套接而成，连接处较粗糙。ⅡF1e：3，通长50.1厘米，前宽14、后宽15厘米，壁厚1.8厘米，高7.7厘米（图2-164，2；图版2-67，4；拓片2-12，1、2）。ⅡF1b：10，残长49.3厘米，前宽13.2、后宽14.2厘米，壁厚1.6厘米，高8厘米（图2-164，1；图版2-67，2；拓片2-12，5、6）。ⅡF2b：1，瓦当尚存。瓦当表面以圆纽为中心分为四个界格，界格之间用凸棱间隔，每一个界格内对称饰卷云纹，云纹中间再饰以“山”字形纹。残长30.5厘米，瓦当直径16.9、厚3厘米，边廓宽2.2厘米，瓦身厚1.5厘米（图2-164，10；图版2-67，6）。ⅡF1x：2，瓦当尚存。瓦当表面以圆纽为中心分为四个界格，每一个界格内对称饰卷云纹。瓦当表面施白色陶衣，上面再涂红彩，少量脱落。残长11.4厘米，瓦当直径15.4、厚3厘米，边廓宽1.2厘米，瓦身厚1.3厘米（图2-164，7；图版2-67，3）。ⅡF2c：10，瓦当尚存。瓦当表面以圆纽为中心分隔出四个界格，界格之间用凸棱相隔，每一个界格内对称饰卷云纹，云纹中间用“山”字形凸棱间隔。当面施白色陶衣，上面再涂红彩。残长9.6厘米，瓦当直径17、厚2.8厘米，边廓宽1.6～1.8厘米，瓦身厚1.6厘米（图2-164，8）。ⅡF1x：1，瓦当尚存。表面施白色陶衣，上面再涂红彩。残长20.2厘米，前宽14.8、后宽15.4厘米，弦高8.1～8.5厘米（图2-164，6）。ⅡF1x：3，瓦当尚存。瓦当表面以圆纽为中心分隔出四个界格，每一个界格内对称饰卷云纹。当面施白色陶衣，上面再涂红彩。残长15.9厘米，瓦当直径15.4、厚2.8厘米，边轮宽1.2厘米，瓦身厚1.4厘米（图2-164，9）。ⅡF2c：6，通长41.6厘米，前宽13.2、后宽13.8厘米，壁厚1.3厘米，高7.2厘米（图2-164，5；图版2-67，5；拓片2-12，3、4）。

瓦当　23件。圆形。背平整。当面以圆纽为中心分隔出四个界格，界格之间用凸棱相隔，每一个界格内对称饰卷云纹。当面施白色陶衣，上涂红彩，大部分已脱落。整个当面一次范成，然后续接已制好的筒瓦，无须切割。ⅡF2c：8，当面直径12、厚3.2厘米（图2-165，

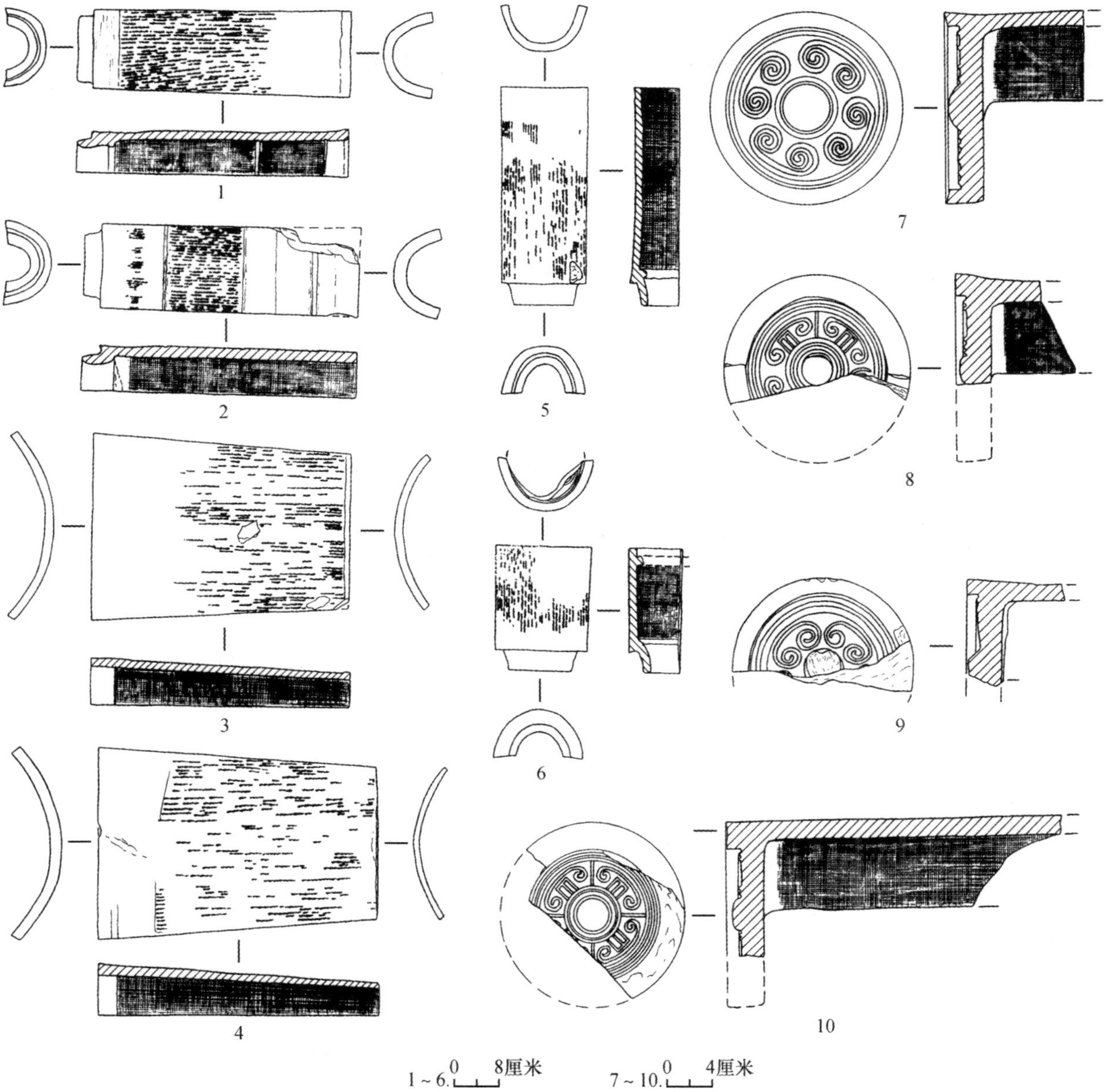

图2-164　建筑材料

1、2、5～10. 筒瓦（ⅡF1b：10、ⅡF1e：3、ⅡF2c：6、ⅡF1x：1、ⅡF1x：2、ⅡF2c：10、ⅡF1x：3、ⅡF2b：1）
3、4. 板瓦（ⅡF2c：22、ⅡF1d：5）

6；拓片2-13，8）。ⅡF2b：2，云纹中间再以"山"字形纹间隔。当面有烟炙的痕迹。当面直径14.8、厚3、边轮宽2厘米（图2-165，7；图版2-68，6；拓片2-13，2）。ⅡF2b：3，云纹中间再以"山"字形纹间隔。当面有烟炙的痕迹。当面直径14.6、厚3、边轮宽2厘米（图2-165，5；图版2-68，4；拓片2-13，5）。ⅡF1a：5，当面直径15.4、厚3.2、边轮宽1.3厘米（图2-165，4；图版2-68，5；拓片2-13，1）。ⅡF2c：7，当面直径13、厚3、边轮宽1～1.3厘米（图2-165，9；拓片2-13，4）。ⅡF2b：6，其中一个界格内有卷云纹和"山"字形图案。残长9、宽10.5、厚2.2厘米。ⅡF2c：9，厚1.7～2.2、边轮宽1.1厘米。ⅡF2c：3，仅存当纽。

残长6.5、宽3.8厘米。ⅡF1a：6，残长12.2、宽6.5、厚1.6、边轮宽1.1厘米。ⅡF1a：10，当面残存一个云纹图案。残长7.2、宽4.1、厚1.5厘米（拓片2-13，10）。ⅡF1x：4，其中两个界格内有卷云纹图案，中间以一道凸棱相隔。残长11.2、宽8、厚1.5厘米（拓片2-13，12）。ⅡF1d：4，残长10、宽8.5、厚2.5厘米（拓片2-13，6）。ⅡF1a：8，残长14.5、宽8.7、厚2.5厘米。ⅡF1e：2，残长9.4、宽10、厚2.5厘米。ⅡF2c：5，瓦身残长3.7、当面直径15、厚3、边轮宽1.3、瓦身厚1.3厘米（图2-165，3；拓片2-13，11）。ⅡF2c：4，当面两道对角图和边轮再涂红。残长4、当面直径13.2～14.2、厚3.6、边轮宽1.2～1.7、瓦身厚2.2厘米（图2-165，8；图版2-68，1；拓片2-13，3）。ⅡF2c：23，残长14、宽9.5、厚2.7厘米。ⅡF1a：9，残长8、当面直径15.2、厚3、边轮宽1厘米（图2-165，1；图版2-68，3；拓片2-13，7）。ⅡF1a：7，残长7.2、瓦头直径11.5、厚2.5、边轮宽1.2、瓦身厚1.6厘米。ⅡF1a：11，残长6.1、瓦头最厚2.5、边轮宽1.3、瓦身厚1.4厘米。ⅡF1a：12，残长10.9、宽5.1、厚2.2厘米。ⅡF1e：5，当面直径13.6、厚3、边轮宽1～1.5厘米（图2-165，2；图版2-68，2；拓片2-13，9）。ⅡF1b：9，仅存一角。当面施白色陶衣，上涂红色颜料。残长6.6、宽3.2厘米（图2-165，10）。

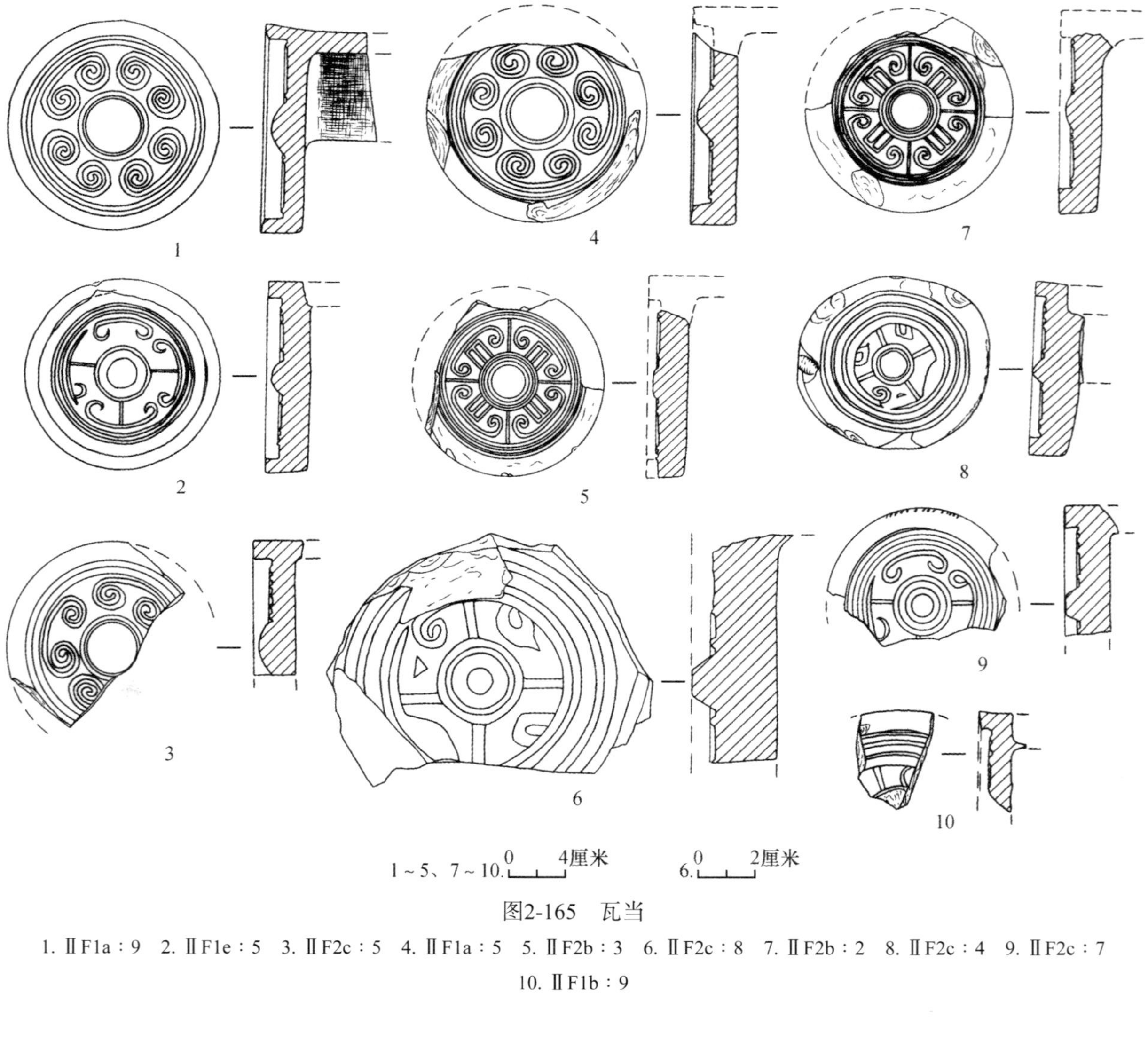

图2-165　瓦当

1. ⅡF1a：9　2. ⅡF1e：5　3. ⅡF2c：5　4. ⅡF1a：5　5. ⅡF2b：3　6. ⅡF2c：8　7. ⅡF2b：2　8. ⅡF2c：4　9. ⅡF2c：7　10. ⅡF1b：9

砖 3件。边缘较规整。ⅡF1b：11，长方形。由整块方砖切割一半而成，长45.2、宽22.6～24、厚7厘米（图2-166，1）。ⅡF1x：5，方形。边长44.4厘米，厚5.5厘米（图2-166，3）。ⅡF1x：6，方形。边长44.6厘米，厚5.5厘米（图2-166，2）。

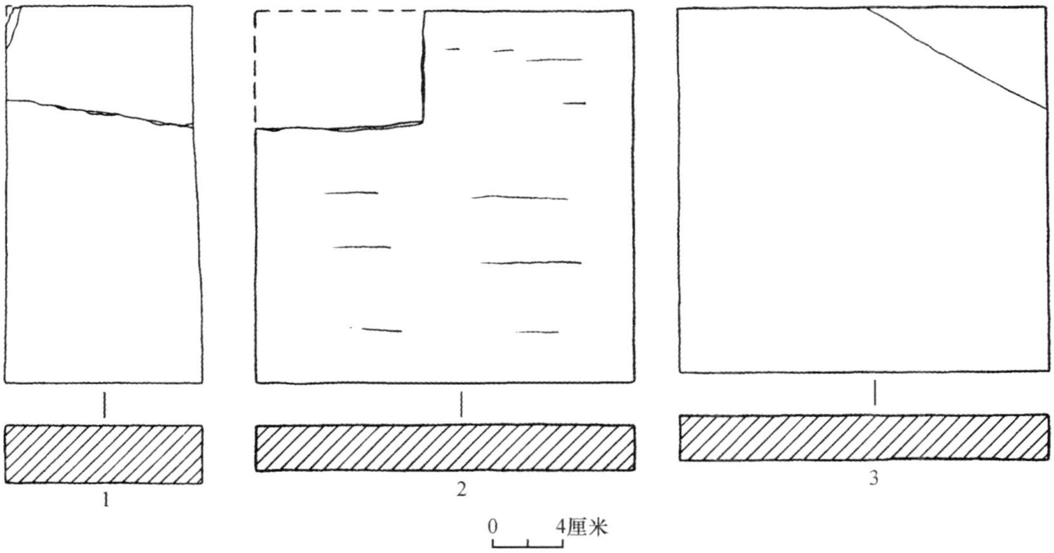

图2-166 砖

1. ⅡF1b：11 2. ⅡF1x：6 3. ⅡF1x：5

2. 陶器

43件。均残，部分已复原。有碗、盆、罐、纺轮、瓮、甑、灯盏、饼等，另有一些陶器残片。制法均为轮制，轮修痕迹明显。有泥质红陶和泥质灰陶，以泥质灰陶居多。多素面，少数饰弦纹和垂帐纹。

碗 21件。泥质灰陶。圆沿，微鼓腹，平底。ⅡF1d：1，已复原。敞口，束颈。口径14.1、底径7.4、高6.3厘米（图2-167，10）。ⅡF1c：5，已复原。敞口。口径11.8、底径6、高6.2厘米（图2-167，6）。ⅡF1a：2，已复原。敞口。腹部近器底处有切削痕。口径12.8、底径7.8、高6厘米（图2-167，11）。ⅡF1d：2，已复原。侈口，微束颈。口径12.5、底径6.8、高5厘米（图2-167，4）。ⅡF1c：2，已复原。侈口，微束颈。口径13.8、底径7.4、高6.7厘米（图2-167，2）。ⅡF1c：4，已复原。侈口，微束颈。口径14.8、底径8、高7.4厘米（图2-167，7）。ⅡF1c：3，已复原。侈口，微束颈。口径12.8、底径7.5、高6.4厘米（图2-167，3）。ⅡF1a：1，已复原。侈口，微束颈。口径14、底径8.4、高6.3厘米（图2-167，12）。ⅡF1a：3，已复原。侈口，微束颈，折肩。口径14.5、底径7.8、高6.5厘米（图2-167，1）。ⅡF1a：4，已复原。敞口，微束颈。口径12.8、底径8.5、高5.6厘米（图2-167，8）。ⅡF2c：1，已复原。侈口，微束颈，折肩。口径9.5、底径5.4、高4.6厘米（图2-167，9）。ⅡF2c：2，敞口。颈肩部有细弦纹，腹部有切削痕。口径16.3、底径6.2、高7厘米（图2-167，5；图版2-69，1）。ⅡF1a：18①，

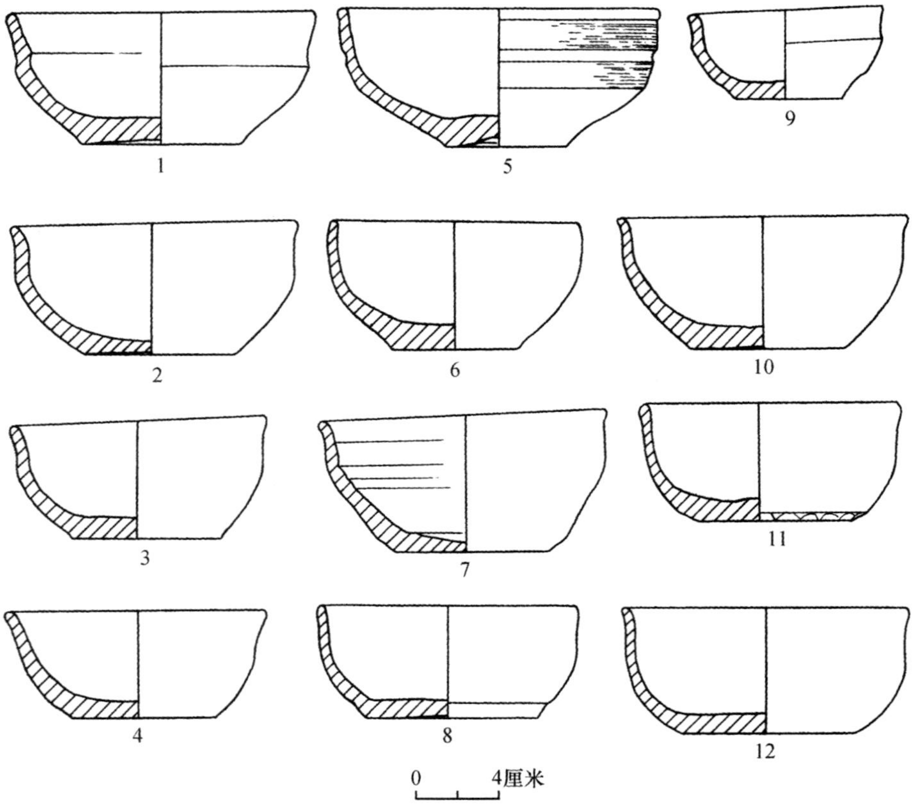

图2-167　陶碗（一）

1. ⅡF1a：3　2. ⅡF1c：2　3. ⅡF1c：3　4. ⅡF1d：2　5. ⅡF2c：2　6. ⅡF1c：5　7. ⅡF1c：4　8. ⅡF1a：4　9. ⅡF2c：1　10. ⅡF1d：1　11. ⅡF1a：2　12. ⅡF1a：1

仅存口部，微束颈。口径15、残高5.5厘米（图2-168，6）。ⅡF1a：18②，仅存碗底。残高3厘米（图2-168，4）。ⅡF2c：11，仅存碗底。器腹底部有切削痕。底径3.8、残高3.9厘米（图2-168，8）。ⅡF1a：20，仅存碗底。残高4.5、底径9.4厘米（图2-168，3）。ⅡF1b：1，仅存口部。敞口。口径16、残高6.6厘米（图2-168，2）。ⅡF1b：3，仅存口部。敞口，微束颈。口部外侧饰垂帐纹。口径17.2、残高7.6厘米（图2-168，1）。ⅡF2c：20，底内凹。腹部有一道凹弦纹。底径7.2、残高5.6厘米（图2-168，5）。ⅡF1b：5，仅存底部。器壁内饰红彩，大部分已脱落。底径7.6、残高3.1厘米（图2-168，9）。ⅡF1b：2，仅存口部。敞口，束颈。残高5.5厘米（图2-168，7）。

盆　10件。平沿，束颈，斜腹，平底。ⅡF1d：3，已复原。泥质红褐陶。敞口。器表有凹弦纹。口径33.2、底径20、高20、沿宽2厘米（图2-169，6）。ⅡF2c：19，已复原。泥质红陶。侈口，器腹底部有切削痕。口径25.6、底径13.2、高6.2、沿宽1.8厘米（图2-169，8）。ⅡF1a：22，已复原。泥质灰陶。敞口，器表有凹弦纹。口径40.2、底径25、高17.8、沿宽2.6厘米（图2-169，1；图版2-69，2）。ⅡF1a：21，仅存口部。泥质红褐陶。敞口，残高9厘米（图2-169，4）。ⅡF1b：4，仅存口部。泥质灰褐陶。敞口，尖圆唇，沿面饰垂帐纹。残高5.6、沿宽1.4厘米（图2-169，13）。ⅡF1b：6，泥质灰陶。敞口，肩部饰三道凹弦纹，近底部

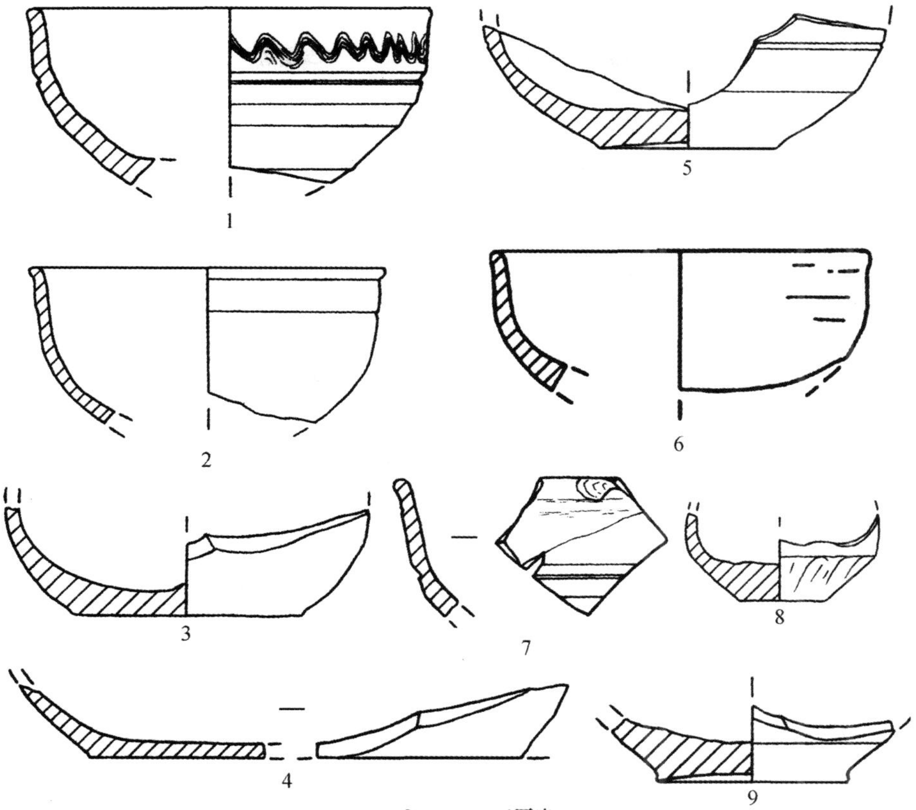

图2-168　陶碗（二）
1. ⅡF1b：3　2. ⅡF1b：1　3. ⅡF1a：20　4. ⅡF1a：18②　5. ⅡF2c：20　6. ⅡF1a：18①　7. ⅡF1b：2　8. ⅡF2c：11　9. ⅡF1b：5

有明显的切削痕。口径25.2、底径14、残高11.5厘米（图2-169，2）。ⅡF1a：16，仅存口部。泥质灰陶。敞口，方唇。残高10.6、沿宽2.2厘米（图2-169，3）。ⅡF1b：7，仅存颈肩部。泥质灰陶。敞口，尖圆唇。残高9.4厘米（图2-169，5）。ⅡF2c：12，仅存口部。泥质灰陶。敞口。残高7、沿宽1.8厘米（图2-169，15）。ⅡF1b：8，泥质红褐陶。敞口。口径23.4、底径15.2、残高6、沿宽1.3厘米（图2-169，9）。

罐　6件。ⅡF2c：18，仅存罐底。泥质灰陶。斜腹，平底。残高6.5厘米（图2-169，10）。ⅡF1a：19，仅存口部。泥质灰陶。敞口，圆沿，尖圆唇，束颈。残高5.2厘米（图2-169，14）。ⅡF2b：7，泥质红褐陶。斜腹，平底。残高13.4厘米（图2-169，11）。ⅡF2b：4，仅存口部。泥质灰陶。侈口，圆沿，沿向外翻，尖圆唇，束颈。残高8.8厘米（图2-169，12）。ⅡF1a：17，仅存器腹下部及器底。泥质灰陶。鼓腹，平底。残高5.6厘米（图2-169，16）。ⅡF2c：21，泥质灰陶。敛口，圆沿，鼓腹，口沿外侧有一道凸棱。口径21.6、最大腹径25.4厘米，残高7厘米（图2-169，7）。

纺轮　2件。扁圆形，中间有穿孔。ⅡF2c：14，残，已复原。夹砂灰褐陶。直径3.6～4、厚1.5、孔径0.7厘米（图2-170，5）。ⅡF2c：15，孔未穿透。泥质灰陶。直径5.8、厚1.4厘米

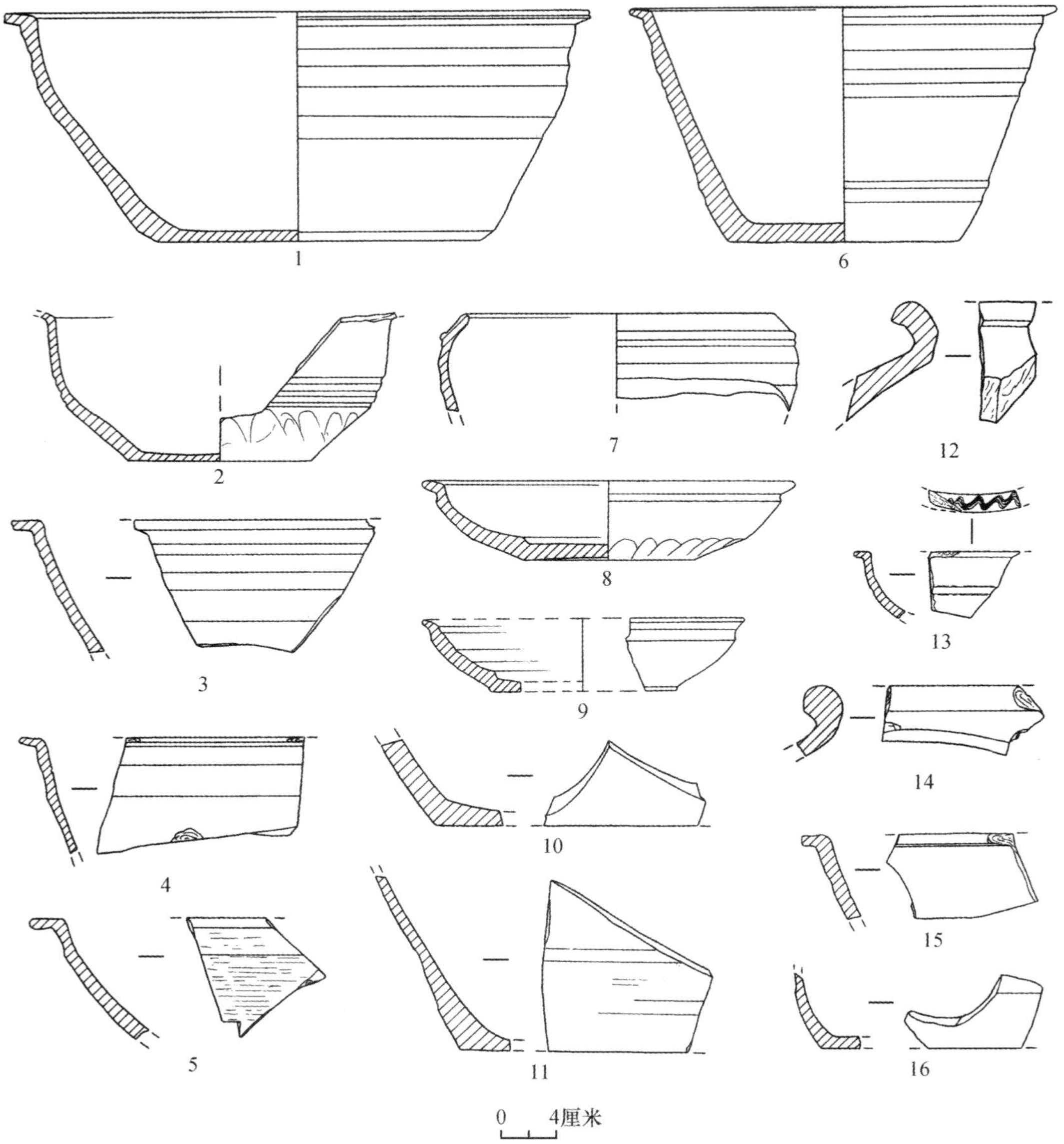

图2-169　陶器

1～6、8、9、13、15. 盆（ⅡF1a：22、ⅡF1b：6、ⅡF1a：16、ⅡF1a：21、ⅡF1b：7、ⅡF1d：3、ⅡF2c：19、ⅡF1b：8、ⅡF1b：4、ⅡF2c：12）　7、10～12、14、16. 罐（ⅡF2c：21、ⅡF2c：18、ⅡF2b：7、ⅡF2b：4、ⅡF1a：19、ⅡF1a：17）

（图2-170，3；图版2-69，6）。

瓮　1件。ⅡF2c：13，仅存口部。泥质灰陶。侈口，圆沿，尖唇，束颈。残高10.2厘米（图2-170，2）。

甑　1件。ⅡF2c：17，仅存甑底。泥质灰陶。底部有一残孔。残高8.5、孔径2厘米（图2-170，12）。

灯盏　1件。ⅡF1c：1，泥质灰褐陶。敞口，圆沿，微鼓腹，平底。器底有烟炱痕迹。口径8.8、底径5、高4.1厘米（图2-170，9）。

饼　1件。ⅡF1a：14，扁圆形，边缘不甚规整。泥质灰陶。直径5.5、厚1.3厘米（图2-170，4）。

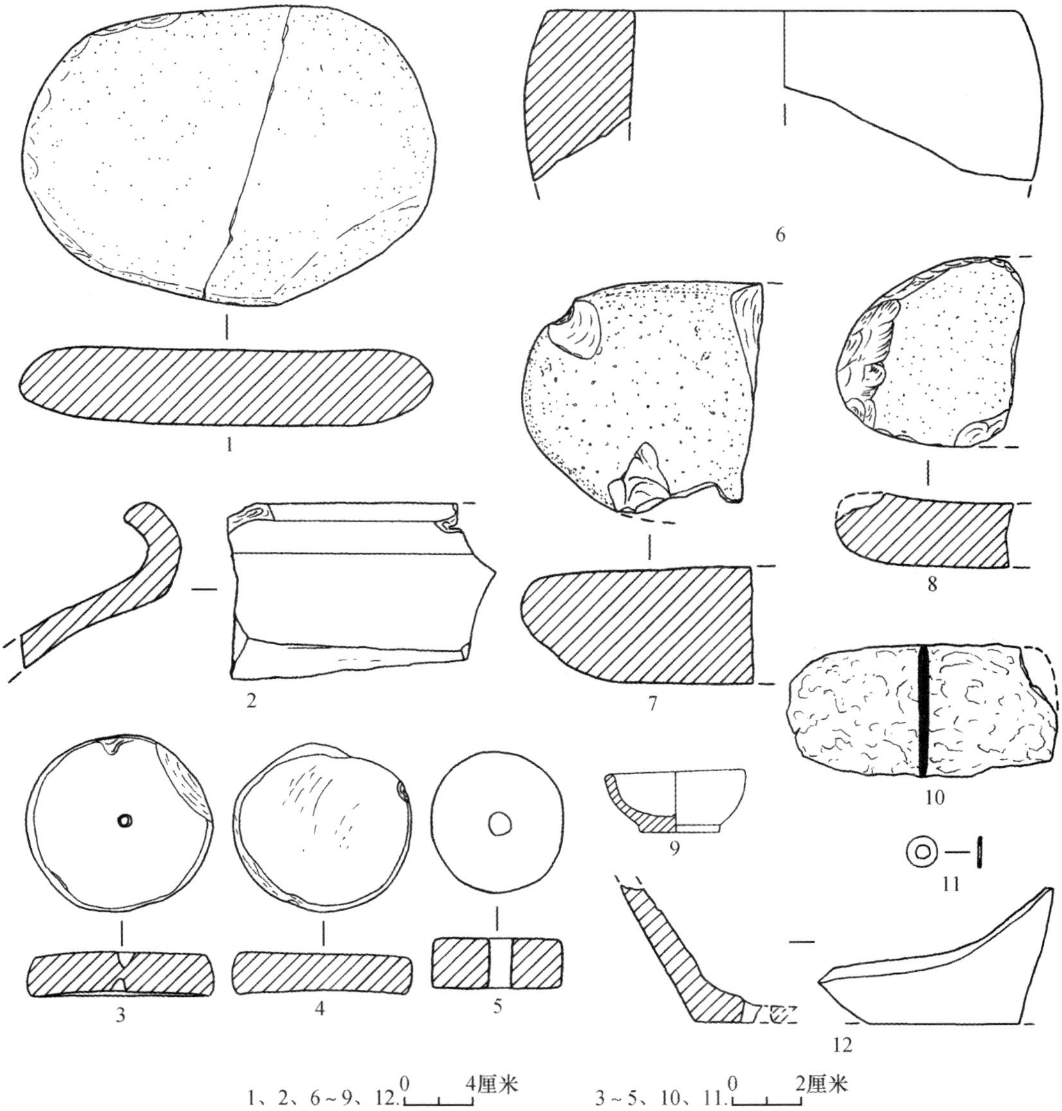

图2-170　陶器、铜器、铁器、石器

1、7、8. 石磨盘（ⅡF1d：6、ⅡF1e：4、ⅡF1a：13）　2. 陶瓮（ⅡF2c：13）　3、5. 陶纺轮（ⅡF2c：15、ⅡF2c：14）　4. 陶饼（ⅡF1a：14）　6. 石臼（ⅡF2b：5）　9. 陶灯盏（ⅡF1c：1）　10. 残铁器（ⅡF1e：1）　11. 铜环（ⅡF2c：16）　12. 陶甑（ⅡF2c：17）

3. 铜器

1件。ⅡF2c：16，为环。残，锈蚀严重。圆形，中间有孔。外径0.9、内径0.4、厚0.1厘米（图2-170，11）。

4. 铁器

1件。ⅡF1e：1，锈蚀严重。平面呈圆角长方形，一端圆弧，一端平直。长8.2、宽4、厚0.3厘米（图2-170，10）。

5. 石器

8件。有臼、石磨盘和柱础石。

臼　1件。ⅡF2b：5，由灰色火成岩制作而成。臼窝内壁较光滑。内径17.6、沿宽5.2、残高10.2厘米（图2-170，6）。

磨盘　3件。ⅡF1d：6，青灰砂质岩。椭圆形。表面略内凹。长26、宽18.6、厚4.8厘米（图2-170，1；图版2-69，4）。ⅡF1a：13，青灰砂质岩。马鞍形。中间内凹，一端上翘。残长11.8、宽12、厚4～4.6厘米（图2-170，8）。ⅡF1e：4，灰褐色火成岩，马鞍形。表面较平整。残长14.6、宽14、厚7厘米（图2-170，7）。

柱础石　4件。ⅡF1a：23，平面为不规则圆形。顶部有两个圆饼状凿孔，均略呈长方形，其中一孔一端圆弧。侧边中部有一道凹槽。柱础石直径50厘米，高8.2厘米。一孔长7.6、宽7厘米，另一孔长6.2、宽4.8厘米，深均为7厘米（图2-171，1）。ⅡF1a：24，平面为圆形，剖面呈二层台形。台面微鼓，顶端一侧有一个不规则的三角形柱槽。柱础石边缘几乎等距离的刻凹槽。柱础石顶径30、底径48、通高12、柱槽深1.5厘米（图2-171，2）。ⅡF1a：25，圆台形。中间有一个残孔。柱础石边缘錾刻折线。柱础石残径41厘米，通高12厘米，孔残径10.4、深10厘米（图2-171，3）。ⅡF1a：26，平面略呈扇形。顶面中间有一个方孔。以方孔为中心均匀刻划斜线，磨面上的齿呈放射图排列。柱础石直径48、高5、孔边长4、深1.5厘米（图2-171，5）。

6. 骨器

4件。有镞和结具。均残。

镞　3件。双翼形，镞尖锐利，镞身两面有脊，尾端两面左右各有一个刻槽，铤为扁柱体（图版2-69，3）。ⅡF1x：7①，通长18.1、镞身长6.9、铤长11.2厘米（图2-171，6）。ⅡF1x：7②，通长14.8、镞身长5.7、铤长9.1厘米（图2-171，7）。ⅡF1x：7③，通长13.6、镞身长5.9、铤长7.7厘米（图2-171，8）。

结具　1件。ⅡF1a：15，平面略呈梯形，顶部两端各有一个刻槽。长5.4、宽3.8、厚1.6厘米（图2-171，4；图版2-69，5）。

（四）结语

内城西北部共清理出8间房，屋内残存大量坍塌的瓦片，瓦片下有红烧土、炭粒、灰烬等火烧痕迹，推测古城应毁于火灾。遗迹有墙体、柱洞、散水和门道等，墙体有土坯垒砌和夯土砌筑两种方式，土坯垒砌的墙体一般宽约0.7米，夯土砌筑的墙体一般宽约1米。墙体上等距离分布有柱洞，洞内残留有朽木。墙体表面均有一层草拌泥，上面涂白灰，墙体拐角和底部白灰面上再涂红色颜料。出土遗物主要为板瓦、筒瓦等建筑材料以及陶、铜、铁、石、骨器等。

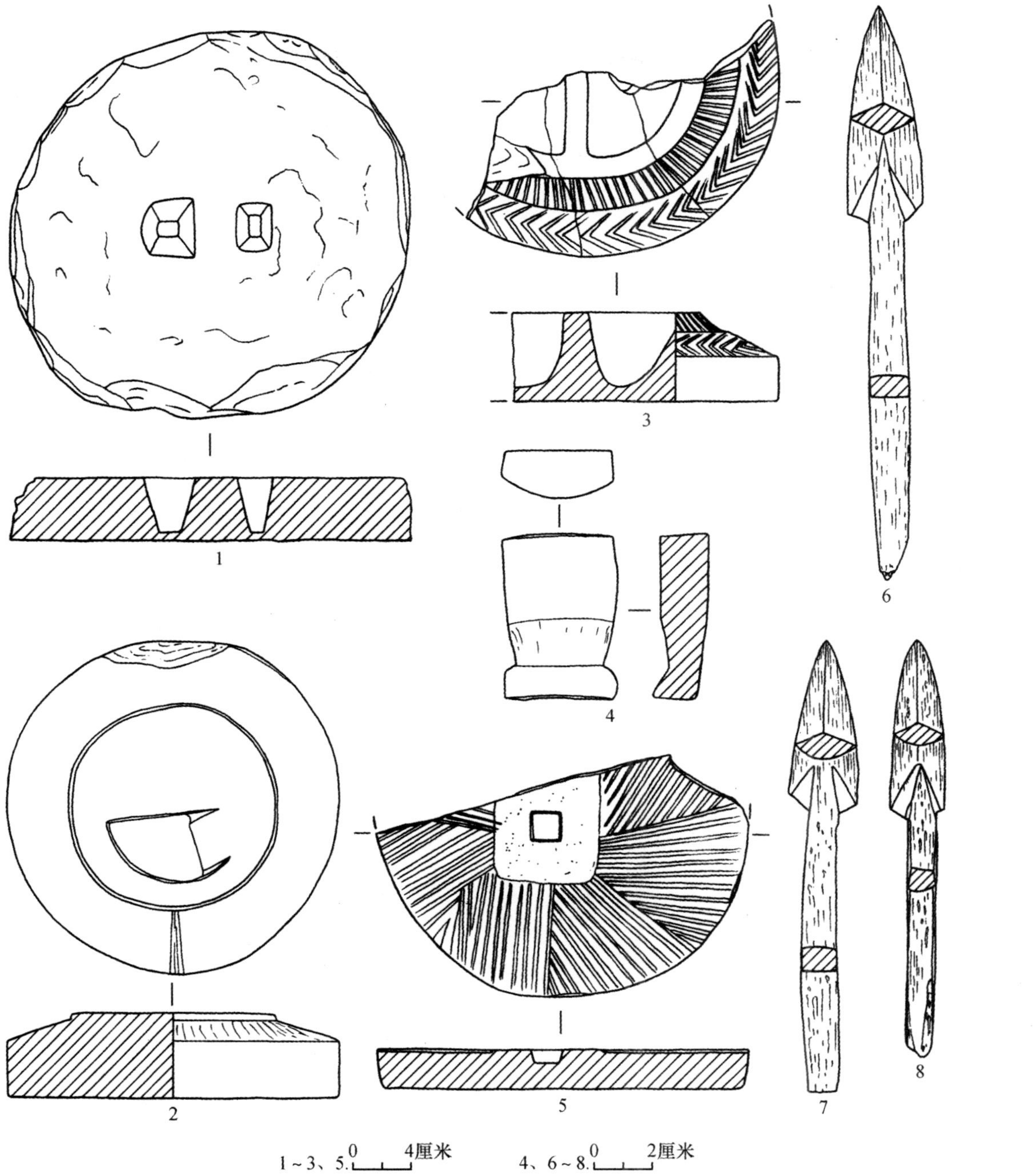

图2-171 石器、骨器

1～3、5. 柱础石（ⅡF1a：23、ⅡF1a：24、ⅡF1a：25、ⅡF1a：26） 4. 骨结具（ⅡF1a：15） 6～8. 骨镞（ⅡF1x：7①、ⅡF1x：7②、ⅡF1x：7③）

二、内城中部居址

（一）地层堆积

内城中部地势北高南低，探方南北高差达20米。发掘面积1000平方米，清理出房址、灶、灰坑、柱洞、排水沟、巷道、砖道、砖槽等遗迹（图2-172）。共布设5米×5米探方40个（编号为T76～T115）。

发掘区地层堆积厚薄不一，北部草皮土层下即见文化层，西南部地势低洼处堆积较厚。现以发掘区探方西壁剖面为例，对相关层位关系做简要介绍（图2-173）。

第1层：草皮土，黑褐色土。土质较硬，夹杂大量腐殖质，草根，零星瓦片，骨骼，碎砖。厚0.01～0.35米。

第2层：黄褐土。土质较疏松。内含瓦片，碎砖、骨骼等。厚0～0.3米。

第3层：含瓦片、土坯块等坍塌土堆积。灰褐色。土质疏松。夹杂大量瓦片、陶片及动物骨骼。厚0～0.41米。ⅤF2～ⅤF25等遗迹叠压于此层下。

第4层：垫土，灰黄土。土质较硬，夹杂碎瓦、碎石、木炭等。厚0.07～0.57米。

第5层：建筑物坍塌土堆积，灰褐土。土质较疏松，颗粒状，夹杂大量碎瓦、石块、红烧土块、木炭等。厚0～0.4米。ⅤF28、ⅤF29等遗迹位于此层下。

第6层：淤土、建筑物坍塌土交替堆积。可分为三个小层。第6①、6③小层为坍塌土，土色以黄褐色为主。第6②小层为淤积土，土色以灰褐色为主，土质较疏松，夹杂土块、碎瓦、碎石等。厚0～1.23米。

第7层：建筑物坍塌土堆积，灰黑土。土质较疏松，颗粒状，夹杂大量碎瓦、石块、红烧土块、木炭等。厚0～0.41米。ⅤF20～ⅤF25等遗迹位于此层下。

第8层：垫土。灰黄色土。土质较硬，夹杂碎瓦、碎石、木炭等。厚0.35～1.23米。

第9层：垫土。黄褐色土。中间夹杂碎瓦、碎石和红胶泥颗粒等。厚0～0.5米。

第10层：黑褐土。土质较疏松，颗粒状，内含碎瓦，碎石、零星陶片等。厚0.17～0.82米。ⅤF26、ⅤF27和ⅤF26等房址位于此层下。

（二）遗迹

包括房址26间、灶9座、灰坑43座、柱洞134个、排水沟2条，巷道、砖道、砖槽、石列、沟各1条，祭祀坑1个。

根据叠压打破关系可将遗迹分为四期。第四期遗迹分布较广，散见于整个发掘区内，由于埋藏较浅，大部分遗迹毁于耕作。现存房址、灶、排水沟、灰坑、砖道、柱洞等。其中房址

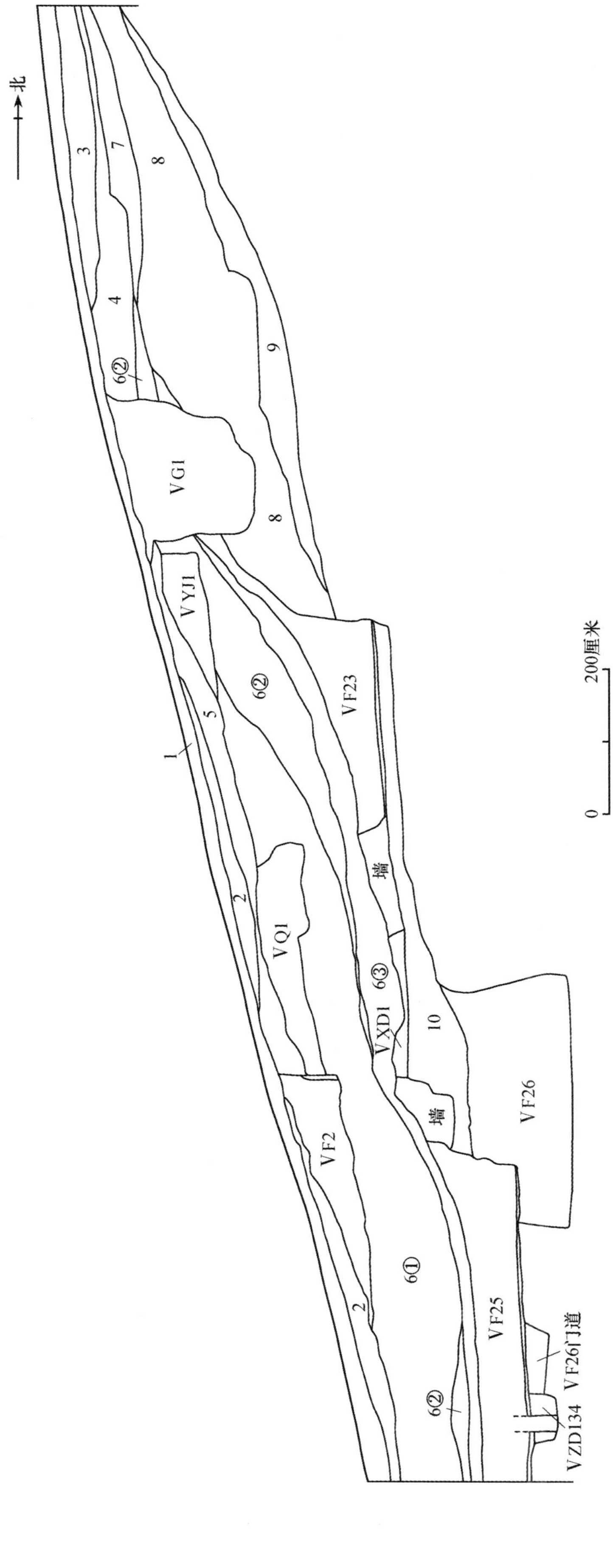

图2-173　探方西壁剖面图

1. 草皮土　2. 黄褐土　3. 瓦片堆积　4. 垫层　5. 坍塌土　6. 淤积土、建筑物坍塌土交替堆积（6①. 灰褐色淤积土，6②. 黄褐色建筑物坍塌土（含土块），6③. 灰褐色淤土）　7. 灰黑土（文化层）　8. 垫层　9. 红胶泥颗粒土垫层　10. 黑褐土　F2、F23、F25、F26为房址　YJ1为遗迹1　G1为沟1　ZD134为柱洞　XD1为巷道1

15间，编号ⅤF1～ⅤF15。分布于北侧平台及西南部坡地上，仅存少量夯土墙体及柱洞等遗迹（图2-174）。第三期遗迹主要分布于发掘区中部。多被第四期房址打破，现存部分柱洞、灰坑、祭祀坑、砖槽、石列等。初步可复原房址2间，即ⅤF18、ⅤF19（图2-175）。第二期遗迹分布于发掘区西南部坡地上。现存房址、灶、灰坑、柱洞等。其中房址6间，即ⅤF20～ⅤF25（图2-176）。第一期遗迹位于发掘区中部和西南角，现存房址、灶、炕和柱洞等。其中ⅤF26位于发掘区西南角坡地上，ⅤF16和ⅤF17位于发掘区中南部台地边缘（图2-177）。

由于古城所在位置坡度较大，城内相对平台的地方较少。所以这些稀缺的平台多被重复使用，除了最上层遗迹可看出大概轮廓外，下层遗迹多被破坏严重。为了维护平台可供继续使用，对平台特别是南部临坡部分进行过多次修补垫平。

1. 房址

26间。房址整体依地势呈北南向阶梯状布局。北部平台被重复利用，遗迹保存较差，形制布局不清晰。西部毁于近现代耕作，仅存少量碎瓦和柱洞。东部可见成片的建筑物倒塌堆积，瓦砾下残存少量墙基和大量柱洞、灰坑等遗迹。西南部坡地上第四期房址形制布局不清晰。第一、二期房址得益于上部厚厚的晚期坍塌堆积层覆盖，房址形制清晰，但是坍塌严重，仅存下部墙基、柱洞等遗迹。房屋布局多采用排房式结构，大致可以分为七组。

第四期15间房址除ⅤF2外，其余14间房址可以分为三组。ⅤF2～ⅤF5等4间位于南侧坡地上。为一组东西向排房。房址墙基直接掏挖在早期灰土层和坍塌堆积层中，南半部分已坍圮。排房西面超出发掘区边界不明，东面还有部分零散分布的柱洞。ⅤF6～ⅤF11等6间位于北部平台中部。为一组南北向并排排列的两排排房。ⅤF6、ⅤF7、ⅤF8在南，ⅤF9、ⅤF10、ⅤF11在北。排房间隔墙宽约1.4米，房址间隔墙宽约1米。在ⅤF6和ⅤF9西部还残留少量墙基和柱洞，显示该组房址原有规模应该较现在大。F12～F15等4间位于东北部，为一组南北向排列的排房（图2-174）。

第三期2间房址即ⅤF18和ⅤF19位于平台南部边沿，为一组东西向排房。墙基已经坍塌殆尽，仅能根据柱洞组合复原。同时该两间房南墙西侧同一条水平线上还等间距分布有3个柱洞，初步推测应还有3间房址与ⅤF18、ⅤF19同属一组排房（图2-175）。

第二期6间房址位于发掘区西南部坡地上，分为两组。ⅤF20～ⅤF23等4间为一组东西向排房，西侧超出发掘区情况不明。ⅤF24、ⅤF25两间房为一组东西向排房，同样西侧超出发掘区情况不明。ⅤF20～ⅤF23在北，ⅤF24和ⅤF25在南，中间隔一条巷道（图2-176）。

第一期3间房即ⅤF16、ⅤF17、ⅤF26。ⅤF16、ⅤF17位于发掘区中部，为一组东西向排房。ⅤF26位于发掘区西南角，其西侧超出发掘区，暂不清楚有无房址（图2-177）。

属于第三、四期的四组房址现仅存少量墙基，彼此间关系不清晰。参照2016年在内城西北角清理的房址结构布局。这四组排房可能并非独立的单间，彼此应该存在一定组合关系。属于第一、二期的三组房址虽然也是采用排房形式布局，但均为独立掏挖出的半地穴式单间，不见组合关系。

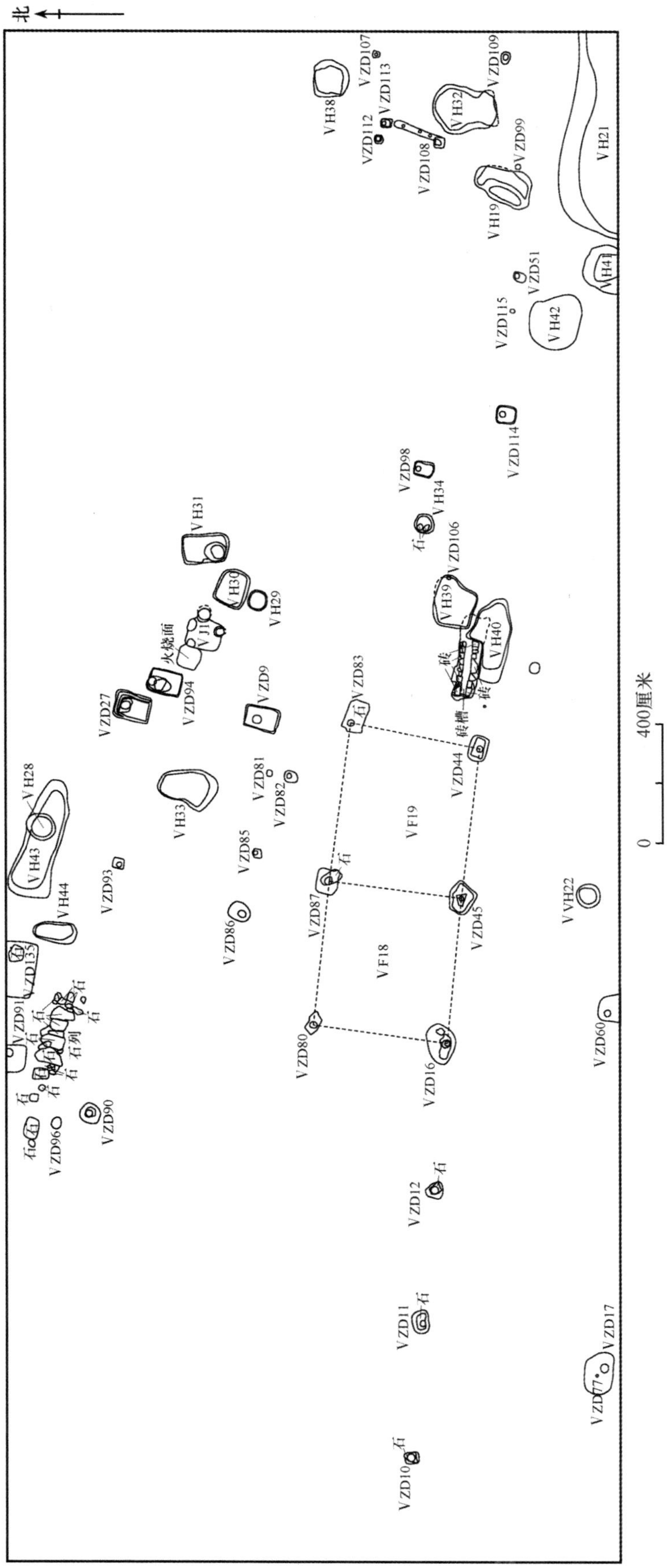

图2-175 第二期遗迹平面图

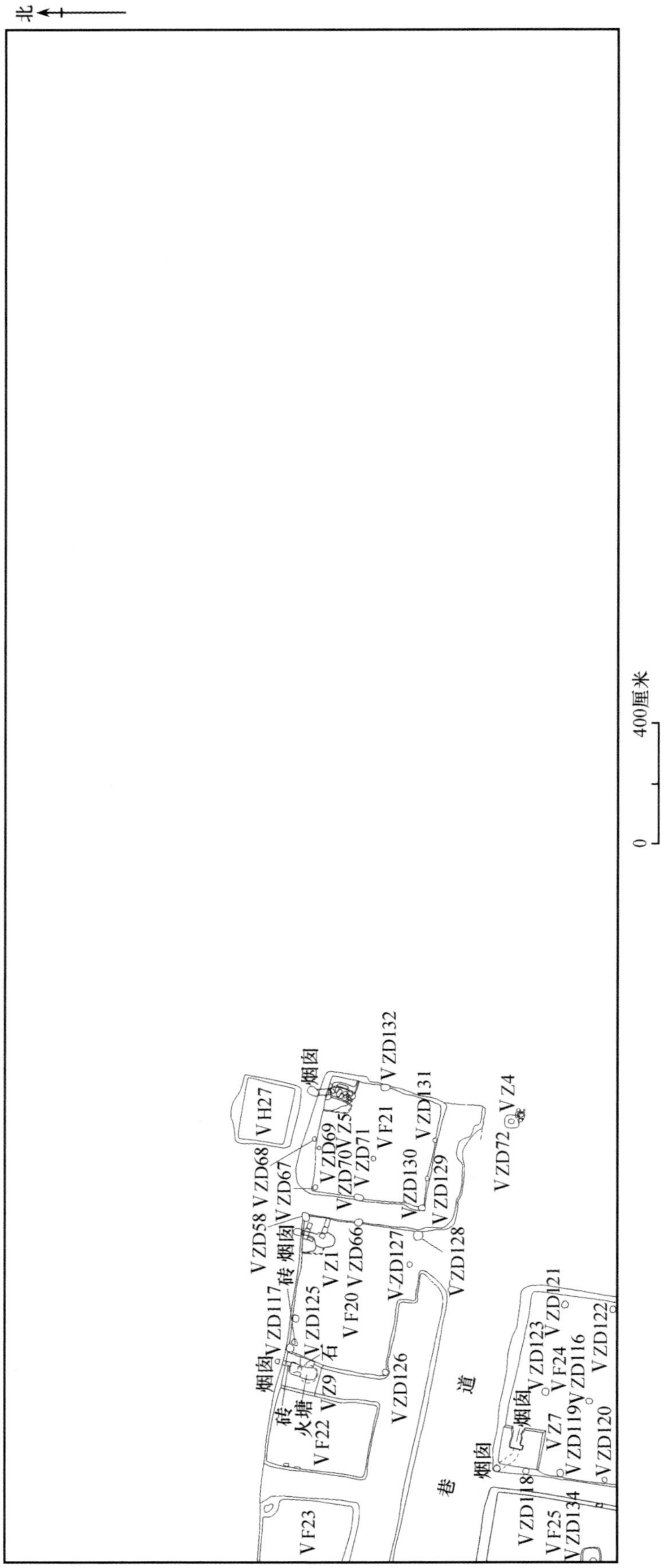

图2-176　第二期遗迹平面图

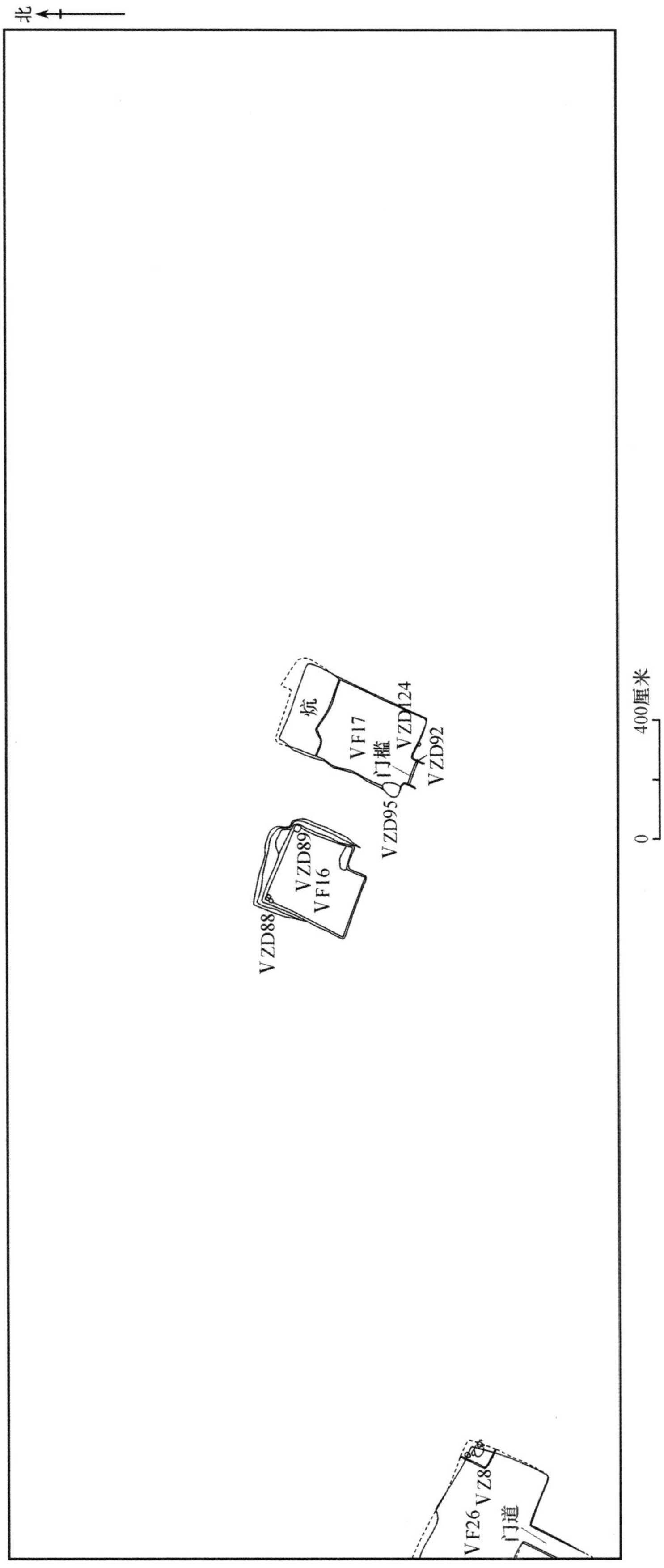

图2-177 第一期遗迹平面图

根据房址构筑特征可以分为地面起建式和半地穴式建筑两类。

地面起建式　地面起建式房址均位于北部平台及东南部地势平坦处。共13间，即ⅤF1、ⅤF6～ⅤF15、ⅤF18、ⅤF19（图版2-70）。建筑方法为在预先平整好的地基上规划好房屋开间布局。先在房址四角各插立一根木柱。然后建墙将木柱包在墙体内。墙体以夯筑为主，部分为土坯垒砌。两侧贴立一层细木柱。木柱外再抹草拌泥，并装饰红色墙角线和地脚线。房址平面均呈长方形。门向不明，房顶结构不明。部分房址残基上覆盖着碎瓦、碎土坯、墙皮、朽木、红烧土、灰烬等坍塌建筑物堆积。其中尤以ⅤF1和ⅤF15南、ⅤF10～ⅤF14区域堆积最厚。

ⅤF1　位于东南部。为单独的一间。现仅存北半部分墙基、柱洞和地面（图版2-71，1）。面宽3.3、南北进深3.5米。北墙长4.6、残宽0.45～0.8、残高0.25～0.35米。东墙残长0.45、宽0.83、残高0.12米。西墙残长2.7、残宽0.6、残高0.16米。南墙缺失。墙体夯筑，内壁插立一排细木柱，直径0.05～0.18米（图版2-71，2）。木柱外再涂抹草拌泥和白灰，并勾绘红色地脚线和墙角线。墙面有被火烧的痕迹。房址四角墙体中各立木柱1个。ⅤZD22位于西北角，柱槽长方形，长1.35、宽1.01、深0.6米，木柱立于柱槽西南部，直径0.33、残高1米（图2-178）。ⅤZD55位于东北角，柱槽长方形，长1、宽0.73、深0.58米，木柱立于柱槽中部，直径0.28米、残高1.02米（图2-179）。ⅤZD39位于东南角，柱槽长方形，长1.58、宽0.91、深0.7米，木柱立于柱槽中南部。直径0.44、残高0.9米（图2-180）。西南角柱洞缺失。地面比较平整，土较致密。房内外覆盖着厚厚一层坍塌土，内含大量碎瓦、瓦当、土坯、墙皮等建筑材料和红烧土、未烬朽木、木炭等焚烧后残留物。房址东墙外有宽约0.6米的散水。房址北、东侧被1条排水沟ⅤPSG2围绕（图2-181）。

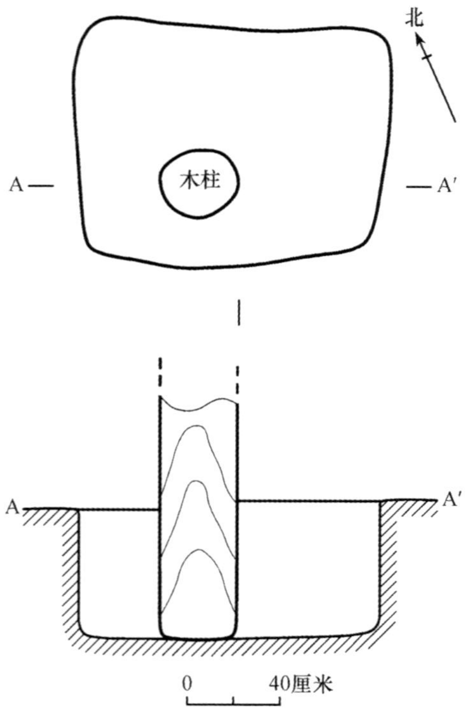

图2-178　ⅤZD22平、剖面图

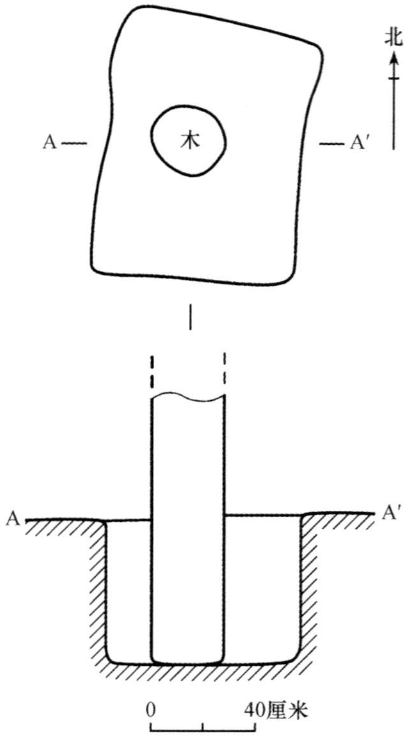

图2-179　ⅤZD55平、剖面图

ⅤF6 位于北部平台上。东为ⅤF7、北为ⅤF9。面宽4.8、进深3米（图版2-72，1）。北墙长7、宽0.8～1.4、残高0.4～1米。东墙长3.1、宽1、残高0.23米。南墙残长6.8、宽1～1.4、残高0.1～0.5米。西墙残长3.4、宽1.1、残高0.13～0.47米。墙体夯筑，东、南、西墙内壁各插立一排细木柱，柱外抹一层草拌泥（图版2-72，2）。木柱直径0.05～0.15、残高0.5米。四角墙体中各立木柱1个。ⅤZD8位于西北角，柱槽方形，边长0.65、深0.18米。木柱立于柱槽中部，直径0.25米（图2-182）。ⅤZD46位于东北角，柱槽未清理，柱洞圆形，直径0.21米（图2-183）。ⅤZD84位于西南角，柱槽近方形，长0.45、宽0.44、深0.2米。柱槽中部立木柱，直径0.15、残高0.2米（图2-184）。东南角柱洞被晚期灰坑H26毁坏。房屋东北角有灶1个（图版2-72，3）。房址内有一层坍塌土堆积，内含少量碎瓦和动物骨骼（图2-185）。

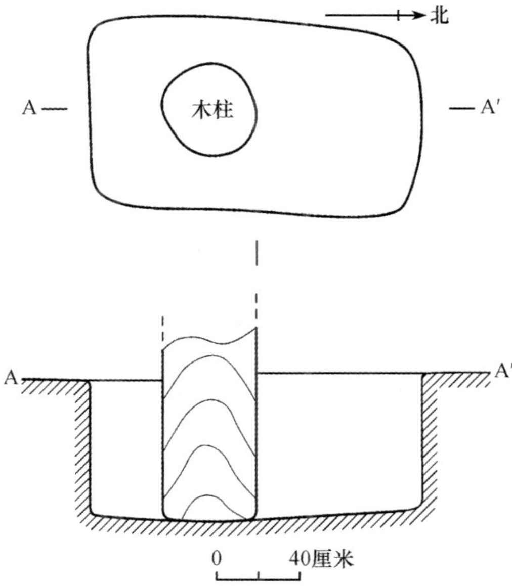

图2-180 ⅤZD39平、剖面图

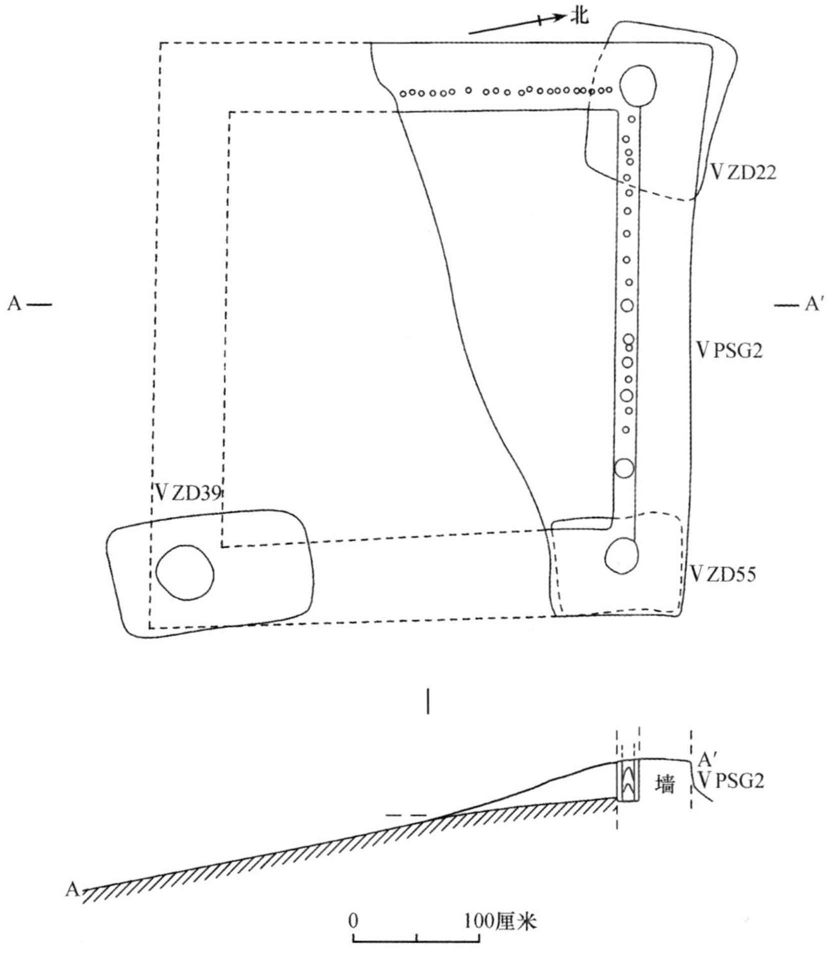

图2-181 ⅤF1平、剖面图

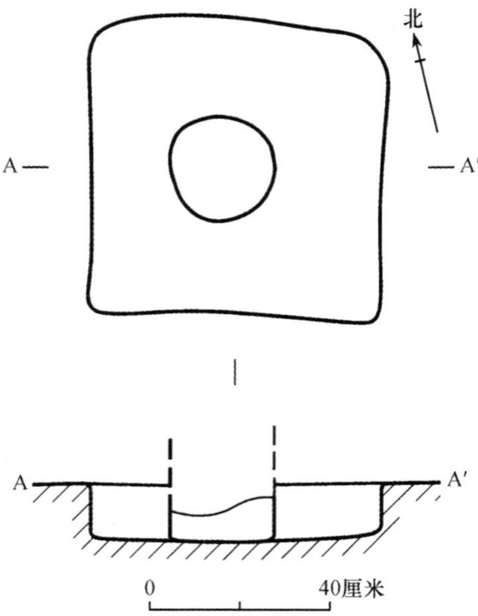

图2-182　ⅤZD8平、剖面图

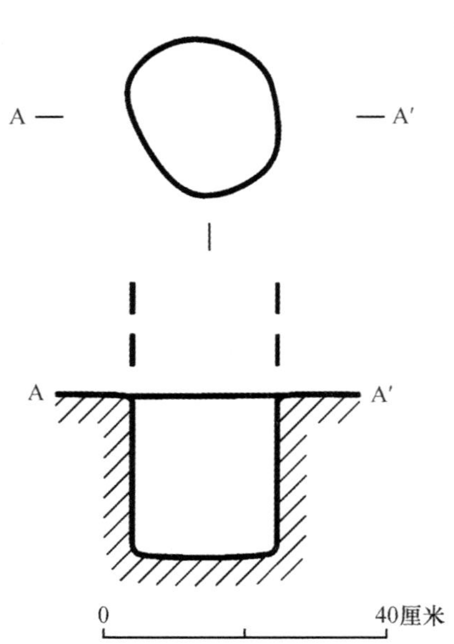

图2-183　ⅤZD46平、剖面图

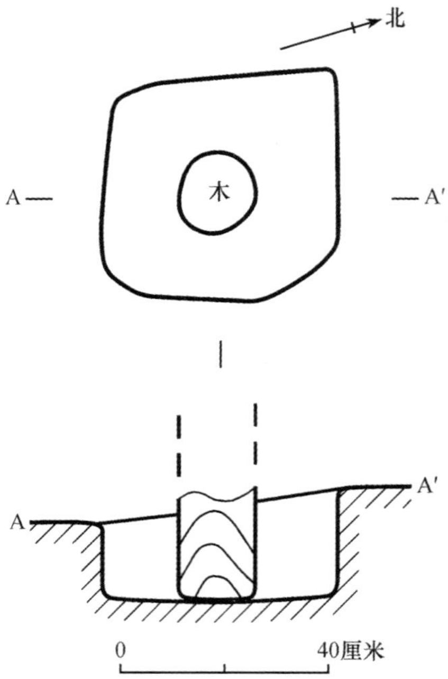

图2-184　ⅤZD84平、剖面图

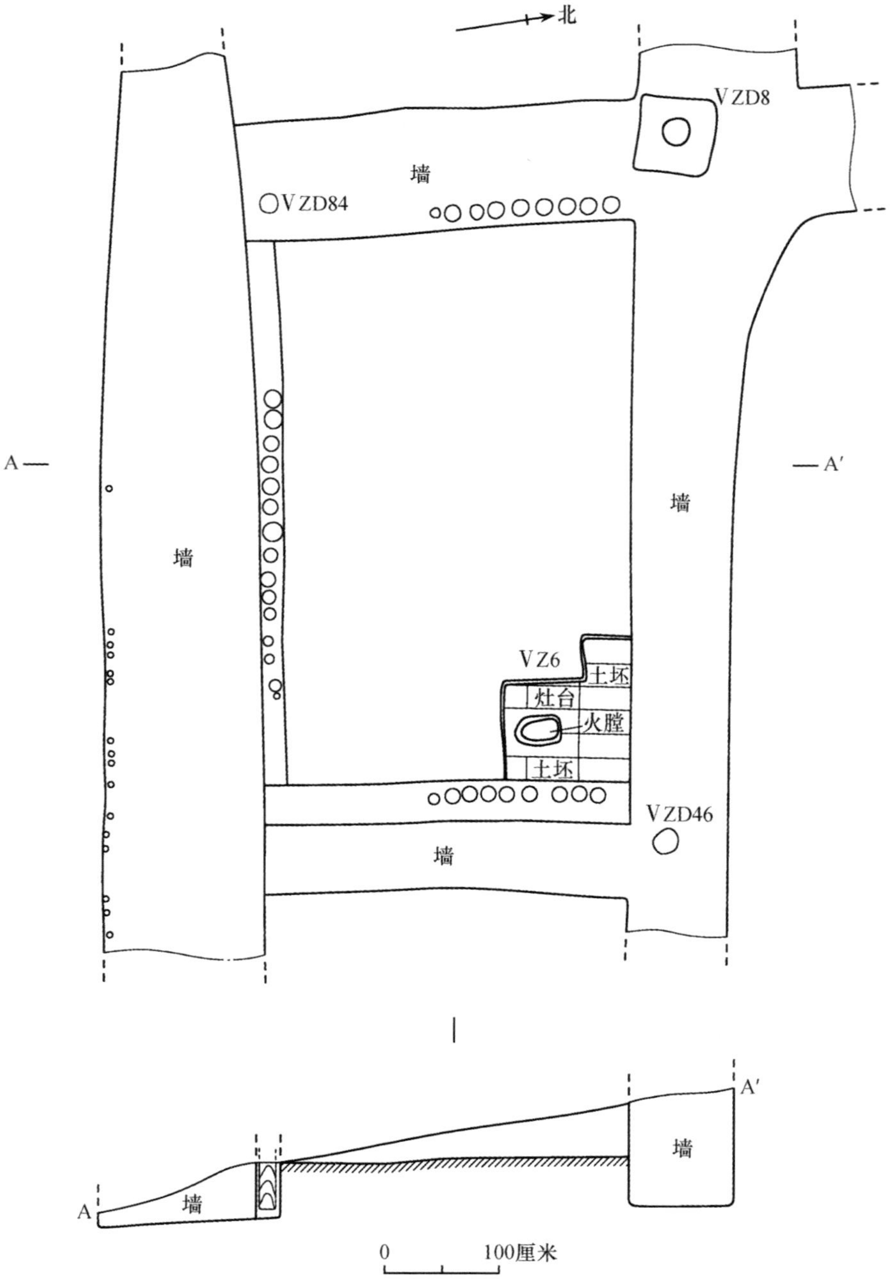

图2-185　ⅤF6平、剖面图

ⅤF7 位于北部平台上。西邻ⅤF6。面宽5.4、进深3米。北墙长7.6、宽0.8～0.6、残高0.09～1米。东墙长3、宽1.1、残高0.41米。南墙长7.4、宽1.6、残高0.1～0.5米。西墙为ⅤF6东墙。墙体夯筑，东、南、西墙内壁各插立一排细木柱，柱外抹一层草拌泥。木柱直径0.1、残高0.39米。四角墙体中各立木柱1个。其中ⅤZD31位于东北角，柱槽长方形，口大底小，口部长1.39、宽1.32米，底部长1.3、宽1.2米，深0.78米。木柱立于柱槽东南角侧。直径0.3米，残高0.8米（图2-186）。ⅤZD15位于东南角，柱槽长方形，长1.57、宽1.39、深0.78米。木柱立于柱槽中东部，直径0.46、残高0.98米（图2-187）。房内北侧地面上有五块碎砖围砌成一个方形台，边长0.7米。现存砖一层。砖残长31、残宽20、厚10厘米。东南角有一石块，长0.5、宽0.6米。房址内有一层坍塌土堆积，内含少量碎瓦和动物骨骼（图2-188）。

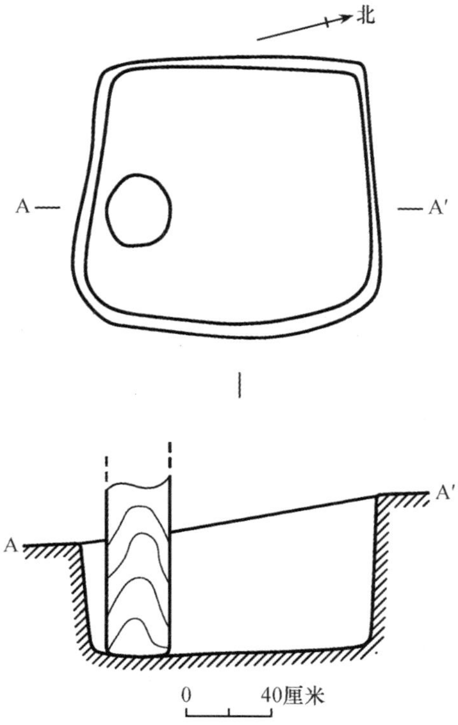

图2-186 ⅤZD31平、剖面图

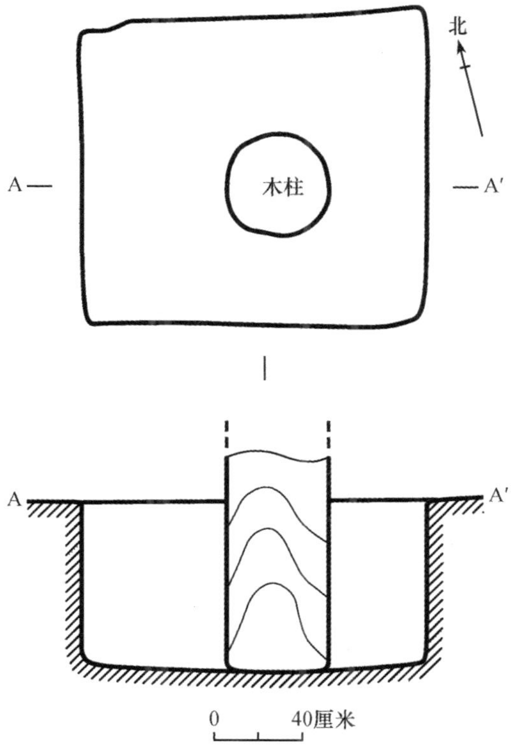

图2-187 ⅤZD15平、剖面图

ⅤF8 西邻ⅤF7。面残宽3.7、进深2.8米。北墙残长3.4、宽0.8～1.3、残高0.25米。南墙残长6.2、宽1.4、残高0.1米。西墙为ⅤF7东墙。东墙缺失。墙体夯筑。四角墙体中各立木柱1个。ⅤZD20位于东南角，柱槽长方形，口大底小，口部长1.51、宽1.39米，底部长1.41、宽1.21米，深0.7米。柱槽内东部置柱础石，上立木柱。柱础石长0.4、宽0.3、厚0.1米。木柱直径0.29、残高0.1米（图2-189）。ⅤZD50位于东北角，柱槽长方形，长1.61、宽1.42、深0.8厘米。木柱立于柱槽东部，直径40、深90厘米。底部垫碎石当柱础石。石块长0.16、宽0.08、厚0.05米（图2-190）。柱洞东南被沟槽打破，沟槽长2.2、宽0.25、深0.1米。房址内有一层坍塌土堆积，内含少量碎瓦和动物骨骼。其中东南部碎瓦较多（图2-191）。

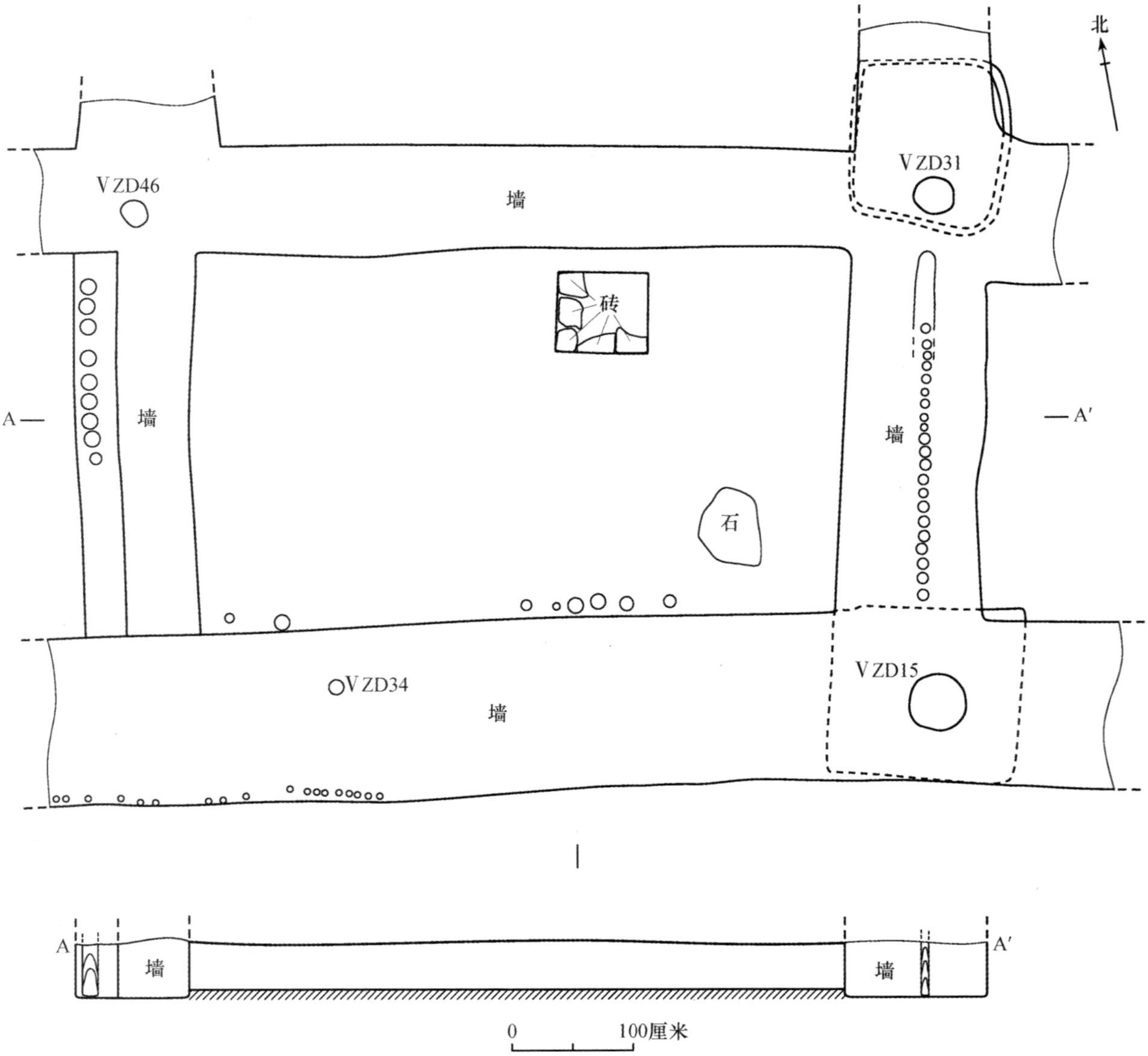

图2-188　ⅤF7平、剖面图

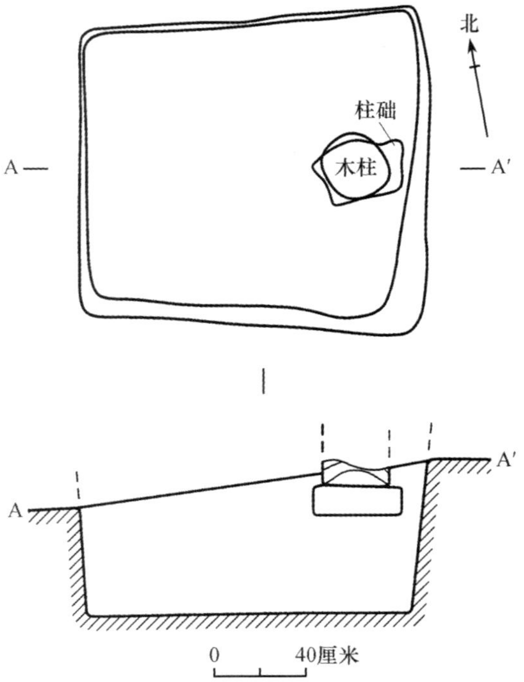

图2-189　ⅤZD20平、剖面图

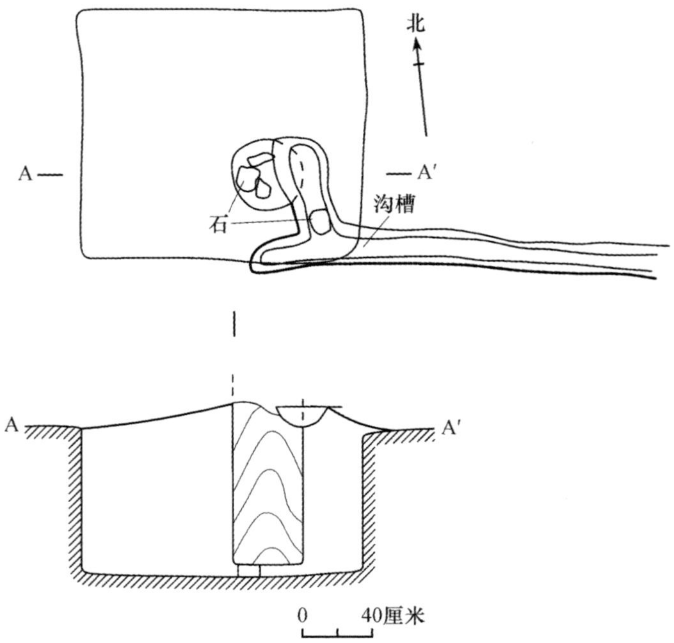

图2-190　ⅤZD50平、剖面图

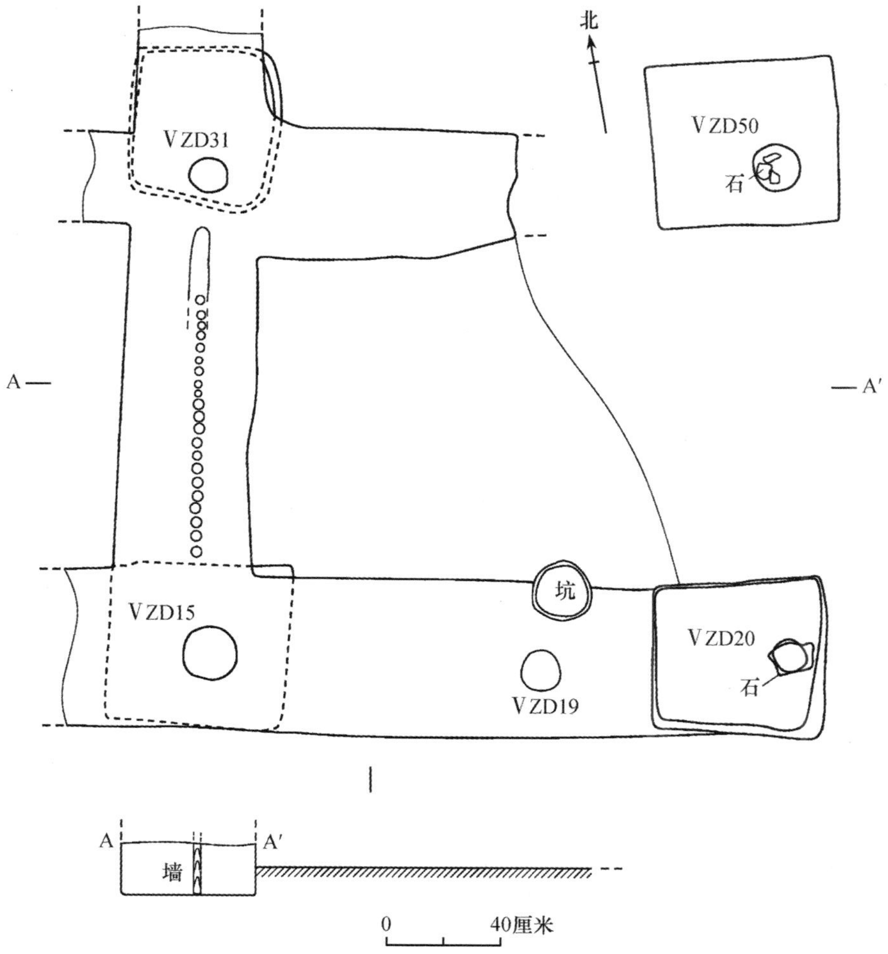

图2-191 VF8平、剖面图

VF9 东邻VF10，南邻VF6。面宽5.1、进深3米。北墙长7.3、宽1.2～1.3、残高0.1～0.25米。东墙长3、宽1～1.2米、残高0.3米。南墙为VF6北墙。西墙长2、宽1、残高0.12米。墙体夯筑。四角墙体中立木柱1个。VZD21位于东北角，柱槽长方形，口大底小，口部长0.97、宽0.92米，底部长0.89、宽0.82米，深0.62米。柱槽中部立木柱，木柱直径0.35、残高0.7米（图2-192）。房址内有一层坍塌土堆积，内含少量碎瓦、动物骨骼和零星石块（图2-193）。

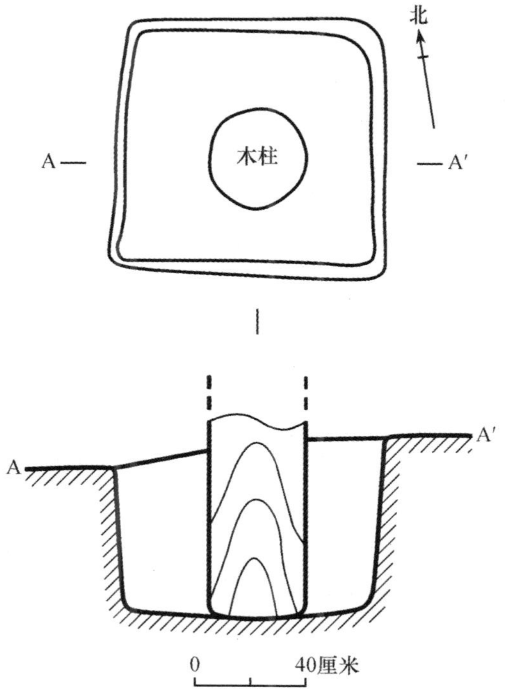

图2-192 VZD21平、剖面图

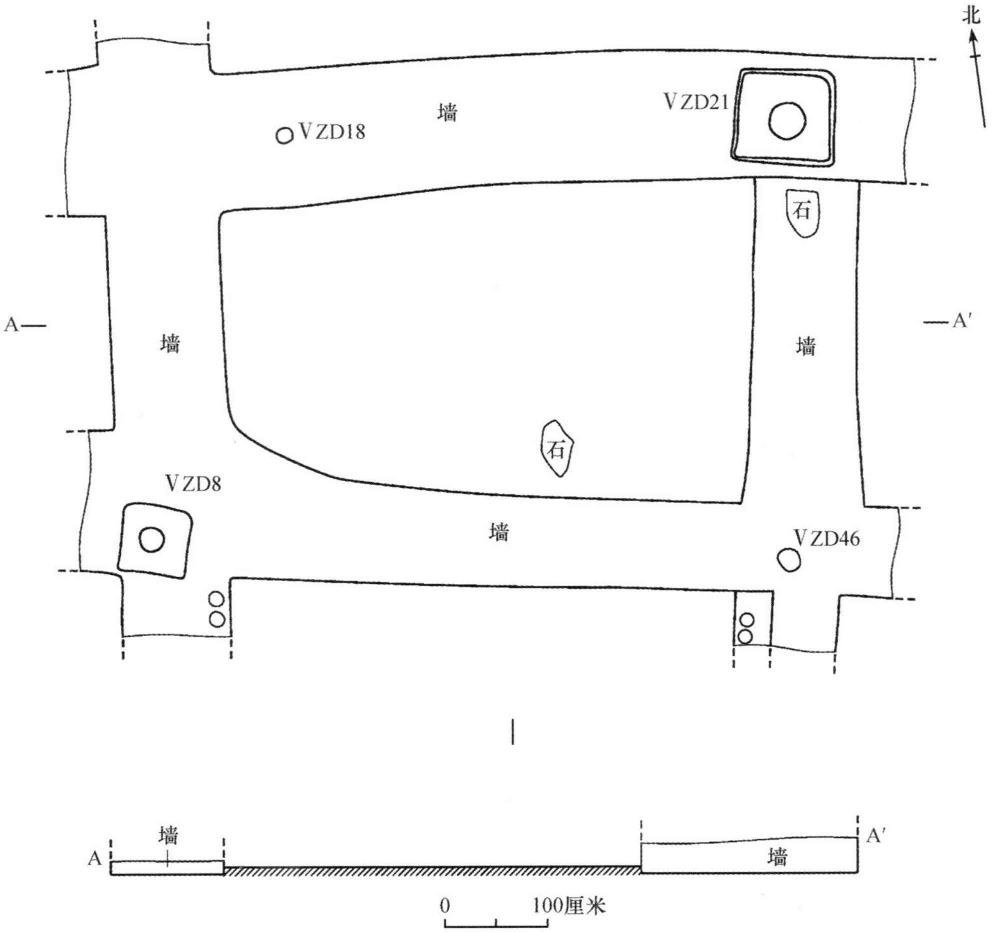

图2-193　ⅤF9平、剖面图

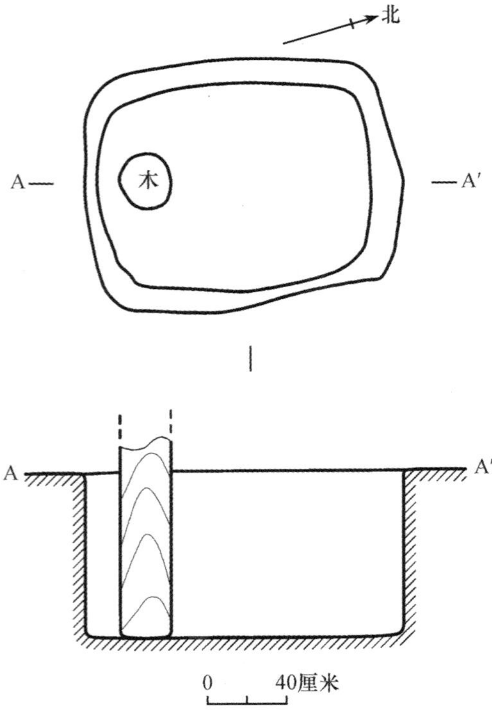

图2-194　ⅤZD57平、剖面图

ⅤF10　西邻ⅤF9，南邻ⅤF7。面宽5.4、进深3.2米。北墙残长8.6、宽1.2～1.4、残高0.25米。东墙残长3.2、宽1、残高0.29米。南墙为ⅤF7北墙。西墙为ⅤF9东墙。墙体夯筑。四角墙体中各立木柱1个。ⅤZD57位于东北角，柱槽长方形，口大底小。口部长1.59、宽1.27米，底部长1.37、宽1.05米，深0.8米。柱槽内南侧立木柱，直径0.26、残高1米（图2-194）。房址内有一层坍塌土堆积，内含少量碎瓦、炭化木、木炭和动物骨骼等遗物。其中东北部碎瓦堆积较密集（图2-195）。

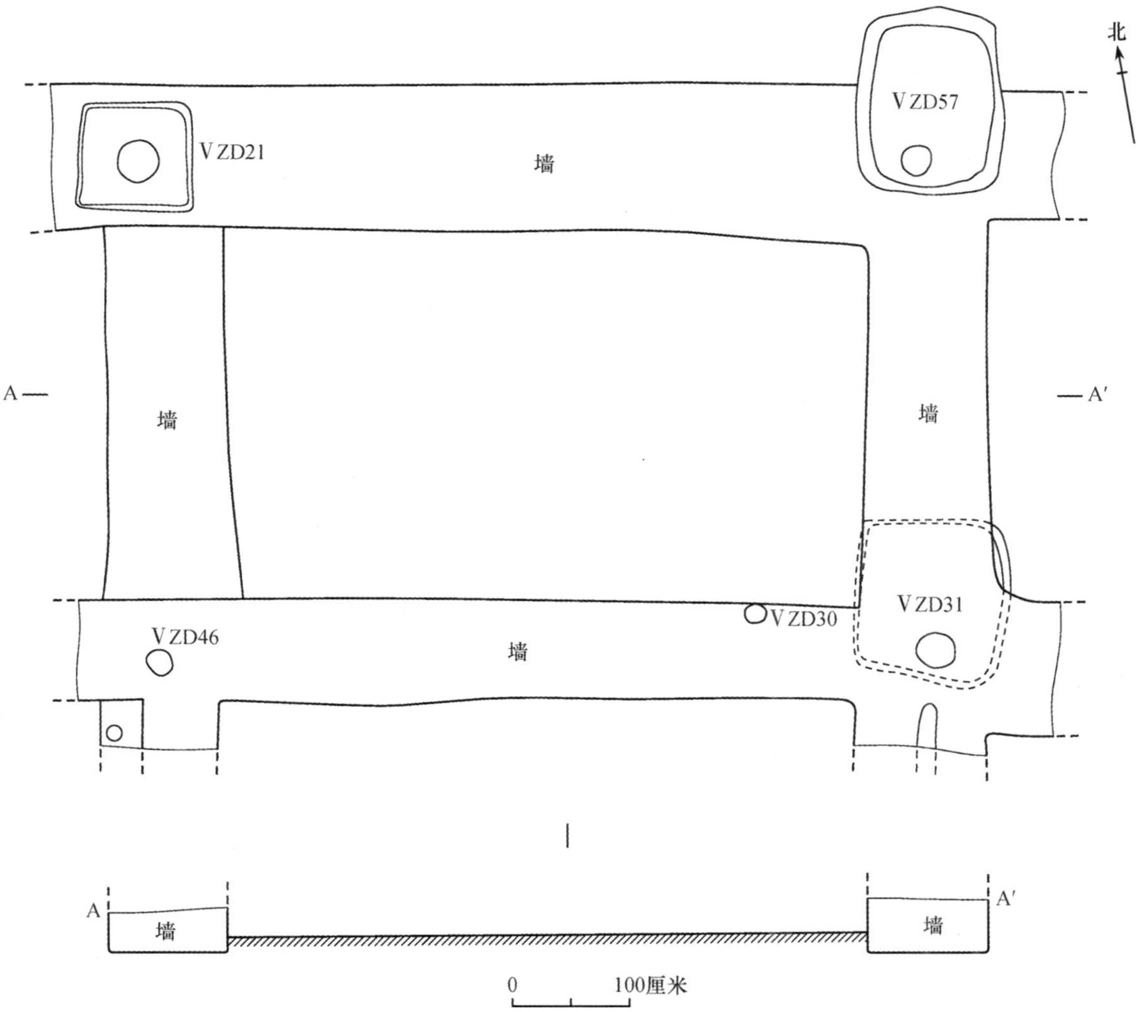

图2-195　ⅤF10平、剖面图

ⅤF11　西邻ⅤF10，南邻ⅤF8。面残宽2.1、进深3.2米。北墙残长3.1、宽1.1～1.3、残高0.1米。东墙缺失。南墙为ⅤF8北墙，西墙为ⅤF10东墙。墙体夯筑。四角墙体中各立木柱1个。ⅤZD56位于东北角，柱槽长方形，口大底小。口部长1.85、宽1.21米，底部长1.68、宽1.03、深0.81米。柱槽中南部有柱洞，内存朽木。柱洞直径0.49、深0.7米，木柱直径0.26、深0.95米（图2-196）。房址内有一层坍塌土堆积，内含大量碎瓦、未烬炭化木、红烧土、木炭和动物骨骼等遗物（图2-197）。

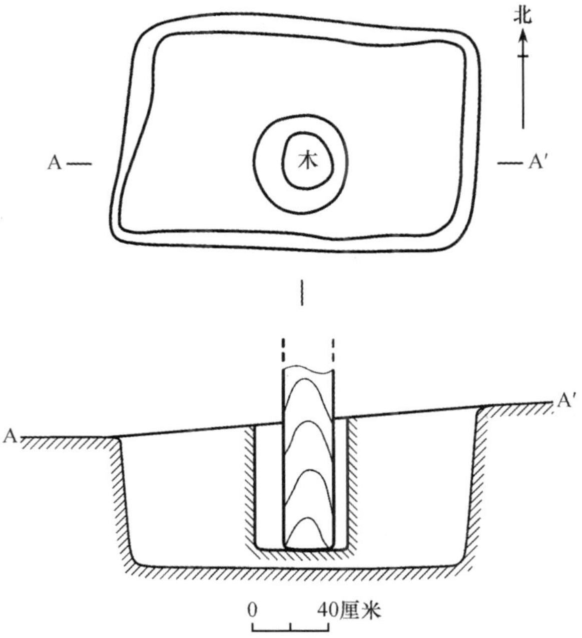

图2-196　ⅤZD56平、剖面图

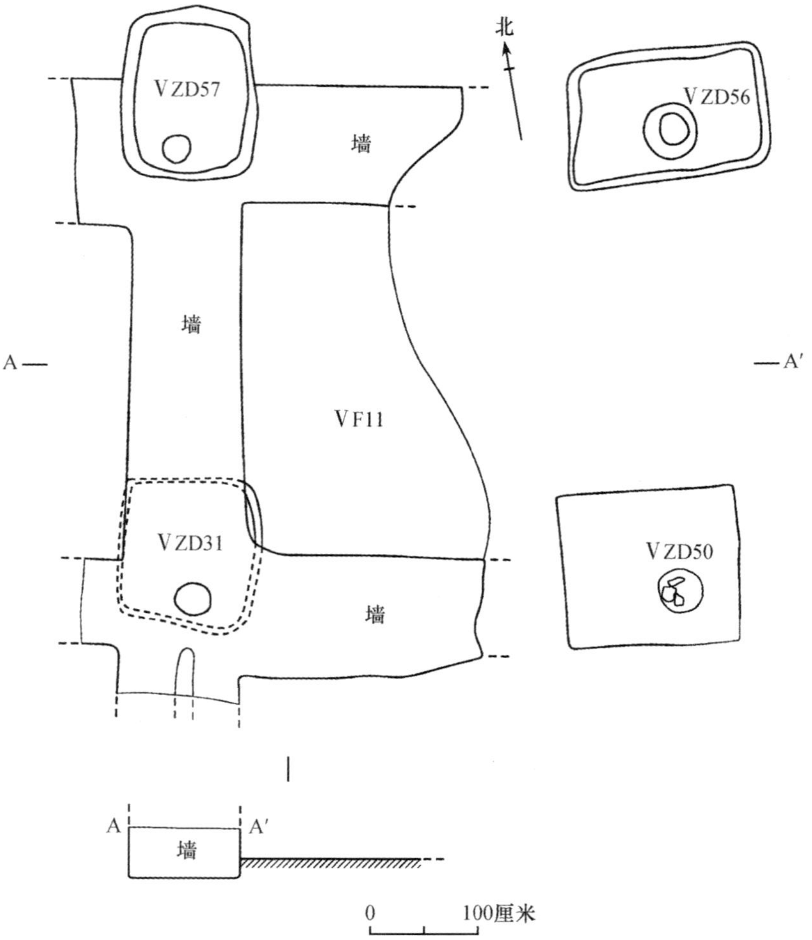

图2-197　ⅤF11平、剖面图

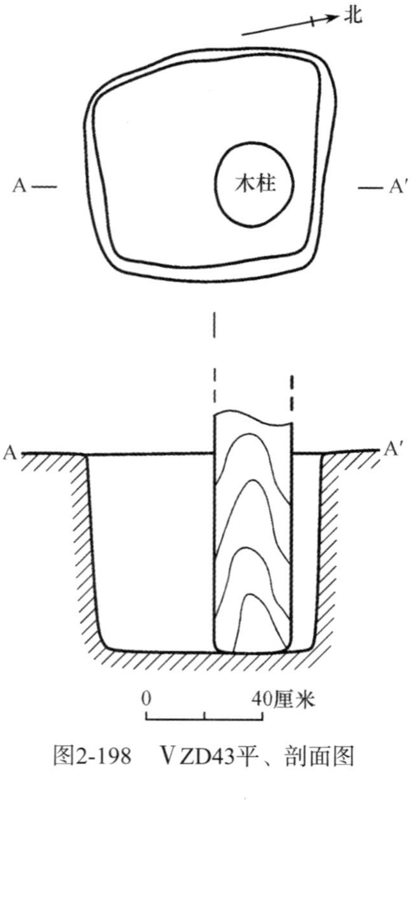

图2-198　ⅤZD43平、剖面图

ⅤF12　位于探方东北角，南邻ⅤF13。面残宽2.5、进深3.5米。北部位于探方外。西、南墙缺失。东墙残长4、宽1.5、残高0.18～0.3米。墙体夯筑。ⅤZD43位于西南角墙体中，柱槽长方形，口大底小。口部长0.82、宽0.79米，底部长0.73、宽0.71、深0.7米，柱槽内东北立木柱，木柱直径0.27、残高0.8米（图2-198）。房址内有一层坍塌土堆积，内含大量碎瓦、未烬炭化木、红烧土、木炭和动物骨骼等遗物（图2-199）。

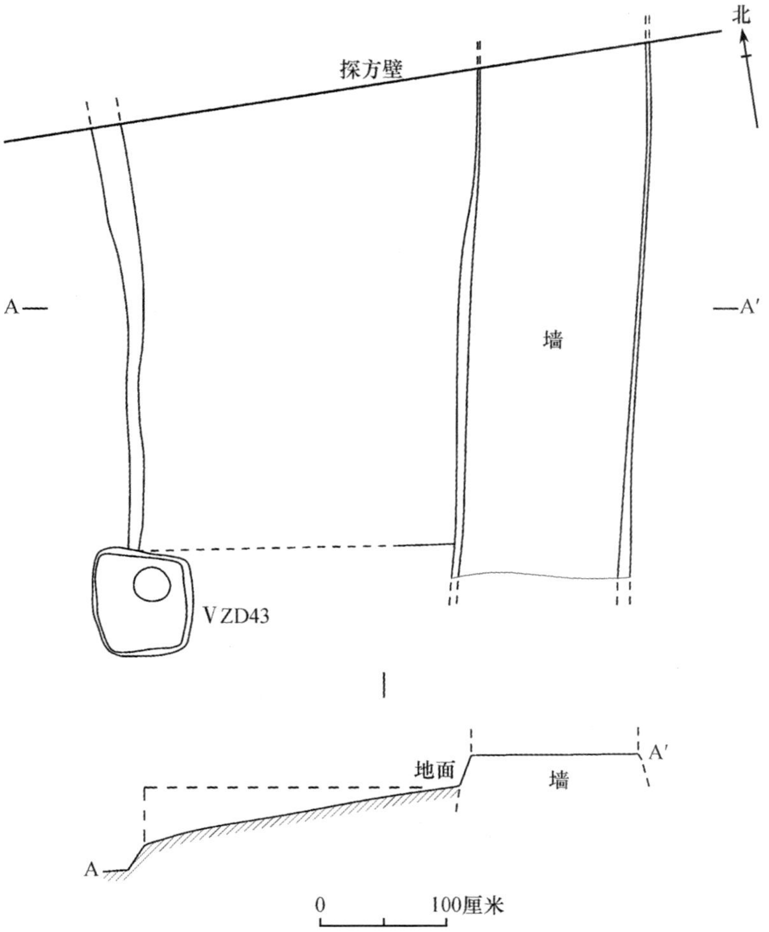

图2-199 ⅤF12平、剖面图

ⅤF13 北邻ⅤF12，南邻ⅤF14。面宽2.5、进深2.8米。北、南、西墙缺失。东墙残长4、宽1.4、残高0.32～0.43米。墙体夯筑。西北角和东南角墙体中各立木柱1个。ⅤZD33位于东南角，柱槽长方形，长1.14、宽1.02、深0.38米。木柱立于柱槽西部，直径0.32、残长0.36米（图2-200）。柱槽西侧填碎土坯，土坯碎残长0.4、厚0.05米。房址内有一层坍塌土堆积，内含大量碎瓦、未烬炭化木、红烧土、木炭和动物骨骼等遗物。尤以南部为多（图2-201）。

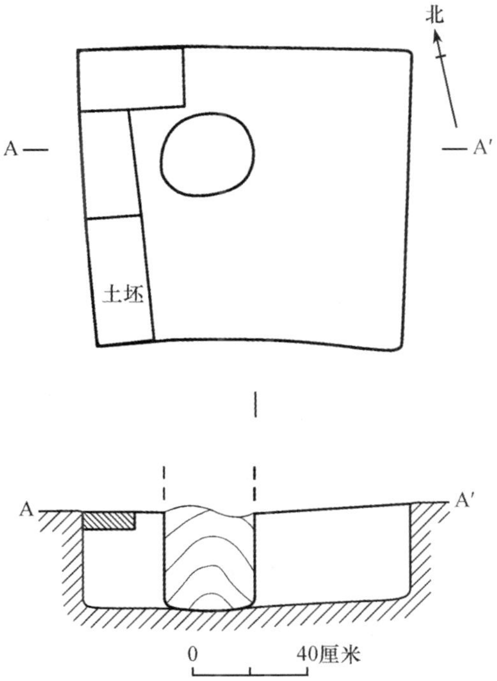

图2-200 ⅤZD33平、剖面图

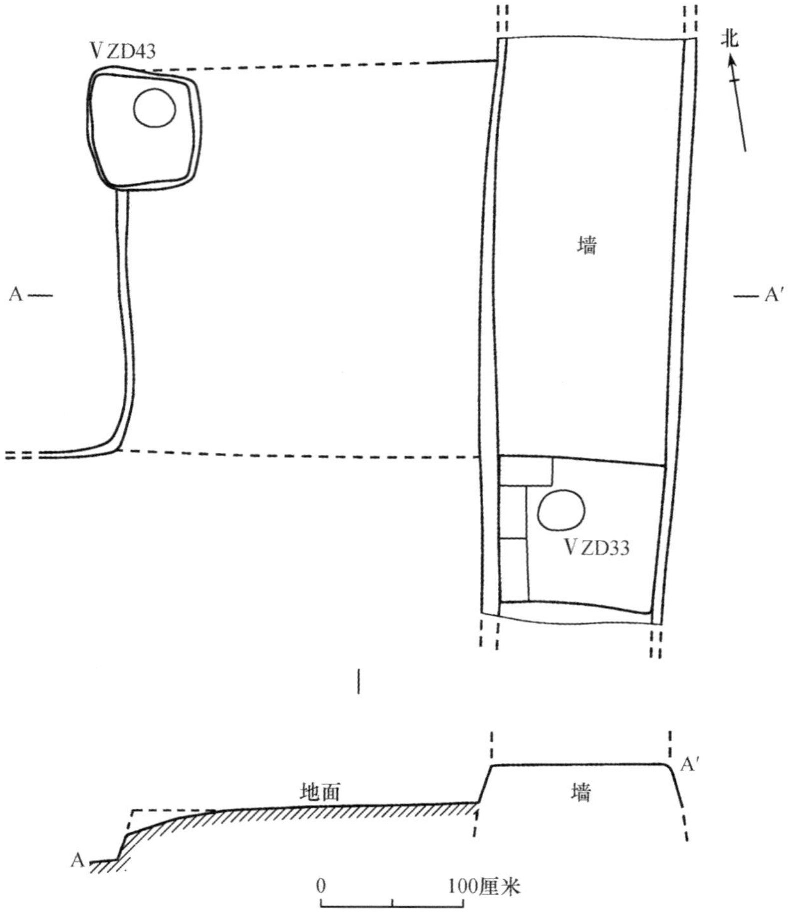

图2-201　ⅤF13平、剖面图

ⅤF14　北邻ⅤF13、南邻ⅤF15。面宽4.3、进深4米。西、北墙缺失。东墙残长4.8、宽1.3、残高0.17～0.35米。南墙残长4.3、宽0.8、残高0.02～0.06米。墙体为土坯垒砌。四角墙体中各立木柱1个。西北角、东北角和西南角墙体交接处各立木柱1个。ⅤZD48位于西北角，柱槽长方形。口大底小。口部长1.04、宽0.96米，底部长0.95、宽0.93米，深1.1米。柱槽内东部立木柱，木柱直径0.33、残高0.9米（图2-202）。ⅤZD47位于西南角，柱槽长方形，口大底小。口部长1.07、宽1.04米，底部长1.02、宽0.91米，深1.1米。柱槽内东部插立木柱2根，直径分别为0.33和0.12米，残高均为0.73米（图2-203）。东南角木柱缺失。屋内中部有一道曲尺形隔墙。北墙长2.4、宽0.3米，西墙残长1、宽0.25、残高0.08米。墙体中立一排细木柱，木柱直径0.05、残高0.08米。隔墙北部坍塌土堆积较厚，内含大量碎瓦、未烬炭化木、红烧土、木炭和动物骨骼等遗物。南部地面上还残留少了炭化木头和碎砖。房屋西墙外有排水沟通过（图2-204）。

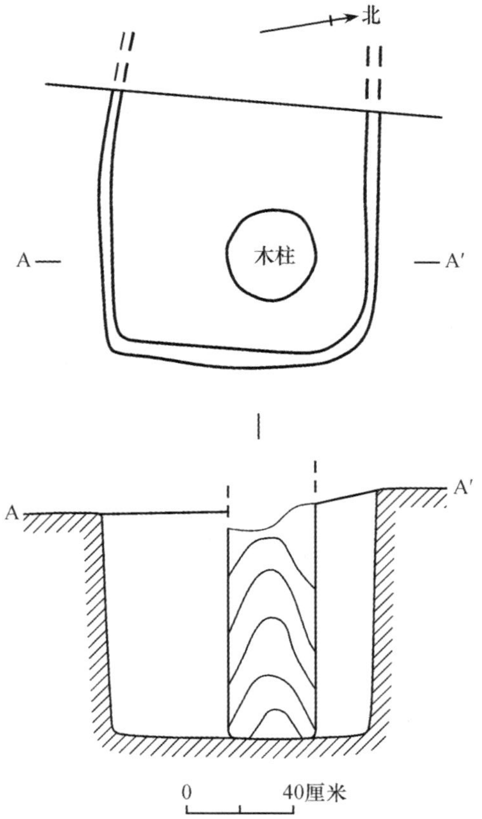

图2-202 ⅤZD48平、剖面图

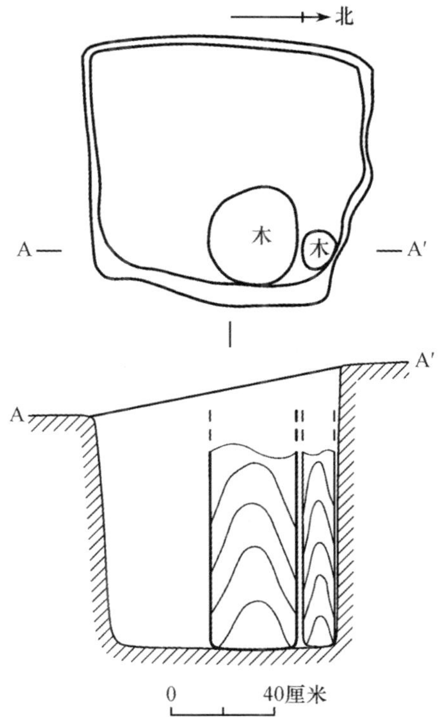

图2-203 ⅤZD47平、剖面图

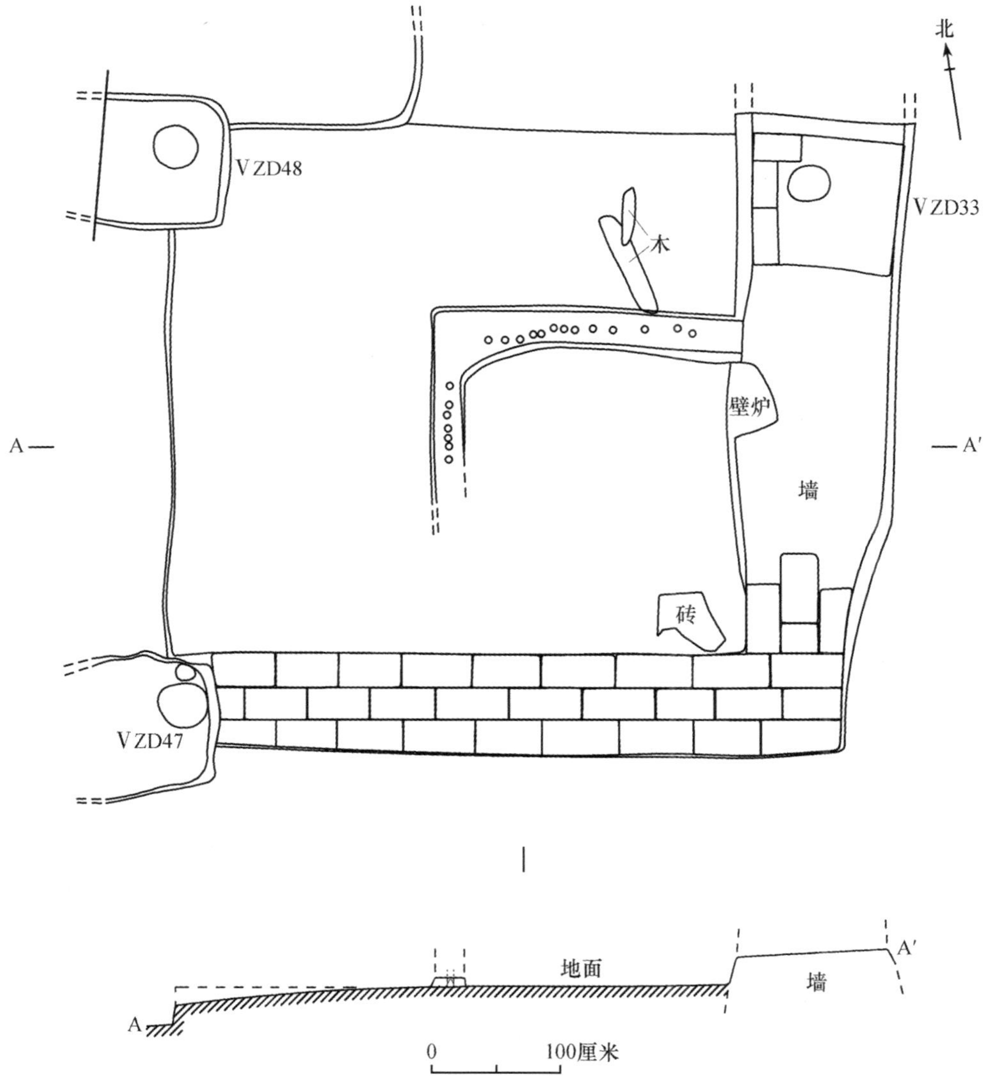

图2-204 ⅤF14平、剖面图

ⅤF15　北邻ⅤF14。面宽5.3米，进深4米。西、南墙缺失。北墙为ⅤF14南墙。东墙仅存一排细立木。长3.6、宽0.5、残高0.17米，木柱直径0.05米，残高0.2米。东南角有片石1块，长0.5、宽0.4米。可能是柱础石。房屋西墙外有排水沟通过。房址内有一层坍塌土堆积，内含少量碎瓦、未烬炭化木、红烧土、木炭和动物骨骼等遗物。靠近西侧排水沟出瓦片堆积较厚（图2-205）。

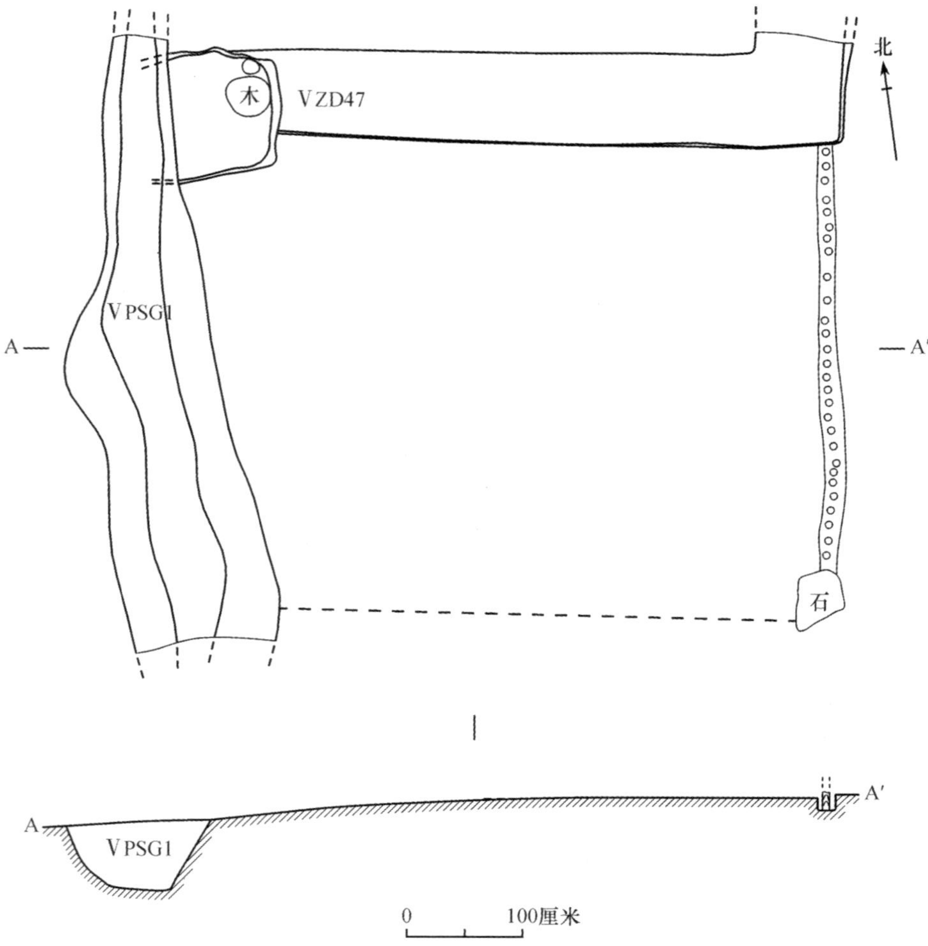

图2-205　ⅤF15平、剖面图

ⅤF18　只残存四个柱洞。依据柱洞中心线计算房址面宽4.7、进深4.4米（图2-206）。ⅤZD87位于东北角，柱槽长方形，长0.69、宽0.79、深0.55米，柱槽中部置柱础石，上立木柱。柱础石长0.65、宽0.6、厚0.18米，木柱直径0.24、残高0.4米（图2-207）。ⅤZD45位于东南角，柱槽不规则形，口大底小，口部长0.9、宽0.84米，底部长0.78、宽0.6米，深0.23米，柱槽中部置柱础石，上立木柱。柱础石长0.4、宽0.3、厚0.2米，木柱直径0.15、残高0.15米（图2-208）。ⅤZD16位于西南角，柱槽长方形，长1.33、宽0.91、深0.1米，柱槽内南端置柱础石，上立木柱。柱础石残长0.8、宽0.4、厚0.1米，木柱直径0.15、残高0.3米（图2-209）。柱础石东侧有片石1块，长0.22、宽0.21米。ⅤZD80位于西北角，柱槽已损毁形制不明，仅存柱础石及少量木柱朽痕。柱础石长0.7、宽0.48、厚0.1米。柱础石上立木柱。木柱直径0.24、残高0.2米（图2-210）。

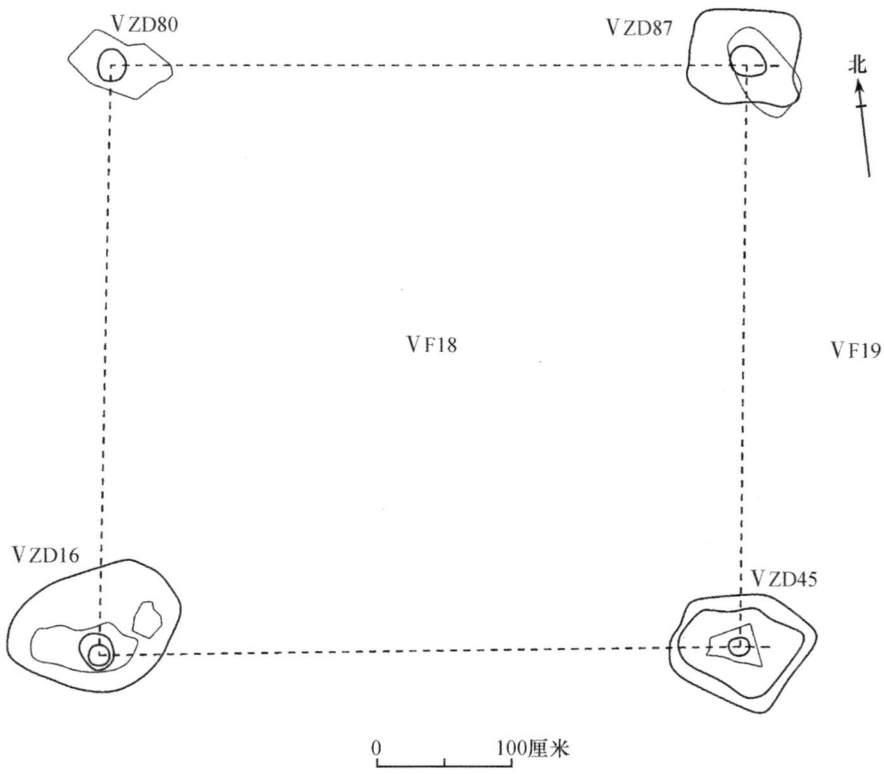

图2-206 ⅤF18平、剖面图

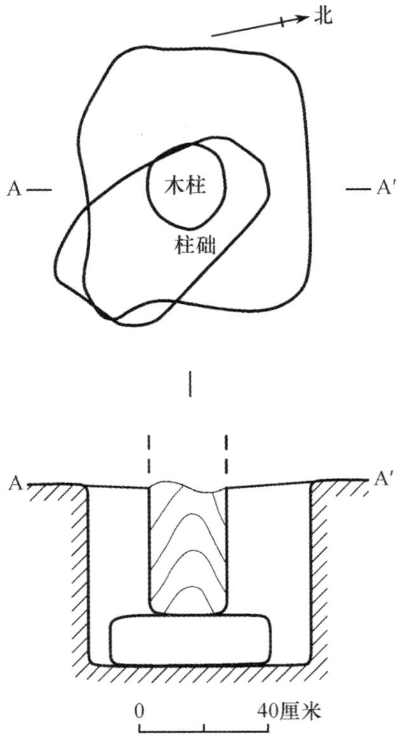

图2-207 ⅤZD87平、剖面图

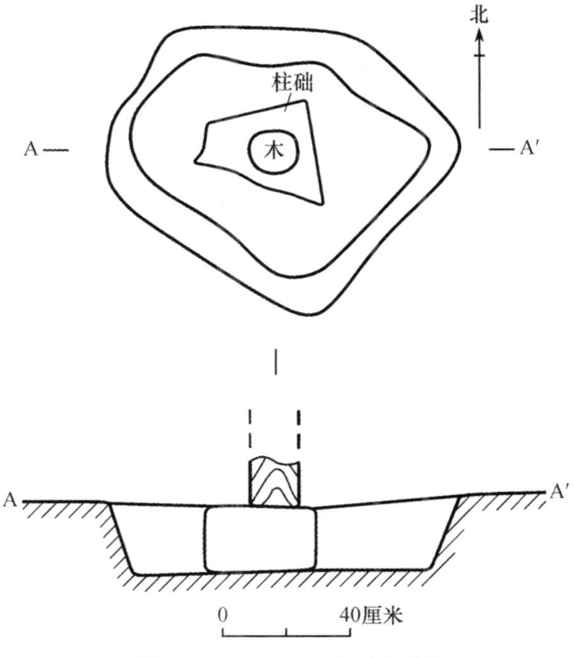

图2-208 ⅤZD45平、剖面图

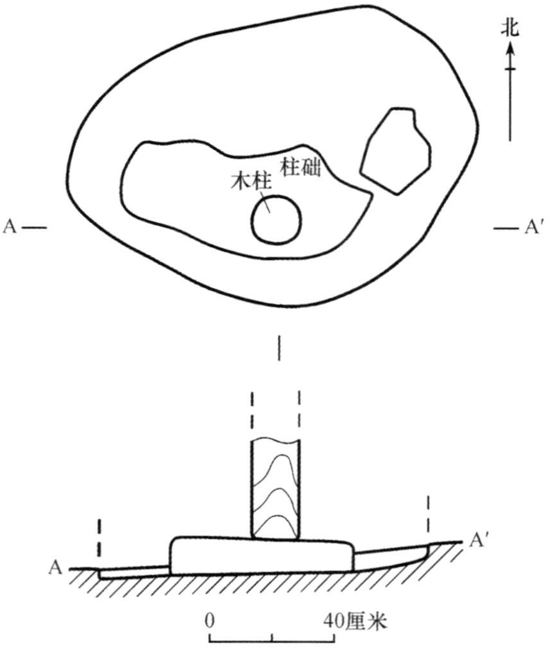

图2-209　ⅤZD16平、剖面图

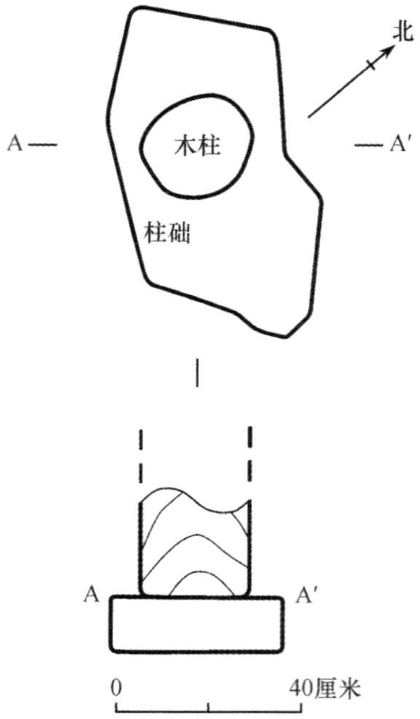

图2-210　ⅤZD80平、剖面图

ⅤF19　西邻ⅤF18。保存状况与ⅤF18类似。只残存四个柱洞。面宽5、进深4.3米（图2-211）。ⅤZD83位于东北角，柱槽已损毁形制不明，仅存柱础石及少量木柱朽痕。柱础石长1.09、宽0.7、厚0.6米。柱础石上立木柱。木柱直径0.22、残高0.03米（图2-212）。ⅤZD44位于东南角，柱槽长方形，长0.64、宽0.34、深0.05～0.1米。柱槽中部置柱础石，上立木柱。柱础石长0.7、宽0.4、厚0.06米，木柱直径0.21、残高0.1米（图2-213）。

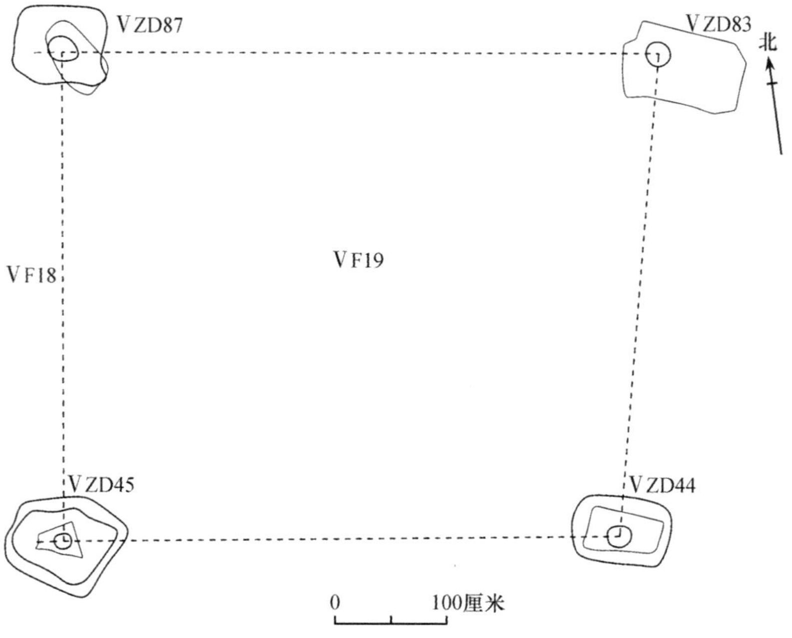

图2-211　ⅤF19平、剖面图

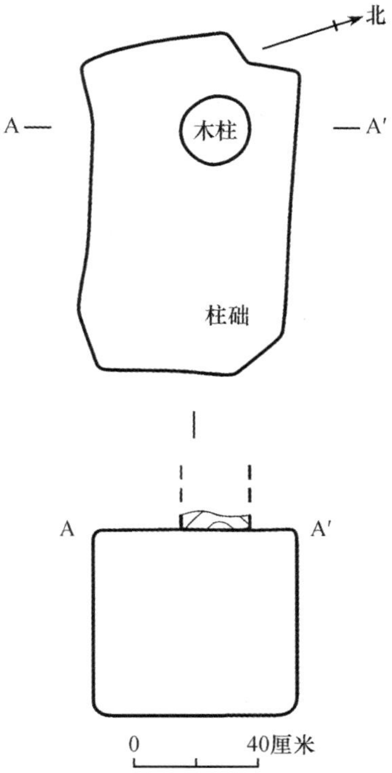

图2-212 ⅤZD83平、剖面图

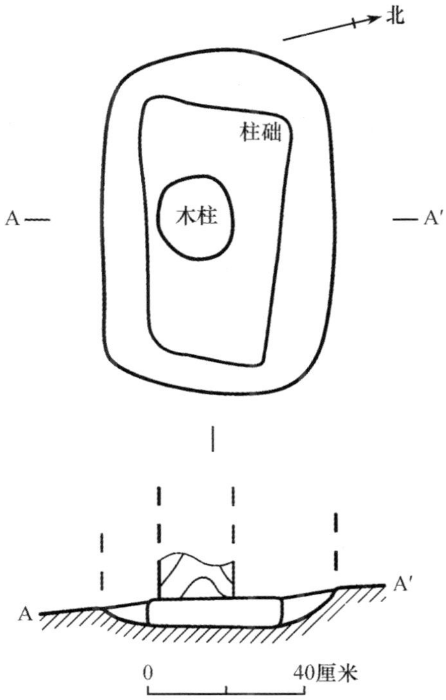

图2-213 ⅤZD44平、剖面图

半地穴式 半地穴式房址均位于中南部坡地上。共13间，即ⅤF2～ⅤF5、ⅤF16、ⅤF17、ⅤF20～ⅤF26（图版2-73）。建筑方法为减地法，即根据地势在坡地上掏挖出房址的下半部分空间，四壁全部或者部分为原生土。壁顶修整出平台后再用土坯垒砌或夯筑的方式加高墙体到需要的高度。支撑房顶的木柱立于墙壁内侧或半嵌在墙上。房址均为单间房，无套房。平面呈长方形，门朝向南，开于南墙中部。ⅤF17门槛上残留木质门限。ⅤF26门外有一条斜坡门道。房顶结构不明。房内坍塌土中出土碎瓦、残砖、碎土坯等建筑材料。

ⅤF2 东邻ⅤF3。南半部分缺失，西部位于探方外。现面宽3.5、进深残长3米。南墙已坍圮，西墙受限于探方形制不明。北墙残长4、宽0.1～0.22、残高0.49～0.85米。下半部分挖在台地南部堆土内。东墙夯筑，残长3.15、宽0.4、残高0.35米。北、东内壁插立一排细木柱，表面抹一层草拌泥和白灰，并勾绘红色地脚线和墙角线。木柱直径0.05～0.15、残高0.2～1米（图2-214）。ⅤZD78位于东墙墙体中，柱槽圆形，直径0.31、深0.42米。柱槽中部置柱础石，上立木柱。柱础石长0.21、宽0.2、厚0.05米。木柱直径0.19、残高0.4米（图2-215）。

ⅤF3 西邻ⅤF2、东邻ⅤF4。南半部分缺失。面宽2.4、进深残长3米。北墙长3.2、残高0.38～0.42米。下半部分挖在台地南部堆土内。东墙夯筑，残长2.2、宽0.3、残高0.46米。墙内壁立一排细木柱，木柱直径0.05～0.15米，残高0.2～1米（图2-216）。ⅤZD76位于东墙墙体中，柱槽长方形，长0.71、宽0.58、深35～0.41米。柱槽中部置柱础石，上立木柱。长0.22、宽0.3、厚0.1米，木柱直径0.18、残高0.37米（图2-217）。房屋东北角有灶，编号为ⅤZ2。

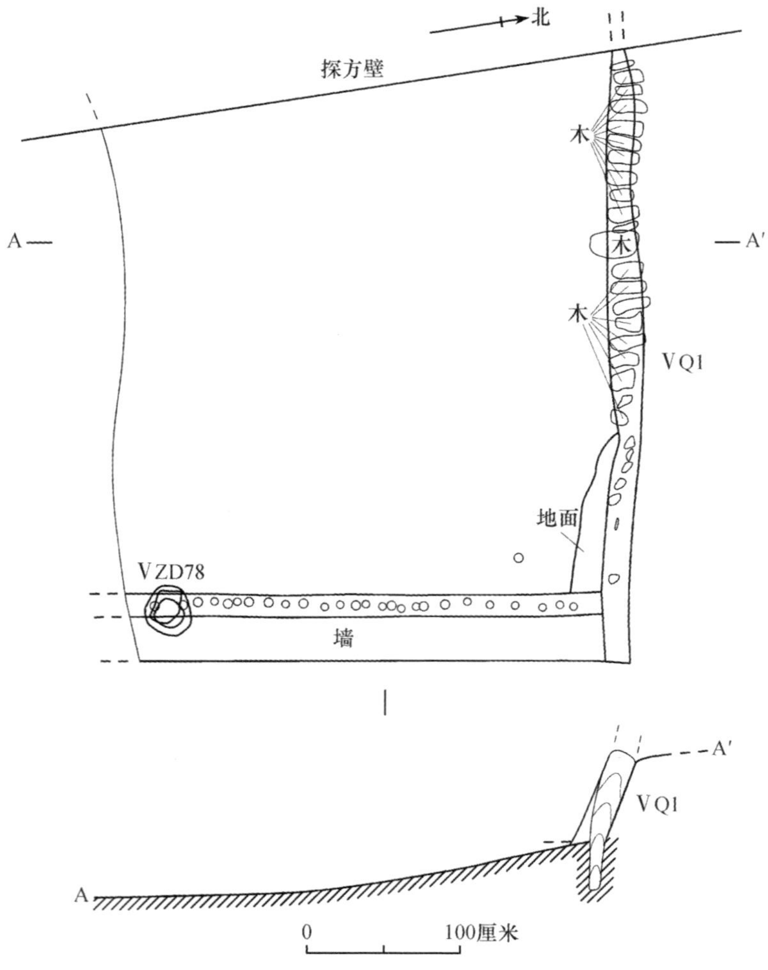

图2-214　ⅤF2平、剖面图

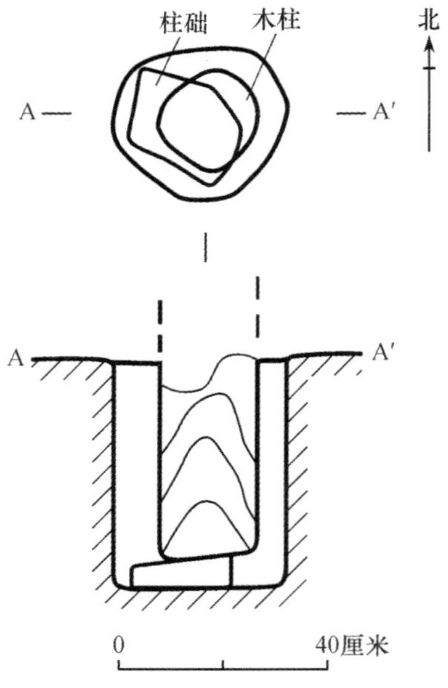

图2-215　ⅤZD78平、剖面图

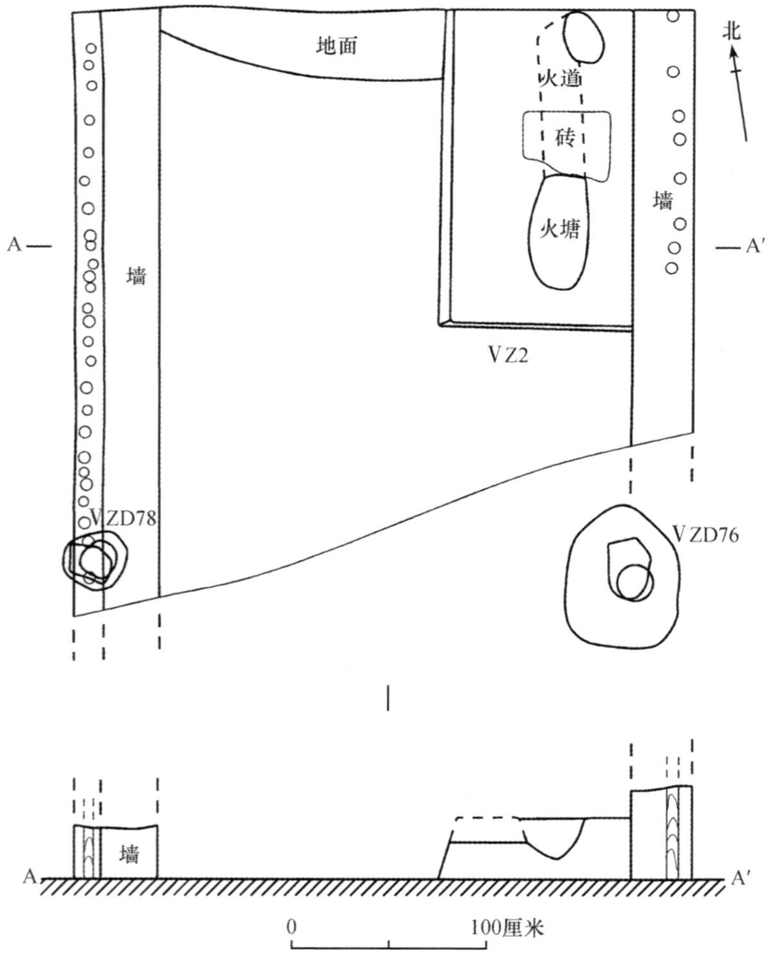

图2-216　ⅤF3平、剖面图

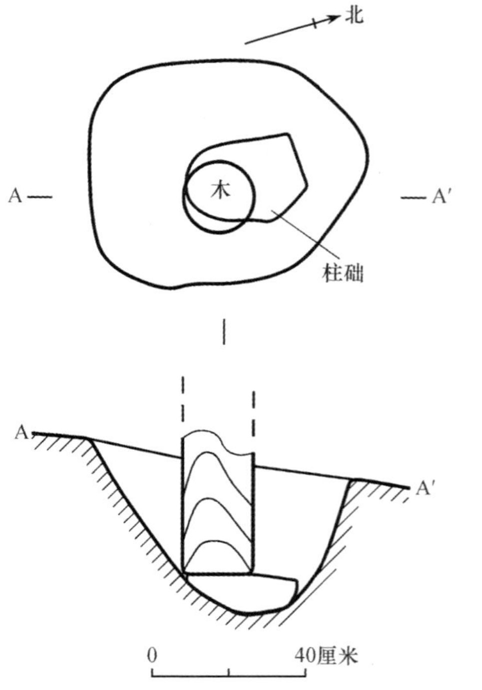

图2-217　ⅤZD76平、剖面图

ⅤF4　西邻ⅤF3、东邻ⅤF5。南半部分缺失。面宽4.5、进深残长2.2米。北墙长5、残高0.05米。下半部分挖在台地南部堆土内。东墙残长1.3、宽0.3、残高0.64米。西墙为ⅤF3东墙。南墙缺失。房屋东北角有灶，编号为ⅤZ3（图2-218）。

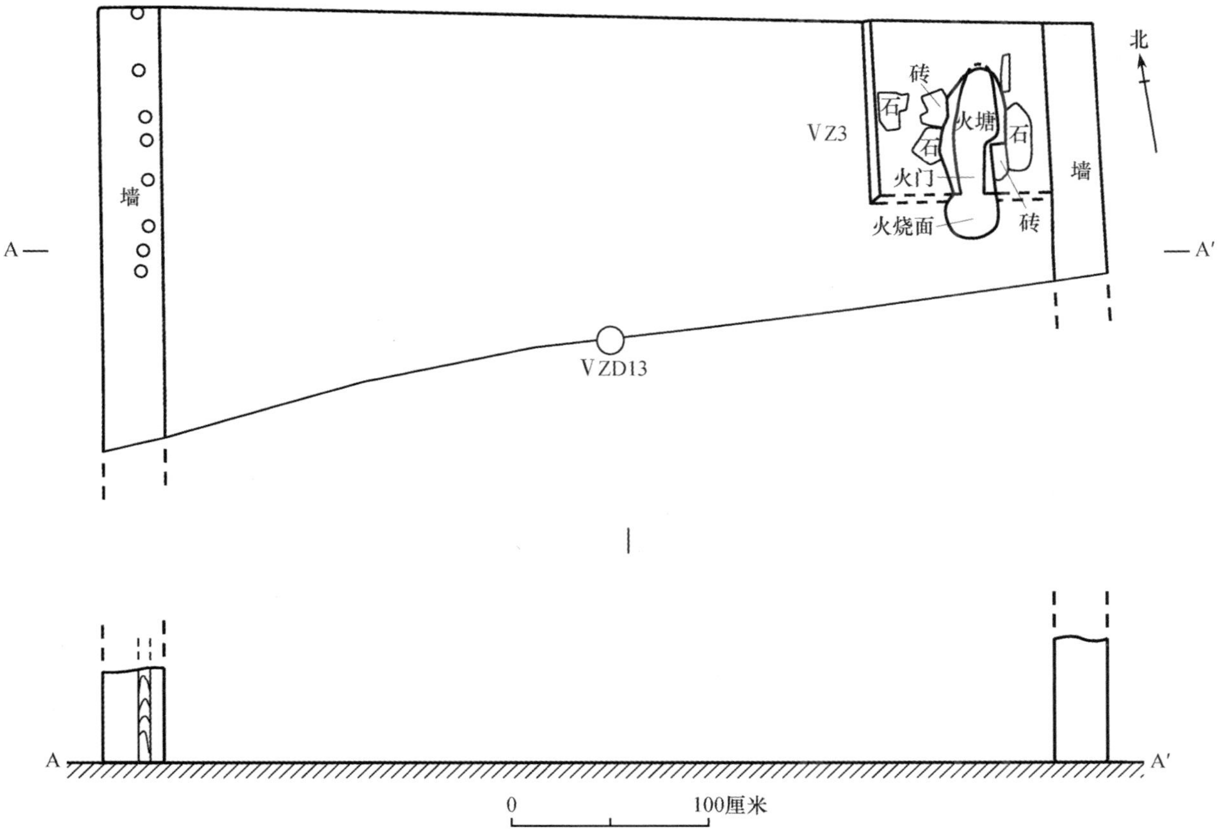

图2-218　ⅤF4平、剖面图

ⅤF5　西邻ⅤF4。现存北部。面宽3.4、进深残长1.3米。北墙长3.6、残高0.05米，下半部分挖在台地南部堆土内。东墙仅存少留痕迹，残长0.4米。西墙为ⅤF4东墙，南墙缺失（图2-219）。

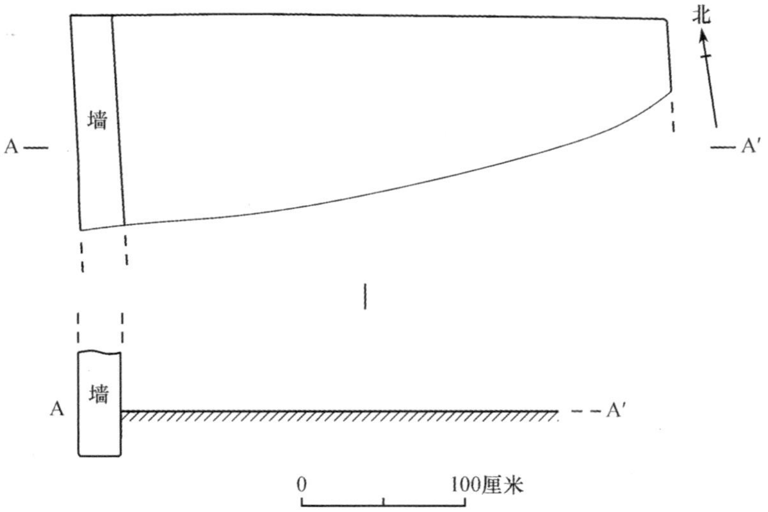

图2-219　ⅤF5平、剖面图

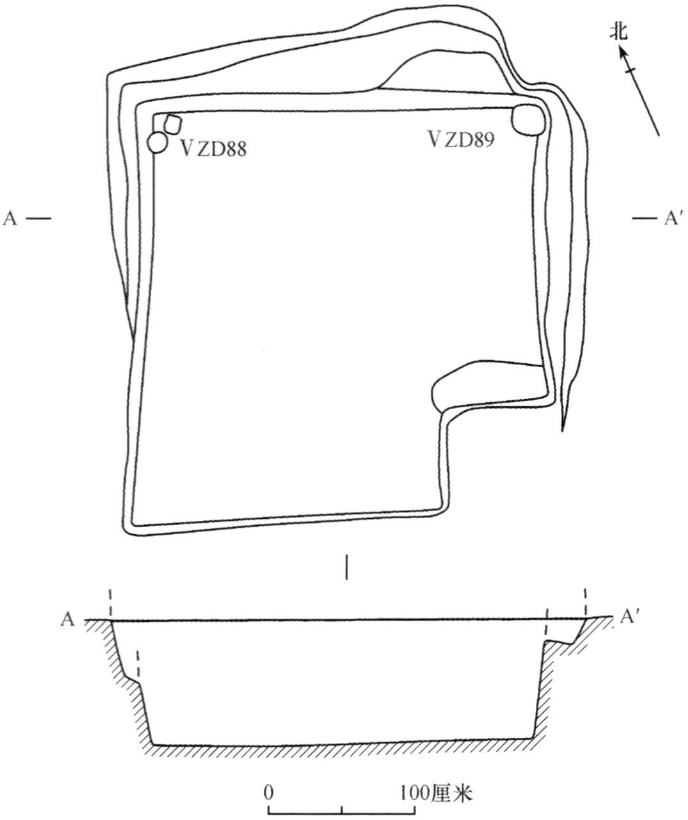

图2-220　ⅤF16平、剖面图

ⅤF16　东距ⅤF17约2.35米。现仅存地下部分。面宽2.6、进深2.8米。北壁长2.7、残高0.25～0.5米。东壁长2、残高0.48～0.79米，南壁长2.8、残高0.11～0.29米，西壁长2.8、残高0.7～0.52米（图2-220）。ⅤZD88位于西北角，圆形，直径0.14、深0.13米（图2-221）。ⅤZD89位于东北角，四边形。直径0.23、深0.08米。东南角向内折约0.7米（图2-222）。墙脚边有一处红烧面，长0.78、宽0.29米。表面有一层灰烬，里面含有少量动物骨殖。

ⅤF17　西邻ⅤF16。现存地下部分。面宽2.7、进深4.8米。北壁长2.6、残高0.76～0.85米，东壁长4.4、残高0.63～0.82米，南壁长2.6、残高0.2～0.31米，西壁长4.2、残高0.45～0.84米。门位于南壁西部，宽0.8米。门道残长0.45米，内侧置门，已缺失，仅残留木质门限。门限已烧焦，长0.8、宽0.07、高0.25米。房址内有柱洞3个（图2-223；图版2-74，2）。ⅤZD92位于门限东端，平面呈圆形，直径0.1米，深0.3米（图2-224）。ⅤZD124位于南墙上，平面呈圆形，内存朽木。柱洞直径0.12、木柱径0.11米（图2-225）。ⅤZD95位于西南角，直径0.54、深0.4～1米（图2-226）。北壁下有一个实心土炕，长2.6、宽1.5、残高0.2米。表面有少量灰烬、红烧土等火烧痕迹。

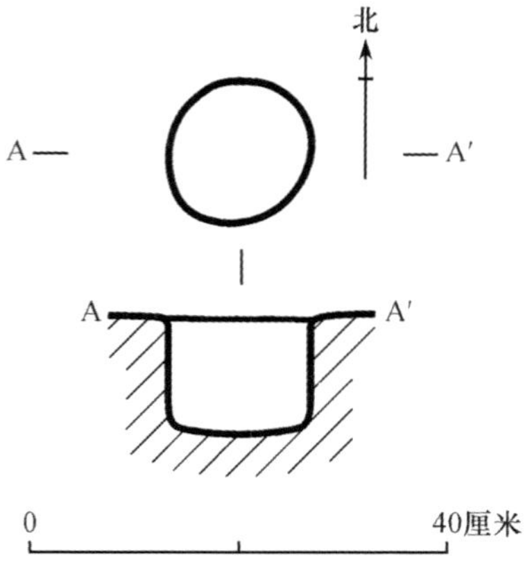

图2-221　ⅤZD88平、剖面图

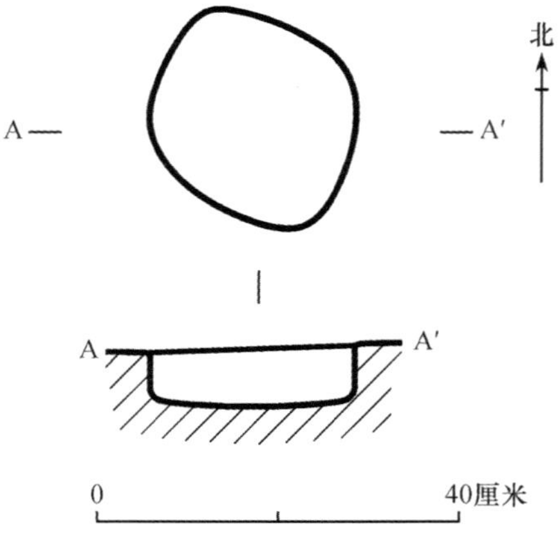

图2-222　ⅤZD89平、剖面图

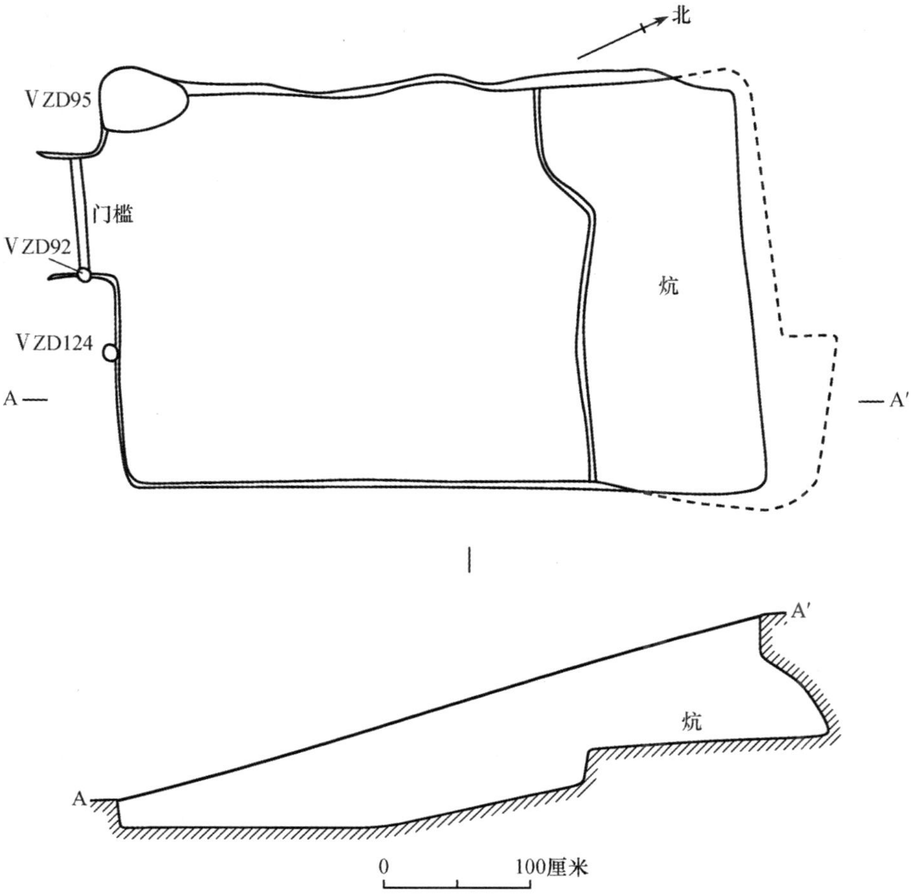

图2-223 ⅤF17平、剖面图

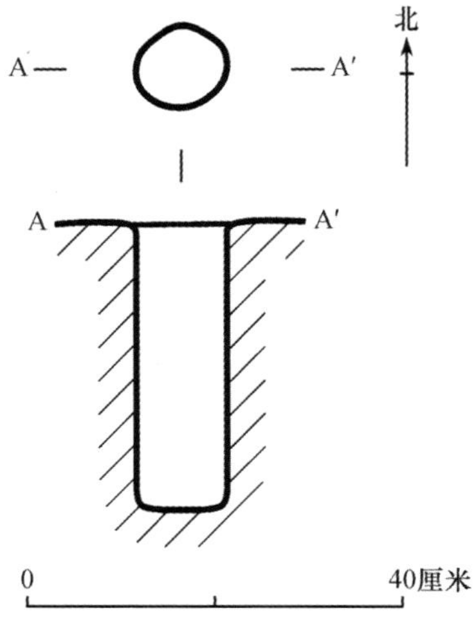

图2-224 ⅤZD92平、剖面图

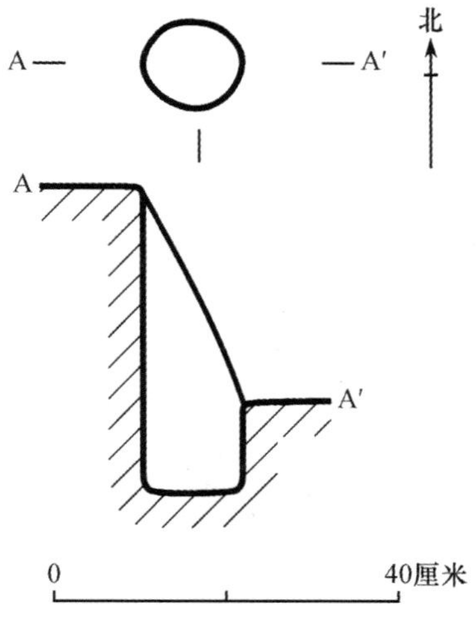

图2-225 ⅤZD124平、剖面图

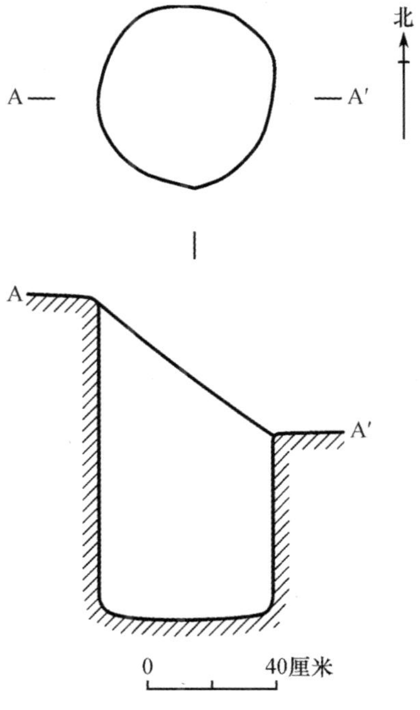

图2-226 ⅤZD95平、剖面图

ⅤF20　东邻ⅤF21，西为ⅤF22（图版2-74，1）。现存地下部分。面宽4.8、进深3.3米。北壁长4.8、残高1.85～2.14米，东墙长3.5、宽0.8、残高0.3～1.43米，南墙长4.7、宽1.5、残高0.04～0.14米，西墙长3.4、宽1、残高0.19～0.3米。房址内有柱洞7个（图2-227）。ⅤZD58位于东北角，圆形，直径0.28、深0.9米（图2-228）。ⅤZD66位于东墙中部，圆形，直径0.23、深0.4米（图2-229）。ⅤZD128位于东南角，圆形。直径0.3、深0.35米（图2-230）。ⅤZD127位于南墙东部，圆形。直径0.18、深0.38米（图2-231）。ⅤZD126位于西南角，直径0.2、深0.38米（图2-232）。ⅤZD117位于西北角，圆形。直径0.25、深0.62米（图2-233）。ⅤZD125位于北墙中西部，圆形。直径0.23、深0.4米（图2-234）。东北角有灶1座，编号为ⅤZ1。

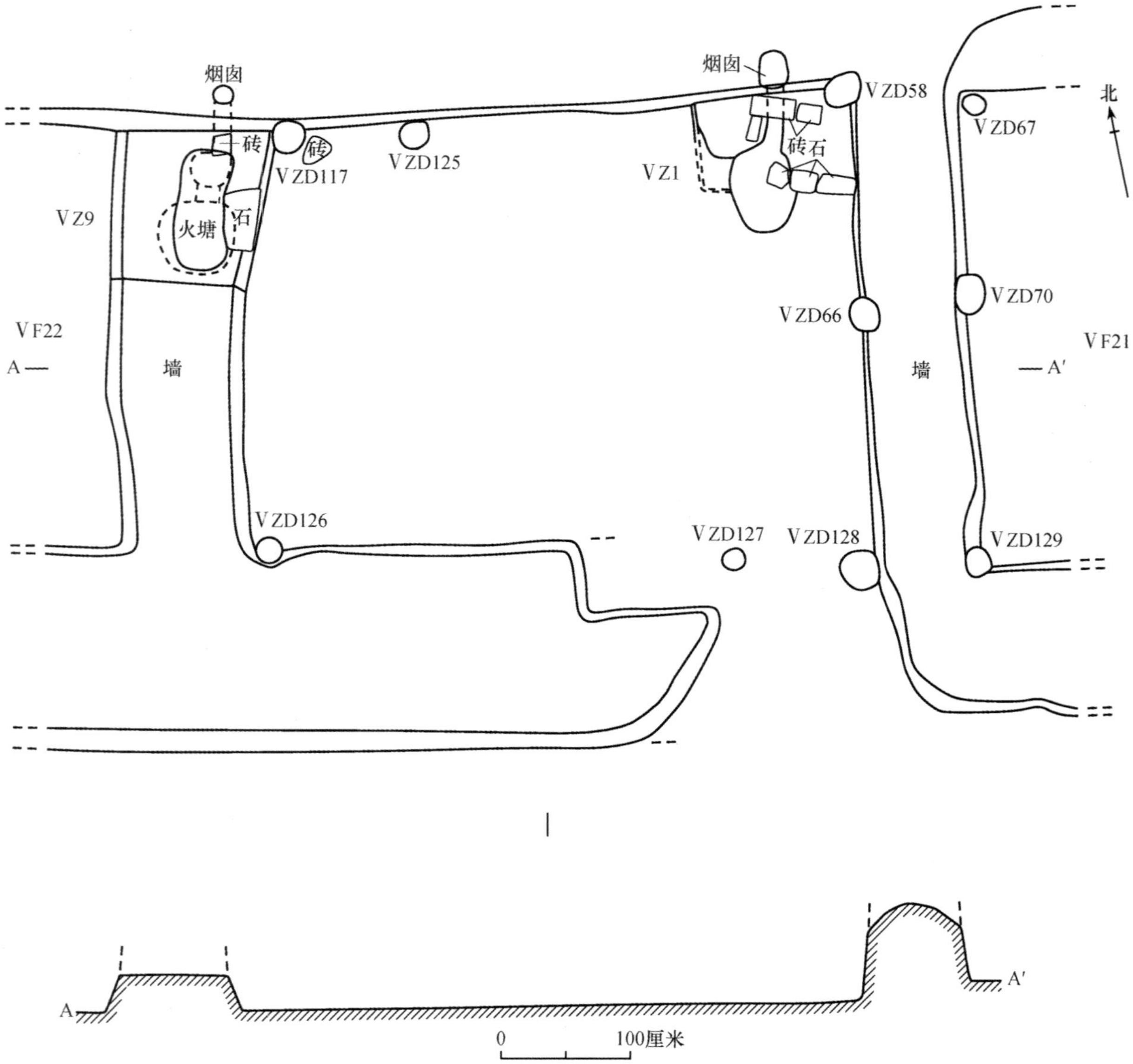

图2-227　ⅤF20平、剖面图

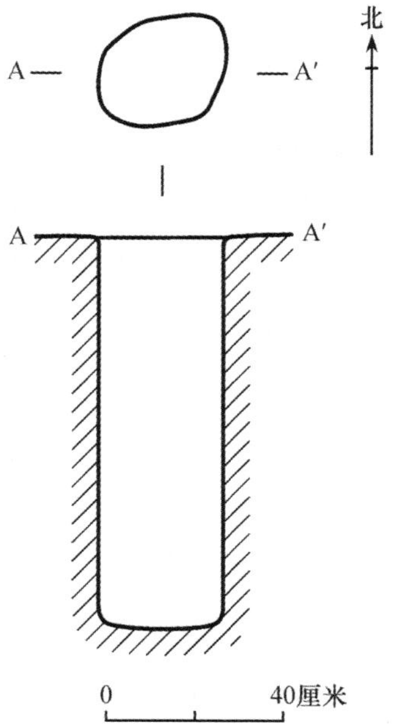

图2-228 ⅤZD58平、剖面图

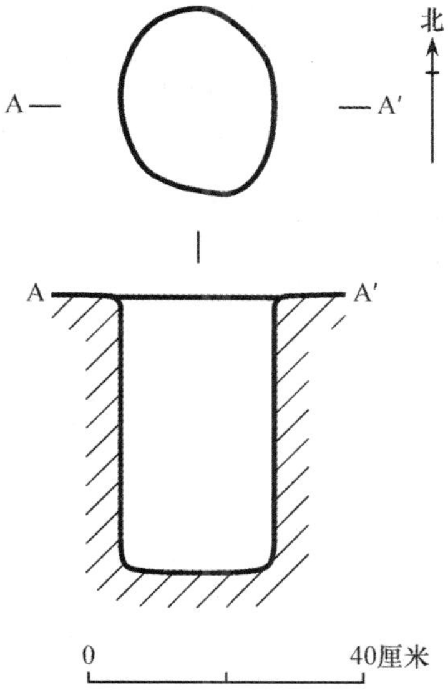

图2-229 ⅤZD66平、剖面图

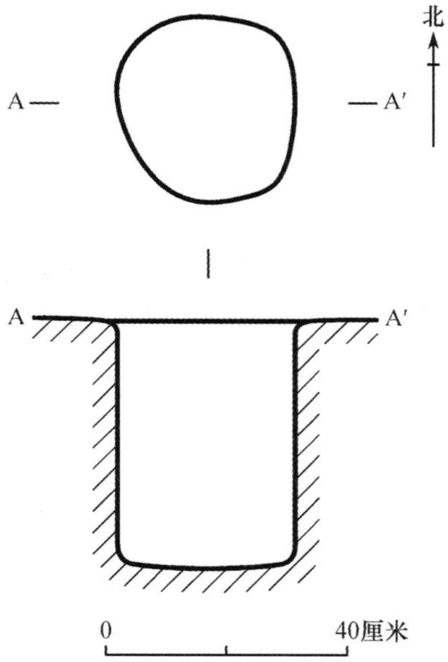

图2-230 ⅤZD128平、剖面图

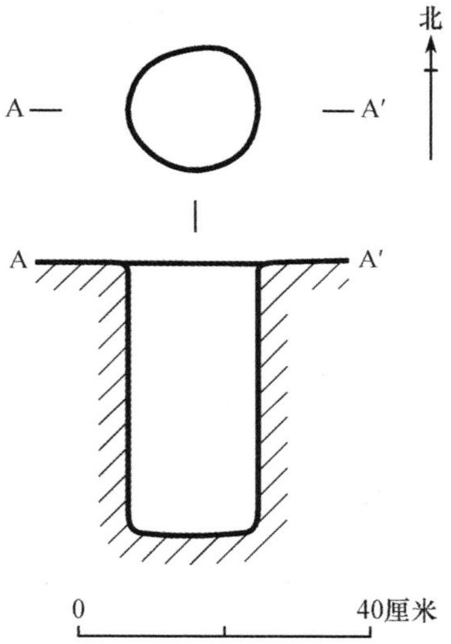

图2-231 ⅤZD127平、剖面图

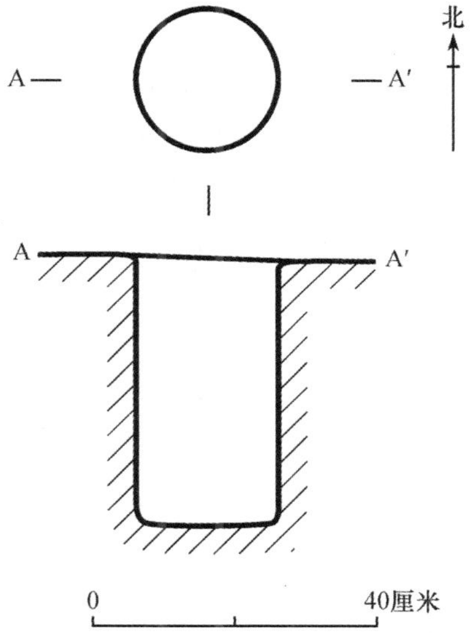

图2-232 ⅤZD126平、剖面图

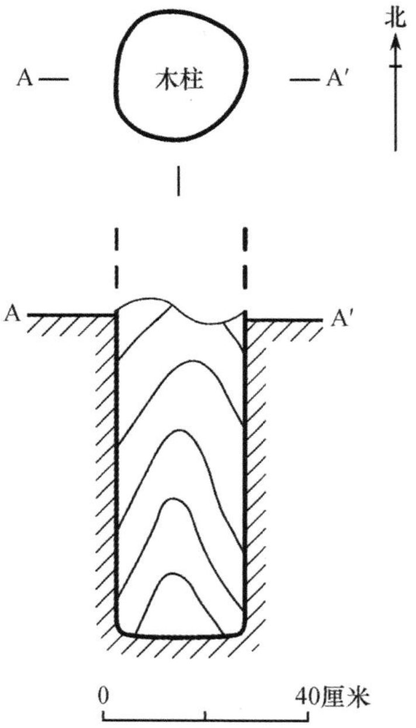

图2-233 ⅤZD117平、剖面图

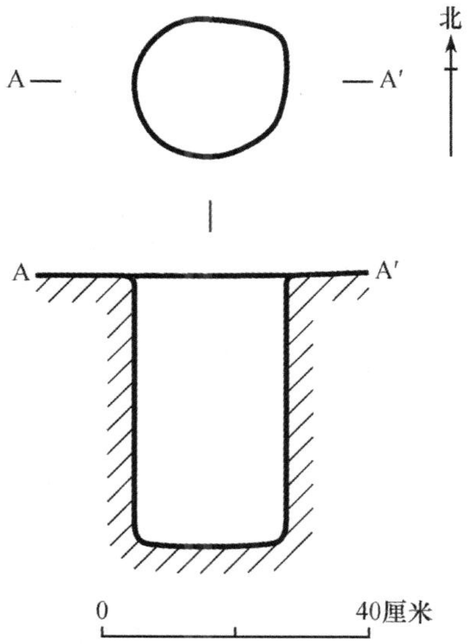

图2-234 ⅤZD125平、剖面图

ⅤF21　西邻ⅤF20。现存地下部分。面宽3.7、进深3.8米。北墙长3.8、残高2～2.31米，东墙长3.66、残高1.31～2.26米，南墙长3.4、宽1.1、残高0.8～0.76米。西墙为ⅤF21东墙。房址内有柱洞9个（图2-235；图版九）。ⅤZD67位于西北角，圆形。直径0.18、深0.4米（图2-236）。ⅤZD129位于西南角，圆形。直径0.2、深0.48米（图2-237）。ⅤZD68和ⅤZD69位于北墙中部。ⅤZD68，圆形。直径0.16、深0.35米（图2-238）。ⅤZD69，圆形。直径0.12、深0.25米（图2-239）。ⅤZD130、ⅤZD131位于南墙上。ⅤZD130，圆形。直径0.16、深0.2米（图2-240）。ⅤZD131，圆形。直径0.16、深0.3米（图2-241）。ⅤZD70东墙中部，椭圆形。长径0.32、短径0.2、深0.5米（图2-242）。ⅤZD132位于西墙中部，平面呈椭圆形。长径0.3、短径0.21、深0.63米（图2-243）。ⅤZD71位于屋内中西部，圆形。直径0.16、深0.18米（图2-244）。屋内东北角有灶1，编号为ⅤZ5。

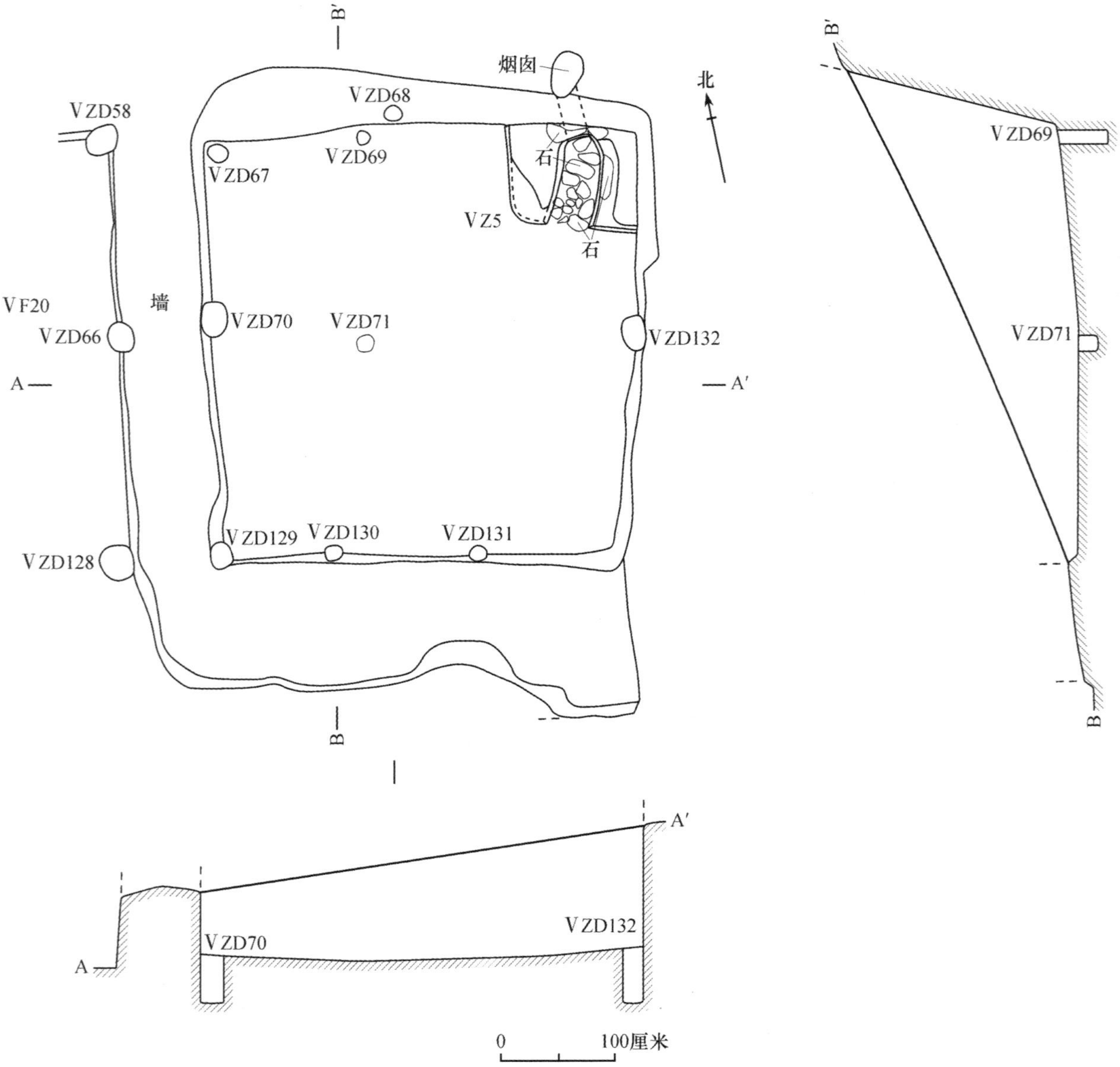

图2-235　ⅤF21平、剖面图

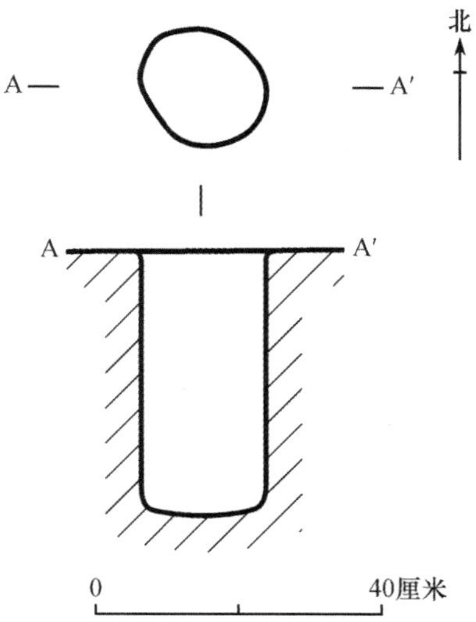

图2-236　ⅤZD67平、剖面图

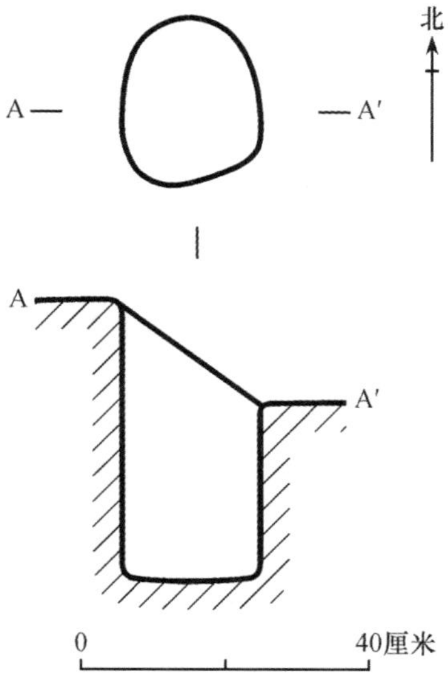

图2-237　ⅤZD129平、剖面图

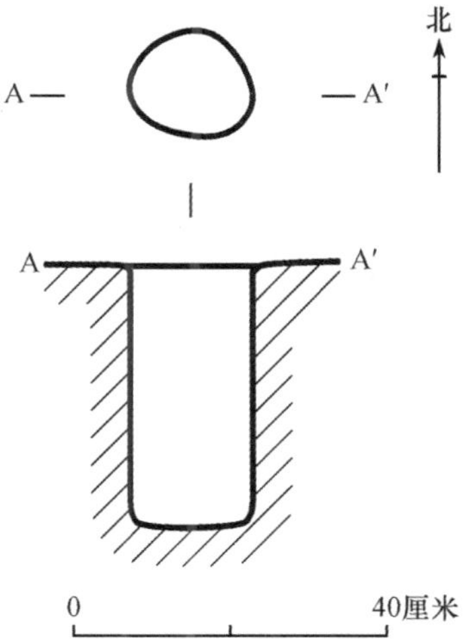

图2-238　ⅤZD68平、剖面图

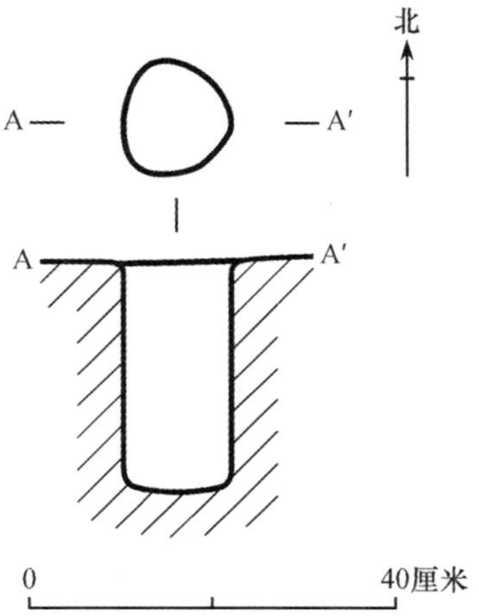

图2-239　ⅤZD69平、剖面图

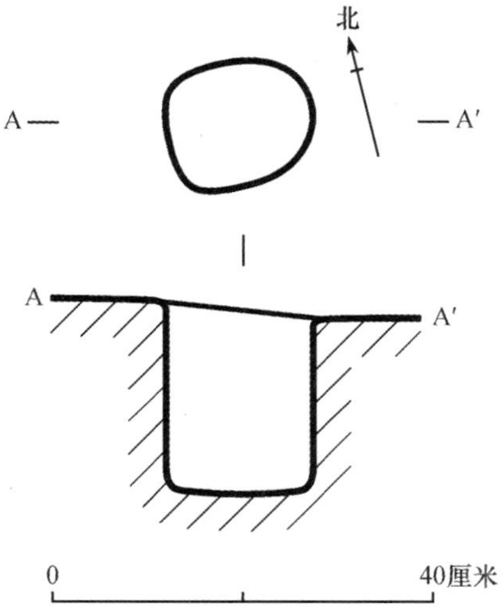

图2-240　ⅤZD130平、剖面图

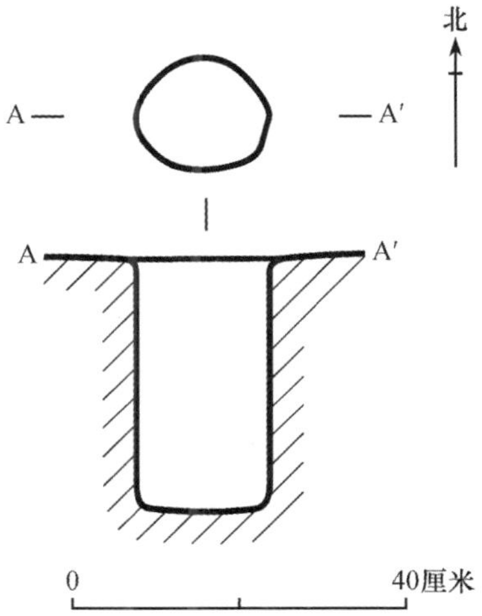

图2-241　ⅤZD131平、剖面图

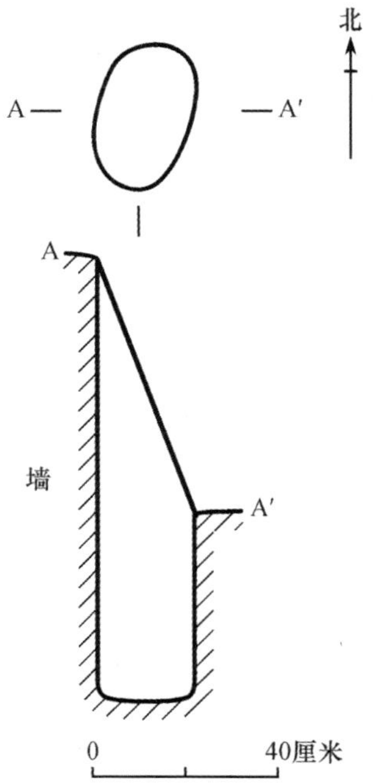

图2-242　ⅤZD70平、剖面图

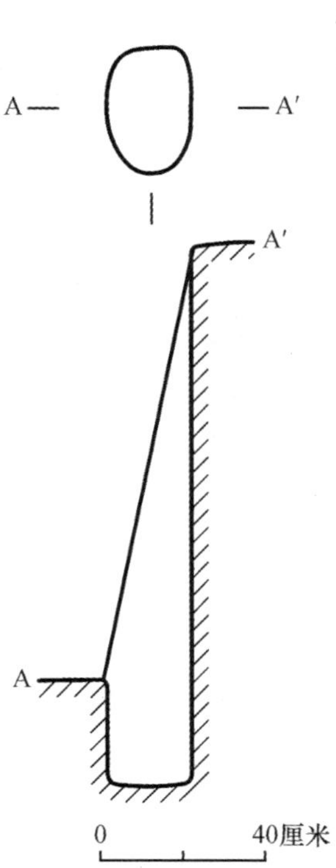

图2-243　ⅤZD132平、剖面图

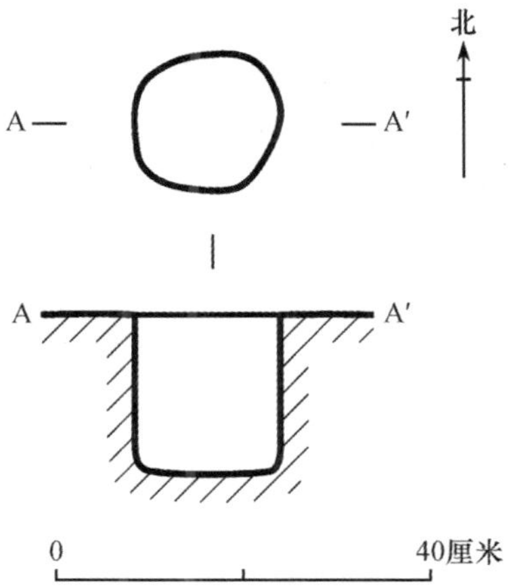

图2-244　ⅤZD71平、剖面图

ⅤF22　西邻ⅤF23，东邻ⅤF20。现存地下部分。面宽2.3、进深3.3米。北墙长2.42、残高1.85～1.99米，东墙与ⅤF20西墙共用，南墙长2.37、宽1.4、残高0.11～0.19米，西墙长3.4、宽1、残高0.31～0.38米。东北角有灶1座，编号为ⅤZ9（图2-245）。

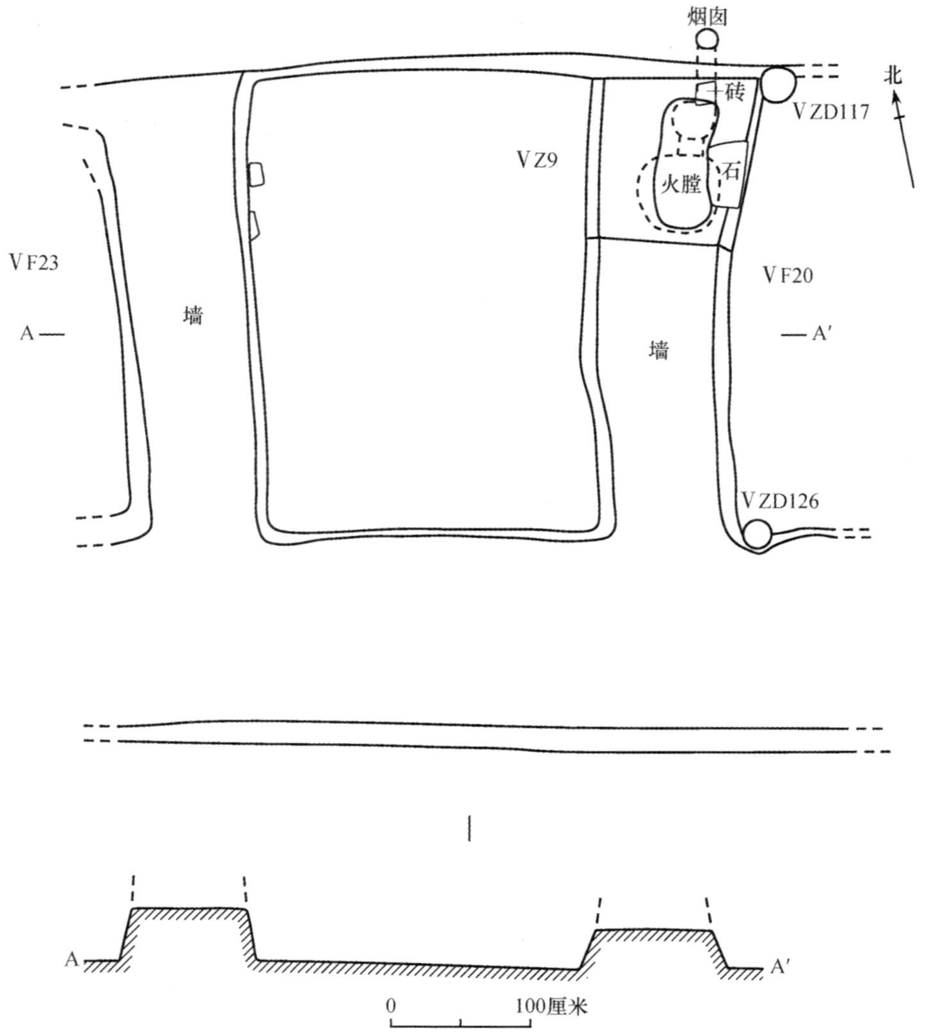

图2-245　ⅤF22平、剖面图

ⅤF23　东邻ⅤF22，西边超出探方，边界不明。现存地下部分东西长2.12、进深2.8米。北墙长2.12、残高1.7～1.79米，东墙为ⅤF22西墙，南墙现长1.85、宽1.2、残高0.09～0.14米。东北角有少量红烧土堆积，可能是灶的痕迹，因坍塌较甚形制不明（图2-246）。

ⅤF24　位于ⅤF20和ⅤF22南，西邻ⅤF25。现存地下部分，南部超出探方未清理。面宽5.8米，现进深3.9米（图版2-74，4）。北壁长6.3、残高1.2～1.37米，东壁长3.1、残高0.85～1.29米，西壁现长3.9、宽0.55～0.75、残高0.11～1米。北、西壁面上涂抹草拌泥和白灰。房址内清理出柱洞7个（图2-247），其中西墙上有柱洞3个。ⅤZD118，圆形，内存朽木。

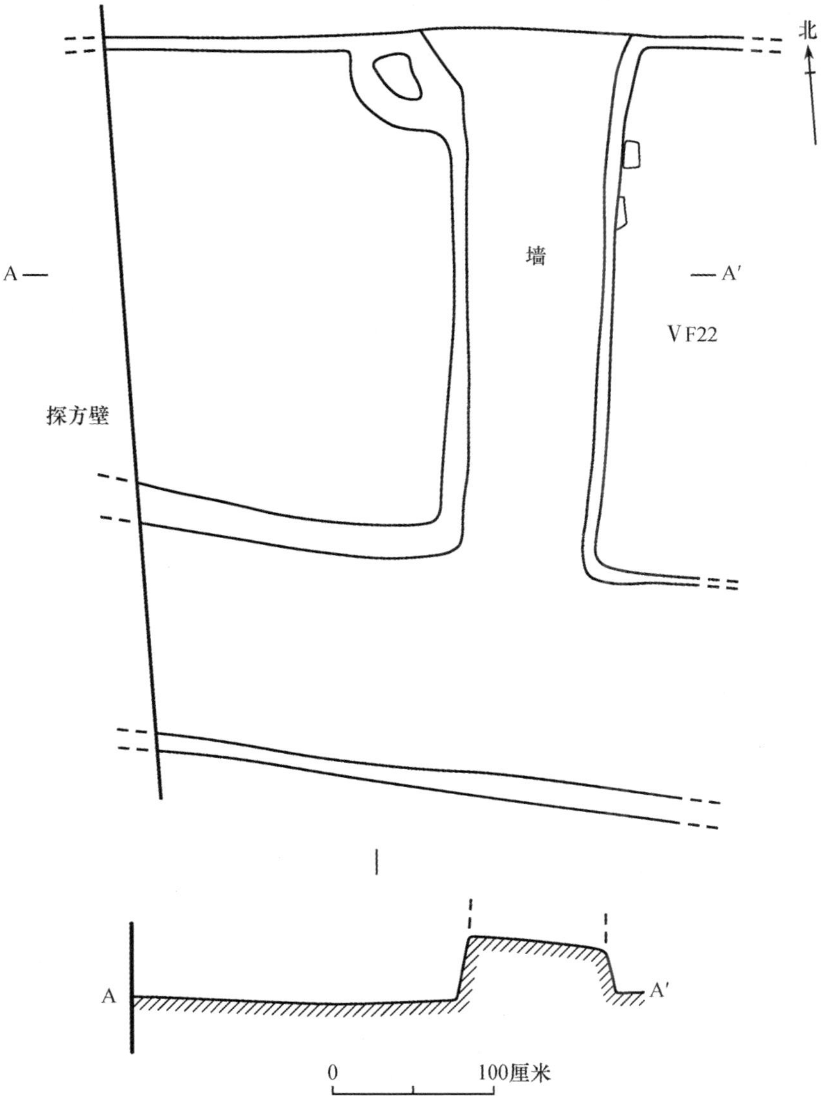

图2-246 ⅤF23平、剖面图

直径0.2、深0.18米（图2-248）。ⅤZD119，圆形。内存朽木。直径0.24、深0.75米，木柱直径0.21米（图2-249）。ⅤZD120，圆形。直径0.17、深0.25米（图2-250）。东墙上柱洞2个，ⅤZD121，圆形，内存朽木。直径0.23、深0.25米（图2-251）。ⅤZD122，圆形。直径0.21、深0.25米（图2-252）。屋内中北部地面上与东墙上2柱洞相对应的位置上也分布着2个柱洞。ⅤZD123，圆形。内存朽木。柱洞与木柱直径均为0.25米，柱洞深0.61、木柱残高0.61米（图2-253）。ⅤZD116，圆形。柱洞直径0.18、深0.65米，内存朽木。木柱直径0.18、残高1米（图2-254）。屋内西北角有灶1，编号为ⅤZ7。

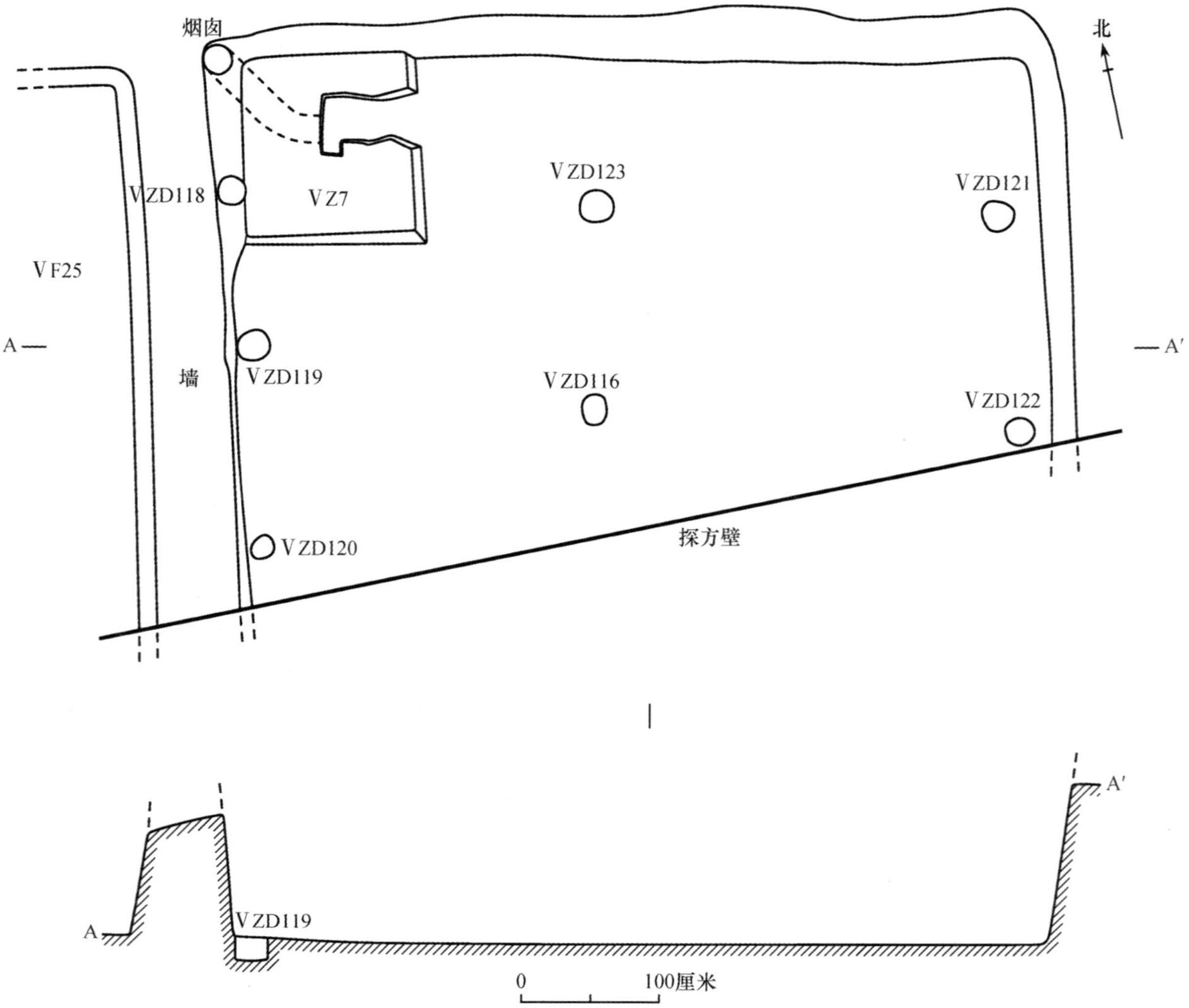

图2-247　ⅤF24平、剖面图

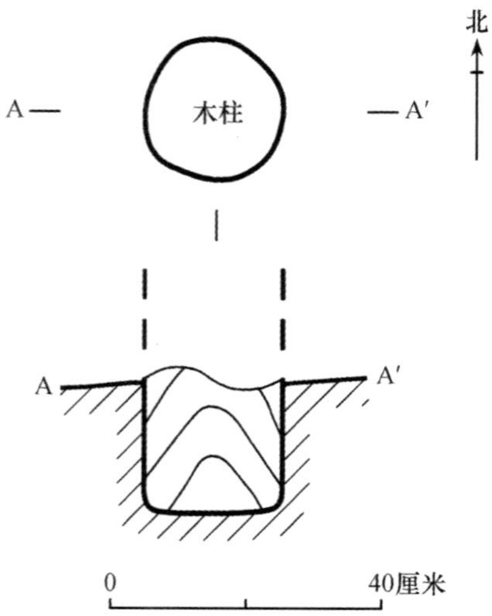

图2-248　ⅤZD118平、剖面图

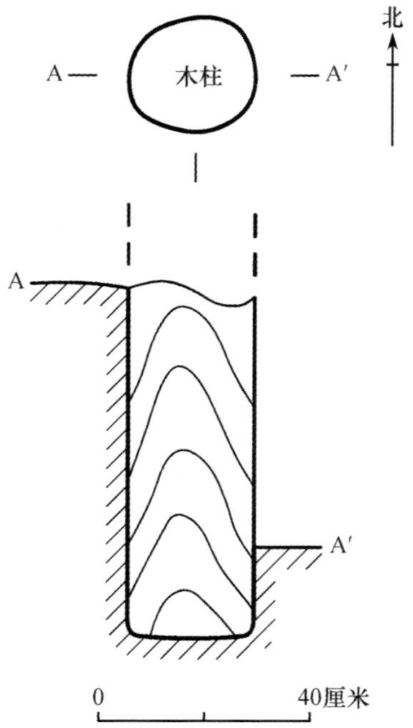

图2-249　ⅤZD119平、剖面图

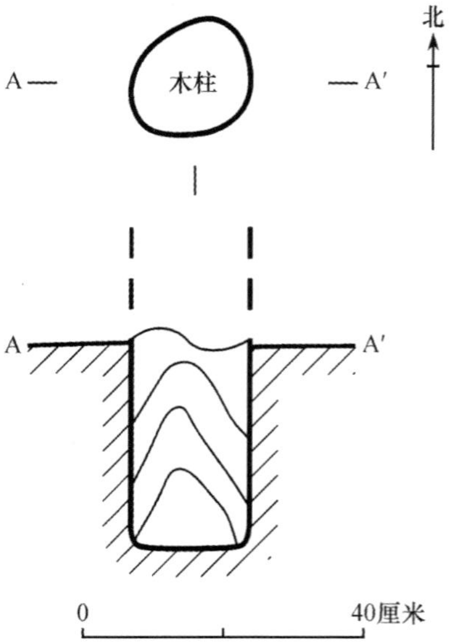

图2-250　ⅤZD120平、剖面图

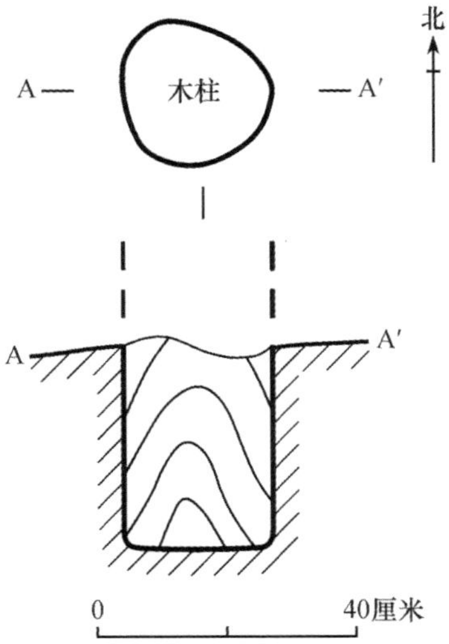

图2-251 VZD121平、剖面图

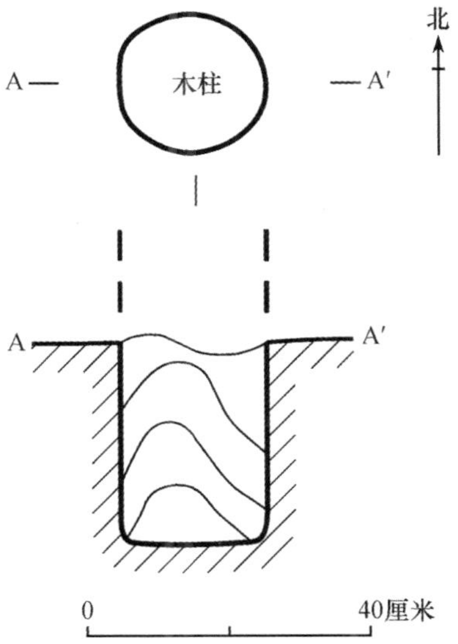

图2-252 VZD122平、剖面图

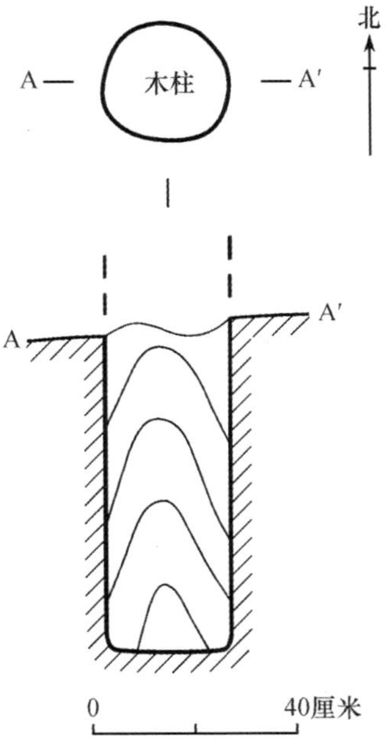

图2-253 VZD123平、剖面图

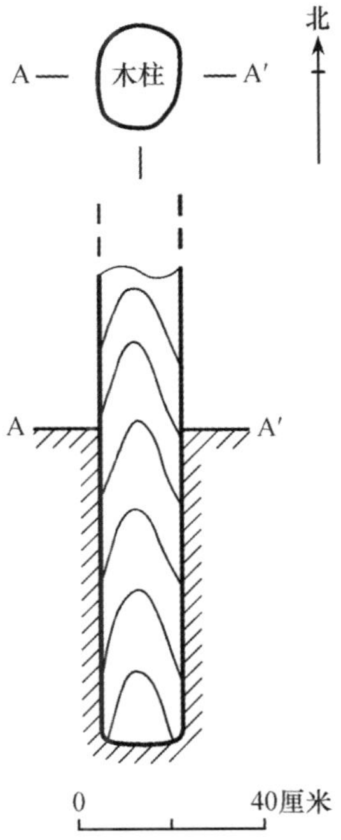

图2-254 VZD116平、剖面图

VF25 东邻VF24。现存地下部分，南、西部受限于探方，形制不明。现面宽2.32、进深4米。北壁长2.32、残高1.19米。壁面上涂抹草拌泥和白灰。东墙与VF24共用（图2-255）。VZD134位于西南部，柱槽长方形，口大底小。口部长0.66、宽0.5米，底部长0.56、宽0.48米，深0.3～0.4米。柱槽内西边紧贴探方壁立木柱1，直径0.22、残高0.4米（图2-256）。

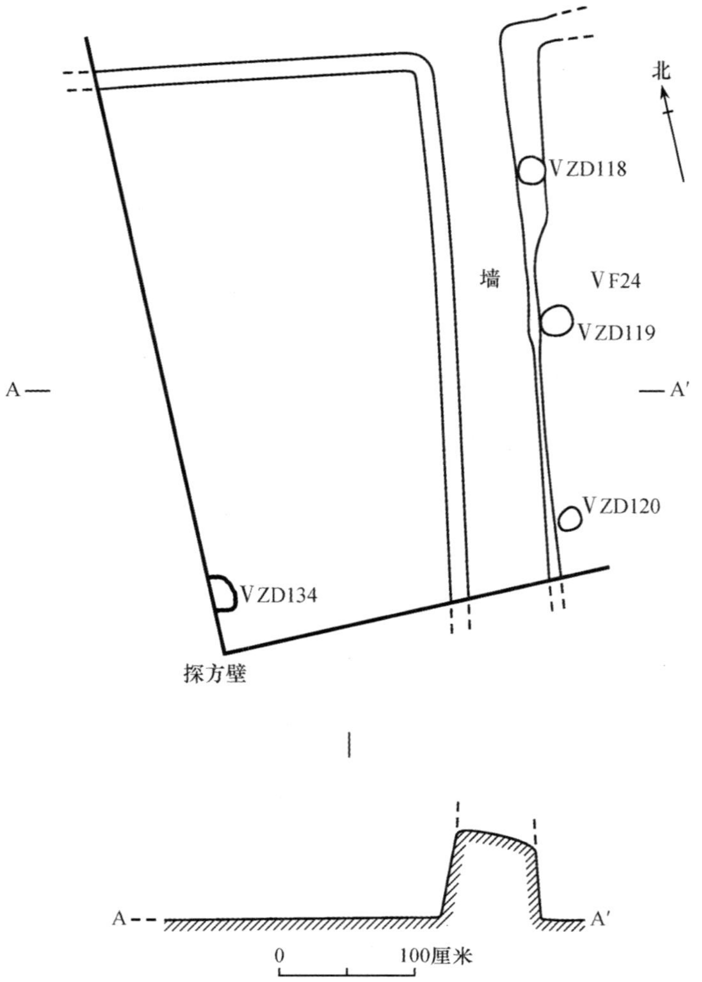

图2-255　ⅤF25平、剖面图

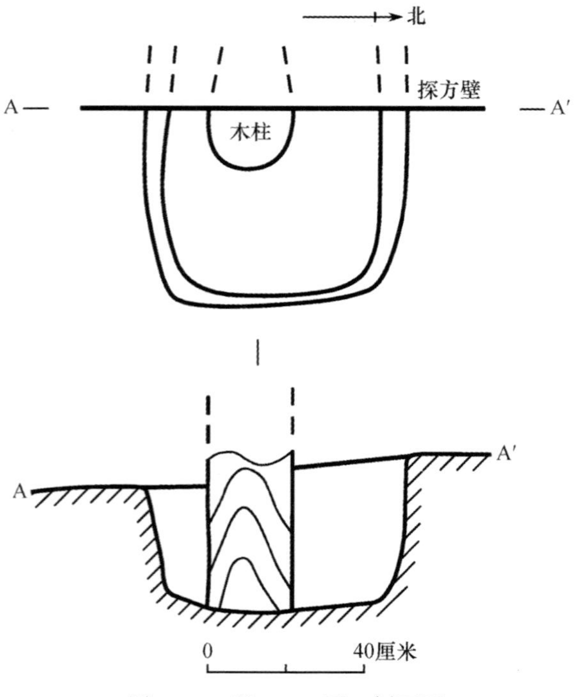

图2-256　ⅤZD134平、剖面图

ⅤF26　被ⅤF24、ⅤF25打破。为带门道的半地穴式，现存地下部分。西部受限于探方边界不清楚（图版2-74，3）。现面宽4.2、进深3米。北壁长4.2、残高1.76米，东壁长2.7、残高1.42米，南壁现长3、残高0.7米。四壁壁面上涂抹草拌泥和白灰。南墙上有一条斜坡状门道，残长2、底宽0.55、上部宽0.64米。门道高差近0.37米。门道距东壁1.75米。屋内东北角有灶1，编号为ⅤZ8（图2-257）。

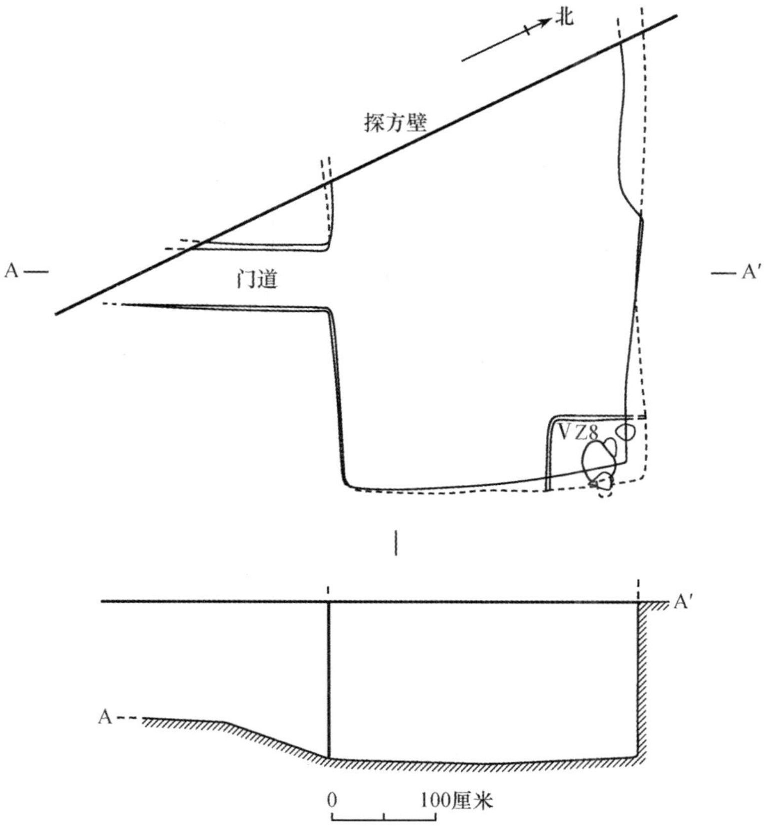

图2-257　ⅤF26平、剖面图

2. 灶

9座。残损严重，形制不完整。除ⅤZ4外，其他8座灶均位于房址一角，依托墙体修建。由灶台、灶门、灶眼、灶膛、火道、烟道等几部分构成。灶台平面呈长方形，较低矮。多用土坯垒砌，少部分夹杂一些砖、石块或瓦片等。灶门已坍圮。灶眼位于灶台中部，平面呈圆形，灶膛四壁经火烤后呈砖红色硬面，灶膛底为青灰色硬面，低于地面。灶膛内残留大量灰烬、木炭等。火道位于灶膛与烟道之间，顶部多用片石或土坯封闭。烟道位于墙体内。剖面多呈圆形或椭圆形。其结构为先在墙上纵向掏挖一条“U”形槽，槽口再用土坯等封闭。

ⅤZ1　位于ⅤF20东北角。灶台平面呈长方形，东西长1.2、南北宽0.85米。残高0.26米。灶膛平面略呈椭圆形，长径0.65、短径0.5米。火道长0.4米，砖长0.35、宽0.15、厚0.1米。顶端用青砖平铺。烟囱位于北墙上，略呈椭圆形，长径0.3、短径0.2、残长0.8米（图2-258）。

ⅤZ2　位于ⅤF3东北角。灶台平面呈长方形，东西长1.63、南北宽0.98、残高0.31米。用土坯垒砌而成。灶门、灶眼缺失。灶膛平面略呈椭圆形，长径0.6、短径0.3米。火烤后呈砖红色硬面，膛底为青灰色硬面。内残留大量灰烬、木炭等。火道长0.6米，顶端用青砖平铺。砖长0.45、宽0.36、厚0.05米。烟囱掏挖于墙体内，平面略呈椭圆形，长径0.28、短径0.18米，残长0.3米（图2-259）。

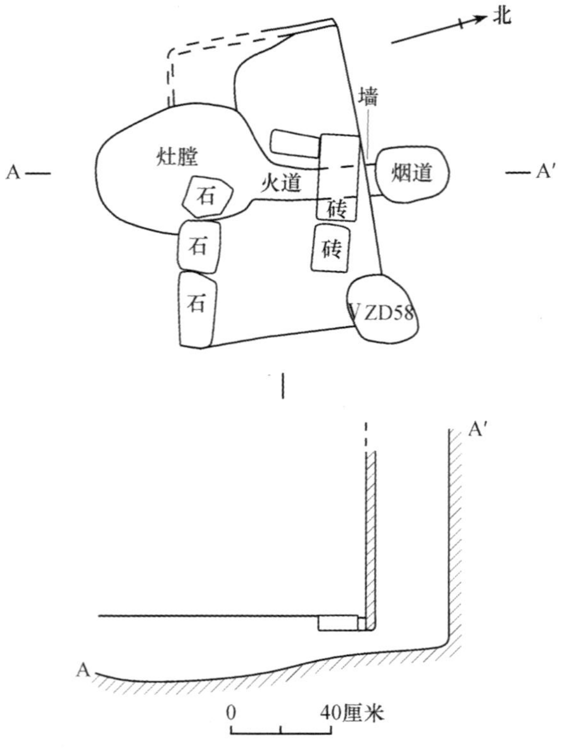

图2-258　VZ1平、剖面图

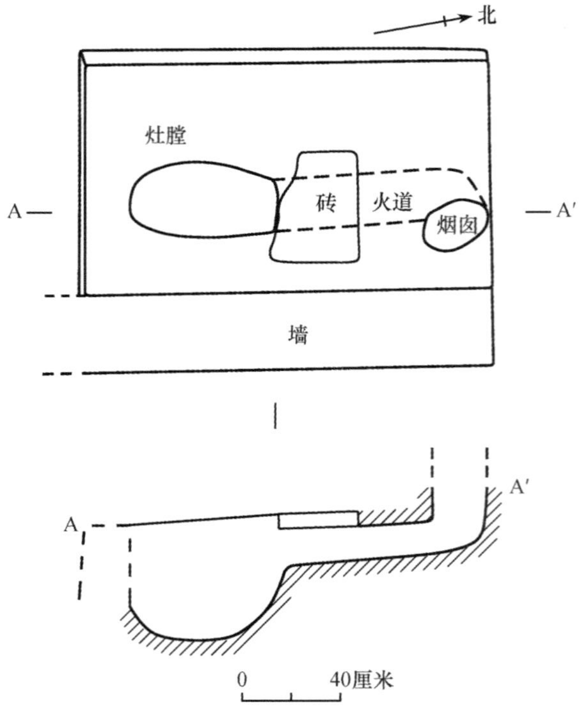

图2-259　VZ2平、剖面图

VZ3　位于VF4东北角。灶台平面呈方形，边长0.87、残高0.31米。用土垒砌而成，中间夹杂少量土坯和石块。砖残长0.18、宽0.07～0.14米。灶门、灶眼缺失。灶膛残损严重，口部残长0.63、残宽0.33米，底部残长0.66、残宽0.22米，残高0.2米。灶膛南侧地面上有一个圆形火烧面，直径0.27米（图2-260）。

VZ4　位于VF21南侧围墙边上。仅残存灶膛部分，周围残留数块石块和瓦片。灶膛挖在地面上，口大底小。口部平面略呈圆形，底部平面略呈椭圆形。口径0.23米，底部长径0.17、短径0.13米，深0.08～0.12米（图2-261）。

VZ5　位于VF21东北角。灶台平面呈长方形，东西长1.1、南北宽0.89、残高0.34米。用土坯垒砌而成。灶门、灶眼已坍塌。灶膛长径0.82、短径0.4、残深0.27米。内残留坍塌的瓦片、碎石和青砖等。火道长0.39米。顶部用石块封盖。烟囱略呈椭圆形，长径0.41、短径0.27、残高2.25米（图2-262；图版2-75，6）。

VZ6　位于VF6东北部。灶台平面呈曲尺形，东西长0.85～1.25、南北宽1.12、残高0.2米。用土坯垒砌而成。土坯长0.45、宽0.2米。灶门、灶眼已坍塌。灶膛平面略呈口大底小的椭圆形。口部长径0.4、短径0.25米，底部长径0.32、短径0.17米，残深0.1米。烟道已缺失（图2-263；图版一二）。

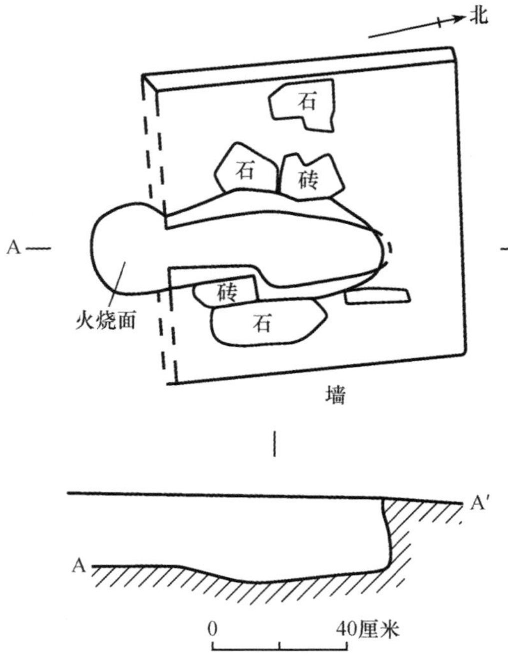

图2-260　ⅤZ3平、剖面图

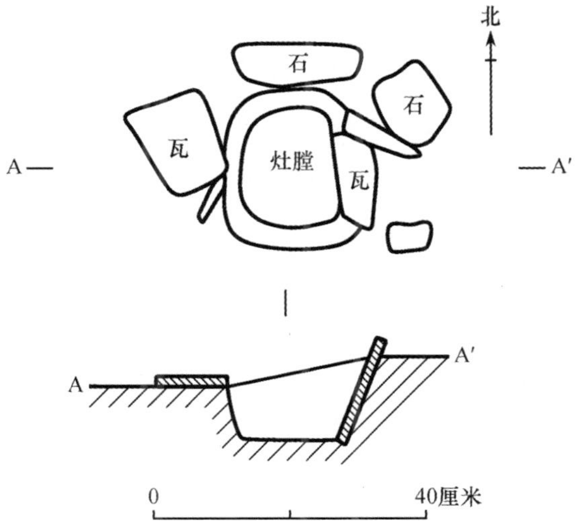

图2-261　ⅤZ4平、剖面图

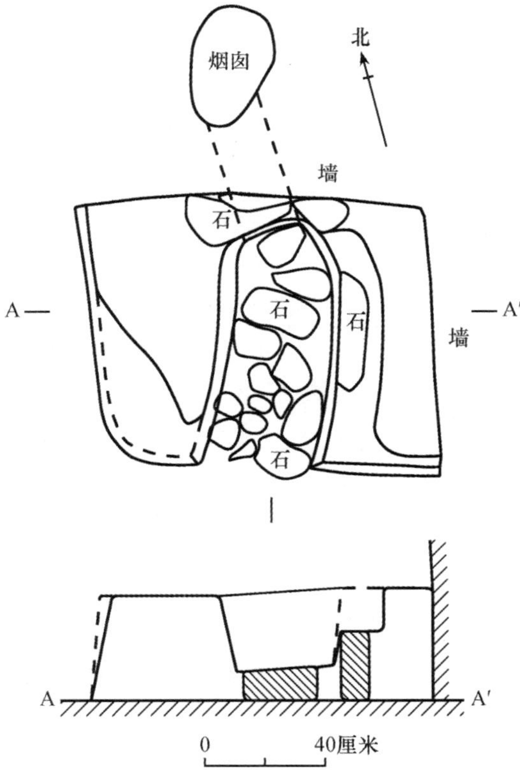

图2-262　ⅤZ5平、剖面图

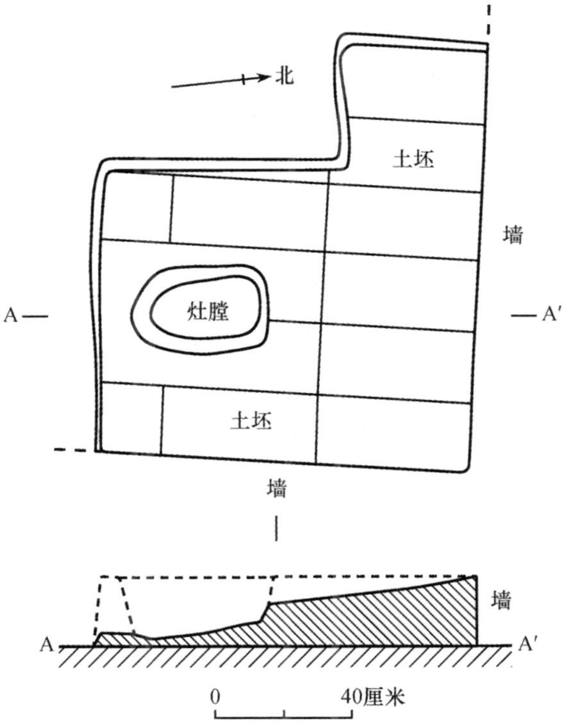

图2-263　ⅤZ6平、剖面图

ⅤZ7　位于ⅤF24西北角。依托西、北墙体修建。灶台平面呈长方形，南北长1.38、东西宽1.29、残高0.36米。用土坯砌而成。灶门、灶眼缺失。灶膛残长0.7、残宽0.35米。火道长0.85米。烟道掏挖于墙角上，平面略呈圆形，直径0.21、残高0.9米（图2-264）。

ⅤZ8　位于ⅤF26东北角。灶台平面呈长方形，南北长0.93米、东西宽0.66、残高0.12米。灶门、灶眼缺失。灶膛平面略呈椭圆形，边缘用石块包砌。长径0.38、短径0.32米、深22厘米，膛底低于外侧地面约0.1米。火道长0.1米。烟囱掏挖于墙上，平面呈不规则形，长0.16、宽0.13、残高1.5米（图2-265）。

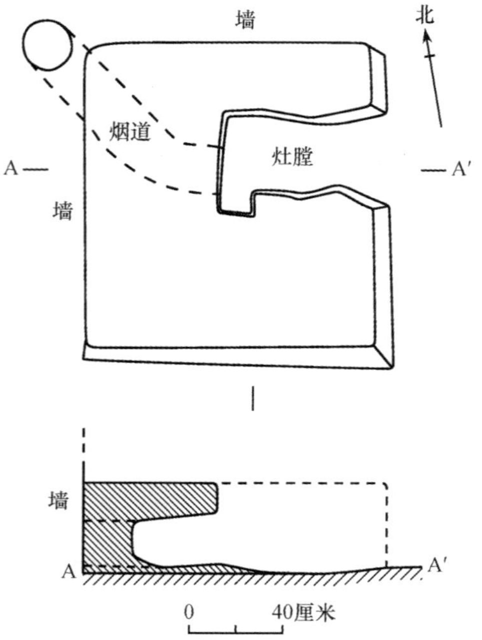

图2-264　ⅤZ7平、剖面图

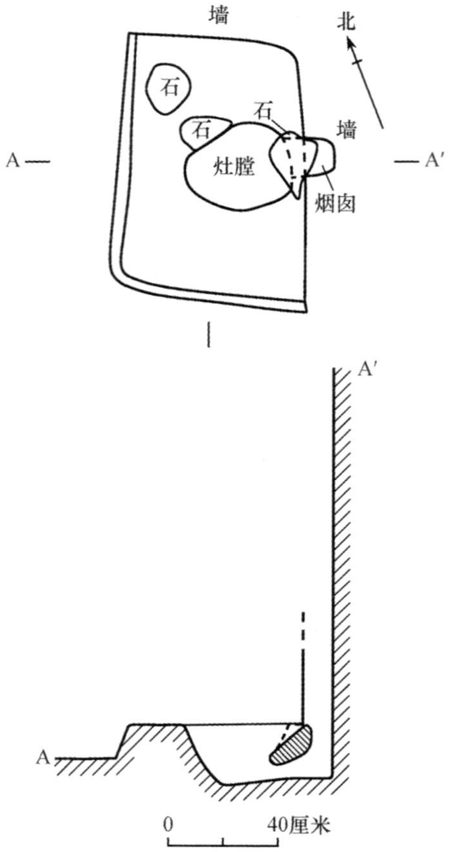

图2-265　ⅤZ8平、剖面图

ⅤZ9　位于ⅤF22东北角。灶台平面呈长方形，东西长1.05～1.22米、南北宽1.05、残高0.23米。灶门、灶眼缺失。双灶膛，间距0.15米。南灶膛平面略呈圆形，直径0.61米，北灶膛平面呈圆形，直径0.3米。火道长0.37、砖残长0.15米。顶部覆盖有青砖。烟囱平面略呈圆形，直径0.15、残高0.7米（图2-266）。

此外，在T95东北部，ⅤZD105南、ⅤZD26北有火塘1个。系在地面上掏挖形成的一个浅坑。平面略呈椭圆形。长径1、短径0.38、深0.05米。坑内残留木炭、灰烬和零星瓦片、动物骨骼，边缘火烧痕迹明显（图2-267；图版2-75，5）。在ⅤJS1西北地面上有红烧面1处。火烧面东西长0.74、南北宽0.72米。

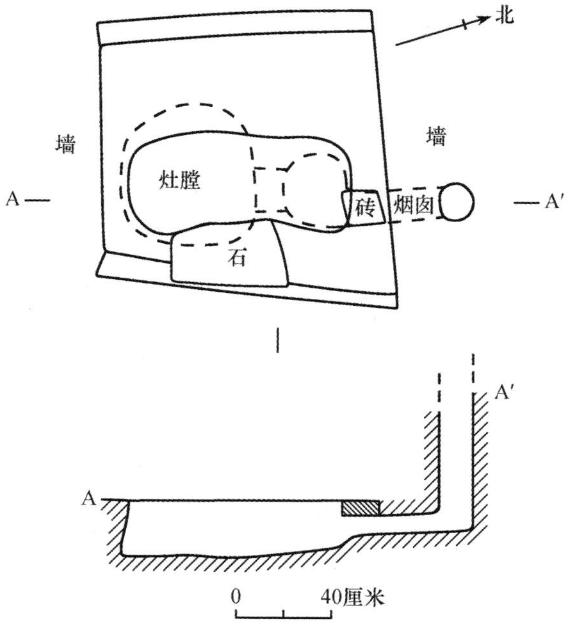

图2-266 ⅤZ9平、剖面图

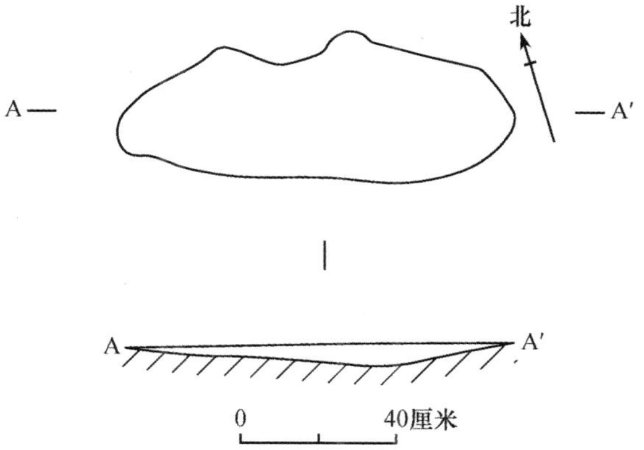

图2-267 Ⅴ火塘平、剖面图

3. 灰坑

43座。根据平面形制可分为圆形、椭圆形、圆角方形、圆角长方形和不规则形等5类。灰坑坑壁斜直，壁面较粗糙，平底或圜底。部分灰坑填土内含有碎瓦、陶片和动物骨骼等遗物。

圆形　4个。较浅小。平面多呈圆形或近圆形，剖面多为口大底小的倒梯形。填土较疏松，多腐殖物。部分灰坑内出陶片、瓦片和动物骨骼等遗物。

ⅤH10　位于ⅤH9南。开口于第1层下。口部略呈圆形，底部略呈椭圆形。填土中有零星动物骨骼。口部直径0.58米，底部长径0.43、短径0.35米，深0.36米（图2-268）。

ⅤH22　位于ⅤH17内。开口于第5层下。平面略呈圆形，平底。填土中夹杂少量陶器残片。口径0.79、底径0.55、深0.52米（图2-269）。

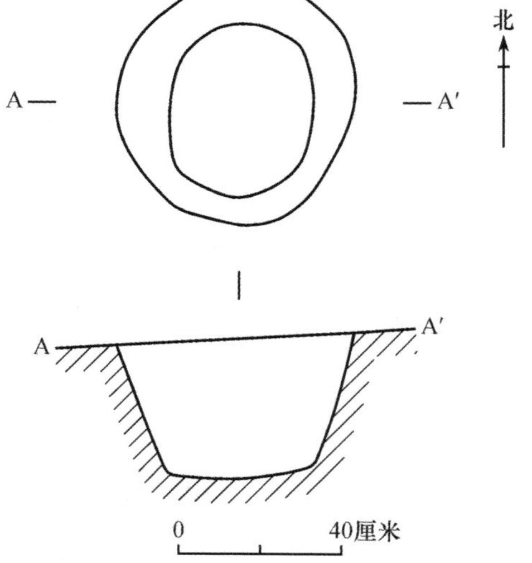

图2-268 ⅤH10平、剖面图

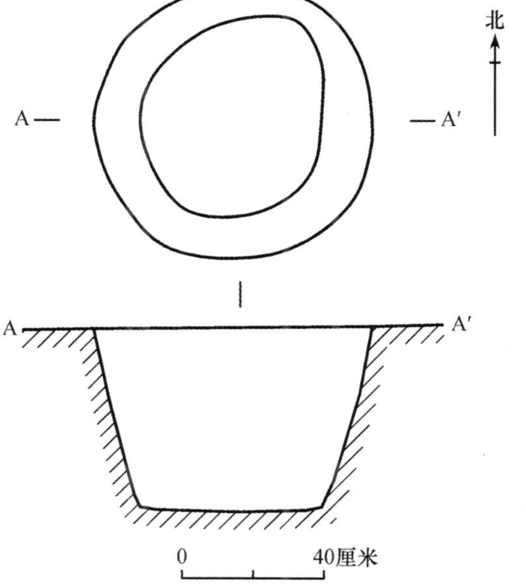

图2-269 ⅤH22平、剖面图

ⅤH29　位于ⅤH30南。开口于第5层下。平面略呈圆形，底部不平整。填土中夹杂零星瓦片和动物骨骼。口部直径0.64、底部直径0.53、深0.46米（图2-270）。

ⅤH34　位于ⅤH39东北。开口于第5层下。平面略呈圆形。底部西边有两块片石。口径0.65、底径0.48、深0.37米（图2-271）。

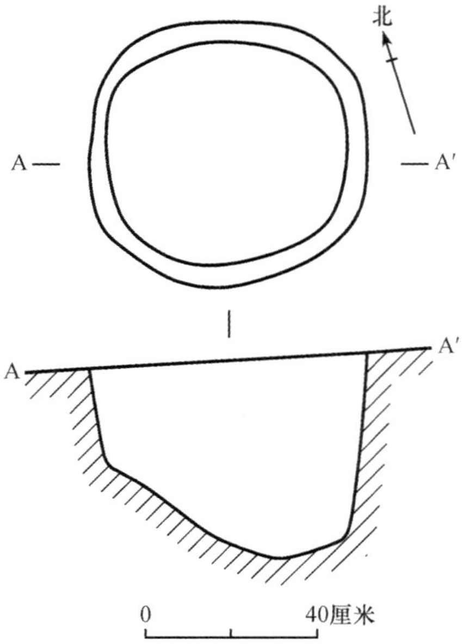

图2-270　ⅤH29平、剖面图

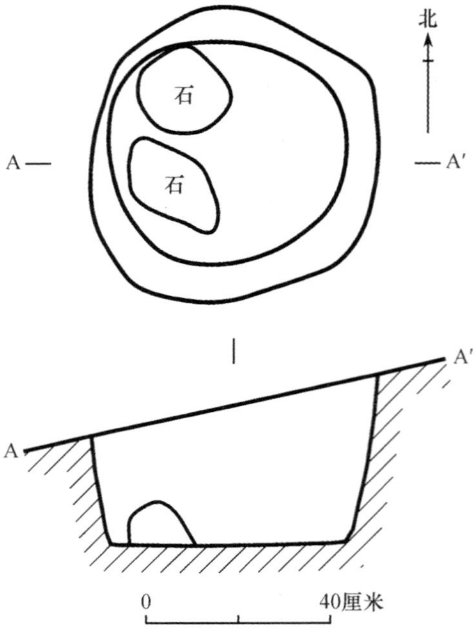

图2-271　ⅤH34平、剖面图

椭圆形　14个。较浅小。部分灰坑平面长轴和短轴相差较大。剖面多为口大底小的倒梯形或圆弧锅底形。填土较疏松，多腐殖物。部分灰坑内出陶片、瓦片和动物骨骼等遗物。

ⅤH1　位于ⅤZD3东北，ⅤZD18西北。开口于第1层下。平面略呈椭圆形，平底。填土呈黑褐色，土质较疏松，夹杂零星瓦片。口部长轴长0.93、短轴长0.76米，底部长0.8、宽0.65米，深0.33米（图2-272）。

ⅤH2　位于ⅤZD80西北。开口于第1层下。平面略呈椭圆形，平底。填土中有碎石、瓦片、动物骨骼等。口部长轴长0.81、短轴长0.75米，底部长0.59、宽0.42米，深0.3米（图2-273）。

ⅤH3　位于ⅤZD4西。开口于第1层下。平面略呈椭圆形，平底。填土中有零星瓦片。长轴长2.2、短轴长0.89、深0.22米（图2-274）。

ⅤH4　位于ⅤH35南，ⅤH37北。开口于第1层下。平面为半圆形。残长0.43、残宽0.22、深0.2米（图2-275）。

ⅤH5　位于ⅤH43西南。开口于第5层下。平面略呈椭圆形。填土中有碎石、瓦片等。口部长径1.44、短径0.7米，底部长0.49、宽0.22米，深0.21米（图2-276）。

ⅤH8　位于ⅤH7东部。开口于第1层下。口部和底部平面均略呈椭圆形。填土中有灰烬、动物骨骼残片等。口部长径0.98、短径0.71米，底部长径0.81、短径0.52米，深0.2米（图2-277）。

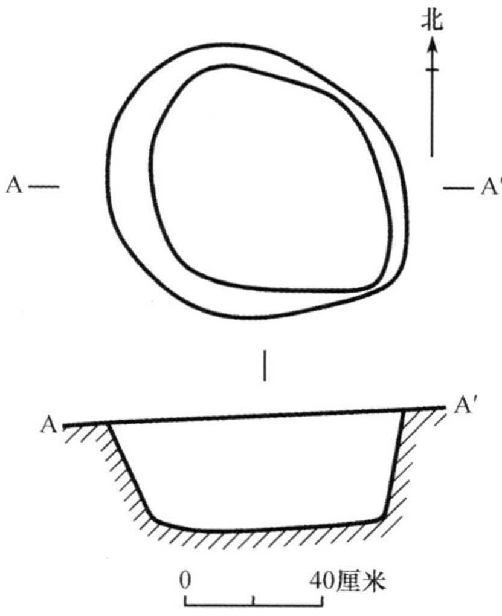

图2-272 VH1平、剖面图

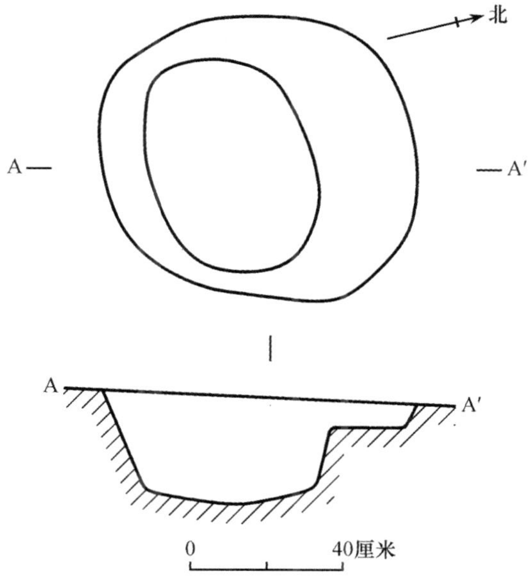

图2-273 VH2平、剖面图

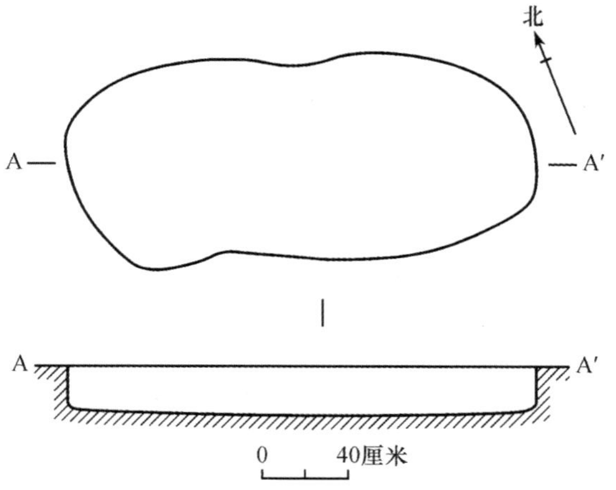

图2-274 VH3平、剖面图

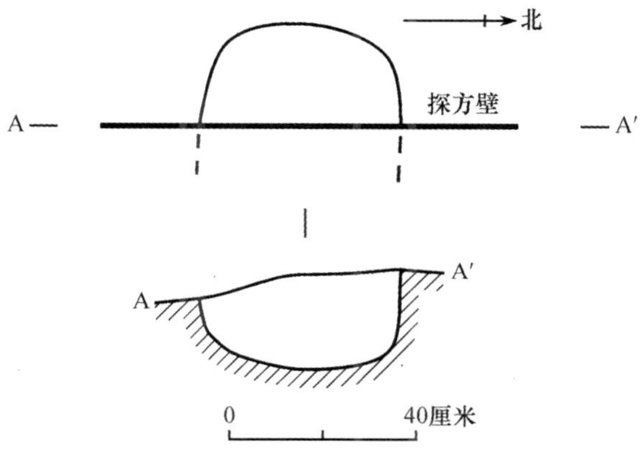

图2-275 VH4平、剖面图

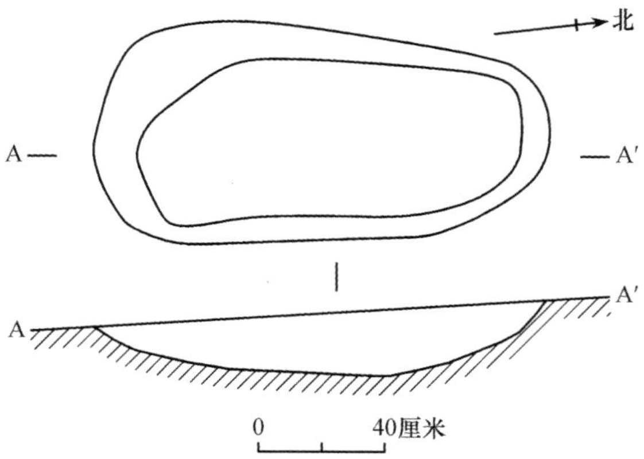

图2-276 VH5平、剖面图

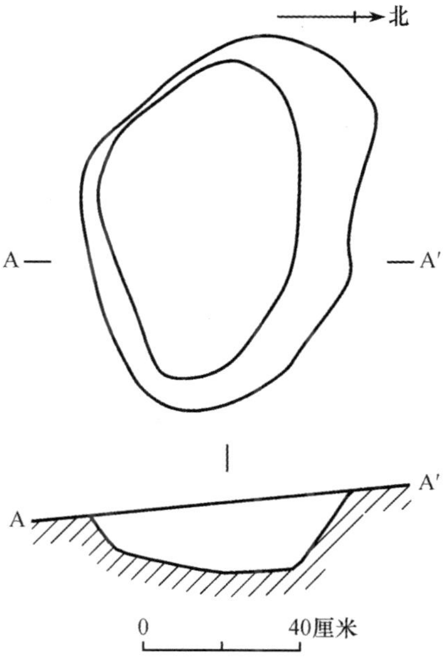

图2-277 VH8平、剖面图

ⅤH13　位于ⅤH12南，ⅤH8东北，打破ⅤH12。开口于第1层下。平面呈椭圆形。底部西端有两个小平台。填土中夹杂零星陶片、碎石、木炭。口部长2.23、宽1.13米，底部长1.9、宽0.85米，深1.1米（图2-278）。

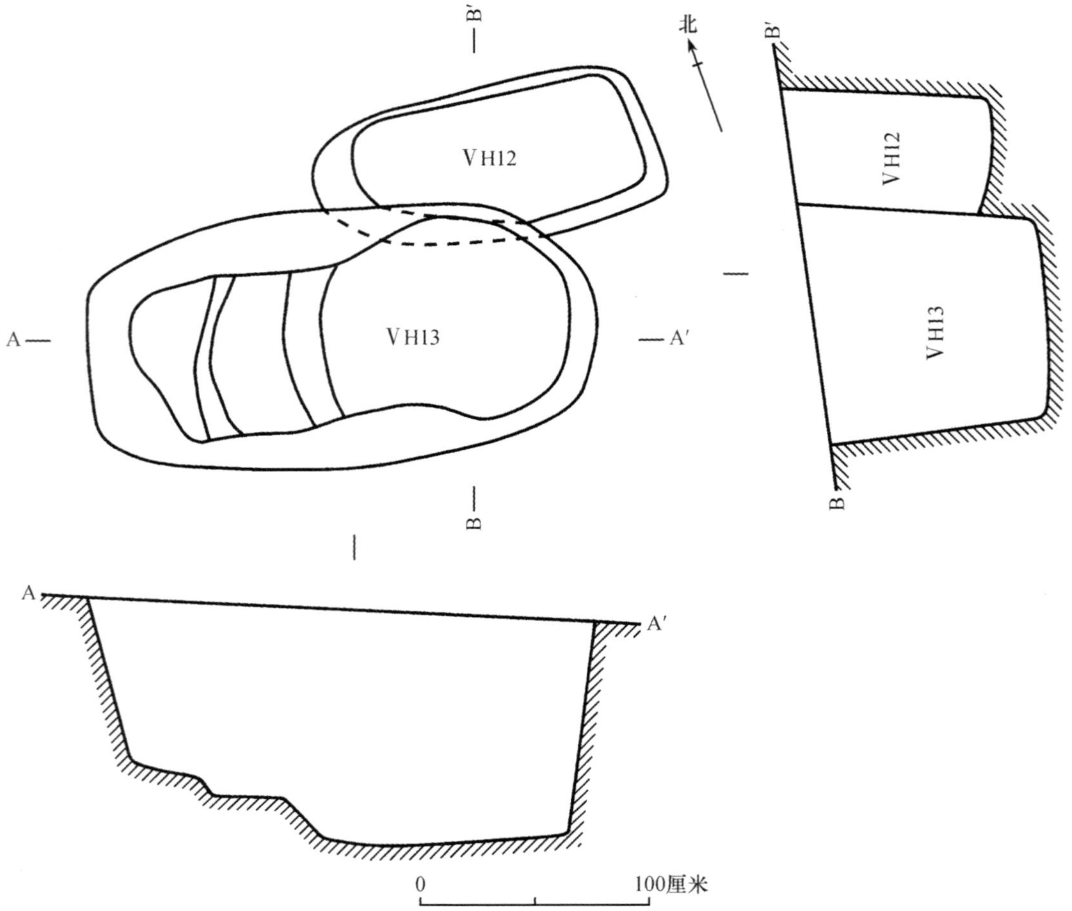

图2-278　ⅤH12、ⅤH13平、剖面图

ⅤH17　位于ⅤH18南。开口于第1层下。只发掘了局部。平面呈椭圆形。平底。填土为黄褐土，中间夹杂零星动物骨骼。口部残长2.91、宽2.38米，底部残长2.8、宽1.85米，深0.45米（图2-279）。

ⅤH23　位于ⅤF28西。开口于第1层下。平面略呈椭圆形。圜底。填土中有少量零星陶片。长径2.1、短径1.45、深1.17米（图2-280）。

ⅤH25　位于ⅤF7内东部。开口于第1层下。平面略呈椭圆形。斜直壁，底部不平整。填土中夹杂零星动物骨骼。口部长1.57、宽1.53米，底部长1.12、宽1.14米，深0.84米（图2-281）。

ⅤH28　位于ⅤH43东。开口于第5层下。口部平面略呈椭圆形，底部平面略呈圆形，平底。填土中夹杂零星动物骨骼。口部长径0.99、短径0.88米，底部直径0.71米，深0.55米（图2-282）。

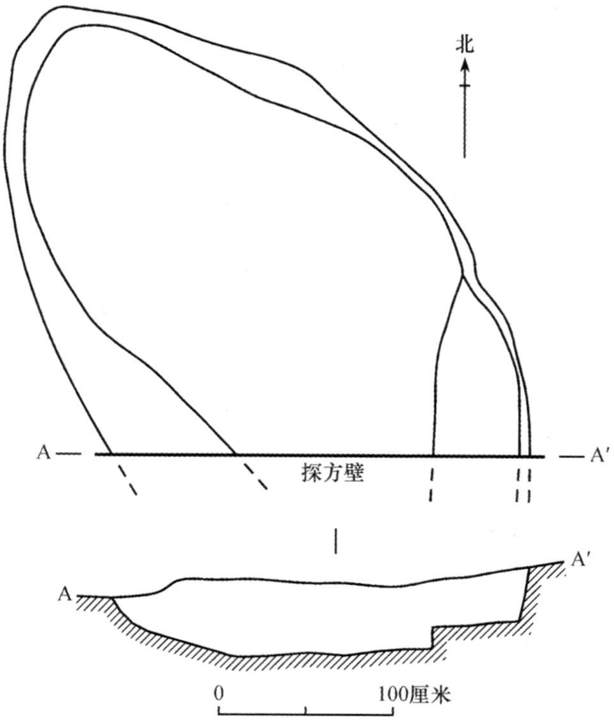

图2-279 ⅤH17平、剖面图

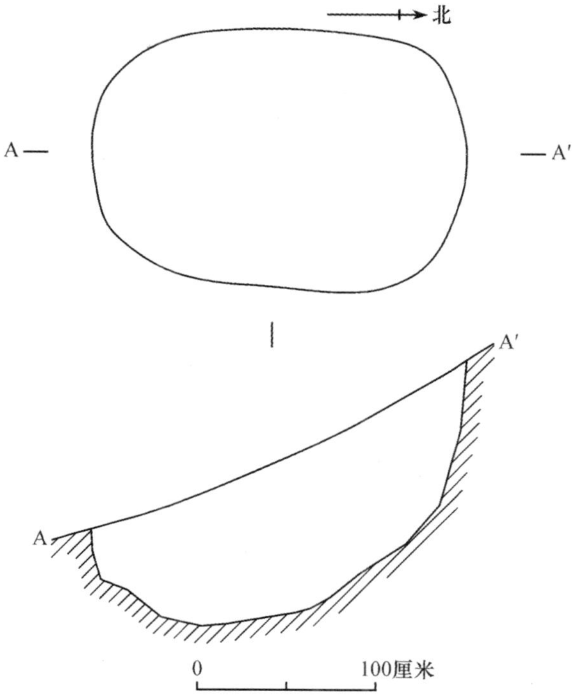

图2-280 ⅤH23平、剖面图

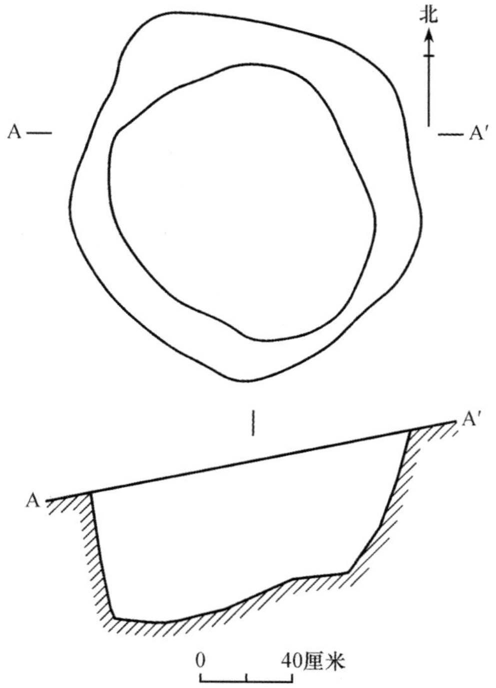

图2-281 ⅤH25平、剖面图

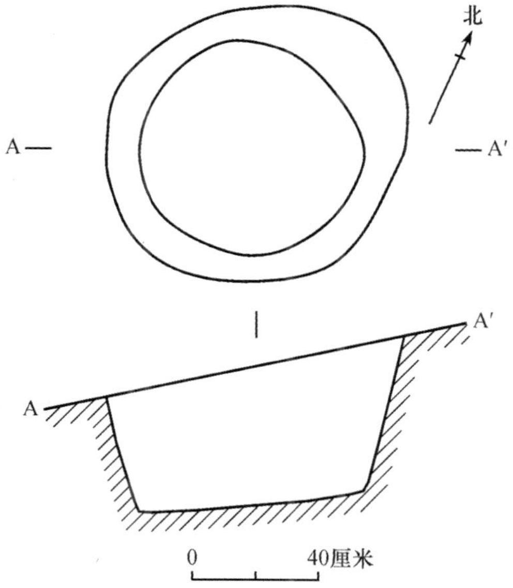

图2-282 ⅤH28平、剖面图

ⅤH35　位于ⅤH4北，ⅤH36东南。开口于第1层下。平面略呈椭圆形。填土中有碎石。口部长径0.58、短径0.48米，底部长径0.53、短径0.43米，深0.11米（图2-283）。

ⅤH36　位于ⅤH35西北。开口于第1层下。平面略呈椭圆形。剖面呈锅底状。口部长径0.59、短径0.45米，底部长径0.51、短径0.37米，深0.18米（图2-284）。

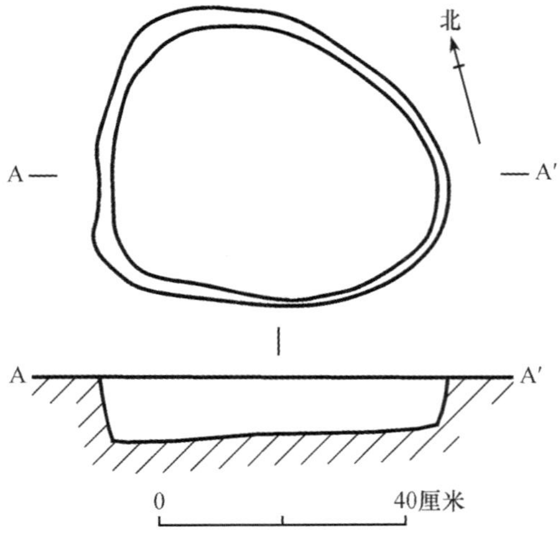

图2-283　ⅤH35平、剖面图

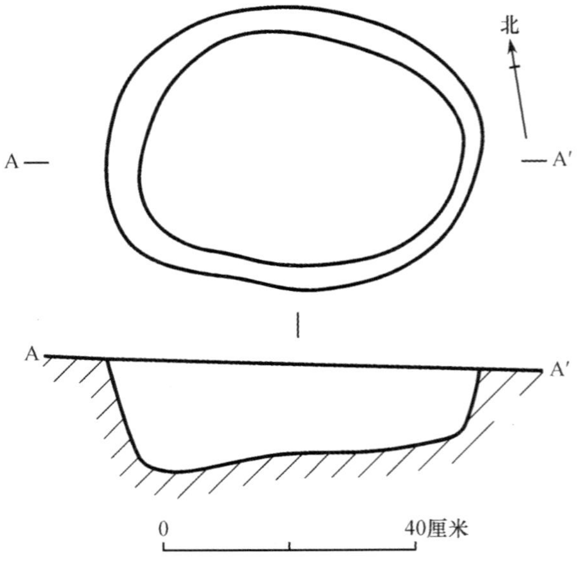

图2-284　ⅤH36平、剖面图

ⅤH42　位于ⅤH41西北。开口于第5层下。口部平面略呈椭圆形，底部平面略呈圆形。圜底。口部长径1.78、短径1.65米，底径0.56米，深0.5米（图2-285）。

圆角方形　3个。平面较规整，圆弧角。平面呈口大底小的倒梯形。填土较疏松，多腐殖物。部分灰坑内出陶片、瓦片和动物骨骼等遗物。

ⅤH7　位于ⅤZD29西北。开口于第1层下。口部平面略呈圆角方形，底部呈不规则形。填土中有板瓦、筒瓦、陶缸残片及动物骨骼等。口部边长2.5米，底部长1、宽0.9米，深1.55米（图2-286）。

ⅤH15　位于ⅤH14东。开口于第1层下。口部平面略呈长方形，底部平面略呈正方形，平底。填土为黄褐土，夹杂零星瓦片、动物骨骼。口部长1.7、宽1.8米，底部边长1.5米，深0.5米（图2-287）。

ⅤH24　位于ⅤF6内东北。开口于第1层下。平面略呈圆角方形，平底。填土中夹杂零星动物骨骼。口部长径1.23、短径1.22，底部长径1.02、短径0.98米，深0.36米（图2-288）。

圆角长方形　14个。剖面多呈口大底小的倒梯形或圆弧锅底形。填土较疏松，多腐殖物。部分灰坑内出陶片、瓦片和动物骨骼等遗物。

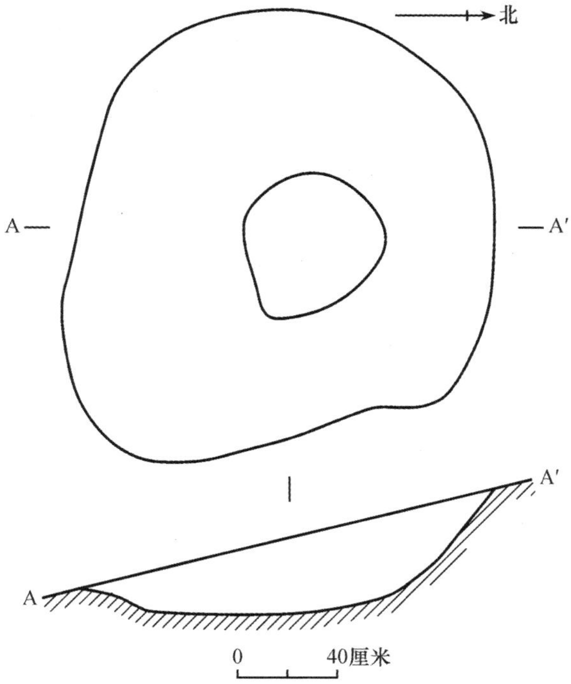

图2-285　ⅤH42平、剖面图

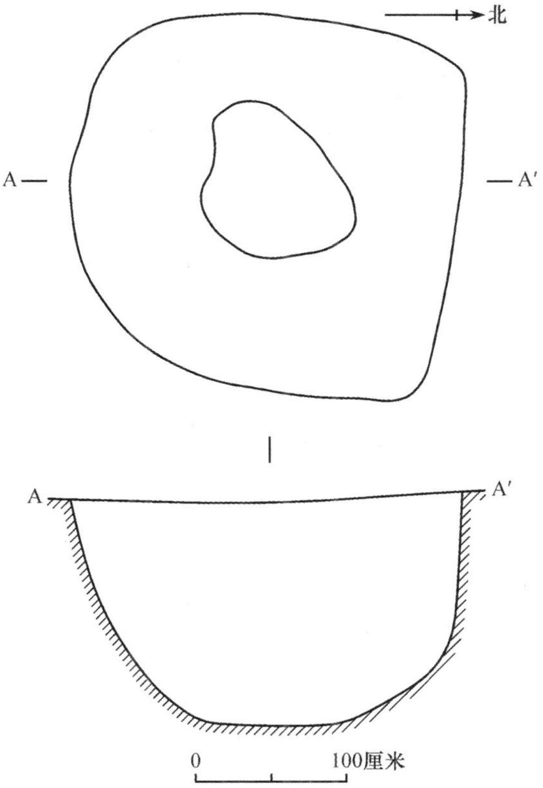

图2-286　ⅤH7平、剖面图

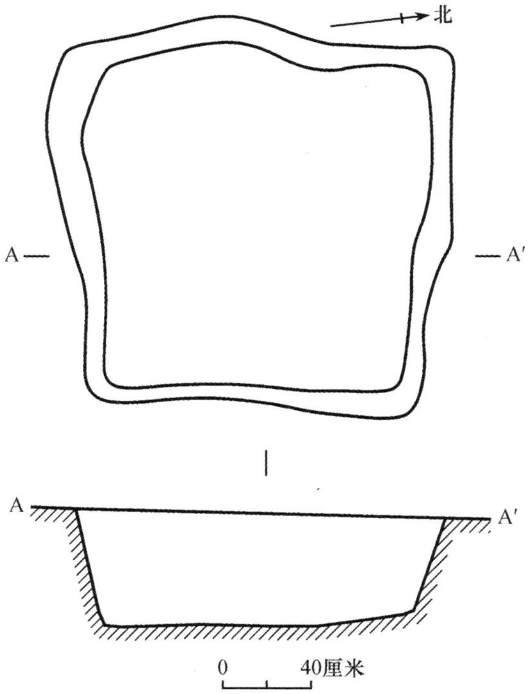

图2-287　ⅤH15平、剖面图

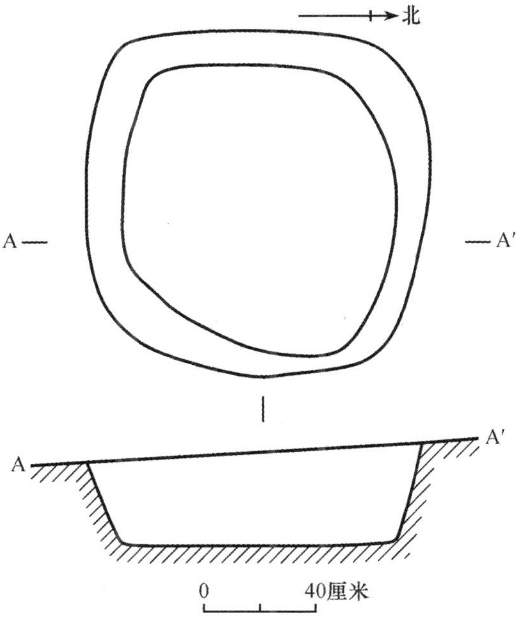

图2-288　ⅤH24平、剖面图

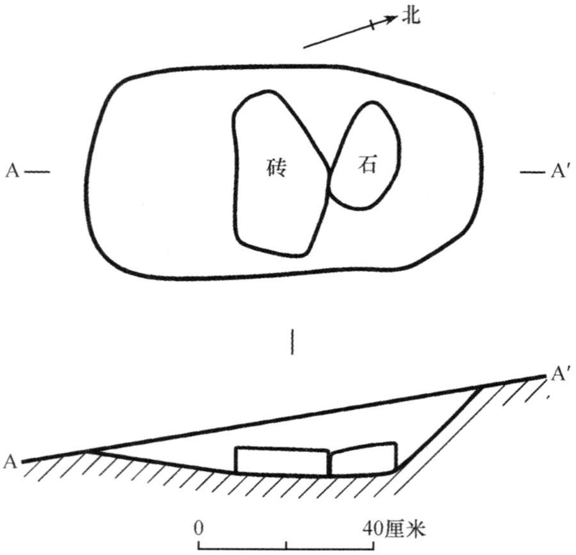

图2-289　ⅤH6平、剖面图

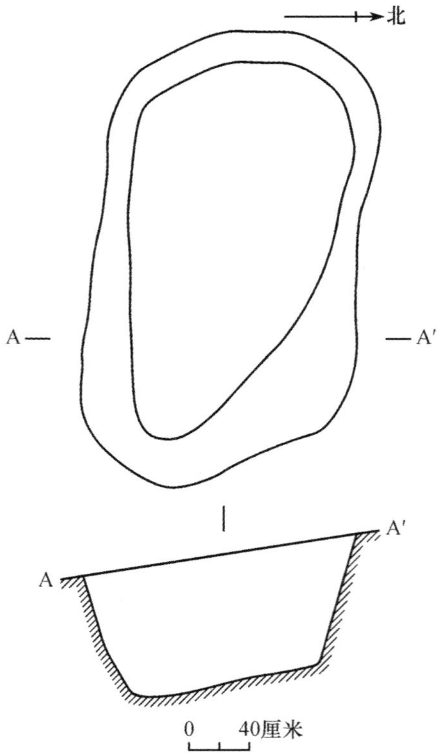

图2-290　ⅤH11平、剖面图

ⅤH6　位于ⅤF20内南部。开口于第1层下。平面略呈圆角长方形。坑底有青砖和片石。填土中有碎石。长0.91、宽0.48、深0.2米（图2-289）。

ⅤH11　位于ⅤH7西。开口于第1层下。平面略呈圆角长方形。填土中有瓦片和动物骨骼。口部长3.06、宽1.7米，底部长2.57、宽1.5米，深1米（图2-290）。

ⅤH12　位于ⅤH13北。开口于第1层下。平面略呈长方形，平底。填土中有零星陶片。口部长1.5、宽0.7米，底部长1.23、宽0.57米，深0.9米。

ⅤH18　位于ⅤH17东北。开口于第1层下。平面略呈长方形。平底。填土为黄褐土，中间夹杂碎石、瓦片等。口部长3.59、宽3.14米，底部长3.4、宽2.78米，深0.4米（图2-291）。

ⅤH20　位于ⅤH8南侧。开口于第1层下。口部和底部平面均略呈长方形。表面及底部有白斑。填土中有少量动物骨骼残片。口部长1.92、宽1.77米，底部长1.78、宽1.49米，深0.66米（图2-292）。

ⅤH21　位于ⅤH41东。开口于第5层下。只发掘局部。平面呈圆角长方形。填土中有少量瓦片、陶器残片、动物骨骼等。口部残长6.78、宽1.93米，底部残长6.59、宽1.27米，深1.06米（图2-293）。

ⅤH26　位于ⅤF26南，打破ⅤF26。开口于第1层下。只发掘了局部。平面呈圆角长方形。底部不平整。填土中夹杂零星瓦片。口部长1.2、宽1.5米，底部长0.89、宽0.95米，深0.96米（图2-294）。

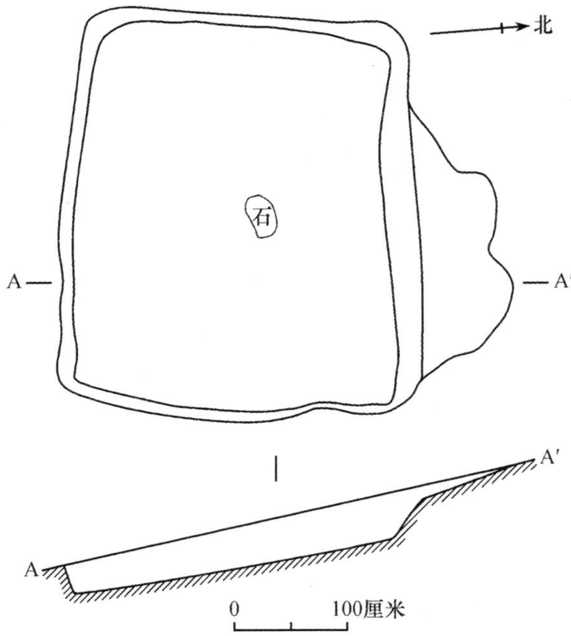

图2-291 ⅤH18平、剖面图

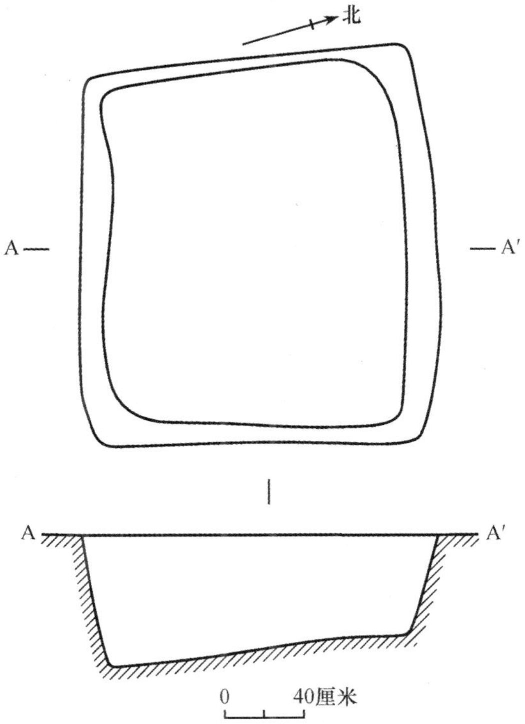

图2-292 ⅤH20平、剖面图

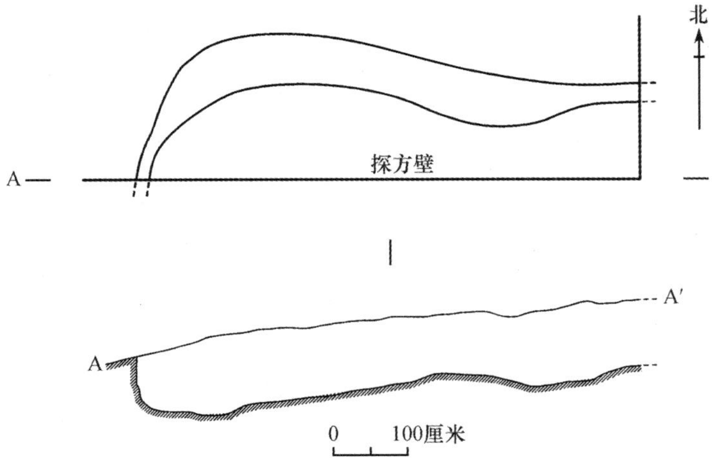

图2-293 ⅤH21平、剖面图

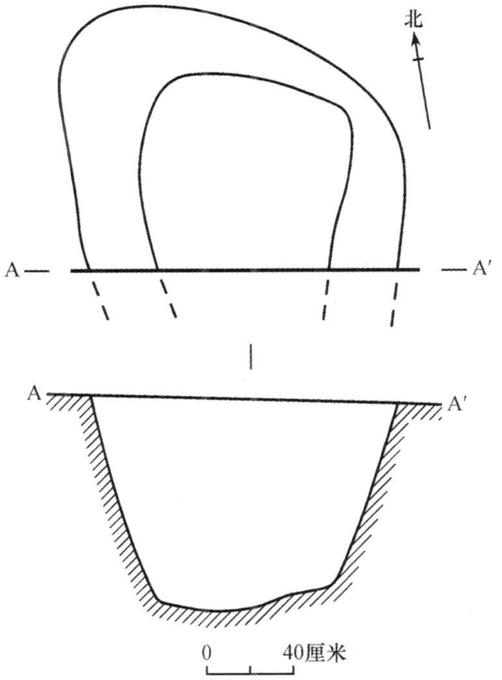

图2-294 ⅤH26平、剖面图

ⅤH27　位于ⅤH2西。开口于第6层下。平面略呈圆角长方形。平底。填土中夹杂零星动物骨骼。口部长2.12、宽2.16米，底部长1.91、宽1.55米，深1.84米（图2-295）。

ⅤH30　位于ⅤH29北，H31南。开口于第5层下。平面略呈圆角长方形。口部长径1.22、短径1.03米，底部长径1.08、短径0.85米，深0.24米（图2-296）。

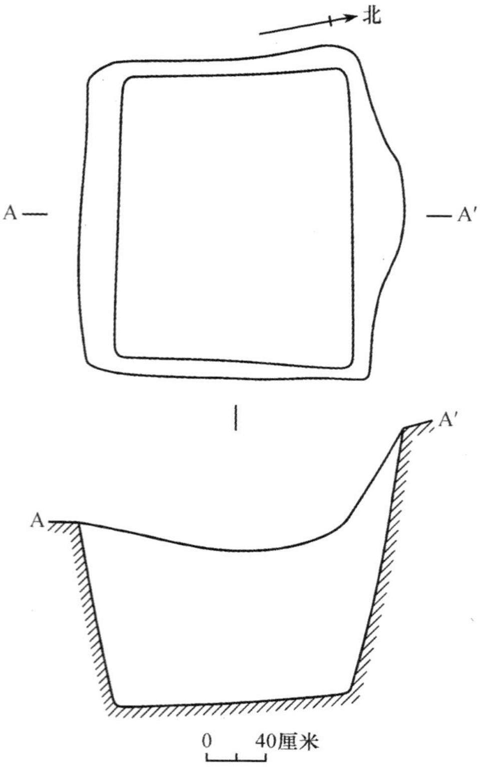

图2-295　ⅤH27平、剖面图

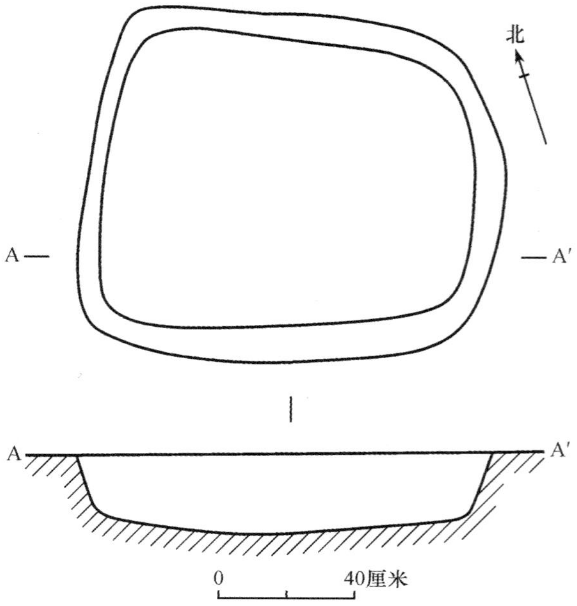

图2-296　ⅤH30平、剖面图

ⅤH31　位于ⅤH30北。开口于第5层下。平面略呈长方形，长1.39、宽0.85、深0.33米。填土中有碎石。底部西南角有一个圆形凹坑。口径0.63、底径0.42、深0.15米（图2-297）。

ⅤH37　位于ⅤH4南。开口于第1层下。只发掘局部。平面呈圆角长方形。口部长1.42、宽0.85米，底部长1.31、宽0.77米，深0.78米（图2-298）。

ⅤH38　位于ⅤH37南。开口于第5层下。平面近似圆角长方形。平底。填土中有零星动物骨骼。口部长1.19、宽1.15米，底部长0.87、宽0.9米，深0.44米（图2-299）。

ⅤH39　位于ⅤH40东北。开口于第5层下。平面近似圆角长方形。平底。填土中有少量瓦片。口部长1.59、宽1.32米，底部长1.51、宽1.2米，深1.11米（图2-300）。

ⅤH41　位于ⅤH21西。开口于第5层下。只发掘了局部。平面呈圆角长方形。圜底。口部长1.56、宽1.13米，底部长0.85、宽0.74米，深0.86米（图2-301）。

不规则形　8个。口部形状不规整，剖面形状多为口大底小的倒梯形、圆弧锅底形。填土较疏松，多腐殖物。部分灰坑内出陶片、瓦片和动物骨骼等遗物。

ⅤH9　位于ⅤH10北。开口于第1层下。平面不规则形。填土中有零星碎石、碎砖。长1.45、宽1.2、深0.33米（图2-302）。

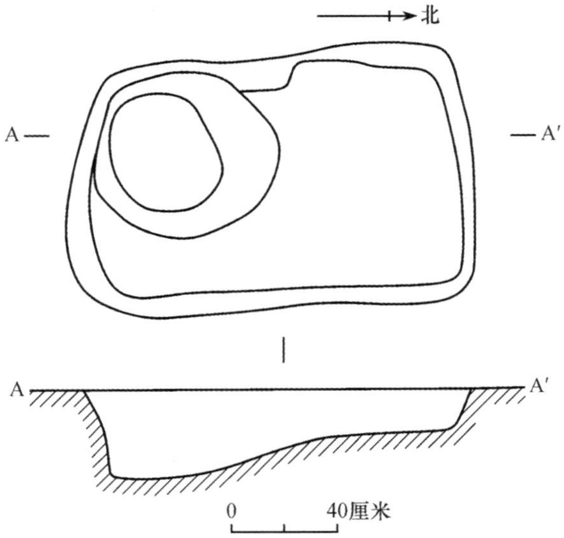

图2-297　ⅤH31平、剖面图

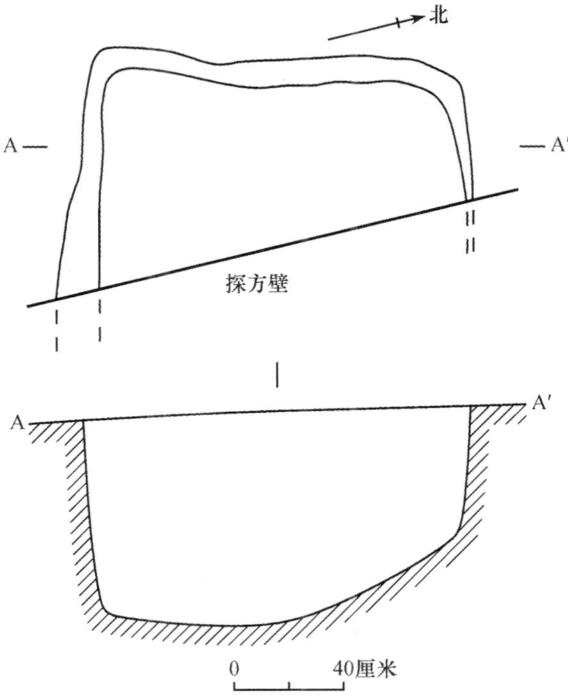

图2-298　ⅤH37平、剖面图

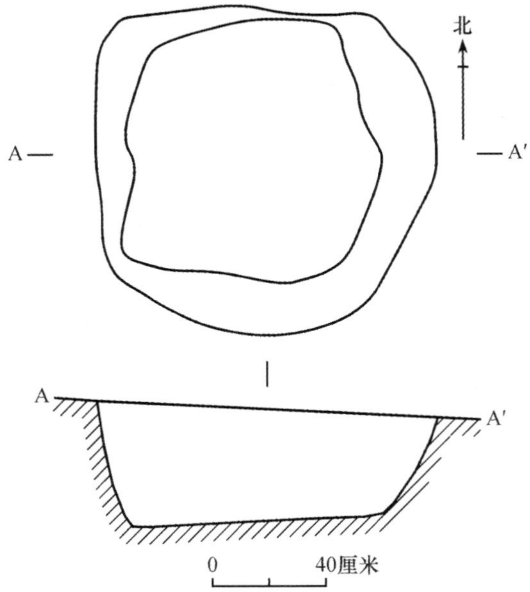

图2-299　ⅤH38平、剖面图

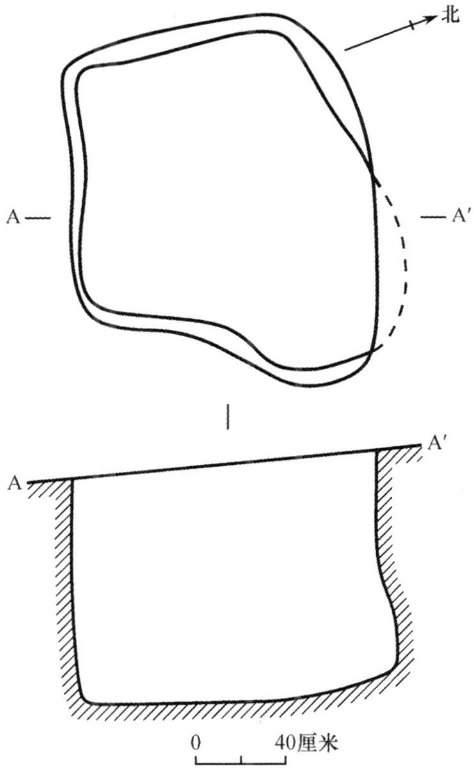

图2-300　ⅤH39平、剖面图

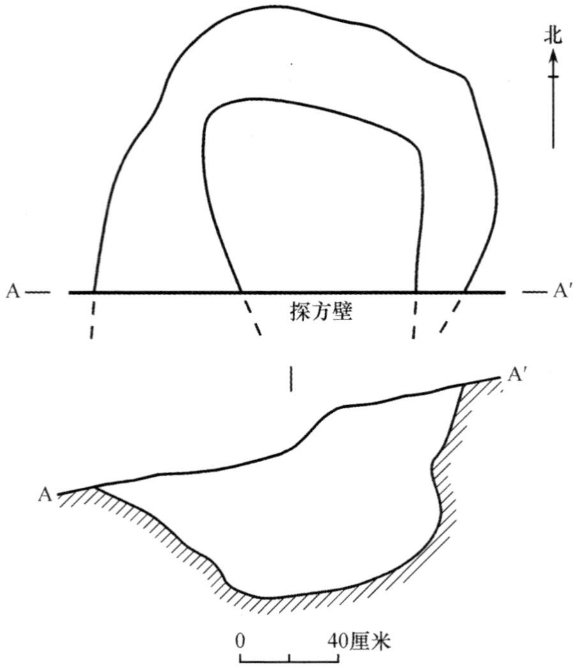

图2-301　ⅤH41平、剖面图

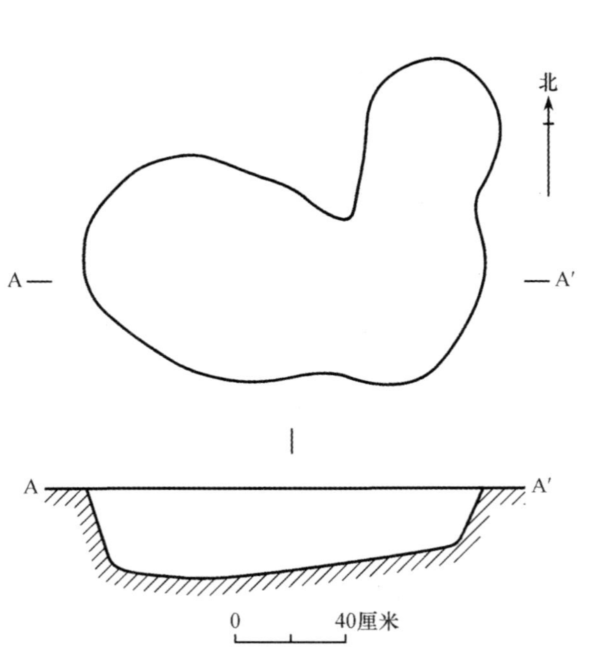

图2-302　ⅤH9平、剖面图

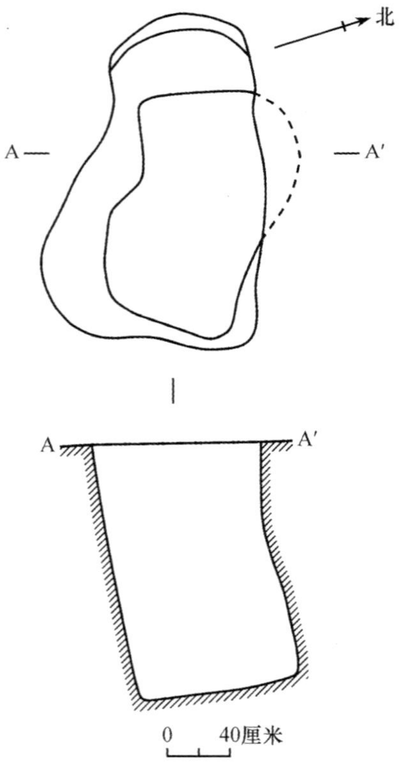

图2-303　ⅤH14平、剖面图

ⅤH14　位于ⅤH15西，ⅤH20东。开口于第1层下。平面呈不规则形，剖面呈“U”形。填土中夹杂陶器残片，瓦片、动物骨骼，出土陶碗1件。口部长2.2、宽1.37米，底部长1.53、宽1、深1.6米（图2-303）。

ⅤH16　位于ⅤH26西。开口于第1层下。平面呈不规则形，平底。填土为黄褐土，中间夹杂零星瓦片。口部长4.95、宽1.57米，底部长4.8、宽1.3米，深0.62米（图2-304）。

ⅤH19　位于ⅤH32西南。开口于第5层下。平面略呈不规则形。底部不平整，有不规则凹坑。填土中夹杂碎石。口部长1.94、宽1.17米，底部长1.11、宽0.36，深0.76米（图2-305）。

ⅤH32　位于ⅤH19东北。开口于第5层下。平面略呈不规则形。口部长2.06、宽1.62米，底部长1.91、宽1.33米，深1.37米（图2-306）。

ⅤH33　位于ⅤF20内中西部。开口于第5层下。平面略呈不规则形。口部长1.96、宽1.31米，底部长1.56、宽1.05米，深0.14～0.21米（图2-307）。

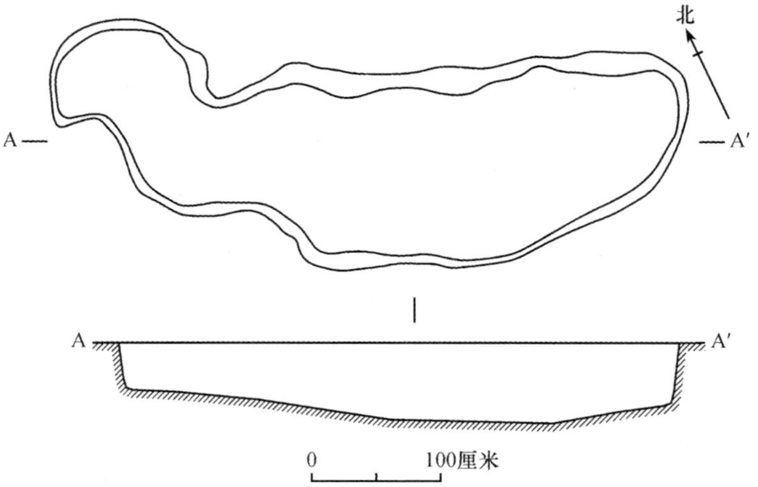

图2-304 ⅤH16平、剖面图

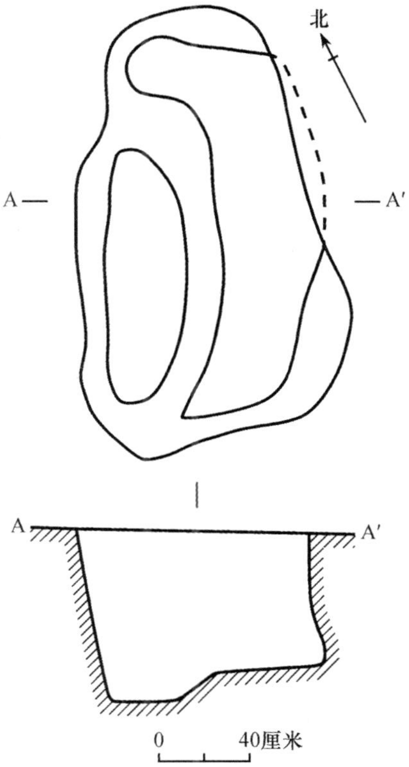

图2-305 ⅤH19平、剖面图

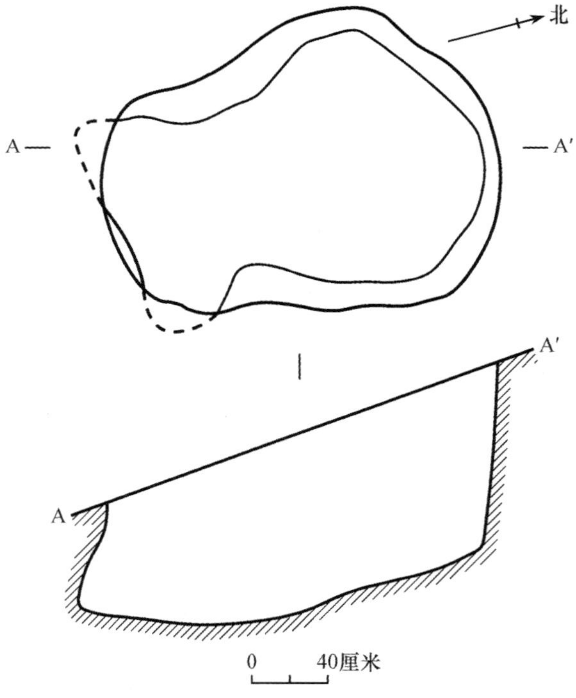

图2-306 ⅤH32平、剖面图

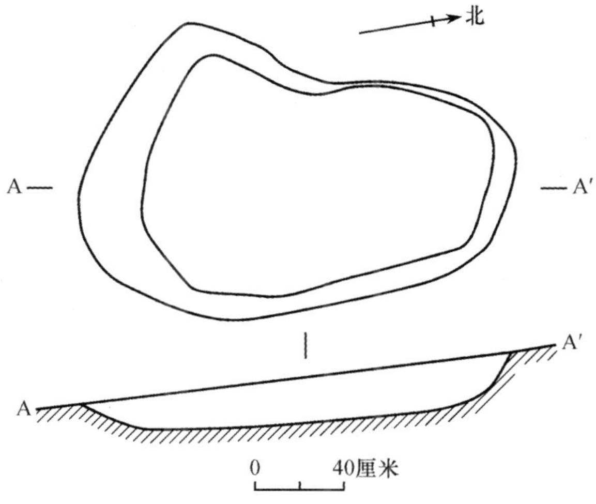

图2-307 ⅤH33平、剖面图

ⅤH40　位于ⅤH39西南。开口于第5层下。平面呈不规则形。圜底。填土中有少量瓦片。口部长2.67、宽1.39米，底部长2.18、宽1.25米，深0.43米（图2-308）。

ⅤH43　位于H5东北。开口于第5层下。平面呈不规则形，圜底。口部长3.97、宽1.27米，底部长3.39、宽0.95米，深0.72米（图2-309）。

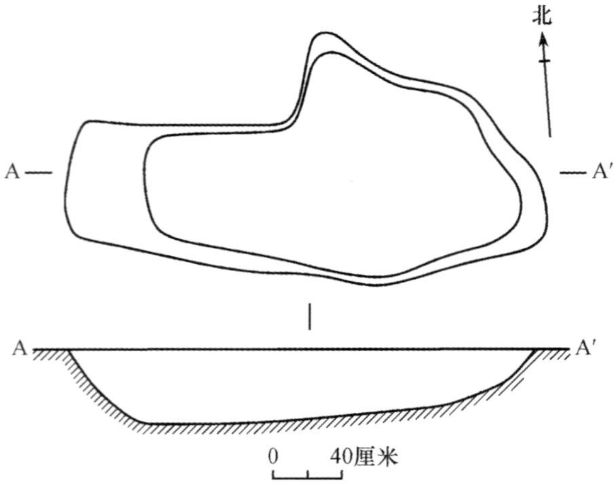

图2-308　ⅤH40平、剖面图

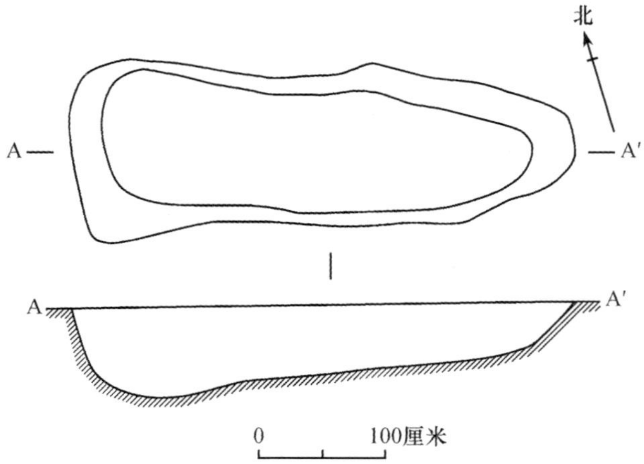

图2-309　ⅤH43平、剖面图

4. 柱洞

134个。属于各个房址的柱洞已归入房址统一介绍，现仅就80个暂无法确定组合关系的柱洞择要予以介绍。

部分柱洞的柱槽比较清晰，为我们了解其构筑方式提供了不可多得的依据。木柱的栽立方式为：先在地面或墙体上掏挖柱槽，个别柱槽底部又单独掏出柱坑。在柱槽或柱坑内放置柱础石后立木柱并回填。柱槽平面形制有方形、长方形、圆形、椭圆形和不规则形等五种。壁面较平整。填土中包含瓦片和红烧土颗粒，部分柱洞内残留有烧焦的朽木。

ⅤZD1　位于ⅤZD2东南。仅存柱槽底部。平面略呈长方形。长0.25、宽0.22、深0.15米（图2-310）。

ⅤZD3　位于ⅤZD18西。柱槽长方形，长1.04、宽0.64、深0.75米。柱槽内北端置木柱，直径0.35米（图2-311）。

ⅤZD9　位于ⅤZD81东北。柱槽长方形，口大底小。口部长1.13、宽0.81米，底部长0.99、宽0.72米，深0.5米。柱槽内北端插立木柱，直径0.29、残高0.5米（图2-312）。

ⅤZD10　位于ⅤZD11西。柱槽长方形，长0.45、宽0.37、深0.38米。柱槽内中部置柱础石，上立木柱。柱础石长0.32、宽0.42、厚0.1米。木柱直径0.24、残高0.28米（图2-313）。

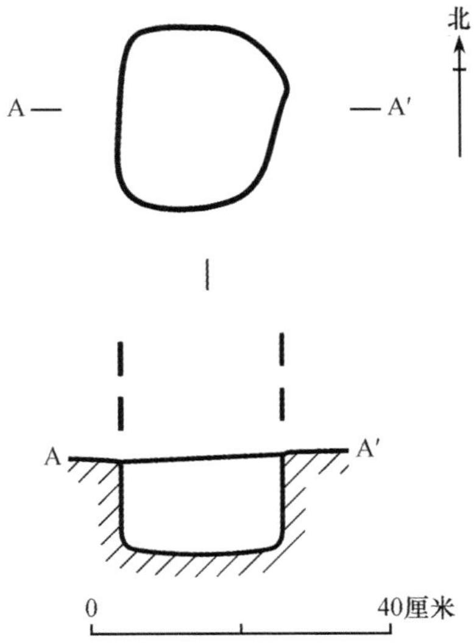

图2-310 VZD1平、剖面图

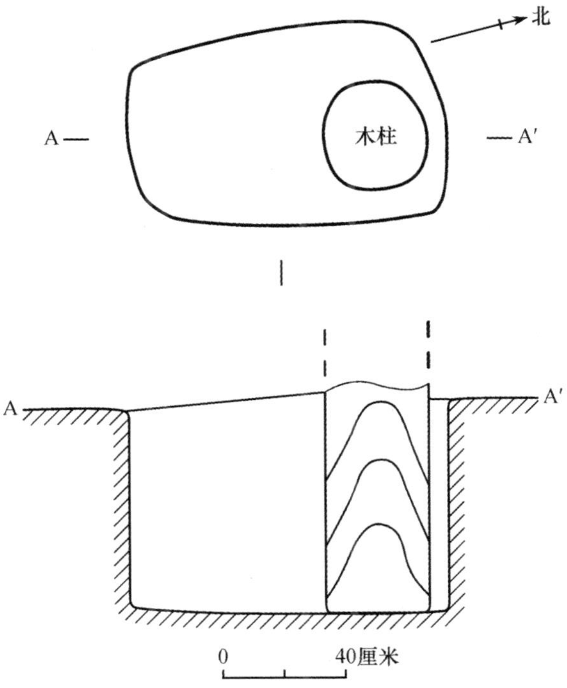

图2-311 VZD3平、剖面图

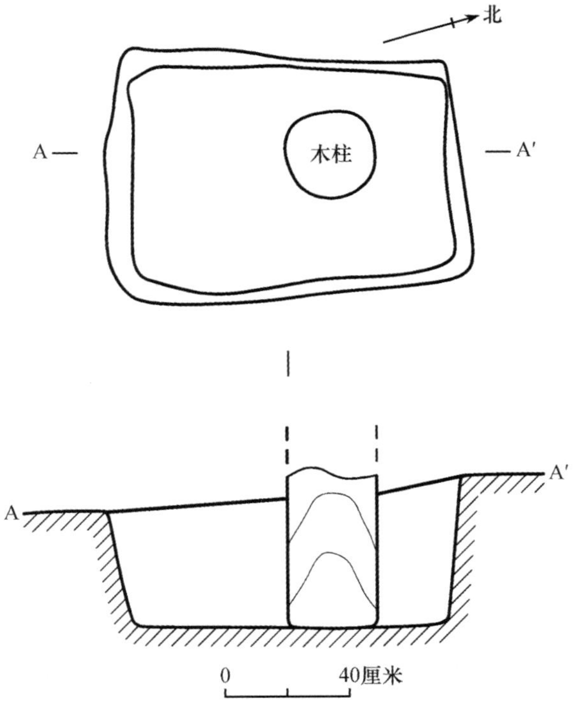

图2-312 VZD9平、剖面图

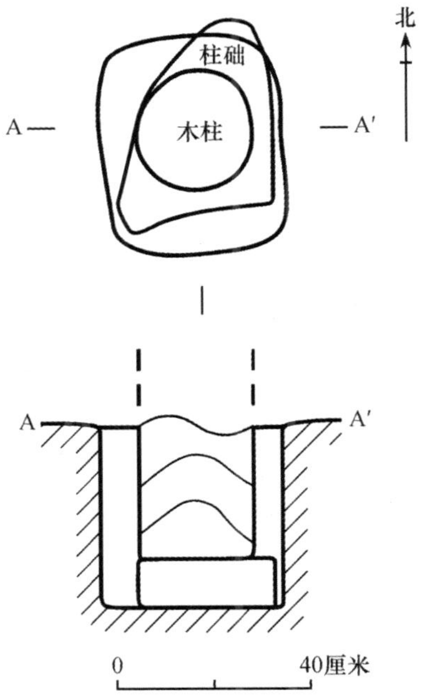

图2-313 VZD10平、剖面图

ⅤZD11　位于ⅤZD126东，ⅤZD127西。柱槽长方形，长0.74、宽0.54、深0.61米。柱槽内中部置柱础石，上立木柱。柱础石残长0.6、宽0.3、厚0.2米。木柱直径0.2米、残高0.4米（图2-314；图版2-75，3）。

ⅤZD12　位于ⅤZD130西北，ⅤZD129北。柱槽呈不规则形，长0.6、宽0.58，边长0.57、深0.78米，柱槽内中部置柱础石，上立木柱。柱础石残长0.41、宽0.4、厚0.18米。木柱直径0.25、残高0.6米（图2-315）。

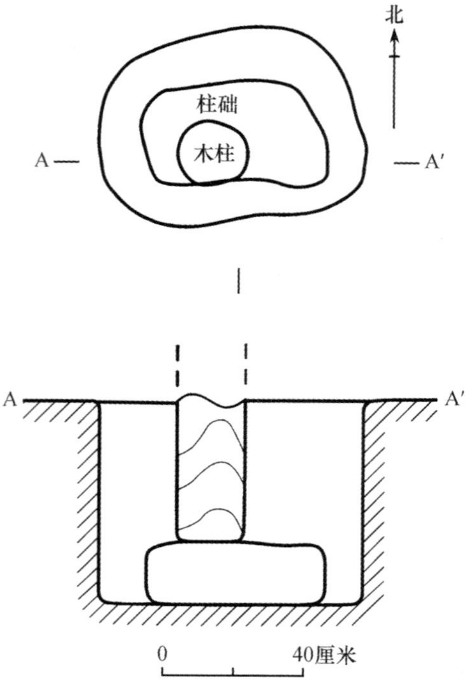

图2-314　ⅤZD11平、剖面图

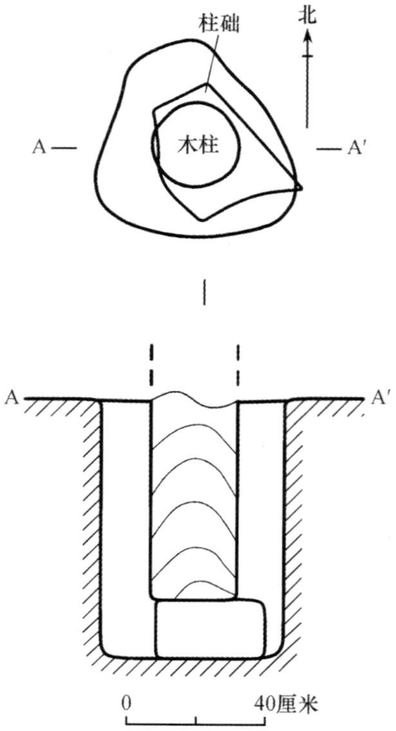

图2-315　ⅤZD12平、剖面图

ⅤZD13　位于ⅤZD76东北。柱槽椭圆形，长径0.99、短径0.61、深1米。柱槽内南紧贴壁面立木柱，直径0.27、残高1米（图2-316）。

ⅤZD17、ⅤZD77　位于ⅤZD60西。柱槽长方形，长1.35、宽0.93、深0.37米。柱槽内有柱洞2个（图2-317）。ⅤZD17，圆形，内存朽木。柱洞直径0.08、残高0.4米，ⅤZD77，圆形，内存朽木。柱洞直径0.26、残高0.52米。

ⅤZD18　位于ⅤZD3东，ⅤZD21西。柱槽正方形。口大底小。口部边长0.9、底部边长0.82、深0.6米。柱槽内北部立木柱，直径0.34、残高0.7米（图2-318）。

ⅤZD23、ⅤZD24　位于ⅤZD36北，ⅤZD37西北。双柱形制。柱槽长方形。长0.68、宽0.55、深0.4米。柱槽内立木柱2个。北为ⅤZD23，直径0.22、残高0.3米。南为ⅤZD24，直径0.22、残高0.3米（图2-319）。

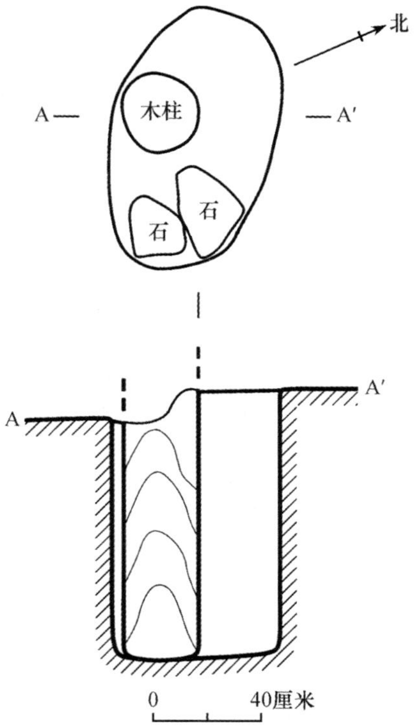

图2-316 ⅤZD13平、剖面图

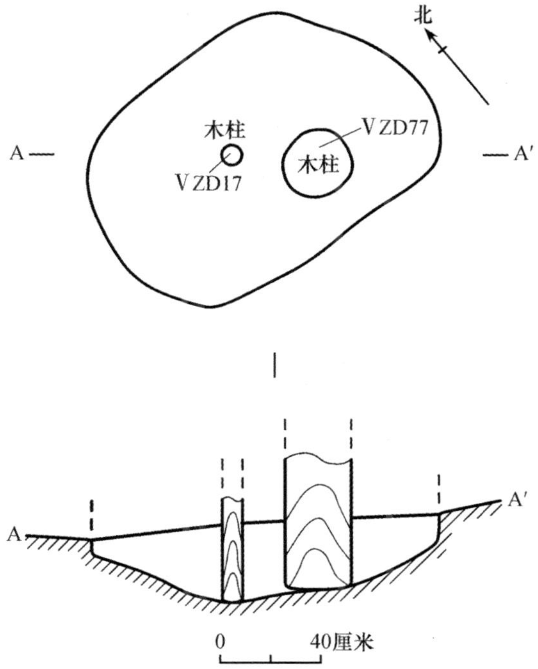

图2-317 ⅤZD17、ⅤZD77平、剖面图

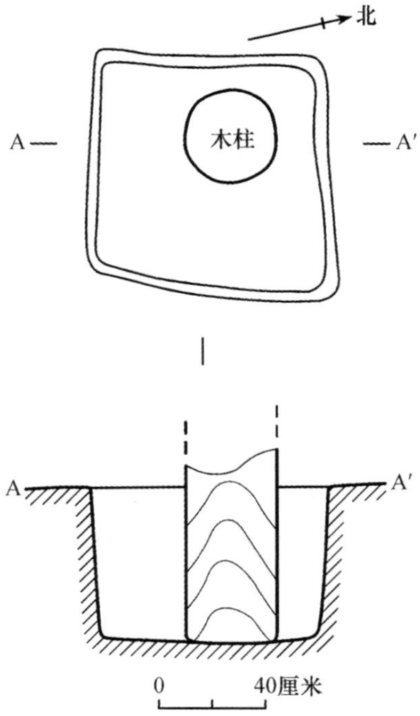

图2-318 ⅤZD18平、剖面图

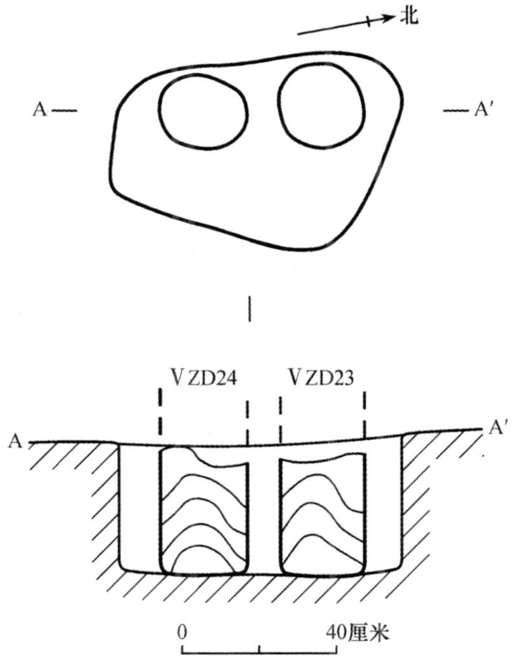

图2-319 ⅤZD23、ⅤZD24平、剖面图

ⅤZD27　位于ⅤZD94西北。柱槽长方形。口部长1.16、宽0.87米，底部长0.92、宽0.6米，深0.2～0.4米。柱槽内北部置柱础石，上立木柱，柱础石长0.5、宽0.35、厚0.2米。木柱直径0.28、残高0.22米（图2-320）。

ⅤZD29　位于ⅤZD28东南。柱槽长方形。口大底小。口部长0.85、宽0.37米，底部长0.62、宽0.2米，深0.3～0.9米。柱槽内西南残存柱洞1个，直径0.36米（图2-321）。

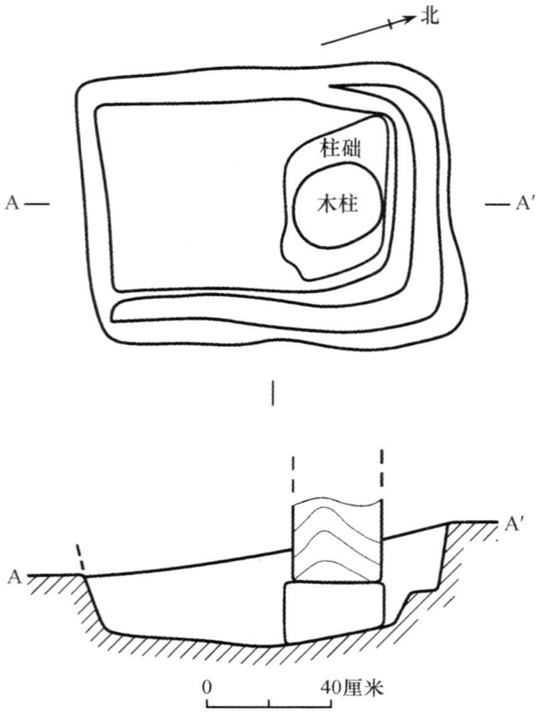

图2-320　ⅤZD27平、剖面图

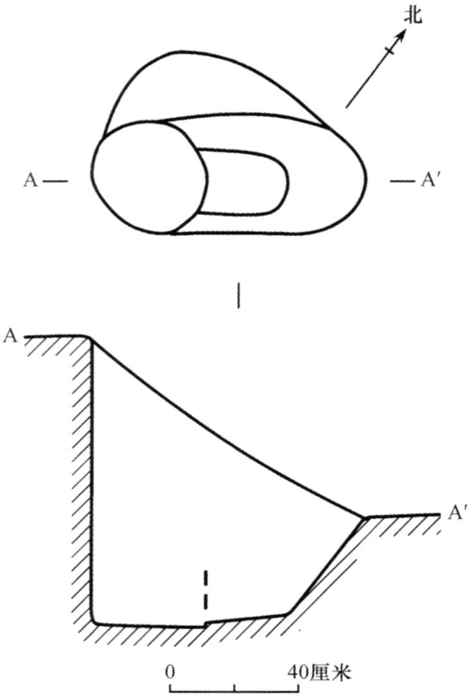

图2-321　ⅤZD29平、剖面图

ⅤZD30　位于ⅤZD31西。柱槽长方形。长1.09、宽0.62米，底部长1.03、宽0.55米，深0.2～0.4米。柱槽内南部立木柱，直径0.25、残高0.1米（图2-322）。

ⅤZD35　位于ⅤZD20东北。柱槽长方形，口大底小，南壁倾斜度较大。口部长1.25、宽0.84米，底部长0.4、宽0.6米，深1～1.2米。柱槽内北部立木柱，直径0.22、残高0.6米（图2-323；图版2-75，2）。

ⅤZD36　位于ⅤZD37西。柱槽长方形。口大底小。口部长0.68、宽0.57米，底部长0.61、宽0.49米，深0.12～0.22米。柱槽北部立木柱，长径0.23、短径0.14、残高0.3米（图2-324）。

ⅤZD37　位于ⅤZD36东。柱槽长方形，口大底小。口部长0.42、宽0.35米，底部长0.36、宽0.26米，深0.02～0.18。柱槽中部置柱础石，上立木柱。柱础石长0.2、宽0.22、厚0.05米。木柱直径0.14、残高0.1米（图2-325）。

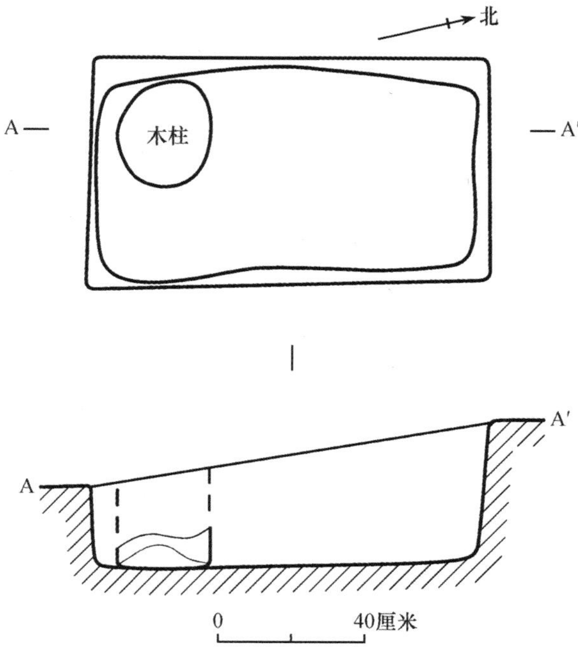

图2-322　ⅤZD30平、剖面图

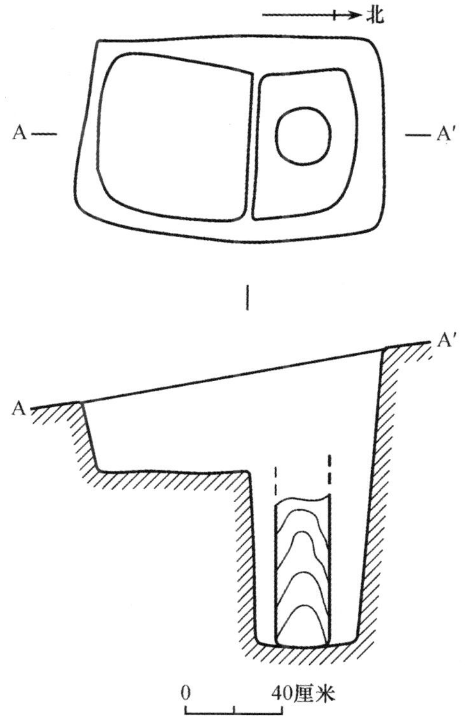

图2-323　ⅤZD35平、剖面图

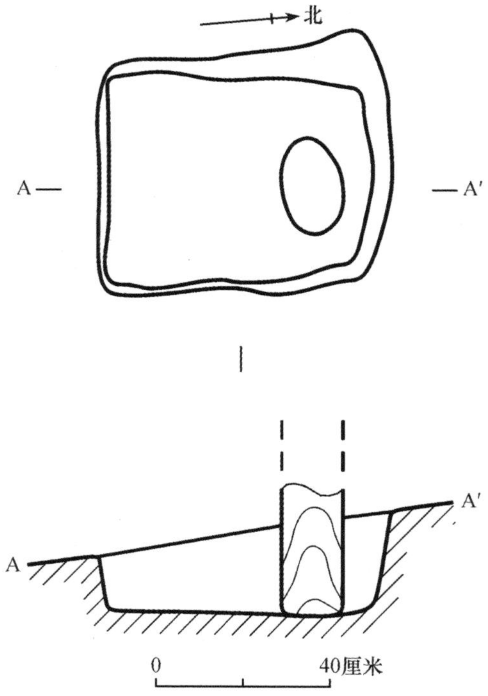

图2-324　ⅤZD36平、剖面图

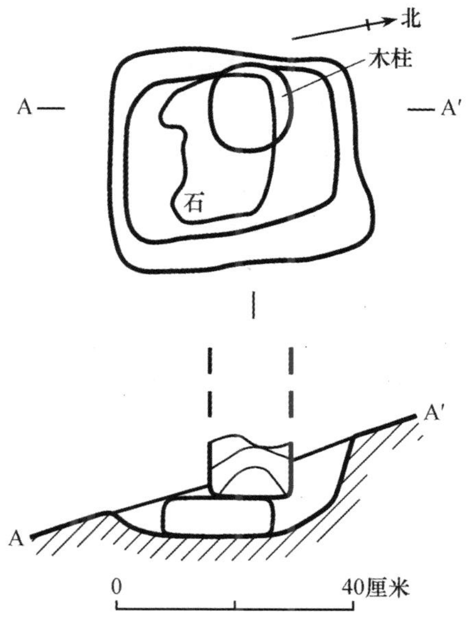

图2-325　ⅤZD37平、剖面图

ⅤZD40　位于ⅤZD100东。柱槽长方形，口大底小。口部长0.38、宽0.31米，底部长0.36、宽0.3米，深0.1米。柱槽西北部立木柱，直径0.15、残高0.05米（图2-326）。

ⅤZD41　位于ⅤZD42南。柱槽长方形。口大底小。口部长0.39、宽0.32米，底部长0.34、宽0.28米，深0.3米。柱槽中部立木柱，直径0.2、残高0.6米（图2-327）。

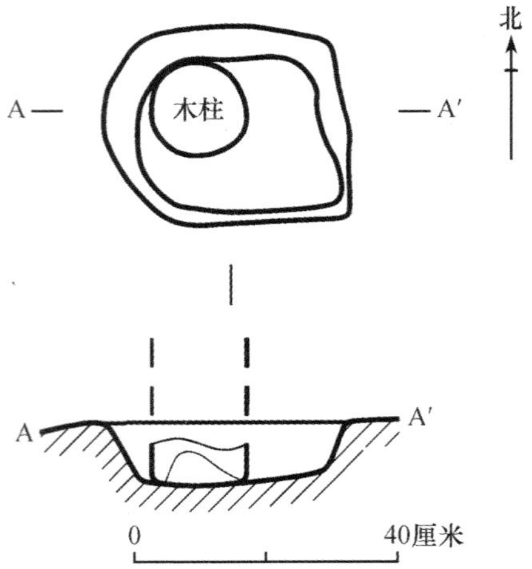

图2-326　ⅤZD40平、剖面图

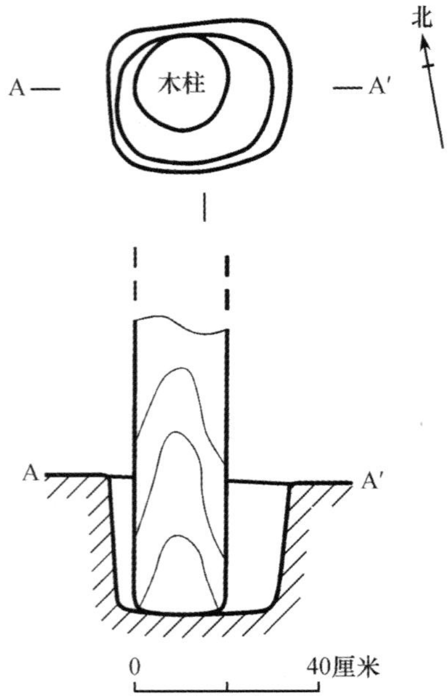

图2-327　ⅤZD41平、剖面图

ⅤZD49　位于ⅤZD50东。柱槽长方形，口大底小。口部长0.78、宽0.64米，底部长0.7、宽0.59米，深0.6米。柱槽南部立木柱，直径0.3、残高0.72米（图2-328）。

ⅤZD51　位于ⅤZD115东南。柱槽椭圆形，长径0.42、短径0.29、深0.6米。柱槽内北部立木柱，直径0.18、残高0.7米（图2-329）。

ⅤZD52　位于ⅤZD53东，ⅤZD11西。柱槽圆形，直径0.37、深0.6米。柱槽内中部立木柱，直径0.15、残高0.65米（图2-330）。

ⅤZD53　位于ⅤZD54东，ⅤZD52西。柱槽椭圆形，长径0.53、短径0.51、深0.62米。柱槽内北部立木柱，直径0.19、残高0.5米（图2-331）。

ⅤZD54　位于ⅤZD53西。柱槽不规则形，长0.66、宽0.45、深0.7米。柱槽内西部立木柱，直径0.16、残高0.68米（图2-332）。

ⅤZD60　位于ⅤH22西。只发掘了局部。柱槽长方形，残长0.71、宽0.85、深0.58米。柱槽内中北部立木柱，直径0.22、残高0.2米（图2-333）。

ⅤZD61　位于ⅤZD62南，ⅤZD111北。与ⅤZD62同在一个圆形柱槽内，直径6.2、残深0.5米。柱槽内西南部立木柱，直径0.2、残高0.5米（图2-334）。

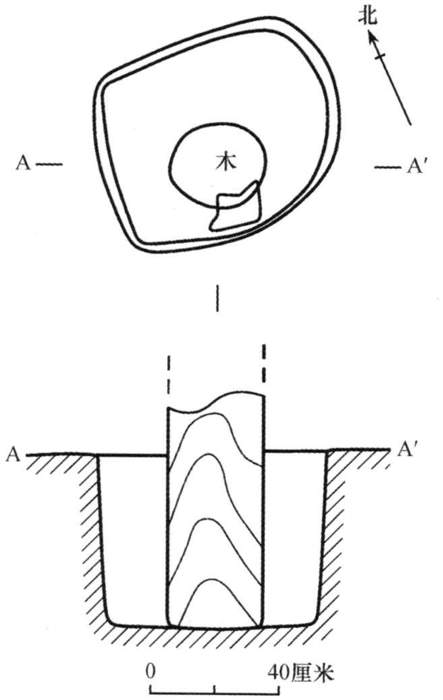

图2-328　ⅤZD49平、剖面图

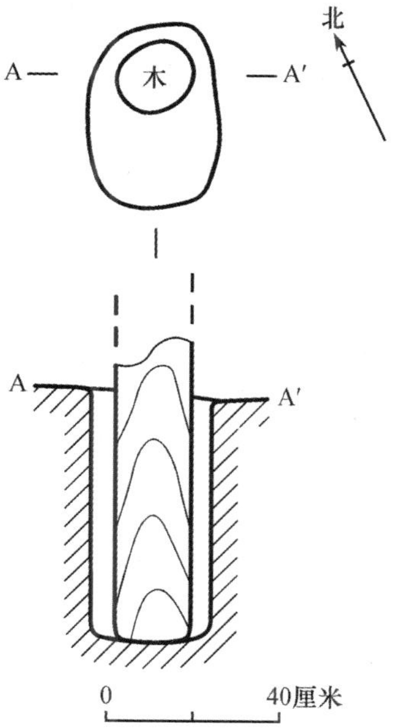

图2-329　ⅤZD51平、剖面图

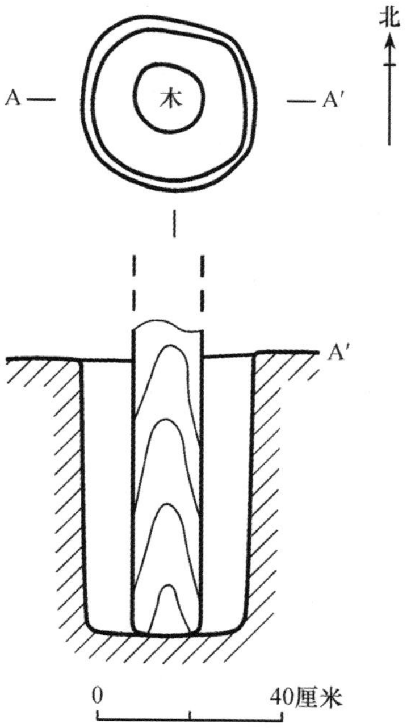

图2-330　ⅤZD52平、剖面图

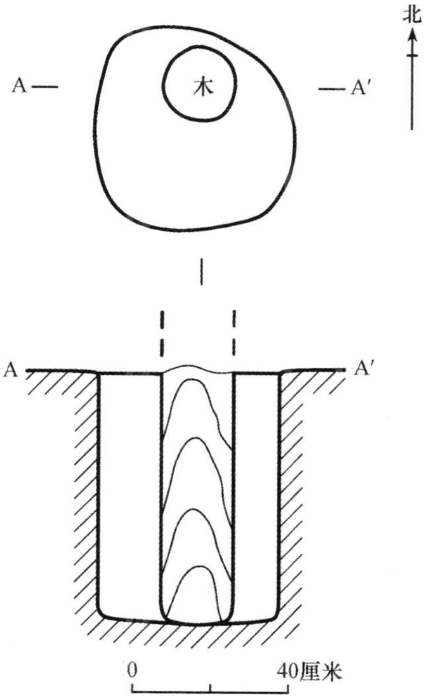

图2-331　ⅤZD53平、剖面图

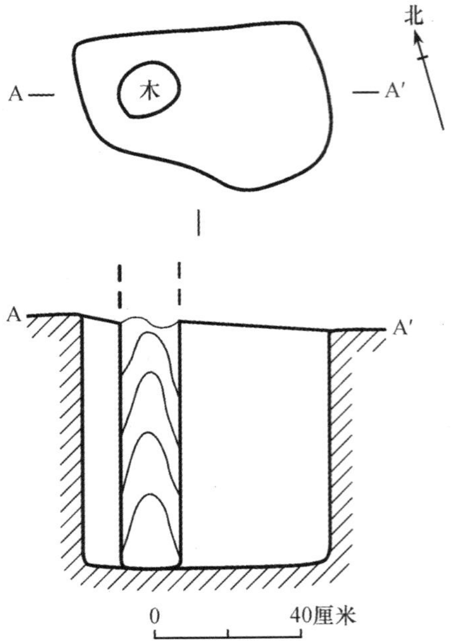

图2-332　ⅤZD54平、剖面图

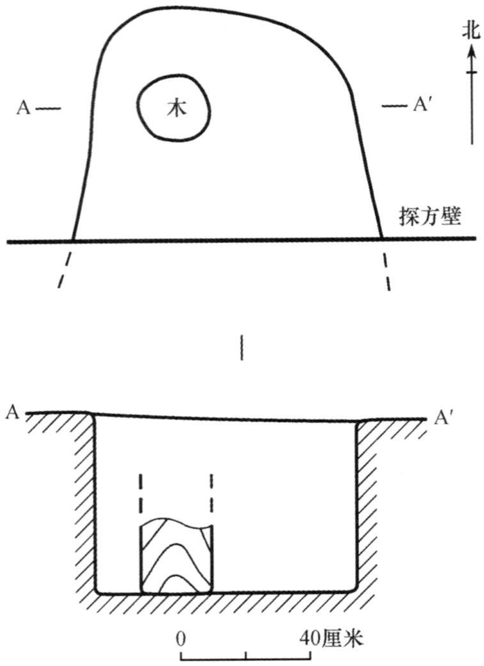

图2-333　ⅤZD60平、剖面图

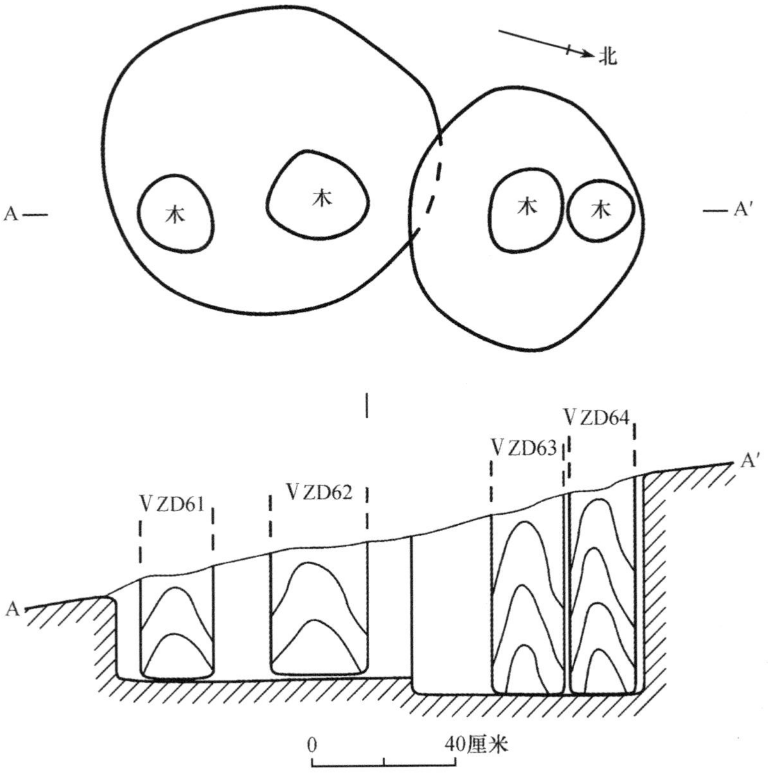

图2-334　ⅤZD61～ⅤZD64平、剖面图

ⅤZD62　位于ⅤZD63南，ⅤZD61北。与ⅤZD61同在一个圆形柱槽内，直径0.94、深0.6米。柱槽内东南立木柱，直径0.27、残高0.38米。

ⅤZD63　位于ⅤZD64南，ⅤZD62北。与ⅤZD64同在一个圆形柱槽内，直径0.68、深0.6米。柱槽中部立木柱，直径0.2、残高0.5米。

ⅤZD64　位于ⅤZD63北，ⅤZD38东。与ⅤZD63同在一个圆形柱槽内，直径0.68、深0.6米。柱槽内东部立木柱，直径0.19、残高0.6米。

ⅤZD65　位于ⅤZD59南。柱槽长方形，长0.47、宽0.49、深0.1～0.2米。柱槽内北部立木柱，直径0.18、残高0.22米（图2-335）。

ⅤZD72　位于ⅤZ4西北。柱槽长方形，长0.47、宽0.43、深0.8米。柱槽内中部立木柱，直径0.16、残高0.3米（图2-336）。

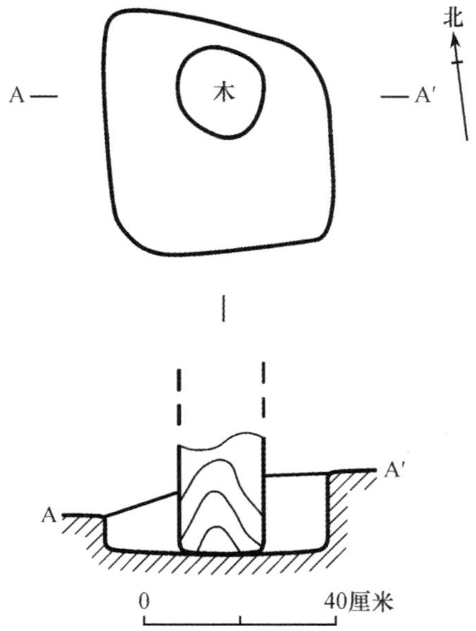

图2-335　ⅤZD65平、剖面图

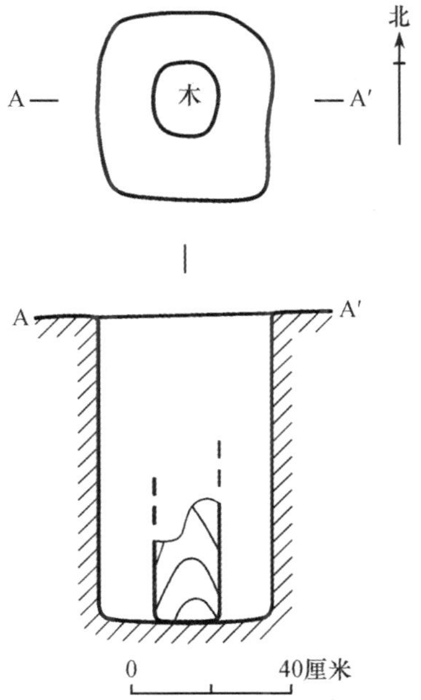

图2-336　ⅤZD72平、剖面图

ⅤZD73　位于ⅤZD74东，ⅤZD75西。柱槽长方形，长0.59、宽0.43、深0.18～0.4米。柱槽中部立木柱，直径0.25、残高0.6米（图2-337）。

ⅤZD74　位于ⅤZD73西。柱槽方形，边长0.33米。柱槽中部置柱础石，上用两处筒瓦贴合形成一个柱洞。柱础石长0.2、宽0.22、厚0.05米。柱洞直径0.13、残高0.4米（图2-338）。

ⅤZD75　位于ⅤZD73东。柱槽长方形，长0.49、宽0.45、深0.3。柱槽内东部立木柱，直径0.21、残高0.3米（图2-339）。

ⅤZD85　位于ⅤZD86东，ⅤZD81西。柱槽长方形。长0.29、宽0.28、深0.2米。柱槽内北部立木柱，直径0.13、残高0.2米（图2-340）。

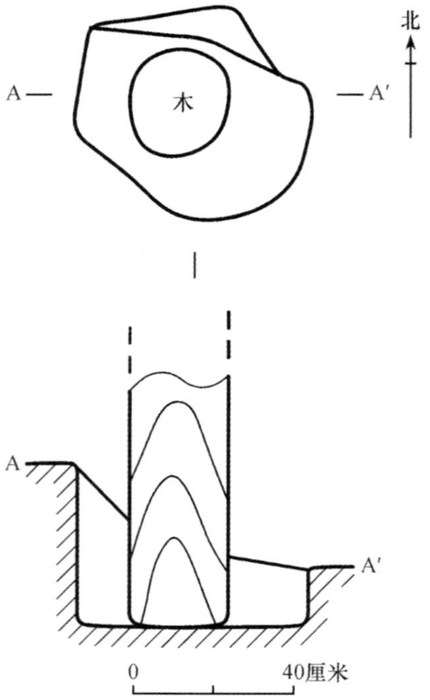

图2-337　ⅤZD73平、剖面图

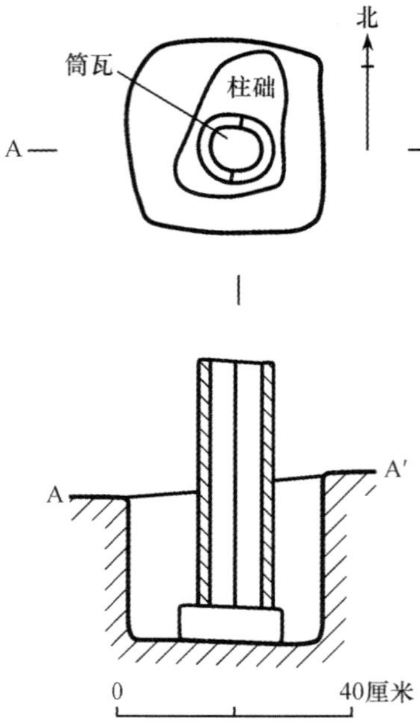

图2-338　ⅤZD74平、剖面图

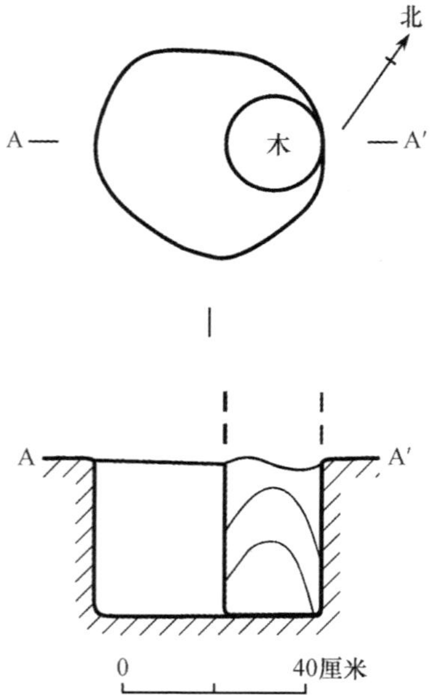

图2-339　ⅤZD75平、剖面图

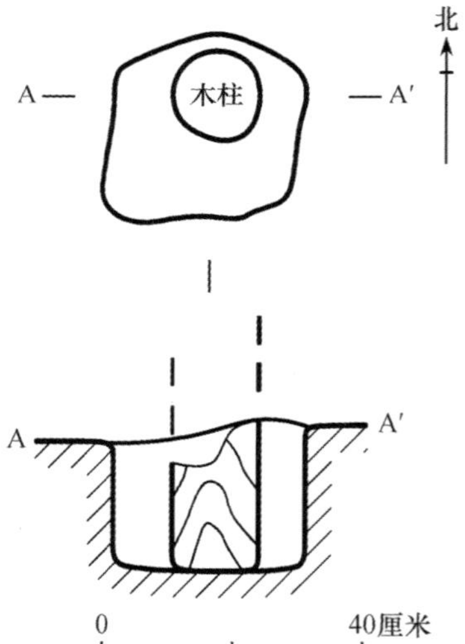

图2-340　ⅤZD85平、剖面图

ⅤZD86　位于ⅤZD85西，ⅤZD87北。柱槽长方形。长0.72、宽0.61、深0.35米。柱槽南部立木柱，直径0.22、残高0.35米（图2-341）。

ⅤZD90　位于ⅤZD96南。柱槽圆形，直径0.66、深0.21米。柱槽中部置柱础石，上立木柱。柱础石长0.35、宽0.38、厚0.1厘米。木柱直径0.21、残高0.1米（图2-342）。

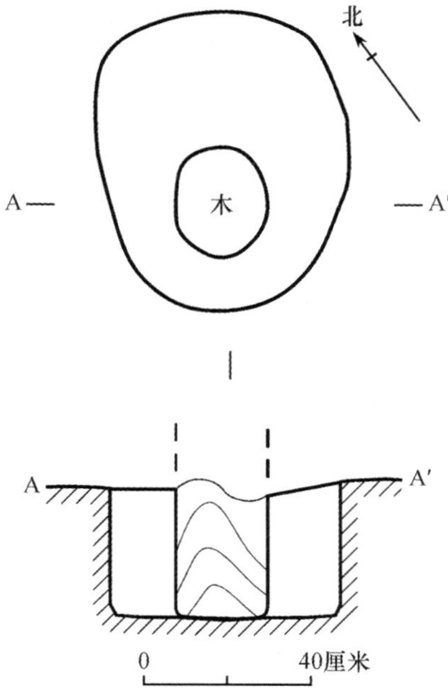

图2-341 ⅤZD86平、剖面图

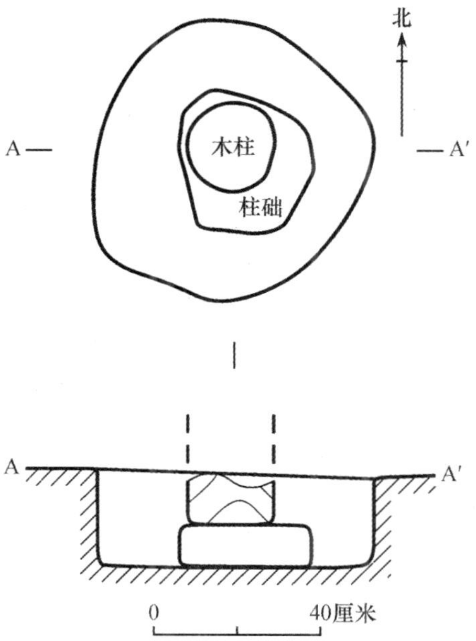

图2-342 ⅤZD90平、剖面图

ⅤZD91 位于ⅤZD110西。柱槽长方形。长0.88、宽0.65、深0.6米。柱槽内北部立木柱，直径0.25、残高0.58米（图2-343）。

ⅤZD93 位于ⅤZD27西，ⅤZD86北。柱槽长方形。长0.37、宽0.33、深0.3米。柱槽内西部立木柱，直径0.17、残高0.3米（图2-344）。

ⅤZD94 位于ⅤZD27东南。柱槽长方形。口部长1.09、宽0.78米，底部长1.05、宽0.72米，深0.41米。柱槽底部西北角有一个椭圆形柱坑，长径0.8、短径0.41米。坑内置柱础石，上立木柱。柱础石长0.4、宽0.38、厚0.1米，木柱直径0.27、残高0.42米（图2-345；图版2-75，4）。

ⅤZD97 位于ⅤZD20南。柱槽长方形。口大底小。口部长0.7、宽0.85米，底部长0.66、宽0.58、深0.38～0.5米，柱槽中部立木柱，直径0.14、残高0.3米（图2-346）。

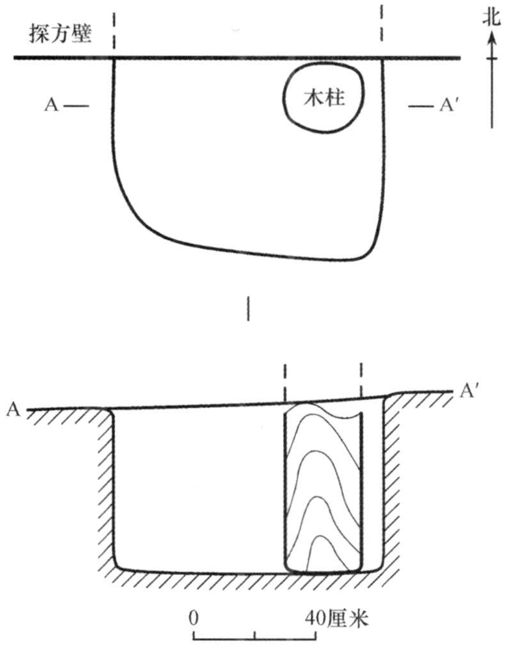

图2-343 ⅤZD91平、剖面图

ⅤZD98 位于ⅤZD106东北。柱槽长方形，口大底小。口部长0.64、宽0.48米，底部长0.59、宽0.37米，深0.1～0.22米。柱槽内北部立木柱，直径0.16、残高0.2米（图2-347）。

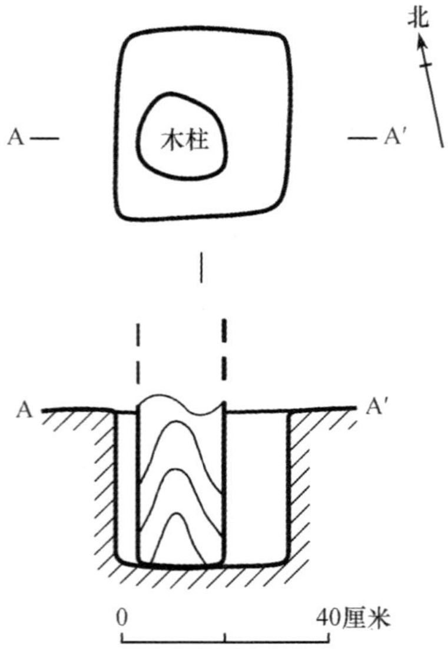

图2-344　ⅤZD93平、剖面图

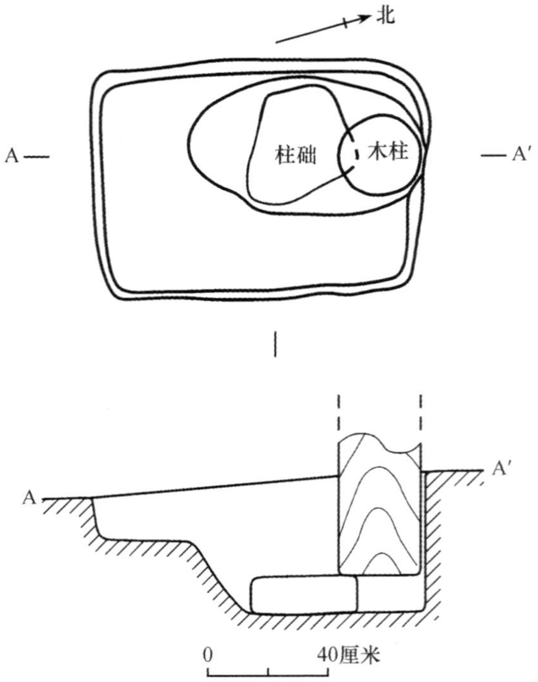

图2-345　ⅤZD94平、剖面图

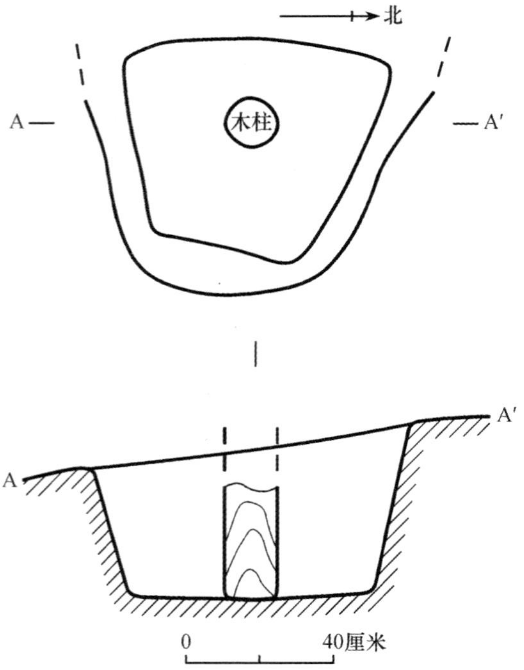

图2-346　ⅤZD97平、剖面图

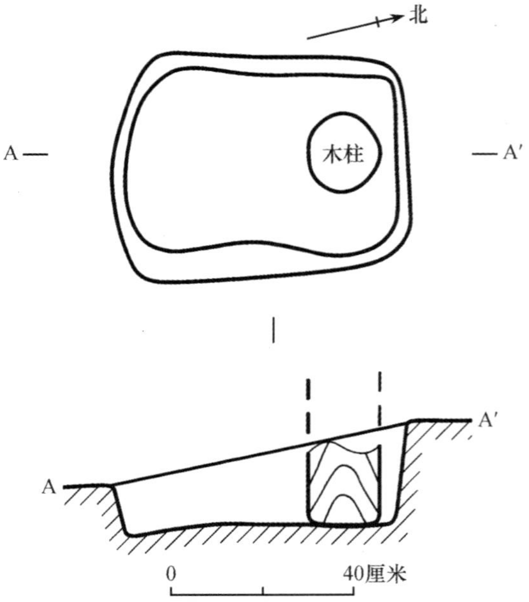

图2-347　ⅤZD98平、剖面图

ⅤZD100　位于ⅤZD101东北，ⅤZD40西北。残，仅存柱槽底部。不规则长方形。长0.58、宽0.37、深0.1～0.2米（图2-348）。

ⅤZD104　位于ⅤZD105西北，柱槽长方形，口大底小。口部长0.8、宽0.8米，底部长0.72、宽0.75米，深0.42～0.7米。柱槽内东部立木柱，直径0.24、残高0.4米（图2-349）。

ⅤZD107　位于ⅤZD113东。柱槽长方形，长0.24、宽0.21、深0.2米。柱槽中部立木柱，直径0.1、残高0.2米（图2-350）。

ⅤZD108　位于ⅤZD113西南。柱槽平面略呈方形，口大底小。口部边长0.35、底部边长0.19、深0.4米（图2-351）。

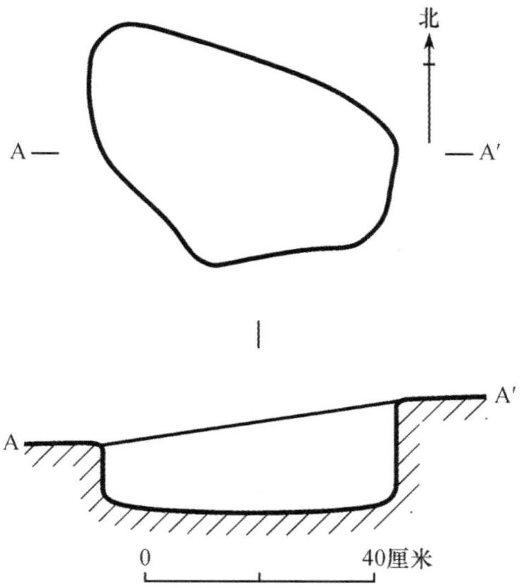

图2-348　ⅤZD100平、剖面图

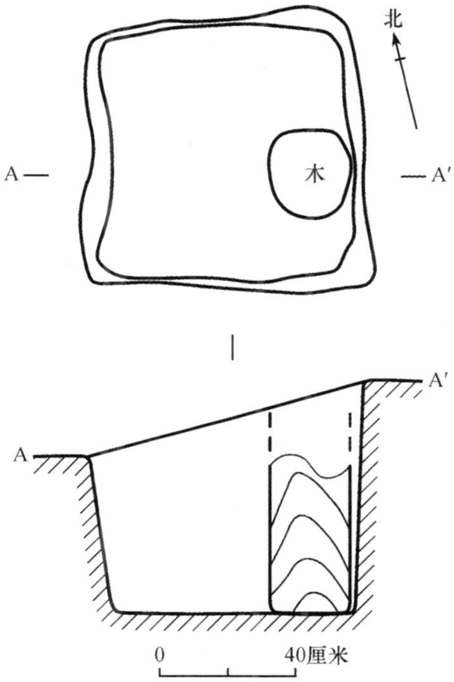

图2-349　ⅤZD104平、剖面图

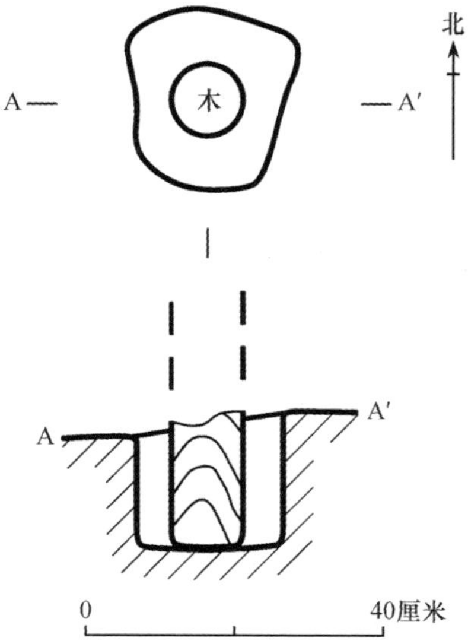

图2-350　ⅤZD107平、剖面图

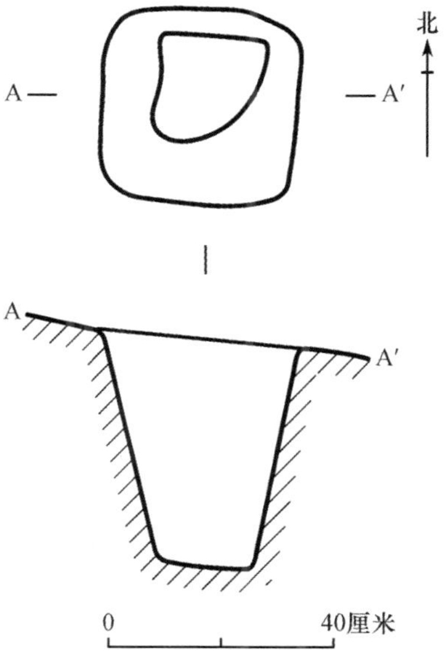

图2-351　ⅤZD108平、剖面图

ⅤZD109　位于ⅤZD99东。柱槽长方形，长0.39、宽0.31、深0.2米。柱槽中部有木柱1个，直径0.19、残高0.18米（图2-352）。

ⅤZD110　位于ⅤZD91东。柱槽长方形，长1.79、宽1.05、深0.1米。柱槽底部偏东有石块1，长0.55、宽0.5、厚0.2米（图2-353）。

ⅤZD111　位于ⅤZD61南。柱槽长方形，长0.47、宽0.63、深0.9米。柱槽内南边紧贴探方壁立木柱1个，直径0.16、残高0.5米（图2-354）。

ⅤZD112　位于ⅤZD113西北。柱槽长方形，口大底小。口部长0.27、宽0.28米，底部长0.2、宽0.21米，深0.3米。柱槽内中部立木柱1个，直径0.15、残高0.3米（图2-355）。

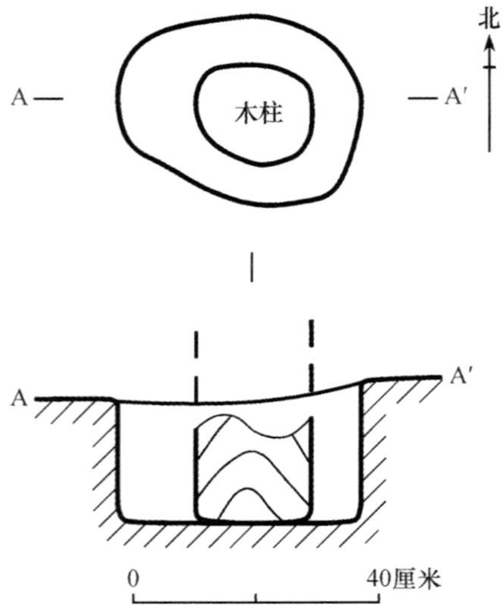

图2-352　ⅤZD109平、剖面图

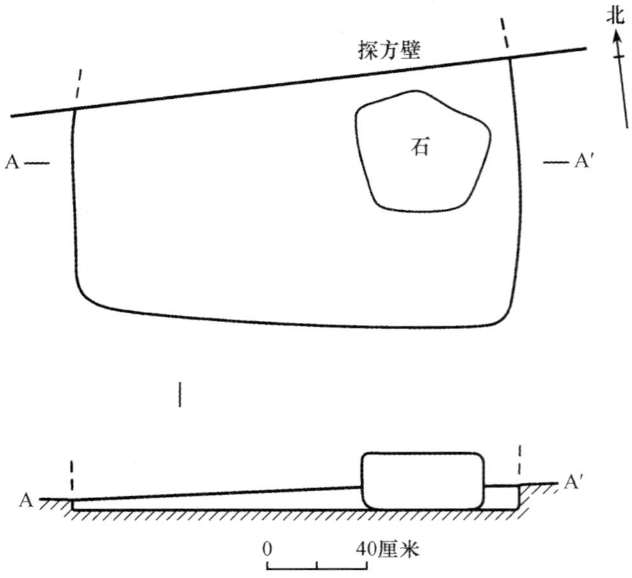

图2-353　ⅤZD110平、剖面图

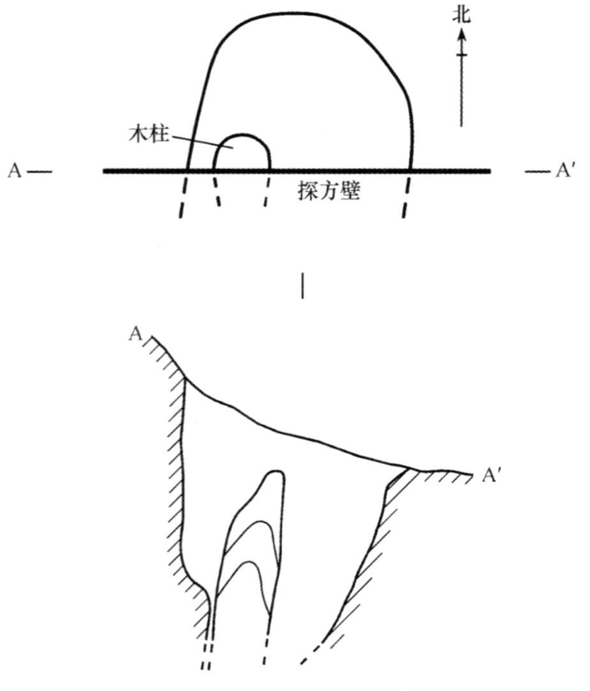

图2-354　ⅤZD111平、剖面图

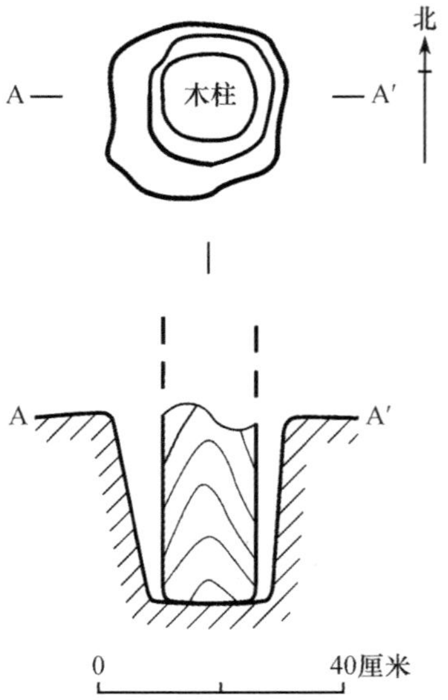

图2-355　ⅤZD112平、剖面图

ⅤZD113 位于ⅤZD112东南。柱槽长方形，口大底小。口部长0.35、宽0.29米，底部长0.29、宽0.22，深0.25米，柱槽内北部立木柱1个，直径0.13、残高0.22米（图2-356）。

ⅤZD114 位于ⅤZD115西。柱槽长方形，口大底小。口部长0.65、宽0.57米，底部长0.59、宽0.5米，深0.4米，柱槽内偏北部立木柱1，直径0.18、残高0.39米（图2-357）。

ⅤZD133 位于ⅤZD101西北。柱槽长方形，口大底小。口部长0.51、宽0.39米，底部长0.36、宽0.25米，深0.5～0.7米。柱槽内北部立木柱，直径0.2、残高0.3米（图2-358）。

ⅤZD25 位于ⅤZD26西。柱槽平面略呈圆角长方形，长0.43、宽0.29、深0.1米（图2-359）。

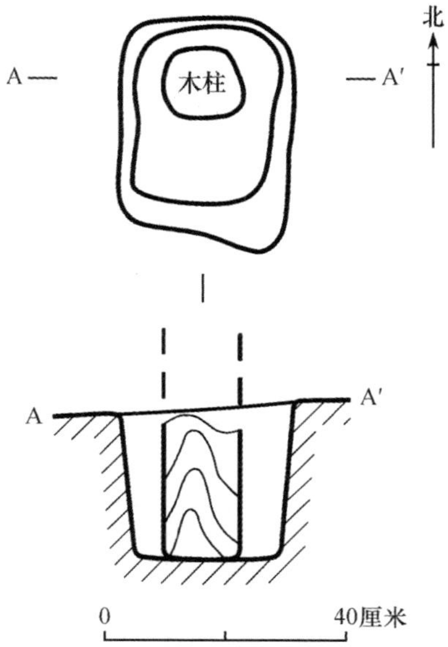

图2-356 ⅤZD113平、剖面图

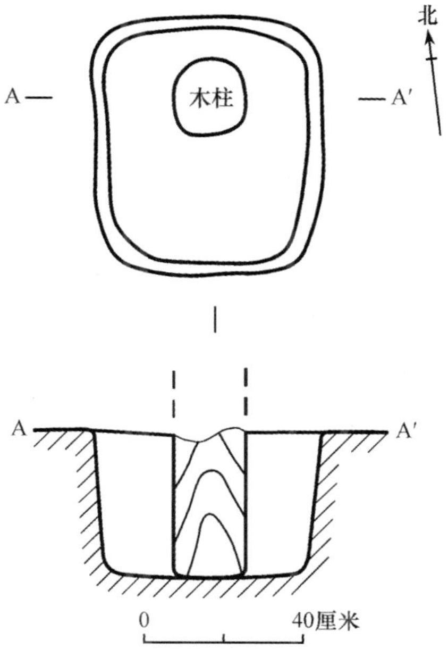

图2-357 ⅤZD114平、剖面图

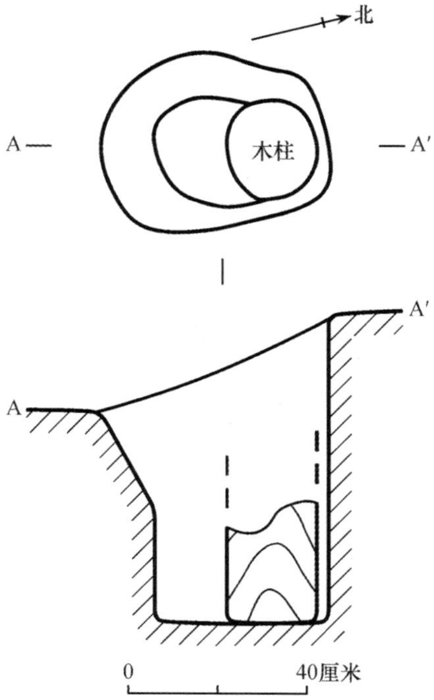

图2-358 ⅤZD133平、剖面图

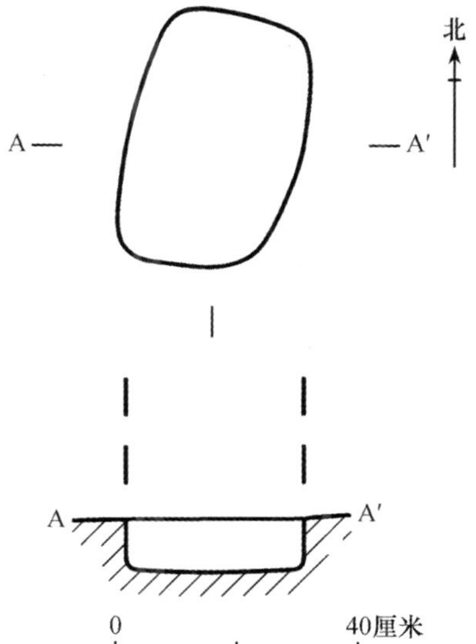

图2-359 ⅤZD25平、剖面图

ⅤZD59　位于ⅤZD65北。柱槽不规则形，长0.43、宽0.29、深0.3米（图2-360）。

ⅤZD79　位于ⅤZD131东。柱槽仅存底部，略呈椭圆形。长径0.22、短径0.19、深0.3米（图2-361）。

ⅤZD2　位于ⅤZD1西北。平面圆形。直径0.43、深0.24米（图2-362）。

ⅤZD4　位于ⅤZD5西。平面近圆形。直径0.42、深0.17米（图2-363）。

ⅤZD5　位于ⅤZD4东，ⅤZD6北。平面近似圆形。直径0.33、深0.18米（图2-364）。

ⅤZD6　位于ⅤZD5南。平面近圆形。直径0.41、深0.1米（图2-365）。

ⅤZD7　位于ⅤZD5东。平面近圆形。直径0.42、深0.25米（图2-366）。

ⅤZD14　位于ⅤZD74北。圆形。直径0.27、深0.32米（图2-367）。

ⅤZD19　位于ⅤZD15东，ⅤZD20西。圆形。直径0.23、深0.12米（图2-368）。

ⅤZD26　位于ⅤZD25东。圆形。直径0.29、深0.12米（图2-369）。

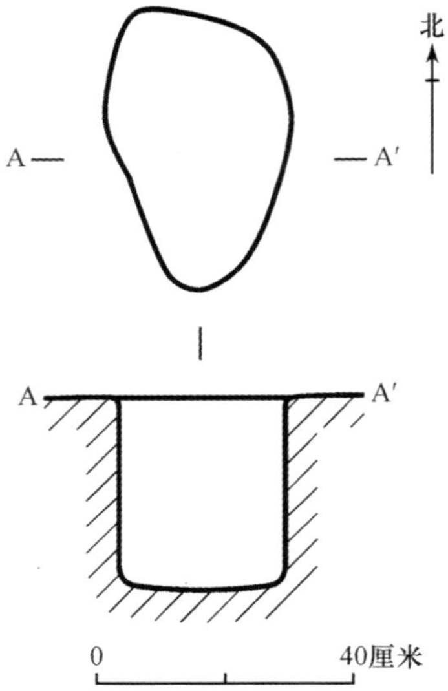

图2-360　ⅤZD59平、剖面图

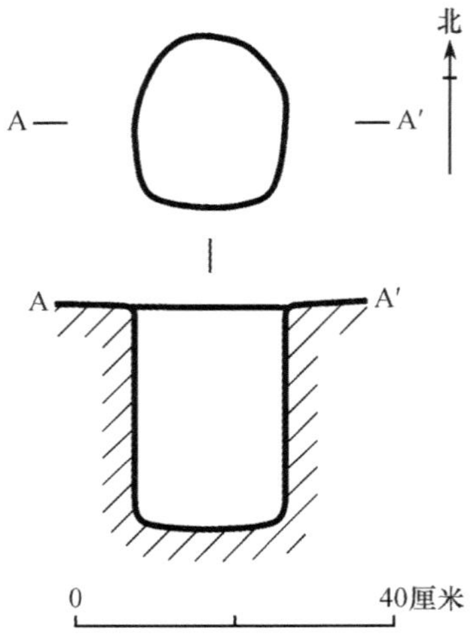

图2-361　ⅤZD79平、剖面图

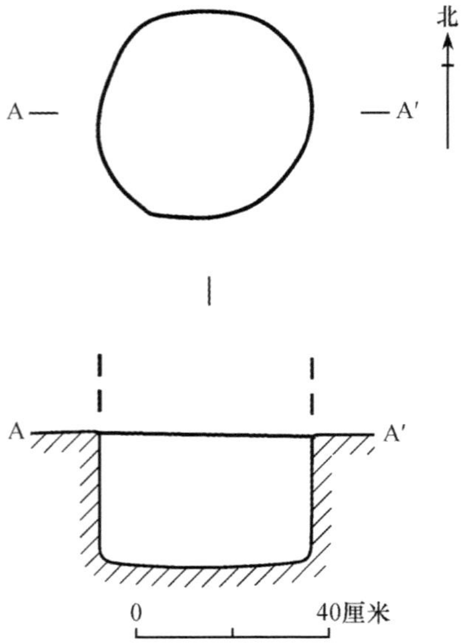

图2-362　ⅤZD2平、剖面图

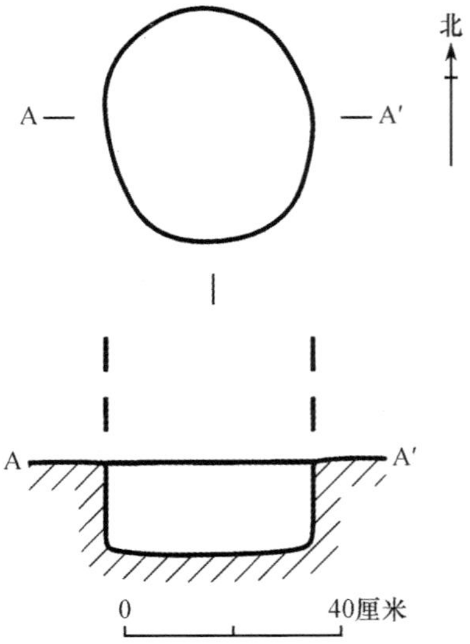

图2-363　ⅤZD4平、剖面图

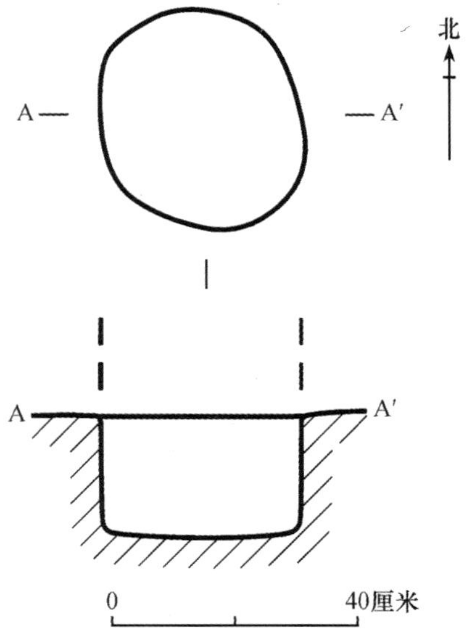

图2-364　ⅤZD5平、剖面图

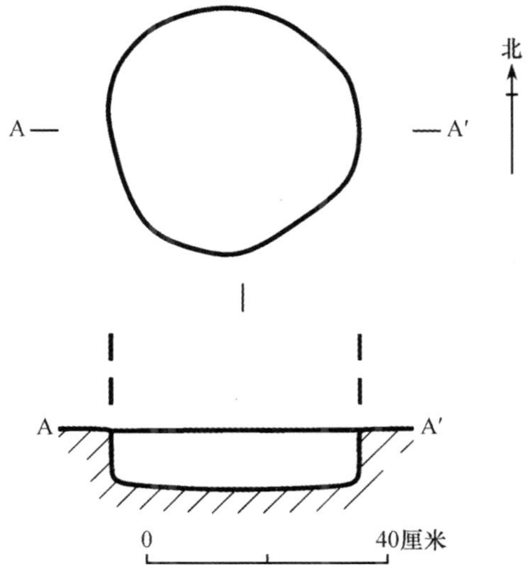

图2-365　ⅤZD6平、剖面图

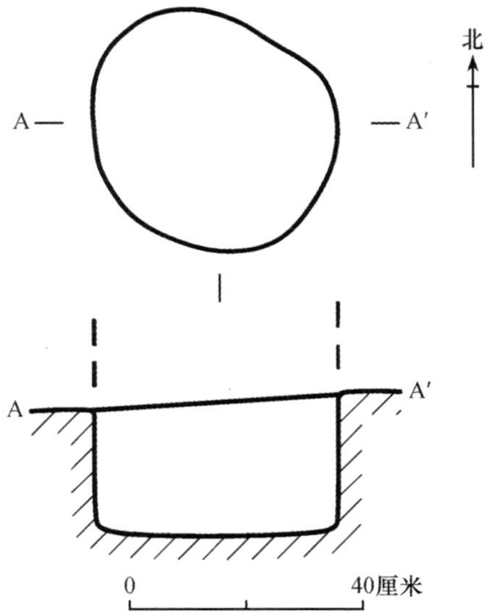

图2-366　ⅤZD7平、剖面图

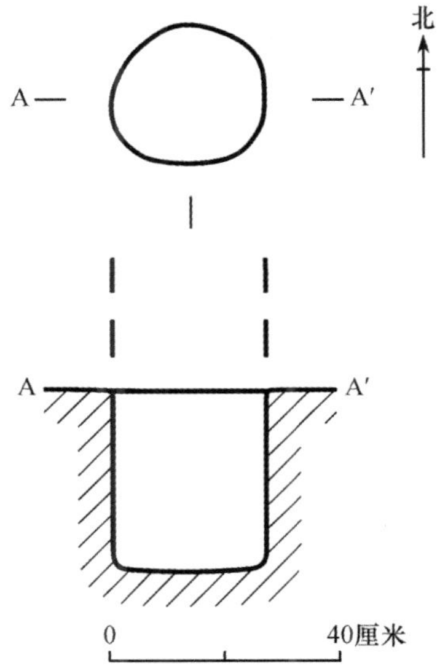

图2-367　ⅤZD14平、剖面图

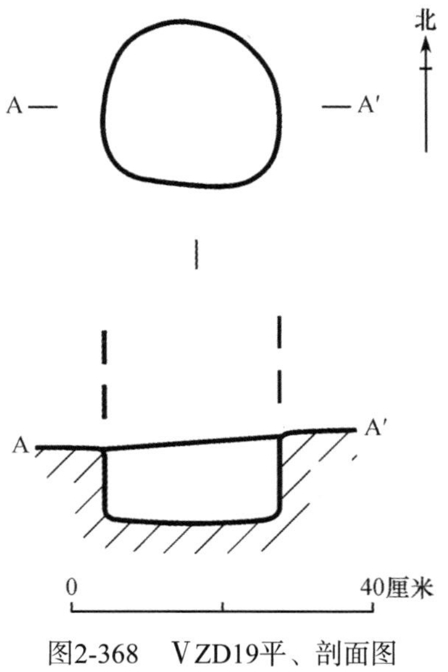

图2-368　ⅤZD19平、剖面图

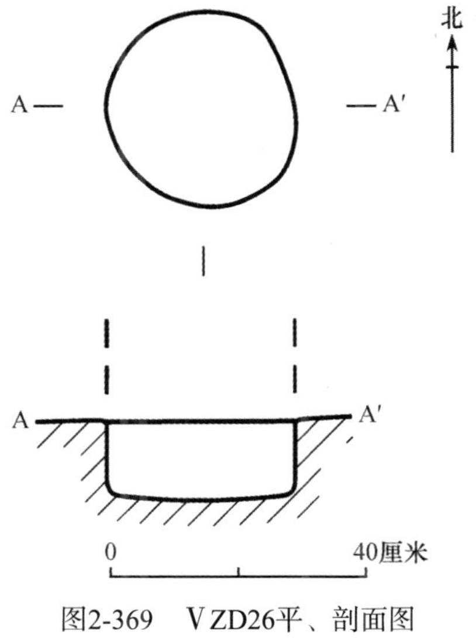

图2-369　ⅤZD26平、剖面图

ⅤZD28　位于ⅤZD1西南。圆形。直径0.19、深0.2米（图2-370）。

ⅤZD32　位于ⅤZD104东北。圆形。直径0.29、深0.18米（图2-371）。

ⅤZD34　位于ⅤZD59东北。圆形。直径0.22、深0.2米（图2-372）。

ⅤZD38　位于ⅤZD64西，ⅤZD75东北。圆形。柱洞内残留朽木，柱洞直径0.22、深0.4米（图2-373）。

ⅤZD42　位于ⅤZD41北。圆形。直径0.24、残高0.1米（图2-374）。

ⅤZD81　位于ⅤZD82东北，ⅤZD9西。圆形。直径0.21、深0.1米（图2-375）。

ⅤZD82　位于ⅤZD81南。平面略呈椭圆形。口大底小。口部长径0.44、短径0.37米，底部长径0.18、短径0.15米，深0.2～0.38米（图2-376）。

ⅤZD96　位于ⅤZD90北。圆形，内存朽木。直径0.37、深0.42米（图2-377）。

ⅤZD99　位于ⅤZD109西。圆形。直径0.17、深0.1米（图2-378）。

ⅤZD101　位于ⅤZD100西南，ⅤZD102北。圆形。直径0.14、深0.15米（图2-379）。

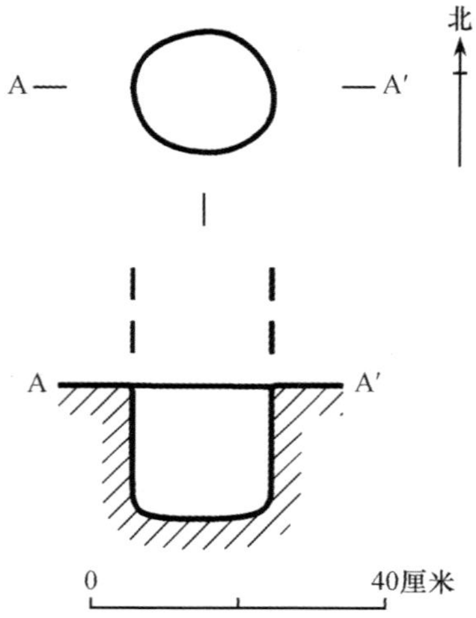

图2-370　ⅤZD28平、剖面图

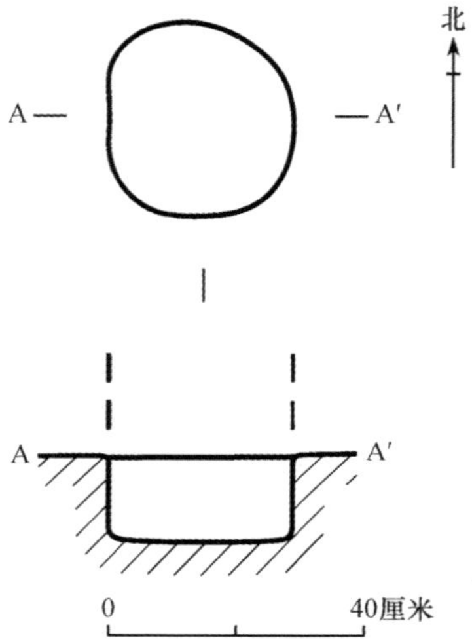

图2-371　ⅤZD32平、剖面图

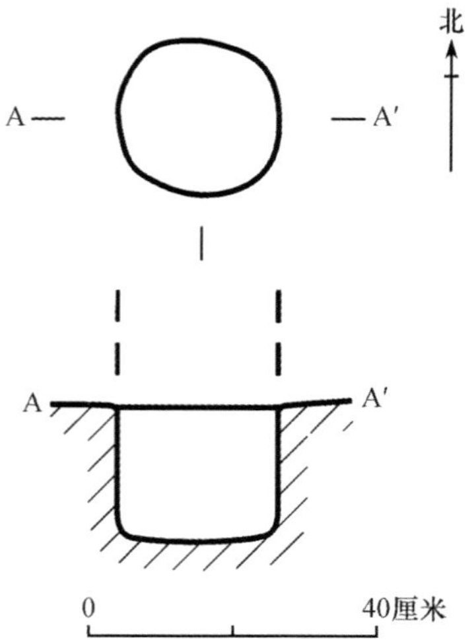

图2-372　ⅤZD34平、剖面图

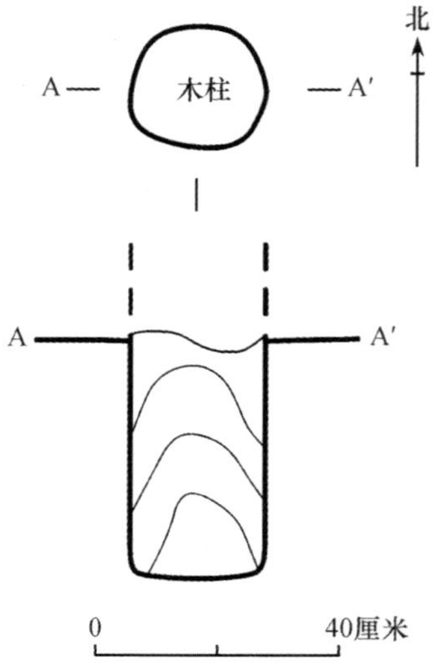

图2-373　ⅤZD38平、剖面图

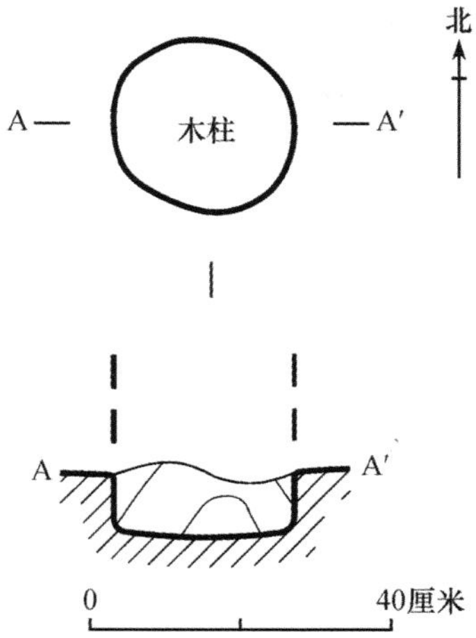

图2-374　ⅤZD42平、剖面图

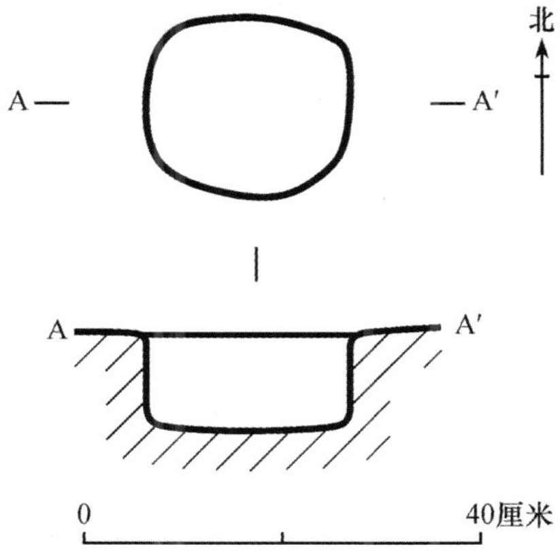

图2-375　ⅤZD81平、剖面图

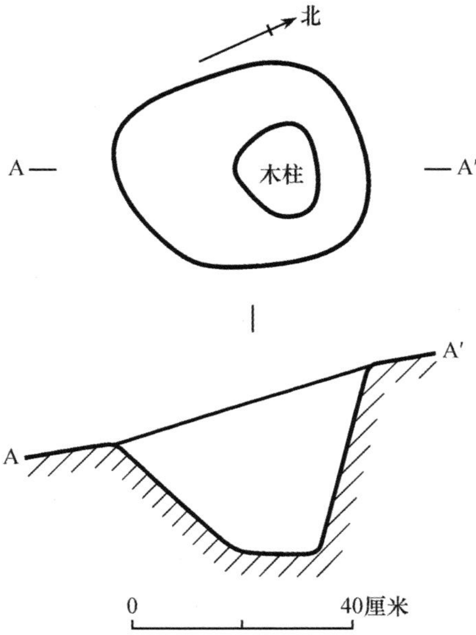

图2-376　ⅤZD82平、剖面图

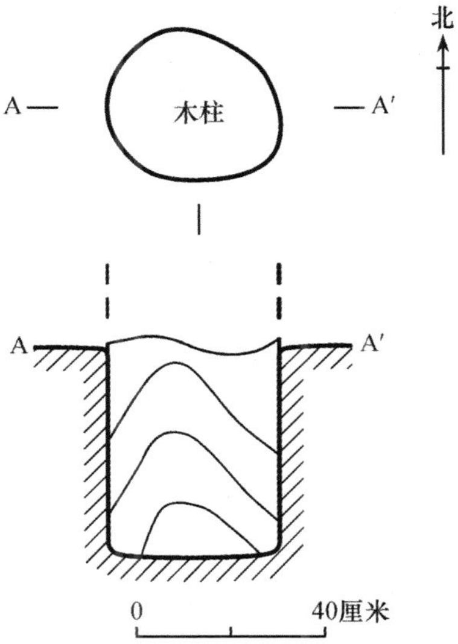

图2-377　ⅤZD96平、剖面图

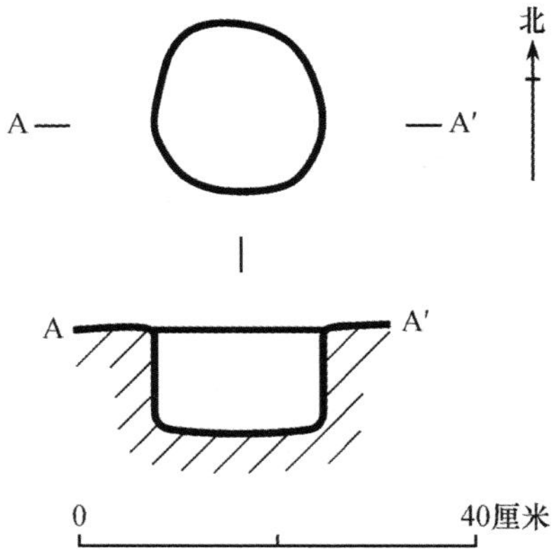

图2-378　ⅤZD99平、剖面图

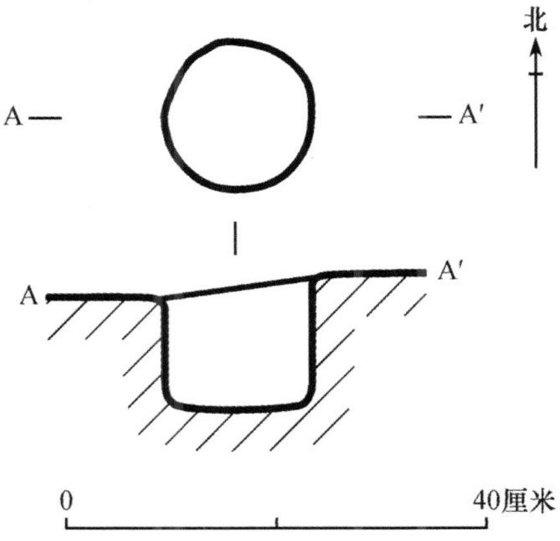

图2-379　ⅤZD101平、剖面图

ⅤZD102　位于ⅤZD101南，ⅤZD103北。圆形。直径0.18、深0.1米（图2-380）。

ⅤZD103　位于ⅤZD102南。圆形。直径0.18、深0.1米（图2-381）。

ⅤZD105　位于ⅤZD104东。圆形。直径0.24、深0.12米（图2-382）。

ⅤZD106　位于ⅤZD98东南。圆形。柱洞内残留朽木。柱洞直径0.13、深0.2米。木柱直径0.13、残高0.22米（图2-383）。

ⅤZD115　位于ⅤZD114东，ⅤZD51北。圆形。直径0.13、深0.35米，柱洞内残存朽木，直径0.13、残高0.4米（图2-384）。

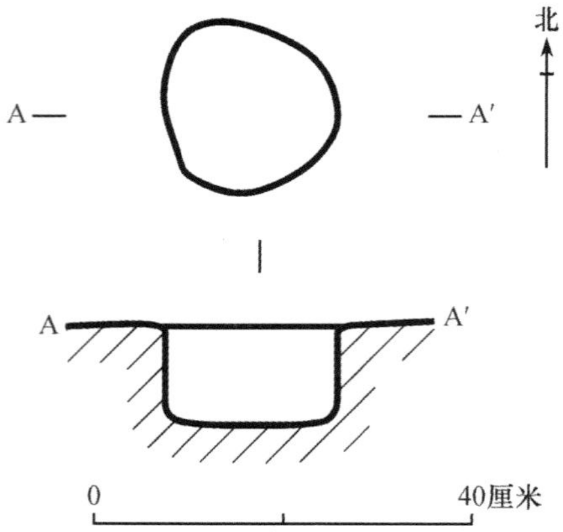

图2-380　ⅤZD102平、剖面图

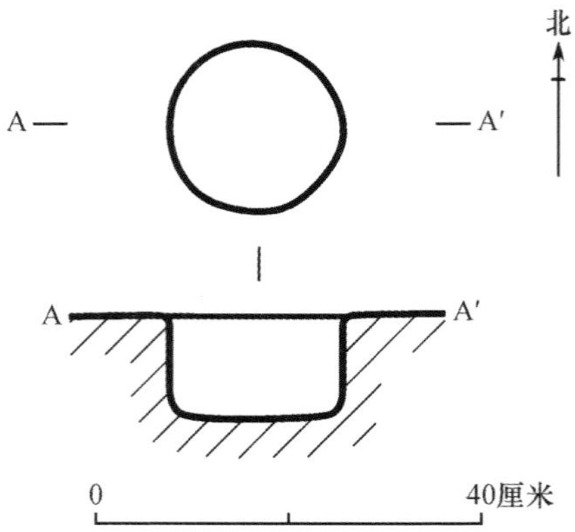

图2-381　ⅤZD103平、剖面图

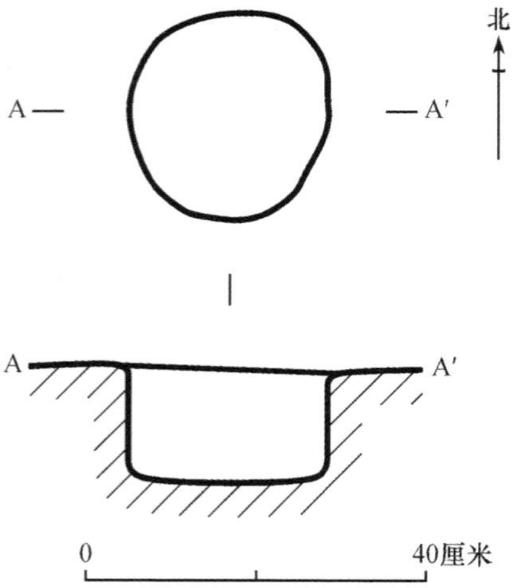

图2-382　ⅤZD105平、剖面图

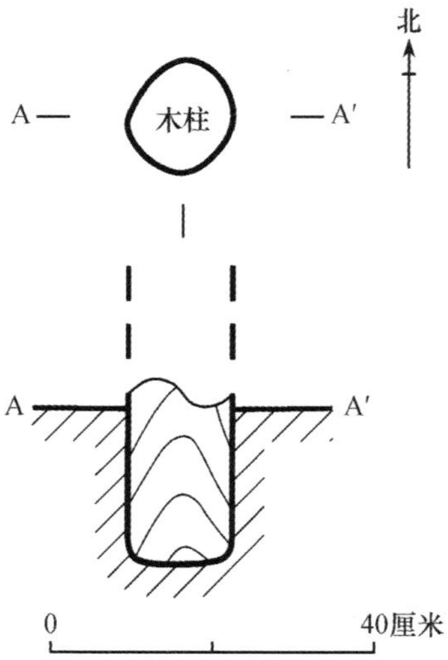

图2-383　ⅤZD106平、剖面图

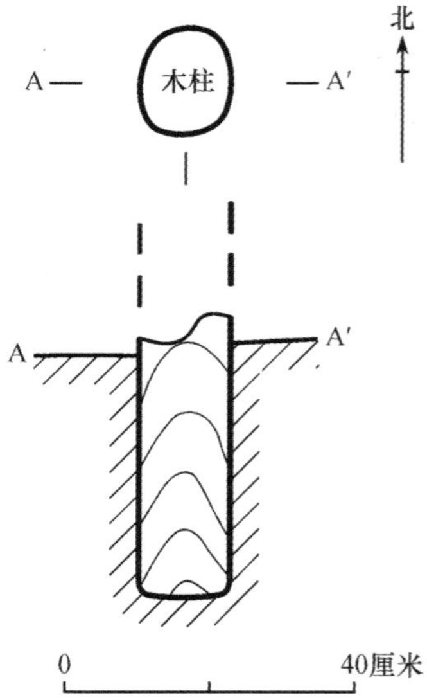

图2-384　ⅤZD115平、剖面图

5. 排水沟（ⅤPSG）

2条。平面呈曲尺形，剖面“U”形。斜直壁，壁面较粗糙。沟内堆积着厚厚一层从房顶上掉落的筒瓦、板瓦等建筑构件，另外还有一些碎砖和动物骨骼等。

ⅤPSG1 位于ⅤF9北墙外，向东延伸至ⅤF21东北角转而向南，从ⅤF8东墙外流出。通长29.3、宽0.34～1.28、深0.25米（图2-385）。

ⅤPSG2 位于ⅤF2北、东墙外。长9.27、宽0.43～1.09、深0.62米。沟西紧贴ⅤF2散水处插一排南北向排列的细木棍，东南端沟壁内侧垒砌少量不规则片石用于加固（图2-386）。

6. 巷道（ⅤHD）

1条。位于第三期建筑ⅤF20～ⅤF23和ⅤF24、ⅤF25两排排房之间。长8.99、宽1.46～1.8米。路面比较平整，上面有一层厚约0.3米的褐色路土。

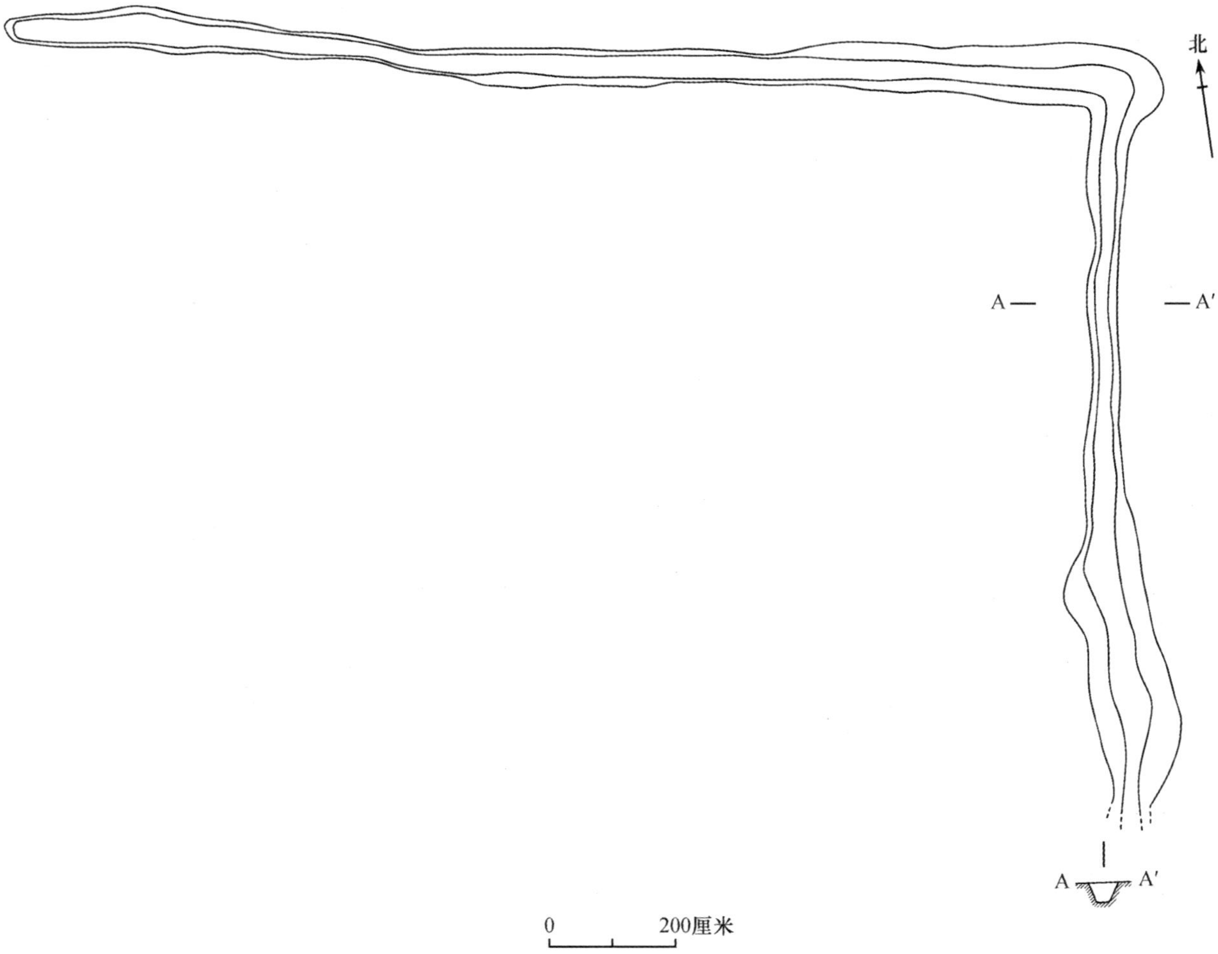

图2-385 ⅤPSG1平、剖面图

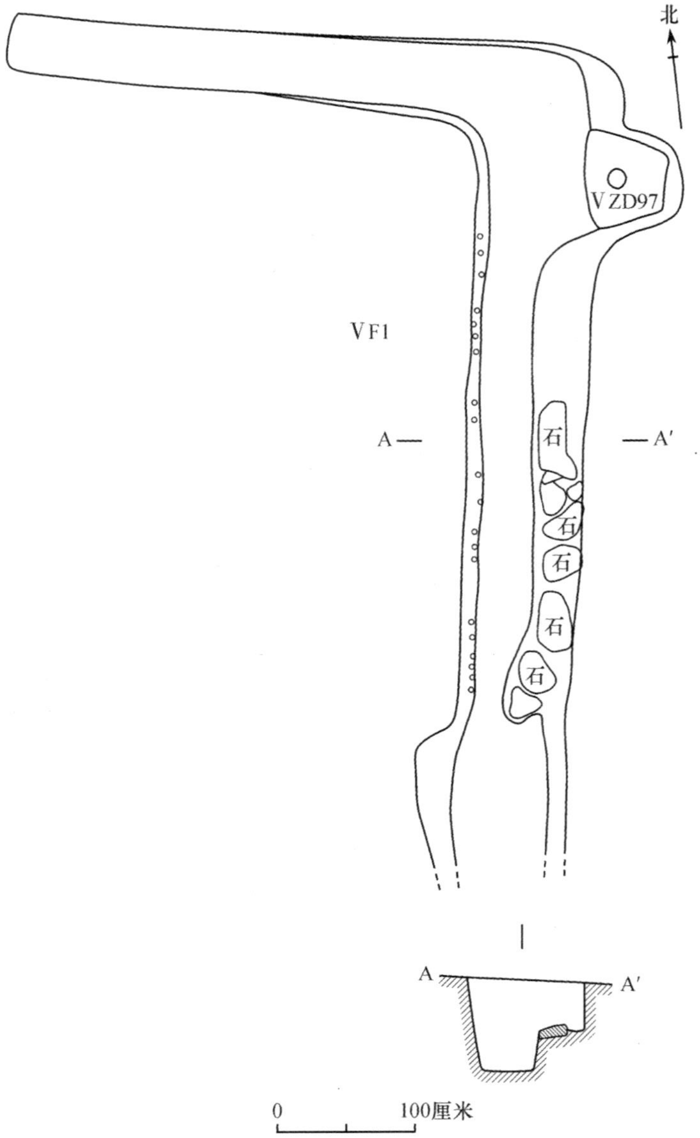

图2-386　VPSG2平、剖面图

7. 砖道（VD）

1条。位于VF6西，南为VH15。残，东端被VH16打破，受下层遗迹填土沉降的影响，砖道凹凸不平。平面呈曲尺形、剖面呈U形。东西残长约5.8、南北总宽约4.4米。其中北段长3.11米，由木框和斜坡道两部分组成。木框在西，方形，边长1.1米。用细木条围成。木条宽0.06～0.13、厚约0.1米。中间填碎砖和片石。斜坡道在东，长1.98、宽0.54米。底部西高东低，深0～0.5米。中段南北长约2.8、宽0.68～0.74、深0.5米。南段东西残长3、残宽0.74米。砖道两壁立少量细木柱，底部铺一层碎砖。在砖道上部填土中出少量倒塌的细木柱（图2-387）。

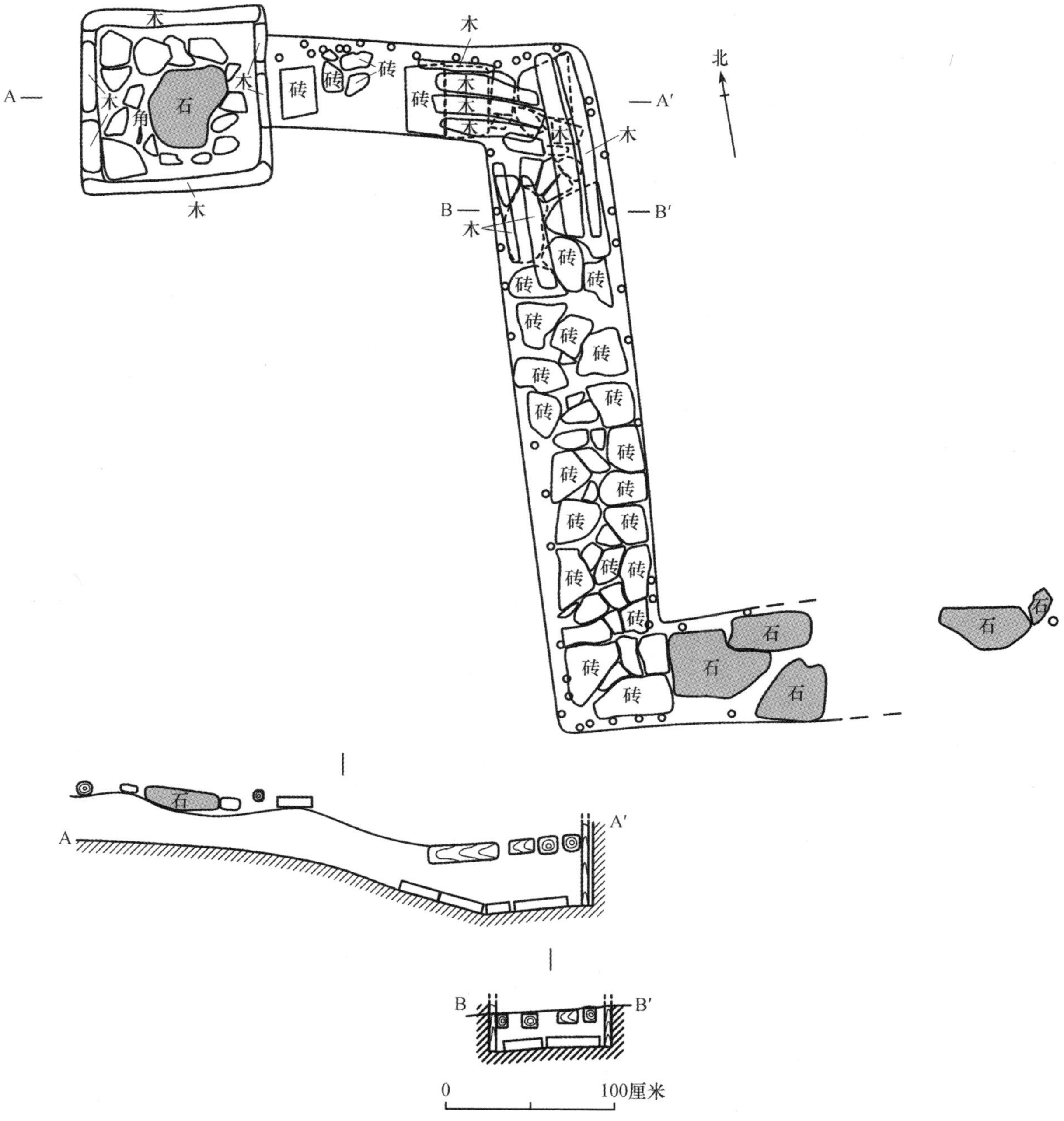

图2-387　ⅤD平、剖面图

8. 砖槽（ⅤZC）

1条。位于T112北部。上部被ⅤF2打破，下部东段被ⅤH39、ⅤH40打破。平面呈长方形。东西残长2.86、宽0.7～0.86、残深0.31米。壁边用残砖垒砌，最多可见三层。其中南北两壁砖块平放、西端砖块立置。槽内下部堆积为淤土，上部为纯黄沙土（图2-388）。

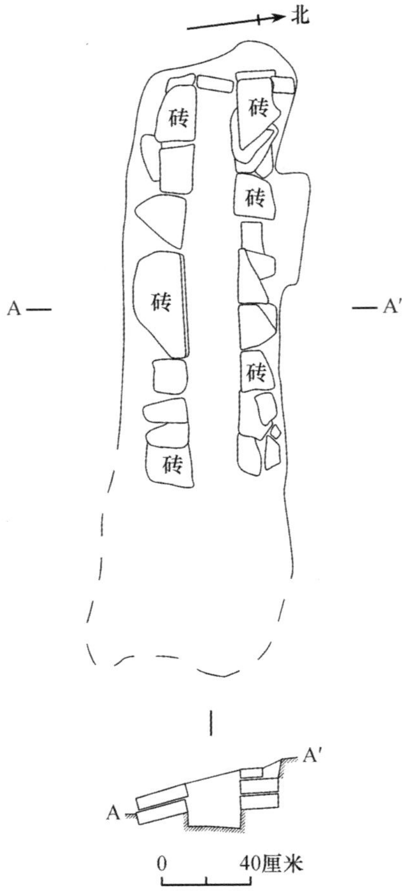

图2-388　ⅤZC平、剖面图

9. 石列（ⅤSL）

1条。位于T78、T79北部，上部被ⅤF9等遗迹打破。由片状山石摆放成，平面呈长方形。东西残长约5.44、南北最宽处1.25、残高0.3米（图2-389；图版2-75，1）。

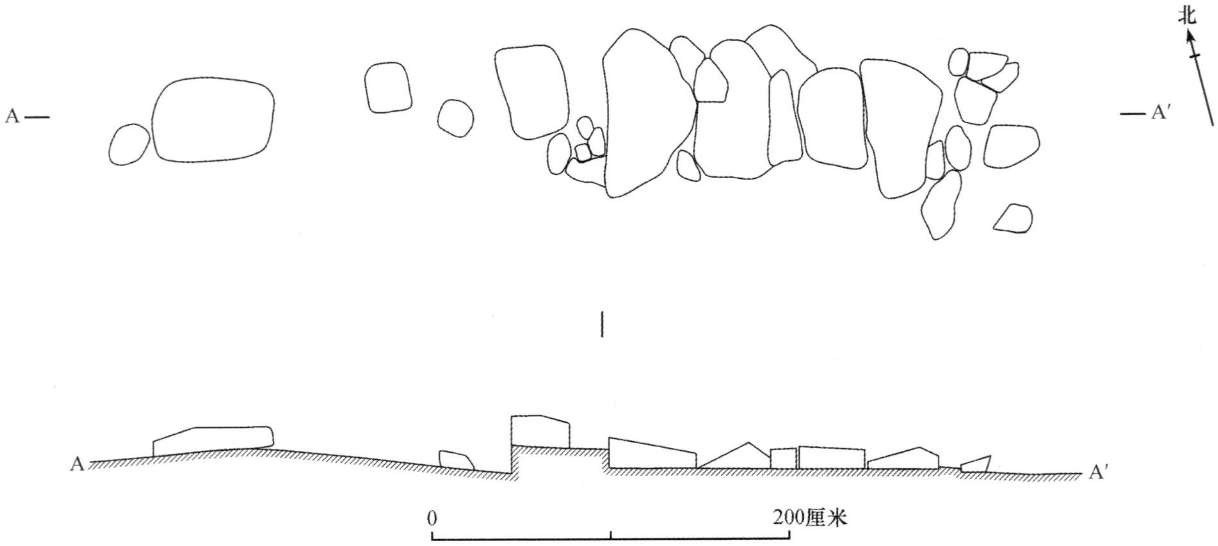

图2-389　ⅤSL平、剖面图

10. 沟（ⅤG）

1条。位于T86西部。西端受限于探方未发掘。现东西长3.07、南北宽1.73～2.3、底部长2.62、宽0.42～1.56米，沟底由东向西逐渐变深，最深可达1.75米。填土较杂，内含大量碎瓦、瓦当、陶片和动物骨骼等遗物（图2-390）。

11. 祭祀坑（ⅤJS）

1个。位于T92西北部。叠压在ⅤF21下。平面大致呈方形，东西长1.33、南北宽1.19、深0.17～0.48米。在坑东部贴近坑壁掏挖4个圆洞，直径0.26～0.45米，洞底较坑底深约0.3米。坑内出土肩胛骨1件，肋骨、腿骨若干。东北角洞内出土羊头1件，肩胛骨2件，腿骨若干。北侧洞内出土羊头1件，脊椎骨若干。西北角洞内出土腿骨、羊距骨若干。东南角洞内出土肩胛骨1件，腿骨脊椎骨若干。初步判断这些羊骨分属于3个个体。在祭祀坑西侧地面上有一片红烧硬面。边长约0.7米（图2-391）。

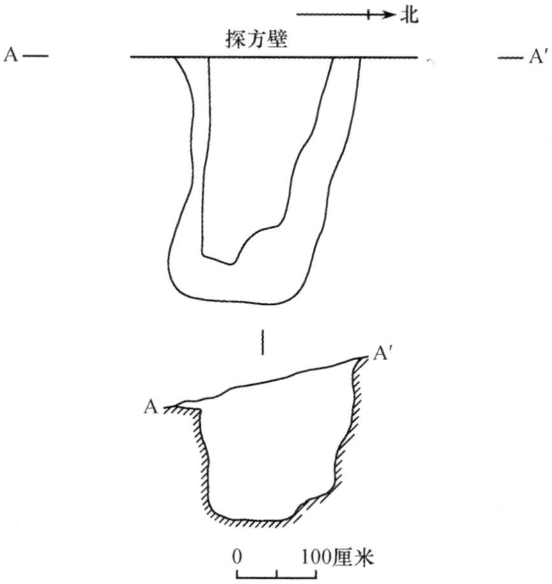

图2-390　ⅤG平、剖面图

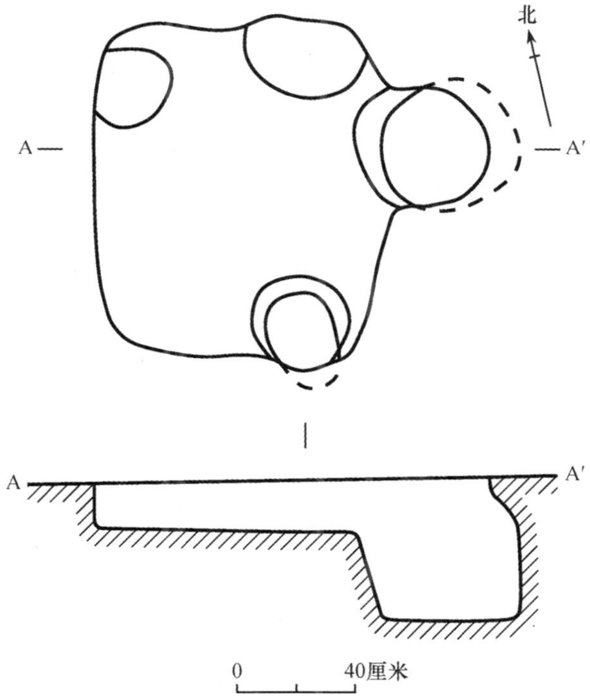

图2-391　ⅤJS平、剖面图

（三）遗物

出土遗物数量多，但是种类较少。按用途可以分为建筑材料、生活用具、兵器、钱币、动物骨骼等。由于建筑材料内板瓦、筒瓦数量巨大，此次仅拣选了部分形制有别、保存相对完整的板瓦和筒瓦标本，其余存放于当地，便于今后进行系统研究。动物骨骼及土壤等动植物标本分别送复旦大学、兰州大学等单位再进行专项合作研究。其他类别的遗物均全部提取。

此次共拣选遗物标本817件，其中建筑材料类242件，生产生活类用具521件，兵器类41件，钱币1件（因糟朽未提取），动物骨骼标本13件。

1. 建筑材料

242件。包括板瓦、筒瓦、瓦当、砖和柱础石等。

板瓦　14件。模制。夹细砂灰陶。制作火候高，相当坚硬。平面略呈梯形，剖面弧度较小，边缘切削痕明显。瓦身外壁多饰绳纹，内壁多饰布纹，个别为席纹。两端多素面。ⅤT84③：6，形制较宽短。器壁较厚。尾端切割痕明显。绳纹不规整，绳纹间有一些划痕。通长39.2、残宽26.4、高6厘米（图2-392，2）。ⅤF1：5，形制较宽短。器壁较厚。尾端饰斜向绳纹。通长40.8、宽36、高8.8厘米（图2-392，13）。ⅤT93③：4，形制较宽短。器壁较厚。尾端切割很明显。绳纹不规整，绳纹间有一些划痕。通长39.2、残宽24.4、高5.2厘米（图2-392，3；图版2-76，1、4）。ⅤT112③：25，形制较宽短。器壁较厚。外壁两端皆有留白。绳纹不规整，绳纹间有一些划痕。通长42.4、宽36、高10.4厘米（图2-392，12；图版2-76，2、5）。ⅤT102③：3，可复原。尾端外壁敷贴一层泥。绳纹不规整，绳纹间有一些指划痕。通长48、宽33.6、高7.2厘米（图2-392，1）。ⅤT112③：2，绳纹不规整，绳纹间有一些指划痕。通长49.6、宽35.2、高8～9.6厘米（图2-392，11）。ⅤT102③：6，绳纹不规整，绳纹间有一些指划痕。外壁两端留白。通长38.8、宽34.4、高8.8厘米（图2-392，4）。ⅤT112③：8，绳纹不规整，绳纹间有一些指划痕。外壁两端端留白。通长48、宽35.2、高10.4厘米（图2-392，9）。ⅤT112③：9，绳纹不规整，绳纹间有一些指划痕。外壁头端留白。通长45.6、宽34.4、高7.2厘米（图2-392，8）。ⅤT112③：22，可复原。绳纹不规整，绳纹间有一些指划痕。外壁两端皆留白。通长47.2、宽32.8、高8.8厘米（图2-392，6）。ⅤT102③：4，瓦身较薄。瓦身外壁两端素面，中部绳纹上抹两道交叉的指划纹，瓦一侧边缘有一个三角形切槽。内壁饰布纹，尾端饰少量席纹并叠压于布纹之上。通长47.2、宽36、高8厘米（图2-392，7；图版2-77，4、5）。ⅤT112③：1，瓦身较薄。外壁绳纹规整，清晰，两端素面，背面饰布纹。通长44.8、宽33.6、高8厘米（图2-392，10；图版2-76，3、6）。ⅤT108⑥c：5，瓦身较薄。外壁头端有留白。表面饰规整绳纹，尾端饰少量席纹，叠压于绳纹上。内壁饰布纹，一端饰少量席纹。通长46.4、宽36.8、高9.6厘米（图2-392，14；图版2-77，1～3、6）。ⅤT112③：17，瓦身较薄。外壁绳纹规整，清晰，绳纹上横向抹两道弦纹。外壁头端留白，宽0.8～1厘米，弦纹间距2.5厘米。板瓦通长47.3、宽37.6、高8.8厘米（图2-392，5）。

筒瓦　15件。模制。夹细砂灰陶。制作火候高，相当坚硬。平面略呈长方形。边缘切削痕明显。瓦舌为单独制作后与瓦身套接而成。外壁多饰绳纹，内壁多饰布纹。内壁套接处较粗糙，手捏痕迹明显。ⅤT94③：1，套接痕明显。长42.8、宽16、壁厚1.8厘米（图2-393，2）。ⅤT112③：13，套接痕明显。长42.4、宽14、壁厚1.2厘米（图2-393，1）。ⅤT112③：18，套接痕明显。长44、宽14.4、壁厚1.5厘米（图2-393，10；图版2-78，3、6）。ⅤZD74：1①，

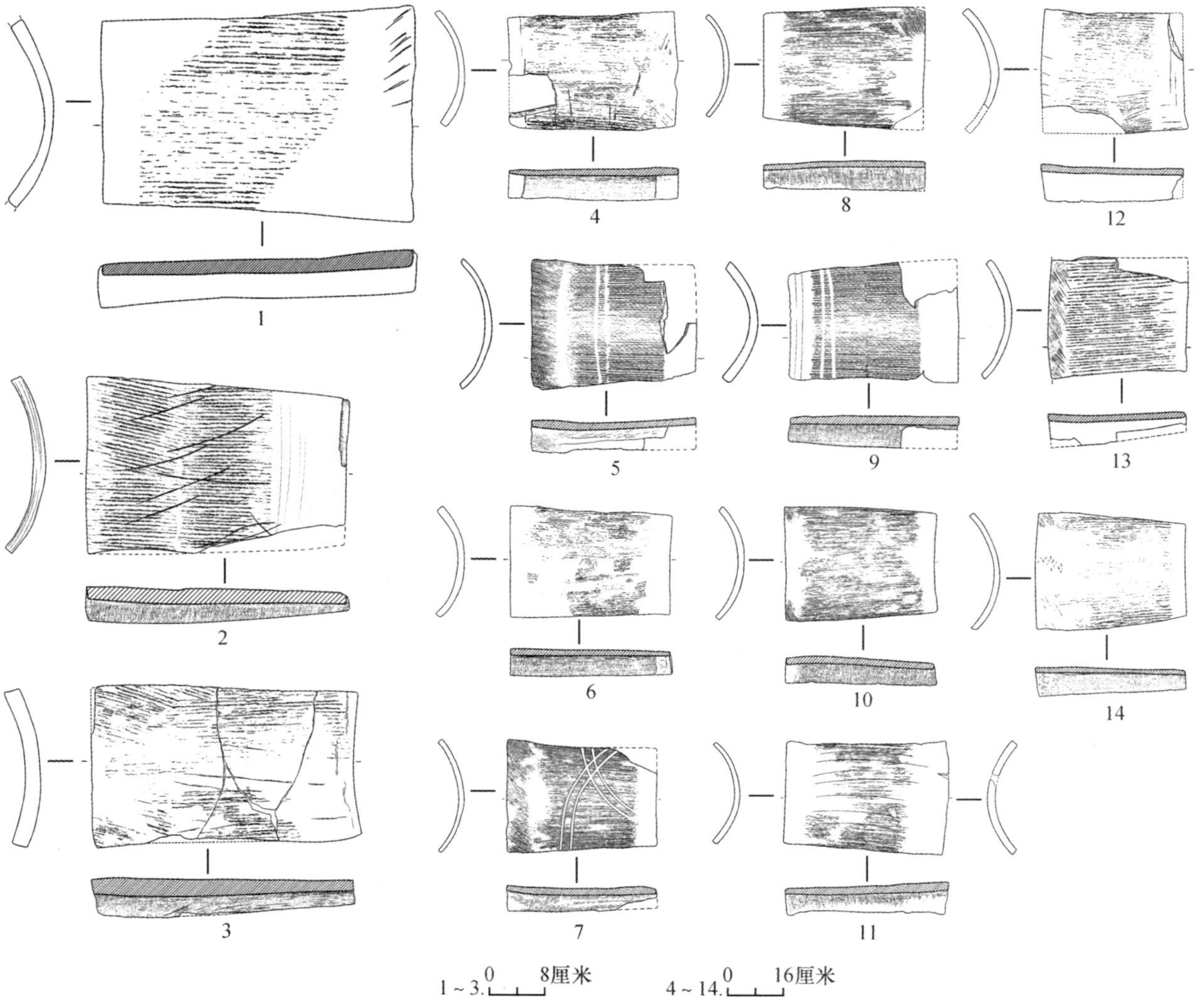

图2-392 板瓦

1. ⅤT102③：3 2. ⅤT84③：6 3. ⅤT93③：4 4. ⅤT102③：6 5. ⅤT112③：17 6. ⅤT112③：22 7. ⅤT102③：4 8. ⅤT112③：9 9. ⅤT112③：8 10. ⅤT112③：1 11. ⅤT112③：2 12. ⅤT112③：25 13. ⅤF1：5 14. ⅤT108⑥c：5

套接痕明显。长45.6、宽16、壁厚1.8厘米（图2-393，8；图版2-78，2、5）。ⅤT112③：15，套接痕不明显。近瓦舌处有1个瓦钉孔。长42.4、宽14.8、壁厚1.4、瓦钉孔直径1厘米（图2-393，11；图版2-79，5）。ⅤT94③：3，套接痕不明显。长42.8、宽16、壁厚1.2厘米（图2-393，7；图版2-79，6）。ⅤT112③：6，套接痕明显。残长38.8、宽13.6、壁厚1.2厘米（图2-393，6）。ⅤT112③：28，套接痕明显。残长36、宽13.2、壁厚1.2厘米（图2-393，15）。ⅤT113③：12，套接痕不明显。长43.4、宽16.4、壁厚1.5厘米（图2-393，9；图版2-79，3）。ⅤT114③：18，残。套接痕明显。长41.6、宽14.4、壁厚1.6厘米（图2-393，5；图版2-79，2）。ⅤZD74：1②，瓦舌缺失。套接痕明显。残长41.2、宽16.4、壁厚1.8厘米（图2-393，4；图版2-78，1、4）。ⅤT112③：3，套接痕明显。长43、宽14.4、壁厚1.6厘米（图2-393，3；图版2-79，4）。ⅤT112③：16，套接痕明显。长43.2、宽14、厚1.5厘米（图2-393，12）。ⅤT107⑥a：17，瓦舌残。套接痕不明显。残长39.2、宽14.4、壁厚1厘米（图2-393，13；图

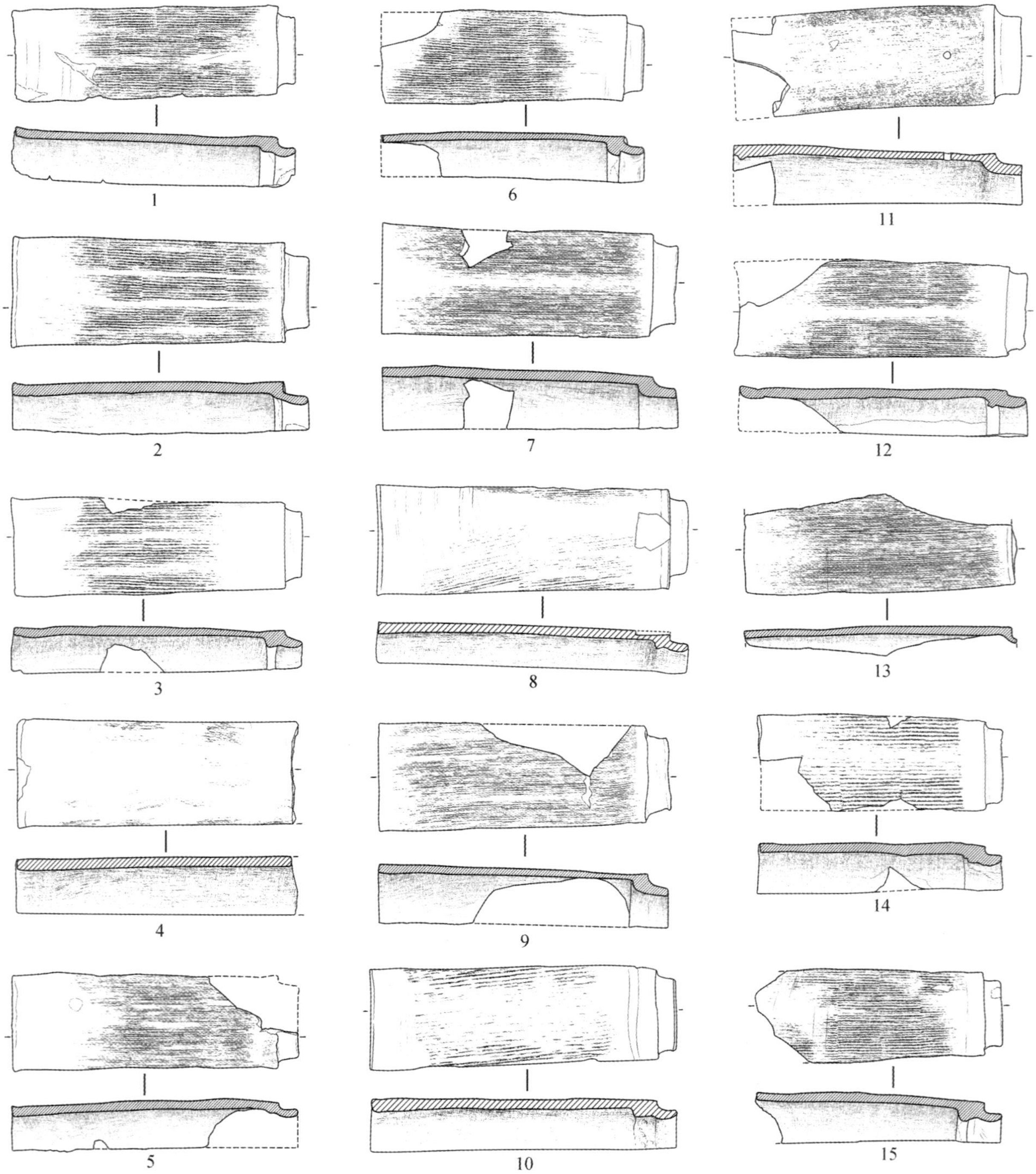

图2-393　筒瓦

1. ⅤT112③：13　2. ⅤT94③：1　3. ⅤT112③：3　4. ⅤZD74：1②　5. ⅤT114③：18　6. ⅤT112③：6　7. ⅤT94③：3　8. ⅤZD74：1①　9. ⅤT113③：12　10. ⅤT112③：18　11. ⅤT112③：15　12. ⅤT112③：16　13. ⅤT107⑥a：17　14. ⅤT112③：27　15. ⅤT112③：28

版2-79，1）。ⅤT112③：27，残。套接痕明显。残长35.6、宽14.4、厚1.6厘米（图2-393，14）。

瓦当　209件。圆形。夹细砂灰陶。制作火候高，相当坚硬。制作方法为泥条盘筑。当面模压纹饰，当背平整，部分有泥条盘筑留下的同心圆痕迹。瓦当背面套接筒瓦。为使套接更加牢固，内侧再加压一圈泥条。套接处留有手捏及刮抹的痕迹。如果是全边轮瓦当，则最后再附加下半部边轮。当面从中心向外可分为当心、当面和边轮三个部分。当心为圆纽，纽外多饰一周凸弦纹。当面模压几何纹或云纹图案。边上有边轮，边轮宽1～2厘米。当面与边轮间多饰两周凸弦纹。ⅤT81③：7，当面以短凸弦纹或三角形凸弦纹等构成不规则的几何纹图案。全边轮。直径13.8、厚3.6厘米（图2-394，2；图版2-80，6）。ⅤT83③：19，圆纽外饰几何形图案。全边轮，不完整。直径13.8、残长4厘米（图2-394，1；图版2-80，3）。ⅤT94③：10，当面以短凸弦纹或三角形凸弦纹等构成不规则的几何纹图案。全边轮。直径13.6、残长3.6厘米（图2-394，8；图版2-82，3）。ⅤT78③：3，残存一组几何纹，边轮残。当面残长11.6、厚4.8厘米（图2-394，6）。ⅤT84③：9，表面饰少量几何纹和凸弦纹。当面残长6.5、厚2.6厘米（图2-394，5）。ⅤT94③：7，表面可见少量几何纹。当面残长5.5、厚2.8厘米（图2-394，4）。ⅤT106⑥a：1，表面饰一组几何纹。外饰两道凸弦纹。边轮残。直径14.2、残长3.8厘米（图2-394，3）。ⅤT112③：33，当面用四条呈“十”字形分布的凸弦纹界格分为四区。每区饰一凸曲尺形纹。纹饰组合起来形成一个“申”字形方框。全边轮，边轮与当面图案之间饰两周凸弦纹。当背残留部分筒瓦。当面直径12、筒瓦残长7.6厘米（图2-394，7；图版2-80，5）。ⅤT102③：7，无“十”字凸弦纹界格，当面对称饰四朵变形云纹。云纹较简略，云头彼此相连。云纹内各有一条凸弦纹，形似蘑菇柄。边轮残。当面绘红色“十”字图案。直径14、厚3.6厘米（图2-395，9；图版2-81，4）。ⅤT112③：21，残留一段筒瓦。筒瓦外壁饰绳纹，内壁饰布纹。套接痕明显。当面无“十”字凸弦纹界格，对称饰四朵变形云纹。云纹较简略，云头彼此相连。云纹内各有一条凸弦纹，形似蘑菇柄。红彩大量脱落。直径14.2、残长17.2厘米（图2-396，4）。ⅤT112③：24，残留一段筒瓦。套接痕明显。全边轮，边轮上粘有压模时挤出的泥条。当面无“十”字凸弦纹界格，对称饰四朵变形云纹。云纹较简略，云头彼此相连。云纹内各有一条凸弦纹，形似蘑菇柄。全边轮。直径13.6、残长16厘米（图2-396，5；图版2-82，4）。ⅤT112③：26，残留一段筒瓦。套接痕明显。当面无“十”字凸弦纹界格，对称饰四朵变形云纹。云纹较简略，云头彼此相连。云纹内各有一条凸弦纹，形似蘑菇柄。全边轮。当面红彩大量脱落。直径14、残长10.4厘米（图2-396，9；图版2-82，1）。ⅤT112③：39，当面无“十”字凸弦纹界格，对称饰四朵变形云纹。云纹较简略，云头彼此相连。云纹内各有一条凸弦纹，形似蘑菇柄。边轮残。当面红彩大量脱落。直径14.4、厚2.8厘米（图2-396，3；图版2-82，6）。ⅤF1：4，残留一段筒瓦。套接痕明显。当面无“十”字凸弦纹界格，对称饰四朵变形云纹。云纹较简略，云头彼此相连。云纹内各有一条凸弦纹，形似蘑菇柄。直径14、残长12.4厘米（图2-394，10；图版2-80，2）。ⅤT86⑤：5，表面以圆纽为中心用凸弦纹分成四个界格，每一个界格内对称饰变形云纹，外围再饰两道凸弦纹，全边轮。直

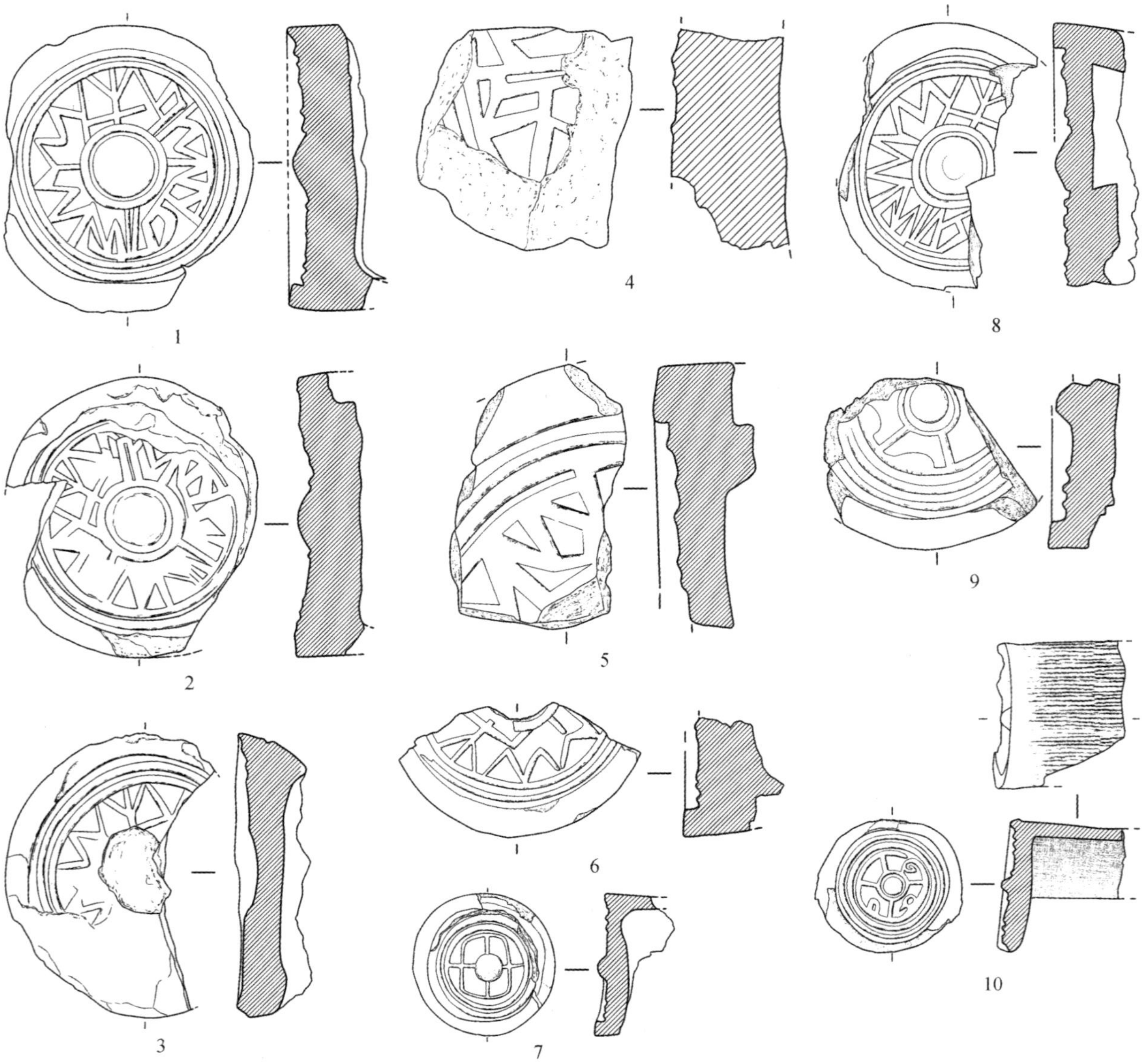

1～3、6、8、9. 0 4厘米　4、5. 0 2厘米　7、10. 0 8厘米

图2-394　瓦当（一）

1. ⅤT83③：19　2. ⅤT81③：7　3. ⅤT106⑥a：1　4. ⅤT94③：7　5. ⅤT84③：9　6. ⅤT78③：3　7. ⅤT112③：33　8. ⅤT94③：10　9. ⅤC：2　10. ⅤF1：4

径12、厚2.6厘米（图2-395，5；图版2-80，4）。ⅤT78①：3，当面仅存当纽及一组云纹，云纹中间有凸棱间隔。残径7.8厘米（图2-395，6）。ⅤT87①：1，以当面凸纽为中心，外饰四组变形云纹，外饰两道凸弦纹。边轮残。表面盐碱严重。直径13.8、厚3.2厘米（图2-395，2；图版2-80，1）。ⅤT96①：3，表面以圆纽为中心用竖短凸弦纹分成四个界格，每一个界格内对称饰变形云纹，外围再饰两道凸弦纹，全边轮。直径12.4、厚2.8厘米（图2-395，8；图版2-81，3）。ⅤT102③：1，以当纽为中心，外饰四道"I"形凸弦纹，外围饰四组变形云纹。外围饰两道凸弦纹，边轮残。表面施红彩。直径12.2、残长3厘米（图2-395，3；图版2-81，5）。ⅤT102③：5，以当纽为中心，外饰四道"I"形凸弦纹，外围饰四组变形云纹。外围饰

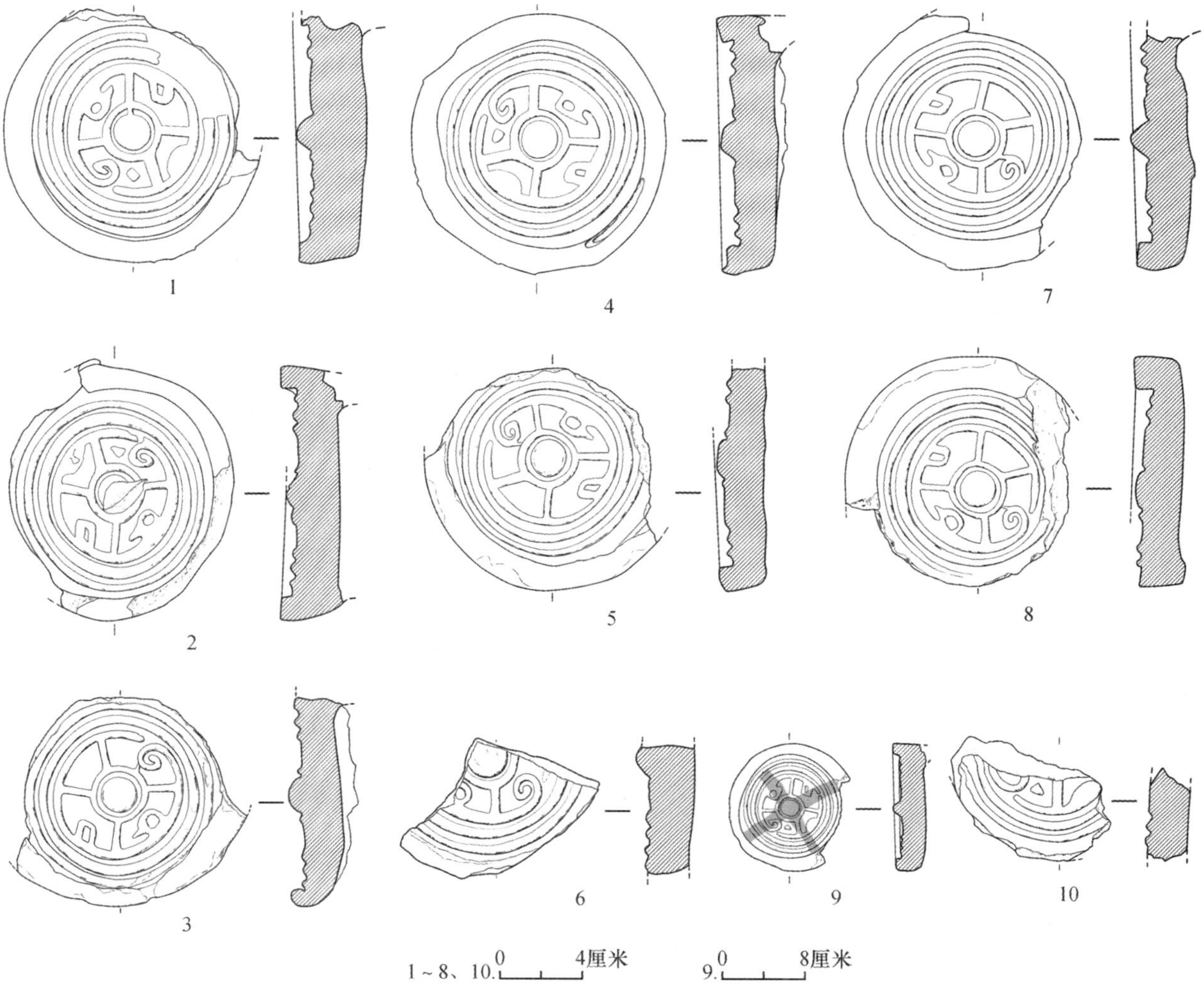

图2-395　瓦当（二）

1. ⅤT112②：2　2. ⅤT87①：1　3. ⅤT102③：1　4. ⅤT102③：8　5. ⅤT86⑤：5　6. ⅤT78①：3　7. ⅤT102③：5　8. ⅤT96①：3　9. ⅤT102③：7　10. ⅤT107②：1

两道凸弦纹，边轮残。表面施红彩。直径13.6、厚3.6厘米（图2-395，7；图版2-81，2）。ⅤT102③：8，以当纽为中心，纽外有一圈凸弦纹，凸弦纹外对称饰四条短线，短线中间有四个变形云纹。边轮残。表面施红彩。直径13.6、残长3.6厘米（图2-395，4；图版2-81，1）。ⅤT107②：1，表面饰少量凸弦纹。当面残长8.4、厚2.4厘米（图2-395，10）。ⅤT112②：2，以当纽为中心，外饰四道“I”形凸弦纹，外围饰四组变形云纹。外围饰两道凸弦纹，边轮残。表面施红彩。直径13.4、厚3.6厘米（图2-395，1；图版2-81，6）。ⅤT112②：3，表面饰少量凸弦纹。当面残长11.8、厚2厘米（图2-396，11）。ⅤT112③：10，以当纽为中心分四个界格，外围饰四组变形云纹，外饰两道凸弦纹。边轮残。直径12、残长4.6厘米（图2-396，1；图版2-82，5）。ⅤT112③：23，以当纽为中心，外饰四道“I”形凸弦纹，外围饰四组变形云纹。外围饰两道凸弦纹，边轮残。直径13.2、残长3.8厘米（图2-396，2；图版2-82，2）。ⅤC：2，以当纽为中心分四个界格，外围饰四组变形云纹，外饰两道凸弦纹。全边轮残。当面残长10、厚3.4厘米（图2-394，9）。ⅤT84③：2，当面无“十”字界格，以圆纽为中心对称饰四朵云纹。云纹较简略，内各有一道凸弦纹，形似蘑菇柄。边轮与当面间饰两周凸弦纹。全边轮。直径14.6、厚3.2厘米（图2-397，6；图版2-88，2）。ⅤT84③：5，当面无“十”字界格，对称饰四朵云纹。云纹较简略，内各有一道凸弦纹，形似蘑菇柄。边轮与当面间饰两周凸弦纹。全边轮。直径13.4、残长4.8厘米（图2-397，7；图版2-88，4）。ⅤT94③：2，残留一段筒瓦。套接痕明显。当面无“十”字界格，对称饰四朵云纹。云纹较简略，内各有一道凸弦纹，形似蘑菇柄。边轮与当面间饰两周凸弦纹。全边轮。直径14、残长8.6厘米（图2-397，4；图版2-89，3）。ⅤT94③：9，当面无“十”字界格，对称饰四朵云纹。云纹较简略，内各有一道凸弦纹，形似蘑菇柄。边轮与当面间饰两周凸弦纹。全边轮。直径13.6、残长7.6厘米（图2-397，3；图版2-89，2）。ⅤT112③：19，残留一段筒瓦。筒瓦瓦身两侧边削痕较平整。外壁饰绳纹，内壁布纹。套接处较粗糙，手捏痕迹明显。当面无“十”字界格，对称饰四朵云纹。云纹较简略，内各有一道凸弦纹，形似蘑菇柄。边轮与当面间饰两周凸弦纹。全边轮。当面绘红色“十”字图案。直径13.8、残长33.9厘米（图2-396，13）。ⅤT82③：13，以当纽为中心分四个界格，外围饰四组卷云纹，外饰两道凸弦纹。全边轮，残。直径14、残长4.4厘米（图2-396，6；图版2-86，1）。ⅤT82③：15，残存少量云纹和凸弦纹。当面残长9.6、厚2.6

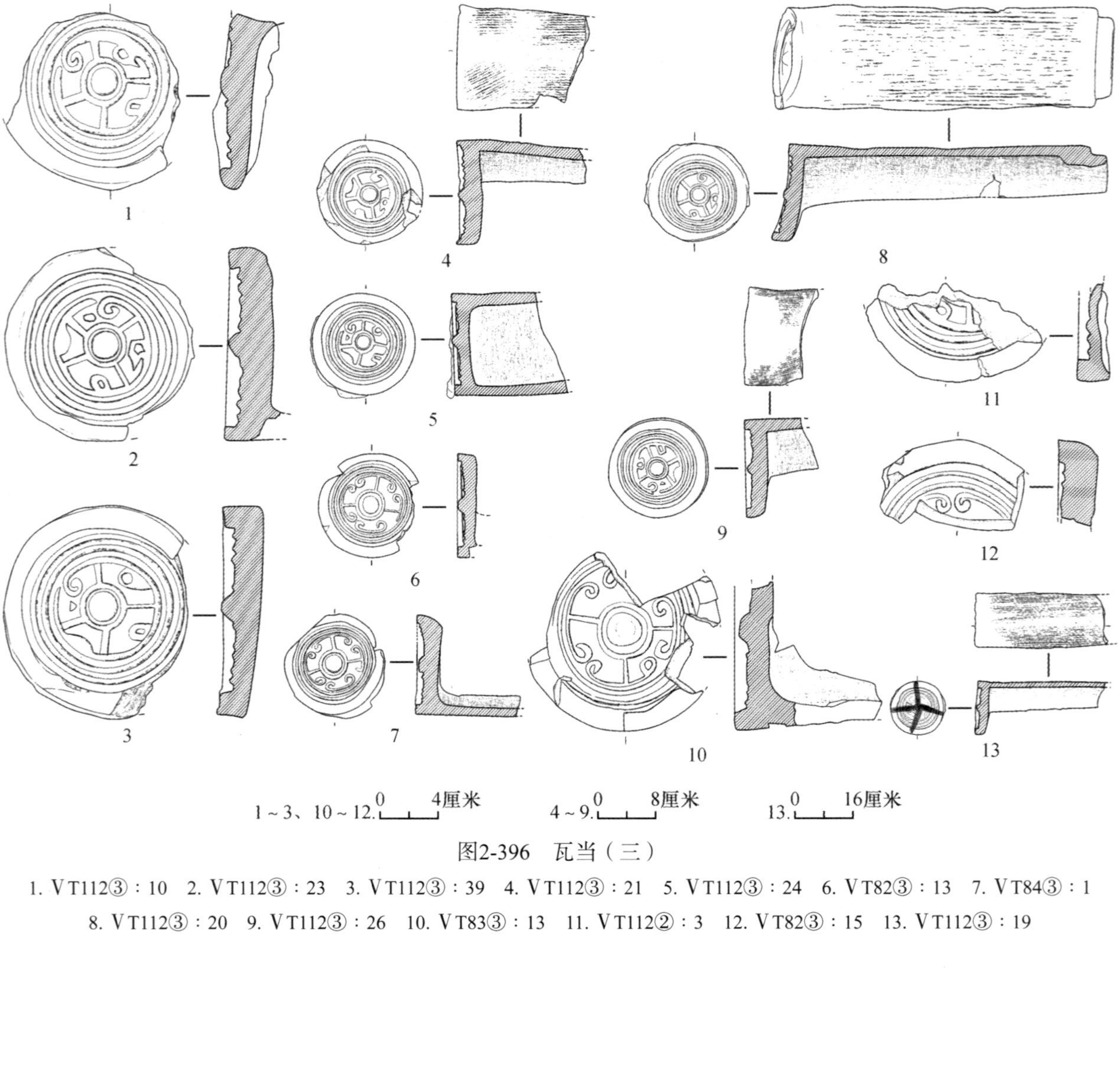

图2-396　瓦当（三）

1. ⅤT112③：10　2. ⅤT112③：23　3. ⅤT112③：39　4. ⅤT112③：21　5. ⅤT112③：24　6. ⅤT82③：13　7. ⅤT84③：1　8. ⅤT112③：20　9. ⅤT112③：26　10. ⅤT83③：13　11. ⅤT112②：3　12. ⅤT82③：15　13. ⅤT112③：19

厘米（图2-396，12）。ⅤT83③：10，以当纽为中心用竖短凸弦纹分成四个界格，每一个界格内对称饰变形云纹，外围再饰两道凸弦纹。全边轮。瓦当表面用朱砂画“十”字涂红。直径14.4、残长4.6厘米（图2-397，11）。ⅤT83③：13，套接筒瓦。当面以当纽为中心分为四个界格，外围饰四组卷云纹，外饰两道凸弦纹。全边轮，残。直径12.6、残长10.2厘米（图2-396，10）。ⅤT84③：1，以当面凸纽为中心分为四个界格，外围饰四组变形云纹，外饰两道凸弦纹。全边轮，残。表面盐碱严重。直径14、残长14.4厘米（图2-396，7；图版2-88，5）。ⅤT84③：8，表面饰少量卷云纹和凸弦纹。当面残长4.8、厚3.2厘米（图2-397，13）。ⅤT84③：10，以当纽为中心分四个界格，外围饰四组变形云纹，外饰两道凸弦纹。全边轮，残。表面有烟炙痕。直径13、厚1.5厘米（图2-397，10）。ⅤT84③：12，以当纽为中心分四个界格，外围饰四组变形云纹，外饰两道凸弦纹。全边轮，残。直径12.1、厚2.8厘米（图

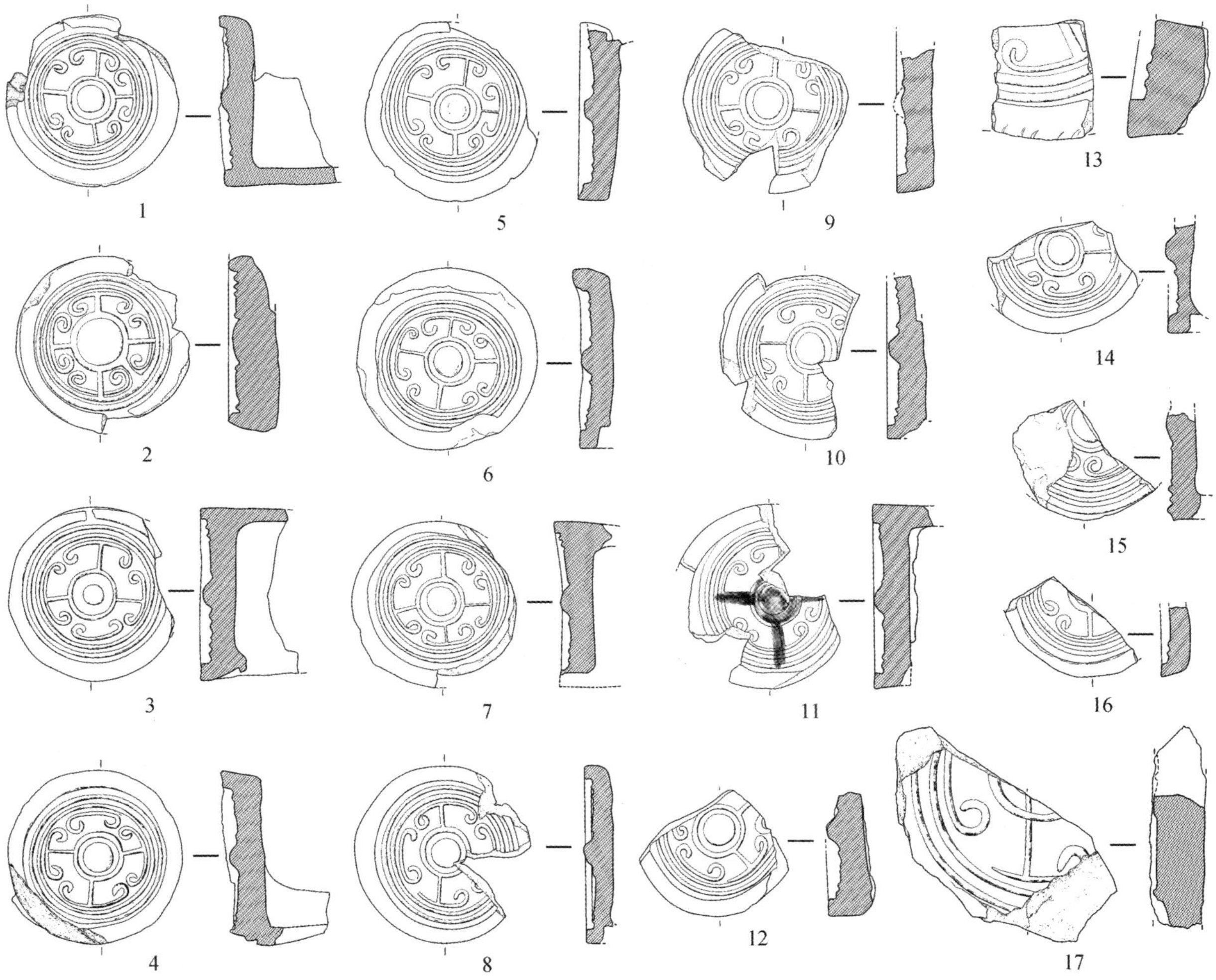

1～12、14～16. 0 4厘米　13、17. 0 2厘米

图2-397　瓦当（四）

1. ⅤT114③：5　2. ⅤT106②：5　3. ⅤT94③：9　4. ⅤT94③：2　5. ⅤT94③：6　6. ⅤT84③：2　7. ⅤT84③：5　8. ⅤT114③：14　9. ⅤT84③：12　10. ⅤT84③：10　11. ⅤT83③：10　12. ⅤT90①：3　13. ⅤT84③：8　14. ⅤT113③：17　15. ⅤT99⑥b：1　16. ⅤT111①：2　17. ⅤT95①：8

2-397，9）。ⅤT90①：3，以当面凸纽为中心分四个界格，外围饰四组变形云纹，外饰两道凸弦纹。边轮残。当面残长9.8、残长3.6厘米（图2-397，12）。ⅤT94③：6，以当纽为中心分四个界格，外围饰四组卷云纹，外饰两道凸弦纹。全边轮，残。表面盐碱严重。直径14、残长3.4厘米（图2-397，5；图版2-89，5）。ⅤT95①：8，表面饰少量卷云纹和凸弦纹。当面残长8.4、厚2厘米（图2-397，17）。ⅤT99⑥b：1，仅剩少量凸纽、云纹和凸弦纹。当面残长9.6、厚2.6厘米（图2-397，15）。ⅤT106②：5，以当纽为中心分四个界格，外围饰四组变形云纹，外饰两道凸弦纹。边轮残。直径14、厚4厘米（图2-397，2；图版2-90，5）。ⅤT111①：2，表面饰一组变形云纹。外饰两道凸弦纹。边轮残。当面残长10.2、厚2.2厘米（图2-397，16）。ⅤT113③：17，以当纽为中心分四个界格，外围饰四组变形云纹，外饰两道凸弦纹。全边轮，残。当面残长12、厚2.8厘米（图2-397，14；图版2-92，5）。ⅤT114③：5，以当纽为中心分隔出四个界格，界格之间用凸弦纹相隔，以当纽为中心，外饰三道“I”形凸弦纹，外围饰四组变形云纹。外围饰两道凸弦纹，边轮残。套接筒瓦，筒瓦残。直径13.8、残长9.2厘米（图2-397，1；图版2-92，4）。ⅤT114③：14，以当纽为中心分隔出四个界格，界格之间用凸弦纹相隔，以当纽为中心，外饰三道“I”形凸弦纹，外围饰四组变形云纹。外围饰两道凸弦纹。边轮残。直径13.8、厚2.2厘米（图2-397，8；图版2-94，5）。ⅤT112③：20，以当纽为中心，外饰四道“I”形凸弦纹，外围饰四组变形云纹。外围饰两道凸弦纹。套接完整的筒瓦，接痕明显。筒瓦瓦舌经陶轮旋制后与瓦体套接而成，连接处较粗糙，手捏痕迹明显。瓦身两边有切削痕，削痕较平整。表面饰绳纹，内壁布纹。直径13.8，通长46厘米（图2-396，8）。ⅤT80③：2，无边轮。当面云纹外饰三道凸弦纹。当面涂白涂红。直径14.6、残长5.8厘米（图2-398，1；图版2-85，3）。ⅤT77③：1，当面无“十”字界格，对称饰4个卷云纹。卷云纹弯曲弧度大，两个云头比较接近。残长12.2、厚3厘米（图2-398，6）。ⅤT78①：4，当面无“十”字界格，对称饰4个卷云纹。卷云纹弯曲弧度大，两个云头比较接近。直径12.8、厚2.4厘米（图2-398，4）。ⅤT78③：4，当面无“十”字界格，对称饰4个卷云纹。卷云纹弯曲弧度大，两个云头比较接近。直径14.8、厚3.4厘米（图2-398，2；图版2-84，6）。ⅤT112③：35，残留一段筒瓦。套接痕明显。当面无“十”字界格，对称饰4个卷云纹。卷云纹弯曲弧度大，两个云头比较接近。边轮完整。直径15.8、残长20.4厘米（图2-398，7；图版2-91，2）。ⅤT78③：6，以当纽为中心。外饰四组卷云纹。外饰两道凸弦纹。表面施红彩。当面残长10.4、厚2.2厘米（图2-398，9）。ⅤT83③：22，表面仅余少量云纹。因盐碱剥蚀严重。直径13.4、厚2厘米（图2-398，3）。ⅤT84③：13，表面饰少量卷云纹和凸弦纹。当面残长8.4、厚2.6厘米（图2-398，12）。ⅤT94③：4，残存少量卷云纹和边轮。当面残长6.6、厚2.4厘米（图2-398，11）。ⅤT82③：19，当心圆纽外有一周凸弦纹。当面用“T”字形界格分为四区。每区饰一卷云纹。每朵卷云纹内各饰一道亚腰形凸弦纹。边轮缺失，边轮与当面图案之间饰两周凸弦纹。当面残长6.6、厚1厘米（图2-398，10）。ⅤD：2，当心圆纽外有一周凸弦纹。当面用“T”字形界格分为四区。每区饰一卷云纹。每朵卷云纹内各饰一道亚腰形凸弦纹。边轮缺失，边轮与当面图案之间饰两周凸弦纹。残长11.6、厚1.6厘米（图2-398，8；图版

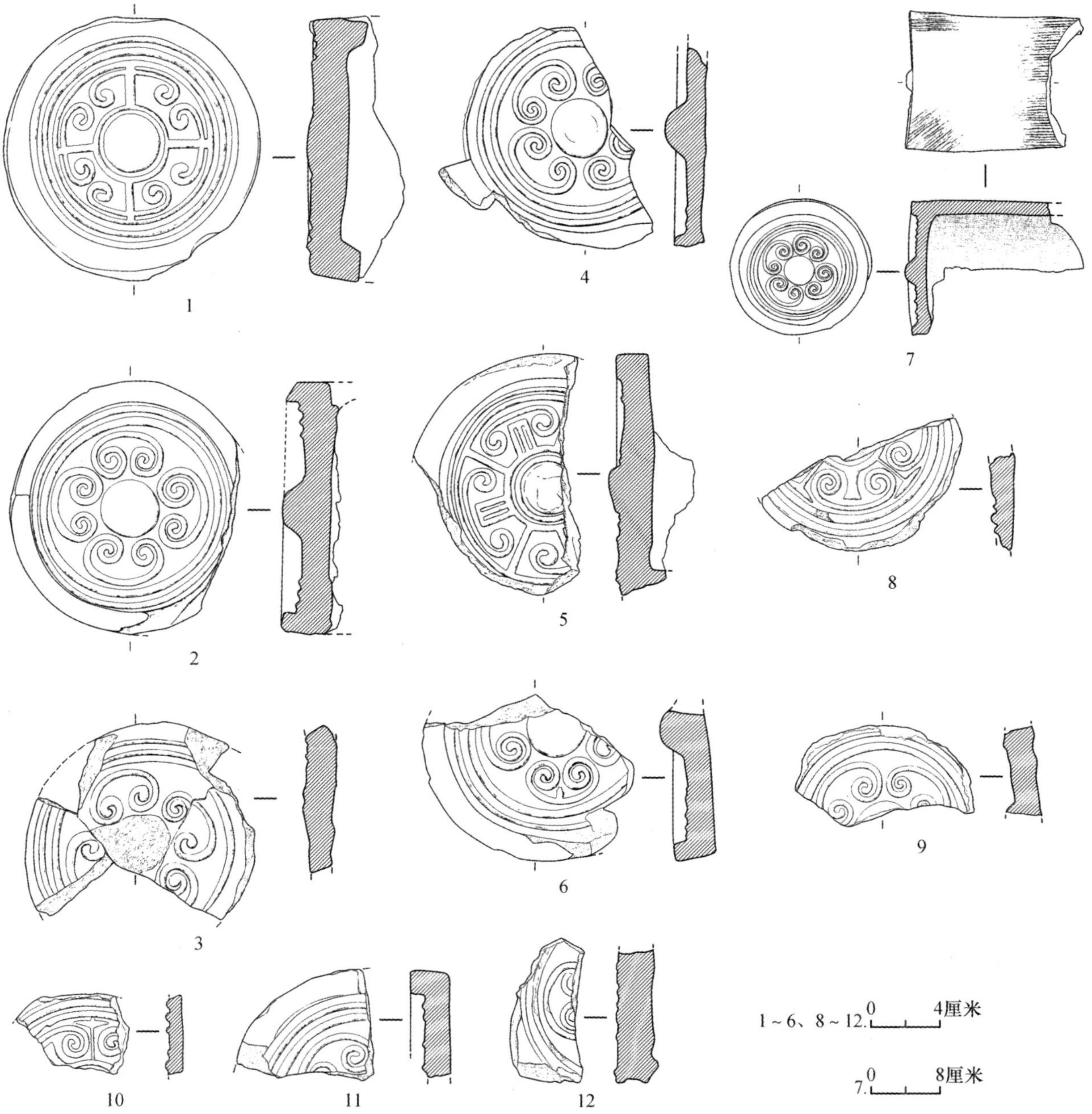

图2-398　瓦当（五）

1. ⅤT80③：2　2. ⅤT78③：4　3. ⅤT83③：22　4. ⅤT78①：4　5. ⅤF2：4　6. ⅤT77③：1　7. ⅤT112③：35　8. ⅤD：2　9. ⅤT78③：6　10. ⅤT82③：19　11. ⅤT94③：4　12. ⅤT84③：13

2-83，6）。ⅤT90⑧：3，当心圆纽外有一周凸弦纹。当面用单凸弦纹界格分为四区。每区饰一卷云纹。每朵卷云纹内各饰一道“山”字形图案。边轮与当面图案之间有两周凸弦纹。全边轮。直径15.4、残长3.8厘米（图2-399，5；图版2-88，1）。ⅤF2：3，当心圆纽外有一周凸弦纹。当面用单凸弦纹界格分为四区。每区饰一卷云纹。每朵卷云纹内各饰一道“山”字形图案。边轮与当面图案之间有两周凸弦纹。全边轮。直径14、残长3.6厘米（图2-399，6；图版2-83，3）。ⅤF17：8，当心圆纽外有一周凸弦纹。当面用单凸弦纹界格分为四区。每区饰一卷云纹。每朵卷云纹内各饰一道“山”字形图案。边轮与当面图案之间有两周凸弦纹。全边轮。直径15、残长5.8厘米（图2-400，1；图版2-84，5）。ⅤF18：1，当心圆纽外有一周凸弦纹。当面用单凸弦纹界格分为四区。每区饰一卷云纹。每朵卷云纹内各饰一道“山”字形图案。边轮与当面图案之间有两周凸弦纹。全边轮。直径14.2、残长3.6厘米（图2-399，3；图版2-84，2）。ⅤH27：5，当心圆纽外有一周凸弦纹。当面用单凸弦纹界格分为四区。每区饰一卷云纹。每朵卷云纹内各饰一道“山”字形图案。边轮与当面图案之间有两周凸弦纹。全边轮。残径15.4、厚3.4厘米（图2-399，2）。ⅤG1：28，每一界格对称饰一组卷云纹，云纹间饰一“山”字形图案，外围饰三道凸弦纹。半边轮，边轮残。当面残长13.8、厚2.8厘米（图2-399，7）。ⅤT92⑧：1，每一界格对称饰一组卷云纹，云纹间饰一“山”字形图案，外围饰两道凸弦纹。边轮残。直径12、厚3厘米（图2-399，11）。ⅤT112②：1，表面饰少量卷云纹和“山”字形图案。外饰三道凸弦纹。边轮残。表面有刮抹痕迹。当面残长13.2、残长4.4厘米（图2-399，12）。ⅤF2：4，以当纽为中心分隔出四个界格，界格之间用凸弦纹相隔，每一界格内对称饰卷云纹，云纹间饰一“山”字形图案。外饰两道凸弦纹，凸弦纹外饰边轮。当面残长14.2、残长5厘米（图2-398，5）。ⅤF17：1①，以当纽为中心分隔出四个界格，界格之间用凸弦纹相隔，每一界格对称饰一组卷云纹，云纹间饰一“山”字形图案，外围饰两道凸弦纹，半边轮，边轮内弧刮抹痕迹明显。直径15.6、残长4厘米（图2-399，15；图版2-83，5）。ⅤF17：1②，以当纽为中心分隔出四个界格，界格之间用凸弦纹相隔，每一界格内对称饰一组卷云纹，云纹间饰一“山”字形图案，外围饰两道凸弦纹，半边轮。直径15.4、残长4.4厘米（图2-400，7；图版2-83，2）。ⅤF17：2，以当纽为中心分隔出四个界格，界格之间用凸弦纹相隔，每一界格对称饰一组卷云纹，云纹间饰一“山”字形图案，外围饰两道凸弦纹，半边轮。残径14.2、残长3.2厘米（图2-399，4；图版2-83，4）。ⅤF17：3，以当纽为中心分隔出四个界格，界格之间用凸弦纹相隔，每一界格对称饰一组卷云纹，云纹间饰一“山”字形图案，外围饰两道凸弦纹，半边轮。直径16.8、厚2.8厘米（图2-399，14；图版2-83，1）。ⅤF17：4，以当纽为中心分隔出四个界格，界格之间用凸弦纹相隔，每一界格对称饰一组卷云纹，云纹间饰一“山”字形图案，外围饰两道凸弦纹。边轮残。残径14.2、残长4.8厘米（图2-400，2；图版2-84，3）。ⅤH26：1，每一界格对称饰一组卷云纹，云纹间饰一“山”字形图案，外围饰两道凸弦纹。边轮残。当面残长12.2、厚2.4厘米（图2-399，10）。ⅤH27：5，以当纽为中心分隔出四个界格，界格之间用凸弦纹相隔，每一界格内对称饰卷云纹，云纹间饰一“山”字形图案。外饰两道凸弦纹。半边轮。残径15.4、厚3.4厘米（图2-399，5；图版2-84，4）。ⅤT81③：2，当纽外有一周凸弦纹。当面用单凸弦纹界格分为四区。每区饰一卷云纹。每朵卷云纹内各饰一道“山”字形图案。边轮与当面图案之间有两周凸弦纹。半边轮。直径13.2、残长3.2厘米（图2-399，8；图版2-85，5）。ⅤT81③：5，当纽外有一周凸弦纹。当面用单凸弦纹界格分为四区。每区饰一卷云纹。每朵卷云纹内各饰一道“山”字形图案。边轮与当面图案之间有两周凸弦纹。半边轮。部分凸弦纹在套接筒瓦时被抹平。直径14.8、残长6.4厘米（图2-400，8；图版2-85，2）。ⅤT112③：31，套接筒瓦。当纽外有一周凸弦纹。当

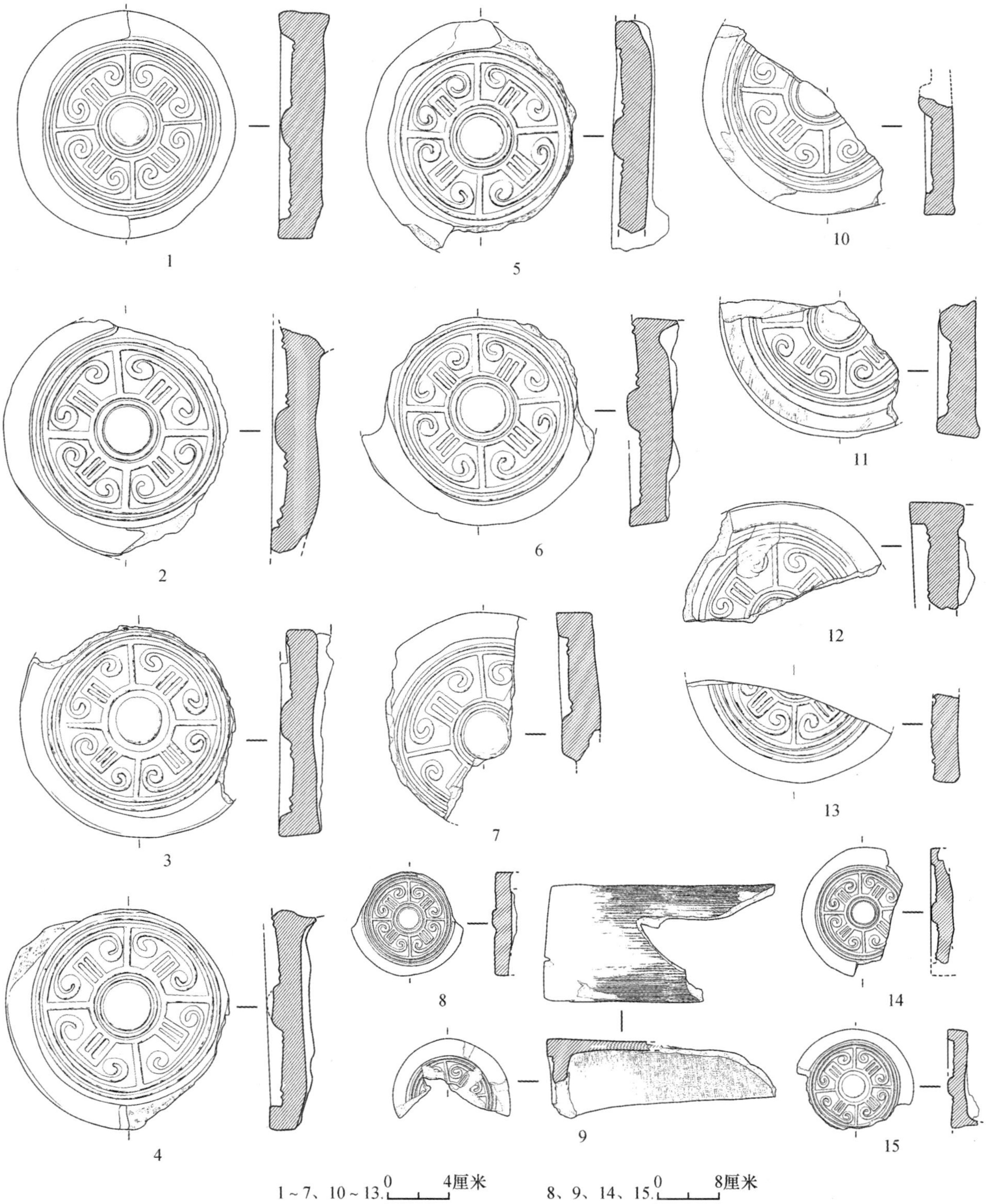

图2-399 瓦当（六）

1. ⅤQ1：7 2. ⅤH27：5 3. ⅤF18：1 4. ⅤF17：2 5. ⅤT90⑧：3 6. ⅤF2：3 7. ⅤG1：28 8. ⅤT81③：2 9. ⅤT81③：1 10. ⅤH26：1 11. ⅤT92⑧：1 12. ⅤT112②：1 13. ⅤT81③：3 14. ⅤF17：3 15. ⅤF17：1①

面用单凸弦纹界格分为四区。每区饰一卷云纹。每朵卷云纹内各饰一道“山”字形图案。边轮与当面图案之间有两周凸弦纹。半边轮。直径15.2、残长8.2厘米（图2-403，6；图版2-90，1）。ⅤT112③：37，残存一节筒瓦，接痕明显。当纽外有一周凸弦纹。当面用单凸弦纹界格分为四区。每区饰一卷云纹。每朵卷云纹内各饰一道“山”字形图案。边轮与当面图案之间有两周凸弦纹。半边轮。表面有烟炙痕。当径15.6、残长18厘米（图2-404，6；图版2-91，4）。ⅤT112③：38，当纽外有一周凸弦纹。当面用单凸弦纹界格分为四区。每区饰一卷云纹。每朵卷云纹内各饰一道“山”字形图案。边轮与当面图案之间有两周凸弦纹。半边轮。有烟炙痕。当径15.2、残长6.4厘米（图2-404，8；图版2-91，1）。ⅤT113③：10，套接筒瓦，接痕明显。当纽外有一周凸弦纹。当面用单凸弦纹界格分为四区。每区饰一卷云纹。每朵卷云纹内各饰一道“山”字形图案。边轮与当面图案之间有两周凸弦纹。半边轮。残长11.6厘米，当径14.4厘米（图2-404，11；图版2-92，6）。ⅤT114③：7，套接筒瓦，筒瓦残，内壁饰布纹。当纽外有一周凸弦纹。当面用单凸弦纹界格分为四区。每区饰一卷云纹。每朵卷云纹内各饰一道“山”字形图案。边轮与当面图案之间有两周凸弦纹。半边轮。当径15、残长14厘米（图2-405，11；图版2-92，1）。ⅤT114③：13，套接筒瓦。当纽外有一周凸弦纹。当面用单凸弦纹界格分为四区。每区饰一卷云纹。每朵卷云纹内各饰一道“山”字形图案。边轮与当面图案之间有两周凸弦纹。半边轮。当径15、筒瓦残长7.5厘米（图2-406，6；图版2-94，3）。ⅤT114③：16，套接筒瓦，接痕明显，外壁饰绳纹，内壁饰布纹。当纽外有一周凸弦纹。当面用单凸弦纹界格分为四区。每区饰一卷云纹。每朵卷云纹内各饰一道“山”字形图案。边轮与当面图案之间有二周凸弦纹。半边轮。当径15.2、残长22.8厘米（图2-406，8；图版2-94，2）。ⅤT114③：21，当纽外有一周凸弦纹。当面用单凸弦纹界格分为四区。每区饰一卷云纹。每朵卷云纹内各饰一道“山”字形图案。边轮与当面图案之间有两周凸弦纹。半边轮。当径14.4、残长14.8厘米（图2-406，7；图版2-94，6）。ⅤT81③：1，表面可见少量凸弦纹和边轮。套接筒瓦，接痕明显，内壁饰布纹，外壁饰绳纹。当纽外有一周凸弦纹。当面用单凸弦纹界格分为四区。每区饰一卷云纹。每朵卷云纹内各饰一道“山”字形图案。边轮与当面图案之间有二周凸弦纹。半边轮。直径15、残长29.6厘米（图2-399，9）。ⅤT81③：3，表面饰两组卷云纹，云纹间饰一“山”字形图案。外围饰三道凸弦纹。当面残长13.4、厚2厘米（图2-399，13）。ⅤT81③：4，表面饰少量云纹和凸弦纹，半边轮。当面残长7.4、厚2.2厘米（图2-400，13）。ⅤT81③：6，每一界格内对称饰一组卷云纹，云纹间饰以“山”字形图案，外饰三道凸弦纹，部分凸弦纹有抹平痕迹。半边轮。当面残长12.4、厚2.6厘米（图2-400，3）。ⅤT81③：8，以当纽为中心分隔出四个界格，界格之间用凸弦纹相隔，每一界格内对称饰一组卷云纹，云纹间饰以“山”字形图案，外饰三道凸弦纹。半边轮。直径13.2、残长5.2厘米（图2-400，11；图版2-85，4）。ⅤT81③：9，套接筒瓦，筒瓦残，粘接痕迹明显，内壁饰布纹。以当纽为中心分隔出四个界格，界格之间用凸弦纹相隔，每一界格内对称饰一组卷云纹，云纹间饰以“山”字形图案，外饰三道凸弦纹，半边轮，边轮残。当面施红彩。直径15.2、残长10.4厘米（图2-400，9；图版2-85，1）。ⅤT81③：11，以当纽为中心分隔出四个界格，界格之间用凸弦纹相隔，每一界格内对称饰一组卷云纹，云纹间饰以“山”字形图案，外饰三道凸弦纹。半边轮。表面施红彩。残径13.8、厚2.4厘米（图2-400，12；图版2-85，6）。ⅤT81③：12，表面残存一组卷云纹，云纹间饰“山”字形图案。外饰两道凸弦纹，边轮残。当面残长10.4、残长7厘米（图2-400，6）。ⅤT81③：14，当面仅存四道凸弦纹。当面残长6.6、厚2.2厘米（图2-400，5）。ⅤT81③：15，当面仅存少量卷云纹和两道凸弦纹。当面残长7、厚1.5厘米（图2-400，4）。ⅤT82③：3，以当纽为中心分隔出四个界格，界格之间用凸弦纹相隔，每一界格内对称饰一组卷云纹，云纹间饰一“山”字形图案，外饰两道凸弦纹。边轮残。直径14.7、厚3厘米（图2-400，10；图版2-86，3）。ⅤT82③：5，以当纽为中心分隔出四个界格，界格之间用凸弦纹相隔，每一界格内对称饰一组卷云纹，云纹间饰一“山”字形图

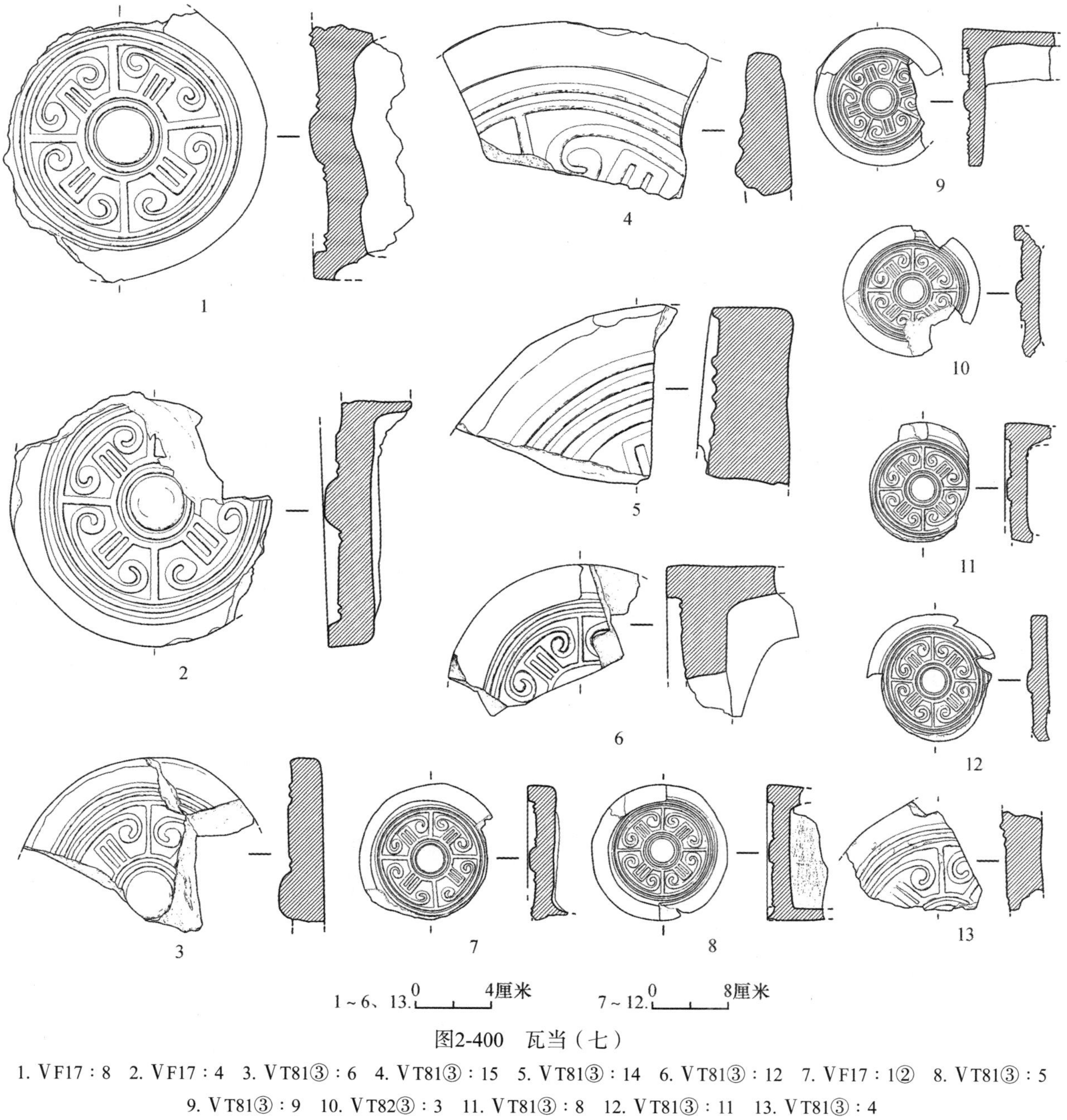

图2-400 瓦当（七）

1. ⅤF17：8 2. ⅤF17：4 3. ⅤT81③：6 4. ⅤT81③：15 5. ⅤT81③：14 6. ⅤT81③：12 7. ⅤF17：1② 8. ⅤT81③：5 9. ⅤT81③：9 10. ⅤT82③：3 11. ⅤT81③：8 12. ⅤT81③：11 13. ⅤT81③：4

案，外饰三道凸弦纹。残径13.4、残长6厘米（图2-401，5；图版2-86，5）。ⅤT82③：9，套接筒瓦。以当组为中心分隔出四个界格，界格之间用凸弦纹相隔，每一界格内对称饰一组卷云纹，云纹间饰一“山”字形图案，外饰三道凸弦纹，半边轮，边轮残。表面施红彩。残径14、残长7.2厘米（图2-401，2；图版2-86，2）。ⅤT82③：10，残存一组卷云纹和“山”字形图案。外饰两道凸弦纹和边轮。当面残长9.6、宽4.8厘米（图2-401，9）。ⅤT82③：11，以当组为中心分隔出四个界格，界格之间用凸弦纹相隔，每一界格内对称饰一组卷云纹，云纹间饰一“山”字形图案，外饰三道凸弦纹。当面残长10.4、厚3.2厘米（图2-401，3）。ⅤT82③：12，以当组为中心分隔出四个界格，界格之间用凸弦纹相隔，每一界格内对称饰一组卷云纹，云纹间饰一“山”字形图案，外饰三道凸弦纹，凸弦纹外边轮残。残径15.6、残长4.8厘米（图2-401，11；图版2-86，4）。ⅤT82③：14，存一组完整的卷云纹和“山”字形纹饰。外饰三道凸弦纹。当面残长10、厚2.2厘米（图2-401，14）。ⅤT82③：18，以当组为中心分隔出四个界格，界格之间用凸弦纹相隔，每一界格内对称饰一组卷云纹，云纹间饰一“山”字形图案，外饰三道凸弦纹。当面残长13.2、厚2.8厘米（图2-401，4）。ⅤT82③：20，以当组为中心分隔出四个界格，界格之间用凸弦纹相隔，每一界格内对称饰一组卷云纹，云纹间饰一“山”字形图案，外饰三道凸弦纹。当面残长12.2、厚3.2厘米（图2-401，8；图版2-87，3）。ⅤT82③：21，当面仅存少量卷云纹和凸弦纹。当面残长10.8、宽8厘米（图2-401，15）。ⅤT83③：4，以当组为中心分隔出四个界格，界格之间用凸弦纹相隔，每一界格对称饰一组卷云纹，云纹间饰一“山”字形图案，外围饰三道凸弦纹。表面施红彩。直径13、残长4.2厘米（图2-401，6；图版2-87，5）。ⅤT83③：5，表面对称饰一组卷云纹，云纹间饰一“山”字形图案，外围饰三道凸弦纹，凸弦纹外饰边轮，边轮残，表面施红彩。残长14、残长5.2厘米（图2-401，7）。ⅤT83③：9，残存少量卷云纹和凸弦纹。边轮残。当面残长11.8厘米、宽6.4厘米（图2-401，13）。ⅤT83③：12，以当组为中心分隔出四个界格，界格之间用凸弦纹相隔，每一界格对称饰一组卷云纹，云纹间饰一“山”字形图案，外围饰三道凸弦纹，凸弦纹外饰边轮，边轮残，表面施红彩。直径15.2、残长5.4厘米（图2-401，1；图版2-87，2）。ⅤT83③：14，以当组为中心分隔出四个界格，界格之间用凸弦纹相隔，每一界格对称饰一组卷云纹，云纹间饰一“山”字形图案，外围饰三道凸弦纹，全边轮，边轮残，表面施红彩。直径14、残长4厘米（图2-401，12；图版2-87，4）。ⅤT83③：21，以当组为中心分出四个界格，界格间用“I”形凸弦纹间隔，每一界格对称饰一组卷云纹，云纹间饰一“山”字形图案，外围饰三道凸弦纹，半边轮。直径14.4、残长7.6厘米（图2-401，10；图版2-87，1）。ⅤT83③：23，以当组为中心分隔出四个界格，界格之间用凸弦纹相隔，每一界格对称饰一组卷云纹，云纹间饰一“山”字形图案，外围饰三道凸弦纹，半边轮。直径15.2、厚2.8厘米（图版2-87，6）。ⅤT83③：24，以当组为中心分隔出四个界格，界格之间用凸弦纹相隔，每一界格对称饰一组卷云纹，云纹间饰一“山”字形图案，外围饰三道凸弦纹。边轮残。直径14.2、残长4.8厘米（图2-402，2；图版2-88，3）。ⅤT83③：26，每一界格对称饰一组卷云纹，云纹间饰一“山”字形图案。外围饰三道凸弦纹。当面残长7.4、厚2.6厘米（图2-402，10）。

图2-401　瓦当（八）

1. ⅤT83③：12　2. ⅤT81③：9　3. ⅤT82③：11　4. ⅤT82③：18　5. ⅤT82③：5　6. ⅤT83③：4　7. ⅤT83③：5　8. ⅤT82③：20　9. ⅤT82③：10　10. ⅤT83③：21　11. ⅤT82③：12　12. ⅤT83③：14　13. ⅤT83③：9　14. ⅤT82③：14　15. ⅤT82③：21

ⅤT91①：1，套接筒瓦。以当组为中心分隔出四个界格，界格之间用凸弦纹相隔，每一界格内对称饰卷云纹，云纹中间饰一“山”字形图案，外围饰三道凸弦纹。半边轮，边轮残。表面施红彩。直径14.6、残长5厘米（图2-402，3；图版2-88，6）。ⅤT93③：1，套接筒瓦。以当组为中心分隔出四个界格，界格之间用凸弦纹相隔，每一界格对称饰一组卷云纹，云纹间饰一“山”字形图案，外围饰三道凸弦纹，边轮残。直径16、残长7.4厘米（图2-402，1；图版2-89，6）。ⅤT93③：3①，每一界格对称饰一组卷云纹，云纹间饰一“山”字形图案，外围饰三道凸弦纹。当面残长13、厚3厘米（图2-402，7）。ⅤT93③：3②，每一界格对称饰一组卷云纹，云纹间饰一“山”字形图案，外围饰三道凸弦纹。当面残长11.2、宽11厘米（图

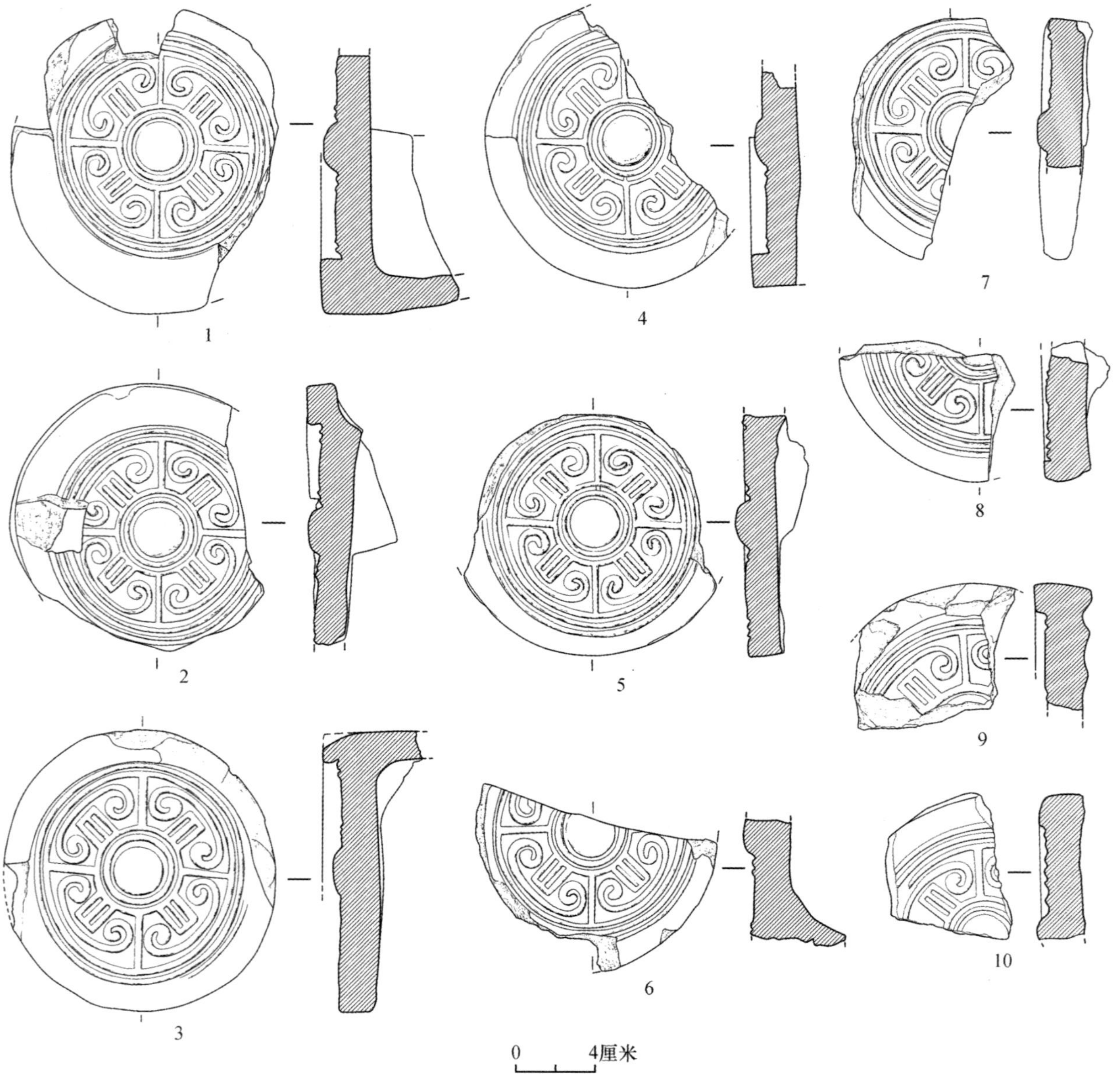

图2-402　瓦当（九）

1. ⅤT93③：1　2. ⅤT83③：24　3. ⅤT91①：1　4. ⅤT100⑥c：1　5. ⅤT102③：2　6. ⅤT107⑥a：23　7. ⅤT93③：3①　8. ⅤT107⑥a：26　9. ⅤT96⑥b：1　10. ⅤT83③：26

2-403，10）。VT96⑥b：1，残存少量卷云纹和“山”字形图案。外围饰两道凸弦纹。边轮残。当面残长7.6、厚3厘米（图2-402，9）。VT100⑥c：1，以当纽为中心分隔出四个界格，界格之间用凸弦纹相隔，每一界格内对称饰一组卷云纹，云纹间饰“山”字形图案。外饰三圈凸弦纹。半边轮，残。表面施红彩。当面残径14.8、厚2.4厘米（图2-402，4）。VT101①：1，以当纽为中心分隔出四个界格，界格之间用凸弦纹相隔，每一界格内饰对称卷云纹，云纹间饰“山”字形图案。外饰三道凸弦纹。半边轮残。直径14、厚2.8厘米（图2-403，8；图版2-90，6）。VT102③：2，以当纽为中心分隔出四个界格，界格之间用凸弦纹相隔，界格内对称饰卷云纹，云纹间饰“山”字形图案。外饰三道凸弦纹。残径12.8、残长3.8厘米（图2-402，5；图版2-90，3）。VT106⑥a：51，以当纽为中心分隔出四个界格，界格之间用凸弦纹相隔，每一界格内对称饰一卷云纹，云纹间饰“山”字形图案。外饰三圈凸弦纹。边轮残。直径15.2、残长6厘米（图2-403，7；图版2-90，2）。VT107⑥a：23，每一界格内对称饰一组卷云纹，云纹间饰一“山”字形图案。外饰三道凸弦纹。当面残径12.7、宽3.2厘米（图2-402，6）。VT107⑥a：26，表面饰一组卷云纹和“山”字形图案。外饰三道凸弦纹。当面残长9、宽3.2厘米（图2-402，8）。VT107⑥a：29，以当纽为中心分隔出四个界格，界格之间用凸弦纹相隔，每一界格内对称饰一组卷云纹，云纹间饰一“山”字形图案。外饰三道凸弦纹。直径15.6、厚2.4厘米（图2-403，11）。VT111①：1，每一界格对称饰一组卷云纹，云纹间饰一“山”字形图案，外围饰两道凸弦纹。边轮残。当面残长12.6、厚2.8厘米（图2-403，4）。VT111②：3，以当纽为中心分隔出四个界格，界格之间用凸弦纹相隔，每一界格对称饰一组卷云纹，云纹间饰一“山”字形图案，外围饰两道凸弦纹。边轮残。直径13.6、残长4.8厘米（图2-403，3）。VT112②：4，残存一组卷云纹和“山”字形图案。半边轮，残。当面残长9.8、宽3.8厘米（图2-403，9）。VT112②：5，每一界格内对称饰卷云纹，云纹间饰“山”字形图案，外饰三道凸弦纹，半边轮，边轮残。当面残长13.6、宽6.4厘米（图2-403，2）。VT112③：7，以当纽为中心分隔出四个界格，界格之间用凸弦纹相隔，每一界格内对称饰卷云纹，云纹间饰“山”字形图案，外饰三道凸弦纹。边轮残。直径14、残长11.8厘米（图2-403，1）。VT112③：11，表面饰一组卷云纹和“山”字形图案。外饰两道凸弦纹。半边轮，残。当面残长9.4、厚3厘米（图2-403，13）。VT112③：12，表面饰一组卷云纹和“山”字形图案。外饰两道凸弦纹。当面残长6、厚2.6厘米（图2-403，14）。VT112③：29，以当纽为中心分隔出四个界格，界格之间用凸弦纹相隔，每一界格内对称饰卷云纹，云纹间饰以“山”字形图案，外饰三道凸弦纹。表面施红彩。残径13.4、残长2.6厘米（图2-403，5）。VT112③：30，以当纽为中心分隔出四个界格，界格之间用凸弦纹相隔，每一界格内对称饰卷云纹，云纹间饰“山”字形图案，外饰三道凸弦纹。直径13.2、残长3.5厘米（图2-403，12；图版2-90，4）。VT112③：32，以当纽为中心分隔出四个界格，界格之间用凸弦纹相隔，每一界格内对称饰卷云纹，云纹间饰“山”字形图案，外饰三道凸弦纹。边轮残。表面施红彩。直径14.4、残长4.8厘米（图2-404，9；图版2-91，3）。VT112③：34，以当纽为中心分隔出四个界格，界格之间用凸弦纹相隔，每一界格内对称饰卷云纹，云纹间饰以

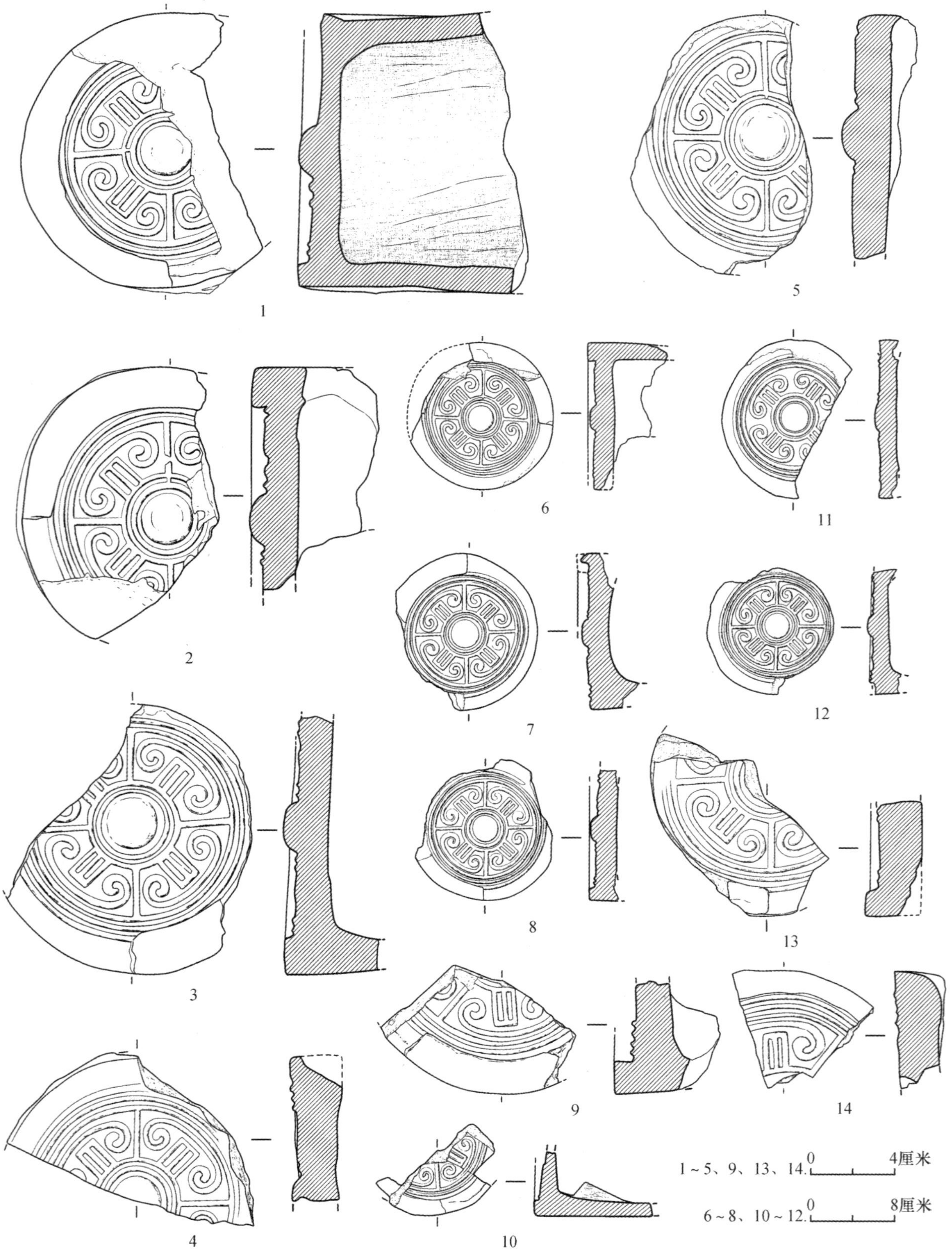

图2-403　瓦当（十）

1. VT112③：7　2. VT112②：5　3. VT111②：3　4. VT111①：1　5. VT112③：29　6. VT112③：31　7. VT106⑥a：51　8. VT101①：1　9. VT112②：4　10. VT93③：3②　11. VT107⑥a：29　12. VT112③：30　13. VT112③：11　14. VT112③：12

“山”字形图案，外饰三道凸弦纹。半边轮。表面施红彩。直径14.5、残长6.2厘米（图2-404，1；图版2-91，5）。ⅤT112③：36，表面饰两组卷云纹，云纹间饰“山”字形图案，外饰三道凸弦纹。当面残长14.8、厚2.4厘米（图2-404，3）。ⅤT113③：3，每一界格内对称饰卷云纹，云纹间饰“山”字形图案，外饰三道凸弦纹。当面残长9.6、厚2.6厘米（图2-404，7）。ⅤT113③：4，残存卷云纹和“山”字形图案，表面施红彩。当面残长13.6、宽4.8厘米（图2-404，4）。ⅤT113③：5，以当纽为中心分隔出四个界格，界格之间用凸弦纹相隔，每一界格内对称饰卷云纹，云纹间饰“山”字形图案，外饰三道凸弦纹。边轮残。表面施红彩。当面残径13.3、宽5.4厘米（图2-404，2；图版2-91，6）。ⅤT113③：6，每一界格内对称饰卷云纹，云纹间饰“山”字形图案，外饰三道凸弦纹。表面施红彩。当面残长9.4、宽4厘米（图2-404，5）。ⅤT113③：7，以当纽为中心分隔出四个界格，界格之间用凸弦纹相隔，每一界格内对称饰卷云纹，云纹间饰“山”字形图案，外饰三道凸弦纹。半边轮。表面施红彩。直径15.2、残长4.4厘米（图2-404，10；图版2-93，3）。ⅤT113③：9，以当纽为中心分隔出四个界格，界格之间用凸弦纹相隔，每一界格内对称饰卷云纹，云纹间饰“山”字形图案，外饰三道凸弦纹。边轮残。当面残长10.6、宽5厘米（图2-405，6）。ⅤT113③：11，表面存少量卷云纹和凸弦纹。当面残长7.8、宽3.8厘米（图2-405，9）。ⅤT113③：13，表面残存一组完整的卷云纹和“山”字形图案。外饰三道凸弦纹。边轮残。当面残长12.4、宽7.2厘米（图2-405，10）。ⅤT113③：14，以当纽为中心分隔出四个界格，界格之间用凸弦纹相隔，每一界格内对称饰卷云纹，云纹间饰“山”字形图案，外饰三道凸弦纹。边轮残。表面施红彩。直径14.4、残长3.5厘米（图2-405，7；图版2-92，3）。ⅤT114③：3，表面存少量卷云纹和“山”字形图案。外饰三道凸弦纹。边轮残。当面残长11.4、宽5.6厘米（图2-405，4）。ⅤT114③：4，表面可见两组卷云纹和“山”字形图案。外饰三道凸弦纹。边轮残。当面残长13.2、宽4.4厘米（图2-405，3）。ⅤT114③：6，每一界格对称饰一组卷云纹，云纹间饰一“山”字形图案，外围饰三道凸弦纹，套接筒瓦，筒瓦残。当面残长12、宽12.8厘米（图2-405，2）。ⅤT114③：8，以当纽为中心分隔出四个界格，界格之间用凸弦纹相隔，每一界格对称饰一组卷云纹，云纹间饰一“山”字形图案，外围饰三道凸弦纹，半边轮。套接筒瓦，筒瓦残，内壁饰布纹。瓦当表面施红彩，并有抹平的痕迹。直径16、残长11厘米（图2-405，1；图版2-93，5）。ⅤT114③：9，套接筒瓦，筒瓦残，内壁饰布纹。以当纽为中心分隔出四个界格，界格之间用凸弦纹相隔，每一界格对称饰一组卷云纹，云纹间饰一“山”字形图案，外围饰三道凸弦纹，半边轮。直径14.8、残长12厘米（图2-405，8；图版2-93，2）。ⅤT114③：10，以当纽为中心分隔出四个界格，界格之间用凸弦纹相隔，每一界格对称饰一组卷云纹，云纹间饰一“山”字形图案，外围饰三道凸弦纹，半边轮。瓦当表面施红彩。直径14.8、残长10.8厘米（图2-406，5；图版2-93，4）。ⅤT114③：11，以当纽为中心分隔出四个界格，界格之间用凸弦纹相隔，每一界格对称饰一组卷云纹，云纹间饰一“山”字形图案，外围饰三道凸弦纹，半边轮。瓦当表面施红彩。直径14.8、残长3.8厘米（图2-405，5；图版2-93，1）。ⅤT114③：12，以当纽为中心分隔出四个界格，界格之间用凸弦纹相隔，每一界格对称饰一组

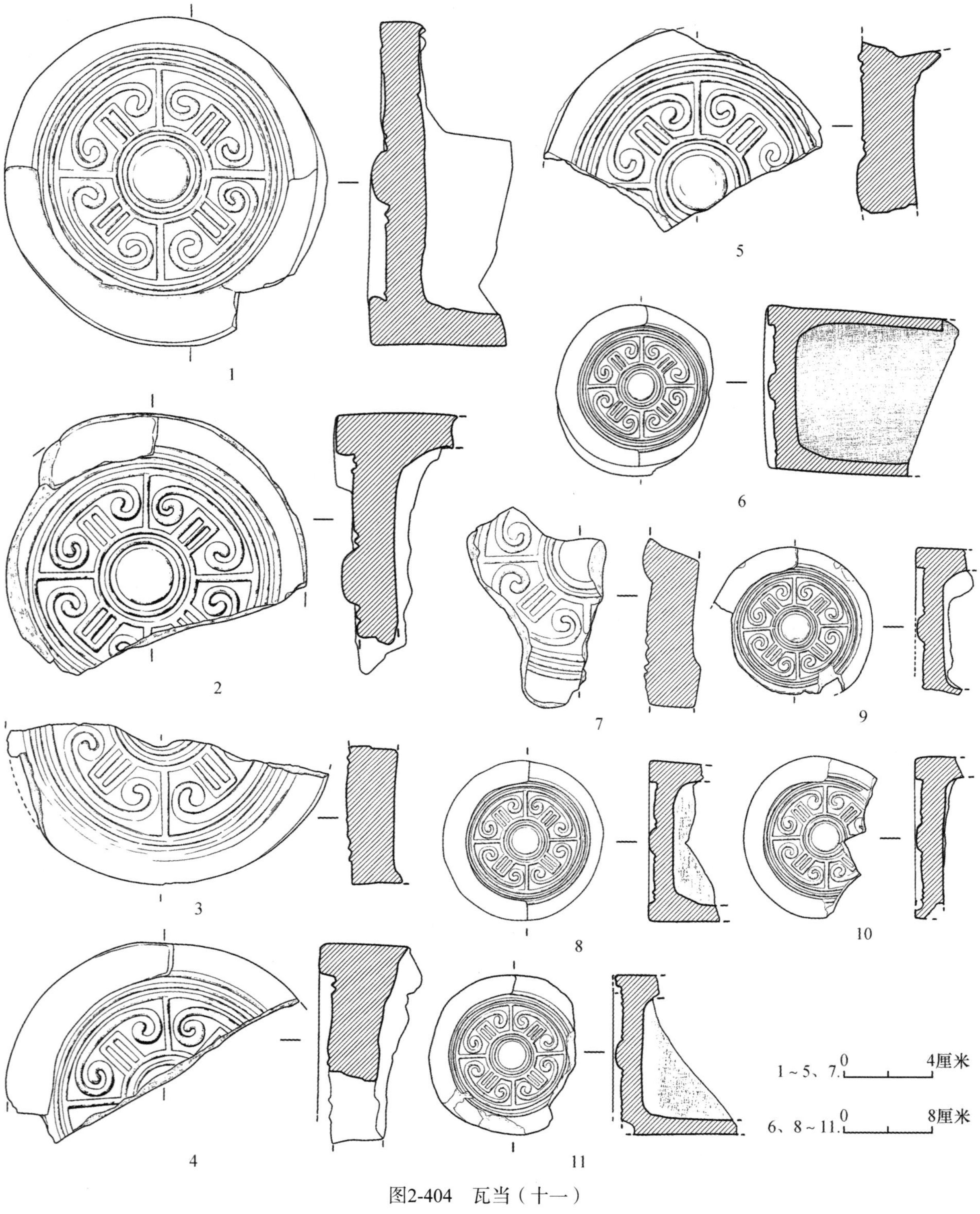

图2-404　瓦当（十一）

1. ⅤT112③：34　2. ⅤT113③：5　3. ⅤT112③：36　4. ⅤT113③：4　5. ⅤT113③：6　6. ⅤT112③：37　7. ⅤT113③：3　8. ⅤT112③：38　9. ⅤT112③：32　10. ⅤT113③：7　11. ⅤT113③：10

图2-405 瓦当（十二）

1. VT114③：8 2. VT114③：6 3. VT114③：4 4. VT114③：3 5. VT114③：11 6. VT113③：9 7. VT113③：14 8. VT114③：9 9. VT113③：11 10. VT113③：13 11. VT114③：7

卷云纹，云纹间饰一“山”字形图案，外围饰三道凸弦纹，半边轮。瓦当表面施红彩，部分地方被盐碱蚀成白色。直径15、残长7.6厘米（图2-406，1；图版2-93，6）。ⅤT114③：17，表面饰一组卷云纹，云纹间饰“山”字形图案。外饰三道凸弦纹。当面残长8、厚2厘米（图2-406，4）。ⅤT114③：19，以当纽为中心分隔出四个界格，界格之间用凸弦纹相隔，每一界格对称饰一组卷云纹，云纹间饰“山”字形图案，外围饰三道凸弦纹，半边轮。瓦当表面施红彩。直径14.8、残长5.2厘米（图2-406，2；图版2-94，4）。ⅤT114③：20，以当纽为中心分隔出四个界格，界格之间用凸弦纹相隔，每一界格对称饰一组卷云纹，云纹间饰“山”字形图案，外围饰三道凸弦纹，半边轮。瓦当表面施红彩。直径15、残长4.8厘米（图2-406，3；图版2-94，1）。ⅤQ1：7，以当纽为中心分隔出四个界格，界格之间用凸弦纹相隔，每一界格内对称饰一组卷云纹，云纹中间饰以亚腰形凸弦纹，外饰两道凸弦纹，全边轮。表面施红彩。直径15、厚3.4厘米（图2-399，1；图版2-84，1）。ⅤF17：9，每一界格对称饰一组卷云纹，云纹间饰一“山”字形图案，外围饰两道凸弦纹。当面残长11.4、厚2.6厘米（图2-407，1）。ⅤZD36：1，每一界格内对称饰卷云纹，云纹中间饰一“山”字形图案，外饰三道凸弦纹。表面施红彩。当面残长9、宽7厘米（图2-407，4）。ⅤT77③：4，每一界格对称饰一组卷云纹，云纹间饰“山”字形图案，外围饰两道凸弦纹。当面残长11、厚2.8厘米（图2-407，6）。ⅤT80③：4，仅存少量卷云纹和“山”字形纹饰。当面残长6.1、厚2.2厘米（图2-407，3）。ⅤT81③：10，每一界格内对称饰一组卷云纹，云纹间饰“山”字形图案，外饰两道凸弦纹，当面残长9，厚2.6厘米（图2-407，9）。ⅤT82③：2，以当纽为中心分隔出四个界格，界格之间用凸弦纹相隔，每一界格内对称饰一组卷云纹，云纹间饰一“山”字形图案，外饰两道凸弦纹。当面残长13、厚3厘米（图2-407，2；图版2-86，6）。ⅤT82③：7，当面仅存少量云纹和凸弦纹。当面残长10.6、宽6.6厘米（图2-407，5）。ⅤT83③：25，每一界格对称饰一组卷云纹，云纹间饰一“山”字形图案，外围饰三道凸弦纹，半边轮。直径13.4、厚3厘米（图2-408，3）。ⅤT83③：27，以当纽为中心分出四个界格，界格间用“I”形凸弦纹间隔，每一界格对称饰一组卷云纹，云纹间饰“山”字形图案，外围饰三道凸弦纹。当面残长8、厚2.6厘米（图2-408，7）。ⅤT86⑤：9，表面存少量卷云纹和凸弦纹。当面残长10.8、厚2.2厘米（图2-408，10）。ⅤT90⑧：2，残存一组完整的卷云纹和“山”字形图案。外饰两道凸弦纹。当面残长11.4、宽3.8厘米（图2-408，9）。ⅤT83③：7，表面仅存一个云纹和一个“山”字形图案。瓦面残长8.2厘米，瓦身残长5.4厘米（图2-407，8）。ⅤT92⑥a：1，仅剩少量凸弦纹和边轮。当面残长6.3、宽4厘米（图2-408，8）。ⅤT97⑤：10，以当纽为中心分隔出四个界格，界格之间用凸弦纹相隔，每一界格内对称饰一卷云纹，云纹间饰“山”字形图案。外饰三圈凸弦纹。残径12.2、厚3厘米（图2-408，2；图版2-89，4）。ⅤT98⑥b：1，以当纽为中心分隔出四个界格，界格之间用凸弦纹相隔，每一界格内对称饰一卷云纹，云纹间饰以“山”字形图案。外饰三圈凸弦纹。边轮残。残径15.6、厚3.2厘米（图2-408，1；图版2-89，1）。ⅤT103③：1，表面存少量卷云纹和“山”字形图案。边轮残，施红彩。当面残长11、宽4厘米（图2-408，6）。ⅤT104①：1，每一界格对称饰一组卷云纹，云纹间饰“山”字形图案，外

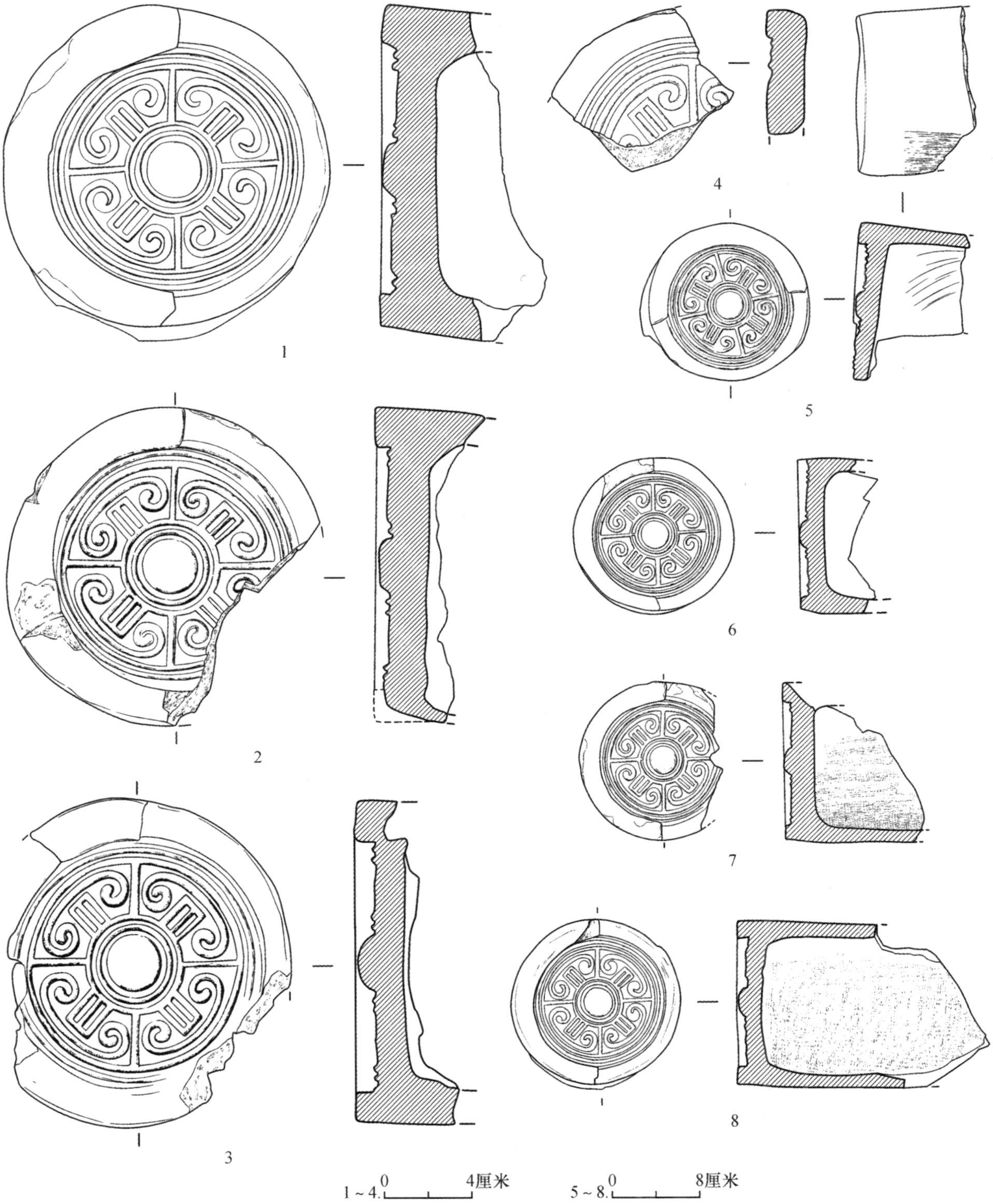

图2-406 瓦当（十三）

1. ⅤT114③：12 2. ⅤT114③：19 3. ⅤT114③：20 4. ⅤT114③：17 5. ⅤT114③：10 6. ⅤT114③：13 7. ⅤT114③：21 8. ⅤT114③：16

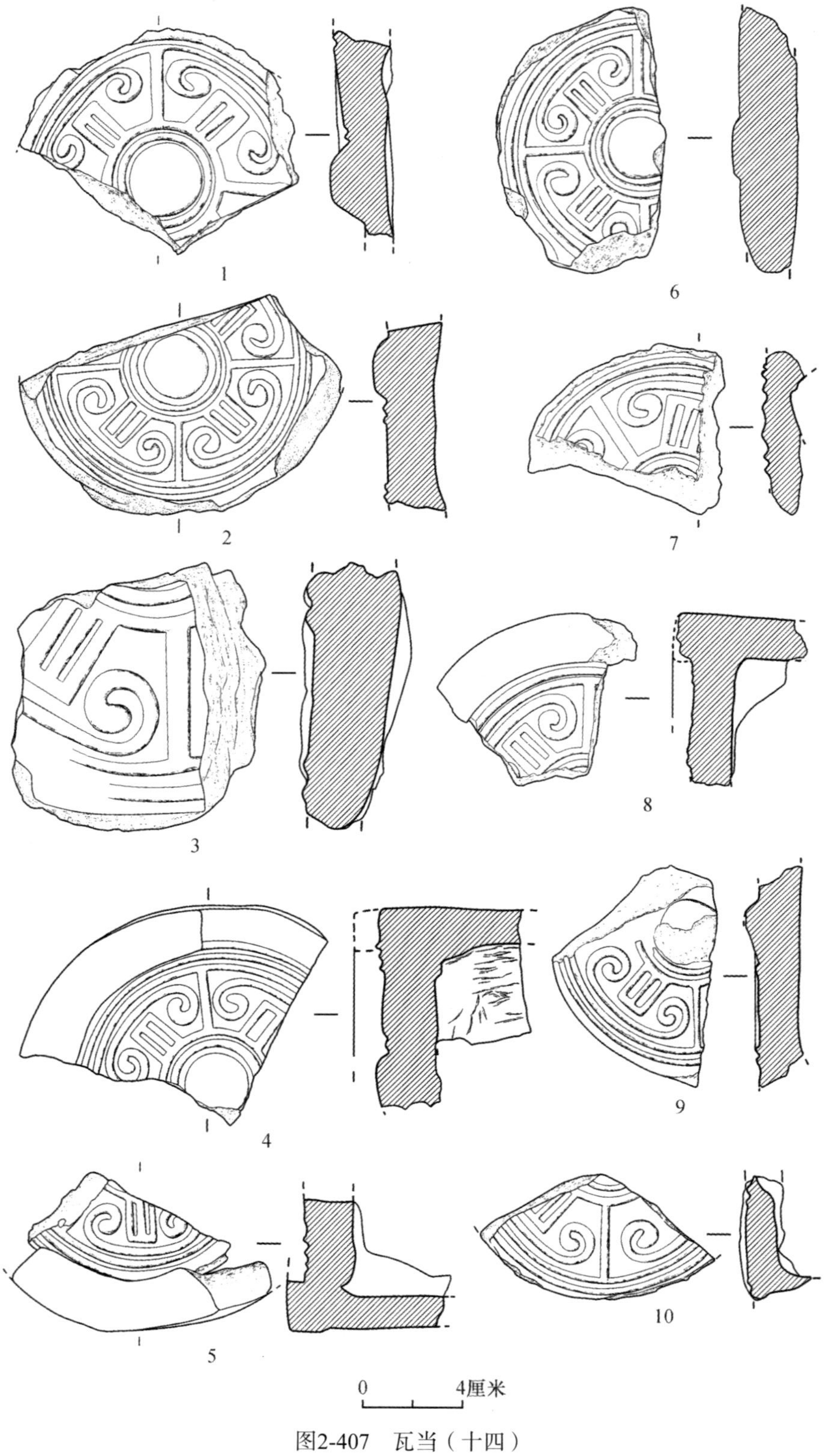

图2-407　瓦当（十四）

1. ⅤF17：9　2. ⅤT82③：2　3. ⅤT80③：4　4. ⅤZD36：1　5. ⅤT82③：7　6. ⅤT77③：4　7. ⅤF2：2　8. ⅤT83③：7　9. ⅤT81③：10　10. ⅤH23：2

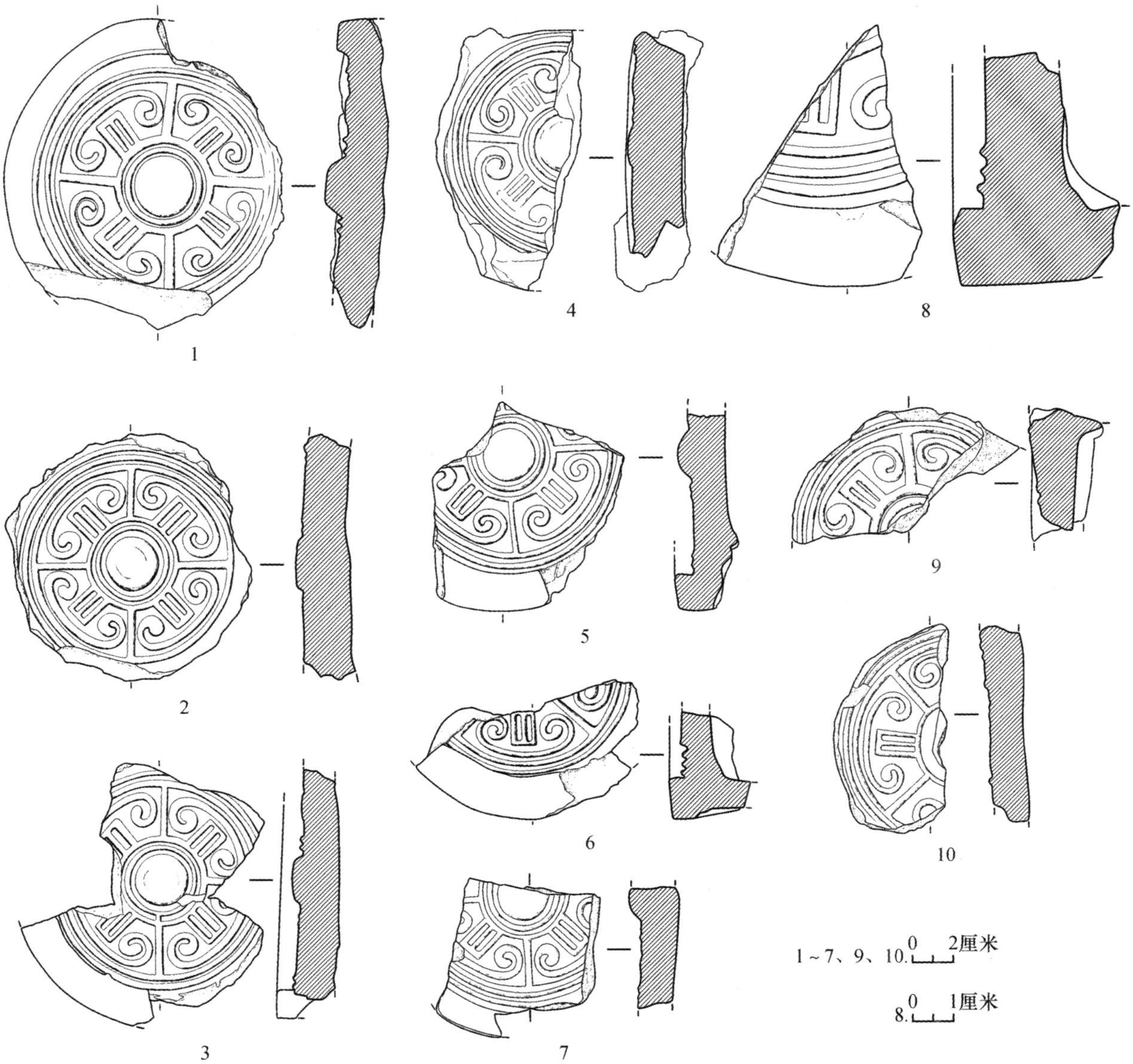

图2-408 瓦当（十五）

1. ⅤT98⑥b：1 2. ⅤT97⑤：10 3. ⅤT83③：25 4. ⅤT104①：1 5. ⅤT106⑥a：47 6. ⅤT103③：1 7. ⅤT83③：27 8. ⅤT92⑥a：1 9. ⅤT90⑧：2 10. ⅤT86⑤：9

围饰两道凸弦纹。当面残长13、宽4.4厘米（图2-408，4）。ⅤT106⑥a：47，每一界格内对称饰一卷云纹，云纹间饰“山”字形图案。外饰两道凸弦纹。边轮残。当面残长10.4、厚3.2厘米（图2-408，5）。ⅤT107⑥a：33，以当纽为中心分隔出四个界格，界格之间用凸弦纹相隔，每一界格内对称饰一组卷云纹，云纹间饰“山”字形图案。外饰三道凸弦纹。边轮残。残径14.4、残长3.8厘米（图2-409，1）。ⅤT109⑥c：2，每一界格内对称饰一组卷云纹，云纹间饰一“山”字形图案。外饰三道凸弦纹。当面残长10.8、厚1.8厘米（图2-409，5）。ⅤT110⑥b：8，当面仅存少量云纹和凸弦纹。当面残长6.8、厚2.7厘米（图2-409，4）。ⅤT110⑥c：6，表面存有卷云纹和“山”字形图案。外饰两道凸弦纹。当面残长10.8、厚2.2厘

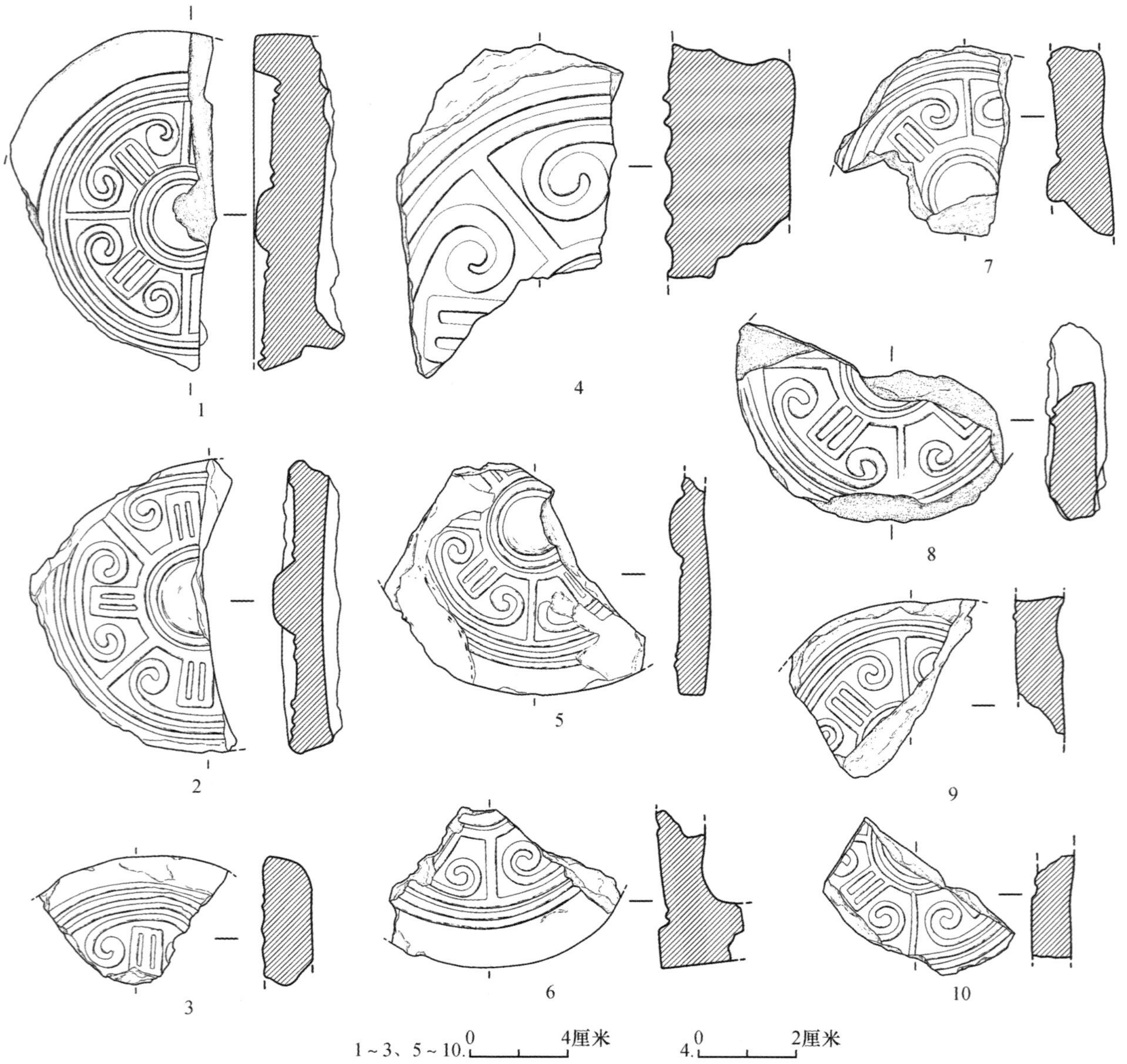

图2-409　瓦当（十六）

1. ⅤT107⑥a：33　2. ⅤT111②：2　3. ⅤT112①：1　4. ⅤT110⑥b：8　5. ⅤT109⑥c：2　6. ⅤT110⑧：1　7. ⅤT112①：2　8. ⅤT110⑥c：6　9. ⅤT113③：2　10. ⅤT113③：1

米（图2-409，8）。ⅤT110⑧：1，表面存少量卷云纹和凸弦纹。边轮残。当面残长9.4、宽3.6厘米（图2-409，6）。ⅤT111②：2，以当面圆纽为中心分隔出四个界格，界格之间用凸弦纹相隔，每一界格对称饰一组卷云纹，云纹间饰“山”字形图案，外围饰两道凸弦纹。残径12.4、残长2.8厘米（图2-409，2）。ⅤT112①：1，表面存少量卷云纹和“山”字形图案。外饰三道凸弦纹。当面残长8、厚2.2厘米（图2-409，3）。ⅤT112①：2，表面存少量卷云纹和“山”字形图案。外饰三道凸弦纹。当面残长8、厚2.8厘米（图2-409，7）。ⅤT113③：1，可见少量卷云纹和“山”字形图案。当面残长8、厚1.8厘米（图2-409，10）。ⅤT113③：2，表面存一组卷云纹和“山”字形图案。外饰两道凸弦纹。当面残长7.6、厚2.2厘米（图2-409，

9）。ⅤT113③：8，表面可见少量云纹和“山”字形图案。外饰三道凸弦纹。当面残长9.2、宽3.4厘米（图2-410，15）。ⅤT113③：19，每一界格内对称饰卷云纹，云纹间饰“山”字形图案，外饰三道凸弦纹。边轮残。当面残长5.3、厚2.5厘米（图2-410，12）。ⅤT114①：3，表面存一组卷云纹，云纹间饰“山”字形图案。外饰三道凸弦纹。表面施红彩，大部分剥落。当面残长11.4、宽3.6厘米（图2-410，2）。ⅤT114③：22，以当纽为中心分隔出四个界格，界格之间用凸弦纹相隔，每一界格对称饰一组卷云纹，云纹间饰“山”字形图案，外围饰三道凸弦纹。边轮残。瓦当表面施红彩。当面残长10、宽21厘米（图2-410，5）。ⅤF2：2，残存少量卷云纹和“山”字形图案以及凸弦纹。当面残长6.8、厚1.6厘米（图2-407，7）。ⅤF27：9，每一界格对称饰一组卷云纹，云纹间饰一“山”字形图案，外围饰两道凸弦纹。当面残长11.4、厚2.6厘米。ⅤH23：2，残存少量卷云纹和两道凸弦纹。当面残长9.4、厚3厘米（图2-407，10）。ⅤT114①：1，当心缺失，仅剩一组云纹和少部分筒瓦。图案是正常云纹反转形态，为凹纹。当面用单凹弦纹分为四区，每区饰一凹卷云纹，每朵卷云纹内各饰一“山”字形凹弦纹。边轮较宽。边轮与当面图案之间有两道凸弦纹。内外都饰白彩，当面再涂红。当径15.8、残长5.8厘米（图2-410，1；图版2-92，2）。ⅤT79③：1，残存少量凸弦纹。当面残长12.4、厚2.6厘米（图2-410，7）。ⅤT82③：8，当面仅存少量云纹和凸弦纹。当面残长5.2、厚1厘米（图2-410，9）。ⅤT82③：16，残存少量凸弦纹。表面涂红彩，大部分剥落。当面残长11.2、厚2厘米（图2-410，11）。ⅤT82③：17，残存少量凸弦纹和边轮。当面残长6、厚2.7厘米（图2-410，8）。ⅤT83③：6，表面可见少量卷云纹和凸弦纹。当面残长5.7、厚3.2厘米（图2-410，6）。ⅤT83③：8，表面可见少量卷云纹和凸弦纹。当面残长7.2、残长5.6厘米（图2-410，3）。ⅤT84③：11，仅剩少量卷云纹和凸弦纹。当面残长5.8、厚2.2厘米（图2-410，4）。ⅤT94③：5，残存少量凸弦纹。当面残长7.4、厚2.5厘米（图2-410，10）。ⅤT98③：2，表面存少量卷云纹和凸弦纹。当面残长10.8、厚2.4厘米（图2-410，14）。ⅤT107⑥a：18，表面可见几道凸弦纹和边轮。当面残长8.5、厚2.8厘米（图2-410，17）。ⅤF17：6，残存少量云纹和凸弦纹。当面残长10.6、厚2.2厘米（图2-410，13）。ⅤPSG2：2，表面饰少量凸弦纹。当面残长8.2厘米、厚2.4厘米（图2-410，16）。

砖 2件。夹细砂灰陶。火候较高。边缘规整。ⅤF3：1，残，仅存半个。方形，一面有席纹。残长28.4、宽36.4、厚5.4厘米（图2-411，2）。ⅤH27：2，可复原。长方形，两面较平整。长50.4、宽48.8、厚6厘米（图2-411，1）。

柱础石 1件。ⅤT106⑥a：7，残。灰黄色砂质岩。圆鼓形。上下面打磨光滑。侧面两端3厘米左右的素面，中部錾刻斜线纹。顶径23.2、底径21厘米、最大径25.2、高14厘米（图2-411，4；图版2-95，6）。

建筑构件 1件。ⅤT85①：3，残，仅存一角。夹砂灰陶。平面呈方形浅盘状，直沿，平底，中间有一个大圆孔。残长14.8、残宽8.2厘米（图2-411，3）。

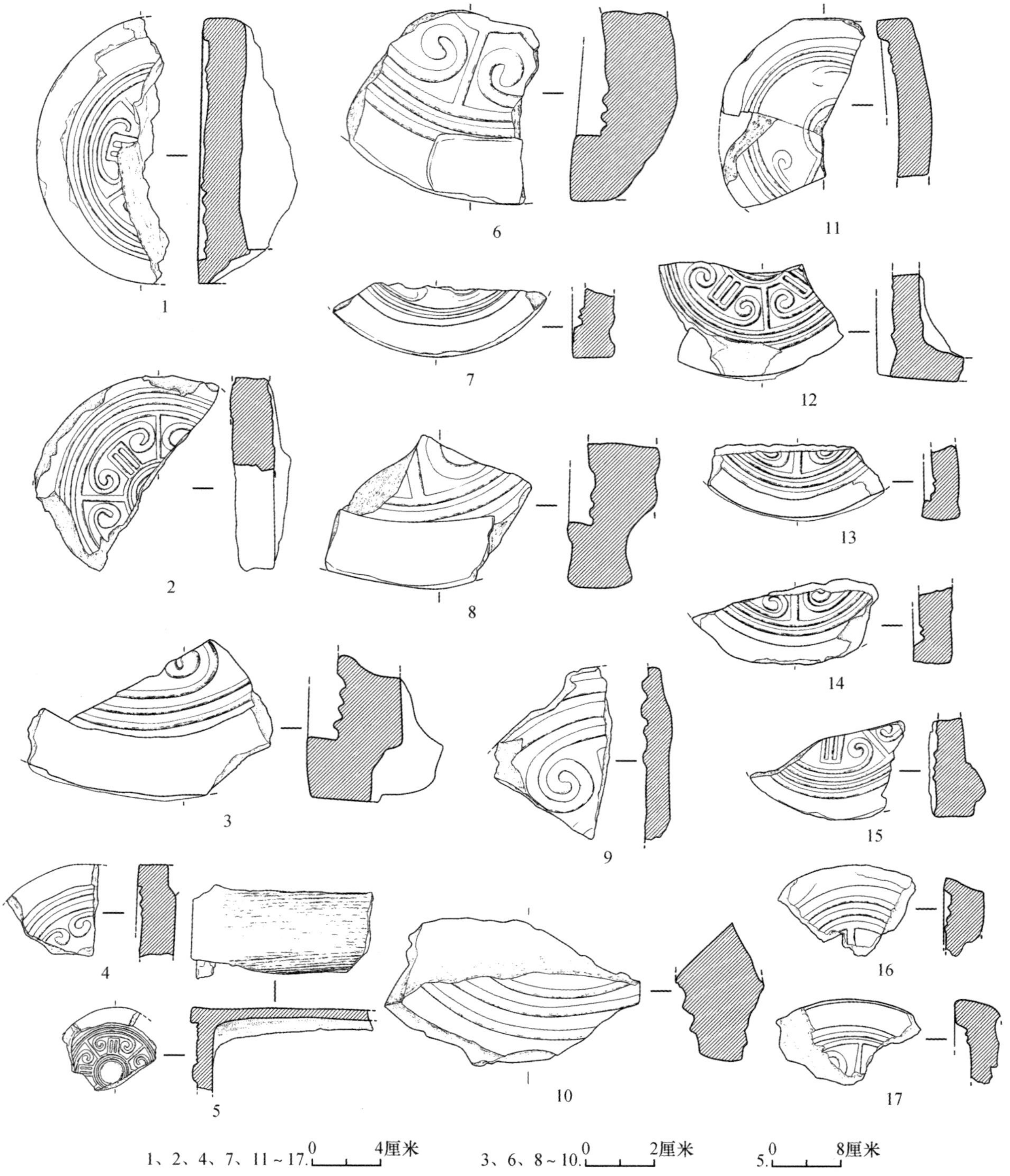

图2-410　瓦当（十七）

1. ⅤT114①：1　2. ⅤT114①：3　3. ⅤT83③：8　4. ⅤT84③：11　5. ⅤT114③：22　6. ⅤT83③：6　7. ⅤT79③：1　8. ⅤT82③：17　9. ⅤT82③：8　10. ⅤT94③：5　11. ⅤT82③：16　12. ⅤT113③：19　13. ⅤF17：6　14. ⅤT98③：2　15. ⅤT113③：8　16. ⅤPSG2：2　17. ⅤT107⑥a：18

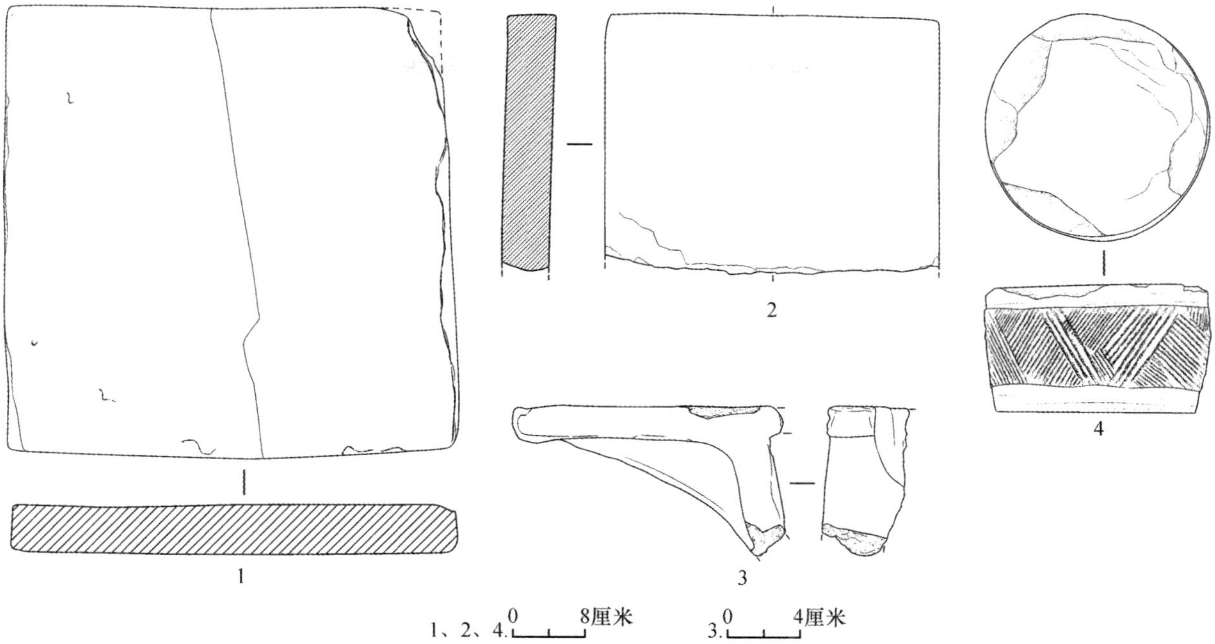

图2-411　建筑材料

1、2. 砖（ⅤH27：2、ⅤF3：1）　3. 建筑构件（ⅤT85①：3）　4. 柱础石（ⅤT106⑥a：7）

2. 生活用具

521件。其中陶器408件，铜器6件，铁器45件，木器1件，石器33件，玻璃器1件，骨角器27件。

陶器　408件。完整器比较少，绝大部分为器物口沿、器底、器耳及刻划纹器腹残片，仅少部分可复原。陶质以夹砂灰陶为主。制法以轮制为主，小形器多手制。器形有盆、甑、盂、钵、碗等，其中盆98件，甑11件，盂22件，钵59件，碗8件，盏5件，灯盏2件，盘1件，敛口罐10件，束颈罐17件，瓮43件，壶1件，炊器2件，豆11件，臼1件，坩埚2件，筒形器1件，器盖13件，器流1件，器耳1件，器底66件，饼6件，纺轮5件，球7件，箅子1件，陶泥制品4件和刻划纹残陶片10件。多素面，少纹饰。主要有绳纹、弦纹、水波纹、戳印纹等。个别器物口沿、器腹或器底刻划“宋直瓮”“马”“五”“十”等隶书汉字（图2-412）。

盆　98件。残，绝大部分为口沿、腹部及器底，少量可复原。夹砂灰陶，轮制，泥条盘筑痕迹明显。敞口或口微敛，宽沿，斜直腹，平底。腹壁泥条盘筑痕迹明显。ⅤQ1：4，敞口，方唇。唇面微弧。残高9.2厘米（图2-413，9）。ⅤQ1：17，敞口，方唇。唇面微弧。沿较厚，表面微凹。残高13.4厘米（图2-413，7）。ⅤT99③：5，敞口，方唇，唇面微凹。残高10.4厘米（图2-413，2）。ⅤT106⑥a：9，敞口，方唇。唇面微弧。器身有一锔孔。残高17.2、孔径1厘米（图2-413，1）。ⅤG1：21，敞口，方唇。唇面微弧。口沿内侧有一圈切削痕。残高12.4厘米（图2-413，6）。ⅤT86⑤：4，敞口，方唇。唇面微弧。残高14.8厘米（图2-413，4）。ⅤT97⑥a：7，敞口，方唇。唇面微弧。颈部外壁有一道折棱，腹外壁中部有一道弦纹。残高10.4厘米（图2-413，5）。ⅤT106⑥a：24，敞口，方唇。唇面微弧。残

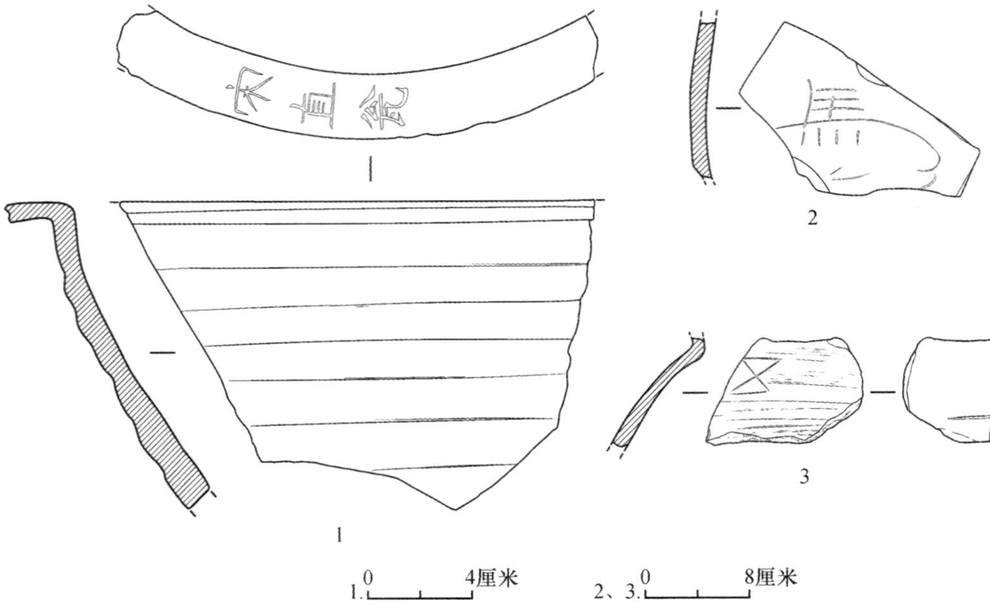

图2-412　有纹饰的器物

1. ⅤF20：9　2. ⅤT111③：1　3. ⅤT97⑤：7

高8.2厘米（图2-413，10）。ⅤT110⑥b：2①，可复原。敞口，方唇。唇面微弧。高20厘米（图2-414，6）。ⅤT110⑥b：2②，敞口，方唇。唇面微弧。残高8厘米（图2-415，10）。ⅤT108⑥a：5，可复原。敞口，方唇。唇面微弧。沿微上翘。颈部外壁有一道折棱，腹部有一道弦纹，器壁中上部有锔孔。高14厘米（图2-413，3）。ⅤT109⑥b：1，可复原。敞口，尖圆唇。颈下有一道刮抹棱。高15.4厘米（图2-413，8）。ⅤT90⑧：1①，敞口，方唇。唇面微弧。口径34、残高13.8厘米。ⅤT106⑥a：32，敞口，方唇。唇面微弧。口径57、残高24厘米。ⅤT106⑥a：39，敞口，方唇。唇面微弧。口径41、底径23、高17.5厘米。ⅤF20：9，敞口，方唇，唇面上有一道凹弦纹。盆沿上刻有"宋直瓮"三个隶书汉字，为烧造成后以锐器凿刻而成。残高12厘米（图2-412，1；图版2-95，3）。ⅤT86⑤：1，已复原。敞口，方唇。口径38.4、底径21.2、高21.6厘米（图2-416，1；图版2-95，4）。ⅤT105③：2，已复原。敞口，方唇。盆上部原破损并修补过。器壁上有7个锔孔（图中未表现）。下腹部外壁有两道凹弦纹，盆底有刮削痕。口径38.8、底径20.7、高20.6、孔径2厘米（图2-418，1）。ⅤT107⑥a：1，敞口，方唇。残高10.8厘米（图2-418，10）。ⅤF25：1，敞口，方唇。沿内侧有刮抹痕迹。残高8厘米（图2-414，3）。ⅤH27：3，敞口，方唇。盆内壁有两道凹弦纹。口径29.1、残高12厘米（图2-415，5）。ⅤT93①：1，敞口，方唇，唇面微凹。残高5.4厘米（图2-417，6）。T96②：6，敞口，方唇，唇面微凹。残高7厘米（图2-417，5）。ⅤT99③：4，敞口，方唇，唇面微凹。残高6厘米（图2-417，9）。ⅤT106⑥a：19，敞口，方唇，唇面微凹。沿内侧有刮抹痕迹。残高14.2厘米（图2-418，8）。ⅤT106⑥a：36，可复原。敞口，方唇，唇面微凹。外壁器底有一圈刮削痕。高18.4厘米（图2-418，9）。ⅤT106⑥a：53，敞口，方唇，唇面微凹。残高14.8厘米（图2-418，5）。ⅤT106⑥a：57，敞口，方唇。唇

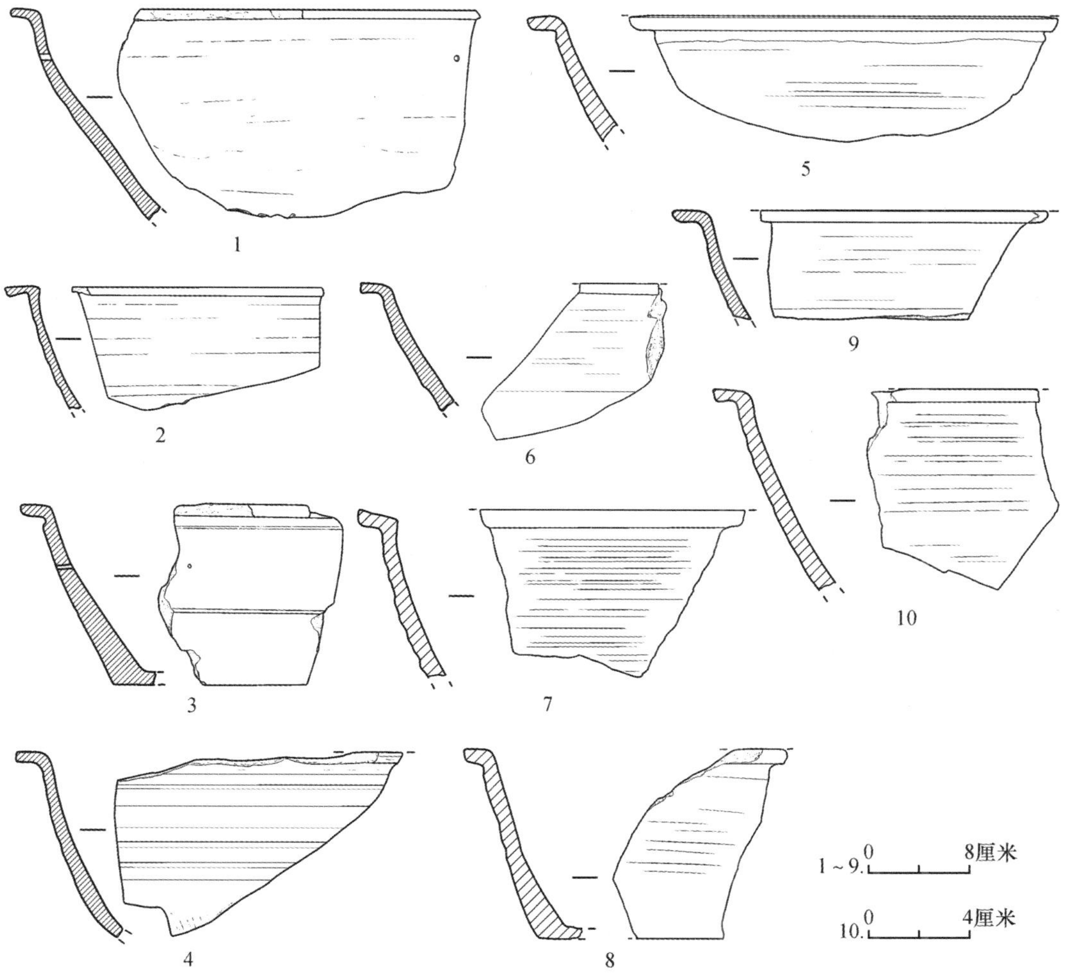

图2-413　陶盆（一）

1. ⅤT106⑥a∶9　2. ⅤT99③∶5　3. ⅤT108⑥a∶5　4. ⅤT86⑤∶4　5. ⅤT97⑥a∶7　6. ⅤG1∶21　7. ⅤQ1∶17　8. ⅤT109⑥b∶1　9. ⅤQ1∶4　10. ⅤT106⑥a∶24

面饰一道凹弦纹。残高10.6厘米（图2-418，2）。ⅤT107⑥a∶32，敞口，方唇，唇面饰一道凹弦纹。残高10厘米（图2-419，2）。ⅤT108①∶1，敞口，方唇，唇面微凹。沿内侧有一凹弦纹。残高6厘米（图2-419，9）。ⅤH7∶4，可复原。敞口，方唇，唇面微凹。沿内侧有抹削痕迹。高18厘米（图2-414，2）。ⅤH7∶6，可复原。敞口，方唇，唇面微凹。沿内侧饰一道凹弦纹。高19厘米（图2-414，5）。ⅤH14∶8，敞口，方唇，唇面微凹。残高17.9厘米（图2-415，8）。ⅤQ1∶18，敞口，方唇，唇面微凹。残高8.4厘米（图2-416，8）。ⅤT80①∶1，敞口，方唇，唇面饰一道凹弦纹。口沿外壁有一道凸弦纹。残高5.2厘米（图2-416，7）。ⅤT86⑤∶6，敞口，方唇。口径39、残高18.5厘米。ⅤT89①∶1，敞口，方唇，唇面微凹。上唇面有三道刻槽，间距相等。残高4.2厘米（图2-416，4）。ⅤT90①∶1，敞口，方唇。口沿内侧有一道折棱。残高4.4厘米（图2-416，9）。ⅤT90①∶2，敞口，方唇，唇面微凹。残高6厘米（图2-417，3）。ⅤT90⑧∶1②，敞口，方唇。口径30、残高15.3厘米。ⅤT96①∶2，敞口，方唇。口径38、残高15.6厘米。ⅤT96②∶4，敞口，方唇，唇面

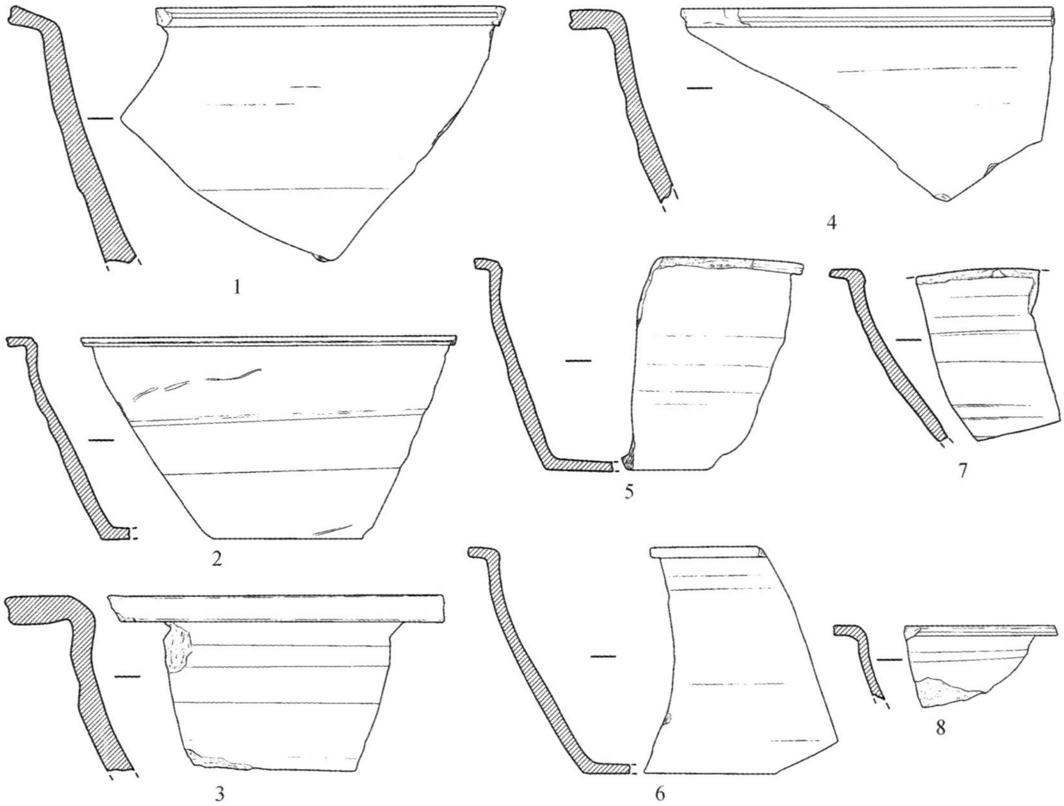

1、3、4. 0 4厘米　　2、5～8. 0 8厘米

图2-414　陶盆（二）

1. ⅤG1：18　2. ⅤH7：4　3. ⅤF25：1　4. ⅤG1：23　5. ⅤH7：6　6. ⅤT110⑥b：2①　7. ⅤG1：1　8. ⅤH11：7

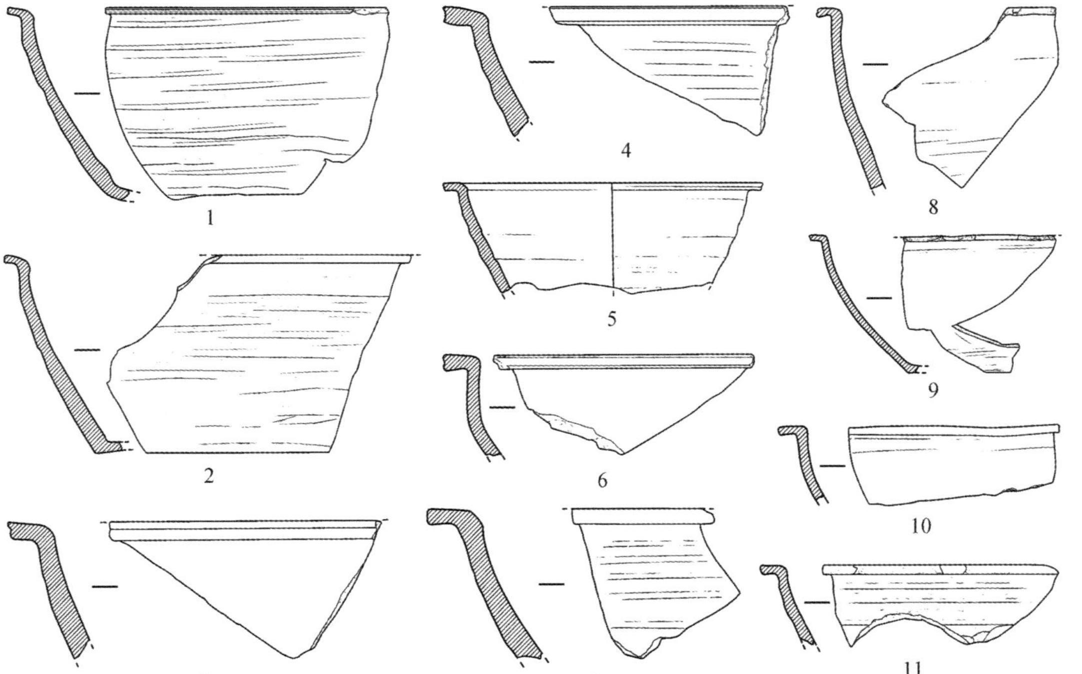

1、2、5、8、10、11. 0 8厘米　　3、4、6、7. 0 4厘米　　9. 0 16厘米

图2-415　陶盆（三）

1. ⅤH27：17　2. ⅤH27：25　3. ⅤH27：18　4. ⅤH27：20　5. ⅤH27：3　6. ⅤH15：2　7. ⅤH27：22　8. ⅤH14：8　9. ⅤH14：12①　10. ⅤT110⑥b：2②　11. ⅤH27：21

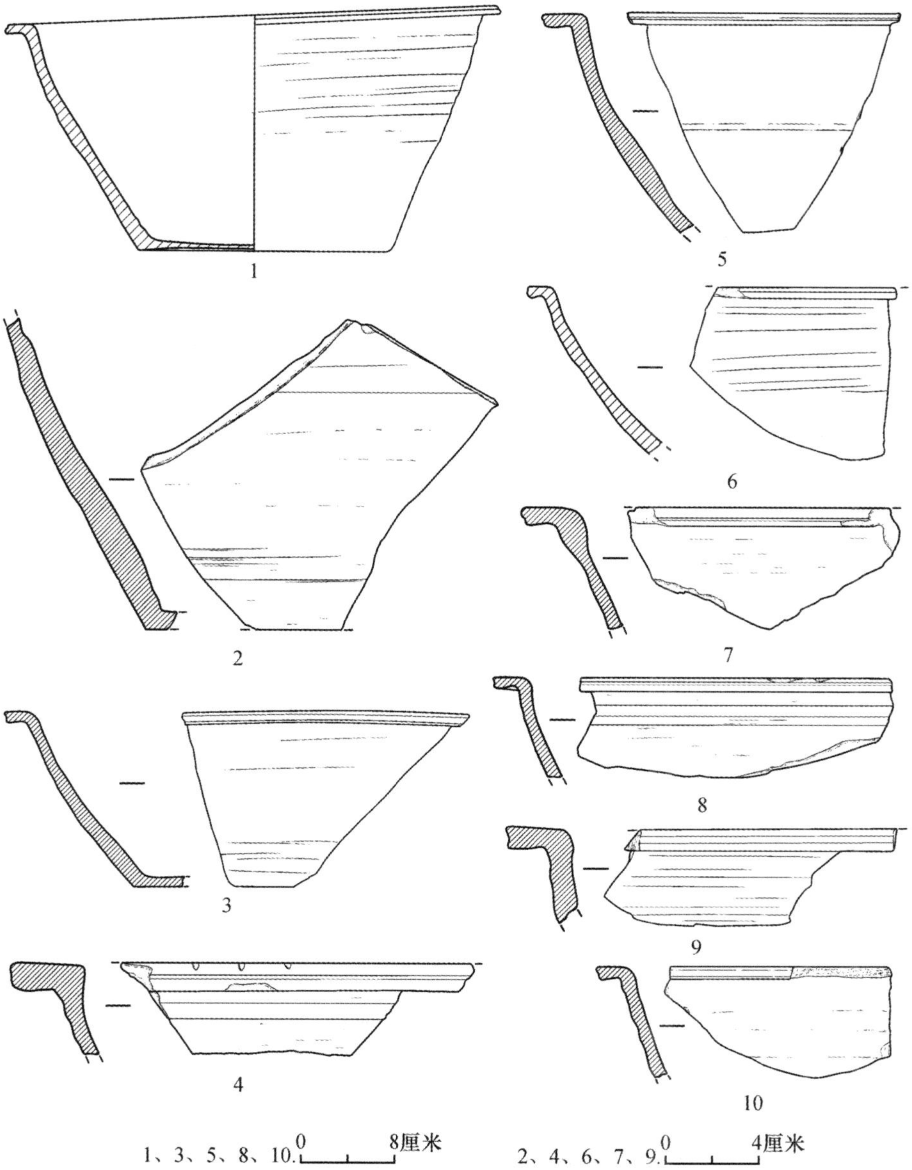

图2-416　陶盆（四）

1. VT86⑤：1　2. VQ1：21　3. VQ1：1　4. VT89①：1　5. VQ1：22　6. VQ1：31　7. VT80①：1　8. VQ1：18　9. VT90①：1　10. VQ1：8

饰一道凹弦纹。残高11.8厘米（图2-417，1）。VT97⑥a：4，敞口，方唇，唇面微凹。残高14.8厘米（图2-417，7）。VT97⑥a：5，敞口，方唇，唇面饰一道凹弦纹。残高5.2厘米（图2-417，10）。VT98①：1，敞口，方唇，唇面饰一道凹弦纹。残高2.2厘米（图2-417，8）。VT98③：4，可复原。敞口，方唇。高18.4厘米（图2-417，2）。VT98③：5，敞口，方唇。沿下外壁有一道刮痕。口径34、残高18厘米。VT98③：7，敞口，方唇，内斜平沿。唇面饰一道凹弦纹。残高16.4厘米（图2-417，4）。VT99⑥b：2，敞口，宽唇。内斜平沿。唇面饰一道凹弦纹。残高7.6厘米（图2-418，3）。VT106①：2，敞口，方唇，唇面饰一道凹弦纹。器壁饰绳纹。残高7厘米（图2-418，7）。VT106⑥a：23，可复原。敞口，方唇，

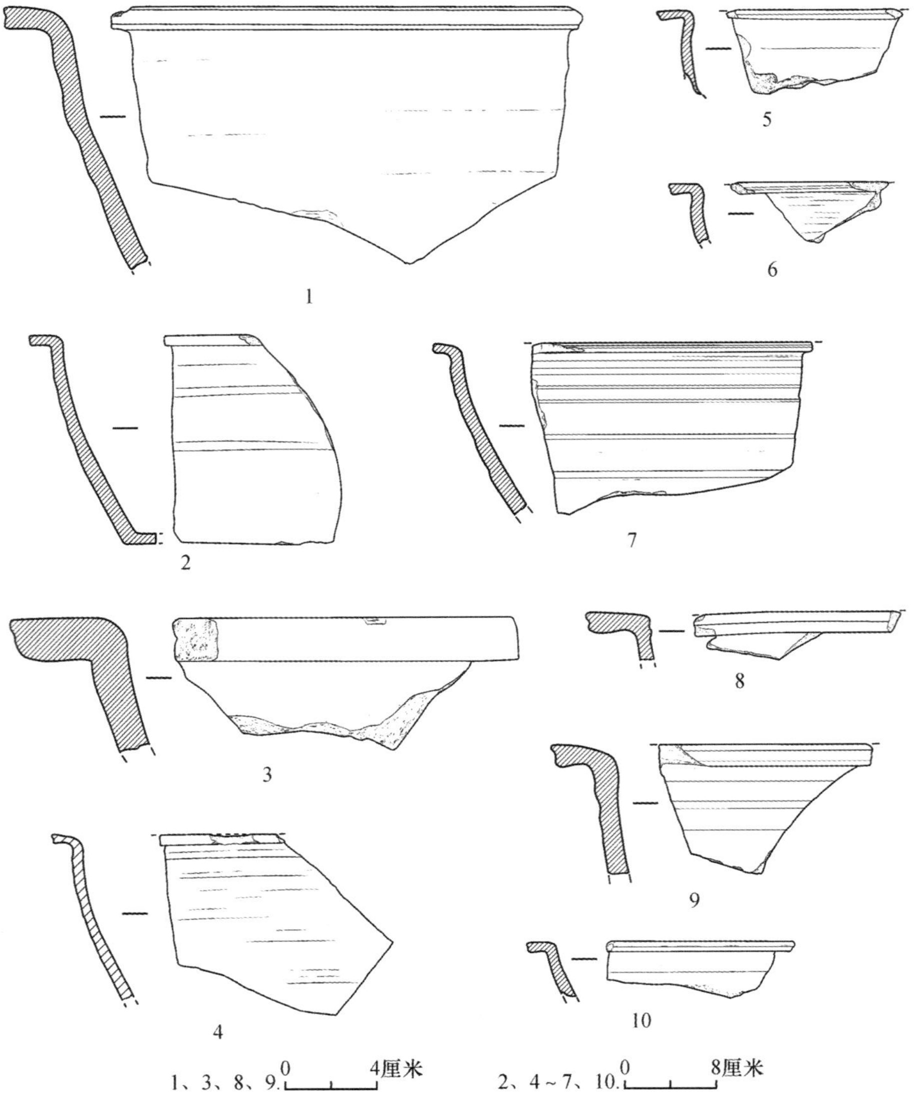

图2-417　陶盆（五）

1. ⅤT96②：4　2. ⅤT98③：4　3. ⅤT90①：2　4. ⅤT98③：7　5. ⅤT96②：6　6. ⅤT93①：1　7. ⅤT97⑥a：4　8. ⅤT98①：1　9. ⅤT99③：4　10. ⅤT97⑥a：5

唇面饰一凹弦纹。残高16.5厘米（图2-418，6）。ⅤT106⑥a：27，敞口，方唇，唇面饰一周凹弦纹。残高8厘米（图2-418，4）。ⅤT106⑥a：28，敞口，方唇。口径35、残高15.5厘米。ⅤT106⑥a：33，敞口，方唇，唇上刻划一个“X”形，近底部有两个锔孔，口径18、残高17、孔径0.5厘米。ⅤT106⑥a：58，敞口，方唇。口径40、残高6厘米。ⅤT107⑥a：28，敞口，方唇，唇面微凹。残高15.5厘米（图2-419，5）。ⅤT107⑥a：34，敞口，方唇，唇面微凹。残高8.2厘米（图2-419，10）。ⅤT107⑥a：36，敞口，方唇。口径35、高17.5厘米。ⅤT107⑥a：38，敞口，方唇，唇面微凹。残高8.2厘米（图2-419，3）。ⅤT111③：5，敞口，方唇，唇面饰一道凹弦纹。残高10.6厘米（图2-419，8）。ⅤT113③：20，敞口，方唇。口径35.2、底径21、高18.5厘米。ⅤT115⑥b：1，敞口，方唇，唇面饰一道凹弦纹。器壁黏附一

图2-418　陶盆（六）

1. ⅤT105③：2　2. ⅤT106⑥a：57　3. ⅤT99⑥b：2　4. ⅤT106⑥a：27　5. ⅤT106⑥a：53　6. ⅤT106⑥a：23　7. ⅤT106①：2　8. ⅤT106⑥a：19　9. ⅤT106⑥a：36　10. ⅤT107⑥a：1

锈蚀铁饰。残高5.8厘米（图2-419，4）。ⅤQ1：1，可复原。敞口，方唇，唇面有一周凹弦纹。残高16厘米（图2-416，3）。ⅤQ1：8，敞口，方唇，唇面微凹。残高9.6厘米（图2-416，10）。ⅤQ1：19，敞口，方唇，沿比较宽。口径33、残高17.2、沿宽3厘米。ⅤQ1：22，敞口，方唇，唇面饰一道凹弦纹。残高18.8厘米（图2-416，5）。ⅤQ1：31，敞口，方唇，唇面饰一道凹弦纹。残高7.4厘米（图2-416，6）。ⅤH11：7，敞口，方唇，唇面饰一道凹弦纹。残高7.2厘米（图2-414，8）。ⅤH14：3，敞口，方唇。口径39、高20.5厘米。ⅤH14：12①，可复原。敞口，方唇，唇面微凹。器身有锔孔。高28.3厘米（图2-415，9）。ⅤH15：2，敞口，方唇，唇面饰一道凹弦纹。残高5.2厘米（图2-415，6）。ⅤH24：1，敞口，方唇。口径38.6、残高16.7厘米。ⅤH27：17，敞口，方唇，唇面微凹。沿内侧有一道凸弦纹。残高20厘米（图2-415，1）。ⅤH27：18，敞口，方唇，唇面饰一道凹弦纹。残高7厘米（图2-415，3）。ⅤH27：20，敞口，方唇，唇面微凹。残高6.6厘米（图2-415，4）。ⅤH27：21，敞口，方唇，残高8厘米（图2-415，11）。ⅤH27：22，敞口，方唇。残高7.2厘米（图2-415，7）。ⅤH27：25，可复原。敞口，方唇，内斜平沿。高20.4厘米（图2-415，2）。ⅤG1：1，敞口，方唇。残高15.6厘米（图2-414，7）。ⅤG1：18，敞口，方唇，唇面饰一道凹弦纹，内斜平沿。残高11.2厘米（图2-414，1）。ⅤG1：23，敞口，方唇，唇面饰一道凹弦纹。残高8.8厘米（图2-414，4）。ⅤQ1：21，仅存下腹及底部。残高13.2厘米（图2-416，2）。ⅤT85①：4，宽平沿，沿下外壁有一道折棱。残高9.4厘米（图2-419，1）。ⅤT96⑥a：2，沿较宽，沿面两侧微凹。颈部饰一道凸弦纹。腹外壁泥条盘筑痕明显，下腹部有刮削痕。器物原破损并修补过。器壁上有2个锔孔。残高18.8、孔径1厘米（图2-420，3）。ⅤT97⑥a：3，宽平沿，沿上有一至两道凹弦纹。沿下外壁有一道折棱。残高5厘米（图2-420，4）。ⅤT83①：1，宽平沿，唇面微凹。残高7.6厘米（图2-419，6）。ⅤT101⑥b：1，宽平沿。器身有一锔孔。残高6.2厘米（图2-420，8）。ⅤH27：19，圆唇，宽平沿。唇上有一道压印痕。沿两侧各饰一道凹弦纹。残高10.8厘米（图2-419，7）。ⅤQ1：11，仅存口沿，沿较宽。口径36、残高10.5厘米。ⅤT96①：1，颈部饰一道弦纹。外壁饰有席纹。残高8.6厘米（图2-420，7）。ⅤT99③：1，外壁饰绳纹。表面有一锔孔。残高12厘米（图2-420，1）。ⅤT106⑥a：20，敞口，宽平

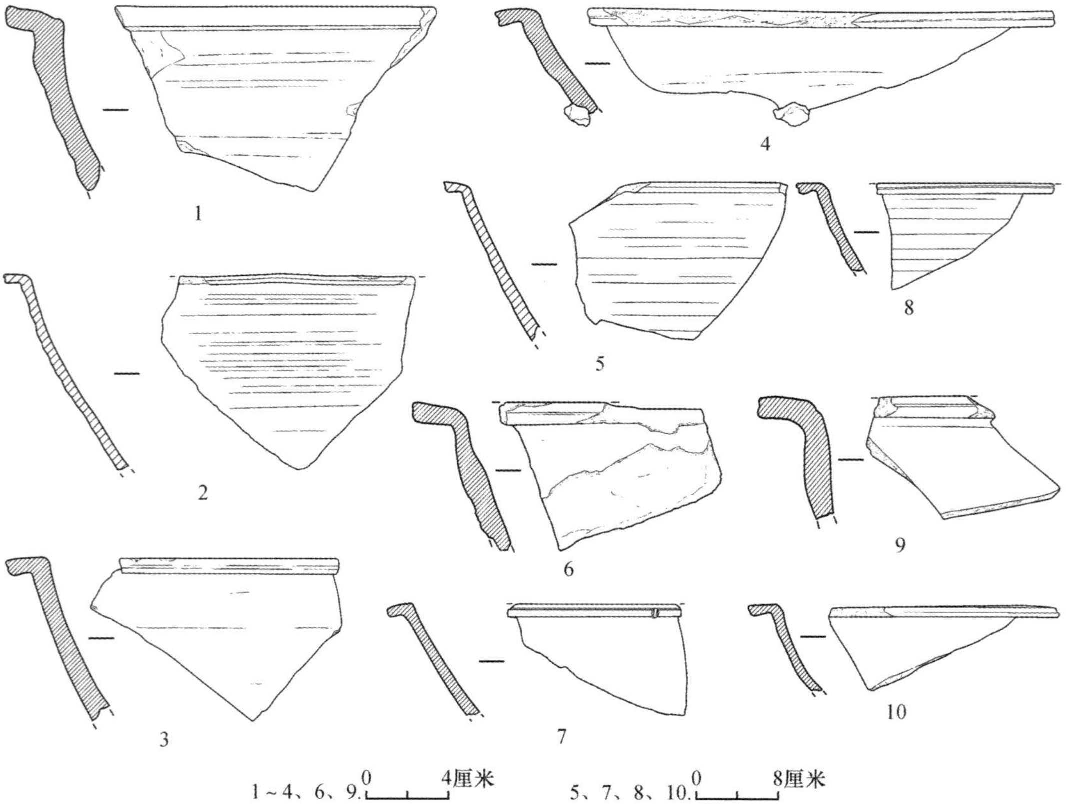

图2-419　陶盆（七）

1. ⅤT85①：4　2. ⅤT107⑥a：32　3. ⅤT107⑥a：38　4. ⅤT115⑥b：1　5. ⅤT107⑥a：28　6. ⅤT83①：1　7. ⅤH27：19　8. ⅤT111③：5　9. ⅤT108①：1　10. ⅤT107⑥a：34

沿，沿上一周凹弦纹。方唇，唇面饰一道凹弦纹。器壁绳纹上饰一道凹弦纹。残高19.4厘米（图2-420，6）。ⅤT106⑥a：29①，口微敛。卷沿，尖圆唇。高14.4厘米（图2-420，5）。ⅤT96②：8①，外斜平沿。颈部微凹。残高11厘米（图2-420，2）。ⅤT96②：8④，口微敛，外斜平沿。残长10、高5厘米。

甑 11件。残，少量可复原。夹砂灰陶。轮制，泥条盘筑痕迹明显。敞口，宽平沿，斜直腹，平底。底部有呈“十”字排列的5个甑孔。中间一个较大，边上四个稍小。素面，无纹饰。ⅤT106⑥a：18，仅存底部。底径21.6、残高10.4、甑孔径2.8～3.6厘米（图2-421，3）。ⅤH11：1，已复原。方唇，唇面饰一道凹弦纹。器物原破损并修补过。器壁、器底上有12个锔孔。口径39.7、底径20.8、高21.6、甑孔孔径2厘米（图2-421，1；图版2-95，2）。ⅤT95①：2，仅存下腹及甑底，甑底有半个甑孔，一个锔孔。残高7.4、甑孔孔径2厘米（图2-421，5）。ⅤT96⑥a：6，仅存器物下腹部和器底，器壁上有5个锔孔，断茬处有磨平痕迹。底部仅有一个甑孔。高19.2、锔孔孔径2、甑孔孔径1厘米（图2-421，6）。ⅤT99③：3，仅

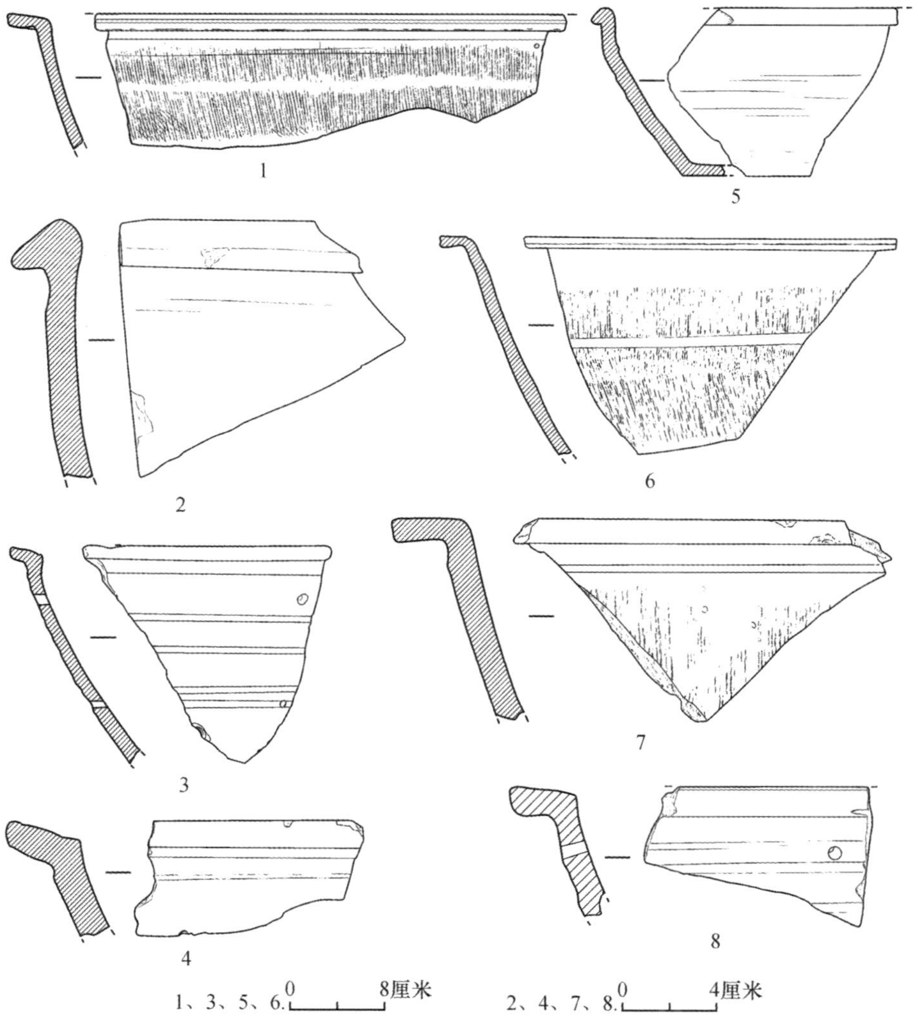

图2-420 陶盆（八）

1. ⅤT99③：1 2. ⅤT96②：8① 3. ⅤT96⑥a：2 4. ⅤT97⑥a：3 5. ⅤT106⑥a：29① 6. ⅤT106⑥a：20 7. ⅤT96①：1 8. ⅤT101⑥b：1

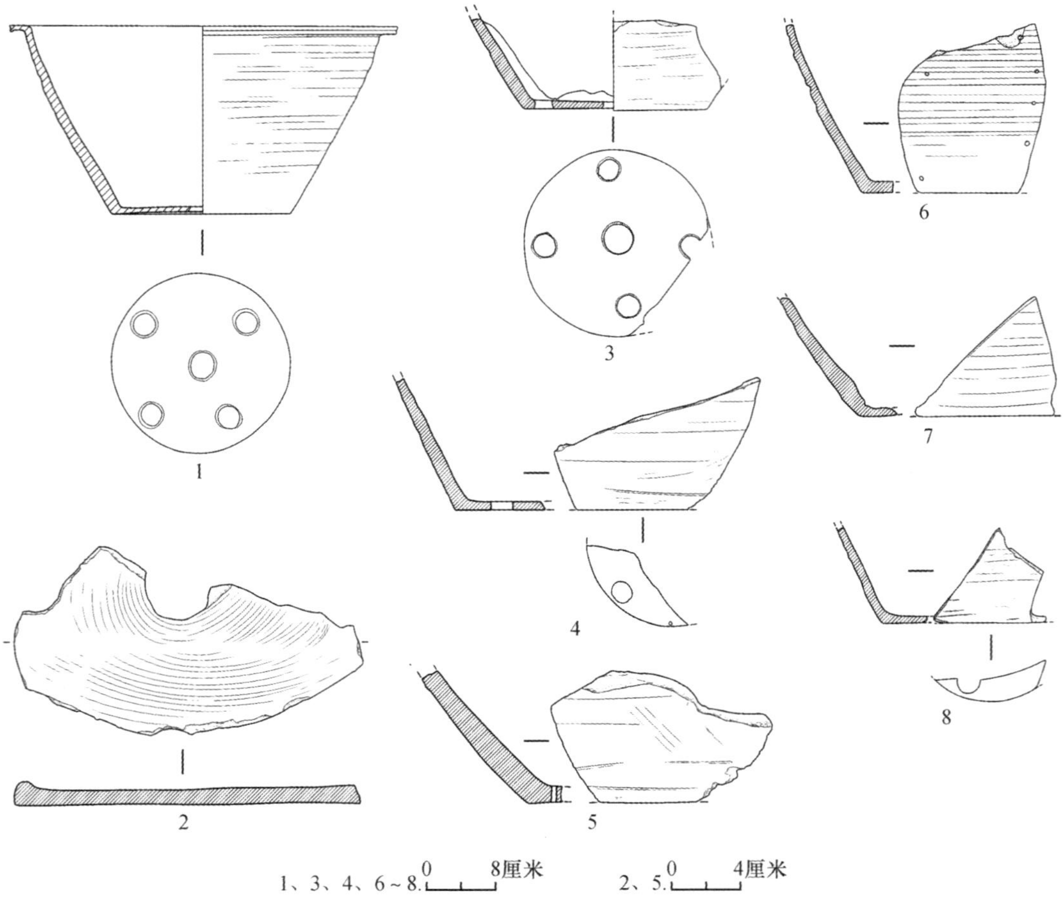

图2-421　陶甑

1. ⅤH11：1　2. ⅤT99③：3　3. ⅤT106⑥a：18　4. ⅤQ1：9　5. ⅤT95①：2　6. ⅤT96⑥a：6　7. ⅤT107⑥a：12　8. ⅤH14：12②

存甑底，上面可见一大一小两个甑孔痕迹。厚1.2厘米（图2-421，2）。ⅤT106⑥a：55，可复原。黑皮灰胎，器壁上泥条盘筑明显。方唇，唇上有一道凹弦纹。底上残留两个甑孔痕迹，口径38、高20、孔径3厘米。ⅤT107⑥a：12，仅存底部，底部残存一个甑孔。残高13.6、孔径2厘米（图2-421，7）。ⅤH14：2，残，仅存下腹部，底部有五个“十”字形排列的甑孔。底径23、残高15.8、中心甑孔径3.1、周围孔径2.6～2.8厘米。ⅤH14：12②，仅存甑的下腹部和底部。甑底上可见半个甑孔，残高11.2厘米（图2-421，8）。ⅤQ1：9，底部有一完整甑孔和一个锔孔。残高14.8、甑孔孔径2.4厘米（图2-421，4）。ⅤG1：19，可复原。方唇、唇上有一道凹弦纹。器壁上泥条盘筑痕明显，下部有切削痕，底部有5个甑孔，呈“十”字形排列。口径34、底径22、高22、中间孔径3.5、周围孔径3.1厘米。

盂　22件。夹砂灰陶。轮制。敛口，沿外有一道凸棱。斜腹，腹最大径靠上。平底。沿外凸棱呈圆弧形脊状凸起。ⅤT108②：1，夹砂灰陶。轮制。敛口，沿外有一道凸棱。斜腹，腹最大径靠上。肩部饰两道凸弦纹。下腹部饰一道凹弦纹。肩部有一锔孔。平底。高15.2厘米，孔径2厘米（图2-422，4）。ⅤH14：6，已复原。夹砂灰陶。轮制。敛口，沿外有一道

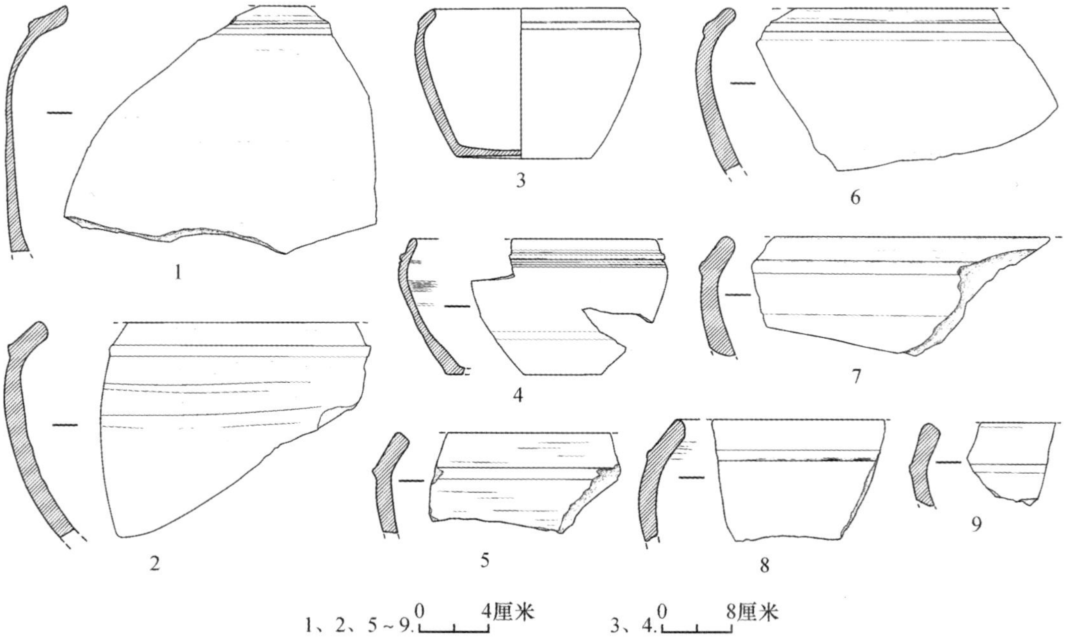

图2-422 陶盂（一）

1. ⅤH21：1 2. ⅤT106⑥a：21 3. ⅤH14：6 4. ⅤT108②：1 5. ⅤT97⑤：2 6. ⅤT107⑥a：20 7. ⅤT95①：1 8. ⅤT107⑥a：4 9. ⅤG1：5

凸棱。肩部环饰一周凸弦纹。口径20、底径15.2、高17.2厘米（图2-422，3）。ⅤT95①：1，夹砂灰陶。轮制。敛口，圆沿。斜腹，腹最大径靠上。残高6.6厘米（图2-422，7）。ⅤT107⑥a：20，夹砂灰陶。轮制。敛口，圆沿。斜腹，腹最大径靠上。颈部饰一道凸弦纹。凸弦纹上下凹弦纹明显。残高16.4厘米（图2-422，6）。ⅤH12：1，夹砂灰陶。轮制。敛口，沿外有一道凸棱。斜腹，腹最大径靠上。平底。沿外凸棱呈圆弧形脊状凸起。ⅤT97⑤：2，肩部饰一道凸弦纹，上缘上翘，折角明显。内外壁均沾满了赭红色颜料。高5.8厘米（图2-422，5）。ⅤT106⑥a：21，圆唇。肩部饰一道凸弦纹。残高12.2厘米（图2-422，2）。ⅤH21：1，肩部饰一道凸弦纹。残高14.2厘米（图2-422，1）。ⅤT107⑥a：4，圆沿。尖圆唇。肩部饰一道凸弦纹。残高7厘米（图2-422，8）。ⅤT107⑥a：6，平沿。肩部饰一道凸弦纹。残高4.7厘米（图2-423，9）。ⅤT107⑥a：21，圆沿。肩部饰一道凸弦纹。残高3.8厘米（图2-423，6）。ⅤG1：5，平沿。肩部饰一道凸弦纹。残高4.8厘米（图2-422，9）。ⅤH27：4，残，仅存口沿，黑皮灰胎。口径22、残高9.4厘米。ⅤT95①：13，内斜平沿。凸棱下缘尖锐，折角明显。肩部饰一道凸弦纹。残高10.8厘米（图2-423，2）。ⅤT97⑤：1，内斜平沿。凸棱下缘尖锐，折角明显。肩部饰一道凸弦纹。残高10.6厘米（图2-423，1）。ⅤT100③：3①，内斜平沿。凸棱下缘尖锐，沿面饰一道凹弦纹。残高10.4厘米（图2-423，3）。ⅤQ1：30，内斜平沿。凸棱下缘尖锐，沿面上有一凹痕。高14厘米（图2-423，4）。ⅤZD39：1，尖圆唇。内斜平沿。残高9.4厘米（图2-423，7）。ⅤT88①：1，内斜平沿，沿外侧有两道短划痕。肩部饰一道凸弦纹。斜直腹。残高6.2厘米（图2-423，11）。ⅤT102①：1，内斜平沿。肩部饰一道凸弦

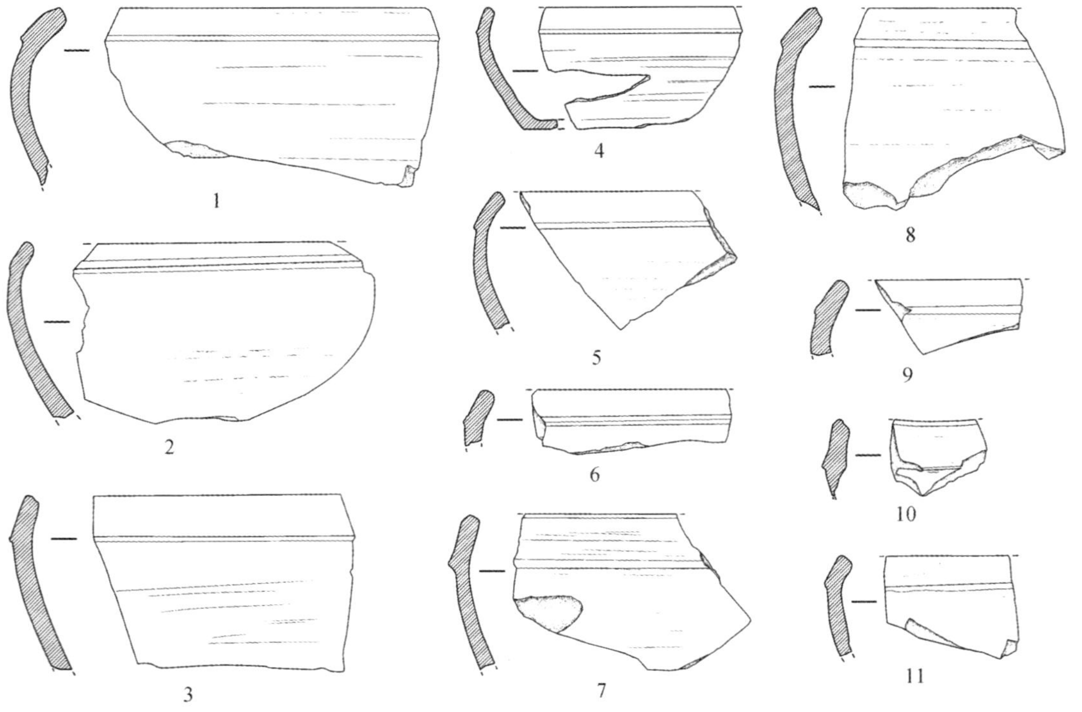

1～3、5～11. 0 4厘米　4. 0 8厘米

图2-423　陶盂（二）

1. ⅤT97⑤：1　2. ⅤT95①：13　3. ⅤT100③：3①　4. ⅤQ1：30　5. ⅤT102①：1　6. ⅤT107⑥a：21　7. ⅤZD39：1　8. ⅤT105⑥b：2　9. ⅤT107⑥a：6　10. ⅤT106⑥a：16　11. ⅤT88①：1

纹。残高8.4厘米（图2-423，5）。ⅤT105⑥b：2，内斜平沿，沿面微凹。肩部饰一道凸弦纹。斜直腹。残高12.4厘米（图2-423，8）。ⅤT106⑥a：16，内斜平沿。沿面有一道凹弦纹。圆唇。肩部饰一道凸弦纹。残高4.6厘米（图2-423，10）。ⅤT97⑤：1，内斜平沿。肩部饰一道凸弦纹。鼓腹，斜收。残高10.6厘米。

钵　59件。残，绝大部分为口沿、腹部残片。少量可复原。多夹砂灰陶，夹砂红褐陶较少。轮制。斜鼓腹，平底。多素面，少量有简单纹饰。ⅤT107⑥a：31，夹砂灰陶。圆沿，肩部饰一组水波纹，微鼓腹，腹部饰一道凹弦纹。残高5.8厘米（图2-424，19）。ⅤD：3②，夹砂灰陶。平沿。肩腹部饰一道凹弦纹。斜腹下收，腹部饰一道凹弦纹。残高5.2厘米（图2-424，12）。ⅤT111③：10，夹砂灰陶。平沿。圆唇。斜腹下收。残高5.7厘米（图2-424，15）。ⅤPSG2：1，夹砂灰陶。颈部有一道凹弦纹。腹部饰一组细弦纹，下腹部饰一道凸弦纹。器物表面有烟炙痕。残高5.2厘米（图2-424，18）。ⅤT109②：2，夹砂褐陶。平沿，斜直腹。残高4厘米（图2-424，9）。ⅤT109⑥b：8，可复原。夹砂红褐陶。尖圆唇，微鼓腹，腹下斜收。近底部切削痕明显。平底。高9.6厘米（图2-424，10）。ⅤC：3，泥质红陶。圆沿。鼓腹，腹部饰一道弦纹。残高8.4厘米（图2-424，16）。ⅤT97⑥a：8，可复原。夹砂褐陶，内外壁都有烟炙痕。微敛口。尖圆唇。肩腹部各有一道凹弦纹。近底部有刮削痕。高8.6厘米（图2-424，4）。ⅤQ1：6，夹砂红褐陶，外壁有烟炙痕。圆唇。颈部饰一道凹弦纹。高

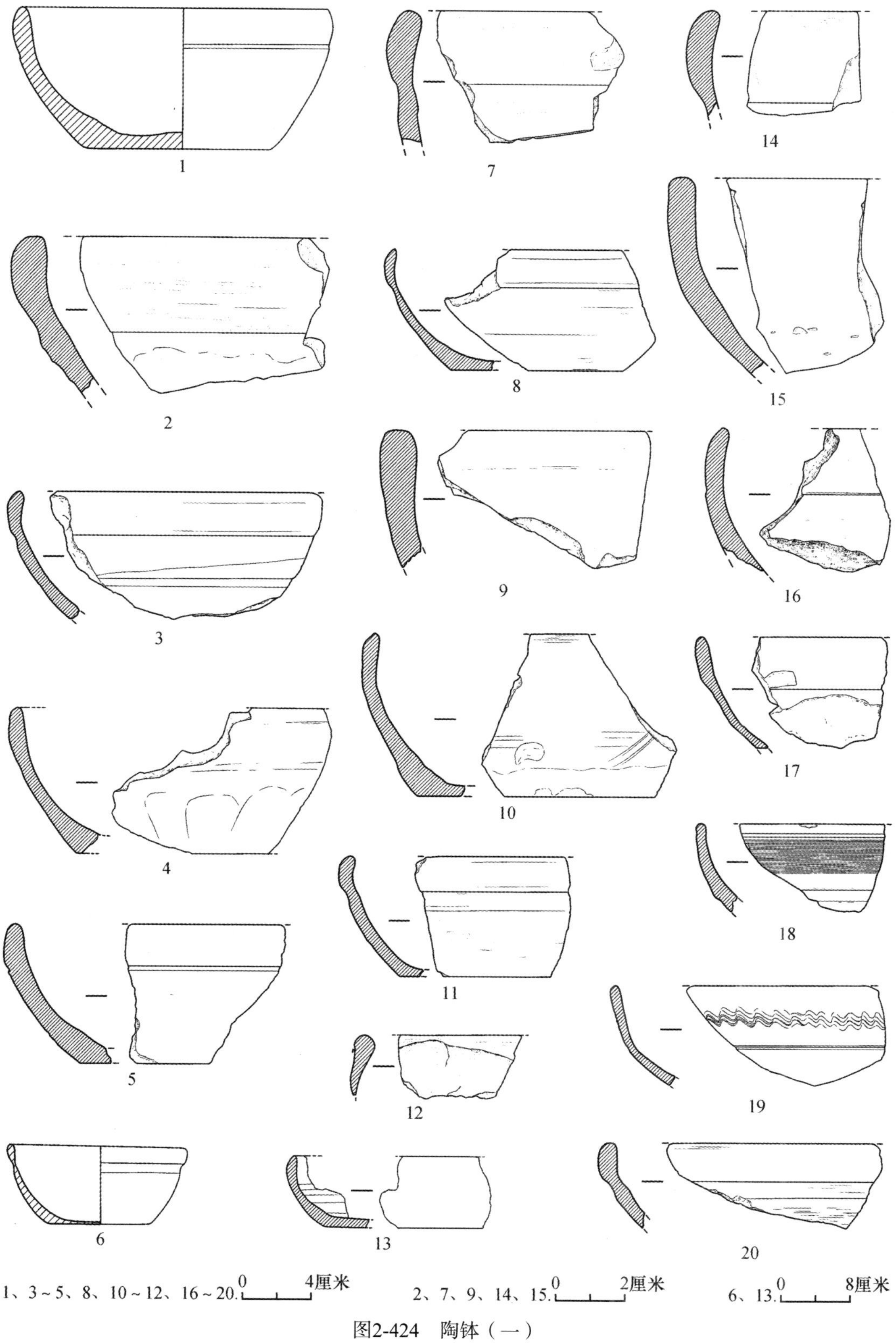

图2-424　陶钵（一）

1. ⅤH32：1　2. ⅤT96⑥a：3　3. ⅤT110⑥b：7　4. ⅤT97⑥a：8　5. ⅤQ1：6　6. ⅤT87⑥a：1　7. ⅤT105③：3①　8. ⅤT110⑥b：3　9. ⅤT109②：2　10. ⅤT109⑥b：8　11. ⅤT99⑥c：2　12. ⅤD：3②　13. ⅤT108⑧：1　14. ⅤT105③：3②　15. ⅤT111③：10　16. ⅤC：3　17. ⅤT98③：3　18. ⅤPSG2：1　19. ⅤT107⑥a：31　20. ⅤT97⑥c：1

8.4厘米（图2-424，5）。ⅤT108⑧：1，内壁泥条盘筑痕迹明显。外壁有烟炱痕，内壁施黄色陶衣。尖圆唇。斜鼓腹。高8.4厘米（图2-424，13）。ⅤH32：1，可复原。尖圆唇。肩部有一道凹弦纹。底部刮削痕明显。口径18.4、底径10.8、高8.4厘米（图2-424，1）。ⅤT87⑥a：1，可复原。圆唇。口径20.8、底径11.5、高9.2厘米（图2-424，6）。ⅤT96⑥a：3，平沿。残高4.6厘米（图2-424，2）。ⅤT97⑥c：1，直口。圆唇。束颈。残高5厘米（图2-424，20）。ⅤT98③：3，圆唇。斜直腹。腹部是一周凹痕。器表有剥落痕迹。残高6.6厘米（图2-424，17）。ⅤT99⑥c：2，可复原。敛口。圆唇。束颈。斜直腹。高7.2厘米（图2-424，11）。ⅤT105③：3①，平沿。束颈。残高3.9厘米（图2-424，7）。ⅤT105③：3②，夹砂灰陶。圆沿。束颈。残高3.2厘米（图2-424，14）。ⅤT110⑥b：3，可复原。圆唇。颈部饰一周凹弦纹。斜直腹。平底。高7厘米（图2-424，8）。ⅤT110⑥b：7，尖圆唇。颈部饰一周凹弦纹。斜直腹。肩腹部上有烟炱痕。残高7.8厘米（图2-424，3）。ⅤT110⑥b：10，微敛口。上腹部饰一道凹弦纹。口径16、底径9.6、高7.2厘米（图2-426，6）。ⅤT110⑥c：8，可复原。尖圆唇。颈部饰一道凹弦纹。斜直腹。高7.2厘米（图2-426，5）。ⅤF25：2，折腹。上腹部饰一道凸弦纹和一组水波纹。口径17.4、残高6厘米（图2-426，9）。ⅤG1：13，可复原。斜直腹。口径16.6、底径7.4、高7.6厘米（图2-426，8）。ⅤH14：9，可复原。口沿外及折腹部各饰一道凹弦纹。斜腹。口径16.4、底径7.4、高8.4厘米（图2-426，7；图版2-95，5）。ⅤT76①：1，平沿。斜直腹，腹部饰一周凹弦纹。表面布满盐碱。残高5.4厘米（图2-425，4）。ⅤT78①：2，圆沿，鼓腹，腹部有一道凹弦纹，腹下斜收。残高6.2厘米（图2-425，6）。ⅤT105①：4，平沿。鼓腹，腹部饰一道凹弦纹。下腹部斜收。器表饰细弦纹。残高6厘米（图2-425，10）。ⅤT111③：11，圆沿。肩腹部饰一道凹弦纹。斜腹下收。残高5.4厘米（图2-425，1）。ⅤD：3①，圆沿。残高5.4厘米（图2-425，9）。ⅤG1：22，圆沿。微折肩，斜腹下收。残高7.6厘米（图2-425，3）。ⅤG1：20，已复原。颈部饰一周凹弦纹。肩部饰一道凹弦纹，鼓腹，斜收。口径15.5、底径9.2、高8厘米（图2-426，3）。ⅤH11：4，已复原。颈部饰一道凹弦纹。腹部饰三道凹弦纹。口径16.2、底径9、高7.8厘米（图2-426，2；图版2-95，1）。ⅤG1：15，已复原。圆沿。肩部一周凸弦纹。下腹斜收。假圈足底，微凹。口径15.9、底径7.4、高7.6厘米（图2-426，4）。ⅤT115⑥b：3，平沿。颈部饰一周凹弦纹。腹部饰一周凹弦纹，腹下斜收。饼状假圈足。下腹部切削痕明显。口径16.7、底径9、高9.4厘米（图2-426，1）。ⅤT106⑥a：14，已复原。方唇，深腹，下腹部刮削痕明显。口径16、底径8.2、高7.6厘米（图2-427，15）。ⅤT96⑤：1，方唇，深腹，腹中部有一道细弦纹，内壁有折痕。残高5.8厘米（图2-425，7）。ⅤT80③：1，平沿。方唇，深腹。残高3厘米（图2-426，10）。ⅤT83①：2，平沿，方唇，唇面微凹。直腹。颈部饰一道弦纹。残高4.4厘米（图2-425，8）。ⅤT98③：8，平沿。颈部有两道凸弦纹。残高3.3厘米（图2-427，8）。ⅤT100③：1，圆沿。微束颈。鼓腹，腹下斜收。内壁饰红颜料。残高7.8厘米（图2-427，5）。ⅤT106①：1，平沿，内沿面微凹。圆唇。直腹。残高3.4厘米（图2-427，12）。ⅤT86①：1，平沿。斜腹。残高5.9厘米（图2-425，2）。ⅤT96②：7，平沿。口沿厚，器壁

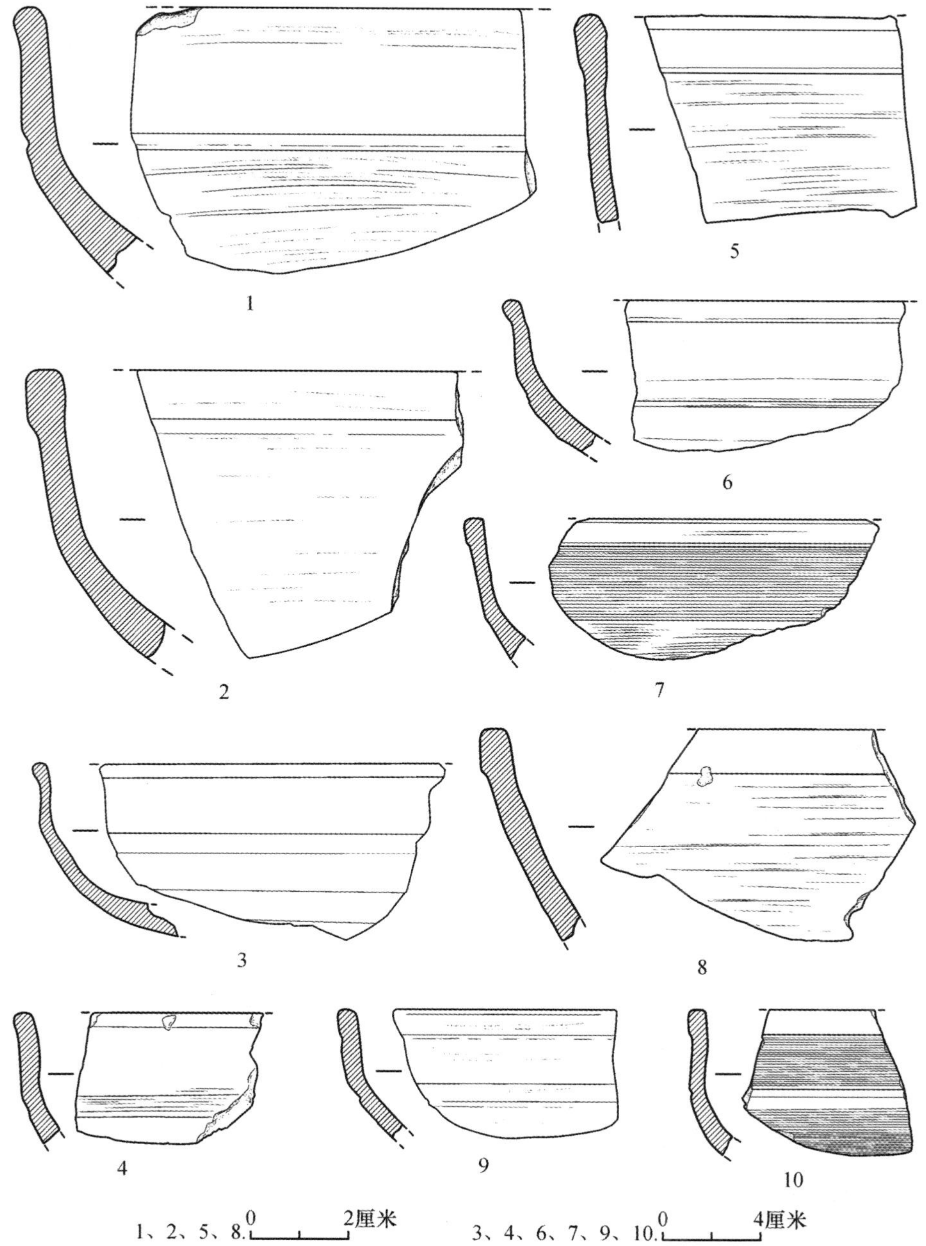

图2-425 陶钵（二）

1. VT111③：11 2. VT86①：1 3. VG1：22 4. VT76①：1 5. VT96②：7 6. VT78①：2 7. VT96⑤：1 8. VT83①：2 9. VD：3① 10. VT105①：4

薄。肩腹部有细弦纹。残高4.3厘米（图2-425，5）。VT106⑥a：35，平沿。颈部饰一道凸弦纹，鼓腹斜下收。残高8厘米（图2-427，9）。VT109②：4，直口。平沿。腹部有细弦纹。残高3.6厘米（图2-427，10）。VT108⑥b：2，微束颈，腹部微折，腹下斜收。残高5.6厘米（图2-427，13）。VT96⑥a：5，鼓腹，腹下斜收。内壁粘大量红色颜料。残高6.8厘米（图2-427，14）。VT82③：4，腹部微折。残高4.8厘米（图2-427，3）。VT88③：1，斜直腹。器表施红颜料。残高5.4厘米（图2-427，19）。VT111③：8，微鼓腹，肩部饰一组细线纹。残高4厘米（图2-427，4）。VF6：3，斜直腹。残高6.7厘米（图2-427，18）。VG1：6①，束

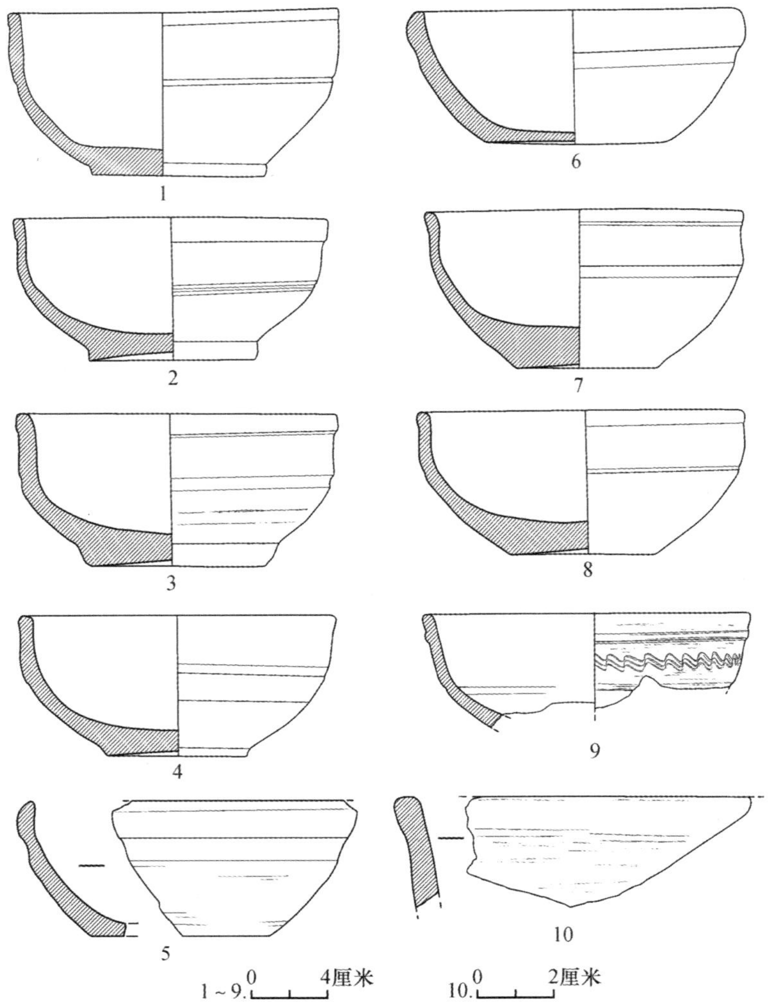

图2-426　陶钵（三）

1. VT115⑥b：3　2. VH11：4　3. VG1：20　4. VG1：15　5. VT110⑥c：8　6. VT110⑥b：10　7. VH14：9　8. VG1：13　9. VF25：2　10. VT80③：1

颈。鼓腹。残高4.6厘米（图2-427，11）。VG1：6②，颈部饰一周凸弦纹。斜直腹，腹部微折。残高4.1厘米（图2-427，1）。VG1：12，残高4厘米（图2-427，17）。VT113③：16，沿外饰一道凸弦纹。下腹部饰一道凹弦纹。残高3.9厘米（图2-427，2）。VT98⑤：1，尖圆沿。颈部三道凹弦纹。残高8厘米（图2-427，16）。VT110②：2，鼓腹，腹下斜收，上腹部有两道凹弦纹。残高7厘米（图2-427，6）。VT108⑥c：4，尖圆唇。肩部饰两道凹弦纹。直腹。器表饰密集细弦纹。器壁施红颜料。残高3.9厘米（图2-427，7）。

碗　8件。残，绝大部分为口沿残片。部分可复原。夹砂灰陶。轮制。圆沿，斜腹，平底。多素面。VH7：2，已复原。敛口。方唇，颈部有一周凹弦纹。腹部饰一周凹弦纹。口径10.2、底径6.2、高4.8厘米（图2-428，11）。VT86⑤：2，敛口。平沿。颈肩部饰一组水波纹。微鼓腹。残高5.4厘米（图2-428，3）。VT108②：3，已复原。器壁较厚，肩部饰一周凹痕。敛口。圆唇。口径10.8、底径6、高4厘米（图2-428，8）。VT108②：4，已复原。侈口，

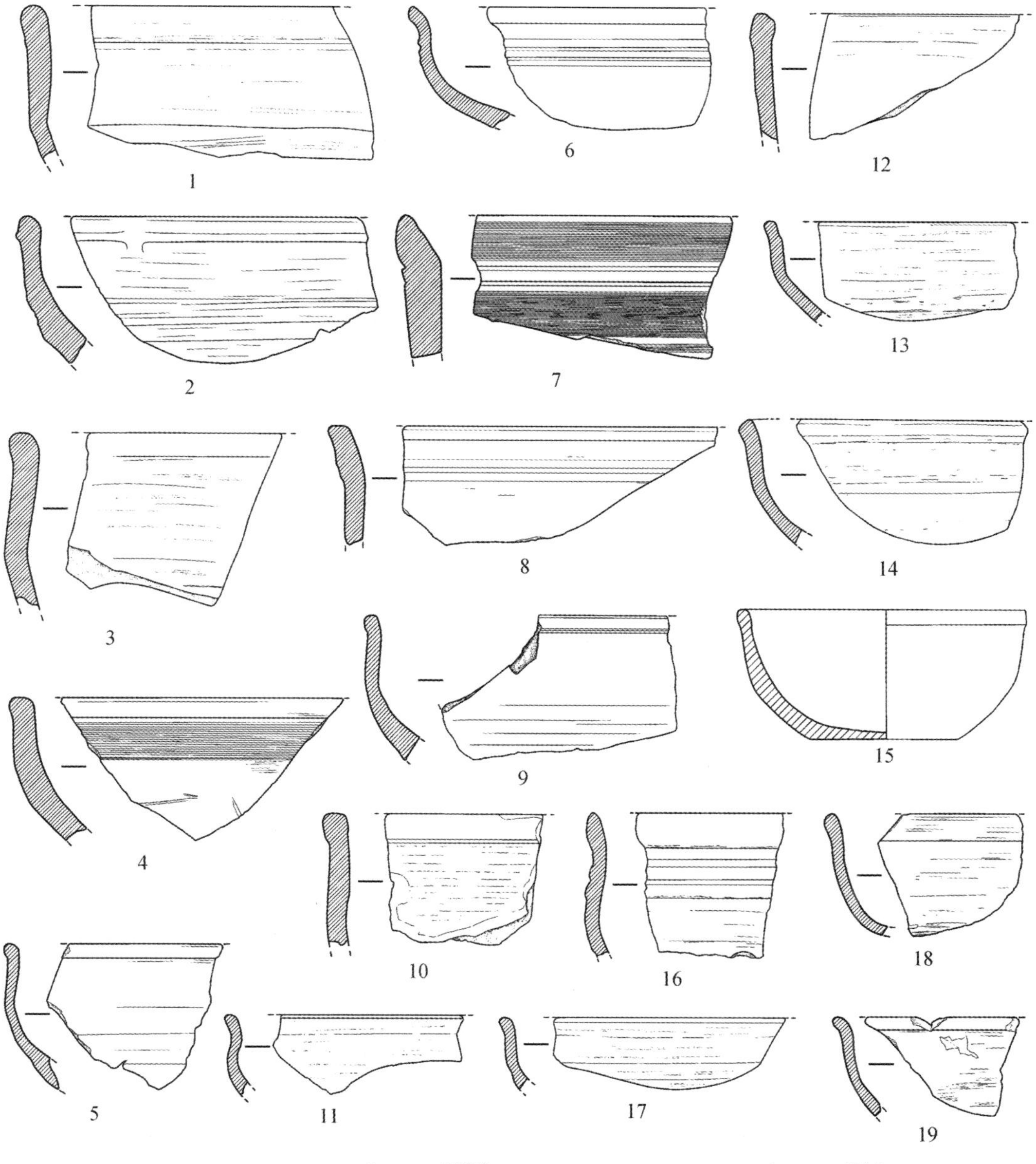

图2-427 陶钵（四）

1. ⅤG1：6② 2. ⅤT113③：16 3. ⅤT82③：4 4. ⅤT111③：8 5. ⅤT100③：1 6. ⅤT110②：2 7. ⅤT108⑥c：4 8. ⅤT98③：8 9. ⅤT106⑥a：35 10. ⅤT109②：4 11. ⅤG1：6① 12. ⅤT106①：1 13. ⅤT108⑥b：2 14. ⅤT96⑥a：5 15. ⅤT106⑥a：14 16. ⅤT98⑤：1 17. ⅤG1：12 18. ⅤF6：3 19. ⅤT88③：1

下腹部有刮削痕。口径12.5、底径6.6、高6厘米（图2-428，5）。ⅤG1：2，侈口，圆沿。鼓腹。器壁有烟炙痕。高4.8厘米（图2-428，2）。ⅤT97⑤：8，可复原。侈口，圆唇。腹部饰一周凹痕。腹下斜收。高5.2厘米（图2-428，13）。ⅤT109⑥b：3，已复原。敞口。圆唇。斜腹。口径12、底径7.8、高4.6厘米（图2-428，7）。ⅤT106⑥a：46，敞口，圆沿，斜腹，口沿内侧及外腹部有切削痕。上腹部有一个圆形穿孔。孔径1、残高5.2厘米（图2-428，14）。

盏 5件。残，部分可复原。夹砂灰陶。制法以轮制为主，部分手制。圆沿，斜腹，平

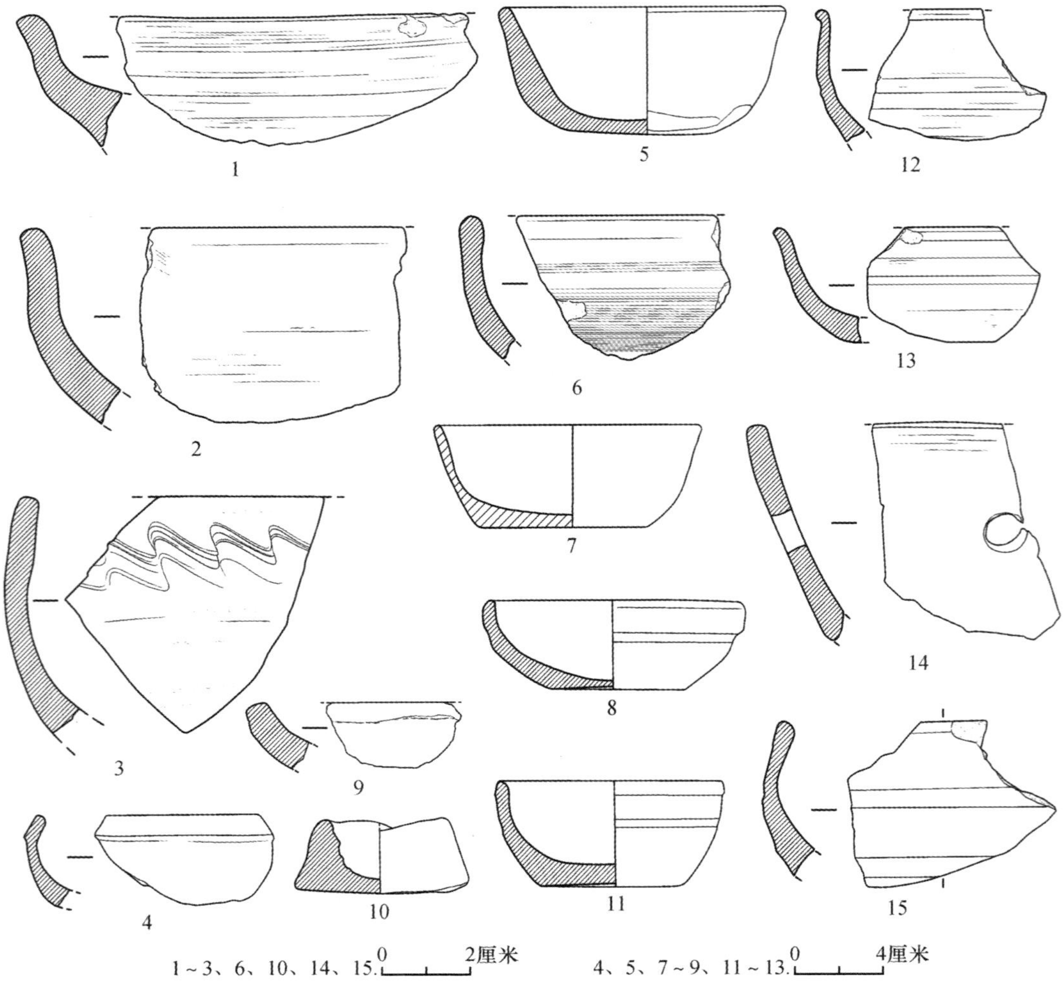

图2-428　陶器

1、4、6、12、15. 盏（ⅤT86⑤：8、ⅤH14：11、ⅤH11：10、ⅤH14：5、ⅤT113③：18）　2、3、5、7、8、11、13、14. 碗（ⅤG1：2、ⅤT86⑤：2、ⅤT108②：4、ⅤT109⑥b：3、ⅤT108②：3、ⅤH7：2、ⅤT108②：4、ⅤT109⑥b：3、ⅤT108②：3、ⅤH7：2、ⅤT97⑤：8、ⅤT106⑥a：46）　9、10. 灯盏（ⅤT96⑤：5、ⅤF21：1）

底。多素面，个别器表饰弦纹。ⅤH14：11，敛口，沿外有一道凸棱。斜鼓腹。残高4.2厘米（图2-428，4）。ⅤH14：5，侈口。下腹部有一道凹弦纹。残高6厘米（图2-428，12）。ⅤT86⑤：8，敞口。尖唇。微束颈。残高3厘米（图2-428，1）。ⅤT113③：18，敛口。腹部饰一周凹弦纹。残高3.8厘米（图2-428，15）。ⅤH11：10，敛口。器表饰密集的细弦纹。残高3.3厘米（图2-428，6）。

灯盏　2件。夹砂红陶。手制，较粗糙。ⅤF21：1，敛口，浅腹，平底。里面残留少许灰烬。口径2.4、底径4.1、高1.8厘米（图2-428，10）。ⅤT96⑤：5，敞口，圆沿，斜腹。器表有烟炱痕。残高3厘米（图2-428，9）。

盘　1件。ⅤT97⑤：5，残，可复原。夹砂灰陶。轮制，器底有轮制的同心圆痕迹。敞口，外斜平沿，尖唇，浅斜腹，大平底，沿上有一道凹弦纹。口径14.6、底径11.8、高3.8厘米（图2-429，7）。

敛口罐 10件。残，均为口沿残片。夹砂灰陶。手制。敛口，鼓腹。素面，器表均有烟炱痕。ⅤT87⑤：3，小直领，圆沿。口部和器物内壁手捏痕迹明显。残高7厘米（图2-429，5）。ⅤT96⑤：4，圆唇。颈下有一锔孔。残高11.2、孔径1厘米（图2-429，9）。ⅤT77①：1，平沿。残高7.6厘米（图2-429，3）。ⅤT87⑤：1，尖直领，外斜平沿。残高3.6厘米（图2-429，2）。ⅤT87⑥a：2，圆沿。残高5.6厘米（图2-429，6）。ⅤT88③：2①，外斜平沿。残高6.2厘米（图2-429，10）。ⅤT88③：2②，平沿，小直领。残高3.5厘米。ⅤT107⑥a：3①，平沿。残高5.8厘米（图2-429，8）。ⅤT107⑥a：3②，小直领，尖圆沿，沿内侧折角明显。残高4.3厘米（图2-429，1）。ⅤG1：10，尖圆沿。残高8厘米（图2-429，4）。

束颈罐 17件。残，均为口沿残片。多夹砂灰陶，夹砂灰褐陶比较少。轮制。多素面，

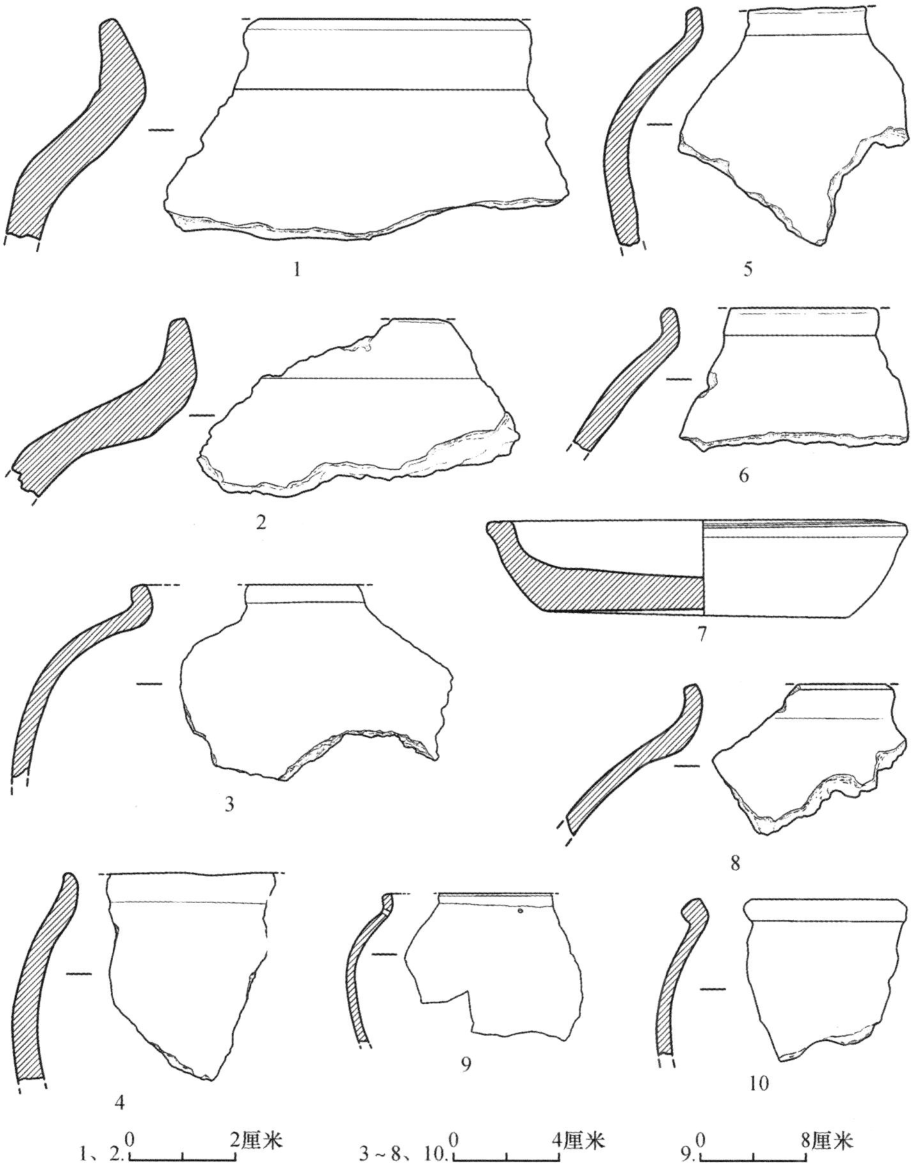

图2-429 陶器

1～6、8～10. 敛口罐（ⅤT107⑥a：3②、ⅤT87⑤：1、ⅤT77①：1、ⅤG1：10、ⅤT87⑤：3、ⅤT87⑥a：2、ⅤT107⑥a：3①、ⅤT96⑤：4、ⅤT88③：2①） 7. 盘（ⅤT97⑤：5）

个别有简单纹饰。侈口，束颈，鼓腹。ⅤH32：2，夹砂灰褐陶，陶质较疏松，火候不高。表面有烟炱痕。侈口，平沿。颈较短直。颈肩部内壁折痕明显。残高5.4厘米（图2-430，7）。ⅤT93③：2，侈口，平沿。颈较短直。颈肩部内壁折痕明显。表面有烟炱痕。残高4.4厘米（图2-430，8）。ⅤH11：6，高领，颈肩部有一道折棱，内壁手捏痕迹明显。残高5.3厘米（图2-430，6）。ⅤT107②：2，仅存颈腹部。夹砂灰陶。直口，溜肩。残高2.3厘米（图2-430，12）。ⅤT106⑥a：54，圆沿，圆唇。肩上可见两条泥条盘筑痕迹。口径10、残高8.8厘米（图2-430，2）。ⅤT96⑥a：8，夹砂灰陶。仅存口沿残片，上腹部内壁有明显的刮抹痕。残高10.8厘米（图2-430，14）。ⅤT96②：3，夹砂灰陶。仅存口沿残片，外斜平沿。残高12.8厘米（图2-430，17）。ⅤT110②：3，夹砂灰陶。圆沿。残高7.6厘米（图2-430，3）。ⅤT85①：1，尖唇。沿面饰两道凹弦纹。残高4.2厘米（图2-430，11）。ⅤT114③：2，外斜平沿。尖圆唇。斜腹。残高7.2厘米（图2-430，1）。ⅤT92①：1，夹砂灰陶。外斜平沿，沿

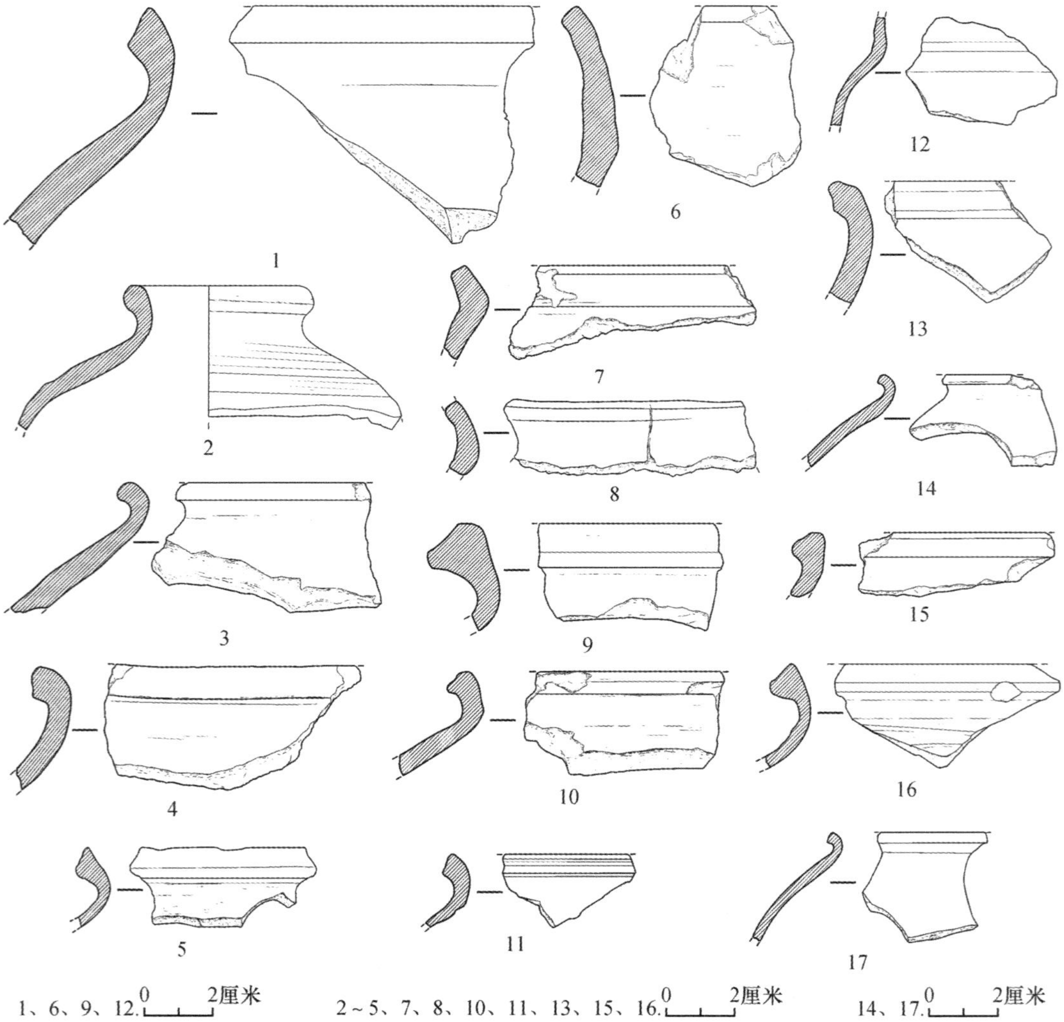

图2-430　陶束颈罐

1. ⅤT114③：2　2. ⅤT106⑥a：54　3. ⅤT110②：3　4. ⅤT95①：7　5. ⅤT97⑥b：1　6. ⅤH11：6　7. ⅤH32：2　8. ⅤT93③：2　9. ⅤT97⑤：4　10. ⅤT112③：5　11. ⅤT85①：1　12. ⅤT107②：2　13. ⅤT95①：12　14. ⅤT96⑥a：8　15. ⅤT92①：1　16. ⅤF25：3　17. ⅤT96②：3

面微凹。圆唇。残高3.8厘米（图2-430，15）。ⅤT112③：5，夹砂灰陶。沿面饰一道凹弦纹。圆唇。残高6厘米（图2-430，10）。ⅤT95①：7，夹粗砂灰陶。沿面微凹。残高7厘米（图2-430，4）。ⅤT95①：12，残高7.2厘米（图2-430，13）。ⅤT97⑥b：1，沿内侧微凹似盘口。器腹内壁有烟炱痕。残高4.6厘米（图2-430，5）。ⅤT97⑤：4，夹砂灰陶外斜平沿。口沿内外都略有弧度，类似盘口。残高3.2厘米（图2-430，9）。ⅤF25：3，外斜平沿，微凹。圆唇唇面微曲。残高6厘米（图2-430，16）。

瓮　43件。残，均为口沿残片。夹砂灰陶。轮制。广肩，大鼓腹。素面。ⅤT78①：1①，直口，圆沿。残高8.4厘米（图2-431，2）。ⅤT78①：1②，直口，圆沿。残长10.5、高8.3厘米。ⅤT102③：9，侈口，外斜平沿，宽曲唇。唇部系单独制作后粘接而成，唇尖上翘。残高7.2厘米（图2-431，16）。ⅤG1：29，侈口，外斜平沿，宽曲唇。唇尖系单独制作后粘接而成，残高9厘米（图2-431，8）。ⅤT106②：4，敛口，圆沿，口沿外有一道凸棱。残高11.8厘米（图2-431，1）。ⅤT82③：1，口微敞，外斜平沿。尖圆唇。小直领，折肩。残高4.8厘米（图2-431，9）。ⅤF24：1，敛口，平沿，尖圆唇。沿内侧有一道曲棱。残高10.4厘米（图2-431，12）。ⅤH12：2，敛口，平沿，尖圆唇。残高7.2厘米（图2-431，20）。ⅤH7：5，侈口，圆唇，卷圆沿，束颈，直领。残高6.8厘米（图2-431，6）。ⅤT106②：3，侈口，圆唇，卷圆沿，束颈，直领。残高8.4厘米（图2-431，17）。ⅤT96②：1，尖圆唇。上腹部内侧捏痕明显，残高9.2厘米（图2-431，10）。ⅤQ1：16，圆唇。外壁有刻划纹。残高6.2厘米（图2-431，3）。ⅤT98③：6，平沿，圆唇。残高7厘米（图2-431，13）。ⅤT105①：2，尖圆唇。颈内侧微曲。残高7.2厘米（图2-431，7）。ⅤT107⑥a：30，外斜平沿。尖圆唇。残高6厘米（图2-431，19）。ⅤT114③：1，圆唇。残高8.2厘米（图2-431，11）。ⅤT115⑥b：4①，尖圆唇。上腹部饰一组折线纹。残高13.2厘米（图2-431，5）。ⅤH27：24，尖圆唇。肩部饰一组绳纹。残高10.8厘米（图2-431，14）。ⅤT115⑥b：4②，尖圆唇。外斜平沿。残高13.2厘米。上腹部有两道戳印纹（图2-431，18）。ⅤT115⑥b：4③，尖圆唇。残长16.5、高6.2厘米。ⅤT96②：9，尖圆唇。残高10.4厘米（图2-432，4）。ⅤT107⑥a：7，尖圆唇。残高8厘米（图2-432，12）。ⅤT109⑥b：7，尖圆唇。残高10厘米（图2-432，2）。ⅤT112③：14，尖圆唇。残高6.4厘米（图2-432，7）。ⅤH14：13，尖圆唇。残高14厘米（图2-431，4）。ⅤH27：23，尖圆唇。残高5.2厘米（图2-431，15）。ⅤT109②：3，尖唇。颈较高。残高9.2厘米（图2-432，3）。ⅤT106①：3，尖唇。颈较高。残高5厘米（图2-432，9）。ⅤT88③：4，圆唇。外斜平沿，沿内侧有一圈削痕。残高7.8厘米（图2-432，6）。ⅤH27：1，圆唇。外斜平沿，沿面微凹。残高8.8厘米（图2-432，11）。ⅤT88③：3，圆唇。圆沿。残高5.6厘米（图2-432，13）。ⅤT107②：3，圆唇。残高7.6厘米（图2-432，5）。ⅤT114①：2，圆唇。残高6厘米（图2-432，8）。ⅤH23：3，圆唇。残高11.2厘米（图2-432，14）。ⅤH27：26，圆唇。圆沿。残高16.4厘米（图2-432，1）。ⅤQ1：23，方唇，唇上有一道凹弦纹。肩部戳印两组平行的折线纹。残高12.4厘米（图2-432，10）。

壶　1件。ⅤT98⑤：2，残，仅存腹和底。夹砂灰陶。轮制痕迹明显。扁鼓腹，腹部有一

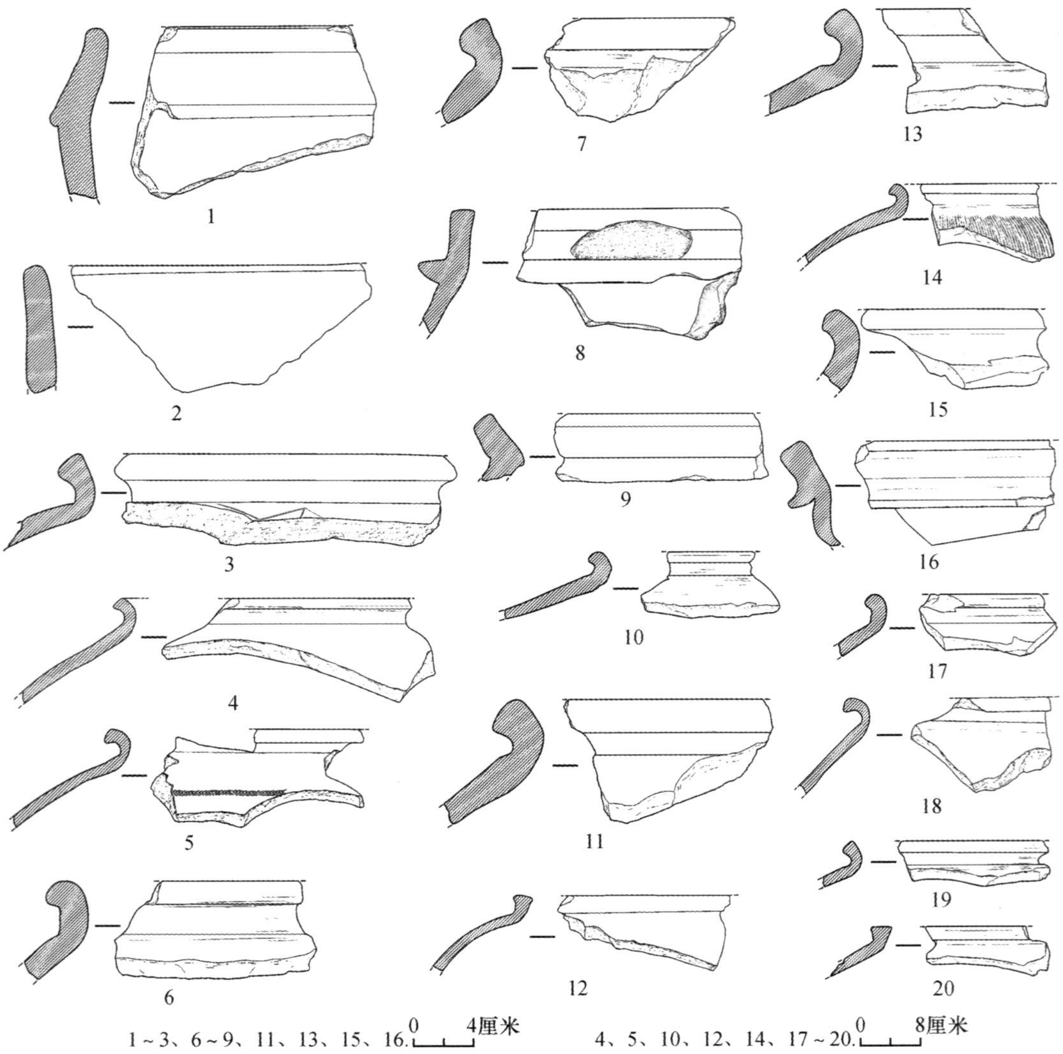

图2-431　陶瓮（一）

1. ⅤT106②：4　2. ⅤT78①：1①　3. ⅤQ1：16　4. ⅤH14：13　5. ⅤT115⑥b：4①　6. ⅤH7：5　7. ⅤT105①：2　8. ⅤG1：29　9. ⅤT82③：1　10. ⅤT96②：1　11. ⅤT114③：1　12. ⅤF24：1　13. ⅤT98③：6　14. ⅤH27：24　15. ⅤH27：23　16. ⅤT102③：9　17. ⅤT106②：3　18. ⅤT115⑥b：4②　19. ⅤT107⑥a：30　20. ⅤH12：2

道突脊。平底。残高6.2厘米（图2-433，3）。

炊器　2件。残，一件可复原。夹砂灰陶。轮制。ⅤT111③：9，已复原。圆盘形，敛口，方唇，唇外有一周凹弦纹。盘中间有一柱状圆孔贯穿盘底。器表有烟炙痕。口径19.2、孔径5.4、高6.2厘米（图2-433，1；图版2-96，4）。ⅤT107⑥a：16。仅存“U”形盘。敞口，方唇。盘形。中间有一圆孔。底部有刮削痕。残高2.5厘米（图2-433，9）。

豆　11件。残，少量可复原。夹砂灰陶。盘口，细柄，喇叭形圈足。ⅤT107⑥a：35，豆盘呈钵形，敞口，尖圆沿，斜腹，圜底，豆柄为喇叭状矮圈足，豆的口沿外侧和器座底部表面各饰一道水波纹，口径27.2、圈足底径18.8、高18.8厘米（图2-433，10；图版2-96，6）。ⅤT106⑥a：42，圈足上镂三角形和圆形孔各一个。内外壁都见烟炙。三角形孔底边长1.6、高2、圆形孔径0.7、残高3.7厘米（图2-433，6）。ⅤT84③：3，圈足和颈部各饰有一组水波

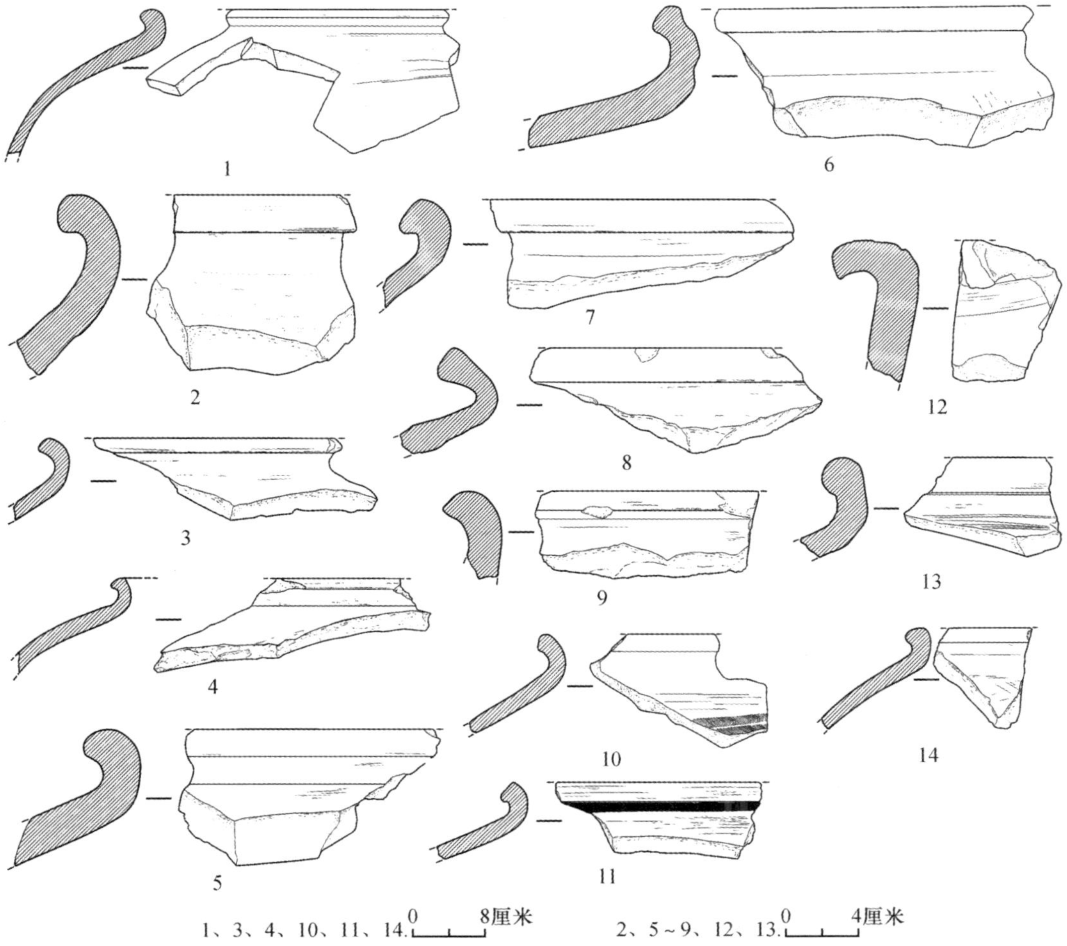

图2-432 陶瓮（二）

1. ⅤH27：26 2. ⅤT109⑥b：7 3. ⅤT109②：3 4. ⅤT96②：9 5. ⅤT107②：3 6. ⅤT88③：4 7. ⅤT112③：14 8. ⅤT114①：2 9. ⅤT106①：3 10. ⅤQ1：23 11. ⅤH27：1 12. ⅤT107⑥a：7 13. ⅤT88③：3 14. ⅤH23：3

纹。残高6.3厘米（图2-433，2）。ⅤT84③：4，圈足。近底部环饰一组水波纹。残高5厘米（图2-433，15）。ⅤT106⑥a：45，圈足底部切削痕明显。残高3.4厘米（图2-433，13）。ⅤF20：3，外壁饰多道细弦纹。残高5.6厘米（图2-433，5）。ⅤT96⑤：2，手制。系豆圈足，手捏痕迹明显。残高4.4厘米（图2-433，16）。ⅤT106⑥a：61，残，仅存器柄上部，夹砂红陶，器座和豆盘系套接而成，套接面上残留很多刻划痕。柄最小径6.8、残高6厘米。ⅤH23：1，仅剩部分豆盘和豆柄。豆盘残。豆柄短柱状，实心。豆座残。残高5.7厘米（图2-433，12）。ⅤZ2：2，仅存部分豆盘及豆柄。豆盘敞口，圆沿，斜腹，圜底。实心柄。器表有切削痕迹。豆盘内有烟炱痕。内侧手捏痕明显，外壁切削痕明显。口径10、残高8.2厘米（图2-433，7）。ⅤH20：1，手制，较厚重、粗糙，喇叭形圈足，空心柄。圈足内壁斜直，外壁微鼓。豆柄略直。残高8厘米（图2-433，11）。

臼 1件。ⅤT106⑥a：41，残，可复原。夹砂灰陶。轮制。敞口，平沿。斜直腹。饼状假圈足，臼窝内壁光滑。口径13.2、底径14、高13.4厘米（图2-433，4；图版2-96，1）。

坩埚 2件。残，无法复原。夹砂灰陶，手制。器物内壁黏附铜渣。ⅤT115⑥b：2，仅

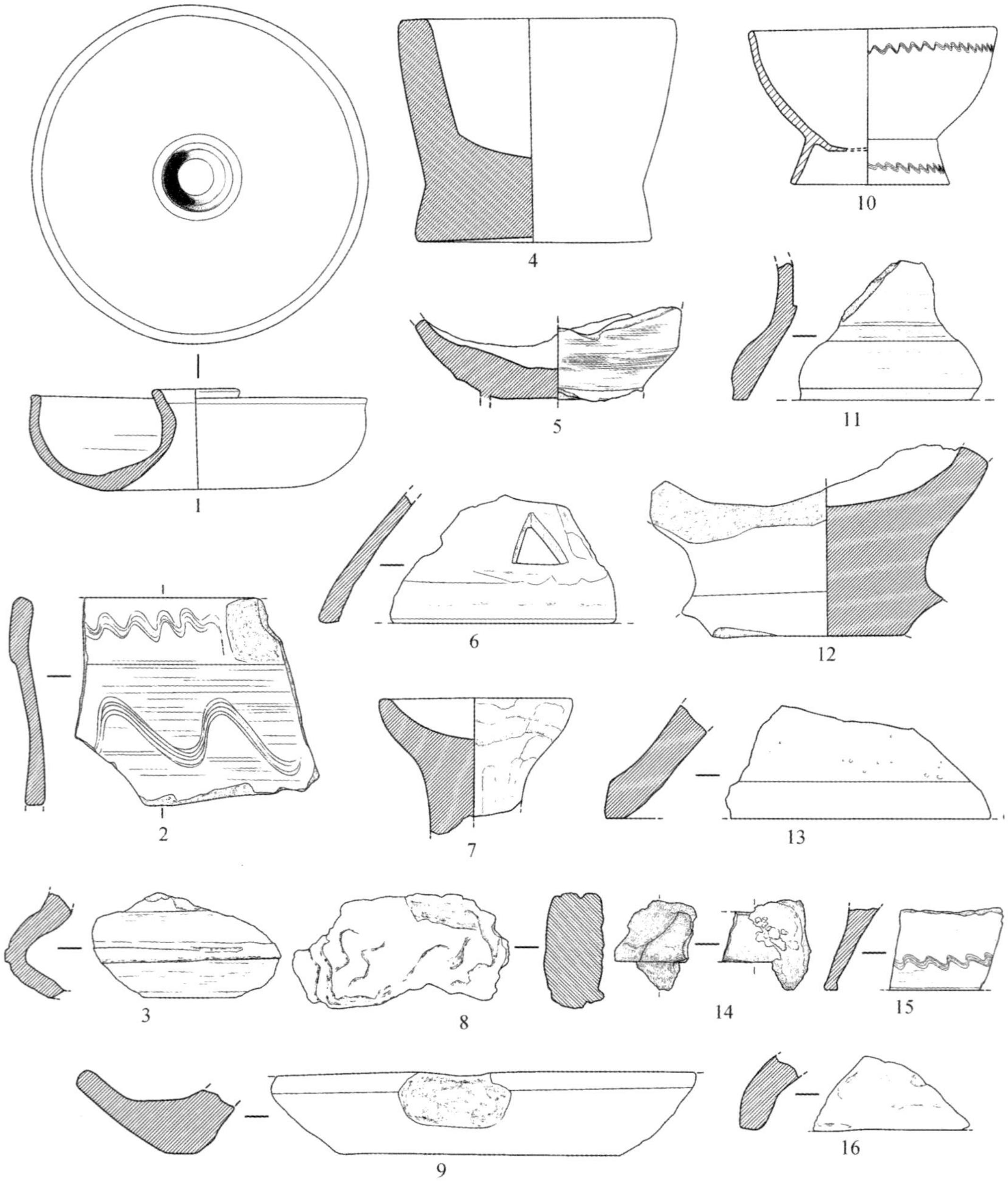

1、3～5、7、11、14～16. 0　2厘米　　2、6、8、9、12、13. 0　4厘米　　10. 0　8厘米

图2-433　陶器

1、9. 炊器（ⅤT111③：9、ⅤT107⑥a：16）　2、5～7、10～13、15、16. 豆（ⅤT84③：3、ⅤF20：3、ⅤT106⑥a：42、ⅤZ2：2、ⅤT107⑥a：35、ⅤH20：1、ⅤH23：1、ⅤT106⑥a：45、ⅤT84③：4、ⅤT96⑤：2）　3. 壶（ⅤT98⑤：2）　4. 臼（ⅤT106⑥a：41）　8、14. 坩埚（ⅤT76③：2、ⅤT115⑥b：2）

存底部。斜腹，平底，外壁有烧结瘤，内壁残留少量铜锈。残高3.2厘米（图2-433，14）。ⅤT76③：2，夹砂红褐陶。仅存器底，不规整，内壁残留铜锈。残长6.3、残高3.4厘米（图2-433，8）。

筒形器　1件。ⅤT81①：1，仅剩器底。夹砂灰陶。内壁泥条盘筑痕迹明显。深直壁，大平底。残高8厘米（图2-434，10）。

器盖 13件。残，少量可复原。夹砂灰陶。制法泥条盘筑，外壁光滑，内壁有泥条盘筑痕迹。平面圆形，剖面为伞形。子母口。ⅤT107⑥a：41，器盖口短直。口部边沿细薄呈伞状。直径34、残高8.4厘米（图2-434，2）。ⅤF20：4，器盖口短直。口部边沿细薄呈伞状。器盖上有切削痕。直径11.5、高3.1厘米（图2-434，6）。ⅤF20：5，已复原。盖纽似羊形纽，头部残缺，系单独制作后粘接而成。直径16.6、高9.2厘米（图2-434，15；图版2-96，3、5）。ⅤT109⑥b：2，口部较宽厚，有切削痕迹。残高5.2厘米（图2-434，9）。ⅤT108⑥c：3，

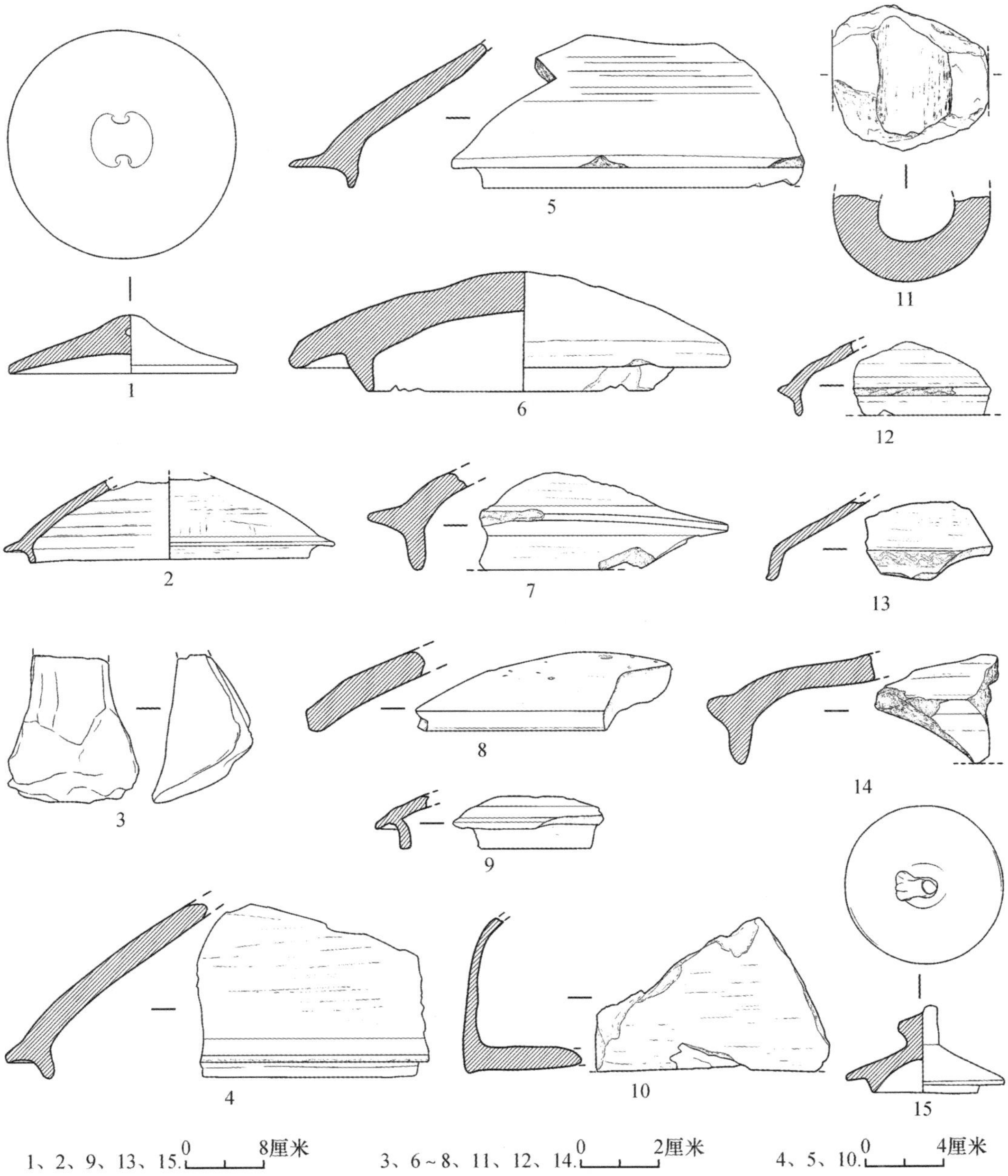

图2-434 陶器

1、2、4～9、12～15. 器盖（ⅤT106⑥a：40、ⅤT107⑥a：41、ⅤQ1：3、ⅤT108⑥c：3、ⅤF20：4、ⅤT106②：2①、ⅤT107⑥a：13、ⅤT109⑥b：2、ⅤT106②：2②、ⅤT104⑥b：1、ⅤT106②：2③、ⅤF20：5） 3. 器耳（ⅤT87③：2） 10. 筒形器（ⅤT81①：1） 11. 器流（ⅤT105③：1）

器盖口短直。口部边沿细薄呈伞状。外壁粗糙，表面有短斜线。内壁光滑。残高8厘米（图2-434，5）。VQ1：3，器盖口短直。口部边沿细薄呈伞状。残高9厘米（图2-434，4）。VT96②：5，仅存部分纽和盖。尖圆顶，纽为“T”字形兽纽，系单独制作后粘接而成。表面切削痕明显。残高7.2厘米。VT106②：2①，仅存器盖口沿部分。残高2.5厘米（图2-434，7）。VT106②：2②，仅存器盖口沿部分。残高1.9厘米（图2-434，12）。VT106②：2③，仅存器盖口沿部分。残高2.8厘米（图2-434，14）。VT104⑥b：1，盖顶弧形，折沿。折沿处饰一道凹弦纹。盖沿表面饰一组水波纹。残高8.4厘米（图2-434，13）。VT106⑥a：40，已复原。圆弧顶，方沿。顶上有一对穿的宽带状桥形纽，表面有切削痕。直径23.4、高6厘米（图2-434，1）。VT107⑥a：13，微折沿。表面有刮削痕。残高2厘米（图2-434，8）。

器流　1件。VT105③：1，管状流。残。夹砂灰陶。轮制。圆柱状。直径4.1、孔径1.9厘米（图2-434，11）。

器耳　1件。VT87③：2，仅存耳的一部分。贴塑，剖面呈三角形。残高3.8厘米（图2-434，3）。

器底　66件。残。大小差别很大。VT114②：1，外壁底部有切削痕，下腹部有一道折痕。内壁残留少量赭红色。平底。底径4.4、残高2.5厘米（图2-435，16）。VH11：3，平底。器底较厚，底部轮制切削痕明显。中间刻划一个“十”字。底径6.5、残高3.5厘米（图2-435，1）。VH14：7，平底。器底有烟炱痕，内外壁都有赭红色颜料。底径4、残高2.6厘米（图2-435，2）。VT77③：3，平底微凹。底径4.3、残高1.8厘米（图2-435，4）。VG1：14，平底。外壁有刮削痕。内壁有烟炙痕。残高2.4厘米（图2-435，6）。VT111①：3，平底微凹。底径4.9、残高3.2厘米（图2-435，20）。VQ1：10，黑皮灰胎。近底部有刮削痕。平底微凹。底径5、残高2.6厘米（图2-435，15）。VT96⑤：3，平底微凹。器腹下部外壁有切削痕，器底有同心圆切割痕。底径8、残高4.4厘米（图2-435，10）。VT107⑥a：8，平底微凹。底径8.3、残高3.9厘米（图2-435，13）。VG1：4，平底微凹。器底较厚，下腹部有切削痕。底径6.8、残高5.8厘米（图2-435，8）。VT98⑥a：1，泥质灰褐陶。残高6厘米（图2-435，17）。VT106⑥a：10，夹粗砂灰陶，外壁有烟炙痕。手制。平底。残高2.4厘米（图2-435，11）。VT110⑥c：2，残高5.4厘米（图2-435，3）。VT110⑥c：3，平底。底径8.8、残高3.8厘米（图2-435，12）。VT80③：3，平底。底径7.6、残高6厘米（图2-436，16）。VT105①：1，下腹部外壁有两道刻划的凹弦纹。平底，器底较厚。残高4.2厘米（图2-436，10）。VT106②：1，下腹部饰细绳纹。平底。底径10、残高2.6厘米（图2-438，1）。VC：4，器底外壁用赭红色颜料书写一个图案，形似汉字“王”。残高5.2厘米（图2-435，7）。VT83③：15，器壁饰黑色陶衣。底部有一处锔孔，已残。残高9厘米（图2-436，4）。VT84①：1，平底。残高4厘米（图2-436，15）。VT86⑤：7，平底。残高9.2厘米（图2-436，14）。VT87⑥a：3，夹砂灰陶。平底。内外壁都有赭红色。残高4.6厘米（图2-436，7）。VT87⑥a：4，平底。外壁有刮削痕。底部有手捏痕。残高7.4厘米（图2-436，3）。VT95①：11，残高3.3厘米（图2-436，2）。VT96②：2，平底微凹。底径7.8、残高

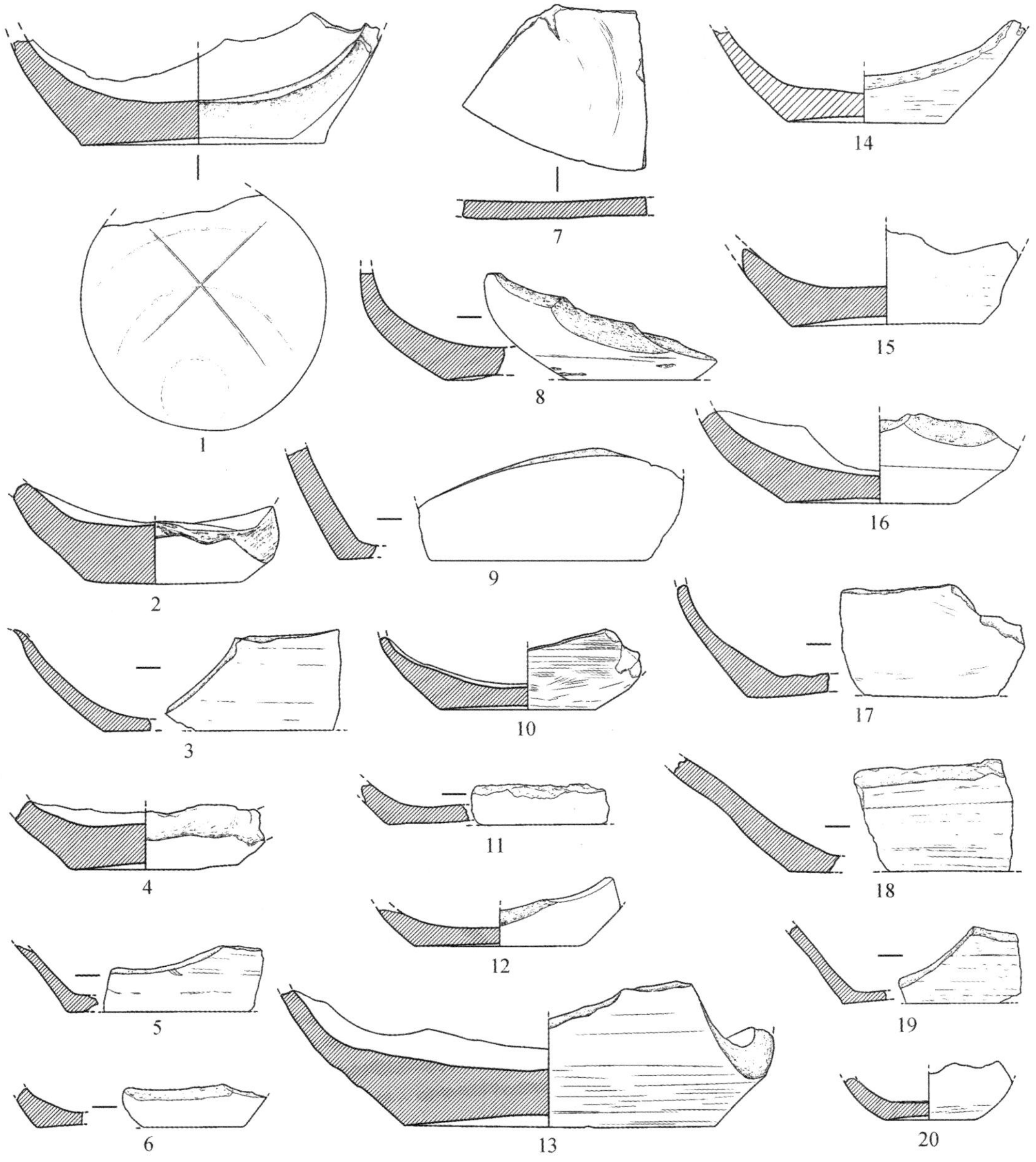

1、2、4、13、15、16. 0 2厘米　3、6～12、14、17、18、20. 0 4厘米　5、19. 0 8厘米

图2-435　陶器底（一）

1. ⅤH11：3　2. ⅤH14：7　3. ⅤT110⑥c：2　4. ⅤT77③：3　5. ⅤF17：7　6. ⅤG1：14　7. ⅤC：4　8. ⅤG1：4　9. ⅤH21：2　10. ⅤT96⑤：3　11. ⅤT106⑥a：10　12. ⅤT110⑥c：3　13. ⅤT107⑥a：8　14. ⅤH14：14　15. ⅤQ1：10　16. ⅤT114②：1　17. ⅤT98⑥a：1　18. ⅤH27：7　19. ⅤH27：8　20. ⅤT111①：3

3.6厘米（图2-436，13）。ⅤT97⑤：6，平底。残高13.6厘米（图2-436，9）。ⅤT97⑤：9，平底微凹，近底部有刮削痕。底径8.4、残高1.8厘米（图2-436，5）。ⅤT100③：3②，平底微凹。底径15.4、残高6.8厘米（图2-436，1）。ⅤT106①：4，外壁有刮削痕。平底微凹。底径6.9、残高2.1厘米（图2-437，11）。ⅤT106⑥a：29②，平底。残高10.8厘米（图2-438，13）。ⅤT106⑥a：29③，平底。内壁有三道交叉刻划痕。残高3.2厘米（图2-438，

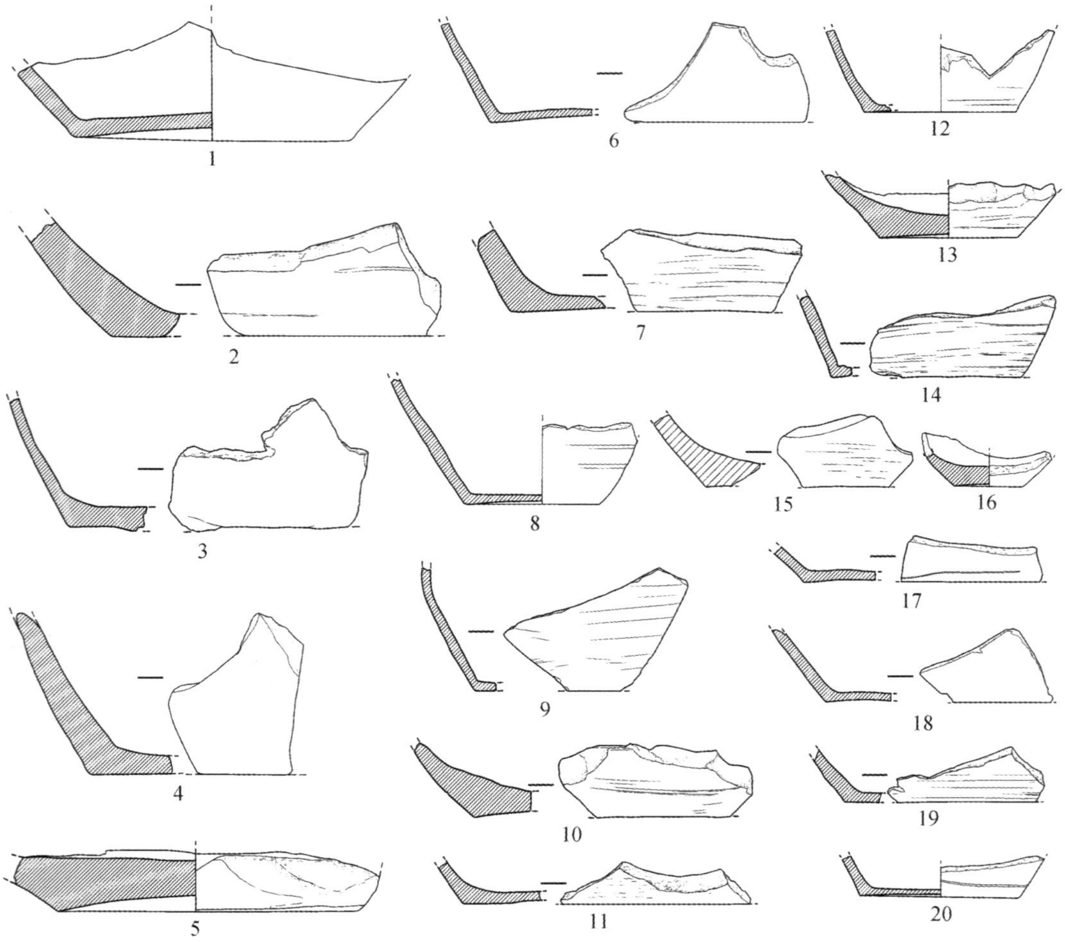

图2-436　陶器底（二）

1. ⅤT100③：3②　2. ⅤT95①：11　3. ⅤT87⑥a：4　4. ⅤT83③：15　5. ⅤT97⑤：9　6. ⅤH27：15　7. ⅤT87⑥a：3　8. ⅤH27：12　9. ⅤT97⑤：6　10. ⅤT105①：1　11. ⅤH27：9　12. ⅤH27：14　13. ⅤT96②：2　14. ⅤT86⑤：7　15. ⅤT84①：1　16. ⅤT80③：3　17. ⅤH27：11　18. ⅤH27：16　19. ⅤH27：10　20. ⅤH27：13

15）。ⅤT106⑥a：34，平底微凹。底径8、残高2.4厘米（图2-438，4）。ⅤT106⑥a：52，平底。残高2厘米（图2-438，8）。ⅤT106⑥a：60，平底。残高8厘米（图2-438，7）。ⅤT107⑥a：2，平底微凹。残高1.2厘米（图2-438，9）。ⅤT107⑥a：40，平底，外壁施黑色陶衣，有刮削痕。残高7.4厘米（图2-437，2）。ⅤT109②：1，平底。残高4.8厘米（图2-437，3）。ⅤT109⑥a：2，平底。残高4.8厘米（图2-437，9）。ⅤT109⑥b：6，夹砂褐陶。平底，近底部有刮削痕。底径11、残高4.4厘米（图2-437，7）。ⅤT113③：21，平底。残高2.8厘米（图2-437，5）。ⅤF17：7，夹砂灰陶。平底。内壁黑皮。残高7.2厘米（图2-435，5）。ⅤH14：14，平底微凹。底径8.4、残高5.6厘米（图2-435，14）。ⅤH21：2，平底。残高6厘米（图2-435，9）。ⅤH27：7，平底。残高6厘米（图2-435，18）。ⅤH27：8，平底。残高8.4厘米（图2-435，19）。ⅤH27：9，平底。残高4.8厘米（图2-436，11）。ⅤH27：10，平底。残高6.4厘米（图2-436，19）。ⅤH27：11，平底。近底部有一道划痕。残高4.4厘

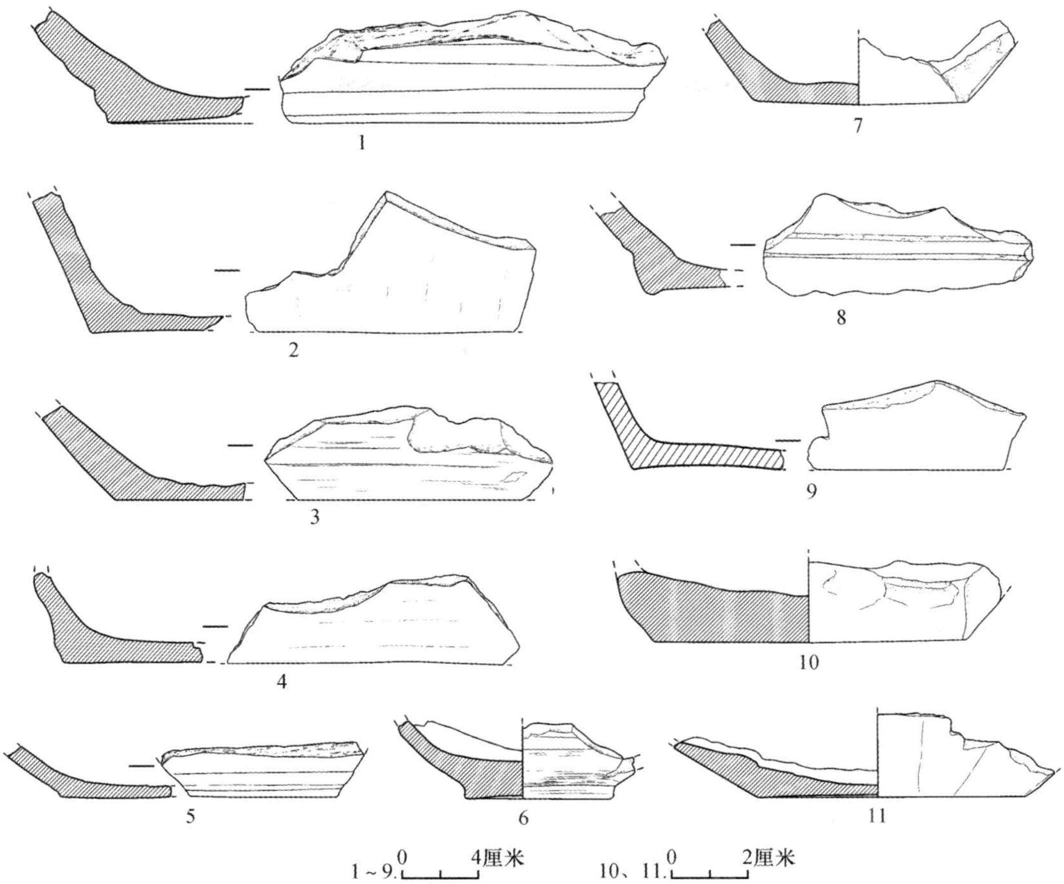

图2-437　陶器底（三）

1. ⅤT109⑥c：1　2. ⅤT107⑥a：40　3. ⅤT109②：1　4. ⅤT109⑥a：3　5. ⅤT113③：21　6. ⅤT76③：1　7. ⅤT109⑥b：6　8. ⅤT109②：5　9. ⅤT109⑥a：2　10. ⅤZD105：1　11. ⅤT106①：4

米（图2-436，17）。ⅤH27：12，平底微凹。底径14.8、残高13.8厘米（图2-436，8）。ⅤH27：13，黑皮灰胎。平底微凹。底径17.6、残高4.8厘米（图2-436，20）。ⅤH27：14，平底微凹。底径17.2、残高9.2厘米（图2-436，12）。ⅤH27：15，平底微凹。残高10.4厘米（图2-436，6）。ⅤH27：16，平底微凹。残高8.8厘米（图2-436，18）。ⅤZD105：1，平底。底径8.2、残高2.1厘米（图2-437，10）。ⅤT110②：4，假圈足。下腹部饰多道弦纹。底径8、残高3.4厘米（图2-438，14）。ⅤT110⑥b：1，外壁饰多道细弦纹。假圈足微凹。底径7.2、残高5厘米（图2-438，11）。ⅤT76③：1，饼状假圈足，微凹。底径7.6、残高4厘米（图2-437，6）。ⅤG1：3，饼状假圈足，微凹。底径7.4、残高4.6厘米（图2-438，12）。ⅤT111③：6，饼状假圈足。残高2.4厘米（图2-438，10）。ⅤT114③：15，饼状假圈足，微凹。残高2.8厘米（图2-438，5）。ⅤH11：8，饼状假圈足。残高3厘米（图2-438，3）。ⅤH15：1，外壁施黑色陶衣。斜直腹。饼状假圈足。残高3.8厘米（图2-438，2）。ⅤT109⑥c：1，下腹部盘筑痕迹明显。饼状假圈足，圈足外壁有一道凹弦纹。残高5.8厘米（图2-437，1）。ⅤT109②：5，近底部饰两道凹弦纹。残高5.2厘米（图2-437，8）。ⅤT109⑥a：3，残高4.8厘米（图2-437，4）。ⅤT109⑥b：4，外壁上腹部饰绳纹。残高10厘米（图2-438，6）。

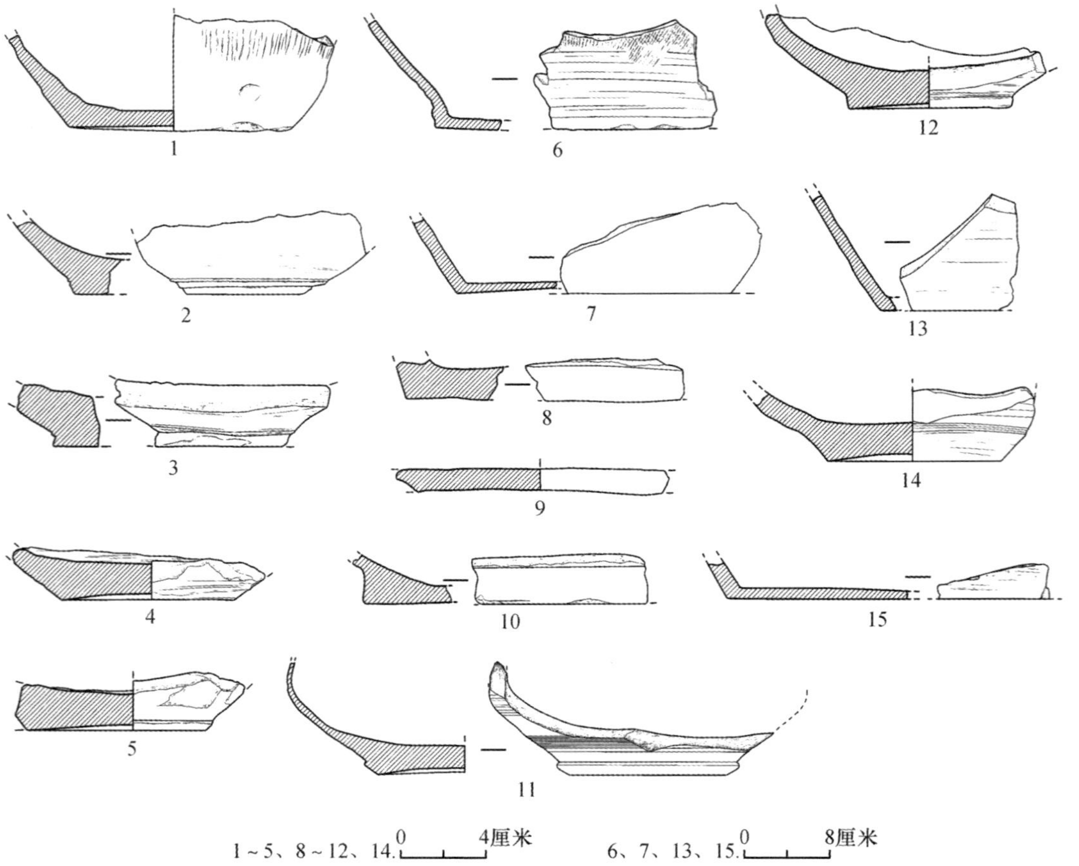

图2-438　陶器底（四）

1. ⅤT106②：1　2. ⅤH15：1　3. ⅤH11：8　4. ⅤT106⑥a：34　5. ⅤT114③：15　6. ⅤT109⑥b：4　7. ⅤT106⑥a：60　8. ⅤT106⑥a：52　9. ⅤT107⑥a：2　10. ⅤT111③：6　11. ⅤT110⑥b：1　12. ⅤG1：3　13. ⅤT106⑥a：29②　14. ⅤT110②：4　15. ⅤT106⑥a：29③

饼　6件。夹砂灰陶或夹砂红褐陶。用陶片或瓦片制成，不规整。平面圆饼状。ⅤT110⑥c：7，夹砂红褐陶，椭圆形，边缘不规整，上下保留瓦片的自然面。内壁有布纹。直径5.8、厚1.9厘米（图2-439，5）。ⅤT98③：1，用瓦片制成，边缘不规整，正面有绳纹，背面有布纹。直径8.1、厚1.7厘米（图2-439，7）。ⅤT105⑥b：1，夹砂灰陶，用瓦片制成。边缘不规整，表面有绳纹。直径5、厚1.3厘米（图2-439，6）。ⅤT110⑥b：4，用陶片制成，夹砂灰陶，边缘不规整，保留了陶片的弧度。直径6.7、厚1.4厘米（图2-439，4）。ⅤT115②：1，用瓦片制成，正面有绳纹。直径6.8、厚2.2厘米（图2-439，1）。ⅤH11：5，夹砂灰陶，圆饼状，用瓦片制成。直径5.6、厚2厘米（图2-439，3）。

纺轮　5件。多为碎瓦片制成。夹砂灰陶。平面扁圆形，中间有孔。ⅤT108⑥a：2，黑皮灰胎，用陶片磨制而成。直径4.7、厚1.2、孔径0.8～1.4厘米（图2-439，8）。ⅤF1：1，正面有绳纹，背面有布纹。直径5.4、厚1.6、孔径0.6～0.8厘米（图2-439，2）。ⅤT78③：7，黑皮灰胎，用陶片磨制而成。直径3、厚1.2、孔径0.7～0.9厘米（图2-440，6）。ⅤT95①：4，边缘不规整。直径3.2、厚1.2、孔径0.7～0.9厘米（图2-439，9）。ⅤT105③：4，用陶片磨制而

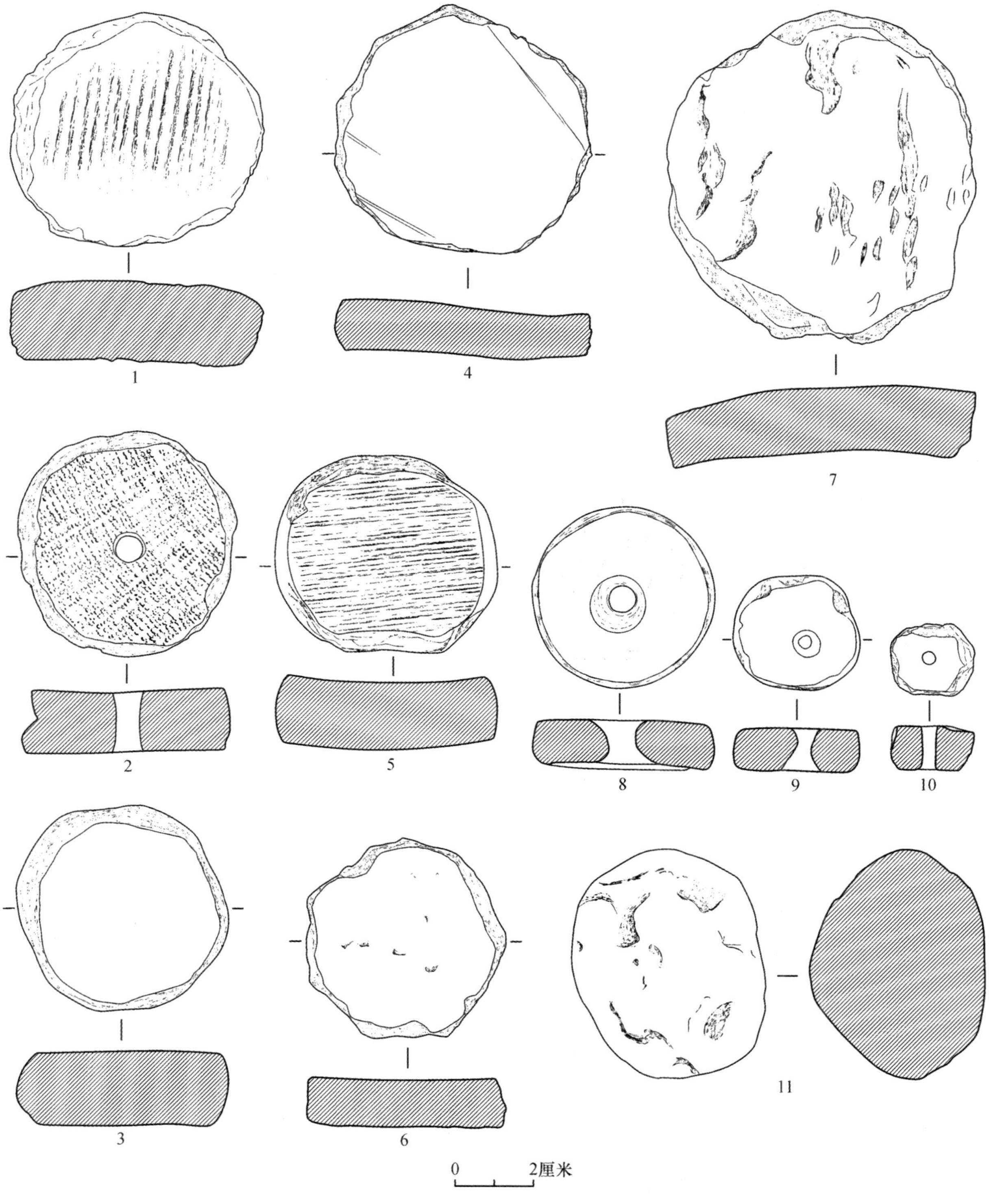

图2-439 陶器

1、3～7.饼（ⅤT115②：1、ⅤH11：5、ⅤT110⑥b：4、ⅤT110⑥c：7、ⅤT105⑥b：1、ⅤT98③：1） 2、8～10.纺轮（ⅤF1：1、ⅤT108⑥a：2、ⅤT95①：4、ⅤT105③：4） 11.球（ⅤT82③：6）

成，不规整。直径2.1、厚1.2、孔径0.4～0.6厘米（图2-439，10）。

球　7件。夹细砂灰陶。多手制。ⅤT82③：6，用陶砖打磨而成，不规整。扁球形，一边保留有砖的平面。器表粗糙。直径5厘米（图2-439，11）。ⅤT100③：4，用陶砖打磨而成，不规整。一侧保留一个台面。直径4.3厘米（图2-440，5）。ⅤT106⑥a：4，仅存半个。直径5.6厘米（图2-440，2）。ⅤT107⑥a：11，残，用陶砖打磨而成，不规整。表面不光滑。直径4.8厘米（图2-440，1）。ⅤG1：27，用陶泥捏成，圆球形，较规整。表面有烟炙痕。直径2.4厘米（图2-440，8）。ⅤT101③：1，用陶泥捏成，圆球形，较规整。直径1.9厘米（图2-440，9）。ⅤT107⑥a：27，用陶泥捏成，仅存半个。直径2.6厘米（图2-440，7）。

箅子　1件。ⅤT106⑥a：56，残。泥质红陶。圆饼状。中间厚边缘薄，边缘切削痕明显。中部残留2个箅孔。残径6.8、厚0.4～1.4、孔径1～1.4厘米（图2-440，3）。

泥制品　4件。形制用途不明。ⅤT95①：5，夹砂灰陶。用湿泥盘成宝塔形。平面圆形。

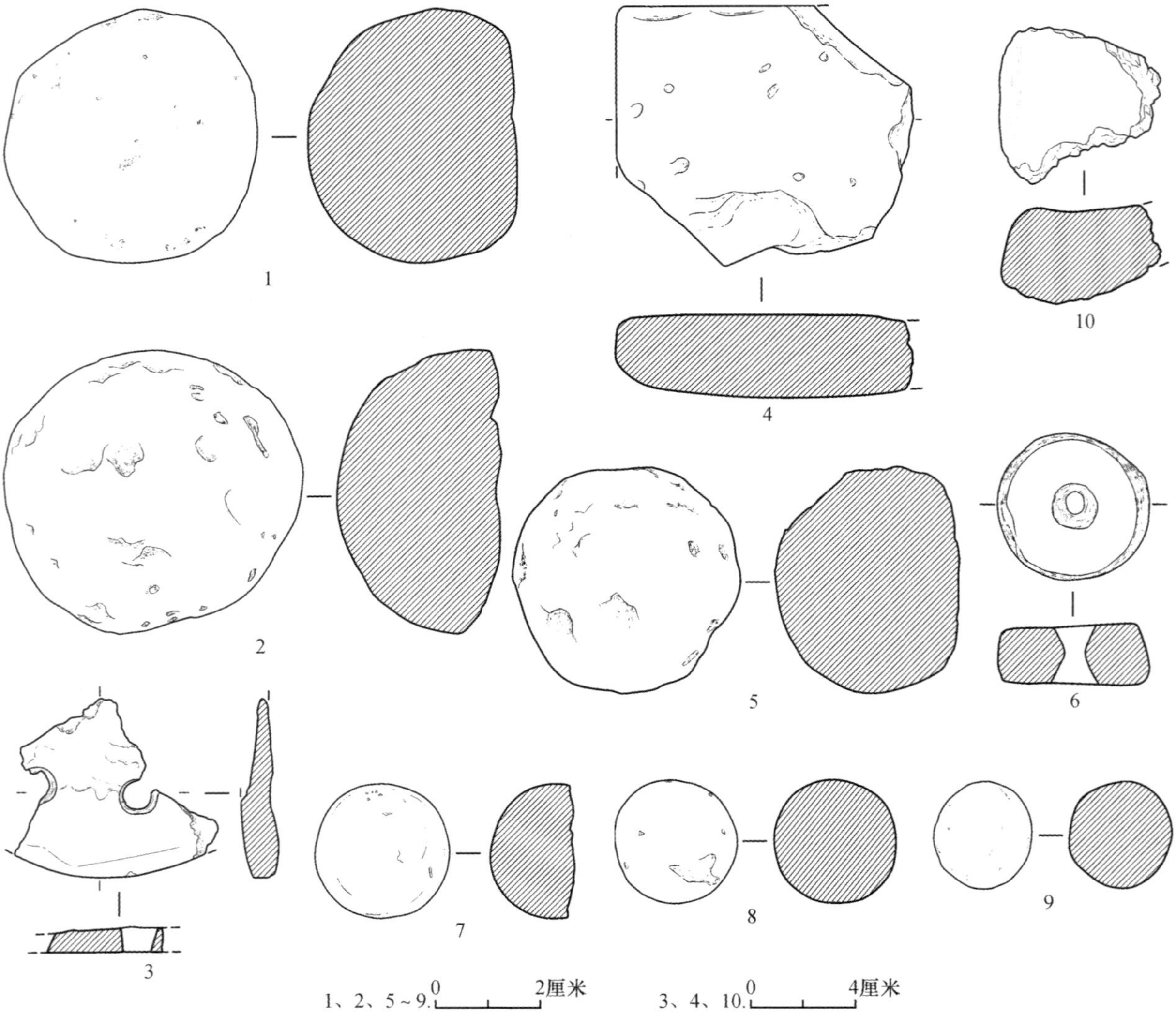

图2-440　陶器

1、2、5、7～9. 球（ⅤT107⑥a：11、ⅤT106⑥a：4、ⅤT100③：4、ⅤT107⑥a：27、ⅤG1：27、ⅤT101③：1）
3. 箅子（ⅤT106⑥a：56）　4、10. 泥制品（ⅤH21：3、ⅤT95①：9）　6. 纺轮（ⅤT78③：7）

直径2.6、高1.2厘米。ⅤT95①：9，手制。夹砂灰陶，一面微凹。残长6.4、残宽6、残高3.8厘米（图2-440，10）。ⅤT95①：10，碎瓦片磨制而成。平面大致呈圆角方形。表面有磨痕，磨面微凹。残长8.1、残宽5.8、厚1.9厘米。ⅤH21：3，夹砂红褐陶，可能是碎砖加工制成。平面圆角方形，有两处边缘切割整齐。残长11.4、宽10、厚3.4厘米（图2-440，4）。

残陶片　10件。夹砂灰陶。轮制。为器腹残片。表面饰有纹饰，部分器表刻有文字。ⅤT85①：2，仅存器腹。夹砂灰陶。鼓腹。泥条盘筑痕迹明显。残高16.4厘米。ⅤT86⑤：3，表面有两道凸弦纹和一道水波纹。残高4厘米。ⅤG1：7，表面有戳刺纹，器表有烟灸痕。残高5.2厘米。ⅤT87③：1，表面有两道戳刺纹。残高12厘米。ⅤT97⑤：7，轮制。夹砂灰陶。束颈。内壁刻画“十”字，外壁刻划“五”字，交笔斜直。残高8厘米。ⅤT109⑥b：9，仅存器腹。鼓腹。外壁饰竖绳纹，绳纹上加饰三道凹弦纹，内壁捏痕明显。残高17.6厘米（图2-412，3）。ⅤT111②：1，器表有一组水波纹。残高4.3厘米。ⅤT111③：1，器表有一组水波纹和一道凹弦纹。残高4.8厘米。ⅤF20：8，轮制。夹砂灰陶，表面阴刻汉隶“马”字，为制坯时就刻好后烧造而成。残高13.2厘米（图2-412，2；图版2-96，2）。ⅤH7：1，夹砂灰陶。轮制。表面泥条盘筑痕迹明显，器身有一钻孔，应为锔孔。残高11厘米。

铜器　6件。其中盂1件，镜3件，管1件，器底1件等。均残，锈蚀严重。

盂　1件。ⅤT106⑥a：2，仅存口部及颈部。由铜片压制而成。敞口。内斜平沿。圆唇，唇略厚，深腹。残高2.6厘米（图2-441，7）。

镜　3件。仅存边缘部分。ⅤT77③：2，窄沿，剖面呈三角形，镜背可见两条纹饰带，内侧为连弧纹，外侧为四叶纹。残长2.6、厚0.15～0.25厘米（图2-441，8）。ⅤH12：3，仅存三角形残片，镜背可见柿蒂纹和一个“宜？”字。残长2.7、厚0.2厘米（图2-441，12）。ⅤT113②：1，镜体较薄，镜沿剖面为三角形。残长4.2、厚0.2～0.4厘米（图2-441，10）。

管　1件。ⅤD：1，圆筒状，仅存半个。残长1.6、最宽1.1、中间孔径0.3厘米（图2-441，11）。

器底　1件。ⅤT109⑥a：1，鼓腹。平底。底部有一个圆孔。残高5.4、壁厚0.2厘米（图2-441，1）。

铁器　45件。其中釜15件和残铁器30件。均残，锈蚀严重。

釜　15件。无法复原。4件为口沿残片，敛口，外斜平沿，圆唇，深鼓腹。11件为器腹残片，其中2件底部有扁柱状足。ⅤT106⑥a：17，唇下有一道划痕。肩部有一柱状耳，耳残。残高7.4厘米（图2-441，6）。ⅤT108⑥b：1，为器腹残片，器身附一铁质锔钉。残高6厘米（图2-442，2）。ⅤG1：25，残高9.4厘米（图2-442，5）。ⅤH7：3，残高8.8厘米（图2-441，2）。ⅤG1：9，残长6.4厘米（图2-442，7）。ⅤT87③：3，圆弧底，存一扁柱状足。残高5.6厘米（图2-441，5）。ⅤH24：2，圆弧底，存一扁柱状足。残高15.6厘米（图2-441，4）。ⅤG1：8，残高9.4厘米（图2-442，6）。ⅤT91③：1，残长12.6厘米（图2-441，3）。ⅤT100⑥b：2，残长11.2厘米（图2-441，13）。ⅤT108②：2，残高6厘米（图2-442，8）。ⅤT110⑥b：5，残长7.8厘米（图2-442，4）。ⅤT110⑥b：9，残长7.7厘米（图2-442，

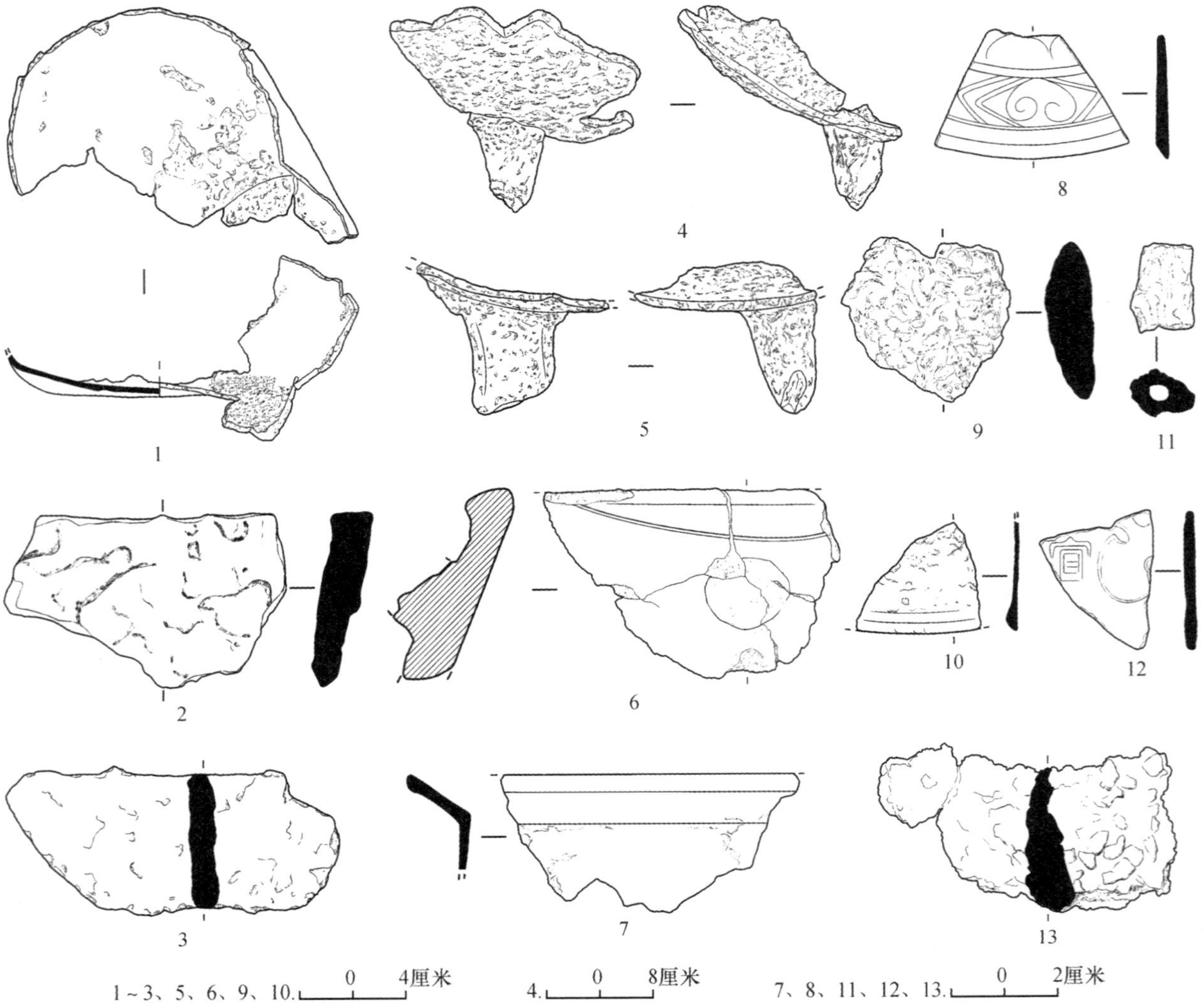

图2-441　铜器、铁器

1. 铜器底（VT109⑥a：1）　2～6、9、13. 铁釜（VH7：3、VT91③：1、VH24：2、VT87③：3、VT106⑥a：17、VQ1：15、VT100⑥b：2）　7. 铜盂（VT106⑥a：2）　8、10、12. 铜镜（VT77③：2、VT113②：1、VH12：3）　11. 铜管（VD：1）

3）。VT112③：4，残长7.1厘米（图2-442，1）。VQ1：15，平面不规则，残高6.2厘米（图2-441，9）。

残铁器　30件。形制不完整。VF20：10，类似钉，仅存钉尖，长三角形，黏附朽木痕迹。残长4.1厘米（图2-443，14）。VH14：1，整体呈细长三角形，柄较长。表面黏附朽木痕迹，残长10.2厘米（图2-443，12）。VT99①：1，整体呈细长三角形，柄较长。残长4.2厘米（图2-443，15）。VF3：4，圆柱体，一端有个圆环。残长6.4厘米（图2-443，8）。VZ9：1，环首铁器。残长5.3、环径3厘米。VT111③：2，环首铁器。残长6.2厘米（图2-443，10）。VT108⑥a：1，残长6.4厘米。VT108⑥b：4，呈柱状。残长7.5厘米（图2-443，7）。VT96⑥a：9，器身扁平。残长6.8厘米（图2-443，19）。VT106⑥a：38，残长4.8厘米（图2-443，13）。VT106⑥a：5，仅存柱状铁铤，为分段铸造后套接而成。残长22.4厘米（图2-443，11）。VG1：11，残长5.3、宽2.3厘米（图2-443，3）。VT88⑤：3，残长4.5

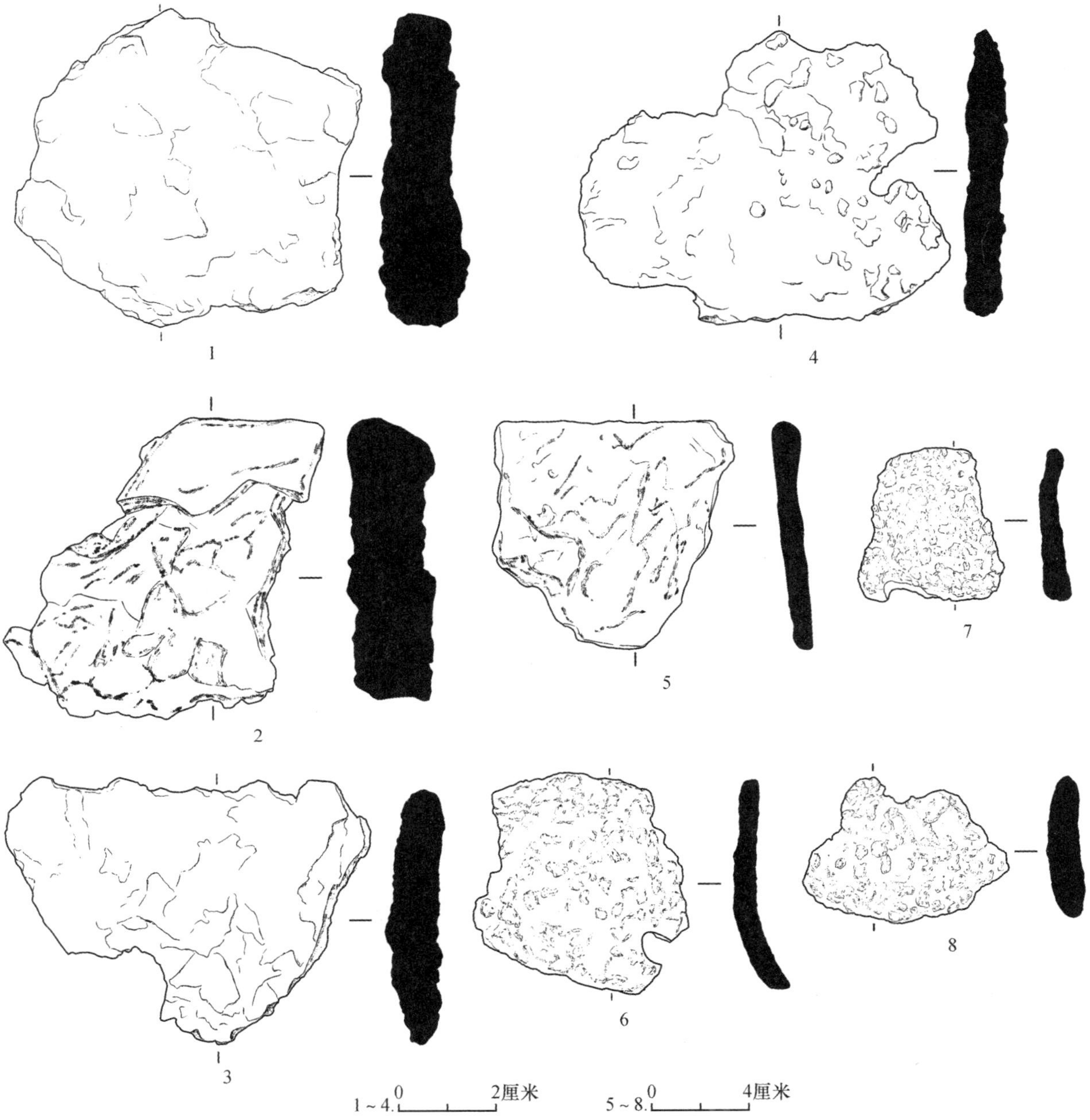

图2-442　铁釜

1. VT112③：4　2. VT108⑥b：1　3. VT110⑥b：9　4. VT110⑥b：5　5. VG1：25　6. VG1：8　7. VG1：9　8. VT108②：2

厘米（图2-443，4）。VT106⑥a：15，残长10.6厘米（图2-443，18）。VT106⑥a：26，残长5、宽4.7厘米（图2-443，2）。VF3：6，呈长条状。残长16.2厘米。VF5：3，残长8.6厘米（图2-443，17）。VH11：11，呈柱状。残长6.6厘米（图2-443，9）。VH14：10，残长10.8厘米（图2-443，16）。VT108⑥b：6，残长2.5厘米（图2-443，1）。VF3：6，残长16厘米（图2-443，6）。

木器　1件。VF4：2，为木珠。糟朽严重，平面圆形。残高1.8、直径1.9厘米（图2-443，5）。

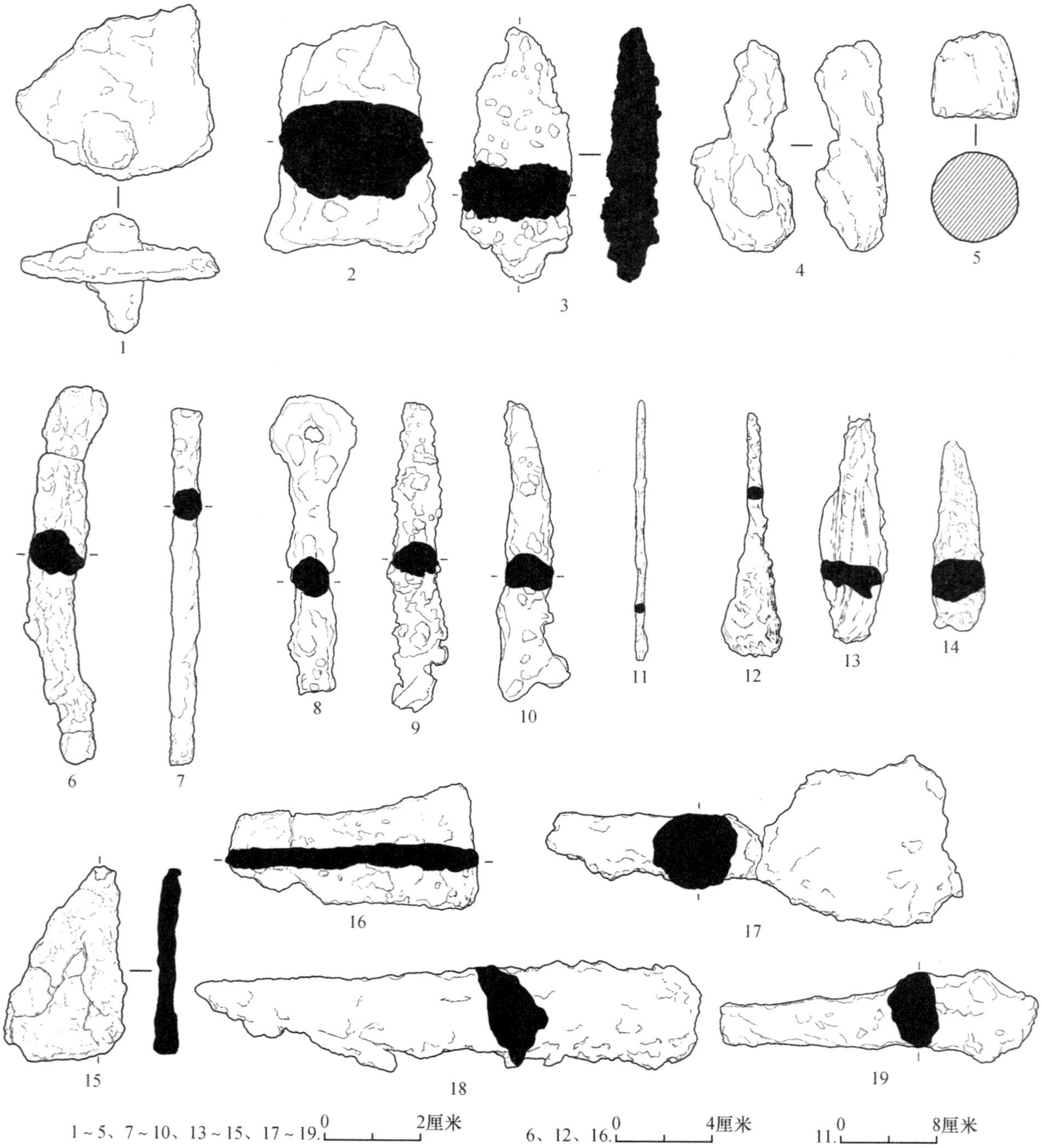

图2-443　铁器、木器

1～4、6～19. 残铁器（VT108⑥b：6、VT106⑥a：26、VG1：11、VT88⑤：3、VF3：6、VT108⑥b：4、VF3：4、VH11：11、VT111③：2、VT106⑥a：5、VH14：1、VT106⑥a：38、VF20：10、VT99①：1、VH14：10、VF5：3、VT106⑥a：15、VT96⑥a：9）　5. 木珠（VF4：2）

石器　33件。其中磨盘19件，砺石5件，杵2件，臼1件，球1件，眉笔1件，其他石器1件，炭精纺轮3件。多残缺不完整。石质有青灰色砂质岩、青灰色泥质岩、灰黄色砂质岩和炭精等。

石磨盘　19件。均残。圆形石磨盘。ⅤT95①：3，圆形石磨盘。正面有条形凿刻痕，顶部呈二层台状，中间有一个隔梁，隔梁两边各有一个半月形凹弦纹，其中一个底部有一个圆形投料孔，孔径3厘米，磨面平整，边缘磨齿呈扇形分布。残长32、宽30、最高10厘米。ⅤT107⑥a：14，较宽长，属于石磨盘下半部分。磨面微凹。残长14.5、宽7.6厘米（图2-445，2）。ⅤT114③：23，仅存一小片磨齿，上面可见等距离錾刻5道磨齿。残长10、宽8.8、厚3.6厘米（图2-444，10）。ⅤF20：2，青灰色砂质岩。为上片。表面有放射状纵向凿痕，剖面呈二层台状，中间部分有喂料孔，已残缺。磨面可见放射状磨齿6条。残长18.8、厚10.8厘米（图2-445，4）。ⅤT106⑥a：8，仅存一个三角形残块。残长18、高8.8厘米（图2-444，8）。ⅤT108⑧：2，表面粗糙，平面扇形。中间厚，边缘薄，磨齿不清晰。残长24.8厘米（图2-444，1）。ⅤF6：5，平面呈半椭圆形，一端尖圆形。一面有马鞍形磨面，其余面保持原始形态。磨面平整微凹。残长20、厚4.8厘米（图2-444，11）。ⅤT96⑥a：4，一面有马鞍形磨面，其余面保持原始形态。磨面微凹。残长10.8、厚4.6厘米（图2-444，7）。ⅤT109⑥b：5，仅存中间一截。磨面微凹。残长17.6、残宽13.2、厚5.2厘米（图2-444，5）。ⅤT109⑥b：10，磨面微凹。残长12、宽11、厚7.6厘米（图2-444，3）。ⅤQ1：13，一面有马鞍形磨面，其余面保持原始形态。磨面微凹。残长14.6、宽10.4、厚6.4厘米（图2-445，5）。ⅤF2：5，仅存三角形残片。扁平状，边缘砸击痕明显。残长7.6、厚3.8厘米（图2-444，2）。ⅤT106⑥a：22，细长，为上片石磨棒。磨面微凹。残长12、厚4.8厘米（图2-444，9）。ⅤT108⑥b：5，细长，为上片石磨棒。磨面微凹。残长11.4、厚6.2厘米（图2-445，3）。ⅤQ1：29，细长，为上片石磨棒。磨面微凹。残长10.5、厚3.8厘米（图2-445，1）。ⅤZ2：1①，细长，为上片石磨棒。磨面微凹。残长20.8、厚6.8厘米（图2-444，12）。ⅤZ2：1②，平面圆角方形，中间微凹，边缘略厚。残长8、厚6.4厘米（图2-444，4）。ⅤT100⑥b：1，平面呈梯形。磨面平整微凹。残长11、厚5厘米（图2-445，6）。ⅤH37：1，长条形。一面平整。一端表面呈麻点状敲砸痕。长25.6、宽10.4厘米（图2-444，6）。

砺石　5件。ⅤT96⑥a：10，青灰色砂岩，一端残，大致呈长方体，磨面微凹，四面磨痕明显。残长6.6、宽4.2厘米（图2-446，10）。ⅤQ1：20，残，柱状体，一端弧形，一端残。残断部分剖面圆角方形。一面较平，有明显的磨痕。残长9.2、宽4.6、厚3.4厘米（图2-446，6）。ⅤT109⑥a：4，圆球状。有两个研磨面，一呈椭圆形，一呈圆形。磨面平整，磨面边缘残留有黑色物质，疑为颜料。长5、宽3.7、厚3.8厘米（图2-446，14）。ⅤF3：2，平面呈圆角方形，磨面平滑。长18、厚2厘米（图2-446，1）。ⅤQ1：27，残，灰黄色砂质岩。马鞍形。磨面微凹。残长9.6、厚2.2厘米（图2-446，9）。

杵　2件。ⅤT107⑥a：5，柱状。一端残。杵身一面磨制平整，磨面微凹。杵底略平，表面有麻点状敲击痕，使用痕迹明显。残长9、直径5.4厘米（图2-446，13）。ⅤH13：1，残，

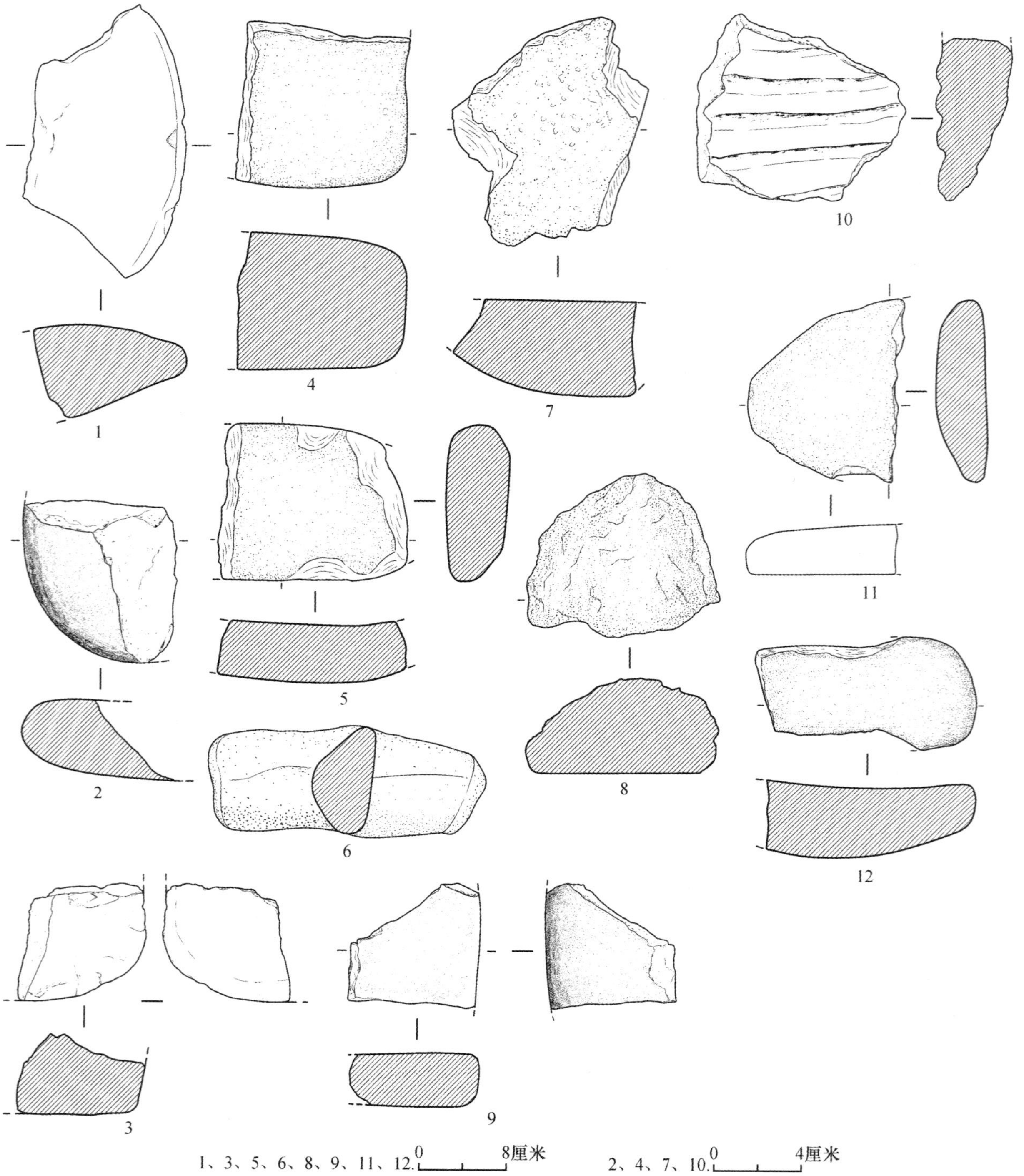

图2-444　石磨盘（一）

1. ⅤT108⑧：2　2. ⅤF2：5　3. ⅤT109⑥b：10　4. ⅤZ2：1②　5. ⅤT109⑥b：5　6. ⅤH37：1　7. ⅤT96⑥a：4　8. ⅤT106⑥a：8　9. ⅤT106⑥a：22　10. ⅤT114③：23　11. ⅤF6：5　12. ⅤZ2：1①

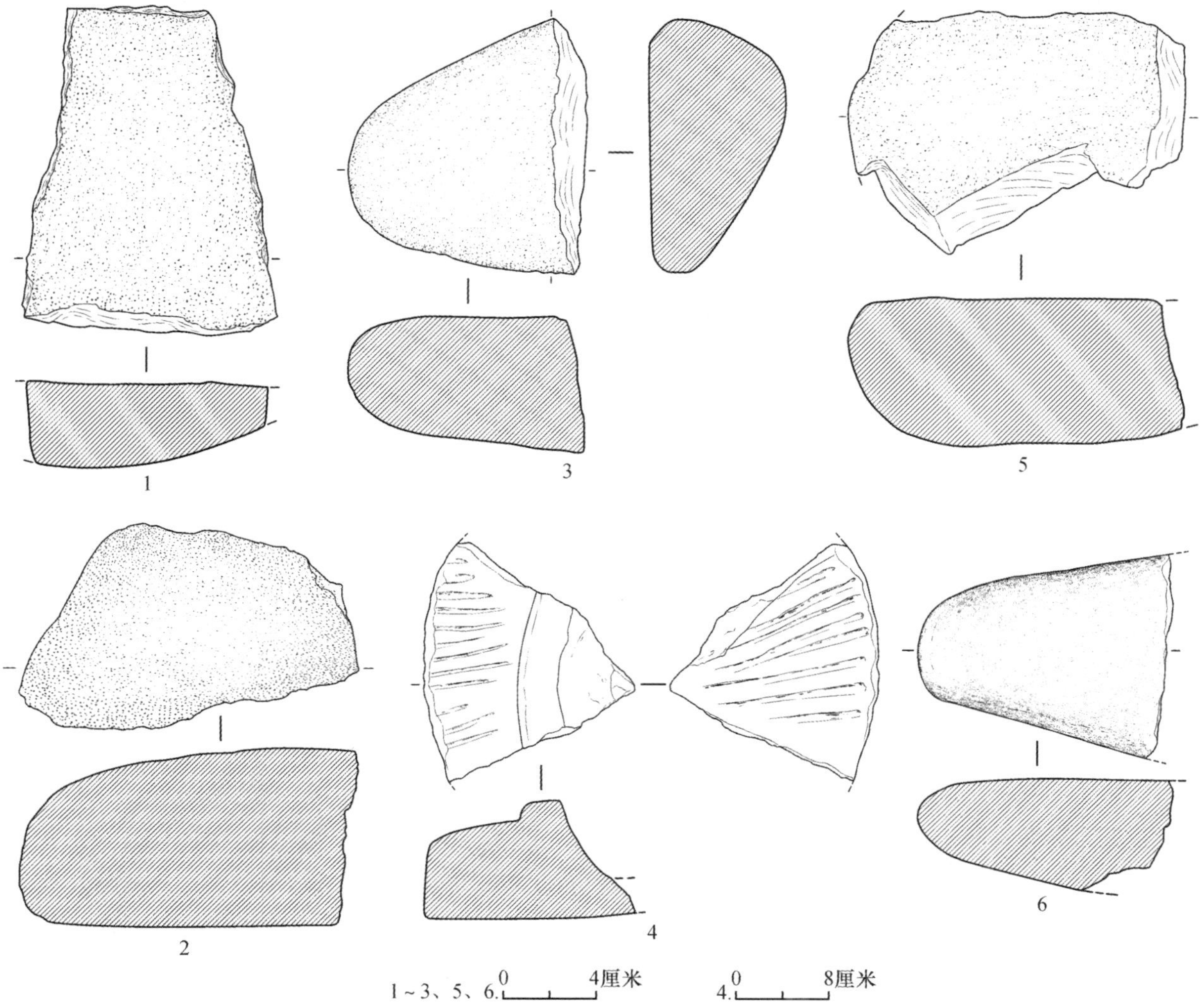

图2-445 石磨盘（二）

1. ⅤQ1：29 2. ⅤT107⑥a：14 3. ⅤT108⑥b：5 4. ⅤF20：2 5. ⅤQ1：13 6. ⅤT100⑥b：1

仅存一端，顶端有敲砸痕。残径10.2厘米（图2-446，2）。

臼 1件。ⅤT106⑥a：50，残。圆筒状，内外粗糙。直壁。残高13.2、内径7.2、壁厚4.4厘米（图2-446，4）。

球 1件。ⅤT95①：6，不规则圆形。直径4.8厘米（图2-446，3）。

眉笔 1件。ⅤT84③：7，残。长圆柱体，表面较光滑。磨面光滑。尾部近方形。长5.3、厚0.6厘米（图2-446，12）。

其他石器 1件。ⅤF5：1，平面不规则形，剖面三角形，一侧有加工痕。长4、宽3.8、厚1.5厘米（图2-446，8）。

炭精纺轮 3件。2件成品，1件为半成品。ⅤF2：1，饼状。中间有孔。直径4.5、厚1.8、孔径0.8～1.1厘米（图2-446，7）。ⅤT107⑥a：22，算珠状。打磨较光滑。中间有孔。直径3.9、厚1.6、孔径0.5～0.7厘米（图2-446，11；图版2-97，6）。ⅤT106⑥a：49，圆饼状，表面粗糙。边缘薄中间厚，可能是加工纺轮的半成品。直径6.6、厚1.1厘米（图2-446，5）。

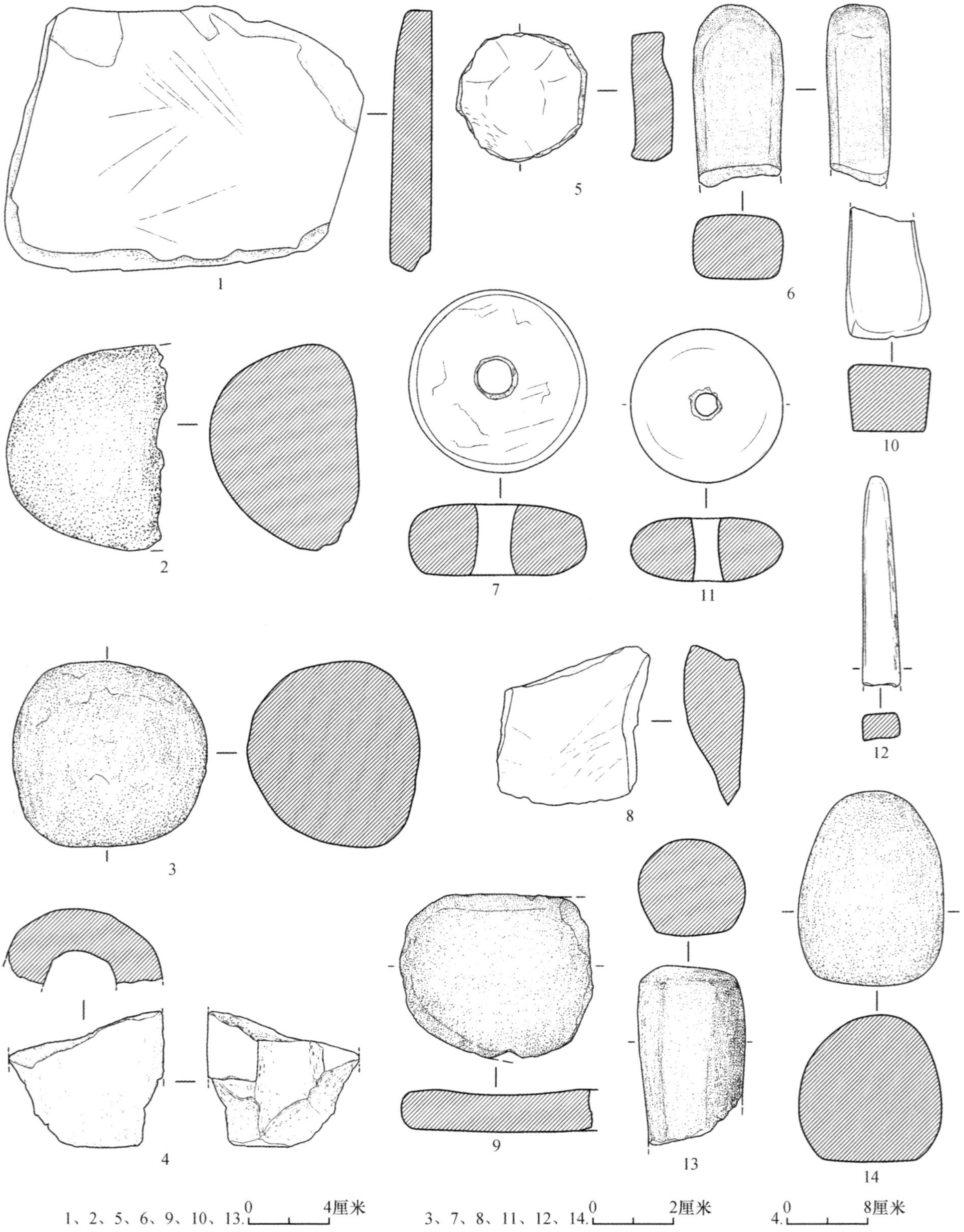

图2-446　石器

1、6、9、10、14. 砺石（ⅤF3：2、ⅤQ1：20、ⅤQ1：27、ⅤT96⑥a：10、ⅤT109⑥a：4）　2、13. 杵（ⅤH13：1、ⅤT107⑥a：5）　3. 球（ⅤT95①：6）　4. 臼（ⅤT106⑥a：50）　5、7、11. 炭精纺轮（ⅤT106⑥a：49、ⅤF2：1、ⅤT107⑥a：22）　8. 其他石器（ⅤF5：1）　12. 眉笔（ⅤT84③：7）

玻璃器　1件。VT105①：3，为瓜棱珠。淡蓝色。上下台面较宽。中间有穿孔。最大腹径2.7、通高2.1、孔径1厘米（图2-447，25；图版2-97，3）。

骨角器　27件。其中结具1件，簪1件，针1件，管1件，骨片2件等。用动物骨、角加工而成。还有21件属于原材料，表面残留切割痕或加工痕。

结具　1件。VQ1：12，羊腿骨制成。两端各有一钻孔。长15、孔径0.8～1厘米（图2-447，6）。

簪　1件。VH13：2，兽骨制成。细长条形。通体打磨光滑扁平。尖部圆润。通长17.6、宽0.8厘米（图2-447，9；图版2-97，2）。

针　1件。VF1：3，以兽骨刮削制成。细长条，表面打磨光滑，针尖锐利，尾端有一针鼻。长12.8、孔径0.1厘米（图2-447，3；图版2-97，4）。

管　1件。VF4：3，用动物骨骼制作而成，管状，中空，表面较光滑。通高2.8、外径

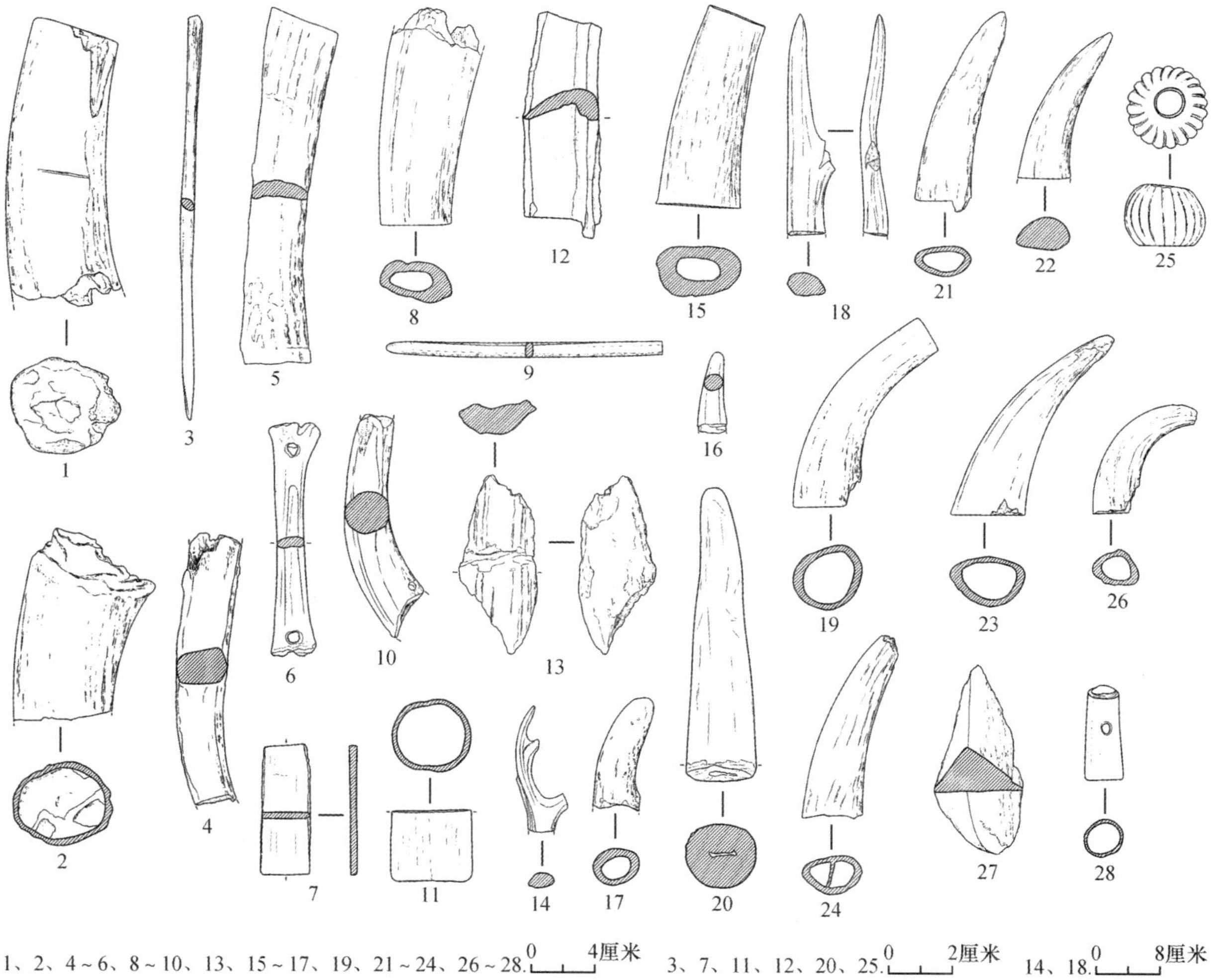

图2-447　骨器、玻璃器

1、2、4、8、10、12～24、26～28. 骨料（VF3：5、VT97⑥c：2、VQ1：26、VQ1：5、VQ1：2、VQ1：14、VT76⑦：1、VT107⑥a：25、VF1：2、VT96⑥a：11、VC：1、VQ1：24、VT106⑥a：59、VH33：1、VT108⑥c：1、VT106⑥a：30、VT107⑥a：19、VF20：6、VF20：7、VF20：1、VT107⑥a：39）　3. 骨针（VF1：3）　5、7. 骨片（VQ1：25、VT106⑥a：44）　6. 骨结具（VQ1：12）　9. 骨簪（VH13：2）　11. 骨管（VF4：3）　25. 玻璃器（VT105①：3）

2.5、内径2.2厘米（图2-447，11；图版2-97，1）。

骨片　2件。兽骨磨制成的薄片。长条形。有明显的切削痕。ⅤT106⑥a：44，表面较光滑。长4.2、宽1.7、厚0.3厘米（图2-447，7）。ⅤQ1：25，马鹿角骨片段。长条形薄片，切割痕明显，长23厘米（图2-447，5）。

骨料　21件。多为牛羊角，少量鹿角。有明显的切割痕。ⅤT76⑦：1，兽骨剖开制成。不规则形，表面有两道刻槽。长11.8厘米（图2-447，13）。ⅤF20：1，兽骨切割制成。平面呈不规则形，表面有明显的两道切割槽。剖面呈三角形。长11.6厘米（图2-447，27）。ⅤQ1：14，动物肢骨剖开制成，边沿切割痕明显。长7、宽2.5厘米（图2-447，12）。ⅤQ1：26，兽骨加工制成，顶端和表面皆有切削痕，长16.8厘米（图2-447，4）。ⅤT96⑥a：11，兽角制成。一端切割痕明显。长5.6厘米（图2-447，16）。ⅤT97⑥c：2，牛角制成。切割痕明显，长12.4厘米（图2-447，2）。ⅤT106⑥a：30，羊角制成。切痕明显。长9.2厘米（图2-447，22）。ⅤT106⑥a：59，牛角制成。两端有切割痕，切痕明显。一端糟朽。长15.1厘米（图2-447，19）。ⅤT107⑥a：19，羊角制成，切痕明显。长15.7厘米（图2-447，23）。ⅤT107⑥a：25，鹿角制品。有切割痕，切痕平整。长16.4厘米（图2-447，14）。ⅤT107⑥a：39，兽角切割钻孔制成。切割痕明显，中空。器身有一钻孔。通长6.2、孔径0.8厘米（图2-447，28）。ⅤT108⑥c：1，羊角制成。切割痕明显。长12.6厘米（图2-447，21）。ⅤF1：2，牛角制成。两端都有切割痕。长13.2厘米（图2-447，15）。ⅤF3：5，牛角制成。切痕明显。中部有一道刻痕。通长18.6厘米（图2-447，1）。ⅤF20：6，羊角制成。切痕明显。长12.5厘米（图2-447，24）。ⅤF20：7，羊角制成。切割痕明显，表面有糟朽痕迹。长7.4厘米（图2-447，26）。ⅤH33：1，鹿角制成。尖部圆润。切割痕明显。长8.7厘米（图2-447，20）。ⅤQ1：2，残，羊角制成。表面切割很明显，一端有一钻孔。长14.2、孔径0.6厘米（图2-447，10）。ⅤQ1：5，牛角制成。切痕明显。长14厘米（图2-447，8）。ⅤQ1：24，鹿角制成。表面切割痕明显。尖部有人工切削的痕迹。长28厘米（图2-447，18）。ⅤC：1，羊角制成。有明显切痕。长7.2厘米（图2-447，17）。

3. 兵器类

41件。器类主要有铜、铁、骨等。其中铜兵器13件，铁兵器27件，骨兵器仅1件。

铜兵器　13件。其中刀1件，铜镞9件，销钉2件，铠甲片1件。

刀　1件。ⅤF6：6，残，仅存刀尖。直背，弧刃。残长2厘米（图2-448，10）。

镞　9件。残，锈蚀严重。ⅤT78③：5，三棱形。短小，镞尖钝圆，镞身上有4道刻槽。尾端銎孔已残。残长2.1厘米（图2-448，5；图版2-98，5）。ⅤT96⑤：6，三棱形。镞尖钝圆，短铤，尾部有一銎孔。孔径1、残长2.7厘米（图2-448，7；图版2-98，2）。ⅤF6：2，残损严重。三棱形。镞尖钝圆，銎孔已残，仅剩少量痕迹。残长1.8厘米（图2-448，8；图版2-98，3）。ⅤT97⑥a：2，三棱形。镞尖锐利，短铤。铤前段为铜，后接一段铁铤。残长4.1厘米（图2-448，2；图版2-98，4）。ⅤT106⑥a：3，三棱形。短铤，六面。残长2.8厘米（图2-448，4；图版2-98，1）。ⅤT97⑥a：1，三棱形。镞尖钝圆，短铤，六面。已残。残长2.7厘米（图2-448，6）。ⅤH39：1，三棱形。仅存半个，可见少量镞身和铤。残长2.1厘米（图2-448，3）。ⅤT96⑥a：1，三翼形。镞尖圆钝。残长3.5厘米（图2-448，12）。ⅤT108⑥c：2，仅存镞身一翼和铤。残长3.1、铤长0.4厘米。

销钉 2件。为弩机构件。圆柱状，顶端有方形帽，末端有销孔。ⅤT88⑤：1，通长6.6、帽边长1.6、轴径1.4、孔径0.4厘米（图2-448，9；图版2-98，6）。ⅤT108⑥b：3，销孔残。通

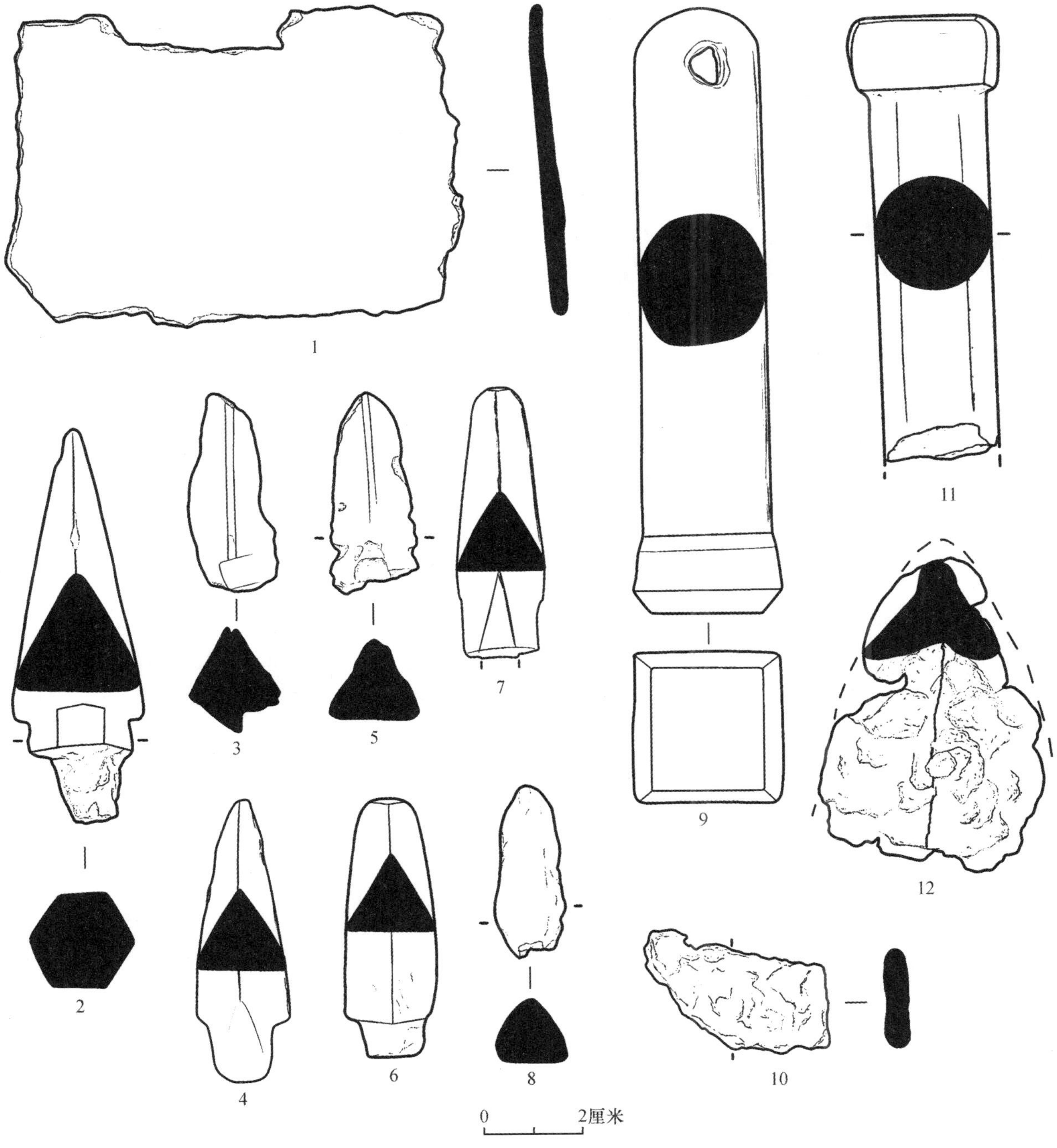

图2-448 铜器

1. 铠甲片（ⅤT78③：2） 2～8、12. 镞（ⅤT97⑥a：2、ⅤH39：1、ⅤT106⑥a：3、ⅤT78③：5、ⅤT97⑥a：1、ⅤT96⑤：6、ⅤF6：2、ⅤT96⑥a：1） 9、11. 销钉（ⅤT88⑤：1、ⅤT108⑥b：3） 10. 刀（ⅤF6：6）

长4.8、帽边长1.5、轴径1.2厘米（图2-448，11）。

铠甲片　1件。ⅤT78③：2，残。用一个薄铜片加工而成，平面呈方形。残长4.9、残宽3.4、厚0.2厘米（图2-448，1）。

铁兵器　27件。主要有刀4件，箭镞10件，铠甲片13件等。

刀　4件。均残，锈蚀严重。ⅤF20：11，残。直柄，直刃，刀尖微翘。长20.9、宽1.9厘米（图2-449，23；图版2-99，6）。ⅤF20：12，环首，直刃。长12.8厘米（图2-449，10；图版2-99，3）。ⅤT88⑤：2，仅存刀柄，长条形，直柄，残长13.1、残宽2.4厘米（图2-449，9）。ⅤT107⑥a：9，变形呈曲尺形。直背，直刃，厚背。通长12.2、宽1.4、厚0.6厘米（图2-449，11）。

箭镞　10件。均残，锈蚀严重。ⅤT106⑥a：37，镞身为柳叶形，细长柱状铤，铤上残留朽木。残长7.5厘米（图2-449，4）。ⅤF2：6，镞身为三棱形，柱状铤，铤身附着少许朽木。残长7.6厘米（图2-449，5；图版2-99，4）。ⅤT78③：1，仅存一小部分铁铤。残长3.4厘米（图2-449，19）。ⅤT106⑥a：48，镞身三棱形。柱状铁铤，残长9厘米（图2-449，14）。ⅤT107⑥a：37，仅余铁铤。残长8.1厘米（图2-449，3）。ⅤT110⑥c：5，残长4.6厘米（图2-449，18）。ⅤF4：1，镞身三棱形，柱状细铤。残长5.1厘米（图2-449，15）。

铠甲片　13件。均残，锈蚀严重。薄铁片制成，器身扁平，平面多为长方形。ⅤF16：3，圆角长方形。器身有一孔。残长4.1、宽3.2、厚0.4、孔径0.4厘米（图2-449，13；图版2-99，5）。ⅤT99③：2，圆角长方形。残长4.4、残宽3.3厘米（图2-449，17）。ⅤT106⑥a：11，圆角长方形。残长3.3、宽3.1厘米（图2-449，24）。ⅤT106⑥a：12，短圭形，一端圆弧，一端平。长5.9、宽4.5、厚0.5厘米（图2-449，6；图版2-99，2）。ⅤT97⑤：3，短圭形，一端圆弧，一端平。长3.5、宽2.6、厚3厘米（图2-449，16）。ⅤT98①：2，短圭形，一端圆弧，一端平。一端有孔，残长7.2、残宽4.7、厚0.3、孔径0.1厘米（图2-449，1）。ⅤF3：2，短圭形，一端圆弧，一端平。器身有一钻孔。残长4.7、孔径0.4厘米（图2-449，8）。ⅤF17：5，长圭形。表面黏附朽木痕迹，附三个钻孔。长7.5、宽3.5、厚0.3厘米（图2-449，2；图版2-99，1）。ⅤT106⑥a：43，长圭形。残长3.6、宽2.2厘米（图2-449，22）。ⅤT107⑥a：24，长圭形。长5.3、宽3.1、厚0.3厘米（图2-449，7）。ⅤT115⑥c：1，长圭形。残长7、宽3.6、厚0.4厘米（图2-449，21）。ⅤF6：1，长圭形。残长5.6、宽2.7厘米。

骨兵器　1件。ⅤT110⑥c：1，为镞。镞身四棱形。镞尖部锐利。铤楔形两面有明显的切削痕。通长6.8厘米（图2-449，20；图版2-97，5）。

4. 钱币

1枚。ⅤT106⑥a：6，残，锈蚀糟朽严重。圆形方穿。无法提取和辨识铭文。

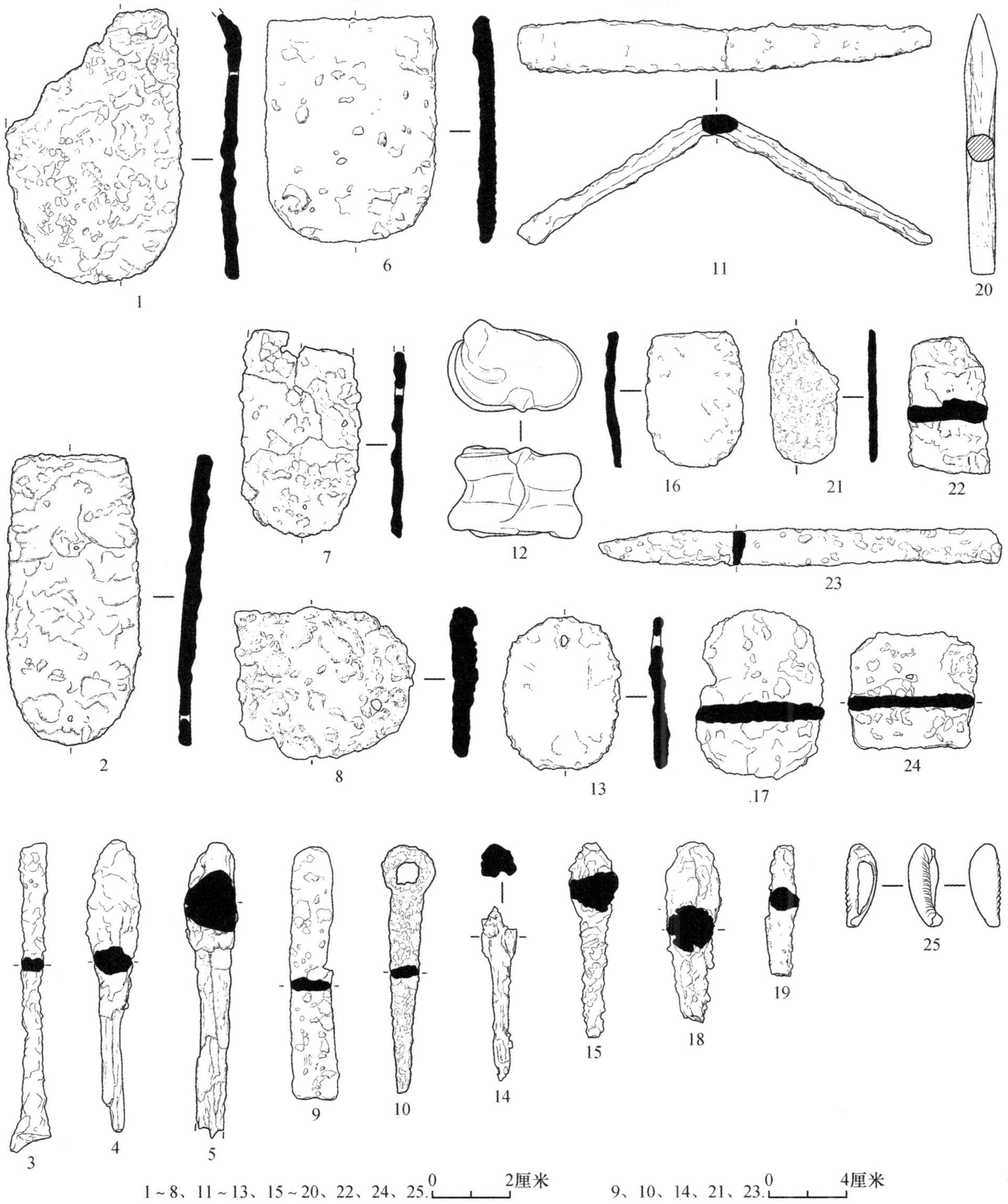

图2-449　铁器、骨器、贝器

1、2、6～8、13、16、17、21、22、24. 铁铠甲片（ⅤT98①：2、ⅤF17：5、ⅤT106⑥a：12、ⅤT107⑥a：24、ⅤF3：2、ⅤF16：3、ⅤT97⑤：3、ⅤT99③：2、ⅤT115⑥c：1、ⅤT106⑥a：43、ⅤT106⑥a：11）　3～5、14、15、18、19. 铁箭镞（ⅤT107⑥a：37、ⅤT106⑥a：37、ⅤF2：6、ⅤT106⑥a：48、ⅤF4：1、ⅤT110⑥c：5、ⅤT78③：1）　9～11、23. 铁刀（ⅤT88⑤：2、ⅤF20：12、ⅤF107⑥a：9、ⅤF20：11）　12. 羊距骨（ⅤT99⑥c：1）　20. 骨兵器（ⅤT110⑥c：1）　25. 海贝（ⅤT100③：2）

5. 动物骨骼标本

13件。本次发掘清理出大量的动物骨骼，多为牛、羊、马、鹿等动物骨骼。相关样品与复旦大学合作，进行综合研究。此次仅介绍13件。羊距骨1组、狗头1具、海贝1枚。

羊距骨1组11件。未见加工痕迹。ⅤT99⑥c：1，长3.5、宽2.4、厚2.4厘米（图2-449，12）。

狗头　1具。ⅤQ1：28，残存头骨及上颌部分。

海贝　1枚。ⅤT100③：2，仅存半个。未见加工痕迹。长2.2厘米（图2-449，25）。

（四）结语

内城中部的房址区共清理出房址26间、灶9座、灰坑43座、柱洞134个、排水沟2条、巷道1条、砖道1条、砖槽1条、石列1条、沟1条和祭祀坑1条。出土遗物主要有建筑材料、生产生活用具及兵器、五铢钱等。建筑材料数量庞大，主要有筒瓦、板瓦、瓦当、柱础石等。生产生活用具包括陶罐、钵、豆、盆、甑、器盖和石磨盘、研磨器等。部分器物表面刻划“宋直瓮”“马”等隶书汉字，字体飘逸俊秀，古朴雅致。兵器包括刀、箭镞、弩机上的销钉、铠甲片等。

1. 房址的形制及布局特征

根据房址构筑方式可以将26间房址分为地面起建式和半地穴式两种。地面起建式房址均位于北部平台及东南部地势平坦处。地面垫土取平整并经过夯打。房址平面呈长方形，墙体夯筑，部分为土坯垒砌。由于残损严重门向不明。房间内很少有生活设施，仅ⅤF6东北角有灶。房顶坍塌结构不明。从房内坍塌土中出土大量碎瓦、残砖、碎土坯等建筑材料推断，地面起建式房址房顶上覆瓦。半地穴式房址均位于中南部坡地上。房址平面呈长方形，下部墙体为减地法挖成，上部夯筑。门开于南墙中部。ⅤF27门槛上残留木质门限。ⅤF26门外有一条斜坡门道。大部分房址东北角有灶。ⅤF27北部有实心土炕1座。房顶坍塌结构不明。房内坍塌土中出土碎瓦、残砖、碎土坯等建筑材料比较少，初步推断半地穴式房址房顶上可能没有覆瓦。

无论是地面起建式还是半地穴式房址都多采用排房式布局。六组为东西向排房，一组为南北向排房。排房间落差比较大，应是根据地势高差进行阶梯状布局。每一梯级建一至两排房址。其中ⅤF6～ⅤF11等6间为一组南北向并排排列的两排排房。ⅤF20～ⅤF23所属排房和ⅤF24、ⅤF25所属排房在同一平台上，中间隔一条巷道。半地穴式房址均为一个个独立掏挖出的单间，彼此不见组合关系。地面起建式房址由于房址坍塌严重，仅存下部墙基、柱洞等遗迹。已不清楚排房内各房址之间是否存在组合关系。不过据2016年发掘的内城西北角房址的结构布局推测，地面起建式房址可能并非独立的单间，彼此应该存在一定组合关系。而且排房外有散水、排水沟等设施。

2. 房址年代

根据地层堆积及叠压打破关系可将遗迹分为四期。第一期叠压于第10层下，遗迹分布于发掘区中部和西南角，主要有房址、灶、炕和柱洞等。第二期叠压于第7层下，遗迹分布于发掘区西南部坡地上。主要有房址、灶、灰坑、柱洞等。第三期叠压于第5层下，遗迹主要分布于发掘区中部。主要有柱洞、灰坑、祭祀坑、砖槽、石列等。第四期叠压于第3层下，遗迹分布较广，散见于整个发掘区内，由于埋藏较浅，大部分遗迹毁于耕作。主要有房址、灶、排水沟、灰坑、砖道、柱洞等。第一、二期房址均为半地穴式，其中第二期的ⅤF24、ⅤF25打破第一期的ⅤF26。第三、四期房址多为地面起建式，半地穴式较少。第四期几乎将第三期打破殆尽。目前仅存两组打破关系，第四期的ⅤF6打破第三期ⅤF18。第四期的ⅤF7打破第三期的ⅤF19。因此，四期遗迹中第一期年代最早，第四期年代最晚。

结合房址的建筑方式及使用建筑材料的不同，又可以将四期分为早晚两段。第一、四期属于早段，第三、四期属于晚段。早段多半地穴式房址，屋顶用瓦较少。晚段多地面起建式房址，屋顶多用瓦。

由于第二期和第四期遗迹残留较多，因此出土器物相对较多。第一期和第三期遗迹残留少，出土遗物也少。但是盆、钵、瓮等大宗器物从早到晚都有出土，器形演变特征不明显，应该属于同一时间段的遗物。四期遗迹的年代也应该是属于相对较集中的一个时间段。

通过对历年来石城子遗址出土云纹瓦当的制作工艺、风格等进行进一步观察，其具有典型的汉代瓦当的风格特征。同时出土的五铢钱也具有东汉五铢的特征。由此我们推断房址年代当在两汉之际，这一推断也得到了^{14}C测年数据的支持。

第三章　窑　址

一、地理环境

窑址和墓葬发掘区位于石城子遗址城门西约200米一道南北向低矮坡梁上（图3-1；图版3-1）。据当地居民介绍，以前他们在该坡梁上建房、修晒场时曾经挖出许多人骨，并发现一些青砖和陶器。现在坡梁上为麦地和居民房占据。发掘区北有四户居民房，有一条土路从西侧经过。

此次发掘采用探方法进行，共布10米×10米探方2个，发掘面积200平方米。发掘区内地层堆积比较浅，耕土层下即见遗迹。耕土层为黑褐土，土质疏松，内含少量碎瓦和陶片，厚约30厘米。

二、窑址形制

位于发掘区西北角。耕土层下即可见坍塌的窑室。依山坡在生土中掏挖而成。平面呈马蹄形，通长7.4米。操作间方向79°。由操作间、窑门、窑室（含火膛、窑床）和烟道等四部分组成。顶部均已坍塌（图3-2，1；图版3-2，1）。

操作间位于东部，平面呈圆角梯形。长2.75米，东部宽1.61米，西部宽2米。地面向西倾斜呈斜坡状，靠近窑门处残深0.8米。填土为灰黄色，内含大量木炭、碎砖、碎瓦、陶片等。

窑门位于操作间西壁上。两壁较直，券顶。已坍塌。宽0.54、进深0.79、残高约0.44米。窑门口东侧距操作间地表高0.26米，西侧距火膛底高0.73米。用长方形土坯垒砌而成。北壁残存3块立砌的长方形土坯，南壁残存7层平砌的长方形土坯。窑门口下部平铺一块土坯。土坯被火烘烤呈青色，长0.33、宽0.17、厚0.06米。

窑室平面呈马蹄形，通长4.08米。用长方形土坯垒砌而成。表面抹一层草拌泥。由火膛和窑床两部分组成。火膛平面呈半圆形。前端靠近窑门处宽1.57、后部与窑床相连处宽2.64、进深1.32米。券顶。已坍塌，残高1.15米。四壁有很厚的烧结瘤。火膛上部填土中含有碎瓦、碎砖以及大量的烧结瘤和坍塌物，底部有很厚烧结面，残留大量木炭。窑床平面呈梯形。前部宽

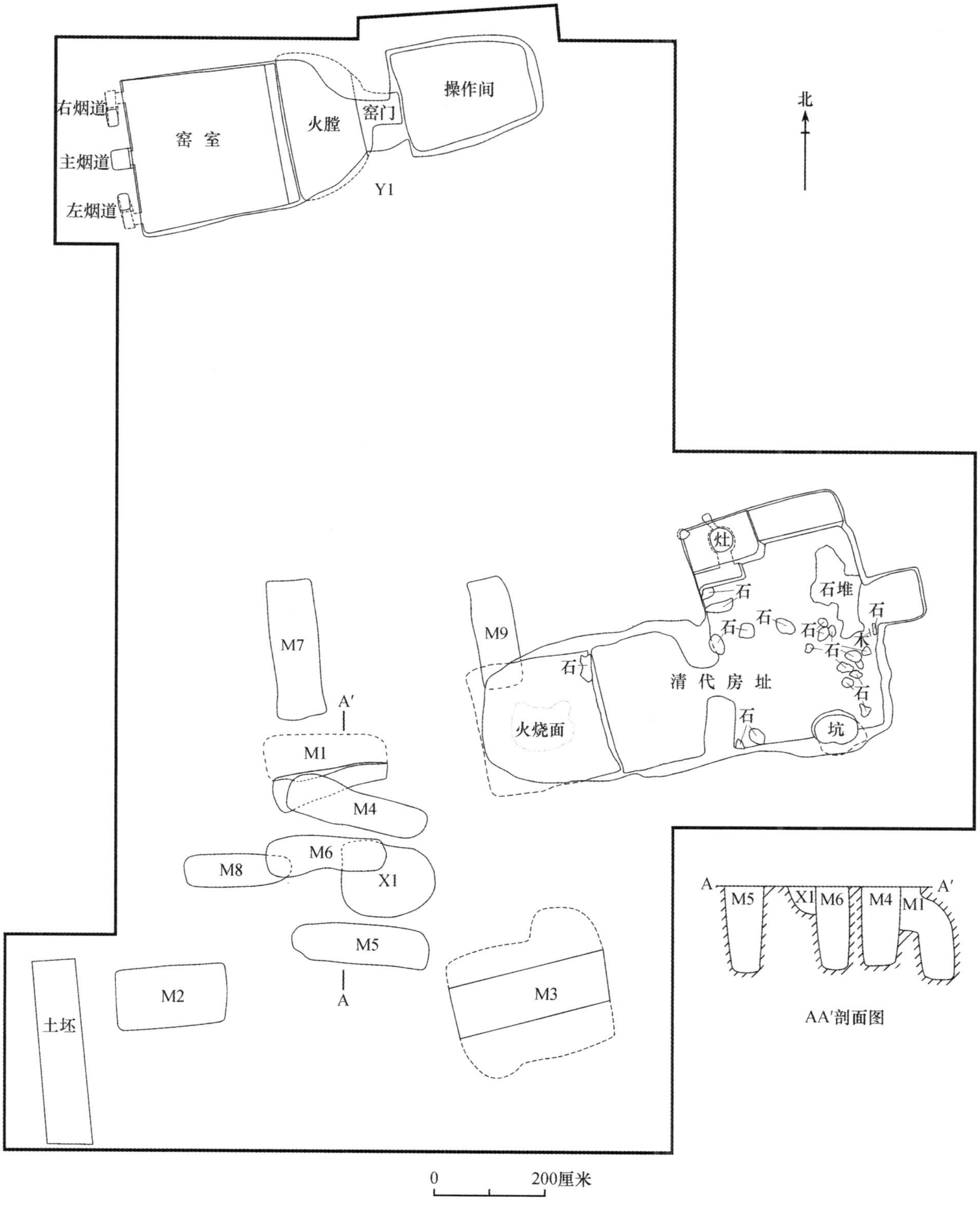

图3-1　窑址、墓葬区平面分布图

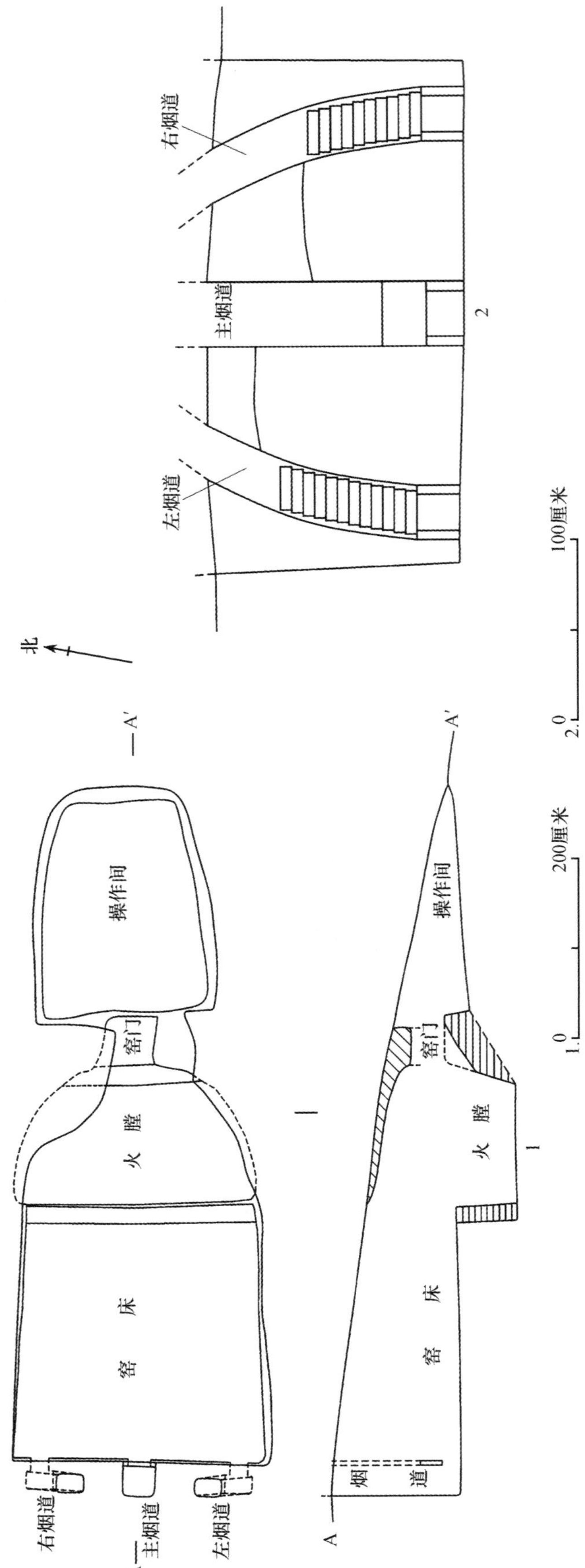

图3-2　窑址
1. 窑址平、剖面图　2. 窑址西壁立面图

2.64、后部宽2.8、进深2.76、残高1.12米。窑床与火膛地面高差0.68米。窑床与火膛间砌一道阻火墙，墙宽0.23米。四壁有青灰色烧结面。南侧壁面上有数道刻痕，间距和深浅不一，疑为加工工具的痕迹。填土为黑褐土，内含大量碎砖以及窑瘤、碎瓦、木炭等。

烟道位于窑室后壁上。共3条。系在生土上掏挖而成，平面呈长方形，口部用土坯封堵。主烟道位于西壁正中，较宽直。宽0.36、进深0.3、残高1.47米。进烟口位于烟道底部，与窑室底齐平。两侧边各贴立1块长方形土坯。长0.25、宽0.21米。烟道口上部用立砌的长方形土坯封闭，外表与窑室壁齐平。现存土坯一块，长0.36、宽0.25、厚0.06米；左烟道距南壁0.2、北距主烟道0.9米。烟道向主烟道倾斜，侧面呈弧形。宽0.28、进深0.2、残高1.03米。进烟口位于烟道底部，与窑室底齐平。长0.21、宽0.24米。烟道口上部用平砌的土坯封闭。现存土坯14层。土坯长0.23、宽0.15、厚0.06米。右烟道距北壁0.2、南距主烟道0.87米。烟道向主烟道倾斜，侧面呈弧形。宽0.28、进深0.2、残高1.34米。进烟口位于烟道底部，与窑室底齐平。长0.21、宽0.24米。烟道口上部用平砌的土坯封闭。现存土坯10层。土坯长0.23、宽0.15、厚0.06米。烟道内有大量的灰褐色粉状灰土（图3-2，2；图版3-2，2）。

三、遗 物

有板瓦、筒瓦、瓦当、青砖等建筑材料和陶器残片等遗物。均残碎不完整。提取标本13件。其中建筑材料7件、陶器6件。

1. 建筑材料

7件。

瓦当 2件。均为云纹瓦当。无法复原。当面仅存一组云纹。内外各有两周弦纹。旁边有一道竖直凸棱界格。云头间“山”字形纹装饰。Y1：5，仅存四分之一。残径7.4、厚2.5厘米（图3-3，10）；Y1：6，仅存小半部分。残径6.8、厚2、残长3.5厘米（图3-3，11；图版3-3，2）。

筒瓦 1件。Y1：2，残，无法复原。夹砂灰陶。轮制。瓦舌和瓦身分别制作后套接而成。套接处较粗糙，指压痕迹明显。外壁饰绳纹，内壁饰布纹。残长12.8、宽13.4、高7、壁厚1.4厘米（图3-3，9；图版3-3，3）。

板瓦 2件。无法复原。夹砂灰陶。平面略呈梯形。Y1：11，外壁饰绳纹，绳纹到瓦头处留有约3厘米的留白。内壁为布纹，内壁布纹直至瓦头。残长15.6、残宽15、厚1.4厘米（图3-3，5；图版3-3，5）；Y1：12，外壁饰斜压绳纹，瓦头处无留白。内壁为席纹，部分有布纹印记（席纹压印在布纹上）。残长18.7、残宽13.5、厚1.5厘米（图3-3，2）。

砖 2件。长方形。青灰色，夹砂灰陶，火候较高。表面布满烧结的草拌泥。Y1：13，长23.3、宽15.6、厚5.6厘米（图3-3，12）；Y1：7，长36、宽25、厚7.6厘米（图3-3，6；图版3-3，6）。

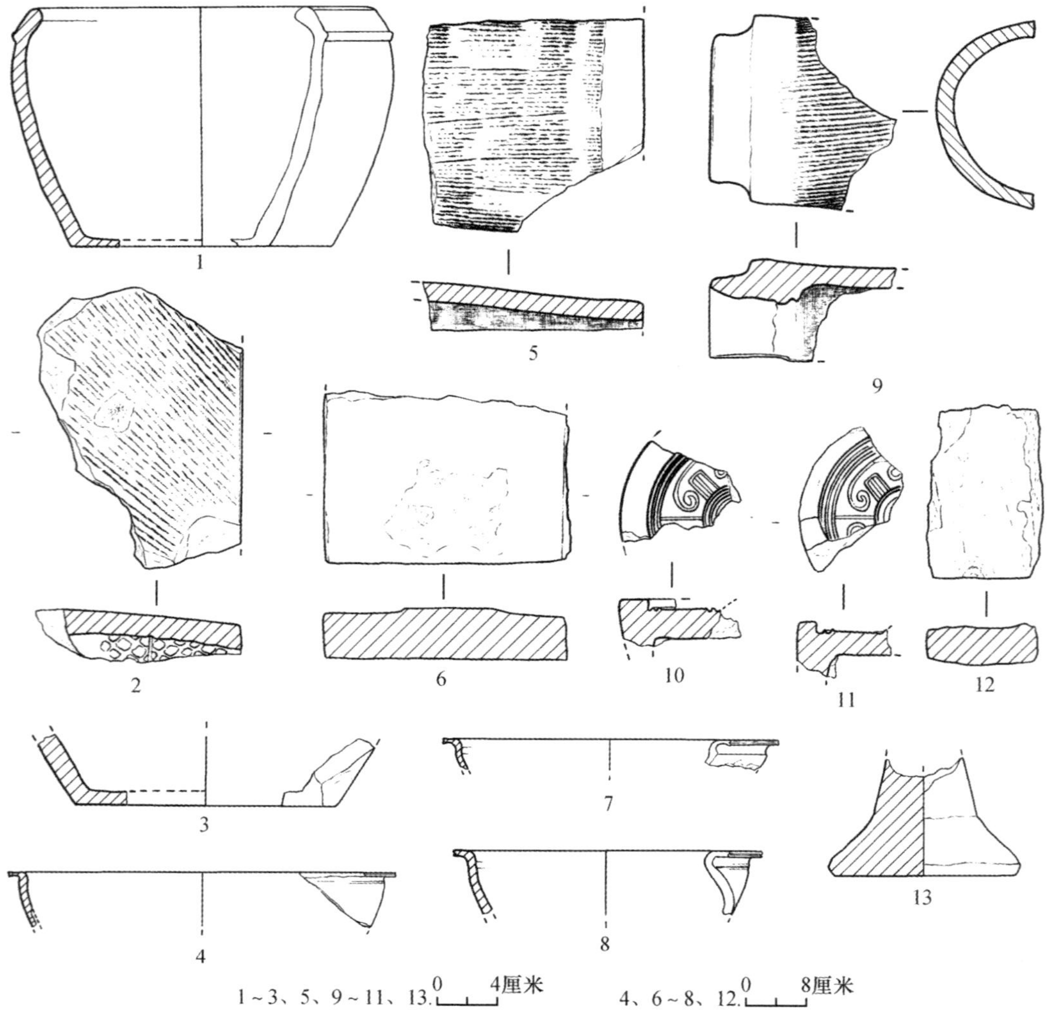

图3-3　陶器、建筑材料

1. 盂（Y1∶1）　2、5. 板瓦（Y1∶12、Y1∶11）　3. 器底（Y1∶10）　4、7、8. 盆（Y1∶9、Y1∶4、Y1∶8）　6、12. 砖（Y1∶7、Y1∶13）　9. 筒瓦（Y1∶2）　10、11. 瓦当（Y1∶5、Y1∶6）　13. 豆形器（Y1∶3）

2. 陶器

6件。器形主要有罐、盆、豆形器、器底等。

盂　1件。Y1∶1，可复原。敛口，平沿，折肩，肩部有一道凸棱，斜腹，平底。口径22.6、底径18、高16.5厘米（图3-3，1）。

盆　3件。仅存口部及颈部，部分可复原。夹砂灰陶。轮制。宽平沿。方唇，斜腹。Y1∶4，敞口。唇部有一凹痕。微折肩，肩部有一道折棱。口径41.4、残高4.4厘米（图3-3，7）。Y1∶8，敞口。唇部有一凹痕。口径36.8、残高7.6厘米（图3-3，8）。Y1∶9，敛口。唇微凹。口径47.6、残高7.8厘米（图3-3，4；图版3-3，4）。

豆形器　1件。Y1∶3，仅存部分基座。夹砂灰陶。手制。制作粗糙。长柄，大平底。底内侧手捏痕明显，底外侧切削痕明显。底径12.1、残高8.4厘米（图3-3，13；图版3-3，1）。

器底　1件。Y1：10，残，不可复原。夹砂灰陶。轮制，轮修痕迹明显。斜腹，平底。素面。底径17.6、残高4.8厘米（图3-3，3）。

四、结　　语

在历次石城子遗址考古发掘中，我们的关注点并不仅仅局限于石城子遗址本体的形制布局，还包括石城子遗址周围是否还存在一系列的附属设施，如烽燧、道路、民居、手工业作坊、墓地等，试图通过我们的不断工作来还原石城子遗址生态聚落圈原貌。为此，我们在考古发掘过程中不仅在石城子遗址周边地区进行实地踏查，走访当地居民；同时还借用传统考古勘探和电法、磁法、探地雷达等现代科学技术手段对城西地区进行勘探。并最终在石城子遗址西部坡梁地带发现了墓葬和窑址，为复原石城子遗址聚落提供了一批极为珍贵的资料。

此次发掘的窑址、墓葬数量虽少，但是对于了解石城子遗址及其周边附属设施的功用、布局具有重要学术意义。

1. 陶窑的文化特征

窑址平面呈马蹄形，由操作间、窑门、窑室（火膛、窑床）、烟道等四部分组成。根据其形制及出土遗物特征，初步推断该窑属于半地穴式结构。其依地势建于坡梁边缘，下半部分掏挖于生土层中，用长方形砖砌壁，表面再抹一层草拌泥。窑室上部高出当时地面。窑室顶应是长方形纵券顶结构。火膛内残留的木炭和灰烬，显示当时烧制器物的燃料应是当地大量分布的树木。三条烟道以中间烟道最大，两侧烟道呈弧形渐渐向中间烟道靠拢，最后会合为一条主烟道。

马蹄形窑是比较流行的一种陶窑形制，在新疆地区魏晋时期和唐代陶窑中比较常见，在中原地区也较常见。

窑址出土的砖可以分为三种类型。Ⅰ型：小方砖，长22、宽15、厚5厘米，有剥落痕迹，部分表面有烧结草拌泥印，可能是粘连在砖上的座泥，因窑内加热烧结在砖块表面。此型砖与窑室内烟道上的封闭烟道口的砖相同，应是坍塌的窑砖。Ⅱ型，大方砖，青色，表面平滑，无火烧痕迹，厚约6厘米。此类砖在出土的砖类中体量最多，多是碎片，可能是烧制品。Ⅲ型，大方砖，表面过火呈黑褐色，部分表面烧结形变，并且黏附大量烧结瘤，厚约5厘米。此类砖与窑室内火膛的残留方砖形制相同，可能是火膛内券顶过火烧结，后废弃坍塌于火膛内。亦属于坍塌的窑砖。

从烧制的器物种类来看，根据装饰纹饰可以将板瓦和筒瓦可分三种类型。Ⅰ型：内壁为布纹，外壁为直压绳纹，内壁布纹直至瓦头，外壁绳纹到瓦头处留有约3厘米的留白；Ⅱ型：内壁为细布纹，外壁平滑无纹饰；Ⅲ型：内壁为席纹，部分有布纹印记（席纹压印在布纹上），外壁为斜压绳纹，瓦头处无留白。

2. 陶窑的年代

陶窑内出土的瓦当纹样为带“山”字间隔的云纹，石城子遗址区出土瓦当形制相同。盂的造型亦与遗址区出土的同类器相同。筒瓦、板瓦、Ⅱ型砖的大小和装饰特征也与石城子遗址内出土的同类器物相同。二者年代应该相同，当在西汉末年至东汉初年。

第四章　墓　　葬

一、地层堆积

位于石城子遗址城门西约200米一道南北向低矮坡梁上（图3-1）。

发掘采用探方法进行，共布10米×10米探方2个，发掘面积200平方米。发掘区内地层堆积比较浅，耕土层下即见遗迹。耕土层为黑褐土，土质疏松，内含少量碎瓦和陶片，厚约30厘米。

二、墓葬形制

墓葬开口于耕土层下。分布相对集中，部分墓葬存在打破关系。9座墓葬按墓葬形制可将其分为竖穴墓、竖穴二层台墓、竖穴偏室墓等三种类型。其中竖穴墓6座，即M4～M9；竖穴二层台墓1座，即M2；竖穴偏室墓2座，即M1、M3。

（一）竖穴墓

6座。墓室形制为圆角长方形竖穴。墓向以东西向为主，其中两座墓向北偏东。填土为黄褐土，土质疏松。3座墓内有葬具，已糟朽，初步推断为槽形棺。均单人葬，葬式为仰身直肢一次葬。4座墓内放置随葬品。陶器等多放置于墓主人头部一侧，小件装饰品多出自人骨附近。部分墓葬随葬羊头。

M4　北侧邻M1，南邻M6。墓室西端打破M1墓道西南角。墓室长2.5、宽0.7、深1.4米。墓向286°。墓室深狭，墓壁较直。有葬具，糟朽严重，仅存痕迹。推断其为槽形棺。棺内葬1人，为成年男性。葬式为仰身直肢一次葬。头西脚东，面向北。双臂置于身体两侧。出土随葬品8件，其中头右侧放置陶罐1件，右肩处出玻璃珠1件，左腿下出铁刀和铁带扣各1件，右腿外侧出铁镞1组3件。两腿间出铁刀1（图4-1）。

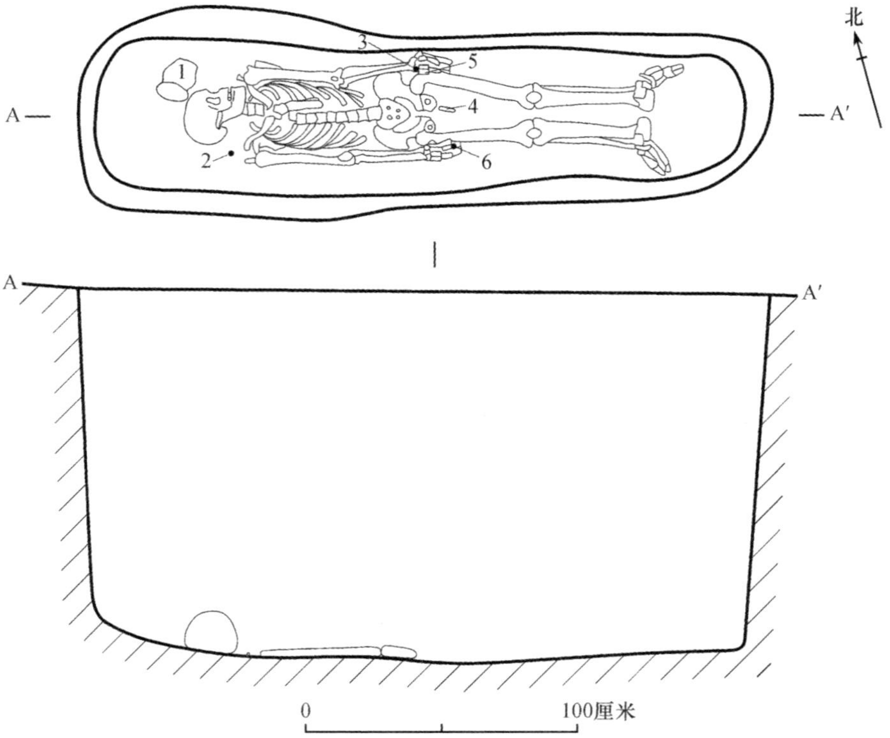

图4-1　M4平、剖面图

1. 陶罐　2. 玻璃珠　3、4. 铁刀　5. 铁带扣　6. 铁镞

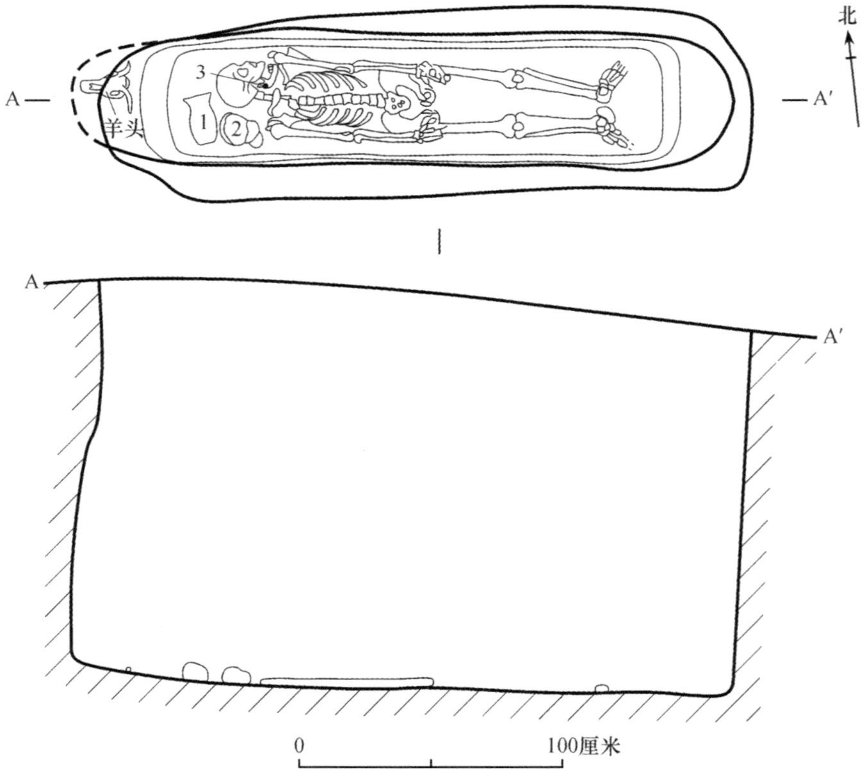

图4-2　M5平、剖面图

1、2. 陶 罐　3. 玛瑙珠

M5 东南为M3，北邻X1。墓室长2.5、宽0.7、深1.5米。墓向277°。墓室深狭，墓壁较直。有葬具，糟朽严重，仅存痕迹。推断其为槽形棺。棺内葬1人，为成年女性。葬式为仰身直肢一次葬。头西脚东，面向北。双臂置于身体两侧。出土随葬品7件，其中头南侧放置陶罐2件，颈部附近出玛瑙珠4件。在棺外墓室西端放置羊头1个，另在填土中出零星羊骨（图4-2）。

M6 北邻M4，南邻M5，西南角打破M8东端，东南角打破X1西端。墓室长2.2、宽0.6、深1.2米。墓向267°。墓室深狭，墓壁较直。填土夹杂少量动物骨骼。有葬具，糟朽严重，仅存痕迹。推断其为槽形棺，有棺盖。推测其长约2、宽约0.4米。棺内葬1人，为成年女性。葬式为仰身直肢一次葬。头西脚东，面向北。双臂置于身体两侧。出土随葬品9件，其中头顶右侧出土陶罐1件，罐中有动物骨骼，下颌处有残碎的玻璃珠1件，下颌左侧随葬铜饰1件，左臂随葬铜镯2件，右手腕处随葬铁刀1件、铁镞1件，右手腕下及足底各出土残铁刀和残铁镞各1件（图4-3）。

M7 东邻M9，南邻M1。墓室长2.5、宽0.85、深0.8米。墓向354°。墓室宽浅。墓底人为摆放一层石块，上面再铺一层青砂。墓室内无人骨和遗物（图4-4）。

M8 墓室东端被M6打破。墓室长1.9、宽0.6、深0.4米。墓向261°。无葬具。墓室内葬1人，为未成年人。葬式为仰身直肢一次葬。头西脚东。双臂置于身体两侧。骨骼酥朽严重，身体底部有大量白色腐殖质。出土随葬品17件（组）。其中墓主人头骨顶部有羊头1件、羊距骨1组（6件），口内及下颌处随葬项饰1组3件，左手旁出土铜带扣1件，骨盆内有铁带扣1组2件，铜带扣和铁镞各1件，两腿中间有铁刀1件，右脚旁出土绿松石珠1件（图4-5）。

M9 西侧为M7。南端被晚清房址打破。墓室长2、宽0.7、深0.2米。墓向170°。无葬具。墓室内葬1人，为成年男性。葬式为仰身直肢一次葬。头西脚东，双臂向外微伸置于身体两侧。无随葬品（图4-6）。

（二）竖穴二层台墓

1座。

M2 东北邻M8。墓室形制为圆角长方形竖穴。长2、宽1.1、深1.85米。墓向267°。南北两壁各有生土二层台1个。二层台宽0.18、距墓口深约0.9～1米。上部填土为黄褐土，土质较疏松。下部自距墓口深约0.8米处开始填石，排列无规律。

有葬具。为一棺一椁结构，已坍塌。椁残长180、残宽50～65、残高33厘米。用圆木柱围合而成。其中侧壁有3根圆木，两端有2根圆木。圆木两端切削出“工”字形凹槽。侧壁和顶壁圆木交替叠压扣合。其中南侧外椁上层原木直径6厘米，中层原木直径7厘米，下层原木直径6.5厘米；北侧外椁上层原木直径6厘米，中层原木直径7厘米，下层原木直径8厘米；东西两侧上层圆木直径5厘米，下层圆木直径5.5厘米；凹槽长6.5、宽6、深1.5厘米。椁口部横铺一层圆木。圆木直径4、4.5、5、5.5厘米，最长35厘米。在东部圆木上出木弓弣1块。木棺为箱式木

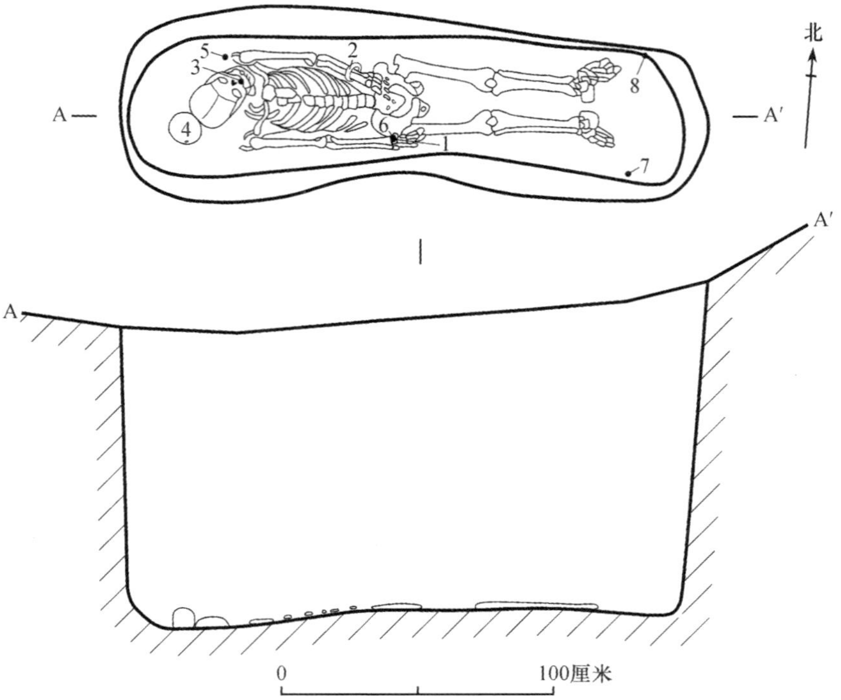

图4-3　M6平、剖面图

1、7. 铁刀　2. 铜镯　3. 玻璃珠　4. 陶罐　5. 铜饰　6、8. 铁镞

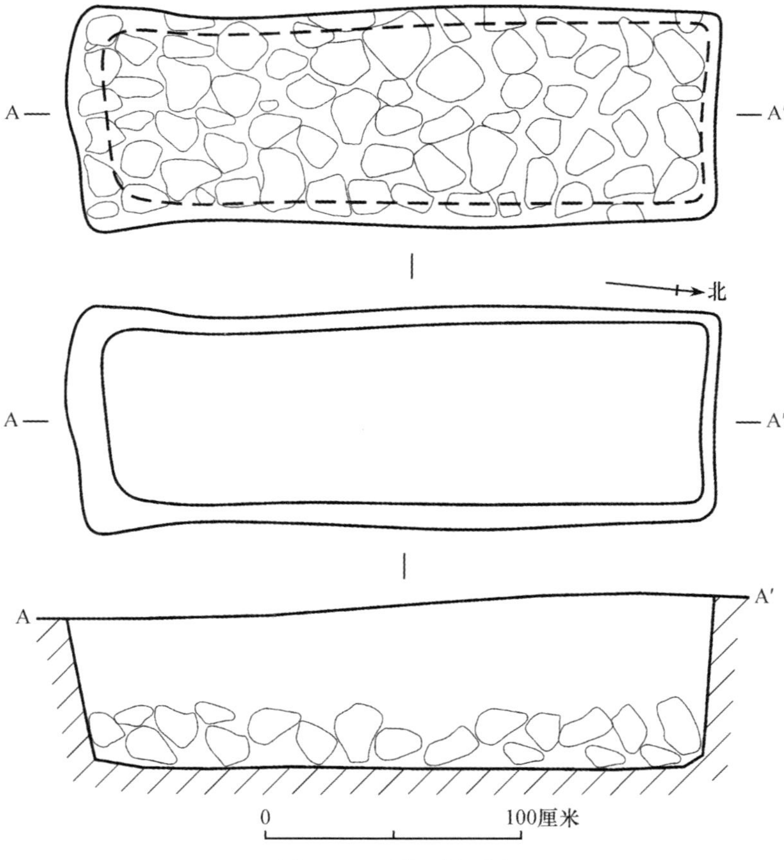

图4-4　M7平、剖面图

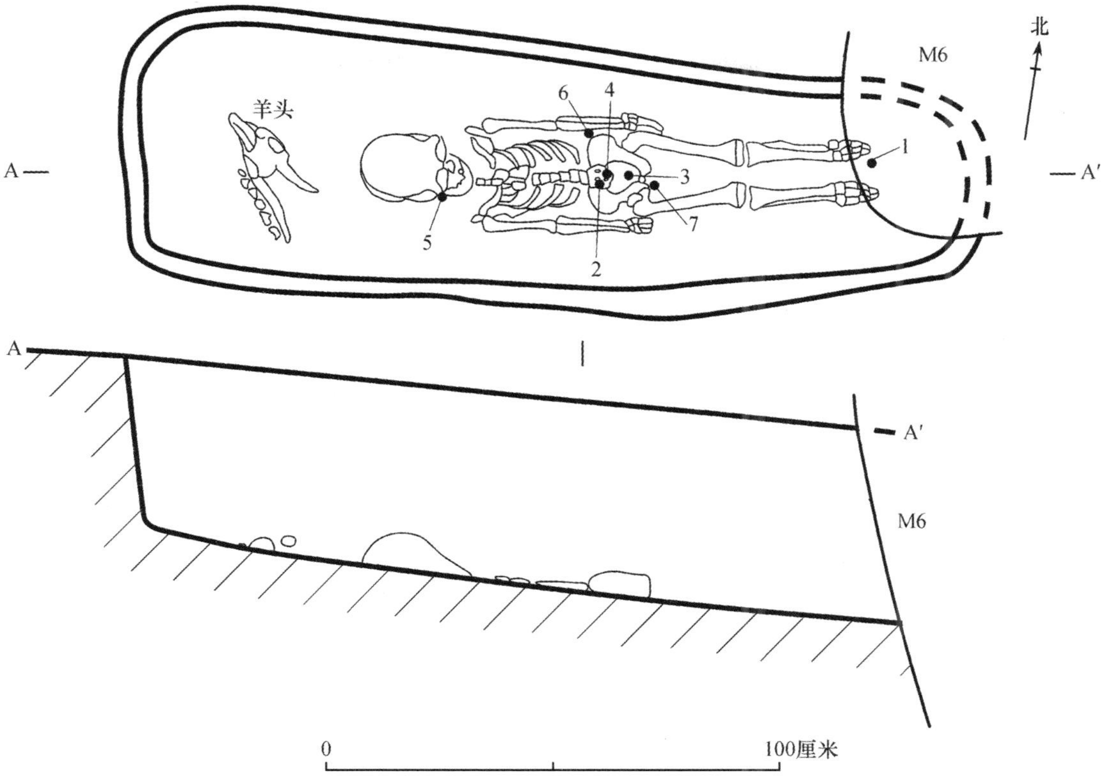

图4-5 M8平、剖面图
1. 绿松石珠 2、6. 铜带扣 3. 铁镞 4. 铁带扣 5. 项饰 7. 铁刀

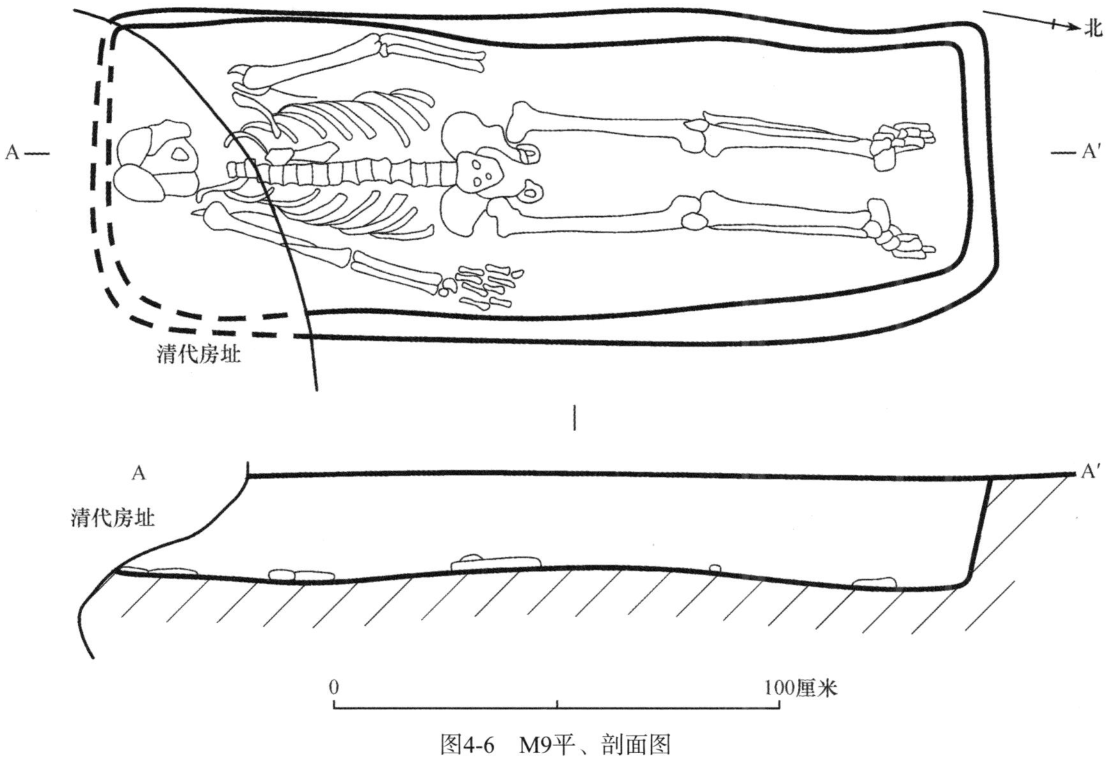

图4-6 M9平、剖面图

棺，已垮塌。通长1.45米，头端宽38、脚端宽31、残高20厘米。四壁均为一块木板。木板厚3厘米。侧板两端有凹槽用于嵌合挡板。盖板由两块长方形木板拼合而成，厚3厘米。木棺用素绢、红绢包裹，叠合处用铁钉固定。棺底东西两侧另置一根横木用于承棺。东横木长85、直径10厘米；西侧横木长90、直径11厘米。

木棺内葬1人，为未成年人。骨骼酥朽严重。葬式为仰身直肢一次葬。头西脚东，双手置于身侧。身上着一层素绢，已糟朽，样式不明。头左侧出土铁镞1件，下颌处出土铜耳环1件。左手握木器1件、漆木器2件，左手戴戒指1枚，已锈蚀呈粉末。木棺头端出土铁钉1件，上面垫一小块金箔片。在墓底东南放置140余件羊距骨（图4-7）。

（三）竖穴偏室墓

2座。墓室形制为竖穴偏室。偏室顶部为弧形。其中M3北部还有一个未完全成型的偏室。填土为黄褐土，土质较疏松，内含少量碎石块。偏室内葬1人，葬式为仰身直肢一次葬。随葬品主要有铜、铁、木器和钱币等。

M1　北邻M7，南邻M4。竖穴西南角被M4打破。竖穴为东西向不规则圆角长方形。长2.1、宽0.3～0.65、深0.73米。墓向265°。西壁下放一块草编席，残长0.3、残宽0.11、厚0.02米。席上放置羊头1个。旁边填土中出骨纺轮1件。偏室开在竖穴北侧。长2.18、最大进深0.83米。圆弧顶，残高约1.6米。偏室底与竖穴底高差为87厘米（图版4-3，3）。偏室东北角壁面上有两排竖向加工痕，推测为耒耜之类农用工具的加工痕。上排加工痕最长0.4、宽约0.06～0.11米；下排明显可见4条加工痕，最长0.35、宽0.11米（图版4-3，1）。有葬具，为槽形棺，有盖板。已糟朽。棺长约1.8、头端宽0.27、尾端宽0.23米。棺内葬1人，为成年女性。骨骼保存较完整，个别趾骨移位。葬式为仰身直肢一次葬。头西脚东，双臂竖直置于身体两侧。偏室内出土随葬品16件，其中头南侧放置陶罐1，面部附近出绿松石珠1件，下颌骨下出土铜牌饰1件，双臂上各有铜镯1件，上面裹有织物。左手部位出铜戒指3件，右手部位出铜戒指1件，银戒指1件，残铁刀1件，残铁器1件。骨盆及大腿内侧出残铁器3件。左脚附近出玻璃珠1件（图4-8）。

M3　西北为M5。竖穴为东西向圆角长方形。长2.84、宽0.9、深1.1米。墓向75°。填土内出1件筒瓦残片及少量红色漆皮。偏室开在竖穴南侧。长2.84、最大进深0.9米。圆弧顶，高0.9米。底部有一个生土二层台，高约0.1米。在竖穴北侧还有一个未完工的偏室。长2.84、进深0.53～0.95米，高1.1米。无葬具。南偏室内葬1人，为成年男性。骨骼保存较完整。葬式为仰身直肢一次葬。头东脚西。头东脚西，右臂弯曲置于身体腹部，左臂竖直位于身体一侧，双脚交叠。在墓主人右臂内侧有少量织物，内出五铢钱2枚（图4-9；图版4-3，2）。

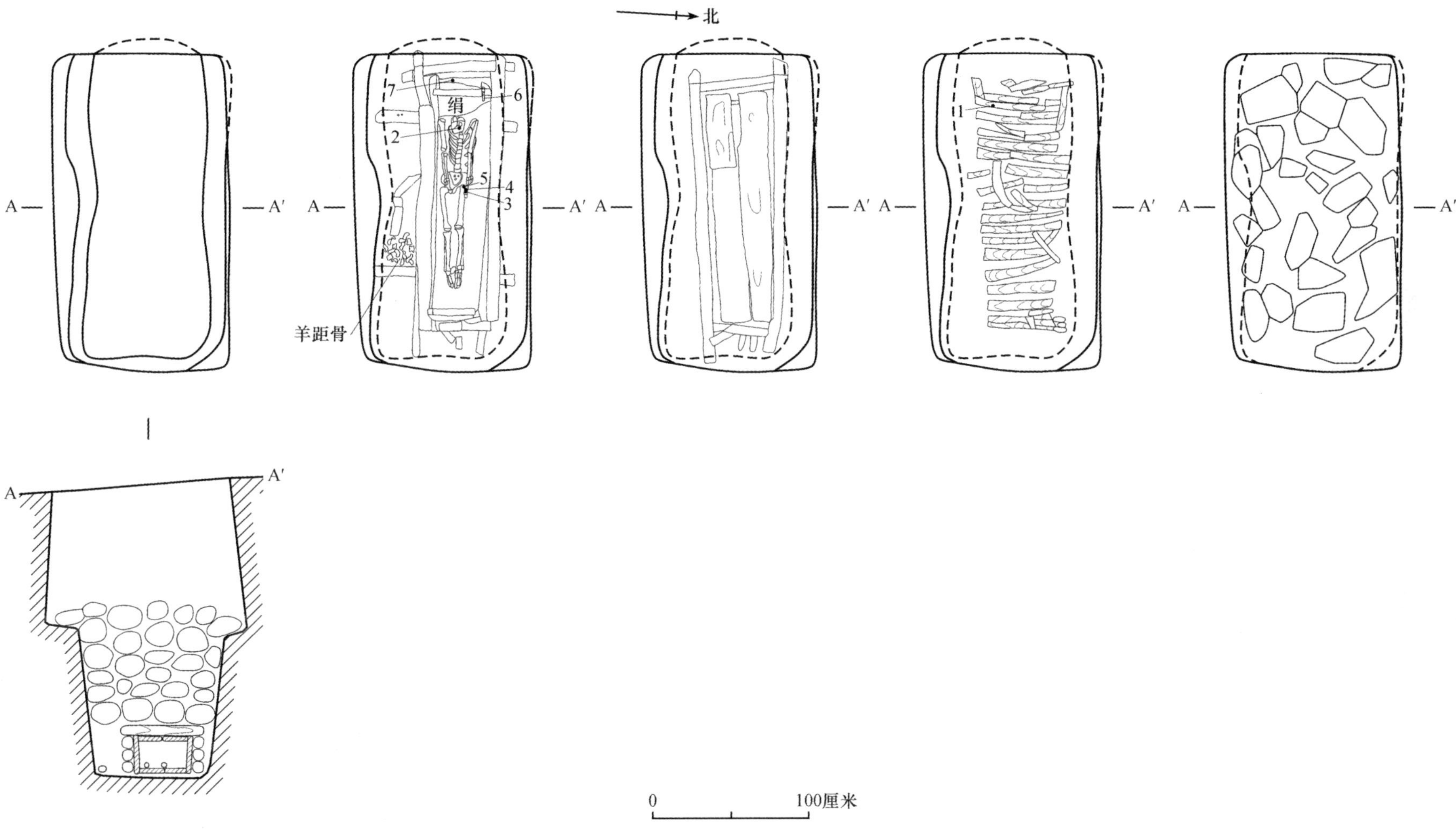

图4-7 M2平、剖面图

1. 木弓弣 2. 铜耳环 3. 木器 4. 铜戒指 5. 漆器 6. 铁镞 7. 铁钉

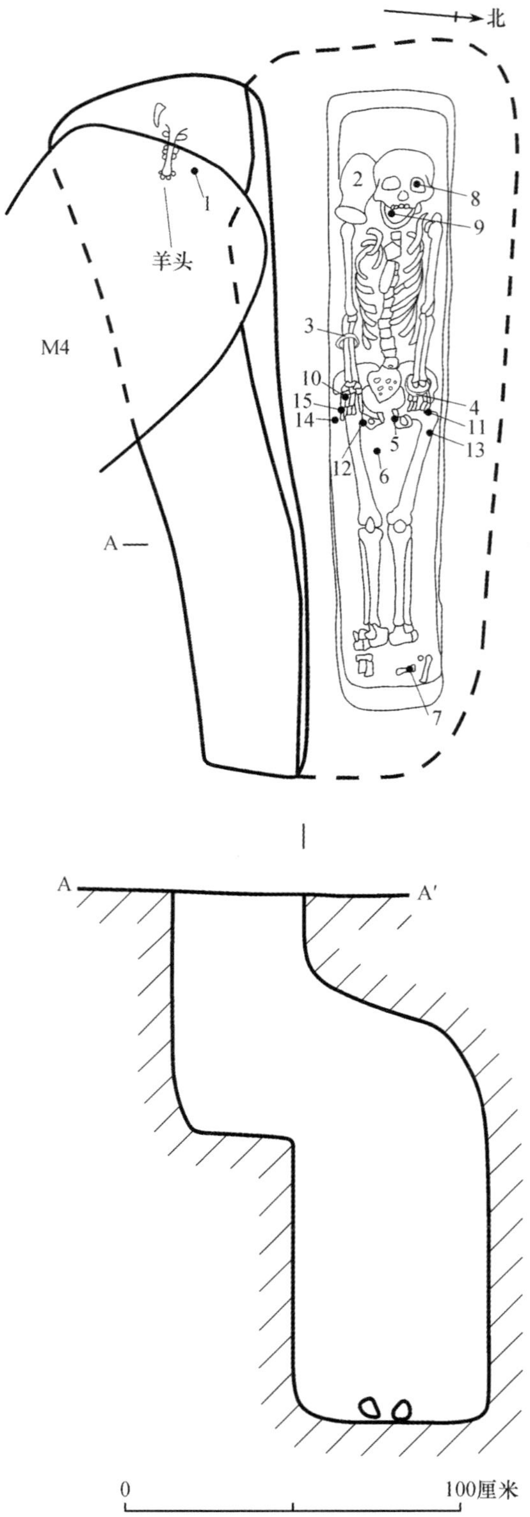

图4-8　M1平、剖面图

1. 骨纺轮　2. 陶罐　3、4. 铜镯　5、6、15. 铁器　7. 玻璃珠　8. 绿松石珠　9. 铜牌饰　10、11、13. 铜戒指　12. 铁刀　14. 银戒指

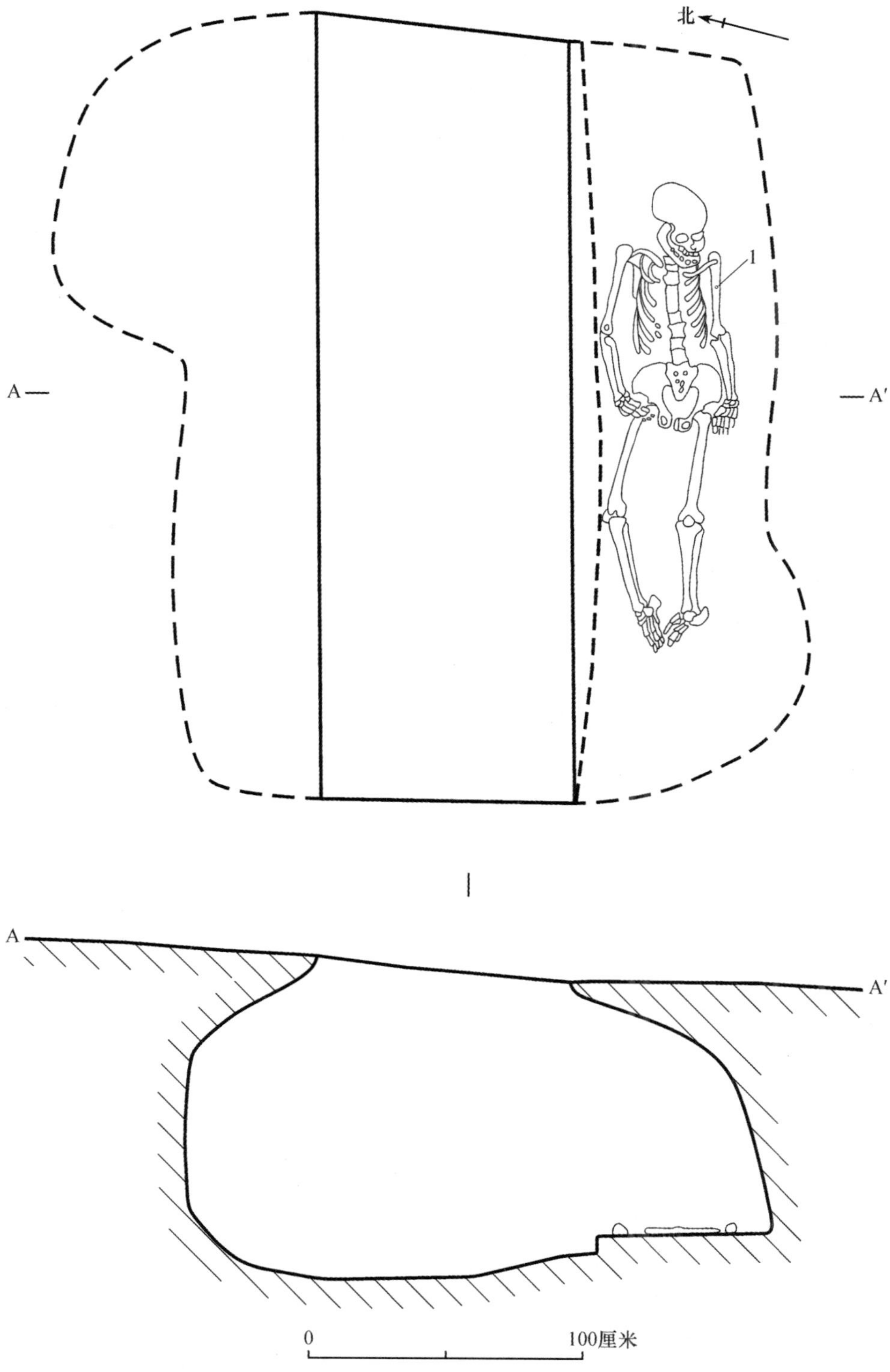

图4-9　M3平、剖面图
1. 五铢钱

三、出土遗物

9座墓葬中只有M1～M6及M8等7座墓葬放置有随葬品。共出土遗物67件（组）。器类比较丰富，主要有陶、铜、铁、金、银、木、石、骨、玻璃及钱币等10类，部分墓葬放置羊头。其中陶器5件、铜器15件、铁器21件、金器1件、银器1件、漆器和木器4件、石器8件、骨器1件、玻璃器3件、钱币2枚、建筑材料1件、羊头3件、羊距骨2组。

1. 陶器

5件。陶罐，夹砂灰陶，手制，内外壁刮抹光滑。为实用器，器表有烟炱。侈口，圆沿，束颈，鼓腹，平底。M1：2，完整。口大于腹，底微内弧。口径13.4、高17.4、腹径12.8、底径8厘米（图4-10，1；图版4-4，4）。M4：1，完整。颈肩部饰一周附加堆纹，纹饰两端不闭合，平行下折至上腹部。口径11.3、高12.5、腹径12、底径7.7厘米（图4-10，4；图版4-4，5）。M5：1，基本完整。颈部较长。颈肩处饰一周附加堆纹，上压刻划短线纹。口径10.3、高14.5、腹径11.6、底径8.5厘米（图4-10，2；图版4-4，2）。M5：2，腹部以上残，无法复原。

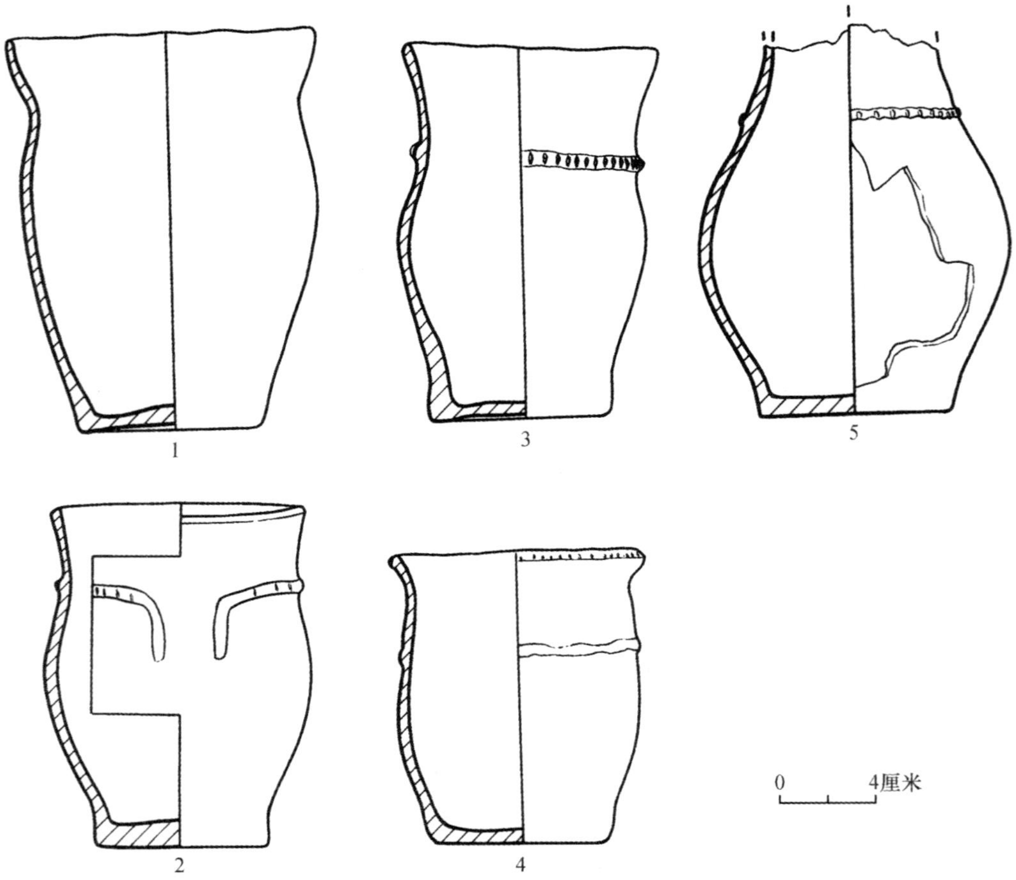

图4-10　陶罐

1. M1：2　2. M5：1　3. M5：2　4. M4：1　5. M6：4

颈肩处饰一周附加堆纹，上饰刻划短线纹。口径10.5、残高15.6、腹径12.4、底径7.5厘米（图4-10，3；图版4-4，3）。M6：4，残，可复原。整体偏宽。上腹部处饰半周附加堆纹。口径7.3、高16.7、腹径12.7、底径7.5厘米（图4-10，5；图版4-4，1）。

2. 铜器

15件。均残，锈蚀严重，个别器物已成粉末状无法提取。均出自墓主人身上，为装饰品。主要有镯、戒指、耳环、带扣、牌饰、饰件和管等。其中管和2件绿松石珠可组合成一件项饰。

镯 4件。用扁平铜条弯曲呈环状。外壁圆弧，表面饰一周锯齿状戳印纹；内壁平滑。M1：3，出土时包裹织物，外壁残留少量布纹。直径6.6、铜条宽0.4、厚0.4厘米（图4-11，1；图版4-5，2）。M1：4，出土时包裹织物，外壁残留少量布纹。直径6.5、铜条宽0.45、厚0.4厘米（图4-11，3；图版4-5，4）。M6：2①，直径6～6.2、厚0.45厘米（图4-11，2；图版4-5，3）。M6：2②，直径6.2～6.4、厚0.45厘米（图4-11，4；图版4-5，3）。

戒指 5件。1件已朽，无法提取。由细铜片弯曲而成。M1：10，直径1.8、宽0.15、厚0.1厘米（图4-11，9；图版4-5，5）。M1：11①，双螺旋状圆环。残径2.15、宽0.15、厚0.1厘米（图4-11，6）。M1：11②，仅存一半。单螺旋状圆环。直径2.15、宽0.15、厚0.1厘米（图4-11，8）。M1：13，三螺旋状圆环。直径2～2.1、高0.9厘米（图4-11，5；图版4-5，1）。

耳环 1件。M2：2，残，用铜片弯曲呈圆环状，不闭合。直径1.1、宽0.4、厚0.1厘米（图4-11，11）。

带扣 2件。M8：2，平面呈长方形。长4.5、宽3.5厘米。边框直径0.25厘米（图4-11，7；图版4-6，5）。M8：6，方柄圆弧头形。扣板用薄铜片制成。长2.9、宽2.7、厚0.1厘米（图4-11，14；图版4-6，2）。

牌饰 1件。M1：9，薄铜片制成。平面大致呈方形，对称两边有1孔。长2.3、宽1.6、厚0.05、孔径0.2厘米（图4-11，13）。

铜饰 1件。M6：5，由铜丝弯曲呈束颈瓶状。残长3.4、最宽2.4、铜丝直径0.1厘米（图4-11，10）。

管 1件。M8：5③，用铜片弯曲而成。长1、直径0.25厘米（图4-11，12）。

3. 铁器

21件。残，锈蚀严重。主要有刀、镞、带扣、钉及残铁器等。

刀 6件。仅存刀身部分。器形比较小，便于携带使用。M1：12，仅存刃部。单面直刃，剖面呈三角形。残长4.1、宽1.2、厚0.3厘米（图4-12，21）。M4：3，残成两段。方直柄，弧背、直刃。M4：3①，刃部残长4.4、宽1.2、厚0.3厘米（图4-12，8）。M4：3②，柄部残长5.4、宽0.5、厚0.4厘米（图4-12，7）。M4：4，仅存刃部。直刃，刀尖上翘。残长16、宽2.2、

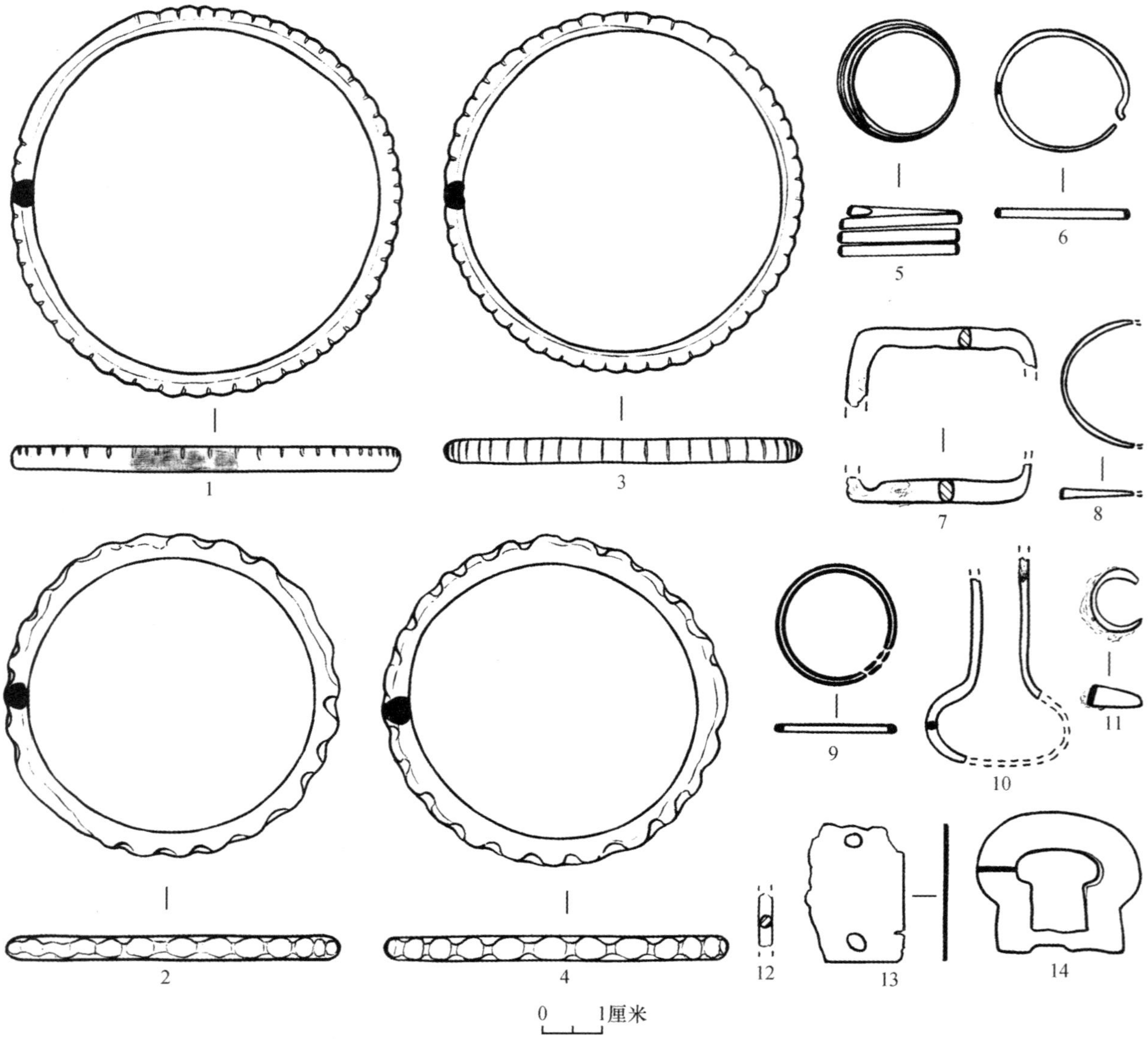

图4-11　铜器

1～4. 镯（M1：3、M6：2①、M1：4、M6：2②）　5、6、8、9. 戒指（M1：13、M1：11①、M1：11②、M1：10）　7、14. 带扣（M8：2、M8：6）　10. 铜饰（M6：5）　11. 耳环（M2：2）　12. 管（M8：5③）　13. 牌饰（M1：9）

厚0.7厘米（图4-12，1）。M6：1，刀身平面近长方形，剖面近三角形。残长12.7、宽2、厚0.5厘米（图4-12，4）。M6：7，仅存刃部，单面直刃，剖面呈三角形。残长11.9、宽2.5、厚0.6厘米（图4-12，5）。M8：7，仅存刃部，单面直刃，剖面呈三角形。残长5.6、宽1.3、厚0.2厘米（图4-12，3）。

镞　7件。镞身可分为柳叶形和三翼形两种。M2：6，镞身为三翼形，圆形铁铤，木杆插入铤内。残长9、木杆直径0.7厘米（图4-12，19；图版4-6，3）。M4：6，共3件，皆残，锈蚀严重。镞身皆扁平，铲形。细铤，木杆插入铤内；M4：6①，柳叶形，细铤上沾朽木。残长6.8、铤直径0.6厘米（图4-12，11）。M4：6②，柳叶形，细铤。铤上沾朽木。残长5.3、铤直径0.6厘米（图4-12，20）。M4：6③，三翼形。残长4.5、铤直径0.5厘米（图4-12，13）。

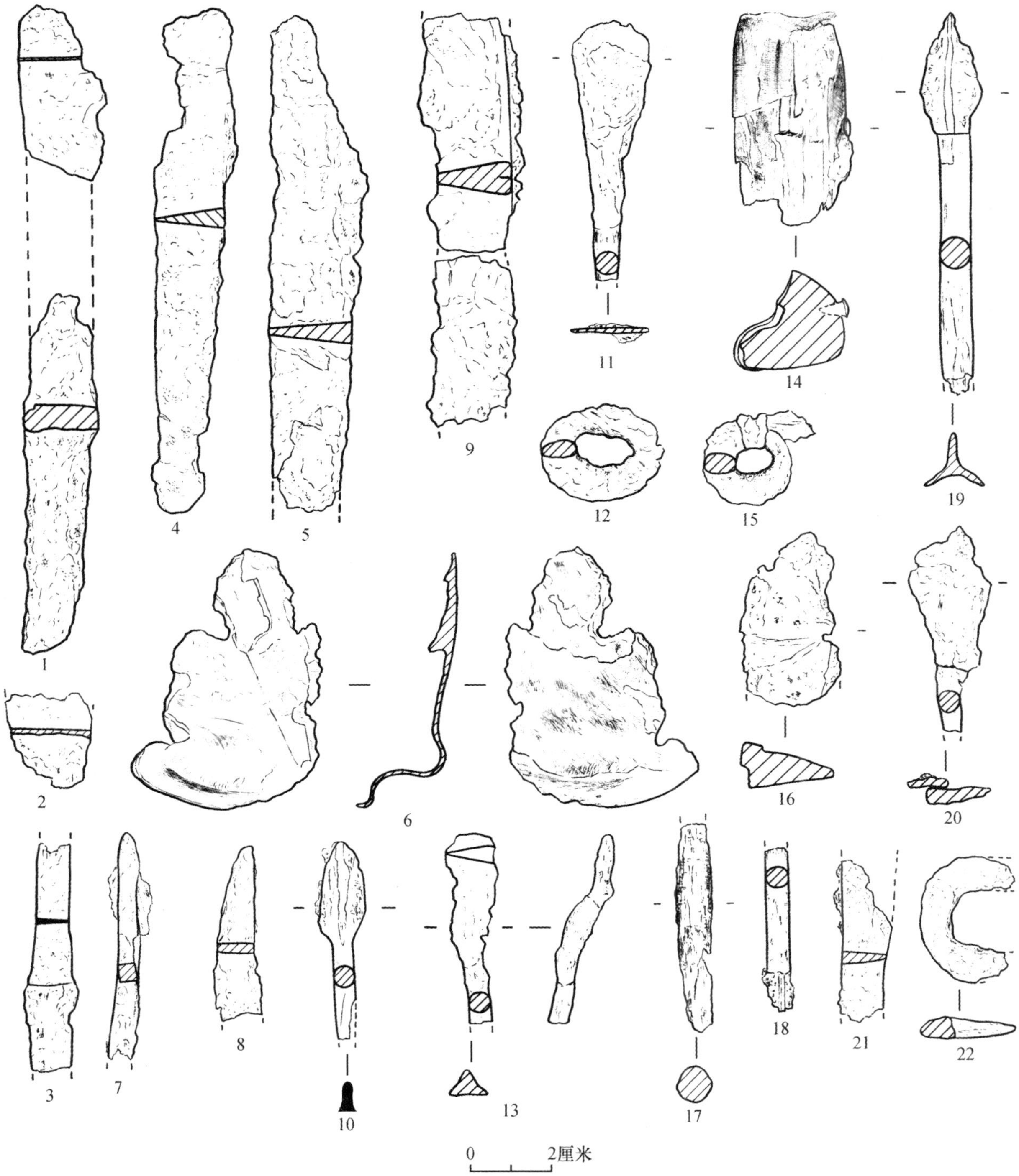

图4-12　铁器

1、3～5、7、8、21. 刀（M4∶4、M8∶7、M6∶1、M6∶7、M4∶3②、M4∶3①、M1∶12）　2、6、9、16. 残铁器（M1∶15、M1∶6①、M1∶6②、M1∶5）　10、11、13、17～20. 镞（M8∶3、M4∶6①、M4∶6③、M6∶8、M6∶6、M2∶6、M4∶6②）　14. 钉（M2∶7）　12、15、22. 带扣（M8∶4①、M8∶4②、M4∶5）

M6：6，仅存少量铁铤。残长3.9、直径0.5厘米（图4-12，18）。M6：8，仅存少量铁铤。残长5.2、直径0.9厘米（图4-12，17）。M8：3，镞身三翼形，圆形铁铤。木杆插入铤中。残长5、木杆直径0.5厘米（图4-12，10；图版4-6，6）。

带扣　3件。M4：5，仅存部分扣环。圆环形，外径3.2、内径1.6厘米（图4-12，22）。M8：4，两件在一起。椭圆形。M8：4①，直径2.4～2.9、厚0.5厘米（图4-12，12）。M8：4②，直径2～2.2、厚0.5厘米（图4-12，15）。

钉　1件。M2：7，剖面呈“T”字形。位于木棺头挡的横木上。在木棺上蒙一层织物后，以金箔片做垫片，以铁钉钉入。未清理尺寸不明（图4-12，14）。

残铁器　4件。形制不明。M1：5，平面不规则形，剖面呈三角形。残长4.5、宽2、厚1.2厘米（图4-12，16）。M1：6①，不规则薄片。残长6.2、宽4.6、高2.8厘米（图4-12，6）。M1：6②，长条形。残长9.9、宽2.8、厚1.0厘米（图4-12，9）。M1：15，平面不规则形。残长2.4、宽2.1、厚0.25厘米（图4-12，2）。

4. 金器

金箔片　1件。残。作为铁钉的垫片使用。未清理尺寸不明。

5. 银器

戒指　1件。M1：14，残，锈蚀严重。用一根细银条弯曲呈环状，两端不闭合。直径1.85～2、银条直径0.25厘米（图4-13，7；图版4-6，4）。

6. 漆器和木器

4件。残，锈蚀严重。其中木器和漆器各2件。

弓弭　1件。M2：1，仅存一段。用木片加工成。器身扁平，表面切削平滑。残长21.1、宽2.7、厚0.3～1.4厘米（图4-13，1；图版4-6，1）。

木器　1件。M2：3，扁平长条形。下部2厘米处，有一道刻痕。残长11.7、宽2.2、厚0.8厘米（图4-13，5）。

漆器　2件。无法复原。木胎，表面刷一层朱红色漆皮，现多与木质器身剥离。M2：5①，扁平长条形，剖面长方形。残长7.2、宽1.9、厚0.6厘米（图4-13，6）。M2：5②，剖面三角形，残长4.5、宽1.5、厚0.5厘米（图4-13，12）。

7. 石器

8件。均为珠饰，可分为绿松石珠和玛瑙珠两种，各4件。中部穿孔。

绿松石珠　4件。M1：8，平面不规则。长1.4、厚0.7、高1.1、孔径0.2厘米（图4-13，16）。M8：1，横剖面椭圆形。长1.05、宽1、厚0.4、孔径0.2厘米（图4-13，15；图版4-7，

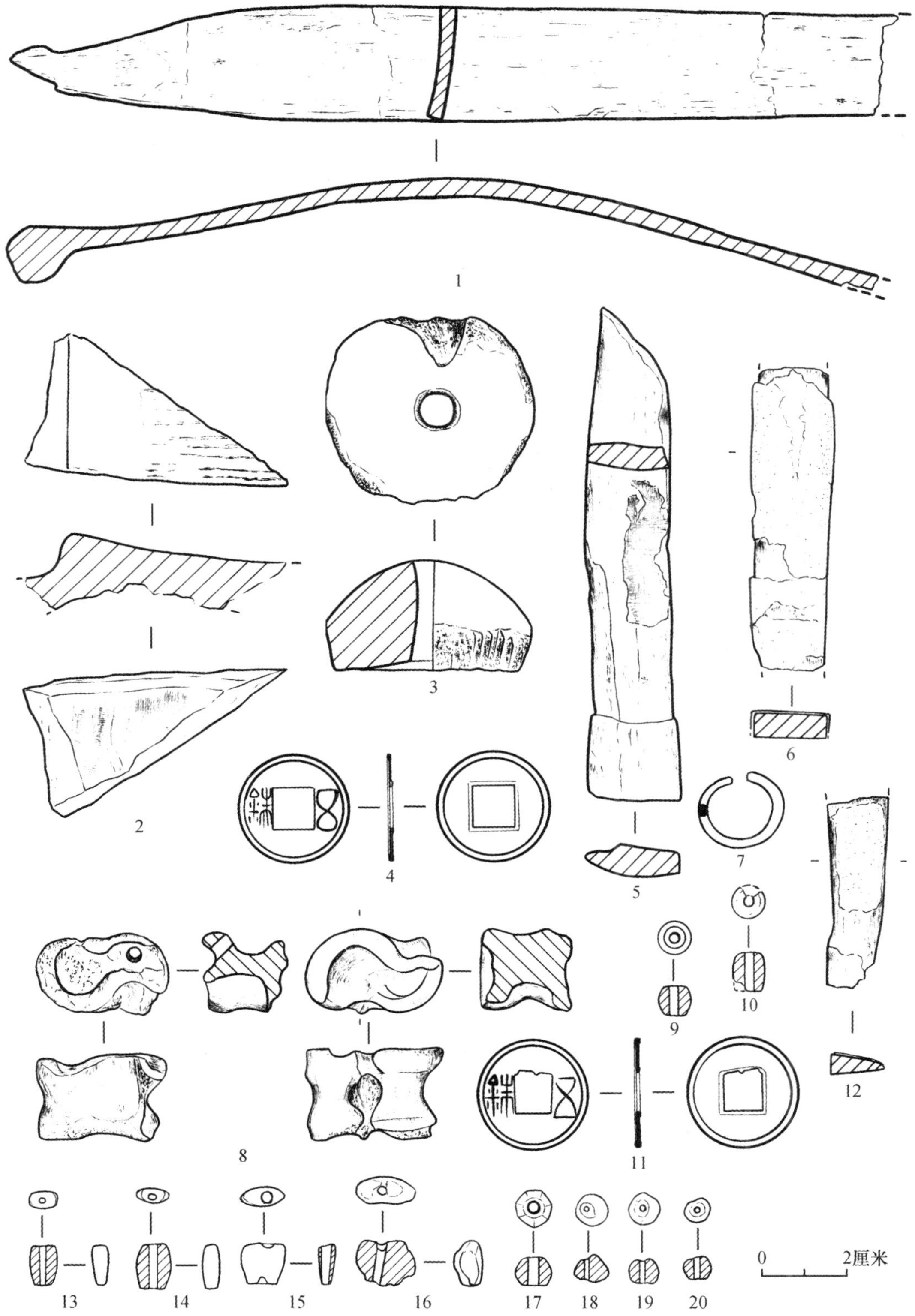

图4-13 银器、木器、骨器、石器、玻璃器、钱币及建筑材料

1. 弓弭（M2：1） 2. 筒瓦（M3：2） 3. 骨纺轮（M1：1） 4、11. 钱币（M3：1①、M3：1②） 5. 木器（M2：3） 6、12. 漆器（M2：5①、M2：5②） 7. 银戒指（M1：14） 8. 羊距骨（M2：8①） 9、10. 玻璃珠（M1：7、M6：3） 13～16. 绿松石珠（M8：5①、M8：5②、M8：1、M1：8） 17～20. 玛瑙珠（M5：3①、M5：3②、M5：3③、M5：3④）

4）。M8：5，共2件，扁鼓形，横剖面椭圆形。M8：5①，长1、宽0.7、厚0.4、孔径0.2厘米（图4-13，13）。M8：5②，长1.05、宽0.85、厚0.4、孔径0.2厘米（图4-13，14）。

玛瑙珠　4件（图版4-7，2）。算珠状。M5：3①，平面切割成七面体，棱角分明。直径0.9、高0.7、孔径0.25厘米（图4-13，17）。M5：3②，直径0.8、高0.7、孔径0.15厘米（图4-13，18）。M5：3③，直径0.7、高0.6、孔径0.2厘米（图4-13，19）。M5：3④，直径0.65、高0.55、孔径0.15厘米（图4-13，20）。

8. 骨器

纺轮　1件。M1：1，残。圆饼状，中间有孔。直径5、高2.6、孔径1.1厘米（图4-13，3；图版4-7，5）。

9. 玻璃器

玻璃珠　3件。M1：7，淡绿色。球形，中间有孔。直径0.8、高0.7、孔径0.2厘米（图4-13，9；图版4-7，1）。M6：3，残，淡绿色。长柱形，中间有孔。直径0.8、高0.95、孔径0.22厘米（图4-13，10）。M4：2，残碎，未提取。

10. 钱币

2枚。均为五铢。出自M3中。已锈蚀，圆形方穿，一面有内廓，两面有边廓。正面书汉文篆体“五铢”二字（图版4-7，6）。M3：1①，直径2.6、穿径1、厚0.1、边廓宽0.1厘米（图4-13，4）。M3：1②，直径2.6、穿径1、厚0.1、边廓宽0.1厘米（图4-13，11）。

11. 建筑材料

1件。M3：2，为筒瓦。残，仅存前端一小片。夹砂灰陶，模制。正面前端留白，瓦身饰绳纹，背面饰布纹。残长6.2厘米（图4-13，2）。

12. 动物骨骼

5件（组）。羊头3件，羊距骨2组。M2：8，共140余枚羊距骨（图版4-7，3）。部分酥朽，其中4枚有穿孔。M2：8①，长约3.5、宽约1.9、高约1.2、孔径0.2厘米（图4-13，8）。

四、殉 马 坑

编号为X1。位于M5与M6之间，西北部被M6打破。平面呈不规则椭圆形，剖面呈口大底小的锅底状。坑长径1.69、短径1.35、深0.73米。方向270°。坑口有大量填石，石头中间出马腿骨2个。坑内葬马1匹，骨骼保存较完整。呈头西脚东侧卧状，身体弯曲紧贴南侧坑壁。头骨及前肢骨缺失，后肢蜷曲于身下。无遗物出土（图4-14；图版4-8）。

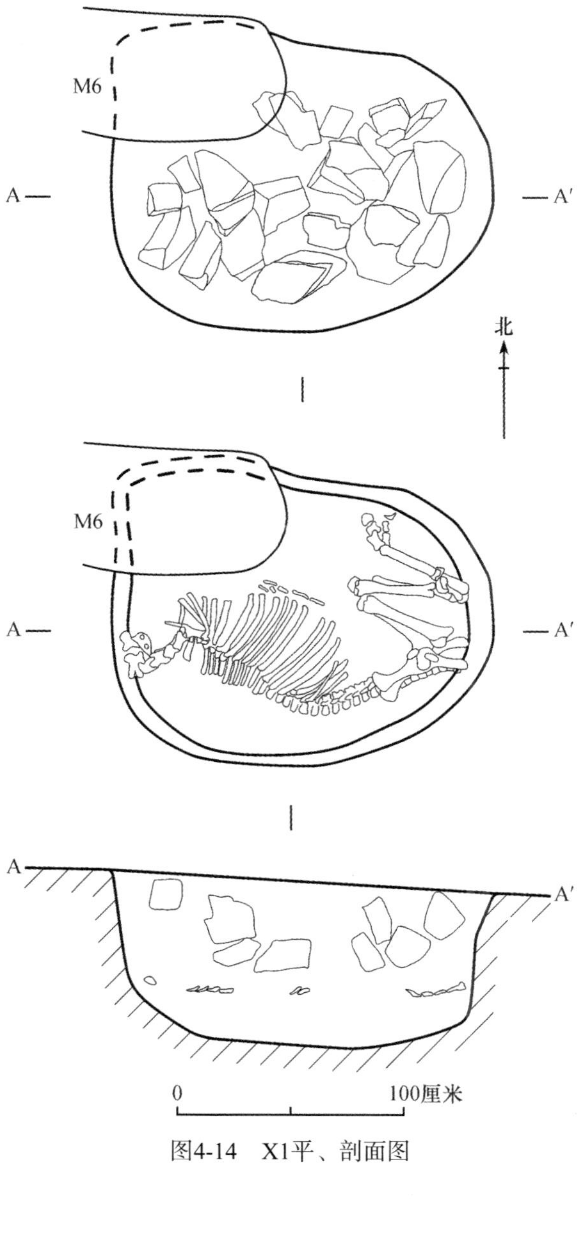

图4-14　X1平、剖面图

五、结　语

1. 墓葬的文化特征

墓地位于地势比较高的坡梁上。墓葬分布呈现大分散、小片集中的特点。在墓室形制上，6座墓为长方形竖穴墓，1座墓为竖穴二层台墓，2座为长方形竖穴偏室墓。竖穴墓中有4座墓（M4～M6、M8）大致呈南北向排列，分布集中，在墓室形制、墓向、葬具、葬俗葬式及随葬遗物等方面具有很高的一致性，例如，墓室深狭，墓向为东西向，墓室内多有槽形棺一类葬具。均单人葬，葬式为仰身直肢一次葬，头向西。随葬品种类丰富，主要有陶、铜、铁、骨、石、玻璃等，陶器等生活用品多放置在墓主人头一侧，部分墓葬在墓主人头一侧还放置羊头等动物骨骼，铜、铁骨、石、玻璃等小件装饰品多出于墓主人身体附近等，显示其可能存在一定的内在联系。另外两座墓葬（M7、M9）呈东西向排列。墓室比较宽浅，墓向为南北向。一座墓无人骨，另一座墓墓主人为单人葬、葬式为仰身直肢一次葬，头向南。无随葬品。

竖穴二层台墓（M2）墓室较竖穴墓宽、深。南北两壁中部各有宽约0.18米的生土二层台。墓室内大量填石。葬具比较复杂，为一椁一棺结构。棺为箱式，表面盖绢，并用带金箔片垫片的铁钉固定。墓主人身上穿绢质服饰，戴耳环、戒指、手握两小段漆木棍。棺底放置一堆羊距骨，除去腐烂无法提取的还保存下来140余枚。相当于随葬了70余只羊的距骨。

竖穴偏室墓（M1、M3）分布较分散。M1偏室在竖穴北，有葬具。单人葬，葬式为仰身直肢一次葬，头向西。头一侧放置陶罐、羊头等。身上有小件装饰品。M3偏室在竖穴南，竖穴北还有一个未完工偏室。无葬具。单人葬、葬式为仰身直肢一次葬，头向东。左臂附近放置五铢钱2枚，填土中出1件碎筒瓦。

通过比较分析，我们认为这批墓葬体现出三种不同的丧葬习俗：第一种有五座墓，即M1、M4～M6、M8。M4～M6、M8四座墓葬与M7、M9两座墓在墓室形制、墓向、葬具、葬俗葬式及随葬遗物方面等存在较大差异。M1、M3两座墓虽然都是采用竖穴偏室的形制，但是在偏室方向、墓向及墓主人头向、随葬器物等方面也存在较大差异。反观M1在葬俗葬式、出土遗物等方面与以M4为首的墓葬更具共性。这或反映出二者可能在时代或者文化内涵上的具有更多的联系。第二种有两座墓，即M2、M3。M2与M4等在葬具、随葬品等方面差异较大，与M3一样存在更多的来自中原的文化因素。第一组以第一种丧葬习俗为标志。第二组以第二种丧葬习俗为标志，X1也可以归于此组。第三组以第三种丧葬习俗为标志。

2. 墓葬的年代

9座墓葬中存在4组打破关系，参照打破关系，并结合各墓的具体特征，可以将它们分为三组。第三种有两座墓葬，即M7、M9。两座墓葬与前两种墓葬在墓室形制和葬俗葬式等方面均不同，可以单独归为一类。

第二组墓葬中M3出土五铢。由于这两枚五铢具有东汉五铢的特征，初步推断第二组墓葬的年代可能在东汉。第一组墓葬打破第二组墓葬，其年代当晚于第二组墓葬的年代，结合^{14}C测年初步推断其年代约在汉晋时期。第三组无出土遗物，年代有待有进一步探讨。

第五章　晚清房址

（一）地理位置

位于窑址和墓葬发掘区东南，西北角打破M9（图3-1）。

（二）房址形制

依山坡掏挖而成。属于半地穴式结构，顶部已经坍塌。平面略呈曲尺形，通长8.57米。由门道、前室和后室三部分构成。门向80°。门道位于前室东墙中部，平面呈长方形，残长1.8、宽0.95米。门道底部呈西低东高斜坡状。

前室为半地穴式结构，平面呈南北向长方形，南北长4.6、东西宽3.2、墙体残高1.5米。填土为灰黄土，比较坚硬，里面含少量石块、灰烬和动物骨骼。地面呈黑褐色，比较坚硬。靠东墙地面上有一堆乱石块，可能是倒塌的上部墙体。南墙边有圆形灰坑1座。灰坑剖面呈口小底大的袋状，填土为黄土，较疏松。口部直径0.82、底部直径0.95、深0.7米。北墙边有灶和案台各1座。灶台和案台相连。案台在东，东西长1.57、南北宽0.6、高0.55米。表面抹一层草拌泥；灶台在西，东西长1.25、南北宽0.78、高0.67米。灶膛为圆形，直径0.45、深0.33米。灶口朝南，宽0.26、高0.2米。灶口下有一个二层台，长0.9、宽0.4、高0.34米。其右侧放置2块大片石，可能是放置炊具之类的物品。烟道开凿于北墙上，剖面呈“U”形，口部用瓦片封堵。直径0.14、残高0.82米。

后室为窑洞式，顶部已坍塌。平面呈东西向圆角长方形。长4.12、宽2.3、残高1.95米。填土为块状黄土，内含少量灰烬和动物骨骼。四壁比较直，自0.9米处开始内弧。顶部已经坍塌，初步推测应是纵向圆弧顶。后室门开在前室西部南端。门残宽0.5、残高0.7米。门道进深0.5米。后室前部地面呈灰褐色，较坚硬。后部有实心土炕1座。炕东西长2.2、南北与房屋等宽，高0.3米。炕面未经处理，较松软。中部有一片被火烧过的痕迹（图5-1；图版5-1）。

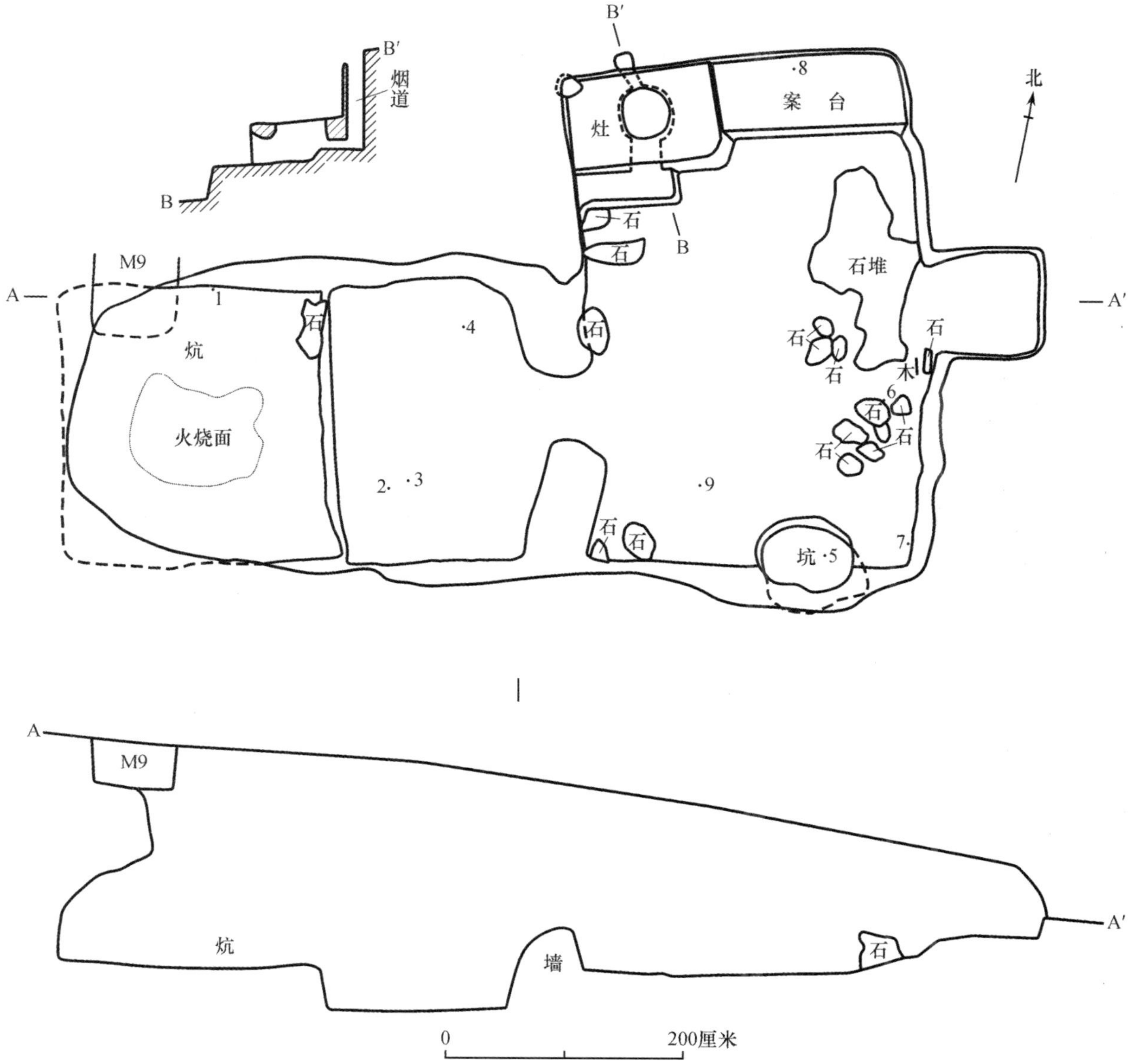

图5-1　清代房址平、剖面图

1、5、7. 砺石　2. 铜烟嘴　3. 铜钱　4. 铁锤　6、8. 康熙通宝　9. 铁钉

（三）遗物

9件。主要有铜器、铁器、石器和钱币等。

1. 铜器

1件。YJ：2，形似烟嘴。细长圆筒状。长4.3、大口径1.1、小孔径0.2厘米（图5-2，4；图版5-2，1）。

2. 铁器

2件。为锤和钉。均残。锈蚀严重。

锤　1件。YJ：4，羊角锤。方柄、柄末端有一圆环。锤头侧面不规则三角形。正面呈长方形。通长17.2、锤头长5.8、宽2厘米（图5-2，1；图版5-2，2）。

钉　1件。YJ：9，器身扁平。残长6.4、宽1、厚0.2～0.4厘米（图5-2，5）。

3. 石器

3件，均为砺石。残，无法复原。青色砂岩。YJ：1，长方形，磨面微凹，磨痕明显。残长8.6、宽4、厚1.5厘米（图5-2，3）。YJ：5，不规则三角形。平面呈三角形。一面有磨痕。残长11.7、宽3.9、厚1厘米（图5-2，6）。YJ：7，磨面多已脱落。残长8.9、宽3.4、厚0.9厘米（图5-2，2）。

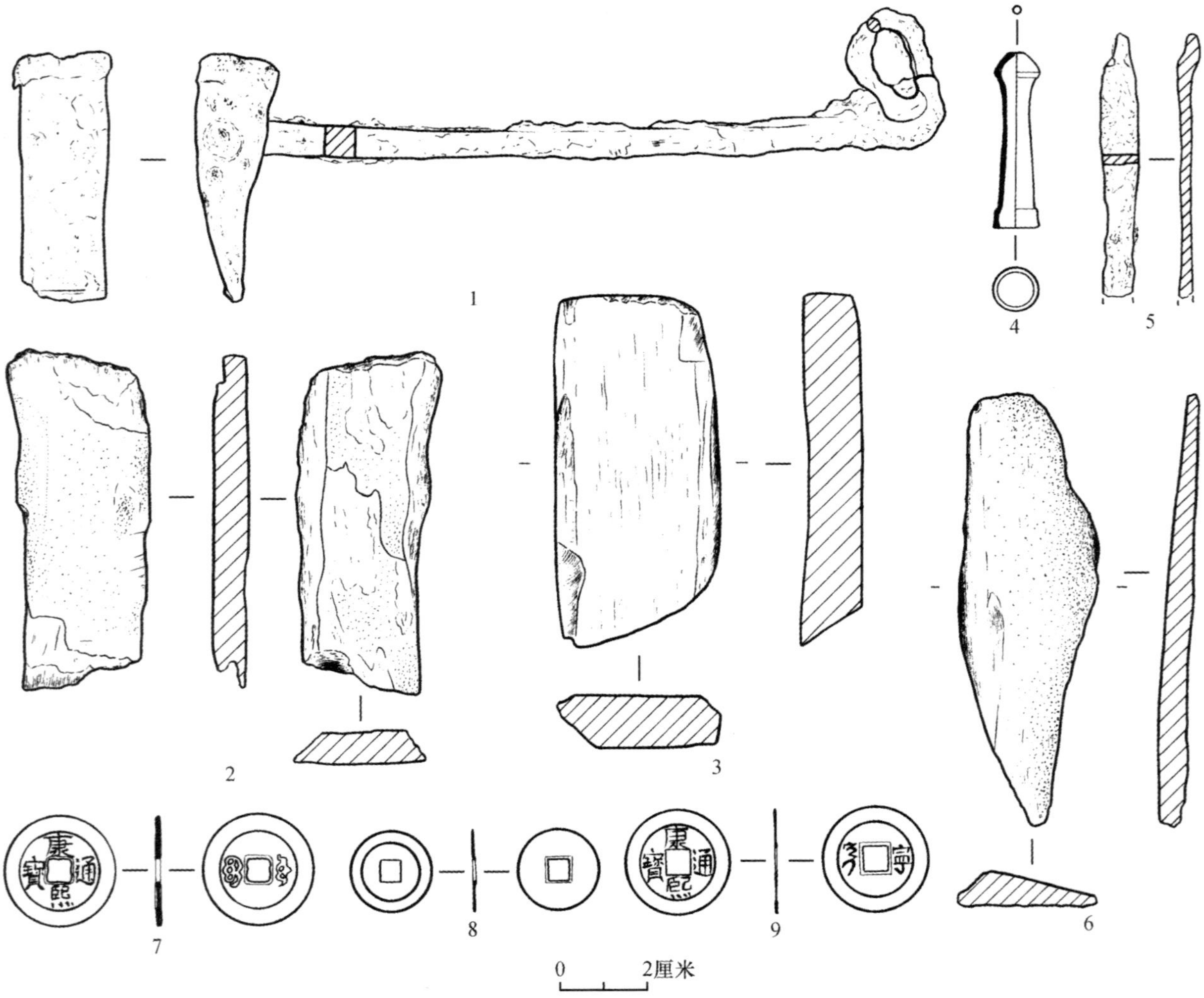

图5-2　铜器、铁器、石器、钱币

1. 铁锤（YJ：4）　2、3、6. 石器（YJ：7、YJ：1、YJ：5）　4. 铜器（YJ：2）　5. 铁钉（YJ：9）　7～9. 钱币（YJ：6、YJ：3、YJ：8）

4. 钱币

3枚。其中康熙通宝2枚。均锈蚀严重。圆形方穿。正面有边廓。

钱币　1枚。YJ：3，铭文不清晰。直径1.9、穿径0.45、厚0.1、边廓宽0.2厘米（图5-2，8）。

康熙通宝　2枚。廓较宽。正面汉文“康熙通宝”四字直读。YJ：6，背面对书2个满文。直径2.8、穿径0.6、厚0.1、边廓宽0.4厘米（图5-2，7；图版5-2，5、6）。YJ：8，背面对书一个满文和一个似为汉文“寧”字。直径2.6、穿径0.6、厚0.1、边廓宽0.4厘米（图5-2，9；图版5-2，3、4）。

（四）结语

房址属于半地穴式结构。虽然房顶已经坍塌，但是房屋形制布局清晰，各部分遗迹功能明确。出土遗物中有康熙通宝实物，为我们确定房子的年代提供了实证。该房址的发掘为探讨该地区清代中晚期以来民居形制的发展演变提供了难得的实例。

第六章　结　　语

石城子遗址位于新疆维吾尔自治区昌吉回族自治州奇台县半截沟镇麻沟梁村东北1.4千米，北距奇台县城约55千米。其地处天山山脉北麓山前丘陵地带，向北通奇台、吉木萨尔等绿洲，向南穿越天山可至吐鲁番盆地。遗址北为陡坡，东、南临深涧，唯西边与麻沟梁坡地相连，地势较平缓。

2014年，新疆维吾尔自治区文物考古研究所正式向国家文物局申请对石城子遗址进行考古发掘。在前期调查勘探的基础上连续发掘5个年度，发掘面积3303平方米。除石城子遗址本体外，在城西坡地上还发现窑址和墓葬等遗迹。2018年清理窑址1座、墓葬9座。总共出土各类遗物2000余件①。

石城子遗址为内、外重结构。外城平面大致呈长方形，面积约11万平方米。北面和西面筑墙，东、南两面以深涧为屏障，涧底麻沟河自南向北绕城东而过。内城依托外城西、北城墙修建，面积约2万平方米，其中东墙尚存，南墙已毁于耕作取土。全城最高点在东北角，与麻沟河高差达220米。城址墙体为夯土版筑，底部用护坡加固，符合《盐铁论·未通篇》中记载"筑城者先厚其基而后求其高"②的城郭模式。城门仅一座，建在西墙中部，在军事防御中城门是城池守卫中最薄弱的部分，因此单一城门是城池建筑的理想布局。石城子遗址的东面和南面据以天险，北面是陡坎，荆棘丛生，极难通行。只有西面为缓坡，便于通行。因此仅在西边修建城门一座，体现出强烈的防守态势。城门南北两侧城墙错位呈"Z"字形，南段城墙偏外，北段城墙偏内，靠城门处转折向外与南段城墙齐平。城门有两次增筑过程，主要由门道、墩台、回廊、散水及门塾等几部分组成。门道东西向，长13、宽4米。楼兰地区的LK古城城门宽3.8米③，北魏时期洛阳城建春门为一门三道，其中南、北门道的车辙的宽度也在4米左右④。

---

① 新疆文物考古研究所：《2014年度奇台县石城子遗址考古发掘报告》，《新疆文物》2015年，第3、4期；新疆文物考古研究所：《新疆奇台石城子遗址2016年发掘简报》，《文物》2018年第5期；新疆文物考古研究所：《2017年度奇台县石城子遗址考古发掘报告》，《新疆文物》2018年第1、2期。

② 《盐铁论》卷三，中华书局标点本，1976年。

③ 新疆文物考古研究所：《2016年楼兰考古报告（上）》，《新疆文物》2017年第3期；《2016年楼兰科考报告（下）》，《新疆文物》2017年第4期。

④ 中国社会科学院考古研究所洛阳汉魏故城工作队：《汉魏洛阳城北魏建春门遗址的发掘》，《考古》1988年第9期。

由此我们推测汉魏时期城市单门道的宽度可能在4米左右，这可能是与当时的城市建筑规制相吻合。门道两侧依托夯土城墙各栽立排叉柱10根，排叉柱之间用土坯夹砌。目前在门道两侧壁面上局部残留5层草拌泥和10层白灰，反复涂抹的痕迹十分明显。这些夯土墙和排叉柱不仅构成了门道两侧壁，而且还是门道顶部及城门楼的承重支撑。门位于门道中西部，有木质门限和门枕，门限两端下垫枕木，上插门框，门框仅存痕迹。根据遗迹现象判断为双扇门结构。门道内有很多坍塌的草拌泥块，草拌泥块背面有排列整齐的弧形木柱痕迹，当是从门道顶部脱落下来的，根据城门内部瓦片堆积高度及部分房屋建于城墙中的情况推断，门道上部应该有城门楼存在。门道南北两侧各有一条回廊。回廊建于城墙上，北回廊踏步有4层台阶，每层台阶上交角平铺木板，边缘饰红色地脚线。通过回廊不仅可以与城门楼相通连，而且可以与城门楼共同构成立体交叉保护设施，通过回廊墙上的射击孔可以射杀抵近墙角的目标，是一种非常巧妙、独具匠心的建筑方式。城门内还附建有门塾等设施，门塾有6间，仅存墙基，彼此不相通连。初步判断城门为依靠夯土墙及排叉柱支撑的大过梁式单门道带城门楼和回廊结构。除此之外，在外城的西北角及东北角城墙上各有角楼1座，角楼外侧墙体局部用瓦片包砌，暗示出墙体被破坏频繁，只能紧急用瓦片来加固和保护墙体。北城墙上对称有马面2座，可以无死角射杀敌军。城外10米处掏挖护城壕，用以阻滞骑兵的进攻。城门、城墙、角楼、马面、门塾和护城壕都是为加强城址的安全保卫而建的军事设施，它们都具有警戒和监视敌人的作用，构成了以城墙为主体，并与外围护城壕融为一体的环形工程体系。

另据调查勘探发现遗迹主要集中在内城，外城残留遗迹较少，内城遗迹主要是房屋建筑，历年共清理房屋37间，局部残存墙基，主要为生活用房。房屋依地势呈阶梯状布局，排房式建筑结构，彼此间以巷道通连。构筑方式有地面起建式和半地穴式两类。地面起建式是在原址上垫土取平夯打后起建，半地穴式则是利用减地法北壁依托台地高坡向下开挖，南部筑墙。墙体为土坯垒砌或者夯土砌筑，墙面上抹草拌泥涂白灰，并勾绘红色地脚线和墙角线，反映出该遗址高等级规格的属性特征。房门朝南，有木质门限。部分房屋东北角有灶等生活遗迹。屋内地面上残留大量坍塌瓦片，里面夹杂陶片、红烧土块、木炭、灰烬等，表明遗址最终是因火灾而最终废弃。

城址内出土遗物包括建筑材料、生产生活类用具、兵器及五铢钱等，以建筑材料为主，是目前新疆地区唯一大量出土汉代砖瓦的遗址。建筑材料包括板瓦、筒瓦、瓦当、柱础石和青砖等，这些器物都是在本地烧制，制造和使用有严格的规范。板瓦和筒瓦制作火候高，相当坚硬，边缘切削痕明显。筒瓦瓦舌经陶轮旋转后与瓦体套接而成，连接处较粗糙，手捏痕迹明显。板瓦和筒瓦瓦面上饰绳纹，内壁大多饰布纹，少量饰菱格纹。板瓦和筒瓦的体量较大，最长可达50厘米。瓦当圆形，制作方法是先在瓦当模中加泥团挤压，当心和边轮同时范成，之后将制作好的瓦当与筒瓦瓦体粘连，晾干后置入窑中烧制。瓦当当面以当纽为中心分隔出四个界格，每个界格内对称饰云纹或变形云纹，另有少数当面只装饰几何纹。当面涂白后再施红色颜料，其中白色颜料为白垩，红色颜料为朱砂。瓦当形制规整，图案构思精巧。生产生活用具包括陶罐、钵、豆、盆、甑、臼、纺轮、器盖和石磨盘、石研磨器、炭精虎饰等，多素面。个别器物表面刻划“宋直瓮”“马”“十”等隶书汉字，其中的“马”字写得格外飘逸俊秀和洒脱。兵器有箭镞、刀、栓销、结具和铠甲片，栓销是弩机上的配件，弩机是远程射杀性武器，汉代兵器的制造工艺和管理模式已十分先进，这些器物凸显了石城子遗址浓厚的军事功能。

窑址为马蹄形窑，由操作间、火膛、窑室和烟道四部分组成。窑室里出土的建筑构件与城址内同类器物相同，由此判断城址内建筑材料当是在本地制作。马蹄形窑址是比较流行的一种陶窑形制，在新疆地区魏晋时期和唐代陶窑中比较常见①，在中原地区也很普遍②。

墓葬分布呈现大分散、小片集中的特点。按形制可分为竖穴土坑墓、竖穴二层台墓和竖穴偏室墓三类。葬具为槽形棺和箱式棺，葬式均为单人仰身直肢一次葬。部分墓主人身体一侧随葬羊头和羊距骨。出土遗物有陶器、金属器、骨器、玻璃器及五铢钱等，其中2件陶器与内蒙古商都县东大井墓地出土陶器以及呼伦贝尔团结墓地③采集的陶器器形、纹饰十分相似，有可能是鲜卑人的遗存。金属器和玻璃器为装饰品和生活用具，骨器绝大多数为羊距骨，羊距骨以及墓主人随葬羊头的方式都暗示了羊在日常经济生活中不可或缺的地位。墓葬年代有两个时间段，一个是两汉时期，另一个是魏晋至南北朝时期，与城址关系密切。

通过对发掘成果的分析，目前基本判定，石城子遗址是汉朝在天山以北设立的一处军事要塞，是文献记载中的“疏勒城”，得出此结论的依据如下。

第一，公元前60年汉宣帝置西域都护，“自宣、元后，单于称藩臣，西域服从。其土地山川、王侯户数、道里远近，翔实矣”④。西域纳入中华版图后，汉廷在西域的军事力量也延伸至天山北麓，伴随汉王朝与匈奴势力的此消彼长，汉王朝对西域的管控也时紧时松，根据不同时期战争形势的变化调整边塞驻军，如新疆⑤、内蒙古⑥、甘肃⑦等地根据军事需要建烽燧和边城，构建军事城防体系。《汉书·武帝纪》注师古曰：“汉制每塞要处别筑为城，置人镇守，谓之候城，即此障也。”⑧在山川险要之处以及战略部署的关键节点上构建军事要塞。石城子遗址依地势大致呈长方形，内、外城结构，墙体夯筑，构筑方式符合汉代城郭的建制⑨，核心建筑遗迹大量使用汉代砖瓦，陶器表面刻划隶书汉字以及兵器等无不昭示这处古城址与两汉时

① 新疆文物考古研究所：《1988~1997年度民丰县尼雅遗址考古调查简报》，《新疆文物》2014年第3、4期（合刊）；《高昌故城第三次考古发掘报告》，《新疆文物》2011年第2期。

② 中国社会科学院考古研究所汉城队：《汉长安城窑址发掘报告》，《考古学报》1994年第1期。

③ 魏坚主编，内蒙古自治区文物考古研究所编：《内蒙古地区鲜卑墓葬的发现与研究》，科学出版社，2004年。

④ 《汉书·西域传》，中华书局标点本，1976年。

⑤ 新疆维吾尔自治区文物局：《新疆维吾尔自治区第三次全国文物普查成果集成（新疆古城遗址）》，科学出版社，2011年。

⑥ 王大方：《汉鸡鹿塞考古》，《中国文物报》2020年2月7日第7版；甄自明、岳够明：《鄂尔多斯汉代城址浅析》，《草原文物》2015年第1期。

⑦ 李并成：《汉居延县城新考》，《考古》1998年第5期。

⑧ 《汉书·武帝纪》，中华书局标点本，1976年。

⑨ 李并成：《汉居延县城新考》，《考古》1998年第5期；何昊：《甘青宁地区汉代城址研究》，吉林大学硕士学位论文，2016年；周长山：《汉代的城郭》，《考古与文物》2003年第2期；刘庆柱：《汉代地方城址的考古发现与研究》，《古代都城与帝陵考古学研究》，科学出版社，2000年。

期军政建置密切相关，遗址的建筑构筑方法、等级规制、遗物组合特征等明确显示出这处遗址是汉代在天山以北设立的一处军事要塞，建制上严格遵循汉代边郡的军事建筑规制，结构和功能较多地体现出北方军镇的特征，是汉朝经略西域设置的军事重镇。“在等级森严的汉代，边郡的城郭设施建设的方法和制度一定会有特别要求的。……西汉时期，边郡烽燧、坞郭、侯官治所、都尉府址、关塞等设施，其建置、大小、规制存在有等差和制度。”①石城子遗址依山形水势修建，城池尺寸依照汉制大约为160丈×120丈，考虑到地形因素的影响，遗址的营建相当于都尉府或略低于都尉府的规制。

第二，在汉军每次大规模的军事行动中，“中国缮道馈粮，远者三千，近者千余里，皆仰给大农”②。所需军用物资补给要动用大批的人力、物力和财力，且长途运输的代价也十分昂贵，随着汉朝边塞延伸得越来越远，从内地运输钱粮的距离也是越来越长，因此西汉王朝为巩固成果，稳定西域政治局势，政府开始有序组织屯田，汉武帝时首先在轮台、渠犁屯田。汉元帝更是设置戊己校尉主管西域屯田事务。“戊己校尉，元帝初元元年置，有丞、司马各一人，候五人，秩比六百石。”③治所在交河，后移至高昌壁。戊己校尉既是领兵官，又是屯田官④。戊己校尉与西域都护的设置“形成西域都护总领西域，兼护丝绸南北二道和戊己校尉专领车师、独护丝路北道的格局”⑤。西域屯田不仅解决了长途运输物资的费用，保障了驻兵戍卒的军需粮草，而且大大加强了汉军的战斗力，做到平时生产，战时抗敌两不误，达到“兵不可费中国而粮食足”的效果，发挥着巨大的经济支撑作用。

东汉初年光武帝对西域采取消极政策，“莎车王贤、鄯善王安皆遣使奉献。西域苦匈奴重敛，皆愿属汉，复置都护；上以中国新定，不许”⑥。48年匈奴分裂为南、北两部，南匈奴归降汉廷，北匈奴远遁，为延续汉王朝在西域的统治，73年“窦固、耿忠至天山，击呼衍王，斩首千余级；追至蒲类海，取伊吾卢地，置宜禾都尉，留吏士屯田伊吾卢城”⑦。这是东汉屯田的开始。第二年复置西域都护和戊己校尉，分戊、己两校尉分驻天山南北，其中戊校治所在车师后部境内。75年，匈奴联合焉耆、龟兹、车师反叛，“北单于遣左鹿蠡王二万骑击车师。恭遣司马将兵三百人救之，道逢匈奴骑多，皆为所殁。匈奴遂破杀后王安得，而攻金蒲城”⑧（据考证，应为金满城，误写为金蒲城）。此时的金满城处于两面夹击的战况，北面为匈奴，

---

① 于志勇：《西汉时期楼兰“伊循城”地望考》，《西部考古》（第7辑），科学出版社，2013年。

② 《汉书·食货志第四下》，中华书局标点本，1976年。

③ 《汉书·百官公卿表第七上》，中华书局标点本，1976年。

④ 王素：《高昌戊己校尉的设置——高昌戊己校尉系列研究之一》，《新疆师范大学学报》（哲学社会科学版）2005年第26卷第3期；王素：《高昌戊己校尉的设置——高昌戊己校尉系列研究之二》，《中国历史文物》2005年第4期；余太山：《两汉西域戊己校尉考》，《史林》1994年第1期。

⑤ 王素：《高昌戊己校尉的设置——高昌戊己校尉系列研究之一》，《新疆师范大学学报》（哲学社会科学版）2005年第3期。

⑥ 《资治通鉴》卷四十三，中华书局标点本，1976年。

⑦ 《资治通鉴》卷四十五，中华书局标点本，1976年。

⑧ 《后汉书》，中华书局标点本，1976年。

南面为焉耆和龟兹，因此耿恭放弃金满城退到疏勒城，后被汉军营救率兵撤返后，东汉王朝罢戊己校尉。和帝永元三年（91年）任命班超为西域都护，同时恢复了戊己校尉，戊己校尉领兵500人，驻车师前部高昌壁，戊部侯居车师后部侯城[①]。此应是戊部屯城之第三次建置。安帝永初元年（107年），下诏罢都护，并罢伊吾柳中屯田，戊部侯城亦撤废[②]，至延光二年（123年），以班勇为西域长史屯柳中[③]。顺帝永建末（131年），汉朝有效经营西域，戊部屯城当又恢复[④]。东汉后期，桓帝永兴元年（153年），车师后王阿罗多与戊部侯严皓不和，怒而反叛，戊部侯城受到攻击[⑤]。之后戊校尉阎详周旋后部王事务，见诸史籍[⑥]。关于戊部的记述，最晚的史料系于灵帝建宁三年（170年），戊部司马曹宪，西域长史张晏等受命讨疏勒[⑦]。从两汉书的记载看戊己校尉之戊校尉或戊部侯屯城的设置，可知东汉时期的屯田侧重于伊吾、柳中、高昌和楼兰，且至少有四次置设和撤废，与汉匈争夺西域的形势相始终。戊己校尉的初设、复置，再设，是东汉经营西域“三绝三通”历史的实证，不同时期复置或增置的戊己校尉或戊部侯也会根据战争形势的变化在不同的边塞驻守。

石城子遗址地处两汉时期车师后部境内，其建筑构筑方法、等级规制，遗物组合特征等都具有明显的中原风格，多方面清晰指证了这处遗址当是汉军屯垦将士的建筑成果，屯垦将士的来源主要是募兵、驰刑徒和免刑罪人。通过对遗址内土壤和粮食残留物检测分析得知两汉时期本地气候较现在温暖湿润，农作物主要有青稞和小麦，优越的自然环境和良好的气候条件是屯田耕种的基础保障，将士们亦兵亦农，从事与军事攻防有关的生产活动，做到平时生产与战时需求紧密结合。遗址内出土的石磨盘、石臼、陶器以及墓葬内使用农具的痕迹都表明屯田的特质，遗址的废弃也与戊己校尉的设置相关，是两汉时期的戊己校尉屯城之一。

第三，关于疏勒城的地望，学界多有探讨，主要有以下两种观点：①疏勒城旧址是吉木萨尔县东大龙口遗址。孟凡人先生认为：“在泉子街以南与头道桥之间的西边台地上有一座古城遗址……由于该古城的位置与《后汉书·耿恭传》所记基本吻合，因此，这座古城之前身（古城延续使用时间似较长）很可能就是疏勒城的所在地。”[⑧]②疏勒城旧址即今奇台县石城子遗

① 《后汉书·班梁列传第三十七》，中华书局标点本，1976年。

② 《资治通鉴》卷四十九，中华书局标点本，1976年。

③ 《后汉书·西域传第七十八》，中华书局标点本，1976年。

④ 《后汉书·孝顺孝冲孝质帝纪第六》，中华书局标点本，1976年。

⑤ 《后汉书·西域传第七十八》，中华书局标点本，1976年。

⑥ 《后汉书·西域传第七十八》，中华书局标点本，1976年。

⑦ 《后汉书·西域传第七十八》，中华书局标点本，1976年。

⑧ 孟凡人：《车师后部史研究》，《北庭史地研究》，新疆人民出版社，1985年。

址。有薛宗正[①]、魏大林[②]、王炳华[③]、戴良佐[④]、苏北海[⑤]、杨镰[⑥]等学者持此观点。根据石城子遗址的地理位置、自然环境以及考古发掘资料、年代测定等方面综合分析，我们认为石城子遗址与《后汉书》中记载的汉军在天山北麓驻防的“疏勒城”特征相契合，石城子遗址即“疏勒城”旧址，理由主要有以下三点。

（1）石城子遗址建在崖体上，并以天险为屏障，地形险峻，易守难攻。

在城池防护体系中，晁错认为有三个重要方面，“临战合刃之急者三：一曰得地形，二曰卒服习，三曰器用利”[⑦]。地形的险要是最为关键的要素。在《墨子·备城门》篇中墨子也提出了同样的看法，认为“守城者以亟伤敌为上”[⑧]，意思就是利用地形、依托城池，正确布置兵力，做到顽强坚守与适时出击相结合。因此古代边郡障塞的设置大多依地形据险而设，或构筑在易守难攻之处，或设置在交通要道的关隘襟喉。石城子遗址的营建十分符合“得地形”的战术考量。涧底麻沟河与《后汉书》中记载的“恭以疏勒城旁有涧水可固”[⑨]这条重要记载相互印证，这是确定石城子遗址为汉代疏勒城的首要因素。

（2）石城子遗址控扼天山南北往来交通的关隘，是汉朝防御体系中的关键一环。石城子遗址位于天山北麓，有他地道、乌骨道、萨捍道、移摩道等多条道路可以互相通联天山东部博格达山南麓的吐鲁番盆地，位置十分重要。吐鲁番盆地“气候温暖，厥土良沃，谷麦一岁再熟”[⑩]。车师前、后部不仅是天山南北往来交通的关键，也是汉朝中道、北道西通西域的必经之地，争夺车师对汉朝和匈奴都具有重要意义。从武帝元封年间派兵攻打车师开始，到宣帝地节中，汉匈之间几经争夺，“五争车师”的战役持续了近40年的时间。在战争僵持阶段中，郑吉与校尉司马熹就积聚粮草准备攻打车师，至秋收时发兵攻破交河城。西域都护设置后屯田重心从轮台、渠犁移至吐鲁番盆地及天山北麓。因此依汉制在天山北麓构建军事防线以阻挡匈奴人的铁骑，石城子遗址就是阻挡匈奴人南下天山至吐鲁番盆地隘道的屏障。

（3）耿恭在屯驻金满城后，“移檄乌孙，示汉威德”，金满城与疏勒城相距不远，汉明帝以金满城作为戊校尉治所，就是因为考虑到疏勒城的存在，所以在距离疏勒城不远的金满城

---

① 奇台县文化馆（薛宗正执笔）：《新疆奇台境内的汉、唐遗址调查》，《考古学集刊》（5），中国社会科学出版社，1987年；薛宗正：《金蒲、疏勒、务涂谷考》，《新疆文物》1988年第2期；薛宗正：《耿恭驻守的疏勒城在哪里？——兼与才家瑞同志商榷》，《图书评介》1979年第4期。

② 魏大林：《疏勒城考辨》，《西部学刊》1987年第3期。

③ 王炳华：《天山东段考古调查纪行》，《新疆文物》1988年第1期。

④ 戴良佐：《奇台麻沟梁石城子遗址踏勘记——兼论耿恭驻守望的疏勒城方位》，《新疆文物》1992年第1期；戴良佐：《新疆奇台石城子遗址汉疏勒城今地之争》，《中国边疆史地研究》1995年第12期。

⑤ 苏北海：《疏勒名称考》，《新疆大学学报（哲学社会科学版）》1984年第3期。

⑥ 杨镰：《丝绸之路的地标——疏勒城》，《文史知识》2015年第8期。

⑦ 《汉书·爰盎晁错传》，中华书局标点本，1976年。

⑧ （清）毕沅校注，吴旭民校点：《墨子》。

⑨ 《后汉书·耿弇列传》，中华书局标点本，1976年。

⑩ 《北史》卷九十七，中华书局标点本，1976年。

置戊己校尉，疏勒城则作为金满城的侧翼来保护金满城。疏勒城与天山以南的柳中城有多条道路通联，柳中城向东可达敦煌，与中原联络方便，地理位置进可攻，退可守，因此在75年金满城遭到匈奴和车师围攻后，耿恭首选疏勒城作为退守据点的考虑之一，“疏勒城保卫战”在《后汉书·耿弇列传》中有较为详细的记载：“恭以疏勒城傍有涧水可固，五月，乃引兵据之。七月，匈奴复来攻恭，恭募先登数千人直驰之，胡骑散走，匈奴遂于城下拥绝涧水。恭于城中穿井十五丈不得水，吏士渴乏，笮马粪汁而饮之。恭仰叹曰：‘闻昔贰师将军拔佩刀刺山，飞泉涌出；今汉德神明，岂有穷哉。’乃整衣服向井再拜，为吏士祷。有顷，水泉奔出，众皆称万岁。乃令吏士扬水以示虏。虏出不意，以为神明，遂引去。”对于引文中所提到的“恭于城中穿井十五丈不得水”，有学者认为：“麻沟梁基部为坚石，凿井取水，是少有可能的。”①也有学者认为：“据奇台县一位干部向水利工程师请教过，由于高山地层下岩石间隙中积聚有泉水，所以在石城子这样的山地打取井水是完全可能的。”②石城子遗址地处天山山脉山前地带，“天山山脉，山体高大，有相当丰富的降水量而成为河流的水源补给区”③。因此，石城子遗址内“穿井”也是完全有可能的，勘探数据也证实了这一推论的可行性。

西汉初年实行徙民实边，积粮储备，发展养马的政策，至汉武帝时继承了70年来休养生息所积累的国家资源，对内“罢黜百家，独尊儒术”，统一中央集权。对外则连年征战，讨伐匈奴。公元前138年张骞出使西域，联络月氏，“断匈奴右臂”，右臂指匈奴统治的河西走廊和西域诸国，使“西北国始通于汉矣”。公元前119年张骞再次出使乌孙，分别在公元前127年河南战役，公元前121年河西战役以及公元前119年的漠北战役中取得了决定性的胜利，从此匈奴势弱，“漠南无王庭”。公元前101年，汉朝始在西域设官，置“使者校尉领护”。神爵二年（前60年），匈奴日逐王降汉，西汉王朝设西域都护于乌垒城（今新疆轮台县境内），将西域地区纳入中央政府的管辖之下，汉王朝在西域“立屯田于膏腴之野，列邮置于要害之路。驰命走驿，不绝于时月；商胡贩客，日款于塞下”④。“今西域诸国，……莫不向化，大小欣欣，贡奉不绝。”⑤于是西域诸地方政权“东向而朝天子”“咸乐内属”，汉朝声威远播，国势达于顶峰。为巩固边防，保障丝绸之路畅通，汉朝在河西走廊设四郡，在西域地区修建边郡障塞，屯田驻守。此后历代中央政权在西域设立军政管理机构，行使着对西域的有效管辖。敦煌悬泉置出土汉简中有伊循城都尉（Ⅴ92DXT1312③：6）、车师己校、伊循田臣（Ⅴ92DXT1310③：67）、将田车师己校尉、戊校尉、右部司马丞（Ⅱ90DXT0215②：21）、使都护西域骑都尉（Ⅱ90DXT0115②：16）等⑥，小方盘城汉简

---

① 王炳华：《天山东段考古调查纪行（二）》，《新疆文物》1988年第1期。

② 王炳华：《天山东段考古调查纪行（二）》，《新疆文物》1988年第1期；戴良佐：《新疆奇台石城子遗址汉疏勒城今地之争》，《中国边疆史地研究·探索与交流》1994年第4期。

③ 林瑞棠：《天山南坡降水、径流的垂直地带性特征》，《水文》1985年第2期。

④ 《后汉书·西域传》，中华书局标点本，1976年。

⑤ 《后汉书·班超传》，中华书局标点本，1976年。

⑥ 张德芳：《从悬泉汉简看两汉西域屯田及其意义》，《敦煌研究》2001年第3期。

中有西域都护章（Ⅱ98DYT1：33）、鸿嘉四年五月丙申朔乙卯敦煌玉门都尉君丞敢言之府记（Ⅱ98DYT2：11）、使送北道诸国客副卫侯玄所将乌孙诸国（Ⅱ98DYT2：35）、奏曹言写下将田车师戊己校尉诣田所诏书下玉门关候正月辛未史长富奏封（Ⅱ98DYT5：1）等[①]，出土文献和吐鲁番高昌故城出土云纹瓦当残片即是明证[②]。

石城子遗址是迄今为止新疆地区发现的唯一一处年代准确可靠、形制基本完整、保存状况完好、文化特征鲜明的汉代古遗址，与“高昌壁”所属遗物及甘肃敦煌市悬泉置遗址、马圈湾遗址所处有关戊己校尉汉简资料相结合，体现出两汉时期中原王朝对西域地区的苦心经营和努力，彰显了两汉时期设立西域都护之后，“都护督察乌孙、康居等三十六国动静，有变以闻，可安辑，安辑之，不可者诛伐之”[③]的辉煌历史，是汉并天下海内率服的重要印证。

① 张德芳、石明秀主编，敦煌市博物馆、甘肃简牍博物馆、陕西师范大学人文社会科学高等研究院编：《玉门关汉简》，中西书局，2019年。

② 遗物现存吐鲁番地区博物馆。

③ 《资治通鉴》卷二十六，中华书局标点本，1976年。

参考书目

[1] （清）穆彰阿、潘锡恩等纂修：《嘉庆大清一统志》卷二七一《镇西府》，四部丛刊续编本，上海古籍出版社，2008年，第5297页。

[2] 奇台县史志编纂委员会：《奇台县志》，新疆生产建设兵团出版社，2009年。

[3] 奇台县文化馆：《新疆奇台境内的汉唐遗址调查》，《考古学集刊》（5），中国社会科学出版社，1987年。

[4] 王炳华：《天山东段考古调查纪行》，《新疆文物》1988年第1期。

[5] 新疆维吾尔自治区文物普查办公室、昌吉回族自治州文物普查队：《昌吉回族自治州文物普查资料》，《新疆文物》1989年第3期。

[6] 新疆维吾尔自治区文物局：《新疆维吾尔自治区第三次全国文物普查资料汇编——奇台县不可移动文物》，新疆维吾尔自治区内部资料准印证（2011）年205号。

[7] 新疆文物考古研究所：《奇台石城子考古发掘简报》，《新疆文物》2015年第3、4期合刊。

[8] 田小红、吴勇、陈新儒：《新疆奇台县石城子遗址考古调查和发掘获重要发现》，《中国文物报》2016年10月21日第8版。

[9] 新疆文物考古研究所：《2017年度奇台县石城子遗址考古发掘报告》，《新疆文物》2018年第1、2期。

[10] 田小红、吴勇、冯志东等：《新疆奇台石城子遗址发掘获重要收获——发现城门门道和墓葬等遗迹，基本认定为汉代"疏勒城"》，《中国文物报》2018年12月4日第8版。

[11] 新疆文物考古研究所：《新疆奇台石城子遗址2016年发掘简报》，《文物》2018年第5期。

[12] 新疆文物考古研究所：《新疆奇台县石城子遗址2018年发掘简报》，《考古》2020年第12期。

[13] 新疆文物考古研究所：《新疆奇台县石城子遗址2019年发掘简报》，《考古》2022年第8期。

[14] 新疆文物考古研究所：《新疆奇台县石城子遗址城门区考古发掘报告》，《西部考

古》（第23辑），科学出版社，2022年。
[15] 新疆文物考古研究所：《新疆奇台县石城子遗址窑址和墓葬考古发掘简报》，《新疆考古》（第1辑），科学出版社，2021年。
[16] 戴良佐：《奇台麻沟梁石城子遗址踏勘记——兼论耿恭驻守的疏勒城方位》，《新疆文物》1992年第1期。
[17] 魏大林：《疏勒城考辨》，《西部学坛》1987年第3期。
[18] 戴良佐：《新疆奇台石城子遗址汉疏勒城今地之争》，《中国边疆史地研究》1994年第4期。
[19] 薛宗正：《金蒲、卫疏勒、务涂谷考》，《新疆文物》1988年第2期。
[20] 柳用能：《耿恭守的疏勒城考》，《新疆日报》1979年12月9日（第四版）。
[21] 薛宗正：《耿恭驻守的疏勒城究竟在哪里——兼与才家瑞同志商榷》，《图书评论》1979年第4期。
[22] 杨镰：《天山走廊的发现》，《光明日报》2012年2月29日第5版。
[23] 苏北海：《疏勒名称考》，《新疆大学学报（哲学人文社会科学版）》1984年第3期。
[24] 杨镰：《丝绸之路的地标——疏勒城》，《文史知识》2015年第8期。
[25] 易谦：《耿恭守卫的疏勒城今在何处》，《新疆日报》1986年6月21日（第四版）。
[26] 杨镰：《寻找神秘古城疏勒》，《中国国家地理》2008年第3期。
[27] 王伟、段阜涛、杨继帅等：《植硅体与稳定同位素分析揭示的新疆汉代驻军多样的农作物利用策略》，《第四纪研究》2020年第2期。
[28] 王通洋、龚德才、田小红等：《新疆石城子遗址古代人类活动对土壤化学性质的影响》，《土壤通报》2018年第1期。
[29] 田小红、吴勇：《石城子遗址出土瓦当研究》，《西部考古》（第23辑），科学出版社，2022年。
[30] 田小红：《东汉西域都护陈睦驻地考》，《新疆文物》2015年第3、4期（合刊）。

后　　记

白驹过隙，石城子遗址从2014年发掘开始实施到如今已经8个年头了。其间虽然人员更换比较频繁，部分人员甚至已调离新疆维吾尔自治区文物考古研究所，但是石城子遗址的考古发掘、资料整理和报告编写工作一直没有停顿。

石城子遗址考古发掘项目的执行单位是新疆维吾尔自治区文物考古研究所。2014～2019年间，先后参与石城子遗址调查、发掘、资料整理和报告编写的人员如下。

2014年领队：胡望林；发掘：新疆维吾尔自治区文物考古研究所田小红、胡望林、特尔巴依尔、蔡浩强、吴勇，奇台县文物局石永峰、邱建斌；资料整理：田小红、胡望林、特尔巴依尔、吴勇；绘图：陈新儒、胡望林、特尔巴依尔；拓片：陈新儒；摄影：吴勇、刘玉生；简报执笔：田小红、吴勇、邱建斌、特尔巴依尔。

2015年领队：田小红；调查：吴勇。

2016年领队：田小红；发掘：田小红、多斯江、陈新儒、张树春、吴勇；资料整理：田小红、吴勇、陈新儒；绘图：陈新儒；拓片：陈新儒；器物修复：陈新儒；摄影：吴勇；简报执笔：田小红、吴勇。

2017年领队：田小红；发掘：田小红、陈新儒、赵宝良、吴勇；资料整理：田小红、陈新儒、吴勇；绘图：陈新儒；拓片：陈新儒；器物修复：陈新儒；摄影：吴勇、刘玉生；报告执笔：田小红、吴勇。

2018年领队：田小红；发掘：田小红、冯志东、陈新儒、吴勇；资料整理：田小红、冯志东、葛占顺、吴勇；绘图：陈新儒、杨亚宁；拓片：葛占顺；器物修复：陈新儒；摄影：吴勇；简报执笔：田小红、冯志东、吴勇。

2019年领队：田小红；发掘：田小红、冯志东、陈新儒、葛占顺、邱俊忠、吴勇；资料整理：田小红、冯志东、吴勇；绘图：西安唐远信息科技有限公司；器物修复：陈新儒、葛占顺、黄奋、余腾飞、哈里·买买提；摄影：吴勇、刘玉生；简报执笔：田小红、吴勇、冯志东。

2020年根据新疆维吾尔自治区文物考古研究所工作安排，石城子遗址发掘工作暂告一段落，田小红、吴勇、冯志东即全力转入2019年度资料整理和简报编写中。2021年冯志东参加驻村工作后，后面的工作任务全部压在了田小红、吴勇肩上。经过近一年努力，凝聚大家心血和汗水、汇辑2014～2019年5年发掘资料的报告书圆满完成。

新疆石城子遗址报告书第一册的第一至第五章由田小红、吴勇共同执笔。第六章由田小红执笔。前言、后记由吴勇执笔。由于编者水平有限，疏漏之处，敬请谅解！

在石城子遗址发掘、资料整理和报告撰写过程中，除文内提及的单位、相关人员外，还有许多单位和人员做出过奉献。昌吉回族自治州文物局，奇台县县委、县政府，江布拉克景区管理委员会，奇台县文物局和奇台县博物馆等单位对发掘工作给予了大力支持和帮助。在大家的共同努力下，石城子遗址获得2018～2019年度全国考古新发现和田野考古二等奖。适值本报告付梓之际，谨向参加、指导、帮助和关心石城子遗址的以上单位和人员表示衷心感谢！

最后，还要特别感谢责任编辑，在本报告的审稿、编辑、出版中付出的艰辛劳动。

300米高空俯视石城子遗址

图版1-2

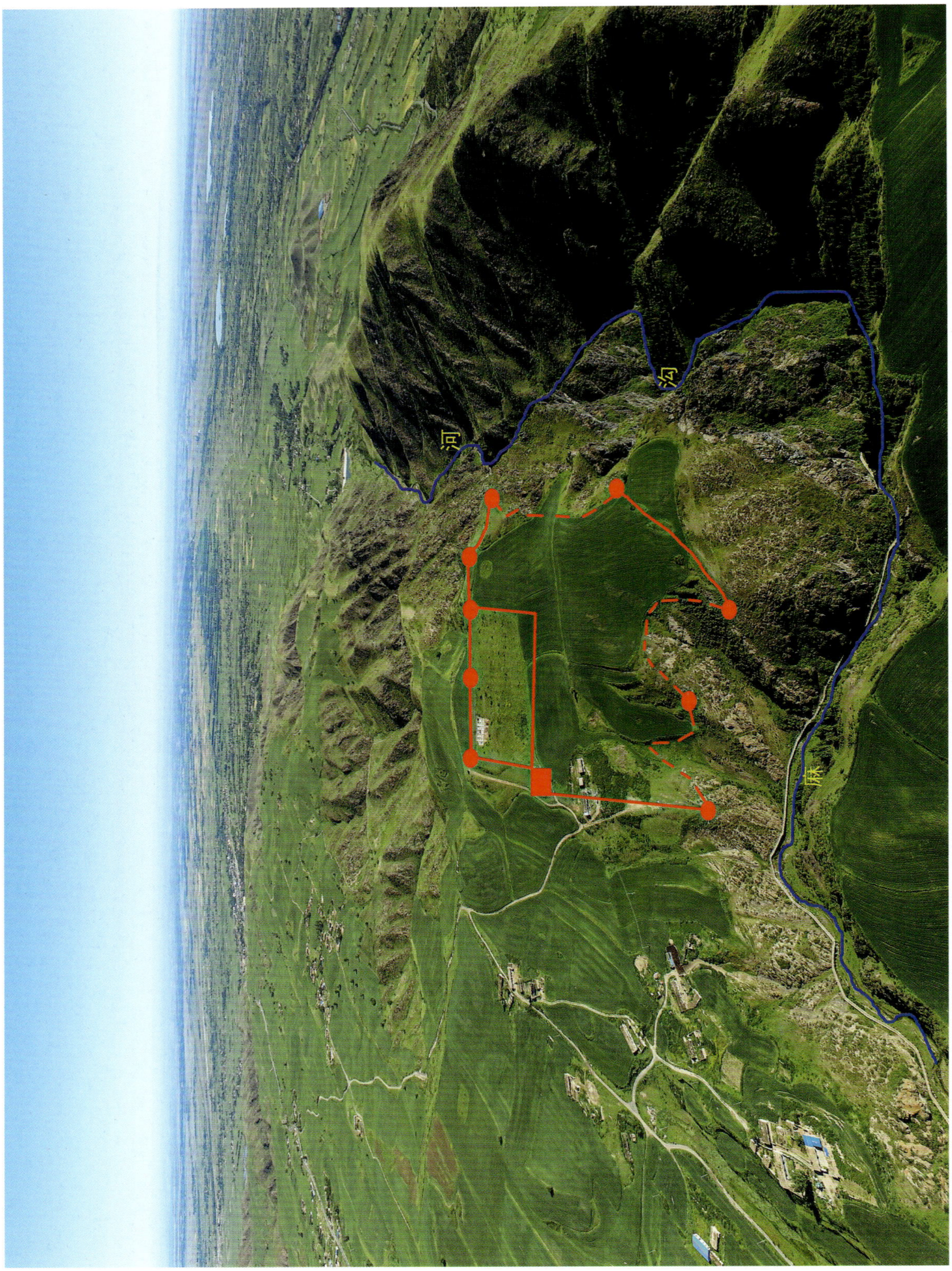

遗址全景（自南向北）

2018年布设城门的探方

图版2-2

城门原貌

城门及内侧附属遗迹

图版2-4

1. 门道内的瓦片

2. 门道内的两层倒塌堆积

门道内坍塌的建筑构件堆积

门道

图版2-6

门洞两侧的排叉柱

1. 柱洞周围夹砌土坯或碎土块

2. 柱洞

3. 墙壁上反复涂抹的草拌泥

门道局部

图版2-8

门限

北墩台

图版2-10

1. 北回廊

2. 北回廊上的踏步

北回廊

城门内北侧门塾（由北向南）

图版2-12

1. ⅣF1：85

2. ⅣF1：34

3. ⅣF4：31

4. ⅣF1：28

5. ⅣF1：51

6. ⅣNHL：3

板瓦

1. ⅣNSS：80

2. ⅣF1：36

3. ⅣF4：52

4. ⅣF4：59

5. ⅣF4：64

6. ⅣF1：8

筒瓦

图版2-14

1. ⅣBHL：3

2. ⅣBHL：5

3. ⅣC：14

4. ⅣBHL：1

5. ⅣG1：1

6. ⅣT63⑫：2

瓦当

1. ⅣF3：27

2. ⅣF1：42

3. ⅣF4：40

4. ⅣF3：22

5. ⅣF4：41

6. ⅣF4：34

瓦当

图版2-16

1. ⅣF4：58

2. ⅣF4：47

3. ⅣF4：43

4. ⅣF4：53

5. ⅣMD：75

6. ⅣF4：42

瓦当

1. ⅣMD：8

2. ⅣMD：6

3. ⅣF3：21

4. ⅣMD：7

5. ⅣF4：15

6. ⅣMD：14

瓦当

图版2-18

1. ⅣMD：52

2. ⅣMD：33

3. ⅣMD：28

4. ⅣMD：49

5. ⅣMD：30

6. ⅣMD：21

瓦当

1. ⅣNSS：14

2. ⅣMD：80

3. ⅣMD：78

4. ⅣNSS：7

5. ⅣMD：79

6. ⅣMD：77

瓦当

图版2-20

1. ⅣNSS：22

2. ⅣNSS：18

3. ⅣNSS：16

4. ⅣNSS：20

5. ⅣNSS：17

6. ⅣNSS：15

瓦当

1. ⅣNSS：32

2. ⅣNSS：23

3. ⅣNSS：30

4. ⅣNSS：31

5. ⅣNSS：28②

6. ⅣNSS：24

瓦当

图版2-22

1. ⅣNSS：51

2. ⅣNSS：48

3. ⅣNSS：45

4. ⅣNSS：50

5. ⅣNSS：46

6. ⅣNSS：34

瓦当

1. ⅣNSS：73

2. ⅣNSS：60

3. ⅣNSS：57

4. ⅣNSS：68

5. ⅣNSS：59

6. ⅣNSS：53

瓦当

图版2-24

1. ⅣNSS：110

2. ⅣNSS：104

3. ⅣNSS：90

4. ⅣNSS：106

5. ⅣNSS：92

6. ⅣNSS：84

瓦当

1. ⅣT52⑤：12

2. ⅣT52⑤：7

3. ⅣT52⑤：4

4. ⅣT52⑤：11

5. ⅣT52⑤：6

6. ⅣT52⑤：1

瓦当

图版2-26

1. ⅣT58⑧：1

2. ⅣT52⑤：18

3. ⅣT52⑤：15

4. ⅣT52⑤：20

5. ⅣT52⑤：17

6. ⅣT52⑤：14

瓦当

1. ⅣT61⑨：9

2. ⅣT58⑧：13

3. ⅣT58⑧：6①

4. ⅣT61⑨：8

5. ⅣT58⑧：9

6. ⅣT58⑧：3

瓦当

图版2-28

1. ⅣT61⑨：17

2. ⅣT61⑨：15

3. ⅣT61⑨：12

4. ⅣT61⑨：16

5. ⅣT61⑨：14

6. ⅣT61⑨：10

瓦当

1. ⅣT67⑪：43

2. ⅣT67⑪：3

3. ⅣT62⑫：10

4. ⅣT67⑪：40

5. ⅣT66⑧：1

6. ⅣT62⑫：4

瓦当

1. ⅣT68⑪：19

2. ⅣT68⑪：7

3. ⅣT67⑪：47

4. ⅣT68⑪：12

5. ⅣT67⑪：49

6. ⅣT67⑪：45

瓦当

1. ⅣF4：39

2. ⅣNSS：29

3. ⅣMD：46

4. ⅣF4：38

5. ⅣNSS：36

6. ⅣT61⑨：13

7. ⅣF4：1

瓦当

1. ⅣF1：14

2. ⅣF1：9

3. ⅣF1：2

4. ⅣF1：12

5. ⅣF1：4

6. ⅣF1：21

瓦当

1. 土坯（ⅣMD：59）

2. 铁箭镞（ⅣF3：2）

3. 五铢钱（ⅣBSS：6）

4. 石磨盘（ⅣF1：7）

5. 陶瓮（ⅣF1：6）

6. 陶纺轮（ⅣC：15）

建筑材料及生活用具

图版2-34

西墙南段遗存地层堆积（由南向北）

T1内建筑材料堆积（由东向西）

图版2-36

内城西北部T1～T3（由西向东）

解剖面清理出的墙体

图版2-38

夯窝

西南城墙解剖面的灰坑

图版2-40

车辙

1. 筒瓦（ⅠJPM③a：1）

2. 板瓦（ⅠJPM②：12）

3. 板瓦（ⅠJPM③c：5）

4. ⅠJPM③a：1内壁

5. ⅠJPM②：12内壁

6. ⅠJPM③c：5器表绳纹

建筑材料

图版2-42

1. XJQT25：1646

2. XJQT25：456A-3：77

3. D91

4. XJQT25：458A-3：79

5. D92

6. D90

板瓦

1. XJQT25：455A-3：76

2. D76

3. D53

4. XJQT25：453A-3：74

5. D61

筒瓦

图版2-44

1. D387

2. D57

3. D54

4. D58

5. D56

6. D52

1. XJQT25：447A-3：66

2. XJQT25：446A-3：67

3. XJQT25：360A-3：24

4. XJQT25：447A-3：68

5. XJQT25：444A-3：65

6. XJQT25：362A-3：26

瓦当

图版2-46

1. 陶罐（D101）

2. 砖（D72）

3. 陶钵（D34）

4. 砖（D89）

5. 陶钵（D35）

6. 陶钵（Z：173）

陶器

1. 陶束颈罐（D222）

2. 铜马（D215）

3. 铜马（D216）

4. 石磨盘（XJQT25：457A-1：107）

5. 陶豆（C：1）

6. 炭精虎饰（D192）

生活用品

图版2-48

1. 西、北城墙发掘区布设的探方（由西向东）

2. 西、北城墙及角楼、护城壕鸟瞰（由北向南）

西、北城墙及角楼、护城壕

1. 北城墙墙体

2. 北城墙剖面

3. 北城墙墙体上局部包砌的瓦片

北城墙

图版2-50

1. 角楼

2. 房址

角楼、房址

1. 护城壕

2. 西城墙外深沟

3. 西城墙外深沟内木板

护城壕、西城墙外深沟

图版2-52

1. ⅢF3a：3

2. ⅢF3a：3外壁绳纹

3. ⅢF3a：3内壁菱格纹

4. ⅢT30④：3外壁

5. ⅢT30④：3内壁

6. ⅢT30④：3内壁布纹

板瓦

1. ⅢT34④：5

2. ⅢT30④：1

3. ⅢF3a：2内壁

4. ⅢF3a：2外壁

5. ⅢT34④：23

6. ⅢT34④：6

筒瓦

图版2-54

1. ⅢT34④：20

2. ⅢG：11

3. ⅢG：6

4. ⅢT34④：13

5. ⅢG：10

6. ⅢT41④：3

瓦当

1. ⅢT41④：14

2. ⅢT41④：7

3. ⅢT41④：4

4. ⅢT41④：9

5. ⅢT41④：5

6. ⅢT41④：22

瓦当

图版2-56

1. ⅢT41④：37

2. ⅢT41④：35

3. ⅢT41④：30

4. ⅢT41④：36

5. ⅢT41④：32

6. ⅢT45⑦：1

瓦当

1. 研展器（ⅢT29④：1）

2. 陶环（ⅢG：12）

3. 铜镞（ⅢT34④：11）

生活用品及兵器

1. 内城西北居址俯瞰

2. 内城西北居址布方情况

内城西北居址

内城西北居址俯瞰

1. 土坯垒砌的墙体

2. 墙体底部涂红涂白

3. 房屋内坍塌的瓦片

4. 地面上铺的青砖

ⅡF2c

1. ⅡF1a局部

2. ⅡF1a地面上的瓦片堆积

ⅡF1a（由南向北）

图版2-62

1. ⅡF1b鸟瞰（由南向北）

2. ⅡF1b门道

ⅡF1b

1. ⅡF1c鸟瞰（由南向北）

2. 房屋内灰坑

ⅡF1c

1. ⅡF1d（由南向北）

2. ⅡF1e（由南向北）

ⅡF1d、ⅡF1e

1. ⅡF2鸟瞰（由南向北）

2. ⅡF2b和ⅡF2c

3. ⅡF2b北墙内侧贴碎瓦，外侧用瓦片包砌

ⅡF2b、ⅡF2c

图版2-66

1. ⅡF2c东北角解剖沟（由南向北）

2. ⅡF1a南墙外通道（由东向西）

3. ⅡF2c北侧凹槽（由南向北）

4. ⅡF1西侧通道（由南向北）

5. ⅡF1西侧通道北半部分（由南向北）

6. ⅡF1北侧回廊通道内遗迹（由南向北）

ⅡF2c、ⅡF1a、ⅡF1

1. 板瓦（ⅡF1d：5）

2. 筒瓦（ⅡF1b：10）

3. 筒瓦（ⅡF1x：2）

4. 筒瓦（ⅡF1e：3）

5. 筒瓦（ⅡF2c：6）

6. 筒瓦（ⅡF2b：1）

建筑材料

图版2-68

1. ⅡF2c：4

2. ⅡF1e：5

3. ⅡF1a：9

4. ⅡF2b：3

5. ⅡF1a：5

6. ⅡF2b：2

瓦当

1. 陶碗（ⅡF2c：2）

2. 陶盆（ⅡF1a：22）

3. 骨镞（ⅡF1x：7）

4. 石磨盘（ⅡF1d：6）

5. 骨结具（ⅡF1a：15）

6. 陶纺轮（ⅡF2c：15）

生活用具及兵器

图版2-70

内城中部居址地面起建式建筑俯瞰

1. ⅤF1局部（由南向北）

2. ⅤF1北墙内侧紧贴壁面插立的木柱（由西向东）

ⅤF1

1. ⅤF6俯视

2. ⅤF6西壁

3. ⅤF6东北角的灶

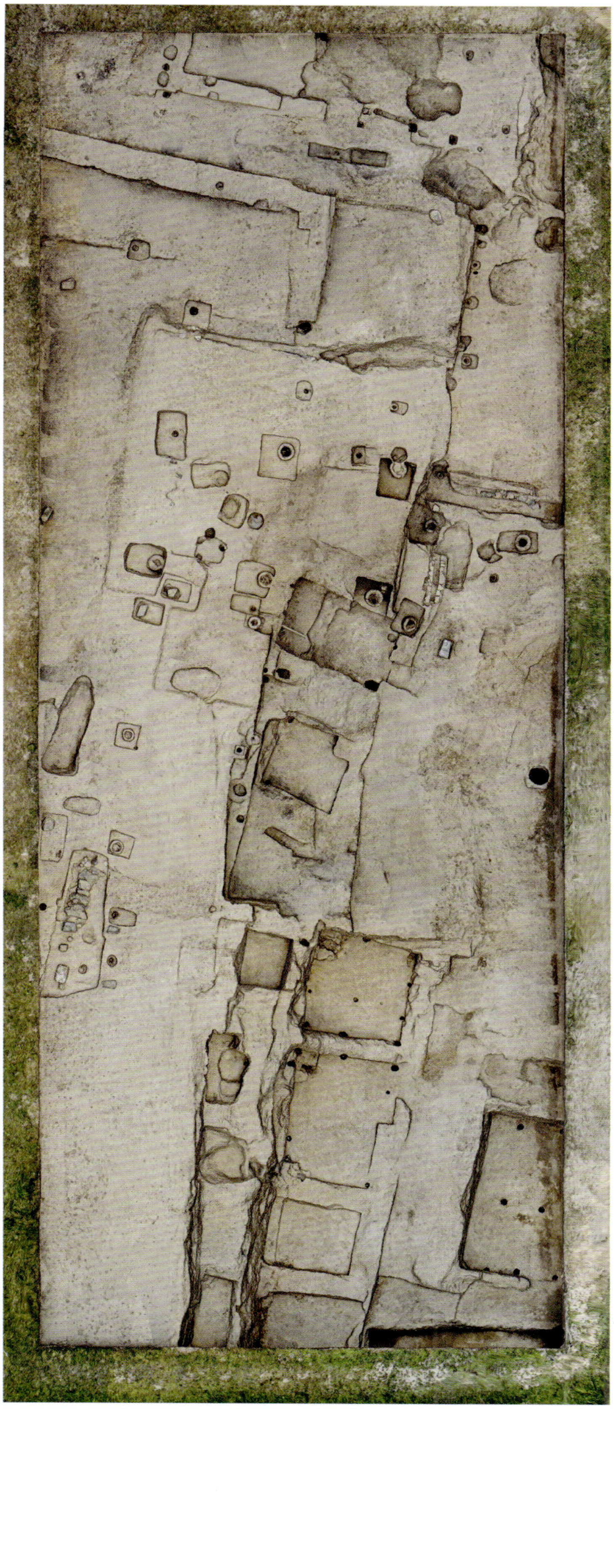

半地穴式建筑俯瞰

1. ⅤF20～ⅤF23俯瞰

2. ⅤF17鸟瞰（由南向北）

3. ⅤF26俯瞰

4. ⅤF24俯瞰

ⅤF17、ⅤF20～ⅤF23、ⅤF24、ⅤF26

1. 石列俯瞰

2. ⅤZD35（由南向北）

3. ⅤZD11（由南向北）

4. ⅤZD94（由东向西）

5. 火塘（由南向北）

6. ⅤZ5（由西南向东北）

Ⅴ第5次发掘的遗迹情况

图版2-76

1. ⅤT93③：4外壁

2. ⅤT112③：25外壁

3. ⅤT112③：1外壁

4. ⅤT93③：4内壁

5. ⅤT112③：25内壁

6. ⅤT112③：1内壁

板瓦

1. ⅤT108⑥c：5外壁

2. ⅤT108⑥c：5内壁

3. ⅤT108⑥c：5外壁绳纹

4. ⅤT102③：4外壁

5. ⅤT102③：4内壁

6. ⅤT108⑥c：5内壁瓦头绳纹

板瓦

1. ⅤZD74：1②外壁

2. ⅤZD74：1①外壁

3. ⅤT112③：18外壁

4. ⅤZD74：1②内壁

5. ⅤZD74：1①内壁

6. ⅤT112③：18内壁

筒瓦

1. ⅤT107⑥a：17

2. ⅤT114③：18

3. ⅤT113③：12

4. ⅤT112③：3

5. ⅤT112③：15

6. ⅤT94③：3

筒瓦

图版2-80

1. ⅤT87①：1

2. ⅤF1：4

3. ⅤT83③：19

4. ⅤT86⑤：5

5. ⅤT112③：33

6. ⅤT81③：7

瓦当

1. VT102③：8

2. VT102③：5

3. VT96①：3

4. VT102③：7

5. VT102③：1

6. VT112②：2

瓦当

图版2-82

1. VT112③：26

2. VT112③：23

3. VT94③：10

4. VT112③：24

5. VT112③：10

6. VT112③：39

瓦当

1. ⅤF17：3

2. ⅤF17：1②

3. ⅤF2：3

4. ⅤF17：2

5. ⅤF17：1①

6. ⅤD：2

瓦当

图版2-84

1. ⅤQ1：7

2. ⅤF18：1

3. ⅤF17：4

4. ⅤH27：5

5. ⅤF17：8

6. ⅤT78③：4

瓦当

1. ⅤT81③：9

2. ⅤT81③：5

3. ⅤT80③：2

4. ⅤT81③：8

5. ⅤT81③：2

6. ⅤT81③：11

瓦当

图版2-86

1. ⅤT82③：13

2. ⅤT82③：9

3. ⅤT82③：3

4. ⅤT82③：12

5. ⅤT82③：5

6. ⅤT82③：2

瓦当

1. ⅤT83③：21

2. ⅤT83③：12

3. ⅤT82③：20

4. ⅤT83③：14

5. ⅤT83③：4

6. ⅤT83③：23

瓦当

图版2-88

1. ⅤT90⑧：3

2. ⅤT84③：2

3. ⅤT83③：24

4. ⅤT84③：5

5. ⅤT84③：1

6. ⅤT91①：1

瓦当

1. ⅤT98⑥b：1

2. ⅤT94③：9

3. ⅤT94③：2

4. ⅤT97⑤：10

5. ⅤT94③：6

6. ⅤT93③：1

瓦当

图版2-90

1. ⅤT112③：31

2. ⅤT106⑥a：51

3. ⅤT102③：2

4. ⅤT112③：30

5. ⅤT106②：5

6. ⅤT101①：1

瓦当

1. ⅤT112③：38

2. ⅤT112③：35

3. ⅤT112③：32

4. ⅤT112③：37

5. ⅤT112③：34

6. ⅤT113③：5

瓦当

图版2-92

1. VT114③：7

2. VT114①：1

3. VT113③：14

4. VT114③：5

5. VT113③：17

6. VT113③：10

瓦当

1. VT114③：11

2. VT114③：9

3. VT113③：7

4. VT114③：10

5. VT114③：8

6. VT114③：12

图版2-94

1. ⅤT114③：20

2. ⅤT114③：16

3. ⅤT114③：13

4. ⅤT114③：19

5. ⅤT114③：14

6. ⅤT114③：21

瓦当

1. 陶钵（ⅤH11：4）

2. 陶甑（ⅤH11：1）

3. 陶盆（ⅤF20：9）

4. 陶盆（ⅤT86⑤：1）

5. 陶钵（ⅤH14：9）

6. 柱础石（ⅤT106⑥a：7）

陶器、石器

图版2-96

1. 臼（ⅤT106⑥a：41）

2. 器腹残片（ⅤF20：8）

3. 器盖上的器纽（ⅤF20：5）

4. 炊器（ⅤT111③：9）

5. 器盖（ⅤF20：5）

6. 豆（ⅤT107⑥a：35）

1. 骨管（ⅤF4：3）

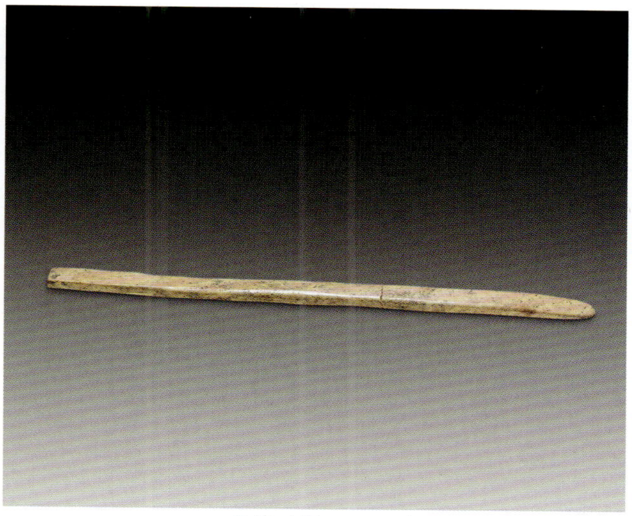
2. 骨簪（ⅤH13：2）

3. 玻璃珠（ⅤT105①：3）

4. 骨针（ⅤF1：3）

5. 骨镞（ⅤT110⑥c：1）

6. 炭精纺轮（ⅤT107⑥a：22）

石器、骨器

图版2-98

1. 铜镞（ⅤT106⑥a：3）

2. 铜镞（ⅤT96⑤：6）

3. 铜镞（ⅤF6：2）

4. 铜镞（ⅤT97⑥a：2）

5. 铜镞（ⅤT78③：5）

6. 铜销钉（ⅤT88⑤：1）

1. 铠甲片（ⅤF17：5）

2. 铠甲片（ⅤT106⑥a：12）

3. 刀（ⅤF20：12）

4. 箭镞（ⅤF2：6）

5. 铠甲片（ⅤF16：3）

6. 刀（ⅤF20：11）

铁器

图版3-1

墓葬和窑址分布示意图

1. 窑址俯瞰

2. 窑址内的烟道

窑址

图版3-3

1. 豆形器（Y1：3）

2. 瓦当（Y1：6）

3. 筒瓦（Y1：2）

4. 陶盆（Y1：9）

5. 板瓦（Y1：11）

6. 砖（Y1：7）

窑址内出土遗物

1. M5

2. M6

3. M8

4. M4

墓葬

图版4-2

1. M2葬具

2. M2葬具

3. 棺内墓主人

4. 棺内墓主人

M2

1. M1墓壁上的加工痕

2. M3

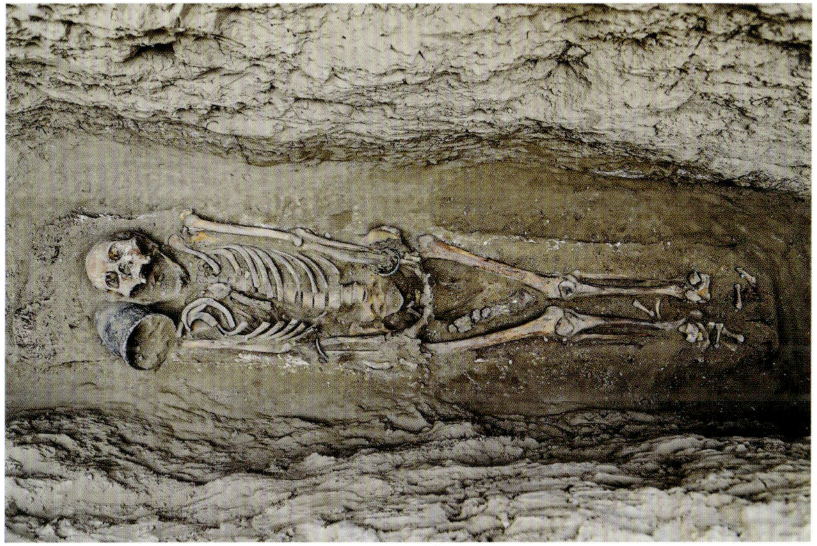

3. M1

M1和M3

1. M6：4

2. M5：1

3. M5：2

4. M1：2

5. M4：1

陶罐

1. 戒指（M1：13）

2. 镯（M1：3）

3. 镯（M6：2）

4. 镯（M1：4）

5. 戒指（M1：10）

铜器

图版4-6

1. 木弓弣（M2：1）

2. 铜带扣（M8：6）

3. 铁镞（M2：6）

4. 银戒指（M1：14）

5. 铜带扣（M8：2）

6. 铁镞（M8：3）

铜器、铁器、木器

1. 玻璃珠（M1：7）

2. 玛瑙珠（M5：3）

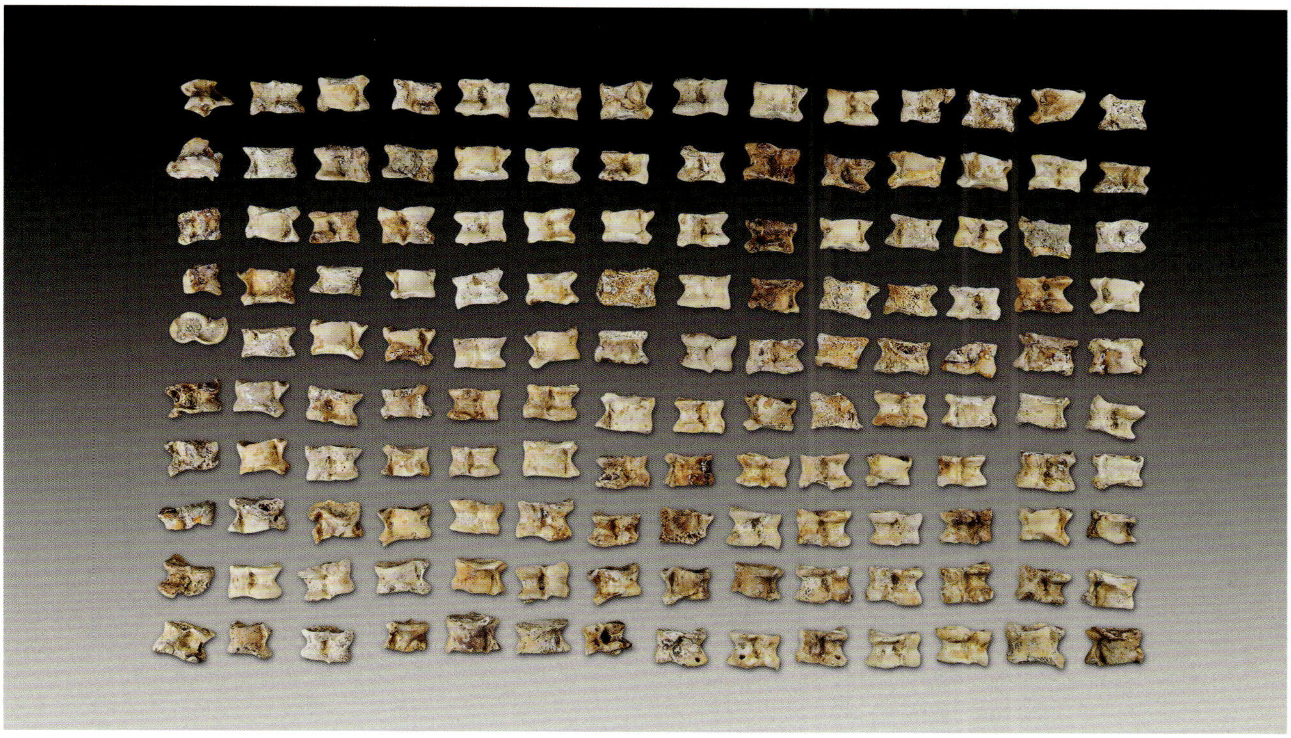

3. 羊距骨（M2：8）

4. 绿松石珠（M8：1）

5. 骨纺轮（M1：1）

6. 五铢钱（M3：1）

石器、骨器、玻璃器

图版4-8

殉马坑

清代房址

图版5-2

1. 铜器（YJ：2）

2. 铁锤（YJ：4）

3. 康熙通宝（YJ：8）

4. 康熙通宝（YJ：8）

5. 康熙通宝（YJ：6）

6. 康熙通宝（YJ：6）

铜器、铁器、钱币

1. 筒瓦内壁（ⅣT52⑤：22）

2. 筒瓦外壁（ⅣT52⑤：22）

3. 筒瓦内壁（ⅣT59③：1）

4. 筒瓦外壁（ⅣT59③：1）

5. 板瓦外壁（ⅣF4：18）

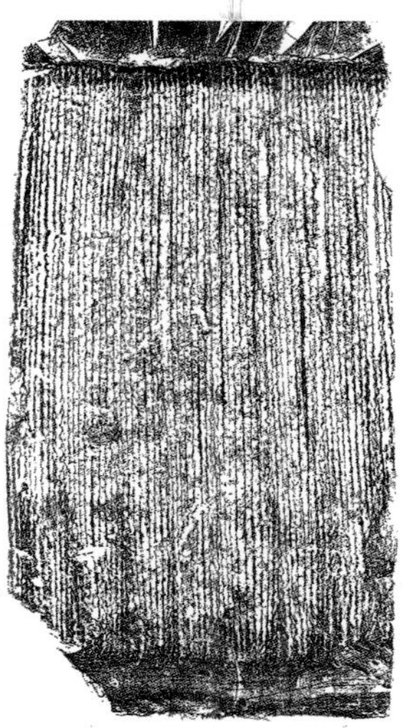

6. 筒瓦外壁（ⅣT62⑫：5）

板瓦、筒瓦

拓片2-2

1. ⅣT67⑪：51内壁

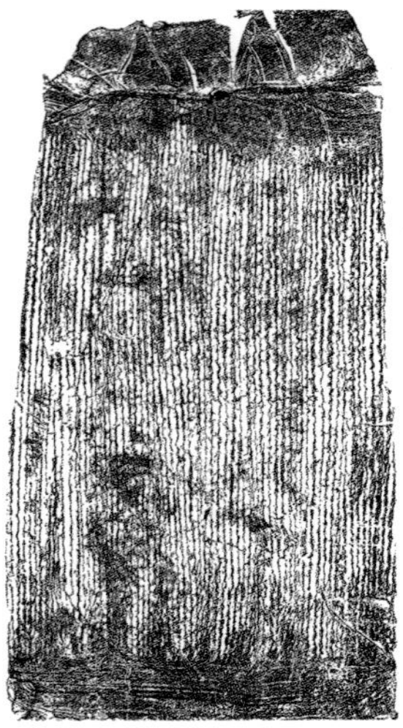

2. ⅣT67⑪：51外壁

3. ⅣBHL：11内壁

4. ⅣBHL：11外壁

5. ⅣBHL：7内壁

6. ⅣBHL：7外壁

筒瓦

拓片2-3

1. ⅣMD：22①内壁

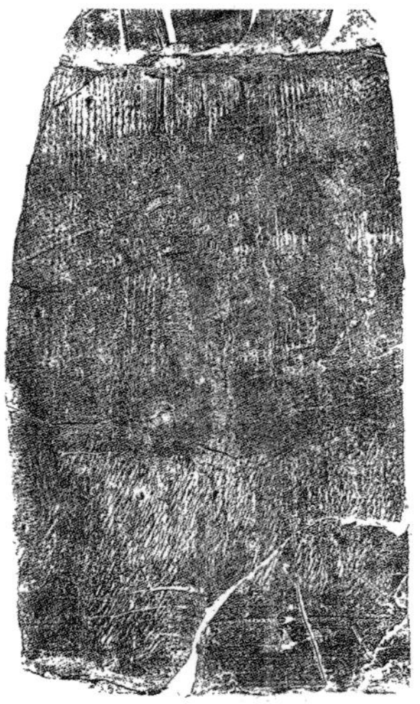

2. ⅣMD：22①外壁

3. ⅣT67⑩：1内壁

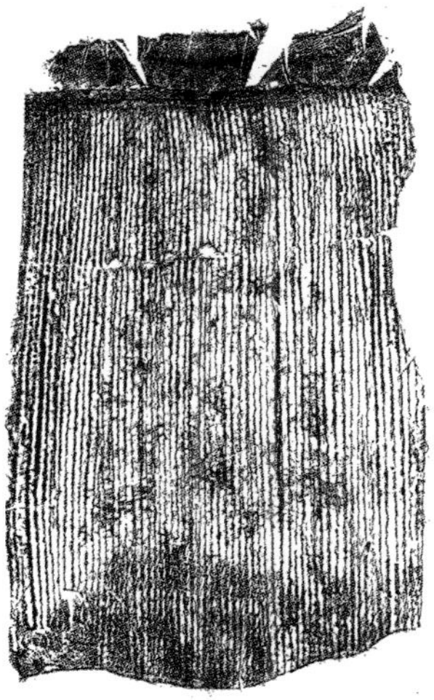

4. ⅣT67⑩：1外壁

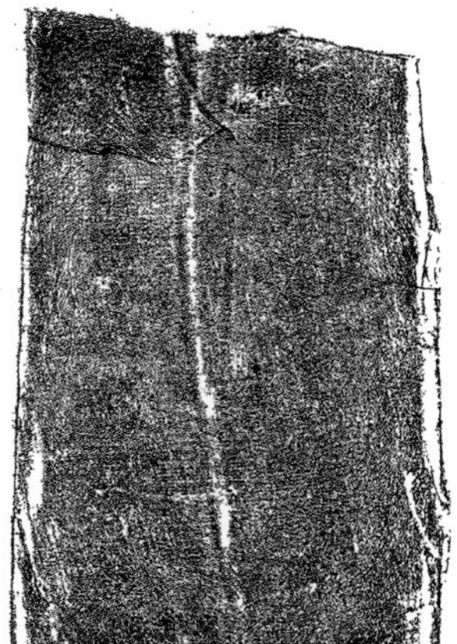

5. ⅣMD：25内壁

6. ⅣMD：25外壁

筒瓦

拓片2-4

1. ⅣT52⑤：1

2. ⅣMD：14

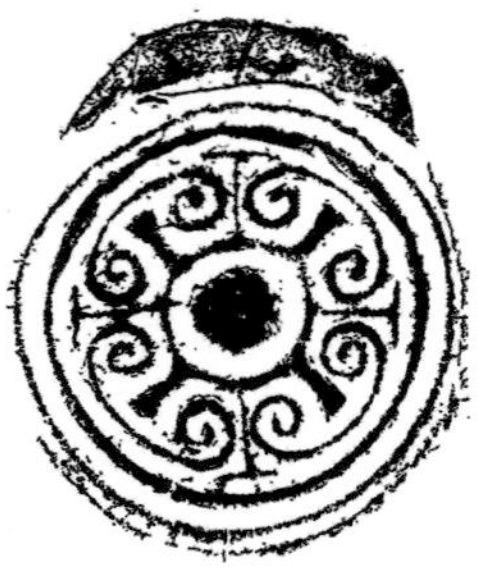

3. ⅣMD：7

4. ⅣBHL：5

5. ⅣT61⑨：15

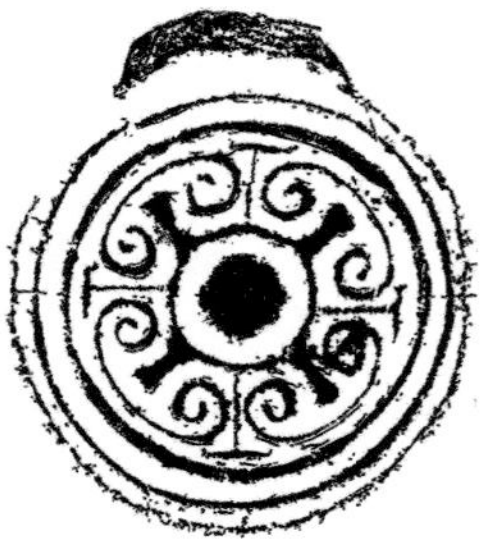

6. ⅣMD：6

7. ⅣMD：28

8. ⅣMD：46

9. ⅣBHL：3

10. ⅣMD：33

11. ⅣG1：1

12. ⅣT61⑨：18

瓦当

拓片2-5

1. ⅣT67⑪：45

2. ⅣT66⑧：1

3. ⅣT52⑤：15

4. ⅣT61⑨：12

5. ⅣT67⑪：49

6. ⅣMD：52

7. ⅣF1：2

8. ⅣT52⑤：4

9. ⅣT62⑫：10

10. ⅣT52⑤：18

11. ⅣT61⑨：14

12. ⅣT67⑪：47

瓦当

拓片2-6

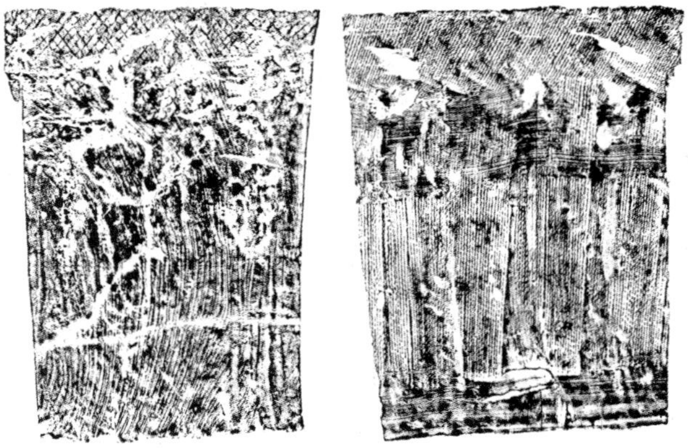

1. D92

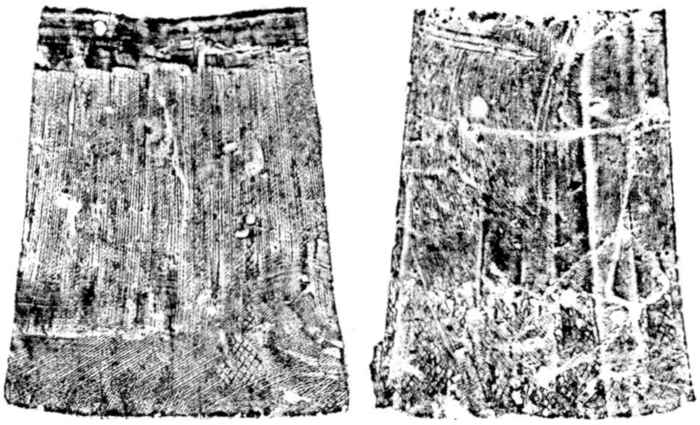

2. XJQT25：457 A-3：78

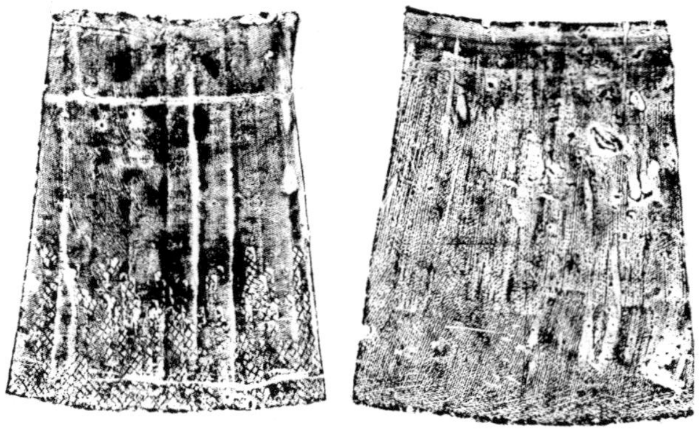

3. XJQT25：456 A-3：77

4. XJQT25：458 A-3：79

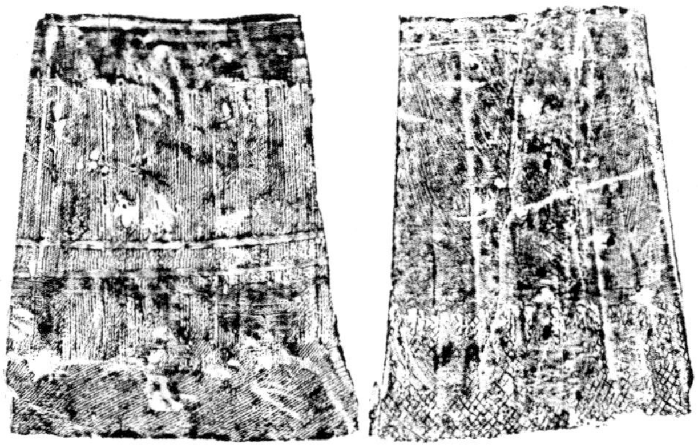

5. D90

6. D91

板瓦

拓片2-7

1. D76内壁

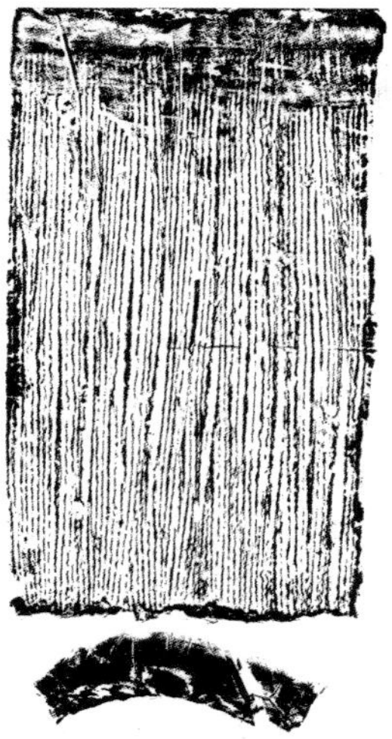
2. D76外壁

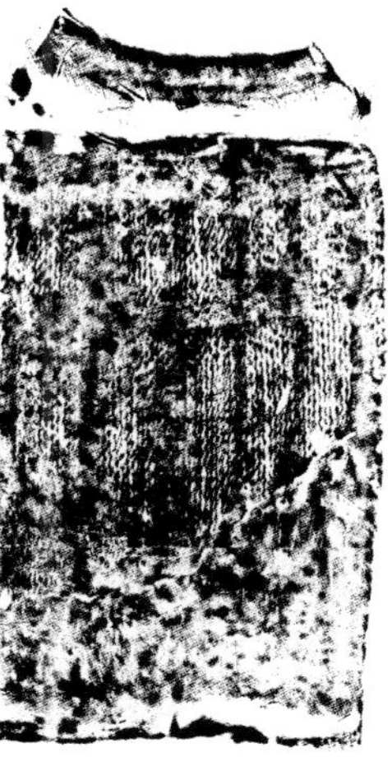
3. D61外壁

6. D53外壁

4. XJQT25：455A-3：76内壁

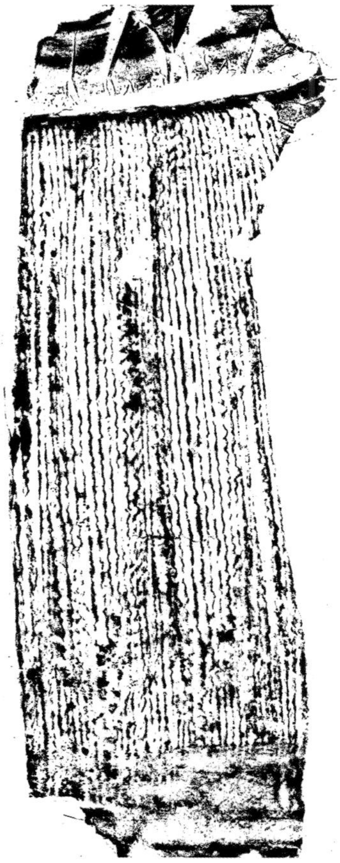
5. XJQT25：455A-3：76外壁

7. D53内壁

筒瓦

拓片2-8

1. D52

2. XJQT25：447A-3：68

3. XJQT25：362A-3：26

4. XJQT25：444A-3：65

5. D51

6. XJQT25：446A-3：67

7. D56

8. XJQT25：447A-3：66

9. XJQT25：1645

10. D57

11. D58

12. XJQT25：360A-3：24

瓦当

拓片2-9

1. 筒瓦内壁（ⅢF3a：2）

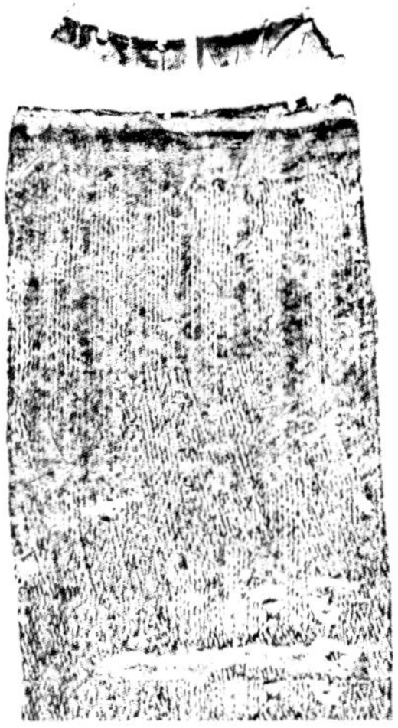

2. 筒瓦外壁（ⅢF3a：2）

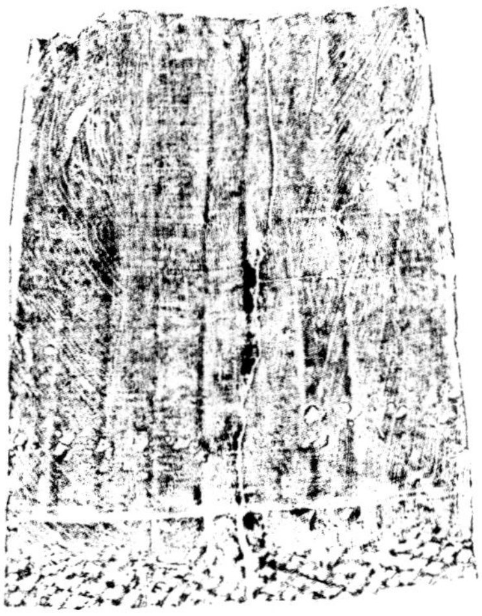

3. 板瓦内壁（ⅢF3a：3）

4. 板瓦外壁（ⅢF3a：3）

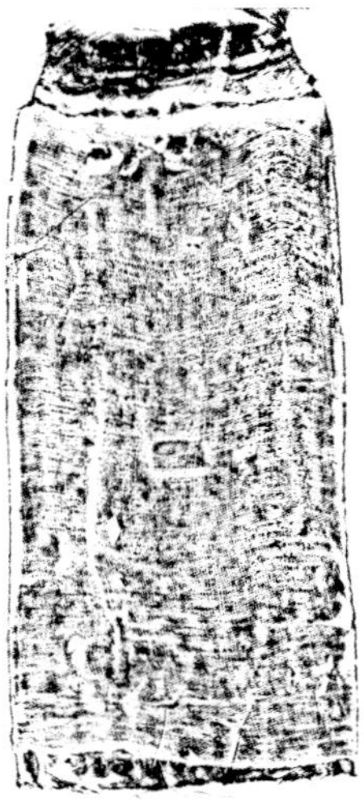

5. 筒瓦内壁（ⅢF3a：1）

6. 筒瓦外壁（ⅢF3a：1）

板瓦、筒瓦

拓片2-10

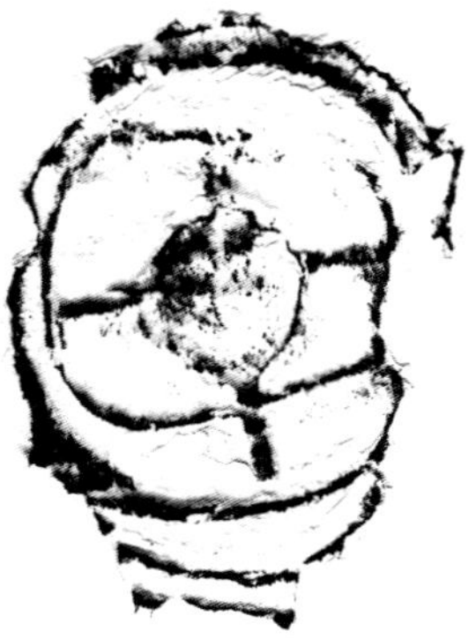

1. ⅢT41④：7

2. ⅢG：11

3. ⅢT34④：14

4. ⅢT41④：4

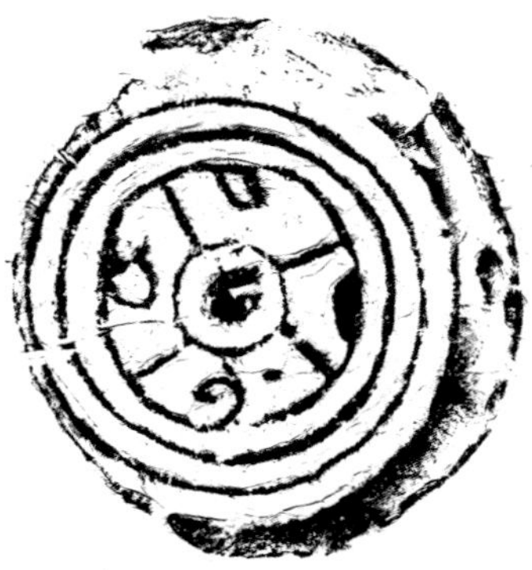

5. ⅢT41④：32

6. ⅢT41④：3

瓦当

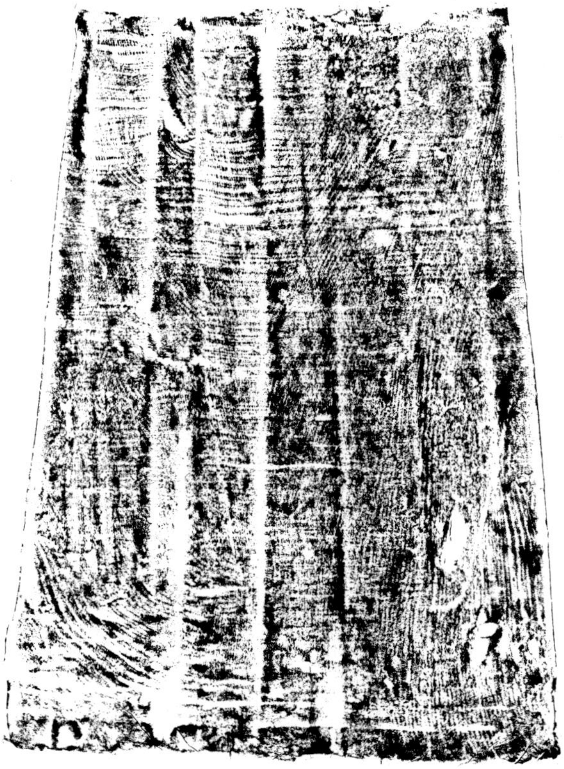

1. ⅡF1d：5内壁

2. ⅡF1d：5外壁

3. ⅡF2c：22内壁

4. ⅡF2c：22外壁

板瓦

拓片2-12

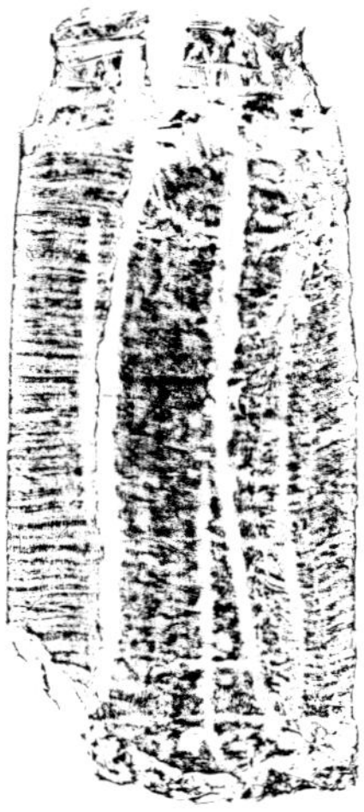

1. ⅡF1e：3内壁

2. ⅡF1e：3外壁

3. ⅡF2c：6内壁

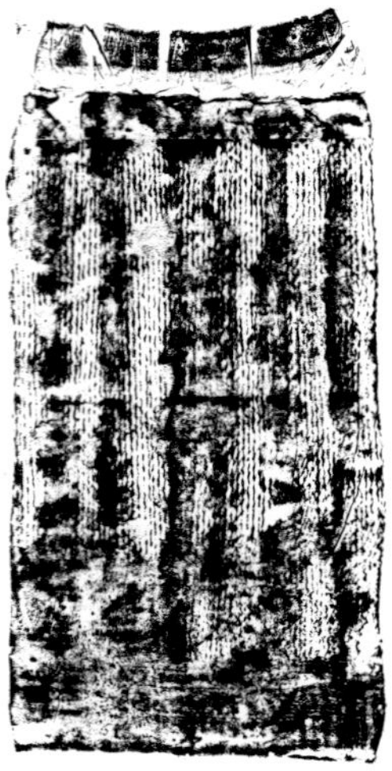

4. ⅡF2c：6外壁

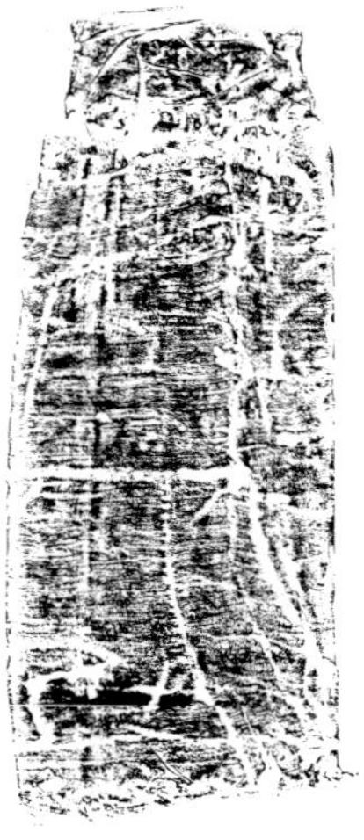

5. ⅡF1b：10内壁

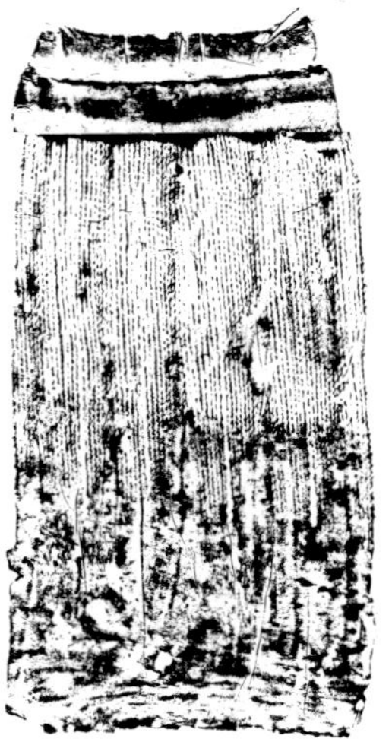

6. ⅡF1b：10外壁

筒瓦

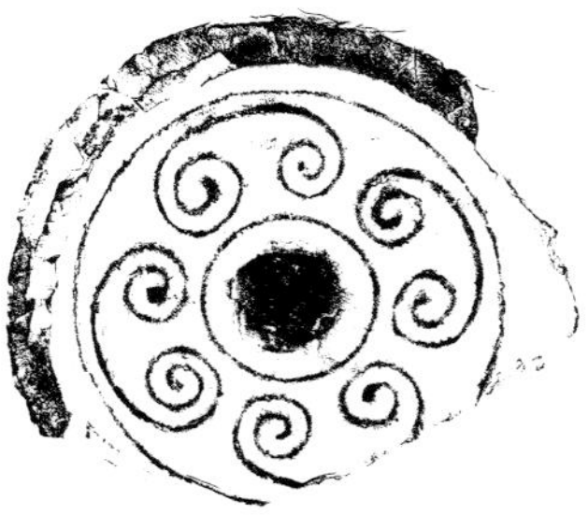

1. ⅡF1a：5

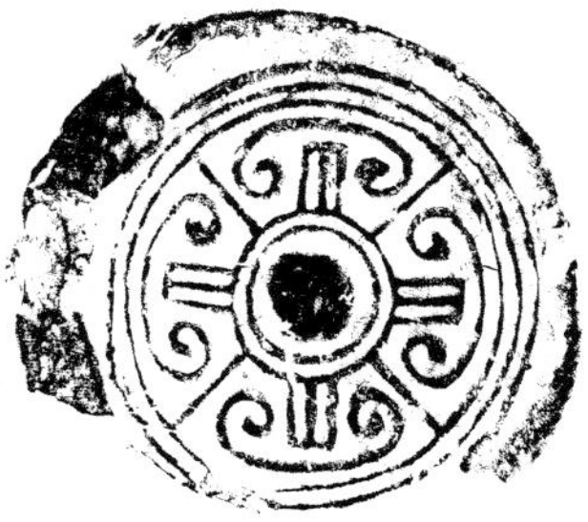

2. ⅡF2b：2

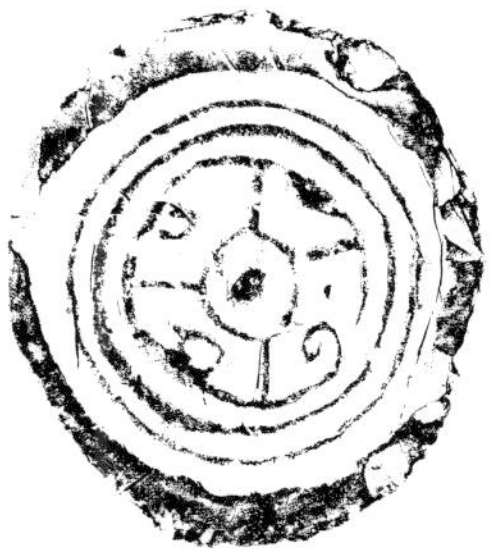

3. ⅡF2c：4

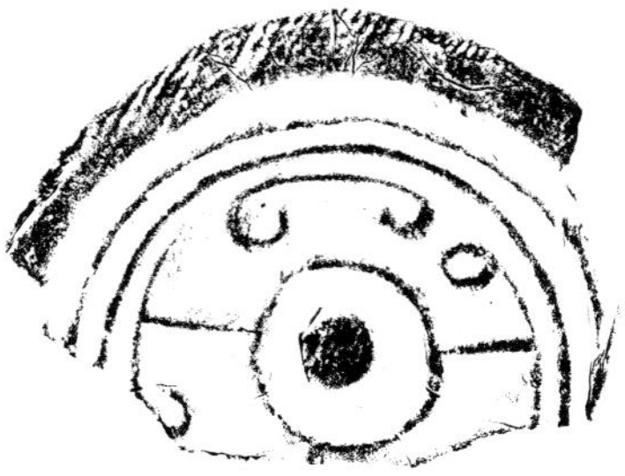

4. ⅡF2c：7

5. ⅡF2b：3

6. ⅡF1d：4

7. ⅡF1a：9

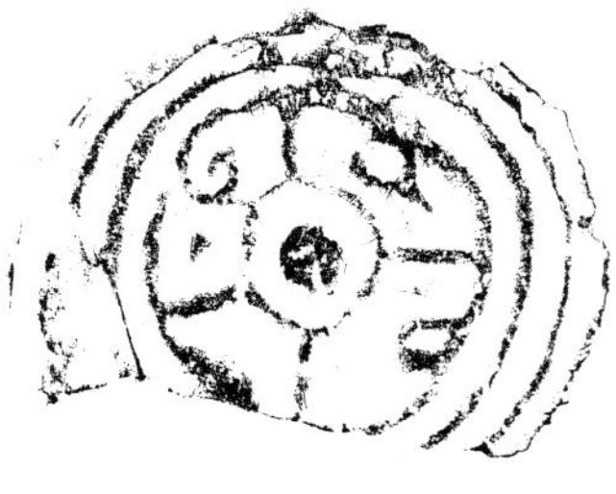

8. ⅡF2c：8

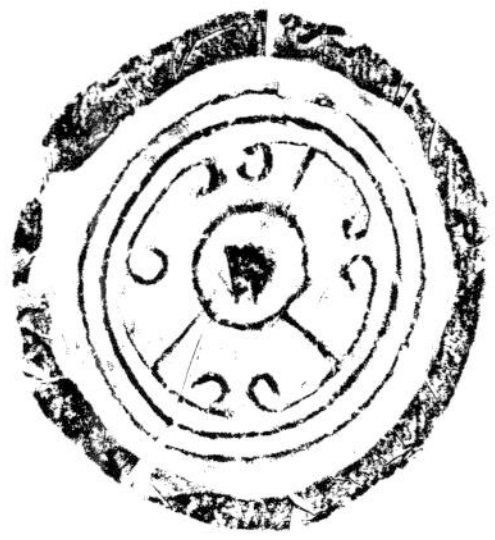

9. ⅡF1e：5

10. ⅡF1a：10

11. ⅡF2c：5

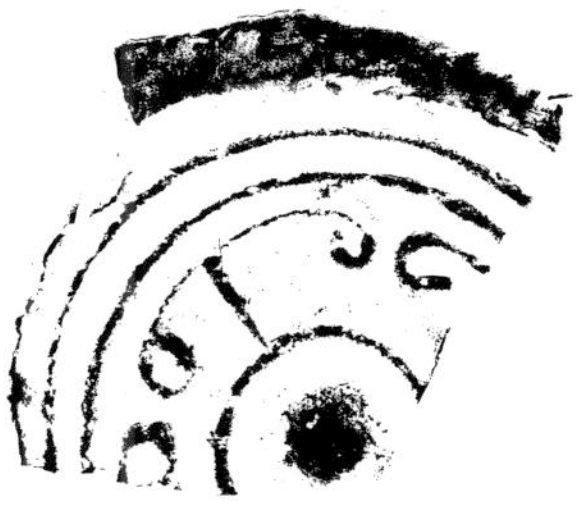

12. ⅡF1x：4

瓦当